高职高专规划教材

桥梁工程

Bridge Engineering

于景超　主编

黄　健　汤美娜　范炳娟　宁　波　副主编

化学工业出版社

·北京·

内容提要

全书共分两篇，第一篇为桥梁设计与构造，主要介绍桥梁的组成和分类、基本概念等桥梁基本知识，桥梁总体规划设计、桥梁上的作用等与桥梁设计有关的内容，简支梁桥上部结构及其桥梁墩台的计算方法，常见桥梁的桥跨结构、桥梁墩台、桥面系等的构造。第二篇为桥梁施工技术，主要讲解梁桥、拱桥、斜拉桥、悬索桥的桥跨结构、桥面系及支座、桥梁墩台、基础、涵洞等的施工技术。

本书可作为高职高专道路桥梁工程技术专业、市政工程技术专业、公路监理专业、公路工程造价专业等相关专业教学用书，也可供从事公路、市政桥梁工程建设的技术人员参考。

图书在版编目（CIP）数据

桥梁工程/于景超主编．—北京：化学工业出版社，2013.6（2023.8重印）
高职高专规划教材
ISBN 978-7-122-17035-4

Ⅰ.①桥…　Ⅱ.①于…　Ⅲ.①桥梁工程-教材
Ⅳ.①U44

中国版本图书馆CIP数据核字（2013）第074697号

责任编辑：李仙华　　　装帧设计：张　辉
责任校对：王素芹

出版发行：化学工业出版社（北京市东城区青年湖南街13号　邮政编码100011）
印　　装：北京盛通商印快线网络科技有限公司
787mm×1092mm　1/16　印张29½　字数829千字　2023年8月北京第1版第4次印刷

购书咨询：010-64518888　　　售后服务：010-64518899
网　　址：http://www.cip.com.cn
凡购买本书，如有缺损质量问题，本社销售中心负责调换。

定　　价：58.00元

前言

本教材以交通运输部现行技术标准、设计规范、施工技术规范、质量检验评定标准为依据，以培养面向生产管理第一线的应用型技术人才为目标，以理论适度、侧重实践应用为原则进行编写，全书分两篇，第一篇桥梁构造与设计，主要介绍桥梁的组成和分类、基本概念等桥梁基本知识，桥梁总体规划设计、桥梁上的作用、桥梁上部结构及其墩台的计算等设计、计算知识，各种桥型的上部结构构造、桥梁墩台构造等构造知识；第二篇桥梁施工技术，主要介绍梁桥、拱桥、斜拉桥、悬索桥上部结构、桥梁墩台、基础的施工方法和施工技术。

全书按高职教学要求和桥梁工程课程的学习规律进行结构体系和内容安排，设计、计算部分内容进行了适当简化，桥梁施工技术单独列为一篇，重点突出桥梁构造和施工技术部分内容。在各部分内容讲解后，加入了典型工程实例，使理论讲述与工程实际紧密结合，突出了教材的实践性和应用性，以加深读者对相关内容的理解。本书在文字叙述的同时，配以详尽、丰富的构造图和实物图片，以方便阅读。本书的施工技术部分内容以交通运输部 2011 年实施的最新施工规范 JTG/T F 50—2011《公路桥涵施工技术规范》为依据编写，注重施工方法、操作规程、技术要求、质量标准，并力求反映近年来桥梁领域的新技术、新成果。为适应大跨度桥梁应用范围随着桥梁行业发展的不断扩大，本书对预应力连续箱形梁桥、斜拉桥、悬索桥等大跨度桥型的构造及施工内容进行了适当的扩展，以增加教材的实用性。

本教材由辽宁城市建设职业技术学院于景超主编。全书共十七章，其中第一～第四章、第七章由于景超编写，第五章、第十二章由辽宁城市建设职业技术学院黄健编写，第六章、第十章、第十五章由常州建设高等职业学校赵越编写，第九章、第十三章由山东城市建设职业技术学院孙晓珍编写，第八章、第十一章由辽宁城市建设职业技术学院汤美娜编写，第十四章由辽宁交通高等专科学校霍君华编写，第十六章由辽宁城市建设职业技术学院宁波编写，第十七章由辽宁城市建设职业技术学院范炳娟编写。全书由于景超统编并修改定稿。

在本书的编写过程中参考了很多有价值的文献资料，谨向这些文献的作者致以诚挚的谢意。

由于编者的水平和经验有限，编写时间仓促，不妥之处敬请读者批评指正，在此表示衷心感谢。

编　者

2013 年 5 月

目录

第一篇 桥梁设计与构造

第一篇
桥梁设计与构造

第一章 概 述

学习要点：桥梁在交通中的地位，桥梁的发展概况，桥梁的基本组成，桥梁主要尺寸及其术语名称的含义，桥梁按受力体系划分的基本类型及特点。

第一节 桥梁在交通建设中的地位和发展概况

一、桥梁在交通建设中的地位和作用

在铁路、公路、城市和乡村道路以及水利建设和一些管道工程中，为了跨越河流、沟谷、其它线路等多种障碍，必须修建各种类型的桥梁与涵洞。公路上每公里线路平均至少有2～3座桥涵。在经济上，桥梁和涵洞的造价一般占公路总造价的10%～20%，因此，桥梁是陆路交通线中的重要组成部分。由于桥梁是线路跨越障碍的部分，与敷设在地面上的道路相比，具有施工难度大、技术性强、施工中影响因素和不确定因素多等特点，所以桥梁是保证全线早日通车的关键。在运营中，一旦桥梁处发生中断，则意味着整个运输线路的彻底中断。所以，桥梁是交通运输线的关键部位和枢纽。在国防上，桥梁是军事运输的咽喉，在需要快速机动的地面战争中，桥梁具有特殊重要的地位。

桥梁是一种功能性结构物，但在桥梁的建筑过程中，人类从来未停止过对美的追求。各种美学的思想、观念、创意不断地被融入桥梁建筑中。桥梁已不单纯作为交通线上的工程实体，而且常作为一种空间艺术结构物存在于社会之中。很多桥梁成为令人赏心悦目的艺术品，建筑中被赋予了鲜明的时代特征，成为反映当时社会文化和历史的载体。向后人传达一种文化和历史的信息。很多雄伟、壮观、充满艺术灵感和精巧构思的大桥，已成为一个城市和地区、甚至一个国家的重要象征和标志。

我国幅员辽阔，山脉江河纵横全国，自20世纪80年代改革开放以来，桥梁建设得到了飞速的发展，对促进经济发展、文化交流、加强地区沟通、物质流通、增强民族团结、缩小地域差别、改善城乡人民生活水平，起到了重要的作用。

回顾过去，展望未来，随着我国经济发展目标的不断提高，作为基础设施，桥梁建设必将在经济发展中继续发挥更为重要的作用。

二、桥梁的发展概况

(一)我国桥梁的发展概况

1. 辉煌的古代桥梁建筑成就

(1) 古代悬索桥　据史料记载，我国是最早有悬索桥的国家，至今至少有3000多年的历

史。由最初藤索、竹索逐渐发展到铁索，至今保留下来的古代悬索桥有四川泸定县的大渡河铁索桥（1706 年）以及灌县的安澜竹索桥（1803 年）。泸定铁索桥跨径约为 100m，宽约 2.8m，由 13 条锚固于两岸的铁索组成（图 1-1）。安澜桥是世界上最著名的竹索桥，全长 340m，分 8 孔，最大跨径为 61m，全桥由细竹篾编成粗 0.167m 的 24 根竹索组成。

(2) 古代石梁桥　石料是大自然赋予人类的天然建筑材料，又由于其强度高、经久耐用，因此古代桥梁以石桥居多。

秦汉时期，我国已广泛修建石梁桥，现保留下来的福建泉州东郊万安桥（又称洛阳桥）是世界上最长和工程最艰巨的古代石梁桥，建于宋代 1053～1059 年，桥长达 800 多米，共 47 孔，跨径 11～17m（图 1-2）。该桥位于洛阳江的入海口处，由于海口江面波涛汹涌，水深不可址，基础施工条件异常艰巨。建筑时先以磐石遍铺江底，并巧妙地利用养殖海生牡蛎的方法，把江底石块牢固地胶结在一起，同时把桥墩和基础也牢固地胶结成整体来共同抵抗风浪。该桥的桥基形式是近代筏形基础的开端，施工中采用的牡蛎固基法及利用海水涨落的浮运架梁法，是当时世界上绝无仅有的桥梁建造技术，充分体现了我国古代劳动人民勤劳、勇敢、聪明智慧，现为国家重点保护文物。类似的石梁桥还有修建于 1240 年的福建漳州虎渡桥，此桥总长 335m，最大石梁长达 23.7m，高 1.9m，宽 1.7m，且重达 200t。这些巨大的石梁，在当时没有起重设备的情况下，是巧妙地利用了潮水涨落浮运架设的。

图 1-1　四川泸定县大渡河桥

图 1-2　福建泉州万安桥

(3) 古代石拱桥　中国古代石拱桥技术驰名中外，河北省赵县的赵州桥（又称安济桥），是我国古代石拱桥的杰出代表（图 1-3）。该桥始建于隋文帝开皇十五年（公元 595 年），完工于隋炀帝大业元年（公元 605 年）。赵州桥以较扁平的圆弧拱代替传统的半圆拱，在拱圈两肩各设有两个跨度不等的腹拱，不但节省材料，还便于排洪，外形轻巧美观。该桥是世界上第一座空腹式圆弧拱，该桥净跨径 37.02m，宽 9m，矢高 7.23m，全桥由 28 道石拱券并列砌筑而成，赵州桥以其巧妙、独创性的构思和精致的工艺而举世闻名。1991 年被列为世界文化遗产。

除赵州桥外，北京永定河上的卢沟桥，苏州的枫桥等都是著名的古代石拱桥。我国石拱桥的建桥技术在明朝流传到日本等国，促进了世界文化的交流。

(4) 古代浮桥　据记载，在 3000 多年前的周文王时期，我国就在渭河上架设过大型的浮桥，由于浮桥架设简便快捷，后来常被用于军事作战中。广东潮安的湘子桥（图 1-4）中间段就是古代著名的浮桥，它是由 18 条浮船组成的长达 97.3m 的开合式浮桥。当洪水来临或大船和大型木筏通过时，将浮桥解开，船和木筏通过后，再将浮船归回原处并固定。湘子桥是世界上最早的开启式桥，该桥建于南宋乾道六年（1170 年）至宝庆二年（1226 年）完成，前后历时 57 年，全长 517.85m。另外，该桥上部结构类型之多，施工条件之困难，工程历时之久，都是古代建桥史上所罕见的。

图 1-3　河北赵县赵州桥

图 1-4　广东潮安湘子桥

2. 旧中国的落后

封建社会的长期统治，严重阻碍了生产力的发展。1840 年，鸦片战争后，我国逐渐沦为半封建半殖民地的社会，综合国力和科技水平远远落后于已进入工业化发展阶段的西方资本主义国家。在桥梁建设方面大部分是外国投资，外商承包。当时交通事业极其落后，可供通车的里程很少，质量低劣。到新中国成立前，我国公路桥梁绝大多数为木桥，年久失修，破烂不堪，虽然当时我国自己也先后建过一些大型桥梁，但与当时世界上的桥梁建筑水平相比，在技术上始终处于落后的状态。

3. 新中国成立后的发展

新中国成立后，百废待兴，我国人民以空前的积极性掀起社会主义建设高潮，迅速医治战争创伤，恢复了经济。新中国成立初期，发扬艰苦奋斗的精神，因地制宜，就地取材，修复和加固了大量的旧桥，并在铁路干线、公路网线和渡口修建了很多重要桥梁。随着社会经济建设的发展，交通建设出现了突飞猛进的发展局面。1957 年，第一跨长江大桥——武汉长江大桥胜利建成，结束了我国万里长江无桥的历史，大桥的主桥为三联 3×128m 的钢桁架连续梁下层双线铁路，上层为行车道宽 18m 的公路桥梁，两侧各设 2.25m 人行道，包括引桥在内全桥总长 1670.4m，由苏联专家参与建设。武汉长江大桥的建成，标志着我国在建国后，在短短的几年时间内，建造大跨度钢桥的技术水平就提高到了新的起点，已经具备了在大江大河上修建现代化桥梁的能力。

1969 年，举世瞩目的南京长江大桥（图 1-5）建成通车，这是我国自行设计，自行制造、施工，并使用国产钢材的现代化大型桥梁，主桥除北岸第一孔为跨径 128m 的简支钢桁梁外，其余 9 孔为 3 联 3×160m 的连续钢桁架梁，该桥上层为公路桥梁，下层为双线铁路桥，包括引桥在内，公路桥梁全长 4589m，铁路桥梁全长 6772m，桥址处水深流急，河床地质极为复杂，基础施工难度较大，南京长江大桥的胜利建成，标志我国桥梁建设水平在建国后经过不到 20 年的时间已接近世界先进水平。

4. 改革开放后的成就

改革开放后，随着经济发展的需要，我国从珠江三角洲到长江流域，再到长江三角洲，展开了全球路桥建设的局面。我国积极吸收当今世界力学、材料学、建筑学、管理学等最新成果，使中国桥梁技术实现了跨越式发展。20 世纪 80 年代，改革开放前沿的珠江三角洲，开始了公路交通基础设施建设。在政府的支持下，实现了贷款建桥的政策性突破，为经济腾飞铺就了坚实的跑道。20 世纪 90 年代，以上海浦东开发、开放为龙头，带动长江三角洲和长江流域经济起飞的战略决策，带来了长江流域跨江大桥的建设高潮。绵延三千公里的长江干流江段上，座座大桥飞架两岸，沟通南北。1991 年、1993 年跨径分别为 423m 和 602m 的钢-混凝土叠合梁斜拉桥——上海南浦大桥和杨浦大桥（图 1-6）相继建成，成为上海改革开放的重要标志。

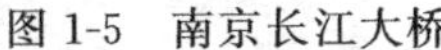
图 1-5 南京长江大桥

图 1-6 上海杨浦大桥

1996 年，长江上第一座悬索桥——西陵长江大桥建成通车（图 1-7）。该桥为单跨 900m，全长 1118.66m 的钢箱梁悬索桥，是三峡工程建设中沟通两岸的重要通道。1997 年，在国内桥梁界通力合作下，跨径 888m 的我国第一座 6 车道高速公路全焊接钢箱梁悬索桥——虎门大桥正式通车。随着桥梁建设由长江上游、中游向下游推进，桥梁的跨径要求越来越大，以保证长江黄金水道的安全通航。1999 年，江阴长江大桥以 1385m 一跨过江的记录，成为我国桥梁发展史上的重要里程碑。

2005 年，连接京沪、宁沪、宁杭三条高速公路的润扬大桥建成通车，成为长江三角洲地区又一重要的路网枢纽。该桥主要由南汉悬索桥和北汉斜拉桥组成，南汉桥主桥是钢箱梁悬索桥，索塔高 209.9m，两根主缆直径为 0.868m，跨径布置为 470m+1490m+470m。

21 世纪初，随着沿海岛屿与近海工程的开发，我国开始了跨越海湾、海峡的造桥时代。2005 年 11 月，作为上海国际航运中心深水港工程的重要组成部分，全长 32.5km 的我国第一座外海跨海大桥——东海大桥（图 1-8）建成通车，成为我国外海超长桥梁的先行者。

图 1-7 西陵长江大桥

图 1-8 东海大桥

2008 年 5 月，横跨杭州湾海域的杭州湾跨海大桥建成通车。它北起浙江嘉兴海盐郑家埭，南至宁波慈溪水路湾，全长36km。2011年6月，我国北方冰冻海域首座特大型桥梁集群工程——青岛海湾大桥（图1-9）建成通车。它起于青岛市区，横跨胶州湾，止于黄岛，与青岛和兰州公路顺接。大桥为双向六车道高速公路，兼城市快速路八车道。包括海上航道桥、海上非通航孔桥、互通式立交桥和陆上引桥。其中大沽河航道桥为世界首座海上独塔自锚式悬索桥，红岛互通式立交桥为我国首座海上互通式立交桥。全桥海上钻孔灌注桩数量多达5127根，居世界第一。全桥总长度41.58km，是目前世界上最长的跨海大桥。大桥建设工程高精尖技术课题多达45项，其中“水下无封底混凝土套箱关键技术”成功破解了海上水下承台施工防腐蚀、防撞击等诸多难题，为世界首创。

5. 桥梁强国的崛起

经过改革开放三十多年来，随着我国国民经济建设的发展和需要，桥梁建设事业得到了前所未有的发展。建设规模、建设水平已达到或超过世界先进水平。2006年建成通车的主跨为330m的重庆石板坡长江大桥复线桥（图1-10），为目前世界跨径最大的钢-混凝土组合连续刚构桥。

图1-9　青岛海湾大桥

图1-10　重庆石板坡长江大桥复线桥

2008年建成通车的主跨为552m的重庆朝天门大桥（图1-11），为目前世界最大跨度的中承式钢桁架系杆拱桥。

2008年6月建成通车的苏通大桥主航道桥为半漂浮体系、双塔双索面钢箱梁斜拉桥，主跨为1088m，是目前世界上跨度最大的斜拉桥（图1-12）。

图1-11　重庆朝天门大桥

图1-12　苏通大桥

2009年12月建成通车的浙江舟山西堠门大桥（图1-13），主跨1650m，为目前世界最大跨度的钢箱梁悬索桥。在各类悬索桥中，跨度居国内第一、世界第二，设计通航等级3万吨，通航净高 49.5m，净宽 630m。

正在建设中的桥-岛-隧一体化集群工程——港珠澳大桥（图 1-14），全长 56km，跨越珠海口伶仃洋海域，是连接广东、香港、澳门的大型跨海通道。香港段预计在 2016 年开通。

图 1-13 舟山西堠门大桥

图 1-14 建设中的港珠澳大桥示意图

另外，横跨琼州海峡的公铁两用跨海大桥——琼州海峡跨海大桥，也即将开工建设。

中国已由桥梁大国迈向名副其实的世界桥梁强国。预计到 2020 年前，中国还将新建大、中、小桥梁 20 多万座。桥梁建设必将创造更大的辉煌。广大的桥梁建设者，将以自己的智慧为 21 世纪桥梁工程的辉煌贡献自己的力量。

(二)世界桥梁的发展概况

作为土木工程的重要分支，桥梁工程在世界范围内的发展，大致经历了以下三个阶段：

① 直至 17 世纪中期，桥梁建筑材料基本只限于土、石、砖、木等材料。17 世纪 70 年代开始使用生铁，19 世纪初开始使用熟铁建造桥梁，由于这些材料本身存在缺陷，使桥梁的发展仍然受到很大限制。19 世纪中叶钢材的出现，以及随后高强度钢材的出现，使桥梁工程的发展获得了第一次飞跃。使桥梁结构的跨度由十几米、几十米，跃进到百米、几百米，直至千米以上。

② 20 世纪初，钢筋混凝土的应用，以及 20 世纪 30 年代兴起的预应力混凝土技术，使桥梁建设获得了廉价、耐久且刚度和承载力均很大的建筑材料，从而推动桥梁的发展产生第二次飞跃。20 世纪建桥历史中，最突出的成就是预应力混凝土技术的广泛应用。据粗略估计，当今世界上 70%的桥梁都采用了预应力混凝土新技术。

③ 20 世纪 50 年代以后，随着计算机技术和有限元技术的迅速发展，给结构和力学理论注入了新的生命力。在结构线性、非线性的空间分析、稳定性分析、动力分析、风和地震响应分析方面有了深入的发展，使得人们能够方便地完成过去不可能完成的大规模结构计算，这使桥梁工程的发展获得了第三次飞跃。而且随着其它行业的发展，科学实验手段更趋先进，特别是对强风和大地震等结构防灾和风洞、地震模拟振动台等科学实验方法的发展，使人类能够向着建造更大跨度桥梁的方向发展。

(三)桥梁技术的发展趋势和前景

随着世界经济的发展和人类对陆路交通运输的空前需求，本世纪必将在世界范围内迎来更大规模的桥梁建设高潮。纵观国内外桥梁在近几十年的发展情况，可以预见，桥梁工程的未来发展趋势将集中在以下几个方面。

1. 桥梁结构将继续向更长、更大、更柔的方向发展

这将引发对各种组合体系、协作体系以及各种材料的组合结构、混合结构等适合超大跨度（3000～5000m 及以上）桥梁的结构体系的研究和探索。

2. 桥梁建筑材料将向高强度、高弹性模量、轻质、多功能方向发展

作为推动桥梁发展的重要动力之一，新型桥梁建筑材料应具有高强度、高弹性模量、轻质、超强耐久性等特点。超高强双向钢丝、钢纤维混凝土、玻璃纤维、碳纤维增强塑料等一系列新型材料，将逐步取代钢材和混凝土两种基本材料。

3. 大型深海基础工程将进一步发展

随着国内外跨海大桥建设规模的不断扩大和发展，大型深海基础（深度 100～300m）的设计和建造技术将得到进一步的探索和发展。

4. 施工过程的智能化程度将极大提高

大型工厂化预制节段和大型施工设备的整体化安装，将成为桥梁施工方法的主流，计算机远程控制的建筑机器人将在施工中发挥重要作用。施工安全性将得到更大保障。

5. 桥梁健康监测和管理系统的开发和应用

随着桥梁的长大化、轻柔化和行车速度的提高，大跨度桥梁在运营阶段可能出现结构振动过大以及构件的疲劳、应力过大、老化失效、开裂等问题，并由此危及桥梁的正常使用和安全。这就需要建立完善的健康监测系统，对容易发生损伤的部位及时做出诊断和警报，对桥梁结构的健康状况进行评定，并向养护部门提供维修或加固的决策，以保证桥梁的使用寿命。

6. 桥梁美学和环境保护方面的日益重视

桥梁是人类最杰出的建筑之一。桥梁作为建筑实体，除为社会大众提供使用功能外，还具有艺术价值。许多著名大桥以其宏大的气势和造型，为人们带来美感，成为陆地、河流、海洋和天空的景观。并成为城市或地区的标志和象征。21 世纪桥梁的结构必将更加重视艺术造型，重视桥梁美学和景观设计，重视环境保护，达到人文景观与周围环境的完美结合。

第二节　桥梁的组成和分类

一、桥梁的基本组成

桥梁一般由主要承载结构和附属结构组成，如图 1-15 所示。

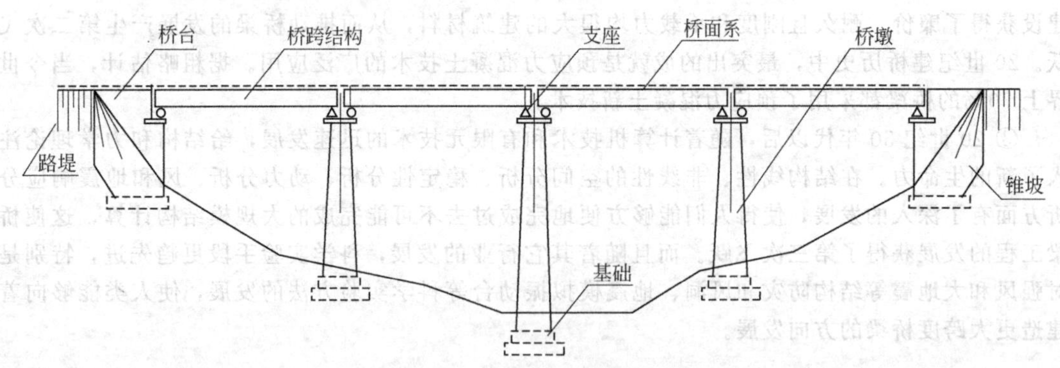

图 1-15　梁式桥基本组成

1. 主要承载结构

包括桥跨结构、支座、桥墩、桥台和基础五个部分，是桥梁结构安全的根本保证。

（1）桥跨结构　桥跨结构又称桥孔结构或上部结构，是线路中断时跨越障碍的承载结构。它的作用是承受车辆交通荷载和人群荷载，通过支座将荷载传给桥梁墩台。

（2）支座　支座是设于墩台顶部，支撑桥跨结构并将荷载传给墩台的传力装置。

（3）桥墩　设于多孔桥跨的中间部位，支撑相邻桥跨结构并将荷载传至基础。

(4) 桥台　设置在桥梁的两端，支撑桥跨结构并使桥梁与路堤相连接的结构部分。承受桥跨结构传递的荷载及路堤土压力，并传至基础。

(5) 基础　桥墩和桥台底部的奠基部分称为基础，是桥梁最下部分的结构。承担了由桥墩和桥台传来的全部荷载，并最终将荷载传至地基。因此基础底部应设在有足够承载力的持力层处，并应具有一定的埋置深度。

2. 附属设施

桥梁基本附属设施包括桥面铺装、排水防水系统、伸缩装置、栏杆（或防撞墙）、照明设施等五部分，直接与桥梁服务功能有关，其它附属设施包括桥头搭板、锥形护坡等。

二、桥梁结构的基本设计尺寸及其术语名称

桥梁结构的基本设计尺寸主要包括沿桥梁长度方向和高度方向的尺寸，如图 1-16 所示。

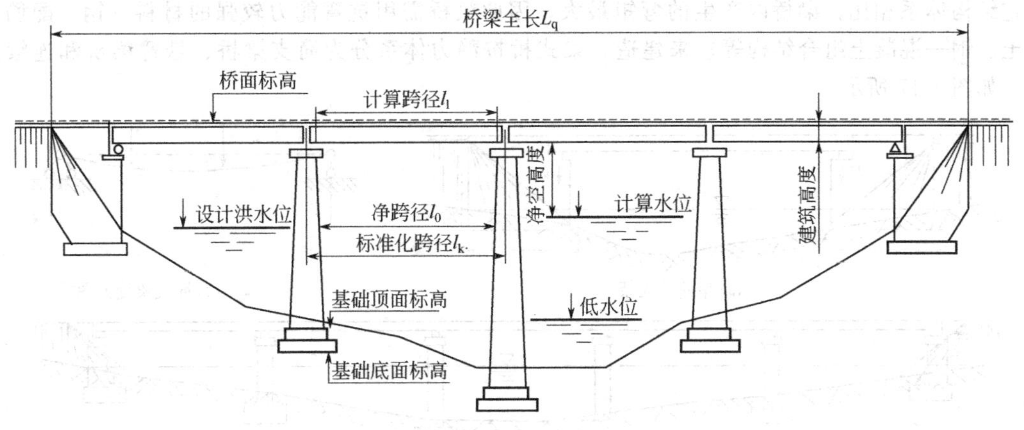

图 1-16　桥梁结构的基本尺寸

(1) 计算跨径　对于设支座的桥梁，为同一孔桥跨结构相邻两支座中心之间的水平距离；对于不设支座的桥梁，为上下部结构相交面中心之间的水平距离，用 l 表示。桥梁结构的力学计算以计算跨径为基准。

(2) 净跨径　对于设支座的桥梁，为设计洪水位上相邻两桥墩（或桥墩与桥台）间的水平净距；不设支座的桥梁，为同一孔桥跨结构上下部结构相交处内缘间的水平净距离，用 l_0 表示。

(3) 总跨径　多孔桥梁中各孔净跨径的总和，用 $\sum l_0$ 表示。它反映桥下排泄洪水的能力。

(4) 标准化跨径　对梁式桥，指两相邻桥墩中线间水平距离或桥墩中线与台背前缘之间的水平距离；对于拱式桥和涵洞，以净跨径为标准化跨径，用 l_k 表示。新建桥涵的跨径在 50m 及以下时，应尽量采用标准化跨径和标准设计图纸。《公路桥涵设计通用规范》（JTG D60—2004）规定了标准化跨径从 0.75～50m，共分 21 种，具体为 0.75m、1.0m、1.25m、1.5m、2.0m、2.5m、3m、4m、5m、6m、8m、10m、13m、16m、20m、25m、30m、35m、40m、45m、50m。

(5) 桥梁全长　对于有桥台的桥梁，为沿桥梁中心线两岸桥台侧墙尾端之间的水平距离；无桥台的桥，为桥面系的行车道长度。用 L_q 表示。

(6) 桥下净空高度　计算洪水位或计算通航水位或桥梁所跨越的线路的路面中心与桥跨结构最下缘之间的高差，称为桥下净空高度。桥下净空高度应满足流水、通航或通车的规定要求，用 H_0 表示。

(7) 桥梁建筑高度　桥面行车道标高与桥跨结构最下缘标高之差称为桥梁建筑高度。用 h 表示。线路定线中所确定的桥面标高与桥下净空限界顶部标高之差称为桥梁容许建筑高度。桥

梁的实际建筑高度只能控制在容许建筑高度范围之内。

三、桥梁的分类

(一)按受力体系分类

按受力体系分类是以桥梁结构的力学特征为基本着眼点对桥梁进行分类，以利于把握各种桥梁的基本受力特点，是桥梁最重要的分类方法，按主要承重构件的受力特点可分为梁式桥、拱桥、刚架桥、斜拉桥、悬索桥组合体系等六种体系。

下面分别阐述各种桥梁体系的主要特点。

1. 梁式桥

梁式桥的主要承重结构为梁结构，竖向荷载作用下只承受弯矩和剪力。由于竖向荷载作用下支撑处无水平反力产生，且荷载的作用方向与承重结构的轴线接近垂直，因而与同样跨径的其它结构体系相比，梁桥内产生的弯矩最大，因此梁桥需用抗弯能力较强的材料（钢、配筋混凝土、钢—混凝土组合结构等）来建造。梁式桥按静力体系分为简支梁桥、悬臂梁桥和连续梁桥。如图 1-17 所示。

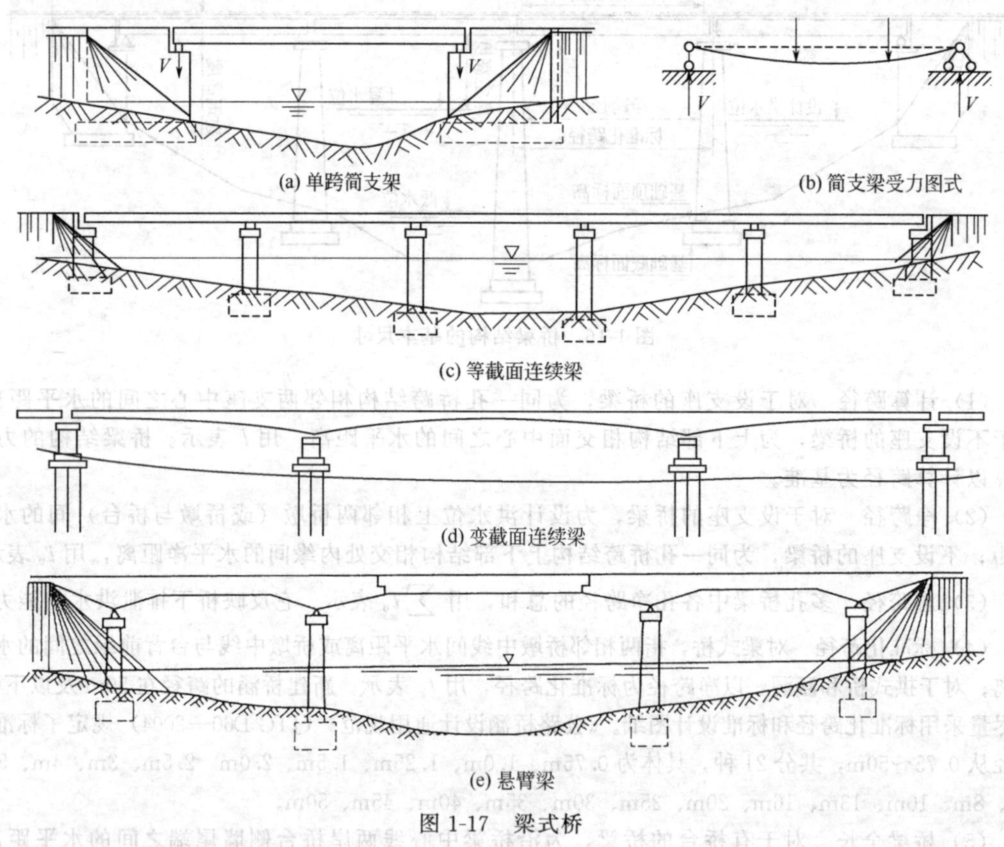

图 1-17　梁式桥

对于中、小跨径桥梁，目前在公路上应用最广的是标准跨径的钢筋混凝土简支梁桥，施工方法有预制装配和现浇两种，这种梁桥的结构简单，施工方便，简支梁对地基承载力的要求也不高，其常用跨径在 25m 以下，当跨径较大时，需采用预应力混凝土简支梁桥，但跨度一般不超过 50m。为了改善受力条件和使用性能，地质条件较好时，中、小跨径梁桥均可修建连续梁桥，对于很大跨径的大桥和特大桥，可采用预应力混凝土梁桥、钢桥和钢—混凝土组合梁桥。

2. 拱式桥

拱式桥的主要承重结构是主拱圈或拱肋（拱圈横截面设计成分离形式时称为拱肋），如图 1-18 所示。拱结构在竖向荷载作用下，桥墩和桥台支撑处会产生水平推力。这种水平推力将大大抵消拱圈（或拱肋）内由荷载所引起的弯矩。因此，与同跨径的梁相比，拱的弯矩、剪力和变形都要小得多，因此在竖向荷载作用下拱桥的承重结构以承受轴向压力为主，同时也承受一定的弯矩和剪力。拱式桥通常可用抗压能力强且较经济的圬工材料（如砖、石、混凝土）和钢筋混凝土等来建造。拱桥不仅跨越能力很大，而且外形美观，在条件许可的情况下，修建拱桥往往是经济合理的，一般在跨径 500m 以内均可作为比选方案。同时应当注意，为了确保拱桥的安全，墩台和地基必须能经受住较大的水平推力的作用。此外，拱桥施工的难度和风险一般比梁桥要大些。

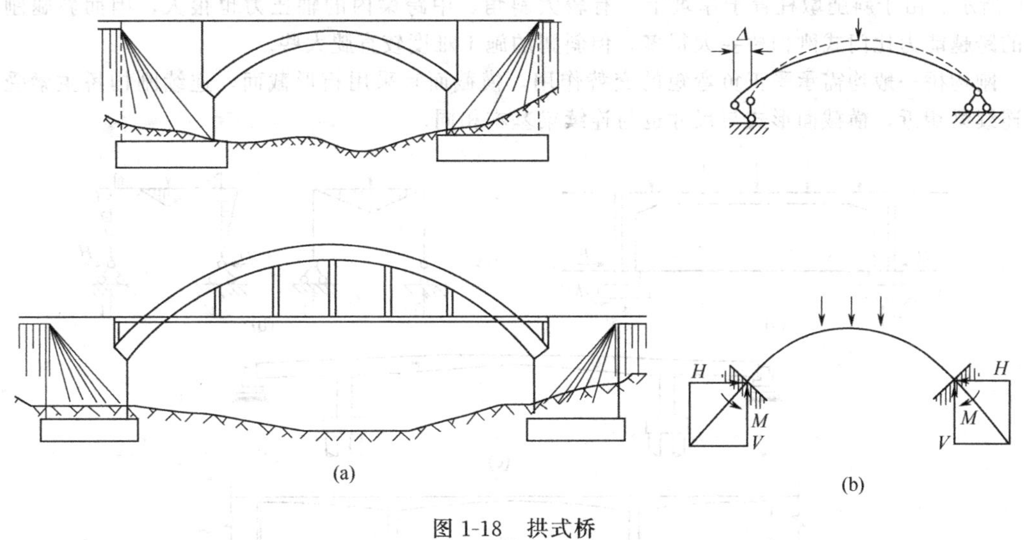

图 1-18 拱式桥

按照行车道处于主拱圈的不同位置，拱桥分为上承式拱、中承式拱和下承式拱桥三种。如图 1-19 所示。

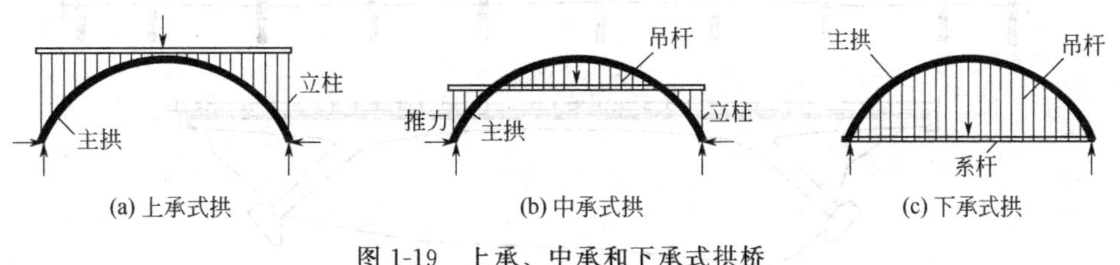

图 1-19 上承、中承和下承式拱桥

3. 刚架桥

刚架桥的主要承重结构是梁与墩柱（或竖墙）整体结合在一起的刚架结构，如图 1-20（a）的门式刚架在竖向荷载作用下，梁和柱的连接处将产生负弯矩；会抵消部分梁部的跨中正弯矩，因此，其弯矩值较同跨径的简支梁小，立柱承受弯矩，也承受轴力和剪力，如图 1-20（b）所示；在竖向荷载作用下，柱脚处具有水平反力，梁内有轴压力，因而其受力状态介于梁桥与拱桥之间，如图 1-20（c）所示的 T 形刚构桥（带挂孔的或不带挂孔的）是修建较大跨径混凝土桥梁曾采用的桥型，属静定或低次超静定结构，对于这种桥型，由于 T 形刚构长悬臂处于一种不受约束的自由变形状态，在车辆荷载作用下，悬臂内的弯、扭应力均较大，因而各个方向均易产生裂缝。另外，由于混凝土徐变，会使悬臂端产生一定的下挠，从而在悬臂端部和挂梁的结合处形成一个折角，不仅损坏了伸缩缝，而且车辆在此跳车，给悬臂以附加冲击力，使行车不适，对桥梁受力也不利，目前这种桥型已较少采用。

如图 1-20（d）所示的连续刚构桥，属于多次超静定结构，在设计中一般应减小墩柱顶端的水平抗推刚度，使得温度变化下在结构内不致产生较大的附加内力。对于很长的桥，为了降低这种附加内力，往往在两侧的一个或数个边跨上设置滑动支座，从而形成图 1-20（e）所示的刚构—连续组合体系桥型。这种桥梁体系既保持了连续梁的受力优点，又节省了连续梁中设置大型支座的费用和施工中的体系转换，减少了墩及基础的工程量，改善了结构在水平荷载作用下的受力性能，适用于需要布置大跨、高墩的桥位。近年来，连续刚构体系在桥梁工程中的应用越来越普遍，最大跨径已超过 300m。

当跨越陡峭河岸和深谷时，修建斜腿式刚构桥往往既经济合理又造型轻巧美观，如图 1-20（f）所示。由于斜腿墩柱置于岸坡上，有较大斜角，中跨梁内的轴压力也很大，因而斜腿刚构桥的跨越能力比门式刚构桥要大得多，但斜腿的施工难度较直腿大些。

刚构桥一般均需承受正负弯矩的交替作用，横截面宜采用箱形截面，连续刚构桥主梁受力与连续梁相近，横截面形式与尺寸也与连续梁基本相同。

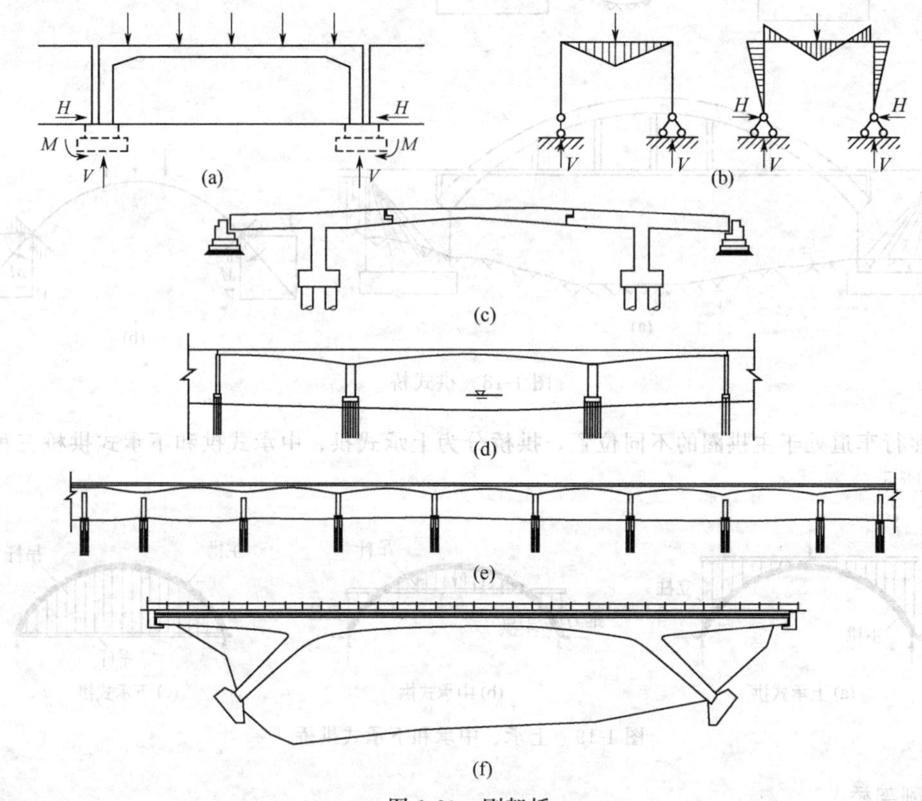

图 1-20 刚架桥

4. 斜拉桥

斜拉桥由塔柱、主梁和斜拉索组成，如图 1-21 所示。它的基本受力特点是：受拉的斜索将主梁多点吊起，并将主梁的恒载、车辆等其它荷载传至塔柱，再通过塔柱基础传至地基。主梁以受弯为主，塔柱以受压为主。斜拉桥属高次超静定结构，主梁所受弯矩大小与斜拉索的初张力密切相关，存在着一定最优的索力分布，使主梁在各种状态下的弯矩（或应力）最小。

主梁由于受到斜拉索的弹性支撑，弯矩较小，使得其设计尺寸大大减小，结构自重显著减轻，因而大幅度提高了斜拉桥的跨越能力。目前斜拉桥的最大跨度已超过千米。

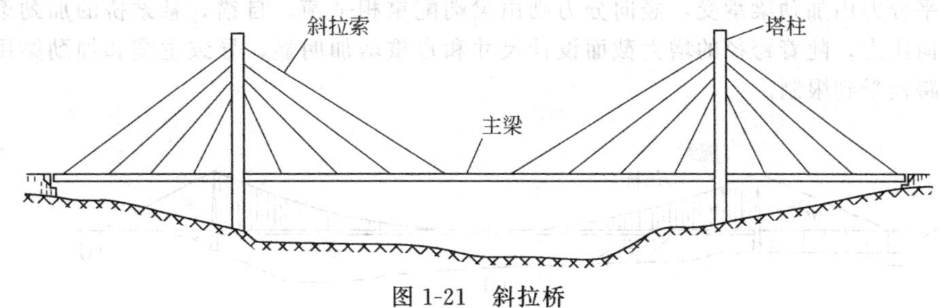

图 1-21　斜拉桥

斜拉索的组成和布置、塔柱形式及主梁的截面形状是多种多样的，主梁的截面形态与拉索的布置情况要相互配合。我国常用高强平行钢丝或钢绞线等制成斜拉索，常用的斜拉桥是三跨双塔式结构，但独塔双跨形式也常见，如图 1-22 及图 1-23（马新大桥）所示。具体形式及布置的选择应根据河流、地形、通航、美观等要求加以论证确定。在桥横向，斜拉索一般按双索面布置，也有采用中央布置的单索面结构。

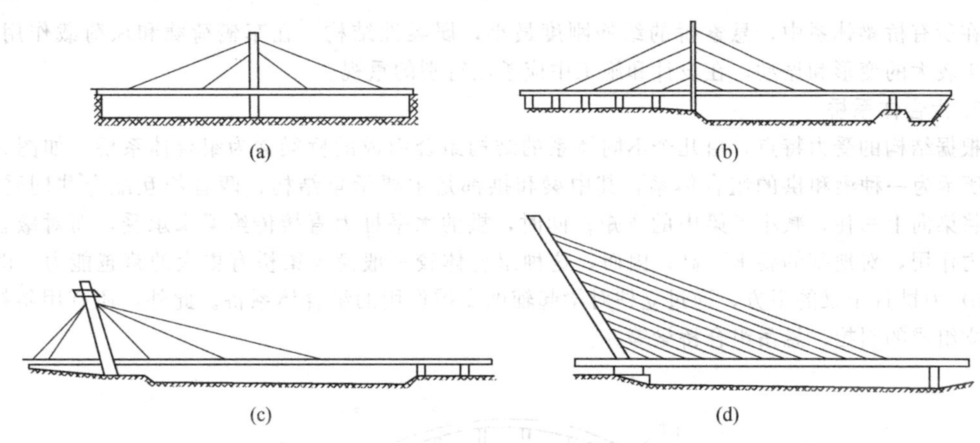

图 1-22　独塔斜拉桥

5. 悬索桥

悬索桥（也称为吊桥）主要由缆索、塔柱、锚碇（对于地锚式悬索桥）、加劲梁等组成，如图 1-24 所示。悬索桥的主要承重结构为缆索，作用在桥面上的竖向荷载，通过吊杆使缆索产生很大的拉力，缆索将拉力传给悬索桥两端的锚碇结构（对于地锚式悬索桥）。为了承受巨大的缆索拉力，锚碇结构需做得很大（重力式锚碇），或者依靠天然完整的岩体来承受水平拉力（隧道式锚碇），缆索传至锚碇的拉力可分解为垂直和水平两个分力，因而悬索桥也是具有水平反力（拉力）的结构。缆索通常用高强钢丝成股编制成圆形钢缆，以充分发挥其优良的抗拉性能。由于悬索桥中充分发挥了钢材极高的抗拉性能，且承重结构自重较小，所以悬索桥的跨越能力远超过其它各种桥型。是目前超大跨度桥梁的首选桥型。图 1-24（a）为山区跨越山谷或河流的单跨式悬索桥，图 1-24（b）为大江或湖海上跨越深水区的三跨式悬索桥。上述悬索桥称为地锚式悬索桥。

图 1-23　马新大桥

悬索桥的另一种形式，是自锚式悬索桥，即取消锚碇，而将缆索直接锚固在加劲梁上，此时缆索水平分力由加劲梁承受，竖向分力则由梁端配重相平衡。自锚式悬索桥的加劲梁要承受巨大的轴向压力，随着跨径的增大截面设计尺寸和自重增加明显，导致主缆和加劲梁用钢量增大，因而跨径受到限制。

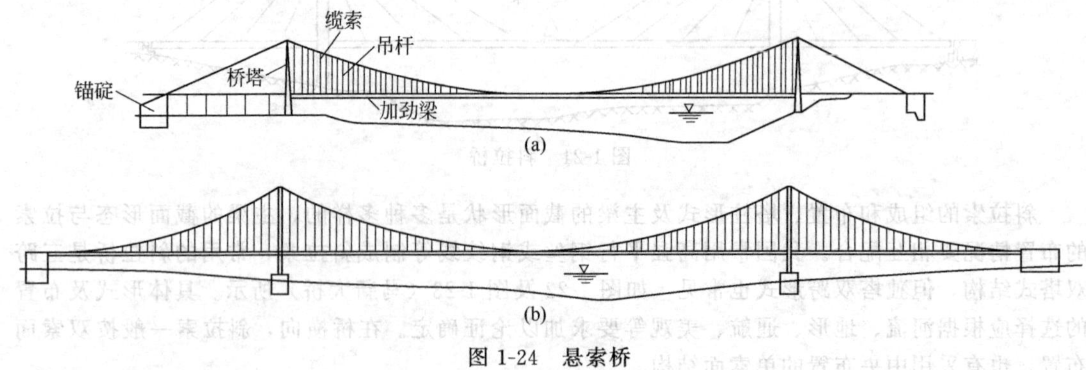

图 1-24　悬索桥

在所有桥梁体系中，悬索桥的结构刚度最小，属柔性结构，在车辆荷载和风荷载作用下，会产生较大的变形和振动，在设计和施工中应予以特别的重视。

6. 组合体系桥

根据结构的受力特点，由几个不同体系的结构组合而成的桥梁称为组合体系桥。如图 1-25（a）所示为一种梁和拱的组合体系，其中梁和拱都是主要承重结构，两者相互配合共同受力。吊杆将梁向上吊住，减小了梁中的弯矩；同时，拱的水平推力直接传给梁来承受，而对墩台没有推力作用，对地基的要求不高。因而，这种组合体较一般简支梁桥有更大的跨越能力。图 1-25（b）为拱置于梁的下方，通过立柱对梁起辅助支撑作用的组合体系桥。此外，还有用斜拉索和吊索组成的斜拉、悬吊组合桥梁等。

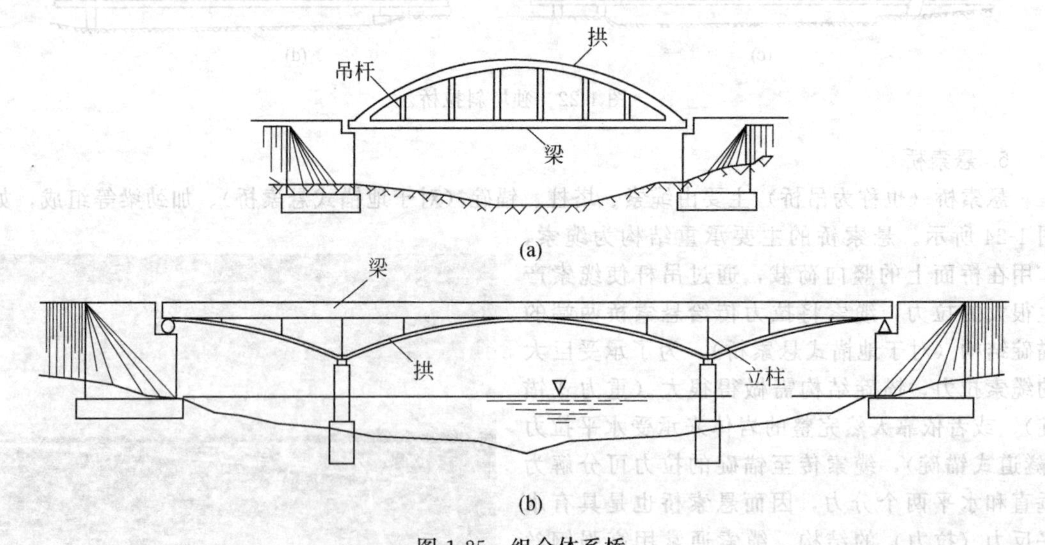

图 1-25　组合体系桥

(二)桥梁的其它分类方法

除了上述按受力特点分类外，桥梁还可按跨径大小、用途、大小规模和建桥材料等其它方面将桥梁进行分类。

① 按单孔跨径和多孔跨径总长，可分为特大桥、大桥、中桥、小桥和涵洞，见表 1-1。

表 1-1　桥梁按跨径分类

桥涵分类	多孔跨径总长 L/m	单孔跨径 l_b/m
特大桥	$L>1000$	$l_b>150$
大桥	$100\leqslant L\leqslant 1000$	$40\leqslant l_b\leqslant 150$
中桥	$30<L<100$	$20\leqslant l_b<40$
小桥	$8\leqslant L\leqslant 30$	$5\leqslant l_b<20$
涵洞		$l_b<5$

注：1. 单孔跨径是指标准化跨径；

2. 梁、板式桥的多孔跨径总长为多孔标准跨径的总长，拱式桥为两岸桥台内起拱线之间的距离，其它形式桥梁为桥面系车道长度；

3. 管涵及箱涵不论管径或跨径大小、孔数多少，均称为涵洞。

② 按桥跨结构所使用的材料，可分为圬工桥、钢筋混凝土桥、预应力混凝土桥、钢桥、钢—混凝土组合桥等。

③ 按跨越障碍的性质，可分为跨河桥、跨海桥、跨线桥、跨深谷高架桥等。

④ 按桥跨结构的平面布置，可分为正交桥、斜交桥和弯桥。

⑤ 按行车道与承重结构的相对位置，可分为上承式桥、中承式桥和下承式桥。

⑥ 按用途来划分，可分为公路桥、铁路桥、公铁两用桥、城市桥梁、军用桥、农桥、人行桥、水运桥（或渡槽）、管线桥、观景桥等。

⑦ 按桥孔是否固定划分，可分为固定式桥梁和活动式桥梁（开启式、升降式、浮桥等）。

复习思考题

1. 桥梁在交通中具有怎样的地位？
2. 桥梁由哪几部分组成？各部分的主要作用是什么？
3. 与桥梁总体布置有关的基本尺寸有哪些？其意义是什么？
4. 按受力体系，桥梁分成哪几种类型？每种类型桥梁的主要特点是什么？
5. 桥梁的其它分类方法有哪些？每一种分类方法分别有哪些类型？

第二章　桥梁总体规划设计

学习要点： 桥梁设计工作应遵循的基本原则和一般程序；桥梁设计所需的基本资料和收集、调查方法；桥梁平纵横断面设计内容和要求。

第一节　桥梁设计的基本原则

桥梁是公路、铁路和城市道路的重要组成部分，大、中桥梁的建设对当地的政治、经济、国防和人民生活都具有重要的意义。桥梁设计作为桥梁建设中决定作用的关键环节，必须遵循安全、耐久、适用、环保、经济和美观的原则，并尽可能采用先进的技术。

1. 安全可靠

所设计桥梁结构应具有足够的强度、刚度、稳定性和耐久性。桥梁结构的强度应使全部构件及其连接构造的抗力具有足够的安全储备。对于刚度的要求，应使桥梁在荷载作用下的变形不超过规定的容许值，过度的变形会使结构的连接松弛，而且挠度过大会导致高速行车困难，引起桥梁剧烈振动，使行人不适，严重者会危及桥梁结构的安全。结构的稳定性，是要使桥梁结构在各种外力作用下，具有能保持原来形状和位置的能力。例如，桥跨结构和墩台的整体不致倾倒或滑移，受压构件不致引起纵向屈曲变形等。

2. 适用耐久

确定的桥面宽度应保证车辆和人群的安全畅通并应满足今后规划年限内交通量增长的需要。桥型、跨度大小和桥下净空应满足泄洪、安全通航或通车等要求。平面和纵断面线型应满足车辆以设计车速安全顺利行驶要求。建成后的桥梁要保证使用年限，并便于检查和维修。

3. 经济合理

桥梁设计应体现经济上的合理性。在设计中必须进行详细周密的技术经济比较，使桥梁的总造价和材料等的消耗为最少。在技术经济比较中，应用全寿命周期分析法，充分考虑建设费用、施工工期、使用期间的运营条件以及养护和维修费用等问题。使桥梁的整个寿命周期的费用最少。

4. 造形美观

桥梁应具有优美的外形，应与周围的景致相协调。城市桥梁和游览地区的桥梁，可较多地考虑建筑艺术上的要求。合理的结构布局和轮廓是美观的主要因素，决不应把美观片面地理解为豪华的细部装饰。另外，施工质量对桥梁美观也有重大影响。

5. 有利环保

桥梁设计必须考虑环境保护和可持续发展的要求，包括生态、水、空气、噪声等几方面，应从桥位选择、桥跨布置、基础方案、墩身外形、上部结构施工方法、施工组织设计等多方面全面考虑环境要求，采取必要的工程控制措施，并建立环境监测保护体系，将不利影响减至最小。

桥梁施工完成后，将两头植被恢复或进一步美化桥梁周边的景观，亦属环境保护的内容。

6. 技术先进

在因地制宜的前提下，桥梁设计应尽可能采用成熟的新结构、新设备、新材料和新工艺。在注意认真学习国内外的先进技术，充分利用最新科学技术成就的同时，努力创新，淘汰和摒弃原来落后和不合理的设计思想。只有这样才能更好地贯彻适用、经济、安全、美观的原则，提高我国的桥梁建设水平，进而赶上和超过世界先进水平。

另外，新建中小桥涵的设计应尽量采用标准化的装配式结构，尽量采用机械化和工厂化施工，节约投资，便于养护和构件的更换。

第二节　桥梁设计程序

对于大、中桥梁，特别是跨度大或技术复杂的桥梁设计，为了能在错综复杂的客观条件基础上遴选出经济适用又美观的设计方案，就需按照国家基础建设程序的要求，循序渐进、逐步深入地开展工作。一座大型桥梁的完整设计工作，分设计前期工作阶段和正式设计工作阶段。前者可分为预可行性研究（简称“预可”）阶段和工程可行性研究（简称“工可”）阶段；后者则分为初步设计、技术设计和施工图设计三个阶段。

一、设计前期工作阶段

1. 预可行性研究阶段

“预可”阶段着重研究建桥的必要性以及宏观经济上的合理性。在“预可”研究阶段形成的“预工程可行性研究报告书”（简称“预可报告”）中，应从经济、政治、国防等方面，详细阐明建桥理由和工程建设的必要性和重要性，同时初步探讨技术上的可行性。对于区域性线路上的桥梁，应以建桥地点（渡口等）的车流量调查（计及国民经济逐年增长）为立论依据。

“预可”阶段的主要工作目标是解决建设项目的上报立项问题，因而，在“预可报告”中，应编制几个可能的桥型方案，并对工程造价、资金来源、投资回报等问题也应有初步估算和设想。

设计方将“预可报告”交业主后，由业主据此编制“项目建议书”报上级主管部门审批。

2. 工程可行性研究阶段

在项目建议书被审批确认后，就可着手“工可”阶段的工作。在这一阶段，着重研究和制定桥梁的技术标准，包括设计基准期、设计荷载标准、桥面宽度、通航标准、设计车速、线型标准等，与河道、航运、规划等部门共同研究，以协商确定相关的技术标准。

在“工可”阶段，应提出多个桥型方案，并按交通部《公路基本建设工程投资估算编制办法》估算造价，资金来源和投资回报等问题应基本落实。

二、正式设计工作阶段

1. 初步设计阶段

初步设计应根据批复的可行性研究报告、测设合同和初测、初勘或定测、详勘资料编制。

初步设计的目的是确定设计方案，应通过多个桥型方案的比选，推荐最优方案，报上级审批。在编制各个桥型方案时，应提供平、纵、横布置图，标明主要尺寸，并估算工程数量和主要材料数量，提出施工方案的意见，编制设计概算，提供文字说明和图表资料。初步设计经批复后，则成为施工准备、编制施工图设计文件和控制建设项目投资等的依据。

2. 技术设计阶段

对于技术上的复杂的特大桥、互通式立交或新型桥梁结构，还需进行技术设计。

技术设计应根据初步设计批复意见、测设合同的要求，对重大、复杂的技术问题通过科学试验、专题研究、加深勘探调查及分析比较，进一步完善批复的桥型方案的总体和细部各种技术问题以及施工方案，并修正工程概算。

3. 施工图设计阶段

两阶段（或三阶段）施工图设计应根据初步设计（或技术设计）批复意见、测设合同，进一步对所审定的修建原则、设计方案、技术决定加以具体和深化。在此阶段中，必须对桥梁各种构件进行详细的结构计算，并且确保强度、稳定、刚度、裂缝、构造等各种技术指标满足规范要求，绘制出施工详图，提出文字说明及施工组织计划，并编制施工图预算。

一般的（常规的）桥梁采用两阶段设计，即初步设计和施工图设计，对于技术简单、方案明确的小桥，也可采用一阶段设计，即施工图设计。

第三节　桥梁设计资料的调查和收集

设计资料的调查收集是桥梁设计最基础性的工作，设计资料的准确性和完整性，对桥梁设计将产生直接影响。一般桥梁设计中需要调查收集的资料有以下内容。

一、桥梁使用任务情况调查

即调查桥上现有的交通种类、交通流量的大小，以及桥梁建成后吸引的交通量；确定交通增长率，确定建成后一定使用年限内预期的交通流量大小；确定桥梁的设计荷载等级，车行道、人行道的宽度；调查桥上是否需要通过各种管线（如水管、煤气管、电力、通信线路等），以决定是否需要在桥上预留专门的位置。

二、桥位处地形、地质情况调查

测量桥位处一定区域范围内的地形，绘制地形图。对设计中制订桥型方案和相应的施工方法，以及对施工中临时场地的布置等都是十分重要的。通过钻探调查桥位处的地质情况，包括土的分层高度、物理力学性能、地下水位以及有无不良地质现象（如岩石破碎带、裂缝、溶洞等），并将钻探所得资料绘制成地质剖面图和柱状图，作为基础设计的重要依据。为使地质资料更加准确和接近实际情况，应根据初步拟定的桥梁分孔方案将钻孔布置在墩台附近。

三、河流水文情况调查

了解河道性质（如河道的自然变迁和人工规划的情况，河床及两岸的冲刷和淤积情况），测量桥位处河床断面，调查了解洪水位历史资料，推算设计洪水位，计算流速、流量。向航运部门了解和协商确定设计通航水位和通航净空。这些资料为确定桥梁的桥面标高、跨径和基础埋置深度提供依据。

四、调查收集有关气象资料

包括当地气温、雨量、风速等，为施工组织设计提供依据。

第四节　桥梁平、纵、横断面设计

一、桥梁纵断面设计

桥梁纵断面设计包括确定桥梁的总跨径、对桥梁进行分孔、确定桥面标高、桥上和桥头引道的纵坡以及基础的埋置深度等。

1. 桥梁总跨径的确定

天然河流上，由于桥梁的修建，水中墩台和桥头路堤压缩了河床，使桥下过水断面减小，流速加大，引起河床冲刷。因此，桥梁的总跨径长度必须保证桥下有足够的排洪面积，使河床不产生过大的冲刷。但为了不使总跨径过大而增加桥梁的总长度和造价，桥梁的总跨径又不能机械地根据水文计算和规定的冲刷系数来确定，而应该按具体情况分别对待。当桥梁基础埋置较浅时，总跨径应大一些，以避免河床过多的冲刷而引起桥梁破坏，对于深基础，河床允许有较大冲刷，总跨径可适当减小。

2. 桥梁的分孔

总跨径确定后，需对桥梁进行分孔，对于一座较大的桥梁应当分成几孔，各孔的跨径应多大，设几个河中桥墩，哪些孔设为通航孔，这些问题需要根据通航要求、地形、地质情况、水文情况以及技术经济和美观条件加以确定。

桥梁的分孔关系到桥梁的造价，桥梁的单孔跨径越大，孔数越少，桥跨结构的造价就越高，而墩台和基础的造价相对较低；反之，桥梁的单孔跨径越小，孔数越多，桥跨结构的造价就越低，而墩台和基础的造价相对较高。最经济的分孔方案应使桥跨结构和墩台、基础的总造价最低。因此，当桥墩较高或地质不良，基础工程较复杂时，桥梁跨径就要选得大一些，以减少墩台和基础的数量。而当桥墩较矮或基础埋深较小、地基条件较好时，跨径就可选得小一些。

对于有通航要求的河流，分孔时首先要满足桥下通航的要求。通航孔应布置在航行最方便的河道处，对于变迁性河流，航道位置可能发生变化，可根据河床具体情况多设几个通航孔。通航孔一般设置在水深较大的河床中央。考虑在洪水季节，河中央流速过快，航行危险，靠近岸侧也需设置临时通航孔。在平原地区的宽阔河流上修建多孔桥时，通常在主槽部分按需要布置较大的通航孔，而在两旁浅滩部分按经济跨径分孔。在山区和深谷上，应加大跨径，甚至可考虑一孔跨越。在布置桥孔时，应尽可能避开不利的地质段（如岩石破碎带、裂缝、溶洞等）。

对于连续体系的多孔桥梁，为了使整个结构受力和材料使用合理以及施工上的方便，分孔时各孔跨径间应有适当的比例关系。例如，为了使三跨连续梁桥的中跨和相邻边跨的跨中弯矩接近相等，其中跨与相邻边跨的跨径比，对于三跨连续梁应约为1.00∶0.80，对于五跨连续梁应约为1.00∶0.90∶0.65。为了使多孔悬臂梁桥的结构对称，最好布置成奇数跨。同时，合适的桥跨比例对桥梁整体美观也起十分重要的作用。从战备的要求考虑，宜采用小跨径桥梁，以便战时快速修复。当标准设计或新建桥涵跨径在50m及以下时，一般均应尽量采用标准化跨径。

总之，桥梁的分孔是一个复杂的多因素综合性问题，必须根据使用要求、桥位处的具体情况，结合桥型方案，通过技术、经济、美观等方面的比较，才能做出比较完善的设计方案。

3. 桥面标高的确定

桥面标高或在路线纵断面设计中规定，或根据设计洪水位、桥下通航净空、跨线桥桥下通车净空进行合理确定。

(1) 流水净空的要求　对于非通航河流，桥面标高应满足桥下流水净空的要求。《公路桥涵设计通用规范》(JTG D60—2015) 中规定，桥下净空应根据计算水位（设计水位计入壅水、浪高等）或最高流冰水位加安全高度确定。当河流有形成流冰阻塞的危险或有漂浮物通过时，应按实际调查的数据，在计算水位的基础上，结合当地具体情况酌留一定富余量，作为确定桥下净空的依据。对于有淤积的河流，桥下净空应适当增加。在不通航或无流放木筏的河流上或通航河流的不通航桥孔内，桥下净空不应小于表2-1的规定。

表 2-1　非通航河流桥下最小净空Δh_j

桥梁的部位		高出计算水位/m	高出最高流冰面/m
梁　底	洪水期无大漂流物	0.50	0.75
	洪水期有大漂流物	1.50	—
	有泥石流	1.00	—
支承垫石顶面		0.25	0.50
拱脚		0.25	0.25

为了保证支座的安全和正常工作，对于设支座的桥梁，支座底面应高出计算水位（设计洪水位加壅水和浪高）不小于 0.25m，并高出最高流冰面不小于 0.5m，如图 2-1（a）所示。

无铰拱的拱脚允许被设计洪水淹没，但不宜超过拱圈高度的 2/3，且拱顶底面应高出计算水位 1.0m，拱脚的起拱线应高出最高流冰面不小于 0.25m，如图 2-1（b）所示。

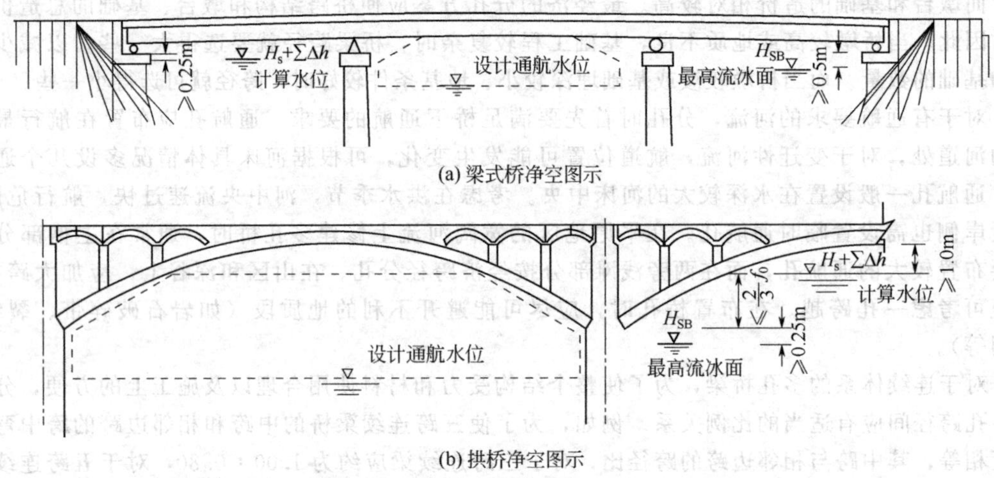

图 2-1　桥下净空高度图示

在不通航和无流筏的水库区域内，梁底面或拱顶底面离开水面的高度不应小于计算浪高的 0.75 倍加上 0.25m。

桥面标高采用设计水位和设计最高流冰水位两种方法计算，并不得小于两者的最大值，计算公式如下：

桥面最低高程＝设计水位＋考虑壅水、浪高、波浪壅高、床面淤高、漂浮物高度等诸因素的总和＋桥下净空安全值＋桥梁上部构造建筑高度（包括桥面铺装高度）

或桥面最低高程＝设计最高流冰水位＋桥下净空安全值＋桥梁上部构造建筑高度（包括桥面铺装高度）

1）按设计水位计算桥面最低高程时，应按下式计算

$$H_{min}=H_j+\Delta h_j+\Delta h_0 \tag{2-1}$$

式中　H_{min}——桥面最低高程，m；

H_j——计算水位（设计水位加壅水、浪高等），m；

Δh_j——桥下净空安全值，m，应符合表 2-1 的规定；

Δh_0——桥梁上部构造建筑高度，包括桥面铺装高度，m。

2）按设计最高流冰水位计算桥面最低高程时，应按下式计算

$$H_{min}=H_{SB}+\Delta h_j+\Delta h_0 \qquad (2\text{-}2)$$

式中　H_{SB}——设计最高流冰水位，应考虑床面淤高，m。

3）桥面设计高程不应低于式（2-1）、式（2-2）的计算值。

（2）通航净空的要求　在通航及通行木筏的河流上，必须设置保证桥下安全通航的通航孔，桥跨结构下缘最低边缘的设计通航水位的高度应满足如图 2-2 所示通航净空要求。《内河通航标准》（GB 50139—2004）规定了水上过河建筑物的通航净空尺寸，并列出了天然和渠化河流的通航净空尺寸，如表 2-2 所示，对于限制性航道、黑龙江水系和珠江三角洲至港澳内河航道的通航净空另有相关规定。此外还颁布了《通航海轮桥梁通航标准》（JTJ 311—1997），适用于沿海、海湾及区域内通航海轮航道的桥梁。

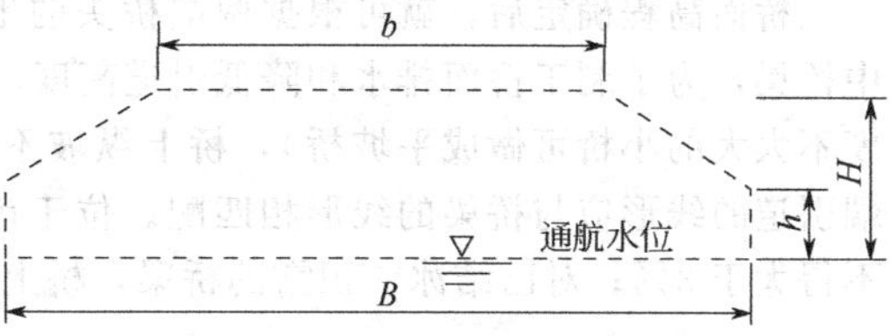

图 2-2　通航净空尺寸

表 2-2　水上过河建筑物通航净空尺寸

<table>
<tr><th rowspan="2">航道等级</th><th colspan="4">天然及渠化河流/m</th><th colspan="4">限制性航道/m</th></tr>
<tr><th>净高 H_m</th><th>净宽 B_m</th><th>上侧宽 b</th><th>侧高 h</th><th>净高 H_m</th><th>净宽 B_m</th><th>上侧宽 b</th><th>侧高 h</th></tr>
<tr><td>Ⅰ-（1）</td><td>24</td><td>160</td><td>120</td><td>7.0</td><td>—</td><td>—</td><td>—</td><td>—</td></tr>
<tr><td>Ⅰ-（2）</td><td rowspan="2">18</td><td>125</td><td>95</td><td>7.0</td><td rowspan="2">—</td><td rowspan="2">—</td><td rowspan="2">—</td><td rowspan="2">—</td></tr>
<tr><td>Ⅰ-（3）</td><td>95</td><td>70</td><td>7.0</td></tr>
<tr><td>Ⅰ-（4）</td><td>—</td><td>85</td><td>65</td><td>8.0</td><td>18</td><td>130</td><td>100</td><td>7.0</td></tr>
<tr><td>Ⅱ-（1）</td><td rowspan="2">18</td><td>105</td><td>80</td><td>6.0</td><td>—</td><td>—</td><td>—</td><td>—</td></tr>
<tr><td>Ⅱ-（2）</td><td>90</td><td>70</td><td>8.0</td><td>—</td><td>—</td><td>—</td><td>—</td></tr>
<tr><td>Ⅲ-（1）</td><td>—</td><td>—</td><td>—</td><td>—</td><td>—</td><td>—</td><td>—</td><td>—</td></tr>
<tr><td>Ⅲ-（2）</td><td rowspan="3">10</td><td>70</td><td>55</td><td>6.0</td><td>—</td><td>—</td><td>—</td><td>—</td></tr>
<tr><td>Ⅲ-（3）</td><td>60</td><td>45</td><td>6.0</td><td rowspan="2">10</td><td>85</td><td>65</td><td>6.0</td></tr>
<tr><td>Ⅲ-（4）</td><td>40</td><td>30</td><td>6.0</td><td>50</td><td>40</td><td>6.0</td></tr>
<tr><td>Ⅳ-（1）</td><td>8</td><td>60</td><td>50</td><td>4.0</td><td>—</td><td>—</td><td>—</td><td>—</td></tr>
<tr><td>Ⅳ-（2）</td><td rowspan="2">8</td><td>50</td><td>41</td><td>4.0</td><td rowspan="2">8</td><td>80</td><td>66</td><td>3.5</td></tr>
<tr><td>Ⅳ-（3）</td><td>35</td><td>29</td><td>5.0</td><td>66</td><td>37</td><td>4.0</td></tr>
<tr><td>Ⅴ-（1）</td><td rowspan="2">8</td><td>46</td><td>38</td><td>4.0</td><td>—</td><td>—</td><td>—</td><td>—</td></tr>
<tr><td>Ⅴ-（2）</td><td>38</td><td>31</td><td>4.5</td><td>8</td><td>75～77</td><td>62</td><td>3.5</td></tr>
<tr><td>Ⅴ-（3）</td><td>8.5</td><td>28～30</td><td>25</td><td>5.5，3.5</td><td>8.5</td><td>38</td><td>32</td><td>5.0，3.5</td></tr>
<tr><td>Ⅵ-（1）</td><td>—</td><td>—</td><td>—</td><td>—</td><td>4.5</td><td>18～22</td><td>14～17</td><td>3.4</td></tr>
<tr><td>Ⅵ-（2）</td><td>4.5</td><td>22</td><td>17</td><td>3.4</td><td>—</td><td>—</td><td>—</td><td>—</td></tr>
<tr><td>Ⅵ-（3）</td><td rowspan="2">6</td><td rowspan="2">18</td><td rowspan="2">14</td><td rowspan="2">4.0</td><td rowspan="2">6</td><td>25～30</td><td>19</td><td>3.6</td></tr>
<tr><td>Ⅵ-（4）</td><td>28～30</td><td>21</td><td>3.4</td></tr>
<tr><td>Ⅶ-（1）</td><td rowspan="2">3.5</td><td rowspan="2">14</td><td rowspan="2">11</td><td rowspan="2">2.8</td><td rowspan="2">3.5</td><td>18</td><td>14</td><td>3.4</td></tr>
<tr><td>Ⅶ-（2）</td><td>29</td><td>14</td><td>2.8</td></tr>
<tr><td>Ⅶ-（3）</td><td>4.5</td><td>18</td><td>14</td><td>2.8</td><td>4.5</td><td>25～30</td><td>19</td><td>2.8</td></tr>
</table>

注：1. 在平原河网地区建桥遇特殊困难时，可按具体条件研究确定。

2. 桥墩（墩柱）侧如有显著的湍流，则通航孔桥墩（或墩柱）间的净宽值应为本表的通航净宽加两侧湍流区的宽度。

3. 当不得已将水上过河建筑物建在航行条件较差或弯曲的河段上，其净宽应在表列数值基础上，根据船舶航行安全的需要适当放宽。

(3) 通车净空要求　对于跨线桥，桥面标高的确定必须满足桥下通车净空的要求，应根据所跨越线路的类型、等级，分别按公路、铁路、城市道路建筑限界的规定，预留出桥下净空。对于跨越公路的桥梁，桥下净空除应满足桥涵净空的规定外，还应满足桥下公路的视距和前方信息识别的要求。

4. 桥上和桥头引道纵坡

桥面高程确定后，就可根据两端桥头的地形和线路要求来设计桥梁的纵断面线形，对于大中桥梁，为了利于桥面排水和降低引道高度，通常设置从中间向两端倾斜的双向纵坡（对于长度不太大的小桥可做成平坡桥），桥上纵坡不宜大于4%，桥头引道纵坡不宜大于5%；桥头两端引道的线形应与桥梁的线形相匹配。位于市镇混合交通繁忙处，桥上纵坡和桥头引道纵坡均不得大于3%；对已结冰、积雪的桥梁，桥上纵坡不宜大于3%。

二、桥梁横断面设计

桥梁的横断面设计，主要是确定桥梁为满足使用功能所需的桥面净空以及桥跨结构的横断面布置。

桥面净空包括净宽和净高。它与桥梁所在的公路建筑限界相同。高速公路、一级公路、二级公路的桥面净高为5.00m，三级公路、四级公路的桥面净高为4.50m。桥面净宽决定于桥梁所在的公路等级和设计车速。《公路工程技术标准》（JTG B01—2003）、《公路桥涵设计通用规范》（JTG D60—2015）对各级公路桥面净空限界规定如图2-3所示，图中的行车道宽度、中间带宽度、路缘带宽度等规定见表2-3～表2-6。铁路桥梁、城市桥梁也有相应的规定。在桥面净空限界内，不得有任何物体侵入。对于承重结构在桥面上的桥梁（如中承或下承式拱桥、斜拉桥、吊桥等），因承重结构将占去部分桥面宽度，因此，桥面总宽度为桥面净宽加承重结构物所需宽度之和。横断面布置形式主要根据桥梁所在的公路等级、上部结构的形式、跨径大小、桥面所需净宽、行车要求等条件确定。

表2-3　车道宽度

设计速度/(km/h)	120	100	80	60	40	30	20
车道宽度/m	3.75	3.75	3.75	3.50	3.50	3.25	3.00（单车道为3.50m）

注：高速公路上的八车道桥梁，当设置左侧路肩时，内侧车道宽度可采用3.50m。

表2-4　中央分隔带、左侧路缘带中间带宽度

设计速度/(km/h)		120	100	80	60
中央分隔带宽度/m	一般值	3.00	2.00	2.00	2.00
	最小值	2.00	2.00	1.00	1.00
左侧路缘带宽度/m	一般值	0.75	0.75	0.50	0.50
	最小值	0.75	1.50	0.50	0.50
中间带宽度/m	一般值	4.50	3.50	3.00	3.00
	最小值	3.50	3.00	2.00	2.00

注："一般值"为正常情况下的采用值；"最小值"为条件受限制时，可采用的值。

表2-5　右侧路肩宽度

公路等级		高速公路、一级公路				二、三、四级公路				
设计速度/(km/h)		120	100	80	60	80	60	40	30	20
右侧路肩宽度/m	一般值	3.00或3.50	3.00	2.50	2.50	1.50	0.75	—	—	
	最小值	3.00	2.50	1.50	1.50	0.75	0.25	—	—	

注："一般值"为正常情况下的采用值；"最小值"为条件受限制时，可采用的值。

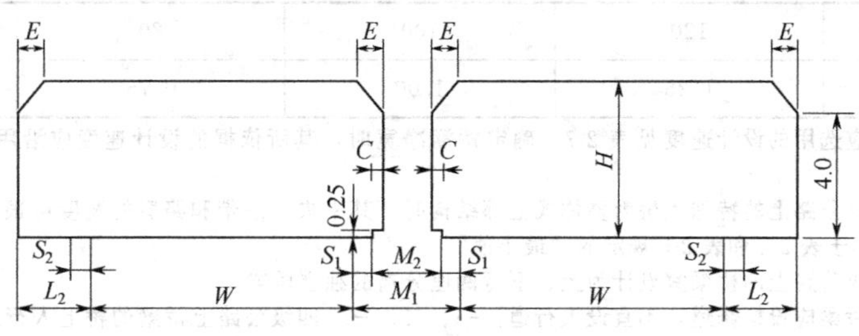

(a) 高速公路、一级公路(整体式)

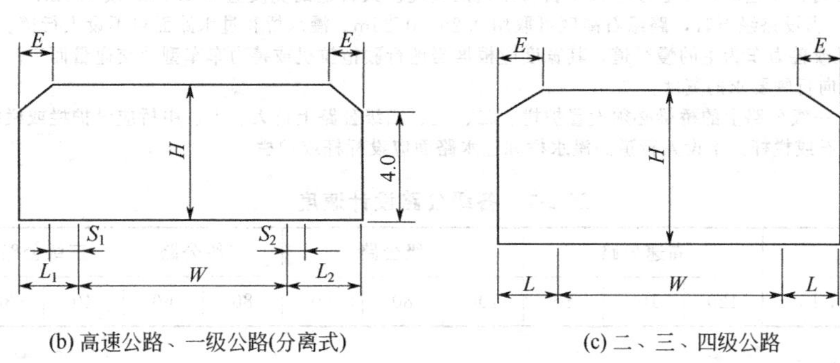

(b) 高速公路、一级公路(分离式)　　(c) 二、三、四级公路

图 2-3　桥梁净空（尺寸单位：m）

注：1. 当桥梁设置人行道时，桥涵净空应包括该部分的宽度；

2. 人行道、自行车道与行车道分开设置时，其净高不应小于 2.5m。

图中　W——行车道宽度，m，为车道数乘以车道宽度，并计人所设置的加（减）速车道、紧急停车道、爬坡车道、慢车道或错车道的宽度，车道宽度规定见表 2-3。

C——当设计速度大于 100km/h 时为 0.5m；当设计速度等于或小于 100km/h 时为 0.25m。

S_1——行车道左侧路缘带宽度，m，见表 2-4。

S_2——行车道右侧路缘带宽度，m，应为 0.5m。

M_1——中间带宽度，m，由两条左侧路缘带和中央分隔带组成，见表 2-4。

M_2——中央分隔带宽度，m，见表 2-4。

E——桥涵净空顶角宽度，m，当 $L\leqslant 1$m 时，$E=L$；当 $L>1$m 时，$E=1$m。

H——净空高度，m，高速公路和一级、二级公路上的桥梁应为 5.0m；三、四级公路上的桥梁应为 4.5m。

L_2——桥涵右侧路肩宽度，m，见表 2-5。当受地形条件及其它特殊情况限制时，可采用最小值。高速公路和一级公路上桥梁应在右侧路肩内设右侧路缘带，其宽度为 0.5m。设计速度为 120km/h 的四车道高速公路上桥梁，宜采用 3.50m 的右侧路肩；六车道、八车道高速公路上桥梁，宜采用 3.00m 的右侧路肩。高速公路、一级公路上桥梁的右侧路肩宽度小于 2.50m 且桥长超过 500m 时，宜设置紧急停车带，紧急停车带宽度包括路肩在内为 3.50m，有效长度不应小于 30m，间距不宜大于 500m。

L_1——桥涵左侧路肩宽度，m，见表 2-6。八车道及八车道以上高速公路上的桥梁宜设置左路肩，其宽度应为 2.50m。左侧路肩宽度内含左侧路缘带宽度。

L——侧向宽度，高速公路、一级公路上桥梁的侧向宽度为路肩宽度（L_1、L_2）；二、三、四级公路上桥梁的侧向宽度为其相应的路肩宽度减去 0.25m。

表 2-6　分离式断面高速公路、一级公路左侧路肩宽度

设计速度/（km/h）	120	100	80	60
左侧路肩宽度/m	1.25	1.00	0.75	0.75

注：1. 各级公路应选用的设计速度见表 2-7。确定桥涵净宽时，其所依据的设计速度应沿用各级公路选用的设计速度。

2. 高速公路、一级公路上的特殊大桥为整体式上部结构时，其中央分隔带和路肩的宽度可根据具体情况适当减小，但减小后的宽度不应小于表 2-4 和表 2-5 规定的“最小值”。

3. 高速公路、一级公路上的桥梁宜设计为上、下行两座分离的独立桥梁。

4. 高速公路上的桥梁应设检修道，不宜设人行道。一、二、三、四级公路上桥梁的桥上人行道和自行车道的设置，应根据需要而定，并应与前后路线布置协调。人行道、自行车道和行车道之间，应设分隔设施。一个自行车道的宽度为 1.0m；当单独设置自行车道时，不宜小于两个自行车道的宽度。人行道的宽度宜为 0.75m 或 1.0m；大于 1.0m 时，按 0.5m 的级差增加。当设路缘石时，路缘石高度可取用 0.25～0.35m。漫水桥和过水路面可不设人行道。

5. 通行拖拉机或兽力车为主的慢行道，其宽度应根据当地行驶拖拉机或兽力车车型及交通量而定；当沿桥梁一侧设置时，不应小于双向行驶要求的宽度。

6. 高速公路、一级公路上的桥梁必须设置护栏。二、三、四级公路上特大、大、中桥应设护栏或栏杆和安全带，小桥和涵洞可仅设缘石或栏杆。不设人行道的漫水桥和过水路面应设标杆或护栏。

表 2-7　各级公路设计速度

公路等级	高速公路			一级公路			二级公路		三级公路		四级公路
设计速度/（km/h）	120	100	80	100	80	60	80	60	40	30	20

三、桥梁平面布置

特大、大、中桥桥位应尽量选择在河道顺直稳定、河床地质良好、河滩较窄较高且河槽能通过大部分设计流量的地段。桥梁纵轴线应尽量与洪水主流流向正交。对通航河流上的桥梁，桥墩（台）沿水流方向的轴线应与通航水位的主流方向一致，必须斜交时，交角不宜大于 5°。对于一般小桥，为了改善路线线形，或城市桥梁受原有街道的制约时，可修建斜交桥，斜度通常不宜大于 45°。大、中桥梁的线形一般为直线。当桥面受到两岸地形限制时，允许修建曲线桥，曲线的各项指标应符合路线布设的要求。小桥和涵洞的位置与线性一般应符合路线的总走向。特大桥、大桥、中桥桥位，原则上应服从路线走向，路桥综合考虑。

复习思考题

1. 桥梁设计工作应遵循哪些基本原则？为什么？
2. 一座大型桥梁的完整设计工作一般按什么样的程序进行？
3. 在桥梁正式设计阶段中，两阶段和三阶段设计的程序和内容分别是什么？
4. 一座桥梁设计需调查和收集哪些基本资料？
5. 桥梁平面、纵断面、横断面设计的主要内容分别包括什么？

第三章 桥梁上的作用

学习要点： 桥梁上的作用、作用效应及作用的各种代表值、作用设计值的含义，作用的各种类型及标准值的规定；作用效应组合的意义，两种极限状态的作用组合类型。

第一节 概述

所有引起结构反应的原因统称为作用，它是施加在结构上的一组集中力或分布力，或引起结构外加变形或约束变形的原因。前者称直接作用，亦称荷载，如车辆、人群、结构自重等；后者不是以外力形式施加于结构，它们产生的效应与结构本身的特性、结构所处的环境等有关，称为间接作用（不宜称为荷载），如地震、结构不均匀沉陷、混凝土收缩徐变、温度变化等。作用具有变异性，但在结构设计时，不可能直接引用作用随机变量或随机过程的各类统计参数通过复杂的计算进行设计，作用的代表值就是为结构设计而给定的量值。设计的要求不同，采用的作用代表值也可不同。桥梁设计中与作用有关的术语如下。

作用的代表值： 结构或结构构件设计时，针对不同设计目的所采用的各种作用的规定值，包括作用标准值、准永久值和频遇值等。

作用标准值： 结构或构件设计时，采用的各种作用的基本代表值。其值可根据作用在设计内最大值概率分布的某一分位值确定。

作用准永久值： 结构或构件按正常使用极限状态长期效应组合设计时，采用的一种可变作用代表值，其值可根据在足够长期观测期内作用任意时点概率分布的0.5（或略高于0.5）分位值确定。

作用频遇值： 结构或构件按正常使用极限状态短期效应组合设计时，采用的一种可变作用代表值，其值可根据在足够长期观测期内作用任意时点概率分布的0.95分位值确定。

作用设计值： 作用标准值乘以作用分项系数后的值。

分项系数： 为保证所设计的结构或构件具有规定的可靠度，在结构极限状态设计表达式中采用的系数，分为作用分项系数和材料分项系数等。

作用效应： 结构对所受作用的反应，如由作用产生的结构或构件的轴向力、弯矩、剪力、应力、裂缝、变形等，称为作用效应。

作用效应组合： 结构上几种作用分别产生的效应的随机叠加。

作用效应组合设计值： 设计结构或构件时，由几种作用设计值分别引起的效应的组合。

作用短期效应组合： 结构或构件按正常使用极限状态设计时，永久作用效应与可变作用频遇值效应的组合。

作用长期效应组合： 结构或构件按正常使用极限状态设计时，永久作用效应与可变作用准永久值效应的组合。

设计基准期： 为确定可变作用等的取值而选用的时间参数。

设计使用年限：在正常设计、正常施工、正常使用和正常养护条件下，桥涵结构或结构构件不需进行大修或更换即可按其预定目的使用的年限。

设计状况：从结构形成过程到使用全过程，代表一定时段内相应条件下所受影响的一组设定的设计条件，作为结构不超越有关极限状态的依据。

结构耐久性：在设计确定的环境作用和养护使用条件下，结构及其构件在设计使用年限内保持其安全性和适用性的能力。

桥梁设计采用的作用种类、形式和大小的取值是否得当，关系到桥梁在设计基准期内是否安全可靠，也关系到桥梁建设费用是否经济合理。我国《公路桥涵设计通用规范》（JTG D60—2015）将公路桥涵设计采用的作用按其随时间的变异性分为永久作用、可变作用、偶然作用和地震作用四类。具体规定见表 3-1。

表 3-1 作用分类

编号	作用分类	作 用 名 称
1	永久作用	结构重力（包括结构附加重力）
2		预加力
3		土的重力
4		土侧压力
5		混凝土收缩及徐变作用
6		水的浮力
7		基础变位作用
8	可变作用	汽车荷载
9		汽车冲击力
10		汽车离心力
11		汽车引起的土侧压力
12		人群荷载
13		疲劳荷载
14		汽车制动力
15		风荷载
16		流水压力
17		冰压力
18		波浪力
19		温度（均匀温度和梯度温度）作用
20		支座摩阻力
21	偶然作用	地震作用
22		船舶或漂流物的撞击作用
23		汽车撞击作用
24	地震作用	地震作用

第二节 永久作用

永久作用指在结构使用期间，其量值不随时间而变化，或其变化值与平均值相比可忽略不计的作用。永久作用包括结构重力、预加力、土的重力、土侧压力、混凝土收缩及徐变作用、水的浮力、基础变位作用。

永久作用应采用标准值作为代表值。永久作用的标准值，对结构自重（包括结构附加重力），可按结构构件的设计尺寸与材料的重力密度（见表 3-2）计算确定。

表 3-2 常用材料重力密度

材料种类	重力密度/（kN/m³）	材料种类	重力密度/（kN/m³）
钢、铸钢	78.5	浆砌片石	23.0
铸铁	72.5	干砌块石或片石	21.0
锌	70.5	沥青混凝土	23.0～24.0
铅	114.0	沥青碎石	22.0
黄铜	81.1	碎石（砾石）	21.0
青铜	87.4	填土	17.0～18.0
钢筋混凝土或预应力混凝土	25.0～26.0	填石	19.0～20.0
混凝土或片石混凝土	24.0	石灰三合土、石灰土	17.5
浆砌块石或料石	24.0～25.0		

桥梁结构的自重往往占全部设计作用的绝大部分，例如当跨径为 20～150m 时，结构自重约占 30%～60%，跨径愈大所占比例愈高。因此，采用轻质、高强材料对减轻结构自重、增大桥梁跨越能力有重大意义。

预加力在结构进行正常使用极限状态设计和使用阶段构件应力计算时，应作为永久作用计算其主效应和次效应，并计入相应阶段的预应力损失，但不计由于预加力偏心距增大引起的附加效应。在结构进行承载能力极限状态设计时，预加力不作为作用，而将预应力钢筋作为结构抗力的一部分，但在连续梁等超静定结构中，仍需考虑预加力引起的次效应。

（1）水的浮力可按下列规定采用：

① 基础底面位于透水性地基上的桥梁墩台，当验算稳定时，应考虑设计水位的浮力；当验算地基应力时，可仅考虑低水位的浮力，或不考虑水的浮力。

② 基础嵌入不透水性地基的桥梁墩台不考虑水的浮力。

③ 作用在桩基承台底面的浮力，应考虑全部底面积。对桩嵌入不透水地基并灌注混凝土封闭者，不应考虑桩的浮力，在计算承台底面浮力时应扣除桩的截面面积。

④ 当不能确定地基是否透水时，应以透水或不透水两种情况与其它作用组合，取其最不利者。

（2）混凝土收缩及徐变作用可按下述规定取用：

① 外部超静定的混凝土结构、钢和混凝土的组合结构等应考虑混凝土收缩及徐变的作用。

② 混凝土的收缩和徐变系数可按《公路钢筋混凝土及预应力混凝土桥涵设计规范》（JTG D3362—2018）（以下简称《桥规》）的规定计算。

③ 混凝土徐变的计算，可假定徐变与混凝土应力呈线性关系。

④ 计算圬工拱圈的收缩作用效应时，如考虑徐变影响，作用效应可乘以 0.45 折减系数。

超静定结构当考虑由于地基压密等引起的长期变形影响时，应根据最终位移量计算构件的效应。

其它永久作用均按现行《公路桥涵设计通用规范》（JTG D60—2015）规定计算。

第三节 可变作用

可变作用：指在结构使用期间，其量值随时间变化，且其变化值与平均值比较不可忽略的作用。

可变作用应根据不同的极限状态分别采用标准值、频遇值或准永久值作为其代表值。承载能力极限状态设计及按弹性阶段计算结构强度时应采用标准值作为可变作用的代表值。正常使用极限状态按短期效应（频遇）组合设计时，应采用频遇值作为可变作用的代表值。按长期效应（准永久）组合设计时，应采用准永久值作为可变作用的代表值。可变作用频遇值为可变作用标准值乘以频遇值系数 ψ_1，可变作用准永久值为可变作用标准值乘以准永久值系数 ψ_2。

一、汽车荷载

（1）汽车荷载分为公路-Ⅰ级和公路-Ⅱ级两个等级。

（2）汽车荷载由车道荷载和车辆荷载组成。车道荷载由均布荷载和集中荷载组成。

桥梁结构的整体计算采用车道荷载。桥梁结构的局部加载，涵洞、桥台和挡土墙土压力等的计算采用车辆荷载。车辆荷载与车道荷载的作用不得叠加。

（3）各级公路桥涵设计的汽车荷载等级应符合表 3-3 的规定。

表 3-3　各级公路桥涵的汽车荷载等级

公路等级	高速等级	一级公路	二级公路	三级公路	四级公路
汽车荷载等级	公路-Ⅰ级	公路-Ⅰ级	公路-Ⅰ级	公路-Ⅱ级	公路-Ⅱ级

二级公路为干线公路且重型车辆多时，其桥涵的设计可采用公路-Ⅰ级汽车荷载。

四级公路上重型车辆少时，其桥涵设计所采用的公路-Ⅱ级车道荷载的效应可乘以 0.8 的折减系数，车辆荷载的效应可乘以 0.7 的折减系数。

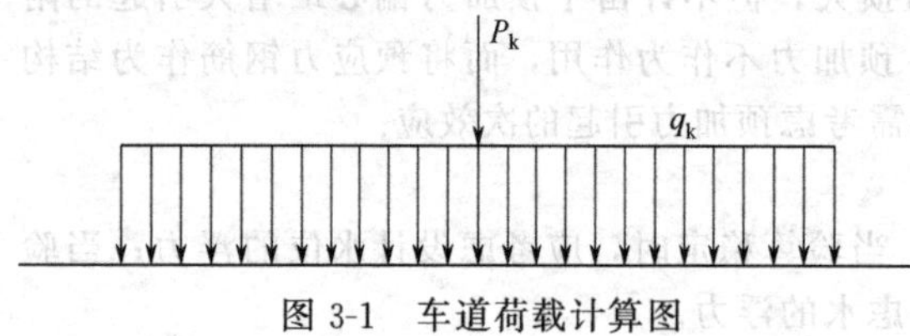

图 3-1　车道荷载计算图

（4）车道荷载的计算图如图 3-1 所示。

① 公路-Ⅰ级车道荷载的均布荷载标准值为 q_k=10.5kN/m；集中荷载标准值按以下规定选取：桥梁计算跨径小于或等于 5m 时，P_k=270kN；桥梁计算跨径等于或大于 50m 时，P_k=360kN；桥梁计算跨径在 5～50m 之间时，$P_k=2(l_0+130)$（l_0 为计算跨度）。计算剪力效应时，上述集中荷载标准值 P_k 应乘以 1.2 的系数。

② 公路-Ⅱ级车道荷载的均布荷载标准值 q_k 和集中荷载标准值 P_k 按公路-Ⅰ级车道荷载的 0.75 倍采用。

③ 车道荷载的均布荷载标准值应满布于使结构产生最不利效应的同号影响线上；集中荷载标准值只作用于相应影响线中一个最大影响线峰值处。

（5）车辆荷载的立面、平面尺寸如图 3-2 所示，主要技术指标规定如表 3-4 所列。公路-Ⅰ级和公路-Ⅱ级汽车荷载采用相同的车辆荷载标准值。

表 3-4　车辆荷载的主要技术指标

项　目	单位	技术指标	项　目	单位	技术指标
车辆重力标准值	kN	550	轮距	m	1.8
前轴重力标准值	kN	30	前轮着地宽度及长度	m	0.3×0.2
中轴重力标准值	kN	2×120	中、后轮着地宽度及长度	m	0.6×0.2
后轴重力标准值	kN	2×140	车辆外形尺寸（长×宽）	m	15×2.5
轴距	m	3+1.4+7+1.4			

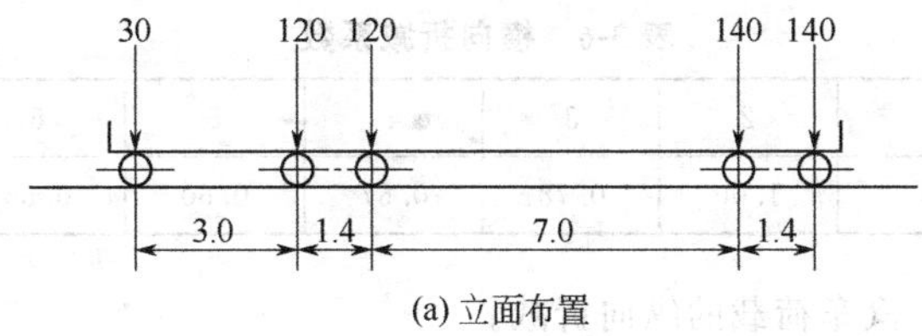

(a) 立面布置

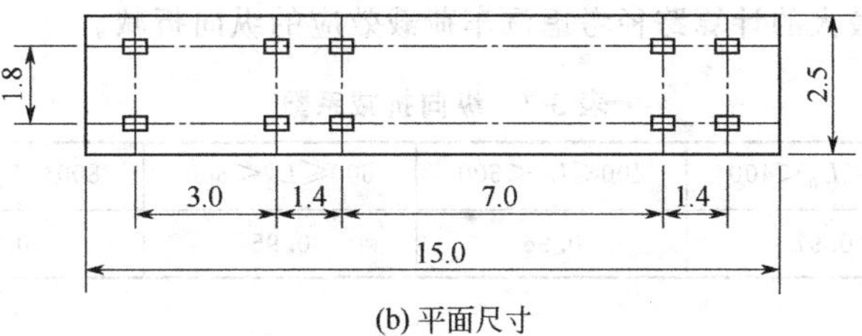

(b) 平面尺寸

图 3-2 车辆荷载的立面、平面尺寸
（尺寸单位为 m，荷载单位为 kN）

（6）车道荷载横向分布系数应根据设计车道数，按图 3-3 布置车辆荷载来进行计算。

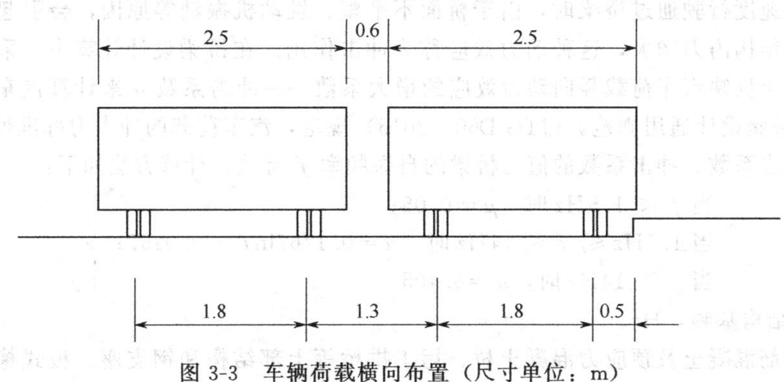

图 3-3 车辆荷载横向布置（尺寸单位：m）

（7）桥涵设计车道数应符合表 3-5 规定。当桥涵设计车道数等于或大于 2 时，由汽车荷载产生的效应应按表 3-6 规定的多车道折减系数进行横向折减，但折减后的效应不得小于两车道的荷载效应。

表 3-5 桥涵设计车道数

桥面宽度 W/m		设计车道数
车辆单向行驶时	车辆双向行驶时	
$W<7.0$	—	1
$7.0\leqslant W<10.5$	$6.0\leqslant W<14.0$	2
$10.5\leqslant W<14.0$	—	3
$14.0\leqslant W<17.5$	$14.0\leqslant W<21.0$	4
$17.5\leqslant W<21.0$	—	5
$21.0\leqslant W<24.5$	$21.0\leqslant W<28.0$	6
$24.5\leqslant W<28.0$	—	7
$28.0\leqslant W<31.5$	$28.0\leqslant W<35.0$	8

表 3-6 横向折减系数

横向布置设计车道数	2	3	4	5	6	7	8
横向折减系数	1.00	0.78	0.67	0.60	0.55	0.52	0.50

(8) 大跨径桥梁上，汽车荷载的纵向折减。

当桥梁计算跨径大于 150m 时，应按表 3-7 规定的纵向折减系数进行折减。当为多跨连续结构时，整个结构应按最大的计算跨径考虑汽车荷载效应的纵向折减。

表 3-7 纵向折减系数

计算跨径 L_0/m	$150<L_0<400$	$400\leqslant L_0<600$	$600\leqslant L_0<800$	$800\leqslant L_0<1000$	$L_0\geqslant 1000$
纵向折减系数	0.97	0.96	0.95	0.94	0.93

二、汽车荷载的影响力

1. 汽车荷载冲击力

汽车以高速度行驶通过桥梁时，由于桥面不平整、发动机振动等原因，会引起桥梁结构振动，从而造成结构内力增大，这种动力效应称为冲击作用。在桥梁设计计算中，采用静力学的方法，引入一个反映汽车荷载竖向动力效应的增大系数——冲击系数 μ 来计算汽车荷载的冲击效应，《公路桥涵设计通用规范》(JTG D60—2015) 规定，汽车荷载的冲击力标准值为汽车荷载标准值乘以冲击系数，冲击系数的值与桥梁的自振频率 f 有关，计算方法如下：

$$\left.\begin{array}{l}当 f<1.5\text{Hz} 时，\mu=0.05; \\ 当 1.5\text{Hz}\leqslant f\leqslant 14\text{Hz} 时，\mu=0.1767\ln f-0.0157; \\ 当 f>14\text{Hz} 时，\mu=0.405\end{array}\right\} \tag{3-1}$$

式中 f——结构基频，Hz。

钢桥、钢筋混凝土及预应力混凝土桥、圬工拱桥等上部结构和钢支座、板式橡胶支座、盆式橡胶支座及钢筋混凝土柱式墩台，应计入汽车的冲击作用。重力式墩台不计冲击力。填料厚度（包括路面厚度）等于或大于 0.5m 的拱桥、涵洞以及重力式墩台不计冲击力。支座的冲击力，按相应的桥梁取用。汽车荷载的局部加载及在 T 梁、箱梁悬臂板上的冲击系数采用 0.3。

2. 汽车荷载离心力

汽车离心力是一种伴随着车辆在弯道行驶时所产生的惯性力，它以水平力的形式作用于桥梁结构上，是弯桥横向受力与抗扭设计计算所要考虑的主要因素。曲线桥梁应计算汽车荷载引起的离心力。汽车荷载离心力的标准值按车辆荷载（不计冲击力）标准值乘以离心力系数 C 计算。离心力系数按下式计算：

$$C=\frac{V^2}{127R} \tag{3-2}$$

式中 V——设计速度，应按桥梁所在路线设计速度采用；以 km/h 计；

R——曲线半径，以 m 计。

计算多车道（车道数等于或大于 2 时）桥梁的荷载离心力时，车辆荷载应按表 3-6 规定的“横向折减系数”进行横向折减。但折减后的效应不得小于两设计车道的荷载效应。离心力的着力点在桥面以上 1.2m 处（为计算简便，也可移至桥面上，不计由此引起的效应）。

3. 汽车荷载制动力

汽车荷载制动力是车辆制动时为克服车辆的惯性力而在路面与车辆之间发生的摩擦力。汽车荷载制动力按下列规定计算和分配：

① 汽车荷载制动力按同向行驶的汽车荷载（不计冲击力）计算，并应按表 3-7 规定，以使桥梁墩台产生最不利纵向力的加载长度进行纵向折减。

一个设计车道上由汽车荷载产生的制动力标准值按车道荷载标准值在加载长度上计算的总重力的 10%计算，但公路-Ⅰ级汽车荷载的制动力标准值不得小于 165kN；公路-Ⅱ级汽车荷载的制动力标准值不得小于 90kN。同向行驶双车道的汽车荷载制动力标准值为一个设计车道制动力标准值的两倍；同向行驶三车道为一个设计车道的 2.34 倍；同向行驶四车道为一个车道的 2.68 倍。

② 制动力的着力点在桥面以上 1.2m 处，计算墩台时，可移至支座铰中心或支座底座面上。计算刚构桥、拱桥时，制动力的着力点可移至桥面上，但不计因此产生的竖向力和力矩。

③ 设有板式橡胶支座的简支梁、连续桥面简支梁或连续梁排架式柔性墩台，应根据支座与墩台的抗推刚度的刚度集成情况分配和传递制动力。设有板式橡胶支座梁刚性墩台，按单跨两端的板式橡胶支座的抗推刚度分配制动力。

④ 设有固定支座、活动支座（滚动或摆动支座、聚四氟乙烯支座）的刚性墩台传递的制动力，按表 3-8 规定采用。每个活动支座传递的制动力，其值不应大于其摩阻力，当大于摩阻力时按摩阻力计算。

表 3-8　刚性墩台各种支座传递的制动力

桥梁墩台及支座类型		应计的制动力	符号说明
简支梁桥台	固定支座 聚四氟乙烯板支座 滚动（或摆动）支座	T_1 $0.35T_1$ $0.25T_1$	T_1——加载长度为计算跨径时的制动力； T_2——加载长度为相邻两跨计算跨径之和时的制动力； T_3——加载长度为一联长度的制动力
简支梁桥墩	两个固定支座 一个固定支座，一个活动支座 两个聚四氟乙烯板支座 两个滚动（或摆动）支座	T_2 见注 $0.30T_2$ $0.25T_2$	
连续梁桥墩	固定支座 聚四氟乙烯板支座 滚动（摆动）支座	T_3 $0.35T_3$ $0.25T_3$	

注：固定支座按 T_4 计算，活动支座按 0.30 T_5（聚四氟乙烯板支座）计算或 0.25 T_5（滚动或摆动支座）计算，T_4 和 T_5 分别为与固定支座或活动支座相应的单跨跨径的制动力，桥墩承受的制动力为上述固定支座与活动支座传递的制动力之和。

4. 汽车荷载引起的土侧压力

车辆荷载作用在桥台台背或路堤挡土墙上时，将引起台背填土或挡土墙后填土的破坏棱体对桥台或挡土墙的土侧压力，汽车荷载引起的土侧压力采用车辆荷载加载，土侧压力大小可按下式换算成等代均布土层厚度 h（m）计算：

$$h=\frac{\Sigma G}{Bl_0\gamma} \tag{3-3}$$

式中　γ——土的重力密度，kN/m^3；

ΣG——布置在 $B\times l_0$ 面积内车轮的总重力（kN），当涉及多车道加载时，车轮总重力应按表 3-6 进行横向折减；

l_0——桥台或挡土墙后填土的破坏棱体长度，m，对于墙顶以上有填土的路堤式挡土墙，l_0 为破坏棱体范围内的路基宽度部分；

B——桥台横向全宽或挡土墙的计算长度，m；挡土墙的计算长度可按下列公式计算，但不应超过挡土墙分段长度：

$$B=13+H\tan30^\circ \tag{3-4}$$

式中 H——挡土墙高度，m，对墙顶以上有填土的挡土墙，为两倍墙顶填土厚度加墙高。

当挡土墙分段长度小于 13m 时，B 取分段长度，并在该长度内按不利情况布置轮重。

计算涵洞顶上车辆荷载引起的竖向土压力时，车轮按其着地面积的边缘向下作 30°分布。当几个车轮的压力扩散线相重叠时，扩散面积以最外边的扩散线为准。

三、人群荷载

公路桥梁设置人行道时，应计入人群荷载。人群荷载标准值及布置按下列情况采用：

(1) 当桥梁计算跨径小于或等于 50m 时，人群荷载标准值为 $3.0\mathrm{kN/m^2}$；当桥梁计算跨径等于或大于 150m 时，人群荷载标准值为 $2.5\mathrm{kN/m^2}$；当桥梁计算跨径在 50～150m 之间时，可由线性内插得到人群荷载标准值。对跨径不等的连续结构，以最大计算跨径为准。城镇郊区行人密集地区的公路桥梁，人群荷载标准值取上述规定值的 1.15 倍。专用人行桥梁，人群荷载标准值为 $3.5\mathrm{kN/m^2}$。

(2) 人群荷载在横向应布置在人行道的净宽度内，在纵向施加于使结构产生最不利荷载效应的区段内。

(3) 人行道板（局部构件）可以一块板为单元，按标准值 $4.0\mathrm{kN/m^2}$ 的均布荷载计算。

(4) 计算人行道栏杆时，作用在栏杆立柱顶上的水平推力标准值取 $0.75\mathrm{kN/m^2}$；作用在栏杆扶手上的竖向力标准值取 $1.0\mathrm{kN/m^2}$。

四、其它可变作用

1. 风荷载

当风以一定的速度向前运动遇到结构物阻碍时，结构就会承受风压。对于大跨径桥梁，特别是斜拉桥和吊桥，风荷载是极为重要的设计荷载，有时甚至起着决定性的作用，即对结构的强度、刚度和稳定性起控制作用。风荷载标准值的计算参见《公路桥涵设计通用规范》（JTG D60—2004）。

2. 流水压力和冰压力

位于河流中的桥墩会受到流水和流冰的压力，流水压力的标准值可按下式计算：

$$F_W = KA\frac{\gamma V^2}{2g} \tag{3-5}$$

式中 F_W——流水压力标准值，kN；

γ——水的重力密度，$\mathrm{kN/m^3}$；

V——设计流速，m/s；

A——桥墩阻水面积，$\mathrm{m^2}$，计算至一般冲刷线处；

g——重力加速度，$g=9.81\mathrm{m/s^2}$；

K——桥墩形状系数，见表 3-9。

流水压力合力的着力点，假定在设计水位线以下 0.3 倍水深处。

表 3-9 桥墩形状系数

桥墩形状	K	桥墩形状	K
方形桥墩	1.5	尖端形桥墩	0.7
矩形桥墩（长边与水流平行）	1.3	圆端形桥墩	0.6
圆形桥墩	0.8		

规范给出的流冰压力计算公式适用于通常的河流流冰情况，它是以冰体破碎极限强度作基准建立起来的。

流水压力和流冰压力的大小均与桥墩的形状相关，桥墩的迎水（冰）面宜做成圆弧形或尖端形，以减小流水压力和流冰压力。

3. 温度作用

温度变化将在结构中产生变形和影响力，它的大小应根据当地的具体情况、结构物所使用的材料和施工条件等因素计算确定。温度作用包括均匀温度和梯度温度两种影响。均匀温度为常年气温变化，这种温变将导致桥梁纵向长度的变化，当这种变化受到约束时就会引起温度次内力；梯度温度主要因太阳辐射而来，它使结构沿高度方向形成非线性的温度变化，导致结构产生次内力。

桥梁结构当要考虑温度作用时，应根据当地具体情况、结构物使用的材料和施工条件等因素计算由温度作用引起的结构效应。各种结构的线膨胀系数规定见表 3-10。

表 3-10 线膨胀系数

结构种类	线膨胀系数（以摄氏度计）
钢结构	0.000012
混凝土和钢筋混凝土及预应力混凝土结构	0.000010
混凝土预制块砌体	0.000009
石砌体	0.000008

计算结构的均匀温度效应，应自结构物合拢时的温度算起，考虑最高和最低有效温度的作用效应。气温变化范围应根据桥梁所在地区的气温条件而定，《公路桥涵设计通用规范》（JTG D60—2004）按照全国气温分区，即严寒、寒冷和温热三类分区，规定了公路桥梁结构的最高和最低有效温度标准值（见表 3-11），若缺乏桥址处实际气温调查资料，即可按照其规定取用。

表 3-11 公路桥梁结构的有效温度标准值 单位：℃

气温分区	钢桥面板钢桥		混凝土桥面板钢桥		混凝土桥、石桥	
	最高	最低	最高	最低	最高	最低
严寒地区	46	−43	39	−32	34	−23
寒冷地区	46	−21	39	−15	34	−10
温热地区	46	−9（−3）	39	−6（−1）	34	−3（0）

注：1. 全国气温分区由《公路桥涵设计通用规范》（JTG D60—2004）中全国气温分区图确定。
2. 表中括弧内数值适用于昆明、南宁、广州、福州地区。

4. 支座摩阻力

上部结构因温度变化引起的伸长或缩短以及受其它纵向力的作用，活动支座将产生一个方向相反的力，即支座摩阻力。摩阻力的大小取决于上部构造自重的大小、支座类型以及材料等。活动支座承受的纵向力，不容许超过支座与混凝土或其它结构材料之间的摩阻力。支座摩阻力标准值可按下式计算：

$$F = \mu W \tag{3-6}$$

式中 W——作用于活动支座上由上部结构重力产生的效应；

μ——支座摩擦系数，无实测数据时可按表 3-12 取用。

表 3-12 支座摩擦系数

支座种类		支座摩擦系数 μ
滚动支座或摆动支座		0.05
板式橡胶支座	支座与混凝土面接触	0.30
	支座与钢板接触	0.20
	聚四氟乙烯板与不锈钢板接触	0.06（加硅脂；温度低于－25℃时为 0.078） 0.12（不加硅脂；温度低于－25℃时为 0.0156）

五、城市桥梁可变作用

城市桥梁的永久作用和偶然作用与《公路桥涵设计通用规范》（JTG D60—2015）相同，这里仅介绍城市桥梁的可变作用。

1. 汽车荷载

城市桥梁汽车荷载分为车辆荷载和车道荷载。这一点与《公路桥涵设计通用规范》（JTG D60—2015）是一致的，桥梁的主梁、主拱和主桁架等的计算（总体计算）应采用车道荷载，桥梁的横隔梁、行车道板、桥台或挡土墙后土压力的计算（局部计算）应采用车辆荷载。当进行桥梁结构计算时不得将车辆荷载和车道荷载的作用叠加。当桥面车行道内有轻轨车辆混合运行时，尚应按有关轻轨荷载规定进行验算，并取其最不利者进行设计。

城市桥梁汽车荷载等级可划分为：城-A 级汽车荷载和城-B 级汽车荷载两个等级。

城-A 级车辆荷载和城-B 级车辆荷载的标准载重汽车规定如下：

(1) 城-A 级标准载重汽车应采用五轴式货车加载，总重力 700kN，前后轴距为 18.0m，行车限界横向宽度为 3.0m。如图 3-4 所示。

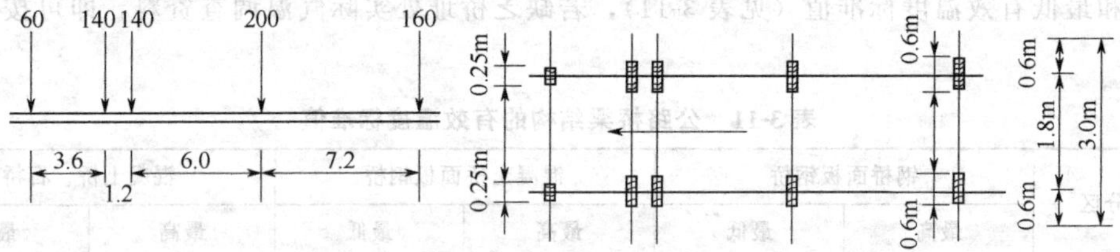

图 3-4 城-A 级标准车辆纵、平面布置

(2) 城-B 级标准载重汽车应采用三轴式货车加载，总重力 300kN，，前后轴距为 4.8m，行车限界横向宽度为 3.0m。如图 3-5 所示。

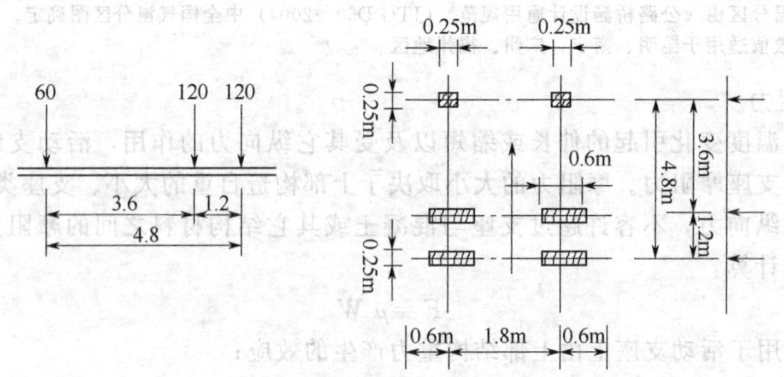

图 3-5 城-B 级标准车辆纵、平面布置

(3) 城-A级和城-B级标准载重汽车的横断面尺寸相同，其横桥向布置应符合图 3-6 的规定。

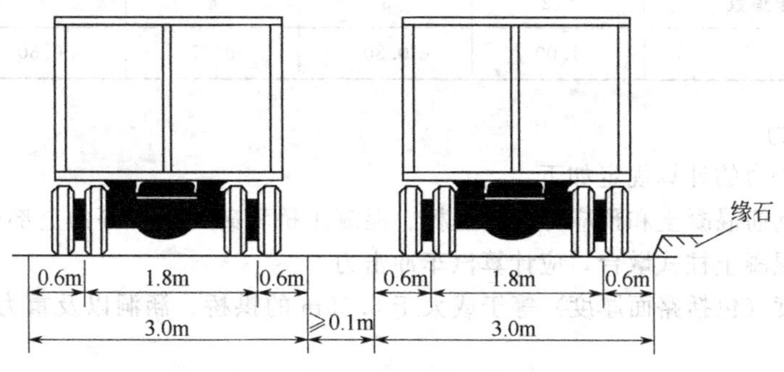

图 3-6　车辆荷载横桥向布置

(4) 城-A 级车道荷载和城-B 级车道荷载应按均布荷载加一个集中荷载计算，如图 3-7 所示。均布荷载和集中荷载的标准值应按桥梁的跨径确定，见表 3-13。

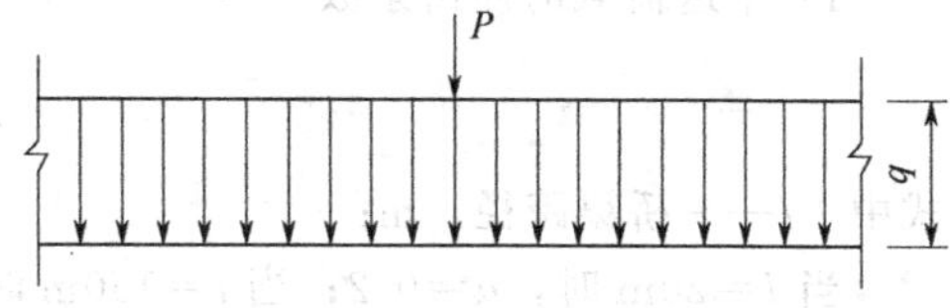

图 3-7　城-A 级和城-B 级车道荷载计算图式

表 3-13　车道荷载中均布荷载和集中荷载的取值

荷载等级	跨径范围/m	均布荷载取值/（kN/m）		集中荷载/kN
		弯矩	剪力	
城-A 级	2～20	22.5	37.5	140
	20～150	10.0	15.0	300
城-B 级	2～20	19.0	25.0	130
	20～150	9.5	11.0	160

车道荷载的单项布载宽度为 3.0m，如图 3-8 (a) 所示。为简化桥梁横向分布影响线的计算，车道荷载可按图 3-8 (b) 所示的等效荷载车轮集中力形式布置。

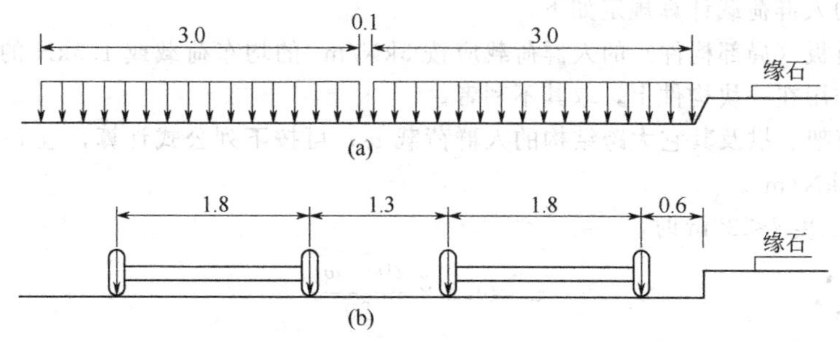

图 3-8　车道荷载横向布置（尺寸单位：m）

对于跨径为 20～150m 之间的桥梁，当车道数等于或大于 4 条时，城-A 级荷载计算弯矩不乘增大系数，计算剪力应乘增大系数 1.25；城-B 级荷载计算弯矩不乘增大系数，计算剪力应乘增大系数 1.30。

当设计车道数大于 2 时，应计入车道的横向折减系数，车道横向折减系数可按表 3-14 采用。车道的纵向折减不计。

表 3-14　车道横向折减系数

横向布置设计车道数	≤2	3	4	5	≥6
横向折减系数	1.00	0.80	0.67	0.60	0.55

2. 汽车冲击力

汽车荷载冲击力的计算规定如下：

(1) 钢桥、钢筋混凝土和预应力混凝土桥、混凝土桥和砖石拱桥等的上部构造以及钢支座、橡胶支座或钢筋混凝土柱式墩台，应计算汽车冲击力。

(2) 填料厚度（包括路面厚度）等于或大于 0.50m 的拱桥、涵洞以及重力式墩台不计汽车冲击力。

汽车荷载的冲击系数 μ，可按下列公式计算：

1) 车道荷载的冲击系数

$$\mu=\frac{20}{80+l} \tag{3-7}$$

式中　l——桥梁跨径，m；

当 $l=20$m 时，$\mu=0.2$；当 $l=150$m 时，$\mu=0.1$；介于其间时内插。

2) 车辆荷载的冲击系数

$$\mu=0.6686-0.3032\lg l \tag{3-8}$$

注意：冲击系数 μ 最大不应超过 0.4。

3. 汽车荷载离心力

当弯道桥的曲线半径等于或小于 250m 时，需考虑汽车荷载引起的离心力。汽车荷载离心力的标准值按车辆荷载（不计冲击力）标准值乘以离心力系数 C 计算。离心力系数按下式计算：

$$C=\frac{V^2}{127R} \tag{3-9}$$

式中　V——设计速度，km/h，应按桥梁所在路线设计速度采用；

R——曲线半径，m。

若车道数大于 2，汽车荷载离心力应按车道横向折减系数表进行横向折减。离心力的着力点在桥面以上 1.2m 处（为计算简便，也可移至桥面上，不计由此引起的力矩效应。）

4. 人群荷载

城市桥梁的人群荷载计算规定如下：

(1) 人行道板（局部构件）的人群荷载应按 5kN/m^2 的均布荷载或 1.5kN 的竖向集中荷载分别计算，并作用在一块构件上，取其不利者。

(2) 梁、桁架、拱及其它大跨结构的人群荷载 w，可按下列公式计算，且 w 值在任何情况下不得小于 2.4kN/m^2。

1) 当加载长度 $l<20$m 时，

$$w=4.5\times\frac{20-\omega_P}{20} \tag{3-10}$$

2) 当加载长度 $l\geqslant 20$m 时，

$$w=\left(4.5-2\times\frac{l-20}{80}\right)\times\frac{20-\omega_P}{20} \tag{3-11}$$

式中　w——单位面积上的人群荷载，kPa；

l——加载长度，m,

ω_P——单边人行道宽度，m；在专用非机动车桥上时宜取 1/2 桥宽，当 1/2 桥宽大于 4m 时应按 4m 计。

计算桥上人行道栏杆时，作用在栏杆扶手上的活载。竖向荷载采用1.2kN/m，水平方向外荷载采用1.0kN/m。两者应分别考虑，不得同时作用。作用在栏杆立柱柱顶的水平推力应为1.0kN/m。防撞栏杆应采用80kN横向集中力进行验算，作用点应在防撞栏杆板的中心。

5. 汽车引起的土侧压力

车辆荷载在桥台或挡土墙后填土的破坏棱体上将引起土侧压力，对于桥台或挡土墙的土侧压力换算成等代均布土层厚度 h（m）计算。

$$h=\frac{\sum G}{Bl_0\gamma} \tag{3-12}$$

式中　h——换算土层的厚度，m；

γ——土的重力密度，kN/m^3；

l_0——桥台或挡土墙后填土的破坏棱体长度，m，对于墙顶以上有填土的挡土墙，l_0 为破坏棱体范围内的路基部分宽度；

$\sum G$——为布置在 $B\times l_0$ 面积内的车辆荷载车轮的重力，kN。

B——桥台的计算宽度或挡土墙的计算长度。

桥台的计算宽度或挡土墙的计算长度应符合下列规定：

(1) 桥台的计算宽度应为桥台的横桥向全部宽度；

(2) 挡土墙的计算长度可按以下两种情况取用。

a. 按城-A级车辆荷载设计时，采用标准载重汽车的扩散长度，但不超过25m；

b. 按城-B级车辆荷载设计时，采用标准载重汽车的扩散长度。当挡土墙分段长度在10m及以下时，扩散长度不得超过10m；当挡土墙分段长度在10m以上时，扩散长度不得超过15m。

c. 各级标准载重汽车的扩散长度，可按下式计算：

$$B=l_a+a+H\tan 30^\circ \tag{3-13}$$

式中　l_a——标准载重汽车前后轴距，m；

a——车轮着地长度；

H——挡土墙高度，m。对于墙顶以上有填土的挡土墙，为两倍墙顶填土厚度加墙高。

6. 汽车制动力

一个设计车道的制动力可按下列要求取值：

(1) 当采用城-A级汽车荷载设计时，制动力应采用160kN或10%车道荷载，并取两者中的较大值，但不包括冲击力；

(2) 当采用城-B级汽车荷载设计时，制动力应采用90kN或10%车道荷载，并取两者中的较大值，但不包括冲击力。

当计算的加载车道为2条或2条以上时，其制动力不折减。

制动力纵向作用点在设计车道桥面上方1.2m处，在计算墩台时，可移到支座中心（铰或滚轴中心）或滑动支座、橡胶支座、摆动支座的底座面上；计算刚构桥、拱桥时，可移至桥面，但不计由此引起的竖向力和力矩。

7. 风荷载、温度影响力、支座摩阻力、流冰力、流水压力等

按《公路桥涵设计通用规范》(JTG D60—2015) 进行计算。

第四节　偶然作用

偶然作用是指在结构使用期间出现的概率很小，一旦出现，其值很大且持续时间很短的作用。它包括地震作用、船舶或漂流物的撞击作用和汽车撞击作用。

偶然作用取其标准值作为代表值。偶然作用标准值应根据调查、试验资料，结合工程经验来确定。

1. 地震作用

地震力主要指地震时强烈的地面运动引起的结构惯性力，它是随机变化的动力作用，其值的大小取决于地震强烈强度和结构的动力特性以及结构或杆件的质量。

《公路桥涵设计通用规范》(JTG D60—2015) 规定：地震动峰值加速度等于0.10g、0.15g、0.20g、0.30g 地区的公路桥涵，应进行抗震设计。地震动峰值加速度大于或等于0.40g 地区的公路桥涵，应进行专门的抗震研究和设计。地震动峰值加速度小于或等于0.05g 地区的公路桥涵，除有特殊要求者外，可采用简易设防。

2. 船舶或漂流物的撞击作用

位于通航河流或有漂流物的河流中的桥梁墩台，设计时应考虑船舶或漂流物的撞击作用，其撞击作用标准值可根据下列规定采用或计算。

(1) 内河上船舶撞击作用的标准值，当缺乏实际调查资料时可按表3-15采用。四、五、六、七级航道内的钢筋混凝土桩墩，顺桥向撞击作用可按表3-15所列数值的50%考虑。

表3-15　内河船舶撞击作用标准值

内河航道等级	船舶吨位 DWT/t	横桥向撞击作用/kN	顺桥向撞击作用/kN
一	3000	1400	1100
二	2000	1100	900
三	1000	800	650
四	500	550	450
五	300	400	350
六	100	250	200
七	50	150	125

(2) 海轮撞击作用的标准值，当缺乏实际调查资料时可按表3-16采用。

表3-16　海轮撞击作用的标准值

船舶吨位 DWT/t	3000	5000	7500	10000	20000	30000	40000	50000
横桥向撞击作用/kN	19600	25400	31000	35800	50700	62100	71700	80200
顺桥向撞击作用/kN	9800	12700	15500	17900	25350	31050	35850	40100

(3) 可能遭受大型船舶撞击作用的桥墩，应根据桥墩的自身抗撞击能力、桥墩的位置和外形、水流速度、水位变化、通航船舶类型和碰撞速度等因素作桥墩防撞设施的设计。当设有与墩台分开的防撞击的防护结构时，桥墩可不计船舶的撞击作用。

(4) 漂流物横桥向撞击力标准值F可按下式计算：

$$F=\frac{WV}{gT} \tag{3-14}$$

式中　W——漂流物重力，kN，应根据河流中漂流物情况，按实际调查确定；

V——水流速度，m/s；

T——撞击时间，s，应根据实际资料估计，在无实际资料时，可用1s；

g——重力加速度，g=9.81m/s^2。

(5) 内河船舶的撞击作用点，假定为计算通航水位线以上2m的桥墩宽度或长度的中点。海轮船舶撞击作用点需视实际情况而定。漂流物的撞击作用点假定在计算通航水位线上桥墩宽度的中点。

3. 汽车撞击作用

桥梁结构必要时可考虑汽车的撞击作用。汽车撞击力标准值在车辆行驶方向取1000kN，在车辆行驶垂直方向取500kN，两个方向的撞击力不同时考虑，撞击力作用于行车道以上1.2m

处，直接分布于撞击涉及的构件上。

对于设有防撞设施的结构构件，可视防撞设施的防撞能力，对汽车撞击力标准值予以折减，但折减后的汽车撞击力标准值不应低于上述规定值的1/6。

第五节　地震作用

公路桥梁地震作用应符合现行《公路工程抗震规范》（JTG B02—2013）和《公路桥梁抗震设计细则》（JTG/T B02—01—2008）的规定。

第六节　作用效应组合

一、极限状态设计法

公路桥涵结构目前采用以可靠度理论为基础的概率极限状态设计法，按分项系数的设计表达式进行设计。所谓极限状态，是指整体结构或局部构件的某一特定状态，超过这一状态界限，结构或构件就不能够满足设计规定的某一功能要求，此特定状态为该功能的极限状态。

《公路桥涵设计通用规范》（JTG D60—2015）规定公路桥涵应按承载能力极限状态和正常使用极限状态两种极限状态进行设计，并考虑持久状况、短暂状况和偶然状况三种设计状况，这三种设计状况的结构体系、结构所处环境条件、经历的时间长短都是不同的，所以设计时采用的计算模式、作用、材料性能的取值及结构可靠度水平也是有差异的，应视结构所处状况灵活地对待。一般来说，当结构处于持久状况（使用阶段），由于持续时间很长，结构要承受可能同时出现的多种作用（或荷载），对结构需要进行承载能力极限状态和正常使用极限状态设计；当结构处于短暂状况（施工阶段），持续时间相对于持久状况是短暂的，作用于结构的荷载也较简单，除有特别要求外，一般只作承载能力极限状态设计；当结构处于偶然状况（罕遇地震、撞击等），由于出现的概率较小，且持续的时间极短，结构只需要作承载能力极限状态设计。

1. 承载能力极限状态

承载能力极限状态对应于桥涵结构或其构件达到最大承载能力或出现不适于继续承载的变形或变位的状态，承载内力极限状态着重体现桥涵结构的安全性。当结构或构件出现下列状态之一时，即认为超过了承载能力极限状态：

（1）结构或结构的一部分作为刚体失去平衡（如倾覆、滑移等）；

（2）结构构件或其连接因超过材料极限强度而破坏（包括疲劳破坏）；

（3）结构转变成机动体系；

（4）结构或构件丧失稳定性（如柱的压屈失稳等）；

（5）由于材料的塑性或徐变变形过大，或由于界面开裂而引起过大的几何变形等，致使结构或构件不再能继续承载和使用（例如拱顶严重下挠，引起拱轴线偏离过大等）。

2. 正常使用极限状态

正常使用极限状态对应于桥涵结构或其构件达到正常使用或耐久性某项限值的状态，正常使用极限状态着重体现桥涵结构的适用性和耐久性。当结构或构件出现下列状态之一时，即认为超过了正常使用极限状态。

（1）影响正常使用的外观变形；

（2）影响正常使用或耐久性能的局部损坏（如出现过大的裂缝）；

（3）影响正常使用的振动；

（4）影响正常使用的其它特征状态。

3. 四种设计状况

公路桥涵设计根据不同种类的作用（或荷载）及其对桥涵的影响、桥涵所处的环境条件，考虑了以下四种设计状况，并对其进行相应的极限状态设计。

(1) 持久状况：桥涵建成后承受自重、汽车荷载等持续时间很长的状况。该状况下的桥涵应进行承载能力极限状态和正常使用极限状态设计。

按持久状况承载能力极限状态设计时，为使桥梁具有更合理的安全性，按照《公路工程结构可靠度设计统一标准》(GB/T 50283—1999) 的规定，应根据结构破坏可能产生的后果的严重程度，划分为三个设计安全等级：

特大桥、重要大桥的安全等级为一级，其破坏后果很严重，设计可靠度最高；

大桥、中桥、重要小桥的安全等级为二级，其破坏后果严重，设计可靠度中等；

小桥、涵洞的安全等级为三级，其破坏后果不严重，设计可靠度较低。

(2) 短暂状况：桥涵施工过程中承受临时性作用的状况。该状况下的桥涵仅作承载能力极限状态设计，必要时才作正常使用极限状态设计。

(3) 偶然状况：在桥涵使用过程中可能偶然出现的状况。该状况下的桥涵仅作承载能力极限状态设计。

(4) 地震状况：在桥涵使用过程中可能出现的地震状况，该状况下的桥涵仅作承载能力极限状态设计。

二、作用效应组合

结构上几种作用分别产生的效应的随机叠加称为作用效应组合。公路桥涵结构设计应考虑结构上可能同时出现的作用，按承载能力极限状态和正常使用极限状态进行作用效应组合，取其最不利效应组合进行设计。

1. 按承载能力极限状态设计时的作用效应组合

公路桥涵按承载能力极限状态设计时，应采用以下三种作用效应组合。

(1) 基本组合　永久作用的设计值效应与可变作用设计值效应相组合，其效应组合表达式为：

$$\gamma_0 S_{ud}=\gamma_0\left(\sum_{i=1}^{m}\gamma_{Gi}S_{Gik}+\gamma_{Q1}S_{Q1k}+\psi_c\sum_{j=2}^{n}\gamma_{Qj}S_{Qjk}\right) \tag{3-15}$$

或

$$\gamma_0 S_{ud}=\gamma_0\left(\sum_{i=1}^{m}S_{Gid}+S_{Q1d}+\psi_c\sum_{j=2}^{n}S_{Qjd}\right) \tag{3-16}$$

式中　S_{ud}——承载能力极限状态下作用基本组合的效应组合设计值；

γ_0——结构重要性系数，按结构设计安全等级采用，对应于设计安全等级一级、二级和三级，分别取 1.1、1.0 和 0.9；

γ_{Gi}——第 i 个永久作用效应的分项系数，应按表 3-18 规定采用；

S_{Gik}, S_{Gid}——第 i 个永久作用效应的标准值和设计值；

γ_{Q1}——汽车荷载效应（含汽车冲击力、离心力）的分项系数，取 $\gamma_{Q1}=1.4$；当某个可变作用在效应组合中其值超过汽车荷载效应时，则该作用取代汽车荷载，其分项系数应采用汽车荷载的分项系数；对专为承受某作用而设置的结构或装置，设计时该作用的分项系数取与汽车荷载同值；计算人行道板和人行道栏杆的局部荷载，其分项系数也与汽车荷载取同值；

S_{Q1k}，S_{Q1d}——汽车荷载效应（含汽车冲击力、离心力）的标准值和设计值；

γ_{Qj}——在作用效应组合中除汽车荷载效应（含汽车冲击力、离心力）、风荷载外的其它

第 j 个可变作用效应的分项系数，取 $\gamma_{Q_j}=1.4$，但风荷载的分项系数取 $\gamma_{Q_j}=1.1$；

S_{Qjk}，S_{Qjd}——在作用效应组合中除汽车荷载效应（含汽车冲击力、离心力）外的其它第 j 个可变作用效应的标准值和设计值；

ψ_c——作用效应组合中除汽车荷载效应（含汽车冲击力、离心力）外的其它可变作用效应的组合系数，当永久作用与汽车荷载和人群荷载（或其它一种可变作用）组合时，人群荷载（或其它一种可变作用）的组合系数取 $\psi_c=0.80$；当除汽车荷载（含汽车冲击力、离心力）外尚有两种其它可变作用参与组合时，其组合系数取 $\psi_c=0.70$；尚有三种可变作用参与组合时，其组合系数取 $\psi_c=0.60$；尚有四种及多于四种的可变作用参与组合时，取 $\psi_c=0.50$。

设计弯桥时，当离心力与制动力同时参与组合时，制动力标准值或设计值按70%取用。

表 3-18 永久作用效应的分项系数

编号	作用类别		永久作用效应的分项系数	
			对结构承载力有利时	对结构承载力不利时
1	混凝土和圬工结构重力（含结构附加重力）		1.2	1.0
	钢结构重力（含结构附加重力）		1.1 或 1.2	
2	预加力		1.2	1.0
3	土的重力		1.2	1.0
4	混凝土收缩及徐变作用		1.0	1.0
5	土侧压力		1.4	1.0
6	水的浮力		1.0	1.0
7	基础变位作用	混凝土和圬工结构	0.5	0.5
		钢结构	1.0	1.0

注：本表编号 1 中，当钢桥采用钢桥面板时，永久作用效应分项系数取 1.1；当采用混凝土桥面板时，取 1.2。

(2) 偶然组合　永久作用标准值效应与可变作用某种代表值效应、一种偶然作用标准值效应相组合。偶然作用的效应分项系数取 1.0；与偶然作用同时出现的可变作用，可根据观测资料和工程经验取用适当的代表值。地震作用标准值及其表达式按现行《公路桥梁抗震设计细则》(JTG/T B02—01—2008) 规定采用。

(3) 地震组合　按现行《公路工程抗震规范》(JTG B02—2013) 规定计算采用。

2. 按正常使用极限状态设计时的作用效应组合

公路桥涵结构按正常使用极限状态设计时，应根据不同的设计要求，采用以下两种效应组合。

(1) 频遇组合　为永久作用标准值效应与可变作用频遇值效应相组合，其效应组合表达式为：

$$S_{sd}=\sum_{i=1}^{m}S_{Gik}+\sum_{j=1}^{n}\psi_{1j}S_{Qjk} \tag{3-17}$$

式中 S_{sd}——作用短期效应组合设计值；

S_{Gik}——第 i 个永久作用效应的标准值；

ψ_{1j}——第 j 个可变作用效应的频遇值系数，汽车荷载（不计冲击力）$\psi_1=0.70$，人群荷载 $\psi_1=1.00$，风荷载 $\psi_1=0.75$，温度梯度作用 $\psi_1=0.80$，其它作用 $\psi_1=1.0$；

$\psi_{1j}S_{Qjk}$——第 j 个可变作用频遇值效应。

(2) 准永久组合　为永久作用标准值效应与可变作用准永久值效应相组合，其效应组合表达式为：

$$S_{ld}=\sum_{i=1}^{m}S_{Gik}+\sum_{j=1}^{n}\psi_{2j}S_{Qjk} \tag{3-18}$$

式中　S_{ld}——作用长期效应组合设计值；

S_{Gik}——第 i 个永久作用效应的标准值；

ψ_{2j}——第 j 个可变作用效应的准永久值系数，汽车荷载（不计冲击力）$\psi_2=0.40$，人群荷载 $\psi_2=0.40$，风荷载 $\psi_2=0.75$，温度梯度作用 $\psi_2=0.80$，其它作用 $\psi_2=1.00$；

$\psi_{2j}S_{Qjk}$——第 j 个可变作用的准永久值效应。

注：1. 结构构件当需进行弹性阶段截面应力计算时，除特别指明外，各作用效应的分项系数及组合系数均取为 1.0，各项应力限值按各设计规范规定采用。

2. 验算结构的抗倾覆、滑动稳定时，稳定系数、各作用的分项系数及摩擦系数，应根据不同结构按各有关桥涵设计规范的规定确定，支座的摩擦系数按表 3-12 规定采用。

3. 构件在吊装、运输时，构件重力应乘以动力系数 1.2 或 0.85，并可视构件具体情况作适当增减。

复习思考题

1. 什么是桥梁上的作用？可分为哪几类？
2. 什么是作用效应？举例说明。
3. 什么是永久作用？包括什么？
4. 结构重力的标准值怎样确定？
5. 什么是可变作用？包括什么？
6. 汽车荷载的标准值如何规定？
7. 什么是偶然作用？包括什么？
8. 现行公路桥涵设计规范规定的两种极限状态和三种设计状况分别是什么？
9. 什么是作用效应组合？为什么要将不同作用效应进行组合？
10. 什么是基本组合和偶然组合？
11. 什么是作用短期效应组合和作用长期效应组合？

第四章　混凝土梁桥上部结构构造

学习要点： 混凝土梁桥的各种类型及特点；钢筋混凝土及预应力混凝土板梁桥、肋梁桥、箱梁桥上部结构各部分主要尺寸及钢筋构造；装配式梁桥横向连接构造；构造图的识读练习。

第一节　混凝土梁桥的一般特点

凡是采用混凝土和各种钢筋结合在一起所建成的梁式体系桥可统称为配筋混凝土梁桥，简称混凝土梁桥。它们都是采用抗压性能好的混凝土和抗拉能力强的钢筋结合在一起建成的。根据混凝土受预压程度的不同（预应力度 λ 的不同），可分为普通钢筋混凝土梁桥（简称钢筋混凝土，$\lambda=0$）、部分预应力混凝土梁桥（$1>\lambda>0$）和全预应力混凝土梁桥（$\lambda\geqslant1$）。全预应力混凝土梁桥在最大使用荷载下混凝土不出现任何拉应力，部分预应力混凝土梁桥容许发生不超过规定的拉应力值或裂缝宽度，以此改善使用性能并获得更好的经济效益。混凝土桥梁，特别是混凝土梁桥一直是我国公路桥梁的主流结构形式，在我国目前已建成的70万座公路桥梁中，95%以上为混凝土梁式桥，可见其在桥梁建设和发展中的重要地位和作用。

一、钢筋混凝土梁桥的一般特点

钢筋混凝土梁桥已经具有近百年的历史，经过长期的实践和理论研究，人们对钢筋混凝土结构设计理论的认识已经日渐成熟，钢筋混凝土结构施工技术的发展也已日趋完善。钢筋混凝土是一种具有很多优点的建筑材料。可以就地取材，因而成本较低；耐久性好，维修费用少；材料可塑性、可模性强，可以按照设计意图做成各种形状的结构，例如适应道路线形的曲线桥；可以采用装配式结构，工业化程度高，即提高了工程质量又加快了施工速度；结构刚度大，整体性好，变形小；噪声小等。

钢筋混凝土梁桥的不足之处是结构本身的自重大，约占全部设计荷载的30%～60%。跨度愈大则自重所占的比值更显著增大。鉴于材料强度大部分为结构本身的重力所消耗，这就大大限制了钢筋混凝土梁式桥的跨越能力。在钢筋混凝土梁桥中，在梁的受拉区布置有受力钢筋，以承担各种作用产生的拉应力，钢筋和混凝土粘接在一起共同变形，由于受到混凝土裂缝宽度的限制，所以钢筋的拉应变或应力也将受到相应的制约。因为这一制约关系，钢筋混凝土结构无法利用高强度材料，增大跨越能力。任何一种建筑材料用于结构中，它的材料强度与材料容重是影响结构极限跨越能力的两大因素。钢筋混凝土梁桥，由于材料强度不高而容重较大，至今，钢筋混凝土梁桥尚未突破百米大关。就地浇筑的整体式钢筋混凝土梁桥，由于施工工期长，占用支架和模板多，而且施工受季节的影响很大，在寒冷地区以及在雨季建造整体式钢筋混凝土梁桥时施工比较困难，如采用蒸气养护以及防雨措施等，会显著增加施工费用，因此整体式钢筋混凝土桥一般只在运输困难的地区以及某些特殊情况（如修建斜桥、弯桥及异形变宽桥）时才被采用。

目前，为了节约钢材，在我国很少修建公路钢桥，而且建造圬工拱桥又费工费时，还要受到桥位处地形、地质条件的限制。因此，在公路建设中，特别是对于公路上最常遇到的跨越中小河流等的情况，还有城市立交或高架桥中，需要建造大量中小跨径的钢筋混凝土梁桥。因此钢筋混凝土梁桥在桥梁工程中仍具有一定的地位。

对于装配式钢筋混凝土简支梁桥而言，在技术经济上合理的最大跨径的钢筋混凝土梁桥约为20m左右，悬臂梁桥与连续梁桥适宜的最大跨径约为60～70m。

二、预应力混凝土梁桥的一般特点

鉴于钢筋混凝土梁桥存在着上述的一些缺点，因此常采用预加应力来改善结构的使用性能。即通过张拉高强度钢筋——预应力筋或称力筋，使受拉区预先储备一定的压应力，在外荷载作用时，混凝土可不出现拉应力或不出现超过某一限值的拉应力。因此，混凝土可看作是一种预先储存了足够压应力的新型混凝土材料。预应力筋既是加力工具又是抵抗构件内力的受力钢筋。随着混凝土、钢材强度不断提高，预应力混凝土设计理论研究不断深入，预应力工艺不断改进，预应力混凝土梁桥获得了飞速发展。尤其是20世纪50年代后，预应力混凝土梁桥的跨越能力，以每十年百米的速度递增，目前已跻入大跨径桥梁的行列。

预应力混凝土梁桥除了同样具有前述钢筋混凝土梁桥的所有优点外，还有下述重要特点：

(1) 能最有效地利用现代化的高强材料（高标号混凝土、高强钢材），减小构件截面尺寸，显著降低自重所占全部作用效应设计值的比重，增大跨越能力，并扩大混凝土结构的适用范围。

(2) 与钢筋混凝土梁相比，一般可以节省钢材30%～40%，跨径愈大，节省愈多。

(3) 全预应力混凝土梁在使用荷载下不出现裂缝，即使是部分预应力混凝土梁在常遇荷载下也无裂缝，鉴于截面能全面参与工作，梁的刚度就比通常开裂的钢筋混凝土梁要大。因此，预应力混凝土梁可显著减小建筑高度，能把大跨径桥梁做得轻柔美观。由于能消除裂缝，这就扩大了对多种桥型的适应性，并更加提高了结构的耐久性。

(4) 预应力技术的采用，为现代装配式结构提供了最有效的接头和拼装技术手段。根据需要，可在纵向和横向任意分段，施加预应力，即可集成理想的整体。此外还发展了纵向逐段或逐孔施工等节段施工方法。使装配式桥梁的建造技术得到了跨越式发展。

当然，要建造好一座预应力混凝土桥梁，首先要有作为预应力筋的优质高强钢材和制备质量可靠的高强混凝土，同时需要有一整套专业的预应力张拉设备和材质好、制作精度高的锚工具，并且要求施工人员掌握预应力施工全过程的工艺、技术要求。

第二节　混凝土梁桥桥跨结构的主要类型及适用条件

在钢筋混凝土与预应力混凝土梁桥发展过程中，随着跨径和受力体系及施工条件的要求的不同，形成了多种不同的构造类型。下面从几个主要方面简述钢筋混凝土和预应力混凝土梁式桥桥跨结构的构造类型及其使用情况。

一、按承重结构的截面形式划分

(一)板桥

板桥的承重结构就是矩形截面的钢筋混凝土或预应力混凝土板，它是公路小跨径钢筋混凝土桥梁中最常用的类型之一。由于在建成以后外形上像一块薄板，故习惯上称之为板桥。它构造简单、制作简便、装配式板桥吊装重量小，施工架设方便，板桥的建筑高度小，特别适用于建筑高度受限和平原区高速公路上的小跨径桥梁。从而可以降低桥头引道路堤填土高度，缩短引道长度，少占耕地和节省土方工程量。板桥的主要缺点是跨径不宜过大，位于受拉区域的混凝土材料不能承担拉应力，反而增大了结构的自重，从力学性能分析，当跨径超过一定限度时，截面便要显著加高，导致自重进一步增大，从而使截面材料使用不经济。且外形显得笨重。但是近年来随着高强钢材、高强度等级混凝土及新型锚具等现代预应力材料及技术的迅速发展，桥梁设计思想的不断更新及桥梁施工水平的逐步提高，可使空心板桥的经济跨径和技术指标有较大提高。

板桥截面可以做成实心板或空心板，实心板一般用于跨径 13m 以下的板桥，空心板用于跨径等于或大于 13m 的板桥，一般采用先张或后张预应力混凝土结构。

板桥常见截面如图 4-1 和图 4-2 所示。

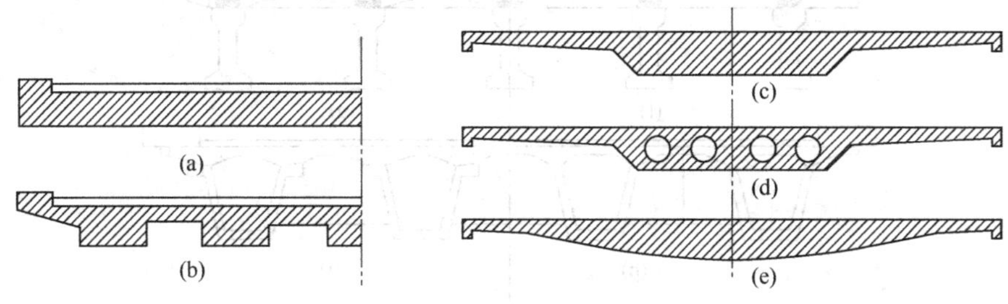

图 4-1 整体式板桥截面

(二)肋梁桥

在横截面内形成明显肋形结构的梁桥称为肋板式梁桥，简称肋梁桥。在此种桥上，梁肋(或称腹板）与顶部的钢筋混凝土桥面板结合在一起作为承重结构。特别对于仅承受正弯矩作用的简支梁来说，既充分利用了扩展的混凝土桥面板的抗压能力，又有效地发挥了集中布置在梁肋下部的受力钢筋的抗拉作用，从而使结构构造与受力性能达到理想的统一。

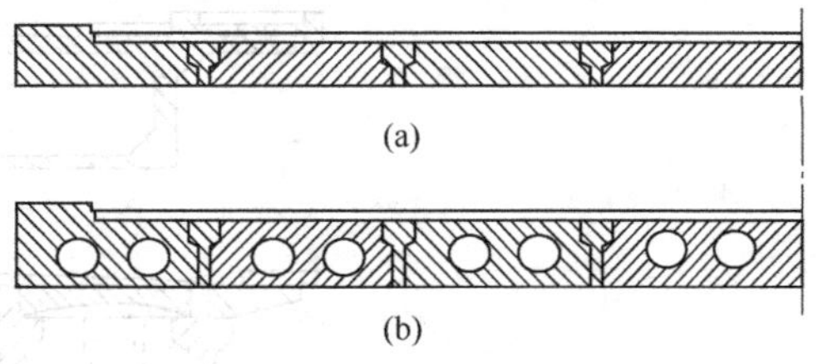

图 4-2 装配式板桥截面

与板桥相比，对于梁肋较高的肋梁桥来说，由于混凝土抗压和钢筋受拉所形成的力偶臂较大，因而肋梁桥也具有更大的抵抗荷载弯矩能力。目前，中等跨径（20～40m 以上）的梁桥通常采用肋板式梁桥。肋梁桥的截面形式如图 4-3 所示。

(三)箱形梁桥

横截面呈一个或几个封闭箱形的梁桥简称为箱形梁桥。这种结构除了梁肋和上部翼缘板外，在底部尚有扩展的底板，因此它提供了能承受正、负弯矩的足够的混凝土受压区，并能满足配筋的需要。箱梁截面有单箱单室［图 4-4（a）］、单箱双室或多室［图 4-4（b)、图 4-4（c）］。

由于箱形截面较大的挖空率，使箱形梁桥具有较高的截面效率指标，在一定的截面面积下能获得较大的抗弯惯性矩，而且抗扭刚度也较大，在偏心荷载作用下各腹板的受力比较均匀。因此箱形截面能适用于较大跨径的悬臂梁桥和连续梁桥以及斜拉桥，其中，预应力混凝土连续箱梁桥由于具有桥面接缝少、梁高小、刚度大、整体性强、外形美观、便于养护等特点，较好地满足了快速、舒适、方便的交通需要，在大跨度公路桥梁中得到越来越广泛的应用。

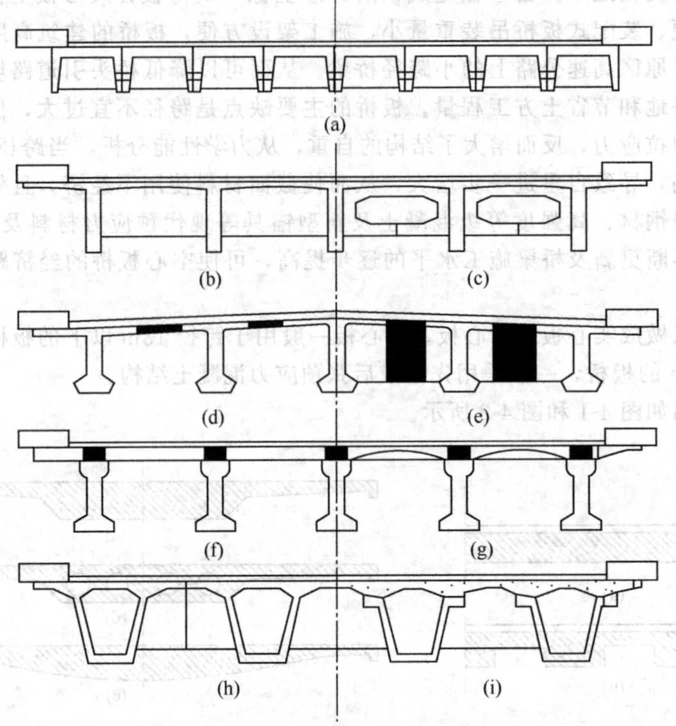

图 4-3　肋梁桥截面形式

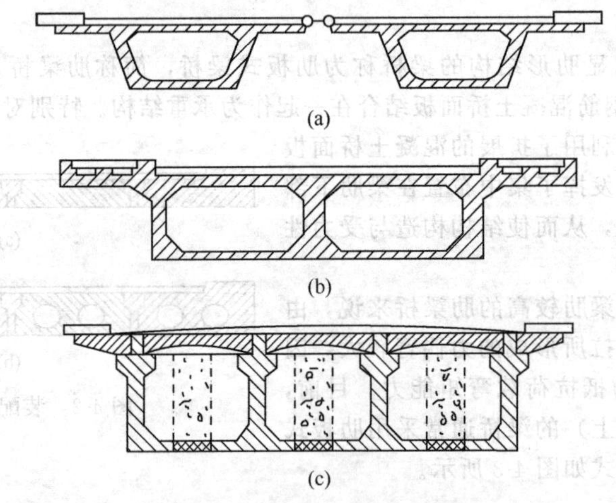

图 4-4　箱形梁桥横截面

二、按桥跨结构的静力体系划分

(一)简支梁桥

简支梁桥是使用最早、应用最广泛、构造最简单的梁式桥［图 4-5（a）］，属静定结构，相邻桥孔各自单独受力，故最适宜按各种标准化跨径设计成装配式结构，施工工序少，架设安装方便，施工管理工作较简化，施工费用较低。

(二)连续梁

这种体系的主要特点是：承重结构（板、T形梁或箱梁）不间断地连续跨越几个桥孔而形成一超静定结构［图4-5（b）］。连续孔数一般不宜过多，当桥梁孔数较多时，需要沿桥长分建成几组（或称几联）连续梁。连续梁由于荷载作用下支点截面产生负弯矩，从而显著减小了跨中的正弯矩，这样不但可减小跨中的建筑高度，而且能节省钢筋混凝土数量。跨径越大时，这种节省效果就越显著。连续梁是超静定结构，通常适用于桥基良好的场合，因为任一墩台基础发生不均匀沉陷时，桥跨结构梁内将会产生附加内力，从而导致总内力过大。

(三)悬臂梁桥

这种桥梁的主体是长度超出跨径的悬臂结构。仅一端悬出者称为单悬臂梁［图4-5（c）］，两端均悬出者称为双悬臂梁。对于较长的桥，还可以借助简支的挂梁与悬臂梁一起组合多孔桥。在力学性能上，悬臂根部产生的负弯矩减小了跨中正弯矩，所以悬臂梁也与连续梁一样，可以减小跨中的建筑高度，节省材料用量。悬臂梁属于静定结构，墩台的不均匀沉陷不会在梁内引起附加内力。

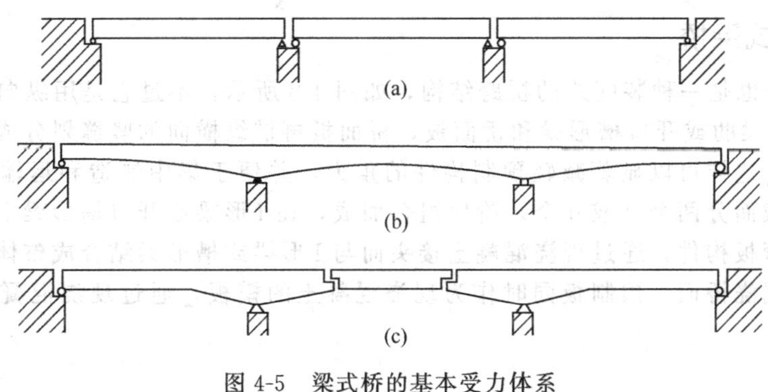

图4-5　梁式桥的基本受力体系

三、按有无预应力划分

1. 钢筋混凝土梁桥

钢筋混凝土梁桥是由钢筋和混凝土两种材料组成的结构，它充分利用了材料各自的优点。

2. 预应力混凝土梁桥

预应力混凝土梁桥是为解决钢筋混凝土结构在使用阶段容易开裂而发展起来的结构。它采用的是高强度钢筋和高强度混凝土材料，并采用相应的张拉钢筋的施工工艺在构件中建立预加应力。按预应力度不同可分为部分预应力混凝土梁桥和全预应力混凝土梁桥。

四、按施工方法划分

(一)整体浇筑式梁桥

建桥的全部工作都在施工现场进行，由于全桥在纵向和横向都是现场整体浇筑，所以整体性好，可以按需要做成各种形状。此种施工方式工业化程度低，又要耗费较多的支架和模板等材料。图4-1和图4-6分别为整体浇筑式板桥和肋梁桥的横截面形式。

(二)装配式梁桥

上部构造在预制工厂或工地预制场分块预制，再运到现场吊装就位，然后在接头处把构件连接成整体。图 4-2 和图 4-7 分别为常用的装配式板桥和 T 梁桥的横截面形式。装配式桥的预制构件采用工厂化施工，受季节影响小，质量易于保证，而且还能与下部工程同时施工，加快了施工进度，并能节约支架和模板的材料。

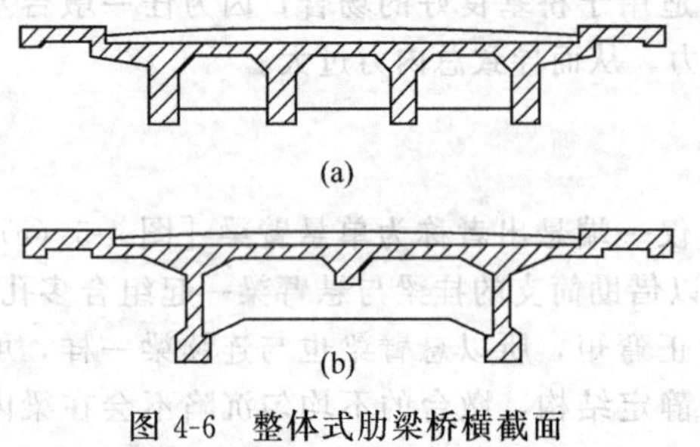

图 4-6　整体式肋梁桥横截面

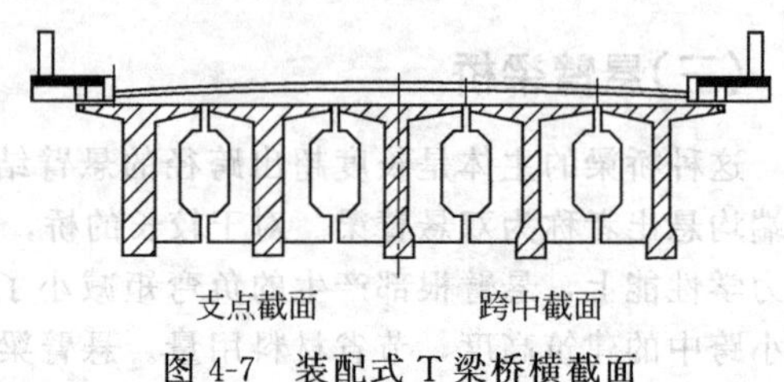

图 4-7　装配式 T 梁桥横截面

(三)组合式梁桥

组合式梁桥也是一种装配式的桥跨结构，如图 4-8 所示，不过它是用纵向水平缝将桥梁分割成Ⅰ字形的梁肋或开口槽形梁和桥面板，桥面板再借纵横向的竖缝划分成在平面内呈矩形的预制构件。这样可以显著减轻预制构件的重力，并便于集中制造和运输吊装。组合梁的特点是整个截面分两个（或几个）阶段组合而成，在Ⅰ形梁或开口槽形梁上搁置轻巧的预制空心板或微弯板构件，通过现浇混凝土接头而与Ⅰ形梁或槽形梁结合成整体。或以弧形薄板或平板作为现浇桥面，预制板同时作为现浇混凝土的模板，通过现浇混凝土使各主梁结合成整体。

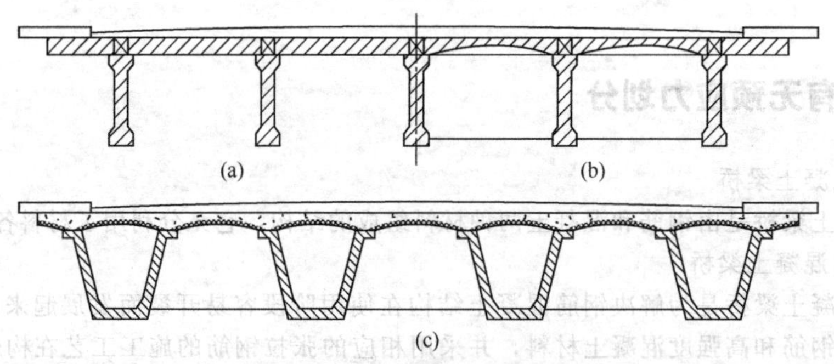

图 4-8　组合式梁桥横截面

第三节　简支板桥构造

板桥是小跨径桥梁最常用的桥型之一。由于它在建成之后外形像一块薄板，故称为板桥。板桥的建筑高度小，适用于桥下净空受限制的桥梁，还可用于降低桥头引道高度，缩短引道的长度。其外形简单，制作方便，即便于现场整体浇筑，又便于预制厂成批生产，因此可以采用整体式结构，也可以采用装配式结构。

简支板桥常见的结构形式：整体式简支板桥（截面形式有实体矩形板和矮肋板）、装配式钢筋混凝土简支板桥（截面形式有实心矩形板和空心板）、装配式预应力混凝土空心板桥（截面形式有单空板和多空板）。

简支板桥虽然应用广泛，但跨径不宜过大。当跨径超过一定限值时，自重显著增大，从而造成材料上的浪费。因此《公路钢筋混凝土及预应力混凝土桥涵设计规范》（JTG 3362—2018）中规定：钢筋混凝土简支板桥的标准跨径不宜超过 13m，预应力混凝土简支板桥的标准跨径不宜超过 25m。连续板桥的标准跨径不宜大于 30m。

一、整体式简支板桥

1. 截面形式和尺寸

整体式简支板桥是工地现场经过搭设支架、安装模板、铺设钢筋、整体浇筑混凝土、养护的施工程序而成型的钢筋混凝土板桥。其整体性能好，横向刚度较大，施工较简便。但需要消耗一定量的模板和支架材料，通常用于跨径为 4～8m 的小桥。

整体式简支板桥的板厚与跨径之比一般为 1/23～1/16，随跨径增大，比值取用较小值。横截面一般设计成等厚度的矩形实体截面，如整体式简支板桥截面之中的实体矩形板。为了减小自重，也可以将下缘受拉区混凝土部分挖空，形成矮肋式板截面，如整体式简支板截面之中的矮肋板。

2. 配筋特点和要求

整体式板桥的宽度较大，跨径与板宽尺寸通常相差不大（比值不大于 2），一般处于双向受力状态。所以，除了要通过设计计算配置位于板的下缘纵向受力钢筋以外，还要在板内设置垂直于主钢筋的横向分布钢筋。纵向主筋在两侧各 1/6 的板宽范围内应比中间（2/3 板宽）增加 15%主筋用量。这是因为当车辆荷载在靠近板边行驶时，参与受力的板宽（荷载有效分布宽度）要比中间小，使得板边处的受力增大。板内主钢筋的直径不宜小于 10mm，跨中主筋间距不应大于 200mm。横向分布钢筋设在主钢筋的内侧，其直径不小于 8mm，间距不大于 200mm，截面面积不宜小于板的截面积的 0.1%。在主钢筋的弯折处，也应设置分布钢筋。板的主钢筋与板边缘间的净距不应小于 30mm（环境类别Ⅰ），分布钢筋与板边缘的净距不应小于 15mm（环境类别Ⅰ）。

整体式板桥的主拉应力较小，根据计算可以不设置弯起的斜钢筋，板内主钢筋可在沿板高中心纵轴线的 1/6～1/4 计算跨径处按 30°～45°的角度弯起。通过支点的不弯起的主钢筋，每米板宽内不少于 3 根，且不少于主钢筋截面面积的 1/4。

3. 整体式简支板桥构造实例

(1) 某标准化跨径 6.0m 的整体式钢筋混凝土简支板桥，如图 4-9 所示。桥面净宽 8.5m，两侧各有 0.25m 的安全带。设计荷载为公路-Ⅱ级，计算跨径为 5.69m，板厚 32cm，约为跨径的 1/18。纵向主筋采用 HRB335 钢筋，直径为 20mm，在中间 2/3 的板宽内间距 12.5cm，其余两侧的间距为 11cm。主筋在跨径两端 1/6～1/4 的范围内呈 30°弯起，分布钢筋按单位板宽上主筋面积的 15%配置，采用 HPB300 钢筋，直径为 10mm，间距为 20cm。

(2) 图 4-10 为标准化跨径 8.0m 的整体式钢筋混凝土简支板桥的构造图，单幅桥面净宽 11.0m（两侧防撞护栏未示出）。设计荷载为公路-Ⅰ级。计算跨径为 7.58m，板厚 45cm，约为跨径的 1/17，纵向主筋采用钢筋骨架和 N1，主筋采用 HRB335 钢筋，直径为 25mm。在骨架内设置了间距 30cm、直径为 20mm 的斜筋。下缘的分布钢筋按单位板宽上不少于主筋面积的 15%配置，采用直径 16mm、间距 12cm 布置。一块实体板共用 22 片骨架，骨架短斜筋采用双面焊接。主筋在跨径两端 1/6～1/4 的范围内呈 30°弯起，分布钢筋按单位板宽上主筋面积的 15%配置，采用 HPB300 钢筋，直径为 10mm，间距 20cm。

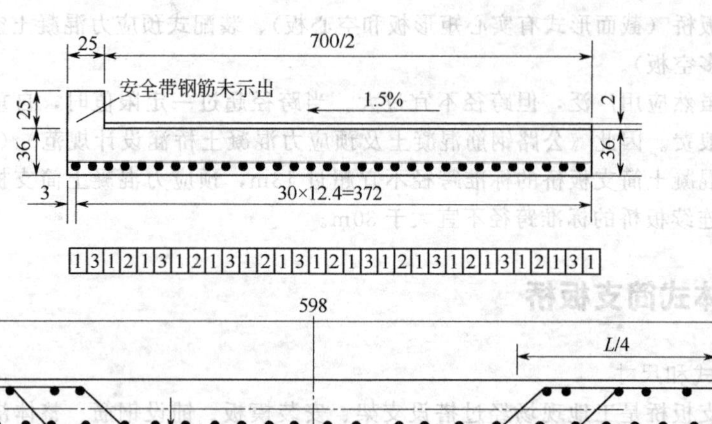

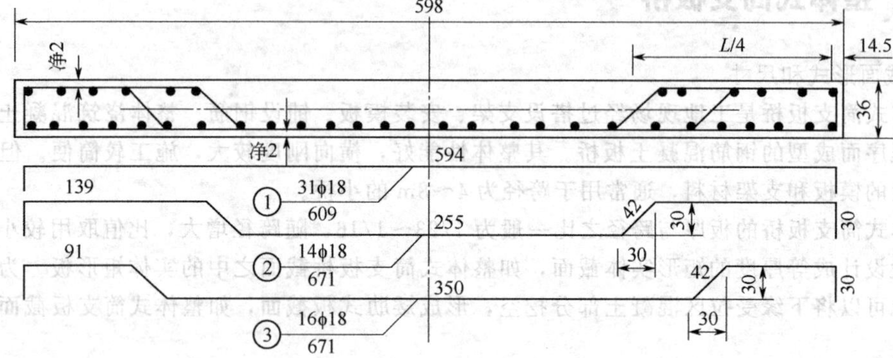

图 4-9　标准化跨径为 6.0m 的整体式钢筋混凝土简支板桥（尺寸单位：cm，钢筋直径：mm）

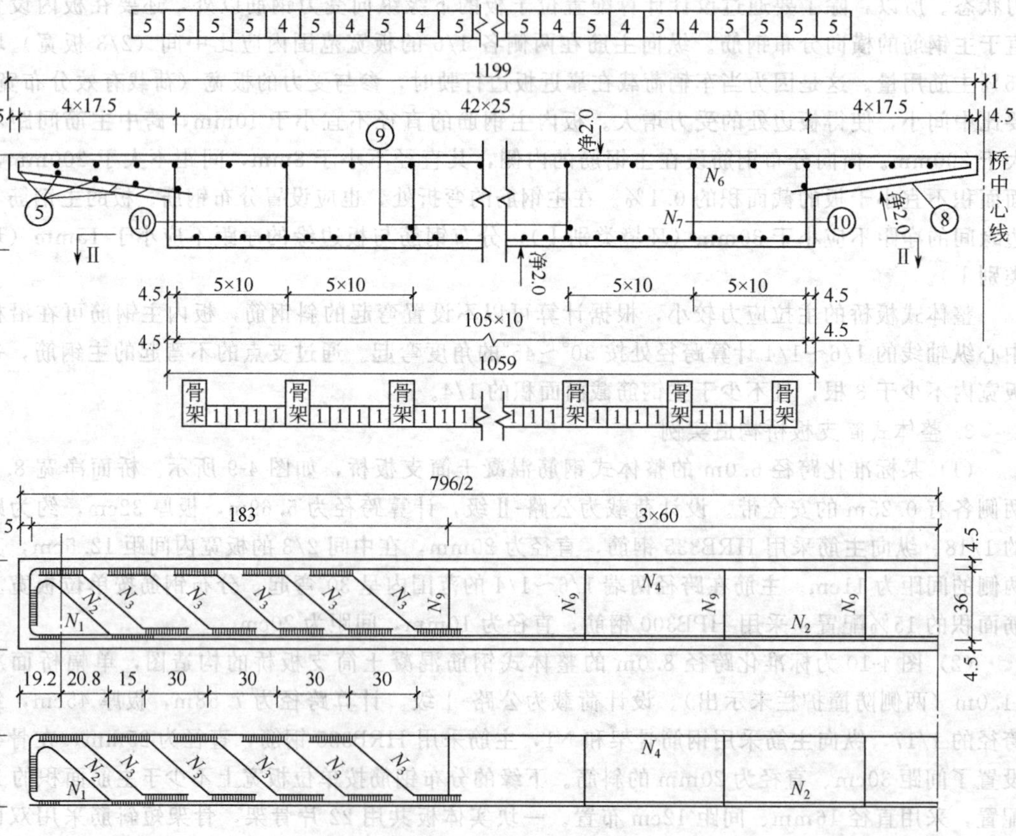

图 4-10　标准化跨径为 8.0m 的整体式钢筋混凝土简支板桥构造（尺寸单位：cm，钢筋直径：mm）

二、装配式简支板桥

当具备运输和起重设备时，简支板桥宜采用装配式结构，以缩短工期，提高工程施工质量。装配式简支板桥按截面形式可分为实心矩形板和空心板。实心矩形板一般用于钢筋混凝土结构，空心板一般用于预应力混凝土结构。

1. 装配式钢筋混凝土实心矩形板

(1) 截面尺寸与配筋

实心矩形板桥通常用于跨径 8m 以下的桥梁，一般应尽量采用标准化设计。我国《公路桥涵设计通用规范》(JTG D60—2015) 中规定了 1.5m、2.0m、2.5m、3.0m、4.0m、5.0m、6.0m 和 8.0m 八种标准化跨径。截面形式为两侧带有企口（边板为一侧带有企口）的实心矩形板。预制板的设计宽度一般为 1.0m（预制板宽为 99cm），板厚一般为 16～36cm。装配式钢筋混凝土实心矩形板内应设置受力主钢筋、箍筋、架立钢筋，主钢筋一般采用 HRB400 钢筋。

(2) 构造实例

图 4-11 为标准化跨径为 6.0m 的装配式钢筋混凝土简支实心矩形板构造实例。设计荷载为公路-Ⅱ级。标准跨径为 6m 桥面宽度为净－7，全桥由 6 块预制宽度为 99cm 的中部块件和 2 块宽度为 74cm 边部块件组成。

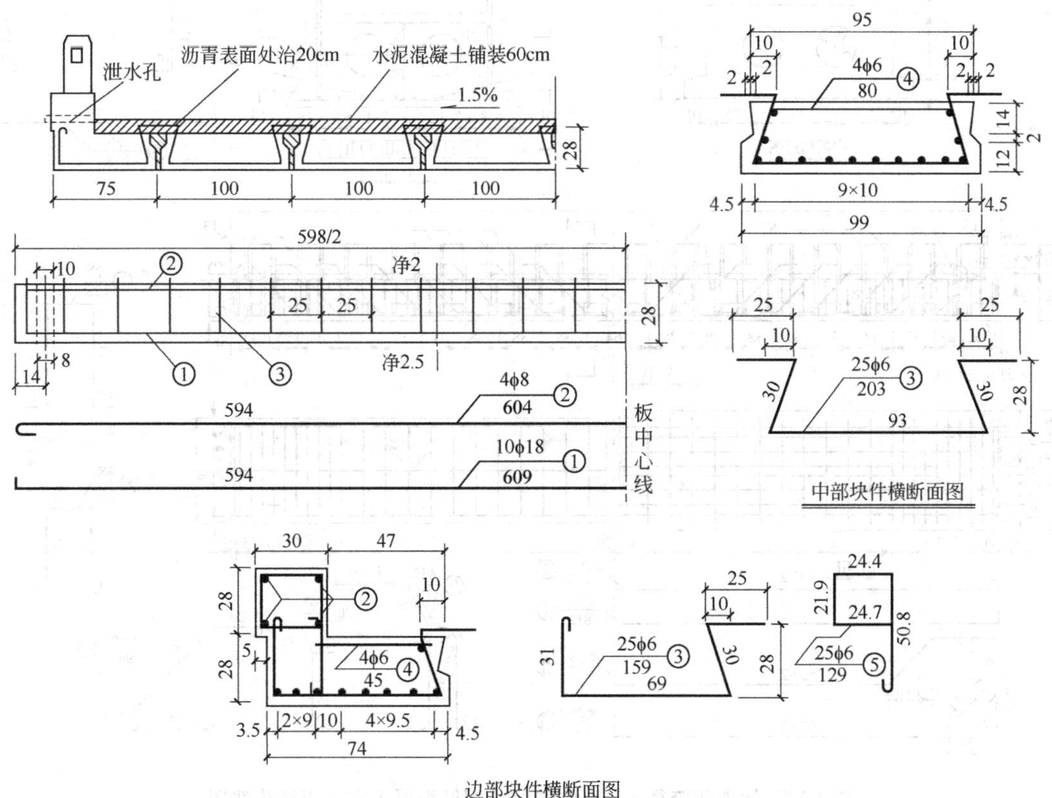

图 4-11　标准化跨径为 6m 的装配式钢筋混凝土实心矩形板（尺寸单位：cm，钢筋直径：mm）

2. 装配式钢筋混凝土空心矩形板桥

(1) 截面尺寸及配筋　装配式钢筋混凝土简支板桥，当跨径增大时，为了减小板的自重，充分合理地利用材料，应采用空心截面形式，在预制时采用芯模即可形成空心矩形截面，与同跨径的实心板相比，其重量小，运输安装方便，建筑高度又比同跨径的T形梁小，因而使用较广泛。图 4-12 所示为几种常见的空心板开孔形式。

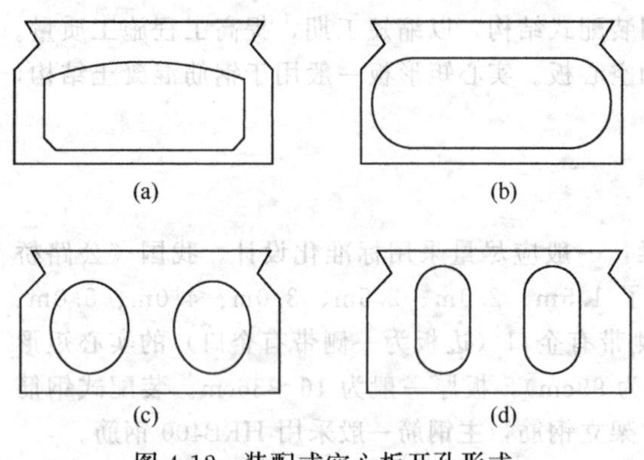

图 4-12　装配式空心板开孔形式

装配式钢筋混凝土空心板桥的标准化跨径为 6 ～ 13m，即 6.0m、8.0m、10.0m 和 13.0m 四种，相应的板厚为 0.4～0.8m。空心板的顶板和底板厚度，均不应小于 80mm，空心板的空洞端部应予填封，以保证施工质量和承载的需要。其配筋与装配式钢筋混凝土实心矩形板基本相同。

（2）构造实例　图 4-13 为标准化跨径为 8m 的装配式钢筋混凝土空心板桥构造图，桥面净宽为 2×净－11.0m，板全长 7.96m，计算跨径 7.70m，板厚 40cm，横截面采用双圆孔，半径 18cm，采用 C40 混凝土预制，每板块底层配 8 根Ⅱ级直径为 ϕ25 主筋，板顶面配置 3 根Ⅰ级 ϕ8 的架立钢筋。

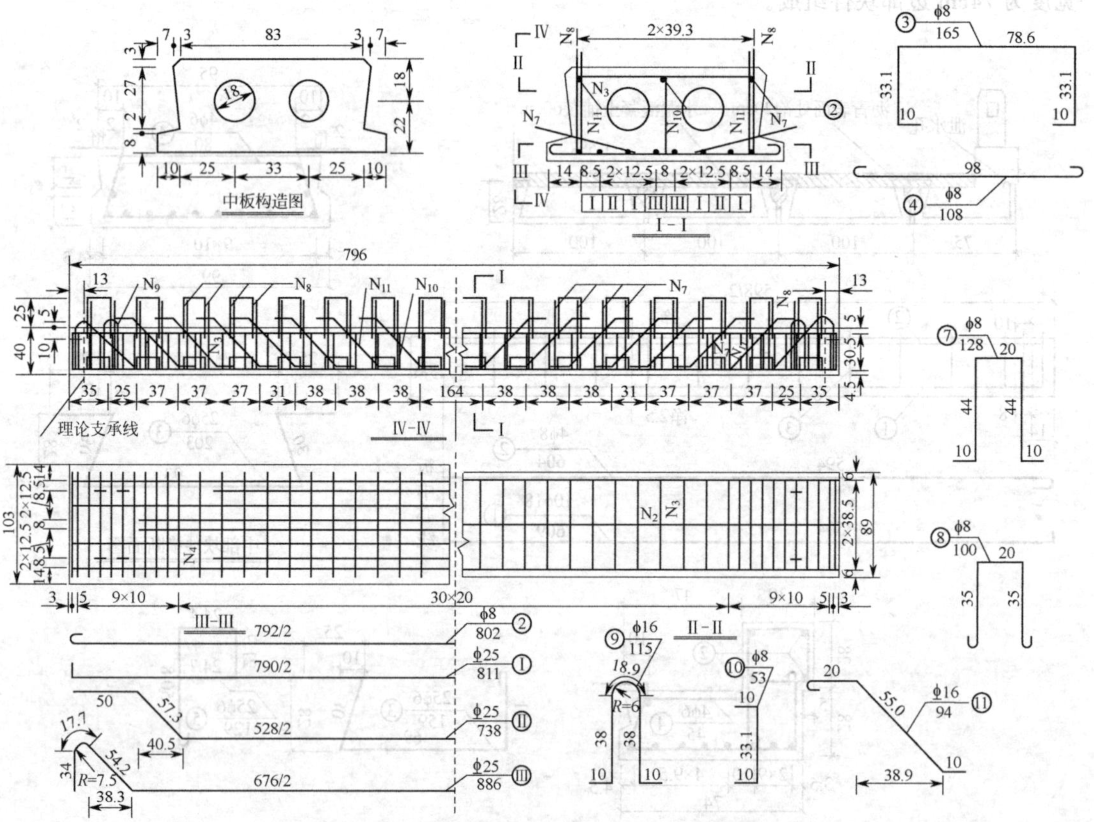

图 4-13　标准化跨径为 8m 的装配式钢筋混凝土空心板桥构造图

3. 装配式预应力空心板桥

装配式简支板桥，当跨径增加到一定程度时，为使截面更经济有效的承载，应采用预应力混凝土空心板结构。预应力混凝土空心板桥的跨径一般在 8～20m，有 8.0m、10.0m、13.0m、

16.0m 和 20.0m 五种标准化跨径的标准图，相应板厚为 0.4～0.9m。预应力混凝土空心板，通常在预制厂采用先张法工艺预制，然后运输到工地现场安装。

(1) 截面形式及尺寸要求 截面形式与装配式钢筋混凝土空心板相同。空心板的顶板和底板厚度，均不应小于 80mm，空心板的空洞端部应予填封，以保证施工质量和承载的需要。空洞与周边或空洞与空洞间最薄处不得小于 7cm，以保证施工质量和构造的需要。

(2) 配筋 装配式预应力空心板桥内除纵向预应力钢筋外，为保证抗剪强度，应在截面内根据设计计算需要配置箍筋，必要时设置弯起钢筋。此外，还应设置铰缝连接钢筋，其它连接钢筋、架立钢筋以及需要时所设置的端部上缘非预应力钢筋。

(3) 构造实例

1) 图 4-14 为标准化跨径为 13m 的装配式预应力混凝土空心板桥实例。设计荷载为公路-Ⅰ级，计算跨径 12.6m，板厚 0.60m。空心板横截面为双孔形式，采用 C40 混凝土预制和填缝。每块板底层配置 7 根ϕ20 的精轧螺纹钢筋做预应力筋。板顶面除配置 3 根ϕ12 的架立钢筋外，在支点附近还配置 6 根ϕ8 的非预应力来承担由预加应力产生的拉应力。靠近支点截面，箍筋加密布置同时直径增大，以承担支点附近较大的剪力。

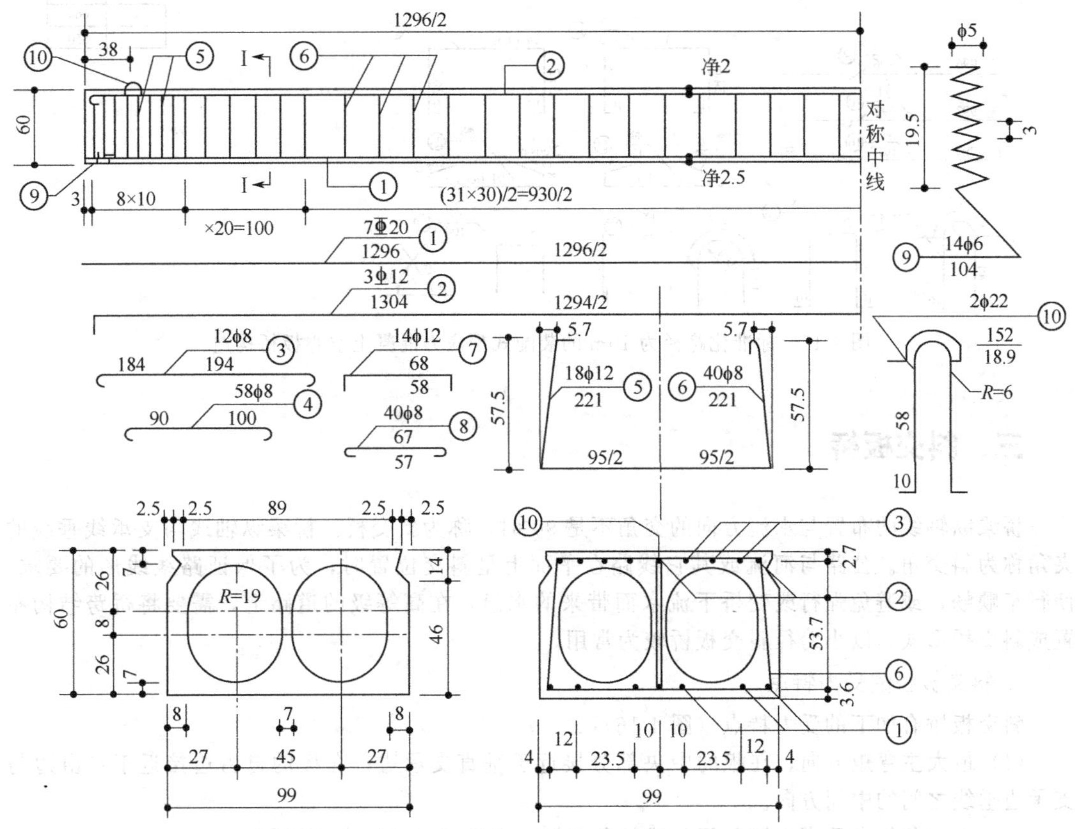

图 4-14 跨径 13m 装配式预应力混凝土空心板桥构造

2) 图 4-15 为标准化跨径为 10m 的某装配式预应力混凝土空心板桥构造图，设计荷载为公路-Ⅰ级，桥面净宽为净－7＋2×0.25m 安全带，由 8 块全长为 9.96m、预制宽度为 99cm、高度为 60 cm 的预制板组成，计算跨径为 9.6m。

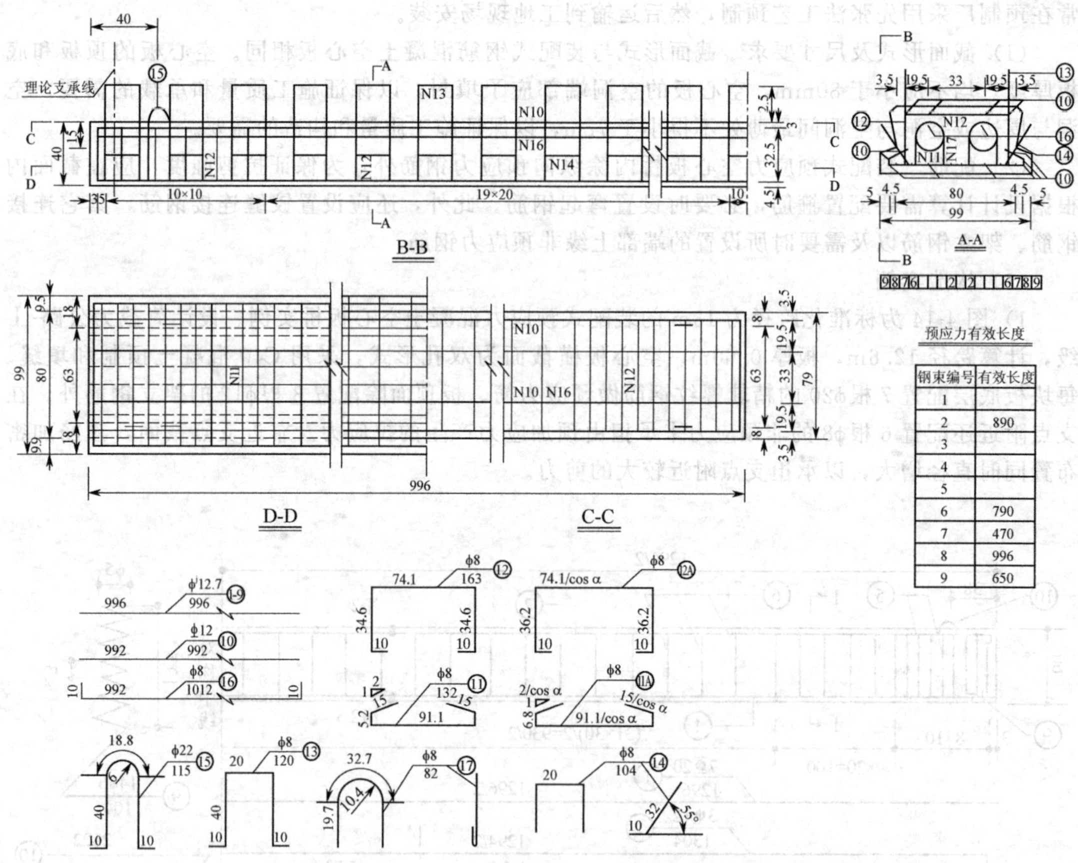

钢束编号	有效长度
1	
2	890
3	
4	
5	
6	790
7	470
8	996
9	650

图 4-15 标准化跨径为 10m 的装配式预应力混凝土空心板桥构造

三、斜交板桥

桥梁纵轴线的布置与水流方向的交角不是 90°时，称为斜交桥。桥梁纵轴线与支承线垂线的夹角称为斜交角。公路与河流或其它线路在平面上呈斜交位置时，为了保证路线线形的要求，使行车顺畅，或避免强行改变桥下流水而带来的水患，在高等级的道路上，需要将桥跨结构布置成斜交桥形式，以小跨径斜交板桥较为常用。

1. 斜交板桥的受力特点

斜交板桥有如下的受力特点（图 4-16）：

(1) 最大主弯矩方向，在板的中央部分接近于垂直支承边；在板的自由边接近于自由边与支承边垂线之间的中间方向。

(2) 在钝角处有垂直于钝角平分线的负弯矩，它随斜度的增大而增加。

(3) 支承反力从钝角处向锐角处逐渐减小，因此，锐角有向上翘起的倾向，同时存在着相当大的扭矩。

2. 斜交板桥的构造

(1) 钢筋布置　斜交板桥的钢筋可按下列规定布置（图 4-17）：

1) 当整体式斜板的斜交角不大于 15°时，钢筋可平行于桥纵轴线方向布置。当整体式斜板斜交角大于 15°时，主钢筋宜垂直于板的支承轴线方向布置，此时，在板的自由边上、下应各设一条不少于 3 根主钢筋的平行于自由边的钢筋带，并用箍筋箍牢。在钝角部位靠近板顶的上层，应布置垂直于钝角平分线的加强钢筋，在钝角部位靠近板底的下层，应布置平行于钝角平分线的加强钢筋，加强钢筋直径不宜小于 12mm，间距 100～150mm，布置于钝角两侧 1.0～1.5m 边长的扇形面积内。

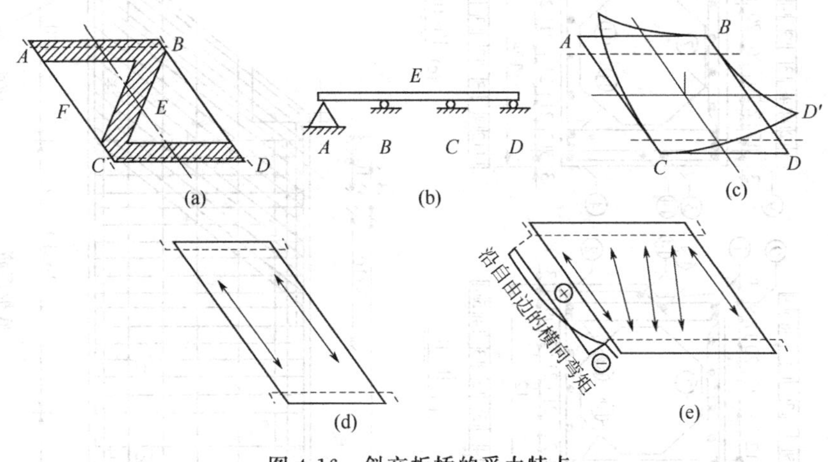

图 4-16　斜交板桥的受力特点

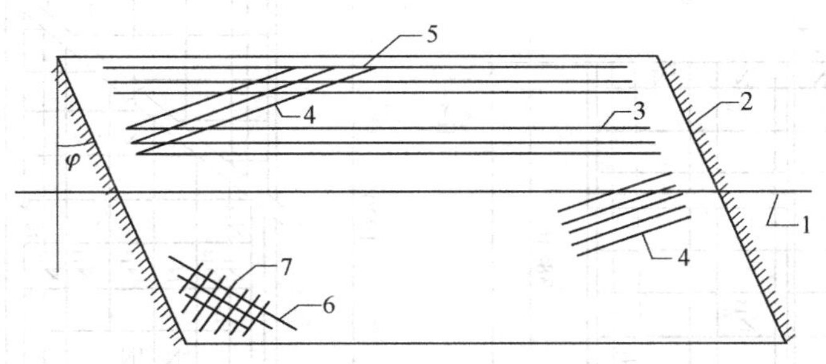

图 4-17　斜交板桥钢筋布置

1—桥梁纵轴线；2—支承轴线；3—顺桥向纵轴线钢筋；4—与支承轴线正交的钢筋；5—自由边钢筋带；6—垂直于钝角平分线的钝角钢筋；7—平行于钝角平分线的钝角钢筋

2）斜板的分布钢筋宜垂直于主钢筋方向设置，其直径、间距和数量与整体式正交板规定相同。在斜板的支座附近宜增设平行于支座轴线的分布钢筋；或将分布钢筋向支座方向呈扇形分布，过渡到平行于支承轴线。

3）预制斜板的主钢筋可与桥纵轴线平行，其钝角部位加强钢筋及分布钢筋按整体式斜交板规定进行布置。

（2）构造实例　图 4-18 为斜跨长等于 20m，斜交角为 40°的装配式预应力混凝土空心斜板桥构造。

四、装配式板桥的横向连接

为了使装配式板块能够共同承受车辆荷载，必须在块件之间设置强度足够的横向联结构造。装配式板的横向连接方法有企口混凝土铰连接和钢板焊接连接两种，实践证明，企口混凝土铰连接能保证传递横向剪力，使各块板共同受力，因而，应用较为广泛。

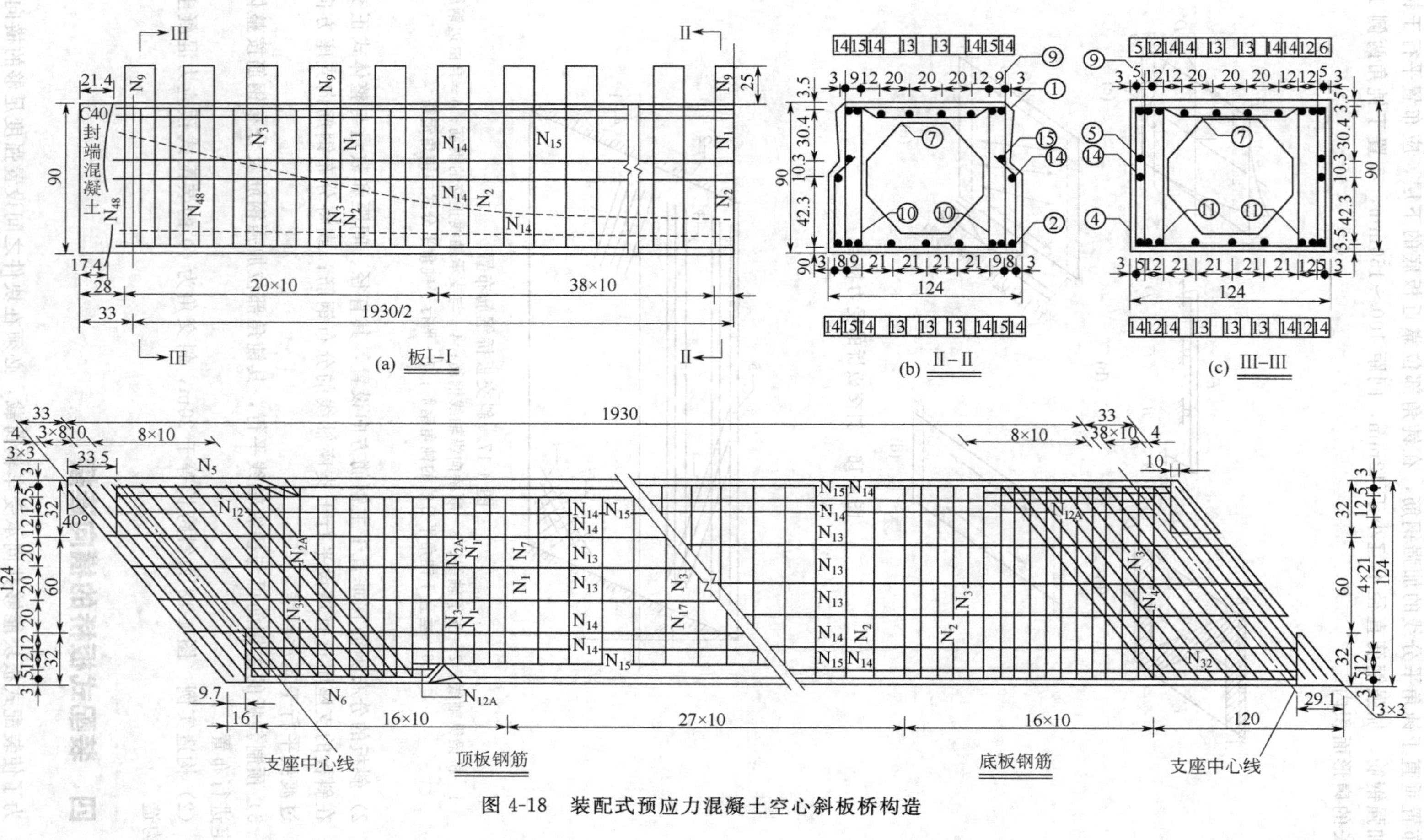

图 4-18 装配式预应力混凝土空心斜板桥构造

1. 企口混凝土铰连接

企口式混凝土铰连接形式有圆形、菱形、漏斗形三种，如图 4-19 所示。

其中，漏斗形因其施工方便，共同受力性能好，在通用图中采用较多。铰的上口宽度应保证插入式振捣器能够顺利插入，铰槽的深度宜为预制板厚度的 2/3。预制板内应预埋钢筋伸入铰内，块件安装就位后，伸出钢筋相互绑扎，铰缝内用 C30～C40 以上的细集料混凝土填实。为加强铰缝混凝土与预制板的粘接性，要求在空心板预制时，按 1m 一道在预制板的侧模嵌上 500mm 长的 $\phi 6$ 钢筋，使其形成 6mm 凸凹不平的粗糙面。

铰接板顶面一般应铺设厚度不小于 80mm 的现浇混凝土层。为保证现浇层或铺装层共同参与受力，可以将预制板中钢筋伸出，与相邻板的同样钢筋绑扎后再浇筑到现浇层或铺装层内。如图 4-20 所示。

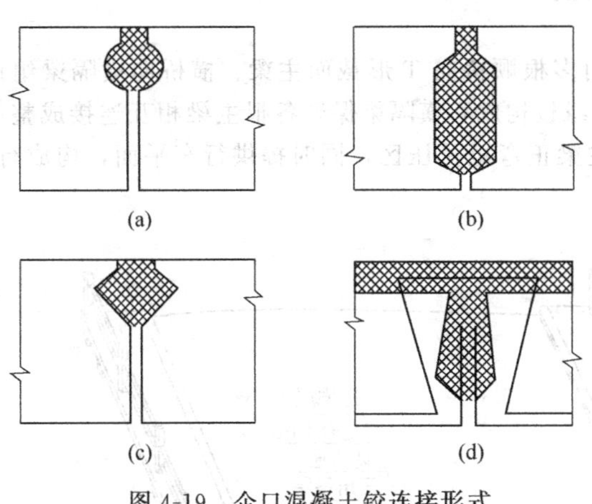

图 4-19 企口混凝土铰连接形式

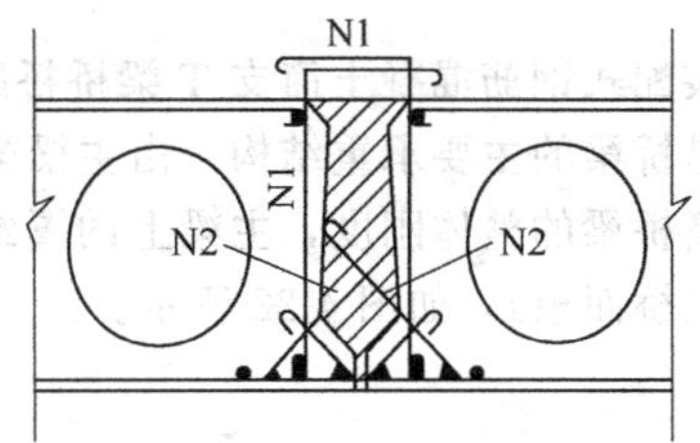

图 4-20 企口混凝土铰连接构造

2. 钢板连接

由于企口混凝土铰需要现场浇筑混凝土，并需要经过一定的养护时间，待混凝土达到设计强度后才能通车。为了加快工程进度，也可以采用钢板连接，如图 4-21 所示。

钢板连接的施工方法是：首先在板顶部预埋钢板 N2，板块安装就位后，再在相邻两构件的预埋钢板上焊接一块钢板 N1。连接钢板的纵向中距通常为 80～150cm，根据受力特点，在跨中分布较密，靠两端支点处逐渐减疏。钢板连接特点是焊接完成后即可形成强度，连接强度形成较快，但是连接效果远不如企口混凝土铰连接，实际工程中较少采用。

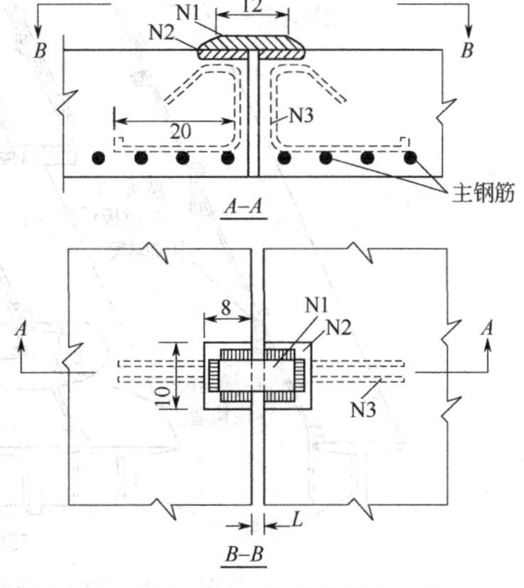

图 4-21 钢板连接构造

钢筋混凝土和预应力混凝土板桥，其发展趋势为：采用高强度等级混凝土，为了保证使用性能尽可能采用预应力混凝土结构。预应力方式和锚具多样化，预应力钢材一般采用钢绞线。板桥跨径可做到 25m，目前有建成 35～40m 跨径的桥梁。预制装配式板应特别注意加强板的横向连接，保证板的整体性，如接缝处采用“剪力铰”。为了保证横向剪力传递，至少在跨中处要施加横向预应力。

第四节　混凝土简支T梁桥构造

混凝土简支T梁桥通常采用预制装配式结构，属于单孔静定结构，具有受力明确、构造简单、施工方便等优点。易于标准化设计和工业化大规模预制生产，并采用现代化架桥设备进行安装，可以大量节省支架、模板。加快建桥速度，缩短施工工期。因此，在中小跨径桥梁中广泛应用。混凝土简支T梁桥分为钢筋混凝土简支T梁桥和预应力混凝土简支T梁桥。钢筋混凝土简支T梁桥标准化跨径不宜大于16m，预应力混凝土简支T梁桥标准化跨径不宜大于50m。

一、装配式钢筋混凝土简支T梁桥

装配式钢筋混凝土简支T梁桥桥跨结构由多根顺桥向T形截面主梁、横桥向横隔梁组成，主梁是桥梁的主要承重结构，由主梁梁肋和翼缘板构成，横隔梁保证各根主梁相互连接成整体，以提高桥梁的整体刚度，主梁上的翼缘板为主梁正弯矩受压区，同时提供行车平面，构成行车道板（桥面板），如图4-22所示。

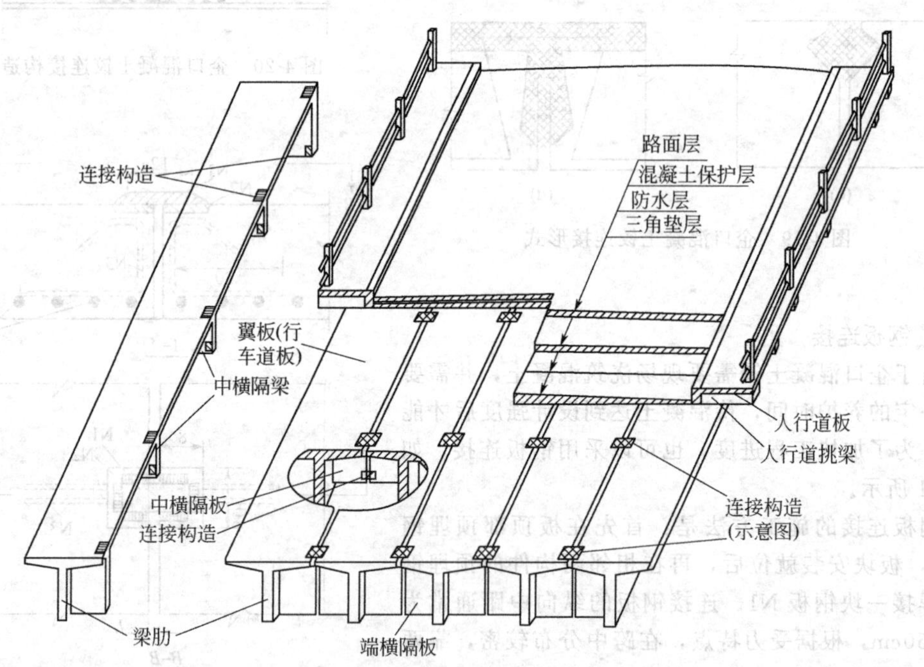

图4-22　装配式钢筋混凝土简支T梁桥桥跨结构组成

(一)构造布置

1. 主梁布置

在设计确定桥面宽度下，选定主梁间距（或主梁片数）是设计中构造布置首先要解决的问题，一般来说，主梁间距越大，主梁的片数就越少，预制工作量就少，但构件的吊装重量增大，使运输和架设工作趋于复杂，同时桥面板的跨径增大，悬臂翼缘板端部较大的挠度对引起桥面接缝处纵向裂缝的可能性也增大。

根据已建成使用的桥梁经验来看，装配式钢筋混凝土简支T梁桥的主梁间距一般在1.5

～2.3m。

2. 横隔梁布置

横隔梁在装配式T梁桥中起着保证各根主梁相互连接成整体的作用，它的刚度愈大，桥梁的整体性愈好，在荷载作用下各根主梁就能更好地共同工作。当然，从施工角度看，设置横隔梁使主梁模板工作稍趋复杂，横隔梁的焊接接头又往往在设于桥下专门的工作架上进行，需仰焊施工，作业条件较困难。

《桥规》规定，T形截面梁应设跨端和跨间横隔梁。当梁横向刚性连接（即横向整体浇筑）时，横隔梁间距不应大于10m。T形梁桥的端横隔梁是必须设置的，它不但有利于制造、运输和安装阶段构件的稳定性，而且能加强全桥的整体性。桥梁实践证明，有中横隔梁的梁桥，荷载横向分布比较均匀，且可以减轻翼板接缝处的纵向开裂现象。故当梁跨径稍大时，应根据跨度、荷载、行车道板构造等情况，在跨径内应适当增设横隔梁。

(二)截面尺寸

1. 主梁梁肋尺寸

主梁的合理高度与主梁的间距、跨径、作用的大小有关。梁高与跨径之比的经济范围一般在1/18～1/11，并随跨径的增大而减小。

主梁梁肋的宽度，应满足抗剪要求，保证梁肋的屈曲稳定条件，以及不致使振捣混凝土发生困难，梁肋宽度不应小于160mm，承受扭矩时其平均宽度应不小于梁肋净高的15%，具体视梁内主筋的直径和钢梁骨架的片数而定。钢筋混凝土简支T梁桥沿跨径方向一般做成等截面形式，以便于施工。

2. 主梁翼缘板的尺寸

一般装配式主梁翼板的宽度视主梁间距而定，在实际预制时，翼板的宽度应比主梁间距小20mm，以便在安装过程中易于调整T形梁的位置和减小制作上的误差。

在中小跨径的钢筋混凝土简支T梁桥中，翼板的厚度除主要满足桥面板承受车辆局部荷载的要求外，还应当满足构造最小尺寸的要求。根据受力特点，翼板通常都做成变厚度的，即端部较薄，向根部逐渐加厚。为了保证翼板与梁肋连接的整体性，翼板与梁肋衔接处的厚度应不小于梁高度的1/10，当衔接处设有承托时，翼缘厚度可计入承托增加部分的厚度。翼缘板的端部厚度不应小于100mm；横向整体现浇连接的预制T形截面梁，悬臂端厚度不应小于140mm。

3. 横隔梁尺寸

跨中横隔梁的高度应保证具有足够的抗弯刚度，通常可取为主梁高度的3/4左右。从运输和安装阶段的稳定性考虑，端横隔梁应做成与主梁同高，但为了安装和检查支座方便，端横隔梁底部与主梁底缘之间应留有一定的空隙，或者做成与中横隔梁同高，视具体而定。横隔梁的宽度可取12～20cm，最常用的为15～18cm，且应当做成上宽下窄和内宽外窄的楔形，以便于脱模。

(三)钢筋构造

1. 主梁钢筋构造

(1) 主梁梁肋钢筋构造　装配式钢筋混凝土简支T梁桥主梁梁肋内钢筋可分为纵向主钢筋、箍筋、斜钢筋、架立钢筋和纵向分布钢筋（纵向防裂钢筋），如图4-23所示。

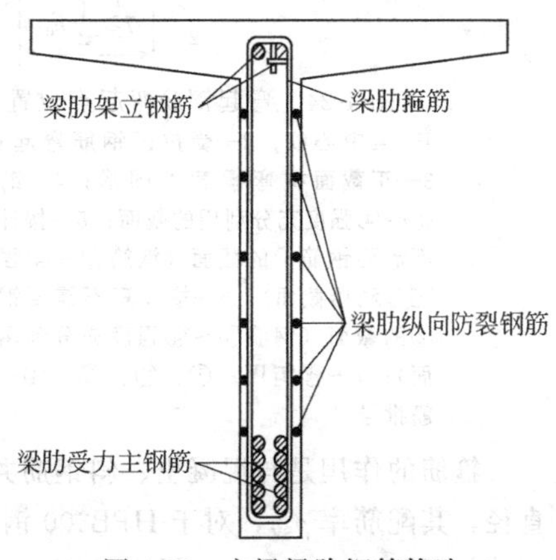

图4-23　主梁梁肋钢筋构造

纵向主钢筋承受简支梁正弯矩的弯曲拉应力，应设置在梁肋的下缘。其最大需要量产生在跨中截面，随着计算弯矩由跨中向支点截面逐渐减小，主钢筋需要量也逐渐减小，可以在跨间适当位置弯起。为保证主筋和梁端有足够的锚固长度和加强支承部分的强度，钢筋混凝土梁的支点处，应至少有两根且不少于总数1/5的下层受拉主钢筋通过。两外侧钢筋，应延伸出端支点以外，并弯成直角，顺梁高延伸至顶部，与顶层纵向架立钢筋相连。两侧之间的其它未弯起钢筋，伸出支点截面以外的长度不应小于10倍钢筋直径（环氧树脂涂层钢筋为12.5倍钢筋直径），HPB300钢筋应带半圆钩。

弯起钢筋一般可按45°角弯起，弯起点应设在按正截面抗弯承载力计算充分利用该钢筋强度的截面以外不小于$h_0/2$处（h_0为梁有效高度）。弯起钢筋可在按正截面抗弯承载力计算不需要该钢筋截面面积之前弯起，但弯起钢筋与梁中心线的交点应位于按计算不需要该钢筋的截面之外，弯起钢筋的末端应留有足够的锚固长度。受拉区不应小于20倍钢筋直径，受压区不应小于10倍钢筋直径，环氧树脂涂层钢筋增加25%。HPB300钢筋尚应设置半圆弯钩。靠近支点的第一排弯起钢筋顶部的弯折点，应位于支座中心截面处，以后各排（跨中方向）弯起钢筋的梁顶部弯折点，应落在前一排（支点方向）弯起钢筋的梁底部弯折点处或弯折点以内，如图4-24所示。弯起钢筋不得采用浮筋。

纵向受拉主钢筋一般不宜在受拉区截断，如需截断时，应从按正截面抗弯承载力计算充分利用该钢筋强度的截面至少延伸（l_a+h_0）长度（l_a为受拉钢筋最小锚固长度，h_0为梁截面有效高度）。同时应考虑从正截面抗弯承载力计算不需要该钢筋的截面至少延伸$20d$（环氧树脂涂层钢筋$25d$），此处d为钢筋直径。纵向受压钢筋如在跨间截断时，应延伸至按计算不需要该钢筋的截面以外至少$15d$（环氧树脂涂层钢筋$20d$），如图4-25所示。

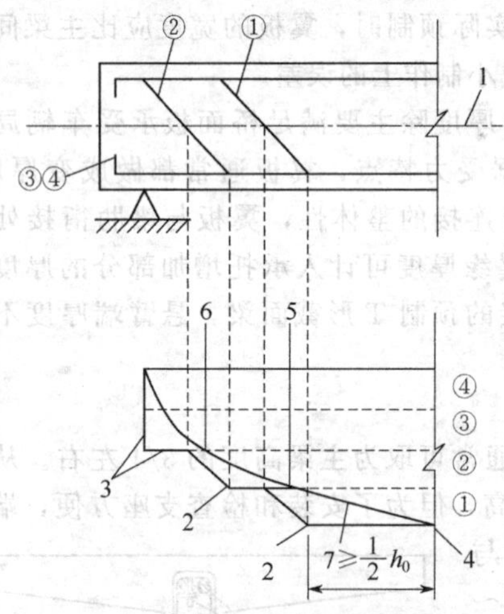

图4-24　弯起钢筋弯起点位置

1—梁中心线；2—受拉区钢筋弯起点；3—正截面抗弯承载力图形；4—钢筋①～④强度充分利用的截面；5—按计算不需要钢筋①的截面（钢筋②～④强度充分利用截面）；6—按计算不需要钢筋②的截面（钢筋③～④强度充分利用截面）；7—弯矩图；①、②、③、④—钢筋批号

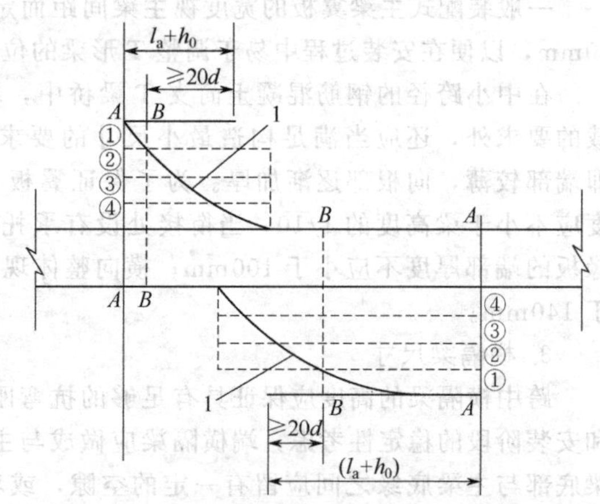

图4-25　纵向受拉钢筋截断时的延伸长度

A-A：钢筋①、②、③、④强度充分利用截面；B-B：按计算不需要钢筋①的截面；①、②、③、④—钢筋批号；1—弯矩图

箍筋的作用是与混凝土、斜钢筋共同承担剪力。箍筋的直径不小于8mm且不小于1/4主筋直径，其配筋率ρ_{sv}，对于HPB300钢筋不应小于0.14%，对于HRB400钢筋不应小于0.11%。箍筋的间距不应大于1/2梁高且不大于400mm，钢筋绑扎搭接接头范围内，箍筋间距不应大于

主钢筋直径的 5 倍，且不大于 100mm。因为由跨中向支点剪力逐渐增大，在支座中心向跨径方向长度相当于不小于一倍梁高范围内，箍筋应加密布置，间距不大于 100mm。近梁端第一根箍筋应设置在距梁端面一个混凝土保护层的距离处，梁与梁、梁与柱的交叉范围内，靠近交接面的箍筋，与其交界面的距离不宜大于 50mm。

斜钢筋起承担部分主梁剪力和与其它钢筋形成稳定的钢筋骨架的作用，斜钢筋由主钢筋弯起钢筋和加焊于主钢筋和架立钢筋上的附加斜钢筋（当无主钢筋可供弯起时）组成。斜钢筋与主梁轴线一般布置成 45°角。弯起钢筋应按圆弧弯折，圆弧半径（以钢筋轴线计算）不小于 $10d$（d 为弯起钢筋直径）。

T 形梁腹板（梁肋）两侧还应设置纵向分布钢筋，直径宜不小于 6～8mm，以防止因混凝土收缩等原因产生裂缝。每个梁肋内分布钢筋的总面积取 $(0.001\sim0.002)bh$，其中 b 为梁肋宽度，h 为梁的高度。当梁跨较大、梁肋较薄时取用较大值。靠近下缘的受拉区应布置得密集些，其间距不应大于腹板（梁肋）宽度，且不应大于 200mm。在上部受压区则可稀疏些，但间距不应大于 300mm。在支点附近剪力较大的区段，纵向分布钢筋间距应为 100～150mm。

架立钢筋布置在梁肋的上缘，主要起固定箍筋和斜筋并使梁内全部钢筋形成平面或立体骨架的作用。

为了防止钢筋受到大气影响而锈蚀，并保证钢筋与混凝土之间有足够的粘接力，钢筋到混凝土边缘需要设置保护层。若保护层厚度太小，就不能达到以上目的，太大则混凝土表层因距钢筋太远容易破坏，且减小了钢筋混凝土截面的有效高度，不利于受力。普通钢筋的保护层厚度不应小于钢筋的公称直径，当钢筋为束时，不应小于束筋的等代直径。最外侧钢筋的混凝土保护层厚度应不小于设计规范 JTG 3362—2018 规定值。当纵向受力钢筋的混凝土保护层厚度大于 50mm 时，宜对保护层采取有效的构造措施，当在保护层内配置防裂、防剥落的钢筋网片时，钢筋直径不小于 6mm，间距不大于 100mm，钢筋网片的混凝土保护层厚度不宜小于 25mm。。为了使混凝土的粗集料能填满整个梁体，以免形成灰浆层或空洞，规定各主筋之间的净距主钢筋为三层或三层以下者不小于 30mm，且不小于钢筋直径；三层以上者不小于 40mm，且不小于钢筋直径的 1.25 倍。

在装配式钢筋混凝土 T 梁桥中，钢筋数量众多，为了尽可能地减小梁肋尺寸，通常将主筋叠置，并与斜筋、架立筋一起通过侧面焊缝焊接成钢筋骨架。焊接钢筋骨架整体性好，能保证钢筋与混凝土共同工作，其钢筋重心位置较低，梁肋混凝土体积也较小，此外可避免大量就地绑扎工作，入模安装很快，是装配式 T 梁桥最常用的钢筋构造形式。然而，焊接钢筋骨架的主筋与混凝土的粘接面积较小，一般说来抗裂性能稍差。因此，在实践中采用表面呈螺纹形或竹节形的钢筋，并选用较小直径的钢筋，有条件时还可将箍筋与主筋接触处电焊固结，以增大其粘接强度，从而改善其抗裂性能。

在焊接钢筋骨架中，为保证焊接质量，使焊接处强度不低于钢筋本身强度，对焊接的长度必须满足下述要求：

1）对于利用主钢筋弯起的斜筋，在起弯处应与其它主筋相焊接，可采用每边各长 $2.5d$ 的双面焊缝或一边长 $5d$ 的单面焊缝。弯起钢筋的末端与架立钢筋（或其它主筋）相焊接时，采用长 $5d$ 的双面焊缝或 $10d$ 的单面焊缝。其中 d 为受力钢筋直径。

2）对于附加的斜筋，其与主筋或架立筋的焊缝长度，采用每边各长 $5d$ 的双面焊缝或一边长 $10d$ 的单面焊缝。

3）各层主钢筋相互焊接固定的焊缝长度，采用 $2.5d$ 的双面焊缝或 $5d$ 的单面焊缝。如图 4-26 所示。

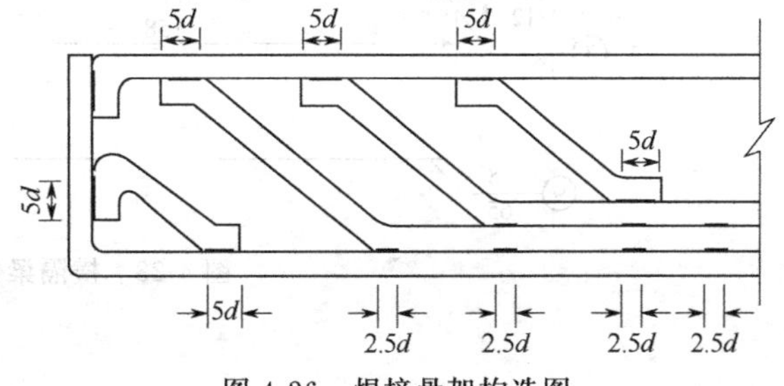

图 4-26　焊接骨架构造图

(2) 主梁翼缘板钢筋构造　主梁翼缘板内的受力钢筋沿横向布置在板的上缘，以承受悬臂的负弯矩。沿主梁跨径方向还应设置分布钢筋，如图 4-27 所示。板内主筋的直径不小于 10mm，间距不大于 200mm，分布筋的直径不小于 8mm，间距不大于 200mm。

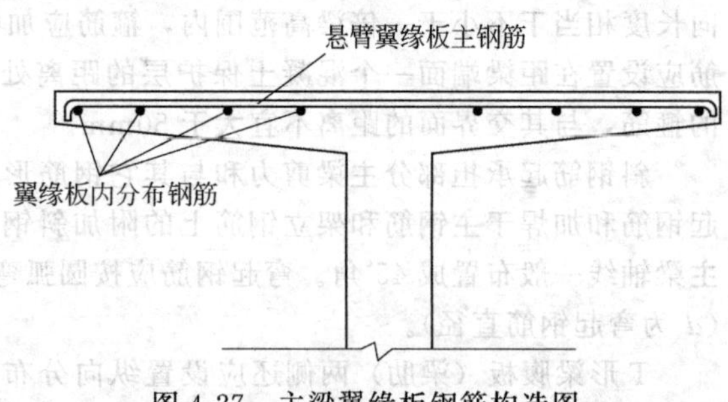

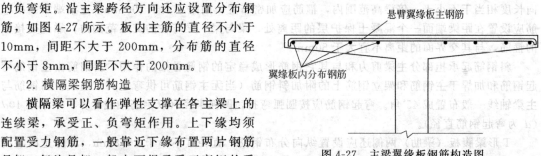

图 4-27　主梁翼缘板钢筋构造图

2. 横隔梁钢筋构造

横隔梁可以看作弹性支撑在各主梁上的连续梁，承受正、负弯矩作用。上下缘均须配置受力钢筋，一般靠近下缘布置两片钢筋骨架，每片骨架一般由两根承受正弯矩的受力钢筋和锚固钢筋组成，上缘布置一片骨架，由两根承受负弯矩的受力钢筋和锚固钢筋组成，如图 4-28 所示。

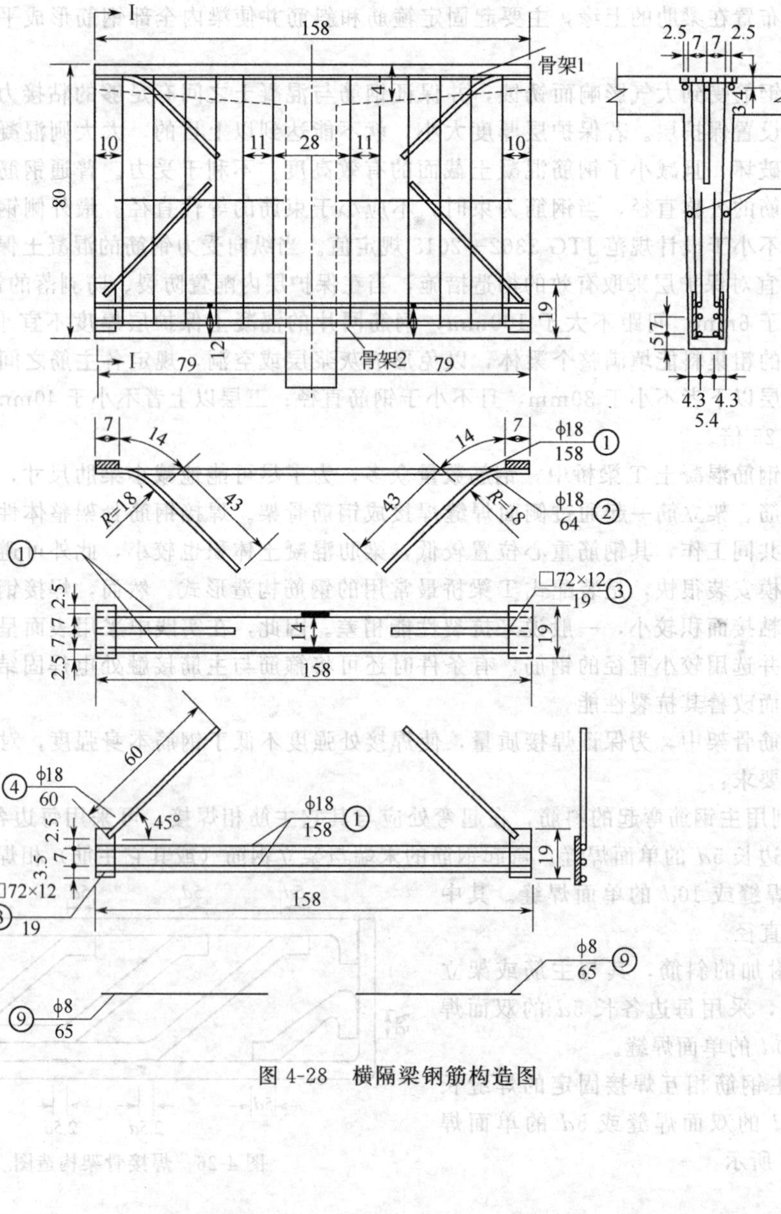

图 4-28　横隔梁钢筋构造图

3. 主梁钢筋构造实例

（1）如图 4-29 所示，为标准化跨径为 20m 的装配式钢筋混凝土简支 T 梁桥主梁梁肋钢筋构造，梁内共设置 10 根受力主钢筋，在竖向分 5 层叠置，其中 N1、N2、N3、N4 共 8 根，直径为 32mm；N6 共 2 根，直径为 16mm；N7、N8、N9、N10、N11 为满足抗剪要求而设置的附加斜钢筋；N14、N15 为箍筋，直径为 8mm，其中 N14 为跨中部分，采用双肢箍；N15 位于支点附近，采用四肢箍；N12 为直径为 8mm 的水平防裂钢筋，呈下密上疏布置。全梁采用两片平面焊接钢筋骨架，用箍筋连接成立体骨架。

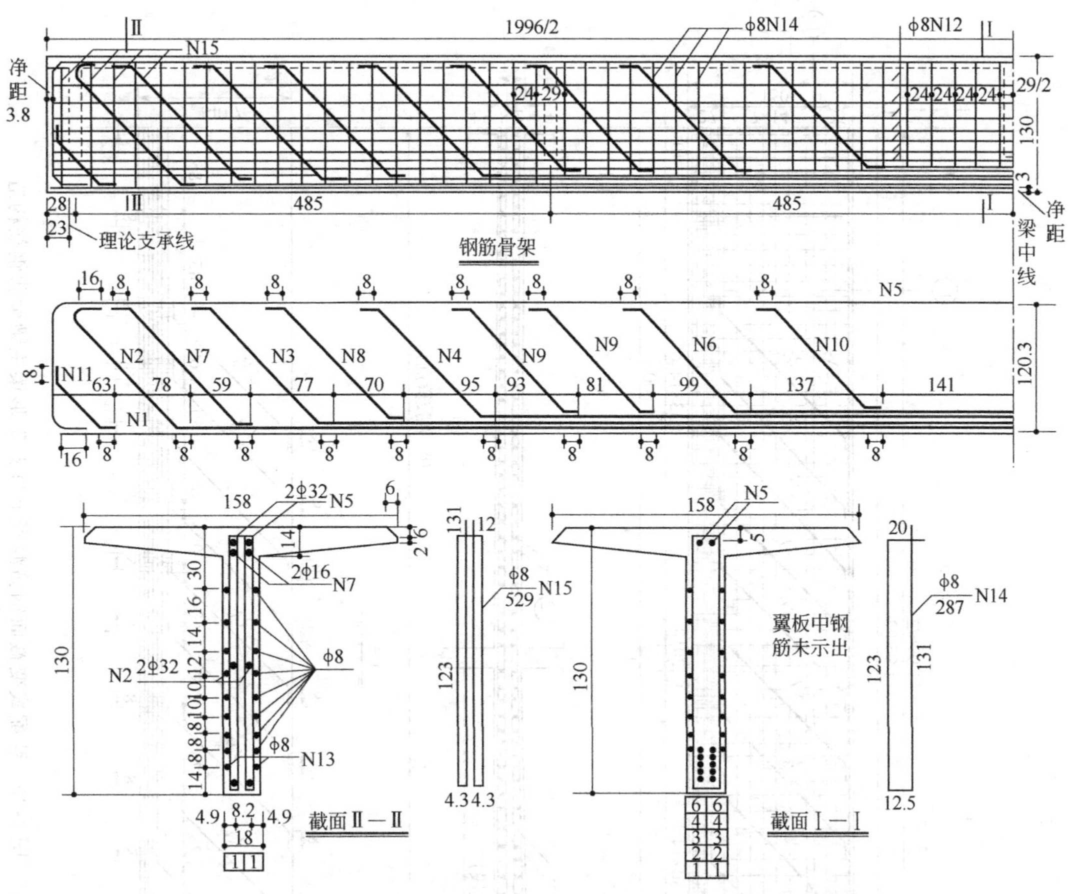

图 4-29　装配式钢筋混凝土简支 T 梁桥主梁梁肋钢筋构造

（2）如图 4-30 所示为按公路-Ⅱ级汽车荷载，人群荷载 3kN/m² 设计的标准化跨径为 20m 的装配式变截面钢筋混凝土简支 T 形梁主梁梁肋钢筋构造。

(四)装配式主梁的横向联结

预制 T 形主梁吊装就位后，必须借助横隔梁和桥面板将装配式主梁联成整体，使其共同承受行车荷载等各种作用，保证桥梁结构的横向整体性。连接处应具有足够的强度，以保证运营过程中在荷载的重复和冲击作用下，不发生松动而降低整体性。

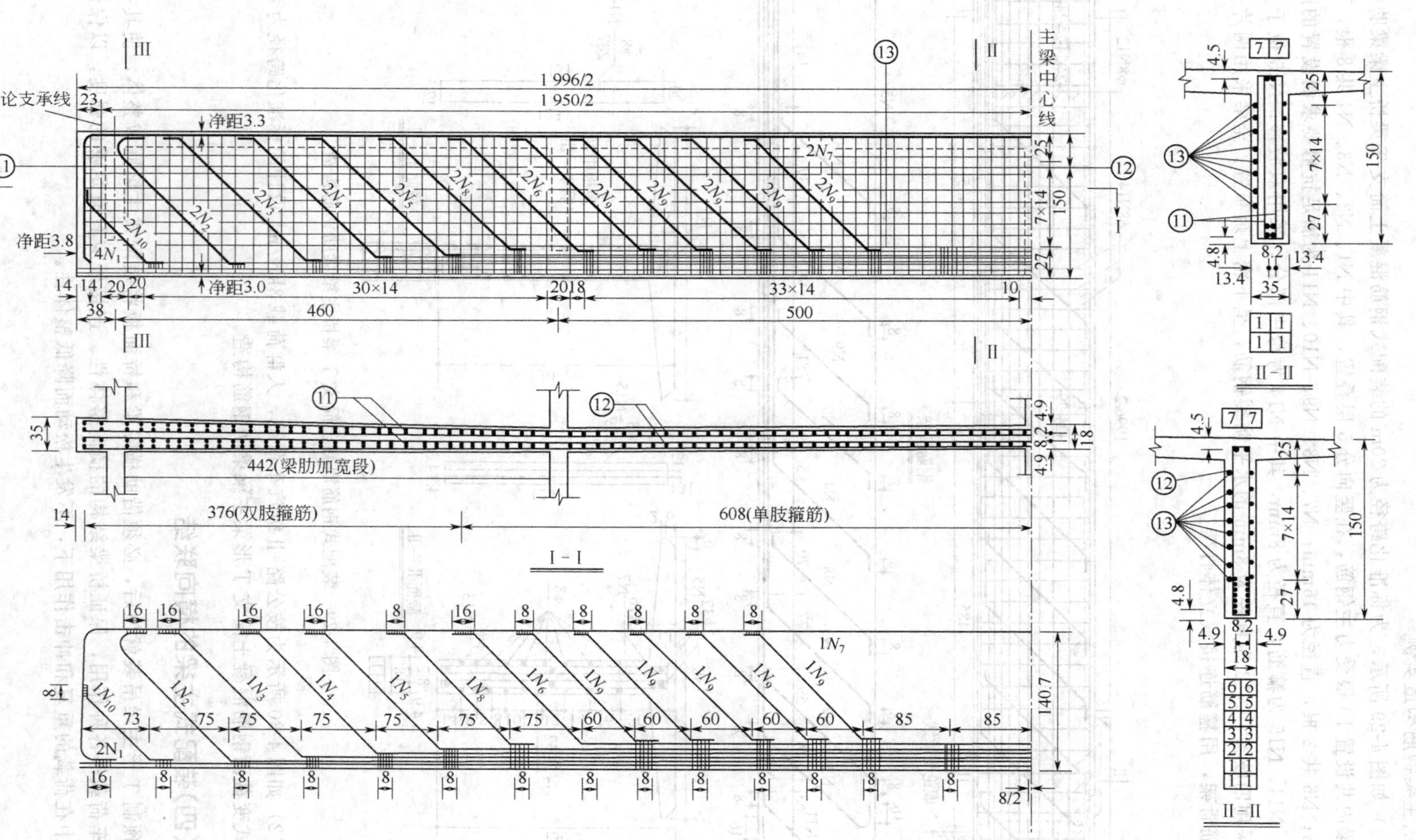

图 4-30　装配式变截面钢筋混凝土简支T形梁主梁梁肋钢筋构造

1. 横隔梁的连接

（1）钢板焊接连接　适合无现浇段T形梁，如图4-31所示。焊接钢板预先与横隔梁的受力钢筋焊接在一起，做成钢筋骨架。分别安装在横隔梁下部边缘的两侧和横隔梁顶部的翼缘板内。当T梁安装就位后，在相邻两段横梁的预埋钢板上加焊盖接钢板使其联成整体。焊接后的外露钢板应用水泥砂浆封盖，相邻横梁间的缝隙也需用水泥砂浆填封。此种连接方式强度可靠，焊接后可立即承载。但现场需要焊接设备，且横梁下缘需要在桥下仰焊，施工较困难。

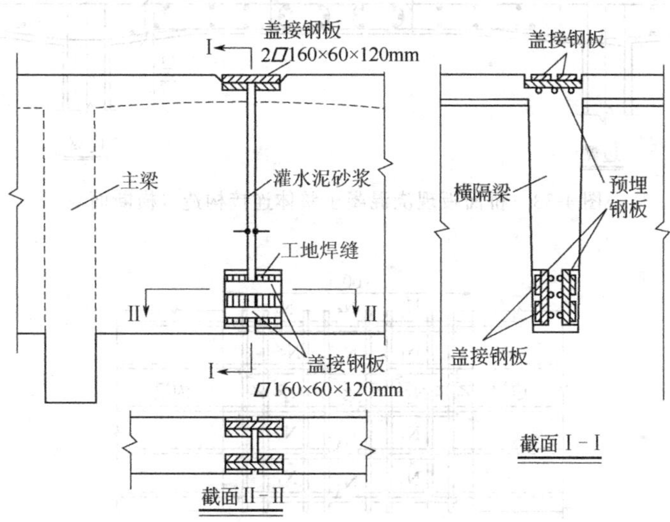

图4-31　钢板焊接连接构造图

（2）钢筋扣环连接　用于预制主梁间有现浇段的T形梁桥，如图4-32所示。横隔梁预制时在两端伸出预埋钢筋扣环，安装后在相邻两段横梁的扣环两侧再安装腰圆形闭合扣环，在形成的圆环内再插入短分布钢筋，然后现浇混凝土连接相邻横梁。此种连接方式强度可靠，整体性、耐久性好，

但现浇混凝土数量较多，连接后不能立即承载。

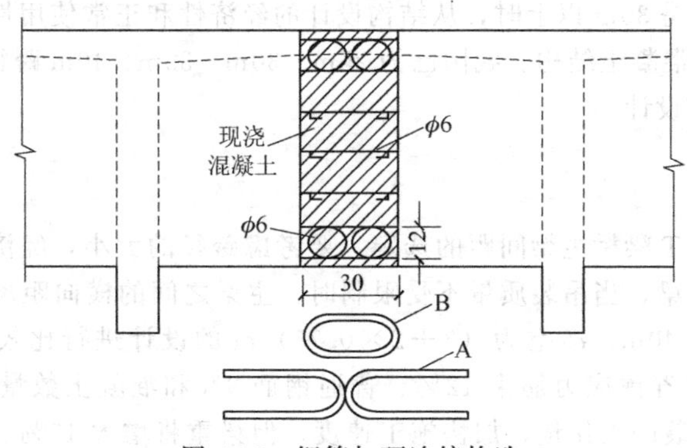

图4-32　钢筋扣环连接构造

2. 桥面板的连接

桥面板的连接方式有焊接钢板连接、企口铰连接、现浇混凝土整体连接。设计规范推荐采用现浇混凝土整体连接。目前通用设计图较多采用此种连接。与横隔梁扣环连接相类似，现浇混凝土整体连接通常在主梁翼缘板端部伸出扣环钢筋，主梁吊装就位后，用腰圆形闭合接头扣环钢筋，与相邻翼板伸出的扣环钢筋相连接，由于相邻两梁连接段内钢筋搭接接头距离较近，必须采取一定的加强措施，可在半圆环内设置通常的纵向钢筋，然后，浇筑连接段混凝土。如

图 4-33 和图 4-34。连接段桥面板混凝土厚度必须满足钢筋混凝土保护层和圆环直径的需要，并不小于 140mm，预制混凝土与用于整体连接的混凝土龄期之差不应超过三个月。

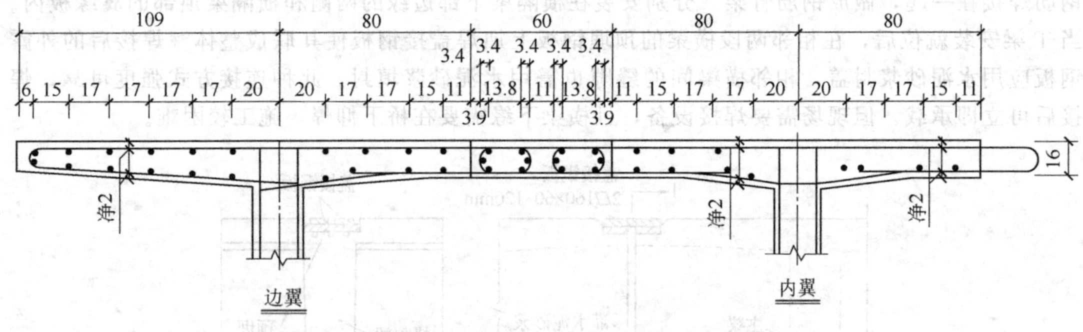

图 4-33　桥面板现浇混凝土整体连接构造（横断面）

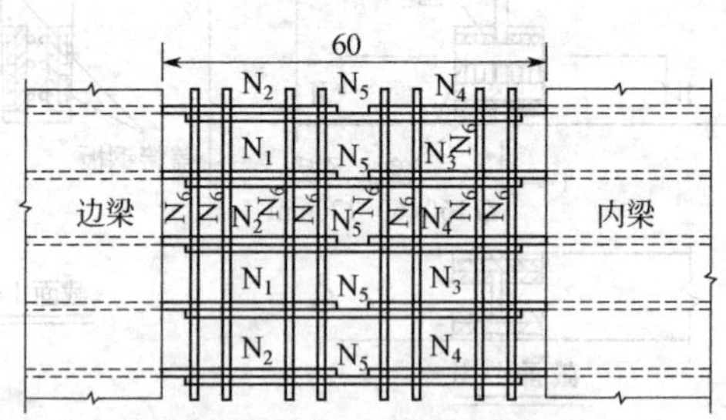

图 4-34　桥面板现浇混凝土整体连接构造（平面）

二、预应力混凝土简支 T 梁桥

装配式钢筋混凝土简支梁桥，常用的较经济合理的跨径在 20m 以下。当跨径超过 20m 左右时，不但钢材耗量大，而且混凝土开裂现象也比较严重，影响结构的耐久性。在建桥实践中，当跨径大于 20m，特别是 30m 以上时，从结构设计的经济性和正常使用性能特别是耐久性角度考虑，就需采用预应力混凝土结构。我国已为 25m、30m、35m、40m 跨径后张法预应力混凝土简支 T 梁桥编制了标准设计。

(一)构造布置

预应力混凝土简支 T 梁桥主梁间距的选定，要考虑跨径的大小，经济分析表明，较大跨径的预应力混凝土简支 T 梁，当吊装质量不受限制时，主梁之间的横向距离采用较大间距比较合理。例如，对于跨径为 40m、净空为（7＋2×0.75）m 的设计进行比较的结果表明，梁距为 2.0m 时将比 1.6m 的节省预应力筋束 12%、普通钢筋 9%和混凝土数量 12%，并且少一片主梁，可以减少预制和吊装的工作量，加快施工速度，但梁重将增大 13%。因此，当吊装重量不受控制时，对于较大跨径的 T 梁，宜推荐较大的主梁间距（1.8～2.5m）。

装配式预应力混凝土简支 T 梁桥的横截面类型基本上与钢筋混凝土简支 T 梁桥类似，但为了方便梁内布置预应力束筋和承受较大的预压应力的需要，梁肋下缘通常要加宽做成马蹄形状，称为下翼缘。在纵向，为了配合预应力筋的弯起和梁端布置锚具、安放张拉千斤顶的需要，在靠近支点处腹板也要加厚至与下翼缘同宽，加宽范围一般要达到一倍梁高左右，标准设计中，一般采用自第一道内横隔梁向梁端逐渐变化的形式。这样就形成了沿纵向腹板厚度发生变化，下翼缘也逐渐加高的变截面 T 形梁，如图 4-35 所示。

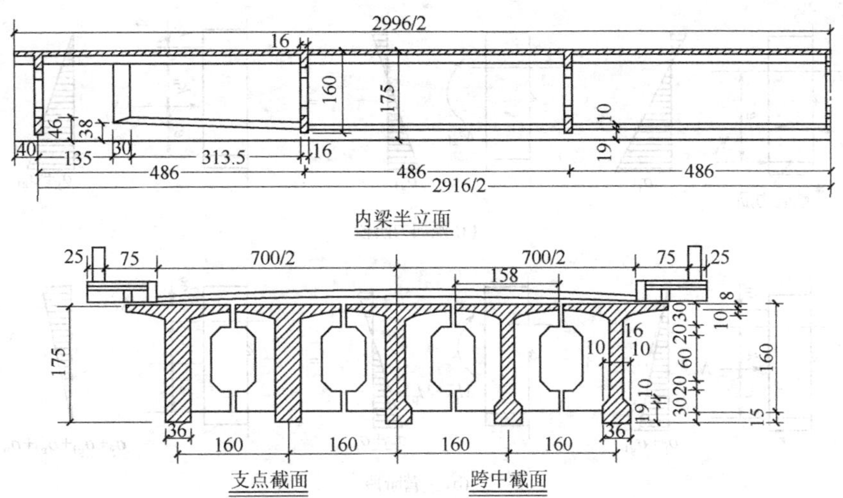

图 4-35　标准化跨径 30m 预应力混凝土简支 T 梁桥构造布置

经济分析表明，较大跨径的预应力混凝土简支 T 梁桥，当吊装质量不受限制时，主梁之间的横向距离采用较大间距比较合理，一般为 1.8～2.5m。

(二)截面尺寸

1. 截面效率指标

为了合理设计预应力混凝土梁的截面尺寸，下面按简支梁在预加力阶段和运营阶段上、下缘拉应力为零的前提来分析其截面的受力特点。

任意截面的截面特征，如图 4-36 所示。截面的高度为 h，上、下核心距为 k_0、k_u，预应力筋的偏心距为 e。

在预加力阶段，当施加偏心预加力 N_y 时，随着梁的上弯，梁内逐渐加入了自重弯矩。从应力图形来分析，这意味着合力 N_y 逐渐上移，见图 4-37 (a)。最后，在预加力和自重弯矩 M_{g1} 的共同作用下，合力 N_y 移动了距离 e'而达到了截面的下核点，截面上缘就达到零应力状态。

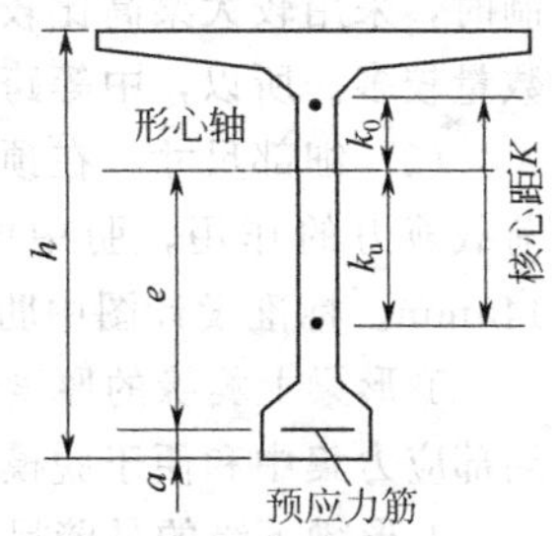

图 4-36　预应力简支 T 形梁截面特征

在运营阶段，如果计及预加力损失ΔN_y后截面内合力为 $N_y'=N_y-\Delta N_y$，则在后期恒载（桥面铺装、人行道、栏杆）弯矩 M_{g2} 和活载弯矩 M_p 作用下，合力 N_y'将从下核点移至上核点，即移动了 $K=k_u+k_0$ 的距离，此时截面下缘的应力刚好为零，见图 4-37 (b)。

对以上两个受力阶段可写出内力平衡式：

$$N_y e' = M_{g1} \tag{4-1}$$

$$(N_y-\Delta N_y)(k_u+k_0)=M_{g2}+M_p \tag{4-2}$$

从式 (4-1) 可以看出，偏心距 e'实际上起了抵消主梁自重的作用，而且 e'越大，则 N_y 越小，从而节约了预应力筋的数量。因此，在截面设计中，应使截面的形心位置提高，这样就会加大偏心距 e'。例如，当梁的跨度、自重较大时，增大主梁间距，采用较宽翼缘板，会有效抬高截面形心，达到节省预应力筋的目的。

从式 (4-2) 可以看出，截面核心距 K 的大小体现了运营阶段截面承受的能力，核心距 K 越大，相同预应力筋的承载能力就越大。

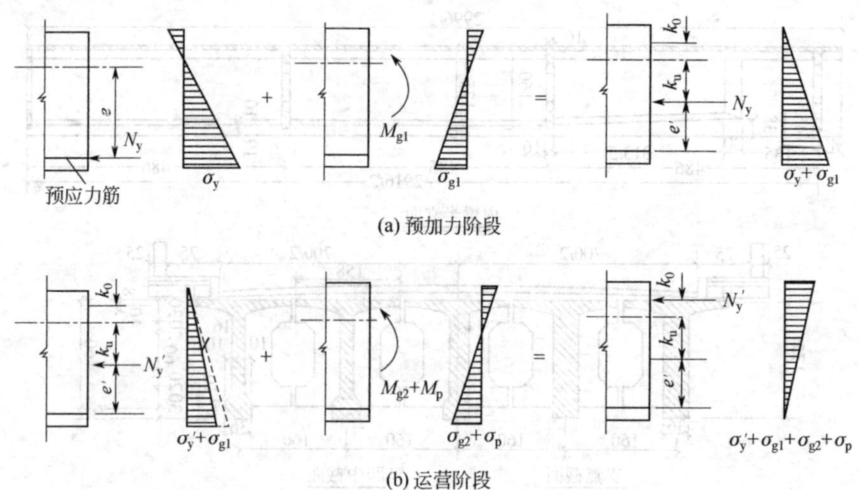

图 4-37 预应力混凝土简支梁的应力状态图

因此，设计中把 $\frac{K}{h}$ 称为截面的效率指标，通常用 ρ 表示，

即
$$\rho=\frac{K}{h} \tag{4-3}$$

式（4-3）表明，ρ 值较大的截面，较为经济。通常希望 ρ 值在 0.45～0.5 以上。

2. 主梁高度与细部尺寸

(1) 主梁高度 预应力混凝土简支梁桥的主梁高度取决于采用的汽车荷载等级、主梁间距及建筑高度等因素，可以在较大范围内变化。对于常用的等截面简支梁，其高跨比的取值范围为 1/25～1/15，一般随跨径增大而取较小比值，随梁数减少而取较大比值。当建筑高度不受限制时，采用较大梁高比较经济。因为加高腹板后，混凝土数量增加不多，而节省的预应力筋的数量较多。所以，中等跨径的预应力混凝土 T 梁桥，高跨比一般可取 1/18～1/16 左右。

(2) 细部尺寸 在预应力混凝土梁中，由于混凝土所受预应力和预应力束筋弯起，能抵消荷载剪力的作用，肋中的主拉应力较小，肋宽一般都由构造和施工要求决定，但不得小于 140mm。标准设计图中肋宽为 140～160mm。

T 形梁上翼缘的厚度按钢筋混凝土梁桥同样的原则来确定。为了减小翼板和梁肋连接处的局部应力集中和便于脱模，在该处一般还设置折线形承托或圆角。

T 形梁下缘的马蹄尺寸应满足预加力阶段的强度要求，同时，从截面效率指标 ρ 分析，马蹄应当是越宽且矮就越经济。截面效率指标 $\rho=K/h$，截面效率指标 ρ 大，说明截面经济性好。马蹄的具体形状要根据预应力束筋的数量和排列方式确定，同时还应考虑施工方便和预应力筋弯起的要求。马蹄的尺寸大小要满足预加力阶段的强度要求。根据实践经验，为了防止在施工和运营中使马蹄部分产生纵向裂缝，马蹄面积不宜小于全截面面积的 10%～20%，具体尺寸建议如下：

1) 马蹄宽度为肋宽的 2～4 倍，并注意马蹄部分（特别是斜坡区）的管道保护层不应小于 60mm。

2) 马蹄全宽部分的高度加 1/2 斜坡区高度约为梁高的 0.15～0.20 倍，斜坡宜陡于 45°。同时应注意，马蹄部分不宜过高、过大，否则，会降低截面形心，减小偏心距 e'，降低抵消主梁自重的能力。

(3) 横隔梁 沿主梁纵向的横隔梁布置基本上与钢筋混凝土 T 梁桥相同，但中横隔梁应延伸至马蹄的加宽处。在主梁跨度较大、梁较高的情况下，为了减小质量而往往将横隔梁的中部挖空。

(三)装配式预应力混凝土简支T梁桥配筋特点

预应力混凝土梁内的配筋，除主要的纵向预应力筋外，还有非预应力纵向受力钢筋、架立钢筋、箍筋、水平分布钢筋、承受局部应力的钢筋（如锚固端加强钢筋网）和其它构造钢筋等。

1. 纵向预应力筋的布置

(1) 预应力筋的布置方式　纵向预应力筋布置方式一般有如图 4-38 所示的四种。

1) 全部主筋直线形布置，如图 4-38 (a) 所示。此法构造简单，仅适用于先张法施工的小跨度梁。缺点是：在施工阶段，支点附近无法由自重弯矩平衡的张拉负弯矩会在梁端顶部出现过高的拉应力，甚至导致梁顶混凝土出现严重的开裂。为了减小此应力，可根据弯矩的变化，将纵向预应力筋按需要在端部一定位置截断。采用塑料套管将部分纵向预应力筋的预应力在梁端设计位置失效。

2) 对于长度较大的后张法梁，采用直线形预应力筋时，为减少梁端附近的负弯矩并节省钢材，可将预应力筋在跨间一定位置截面截断后，在横隔梁处平缓地弯出梁体，然后，进行张拉和锚固，如图 4-38 (b) 所示。这种布置的特点是主筋最省、张拉摩阻力也较小，但预应力筋不能充分发挥抗剪作用，且梁体在锚固处的受力和构造也较复杂。

3) 将全部预应力筋弯至梁端锚固（当预应力筋数量不太多，能全部在梁端锚固时）。这种布置方式的预应力筋弯起角度 α 不大（一般在 20°以下），可以减少预应力的摩擦损失，并使张拉工作简便，但梁端要承受较大的预应力，如图 4-38 (c) 所示。

4) 对于钢束根数较多的情况，或者当预应力混凝土梁的梁高受到限制，以致不能全部在两端锚固时，就必须将一部分预应力筋弯出梁顶。此种布置方式使预应力筋的弯起角度 α 较大（达 25°～30°），增大了预应力的摩擦损失，并使张拉作业稍趋繁琐，但能缩短预应力筋的长度，节约钢材。同时，由于较大角度地弯起预应力筋，对于提高梁的抗剪能力更为有利，如图 4-38 (d) 所示。

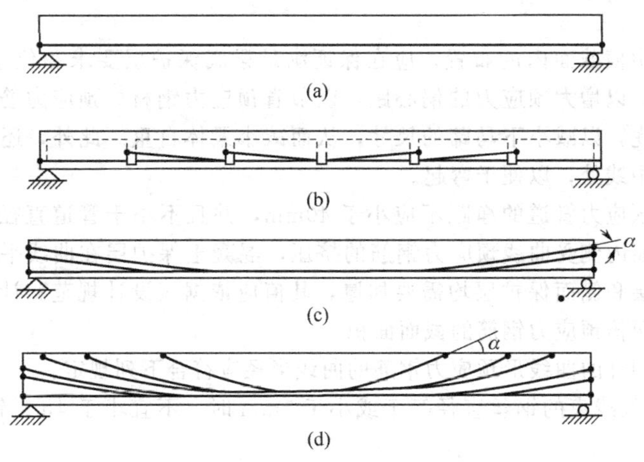

图 4-38　纵向预应力筋布置方式

(2) 预应力筋的布置位置及原则　预应力钢筋总的布置原则是：在保证梁底保护层厚度及使预应力钢筋位于索界内的前提下，尽量使预应力筋的重心靠下。在满足构造要求的同时，预应力钢筋尽量互相紧密靠拢，使构件尺寸紧凑。对于预应力混凝土构件而言，合理的确定预加力作用点（一般近似地取为预应力钢束的截面重心）的位置是很重要的。对全预应力混凝土简支梁而言，在内力弯矩最大的跨中截面处，应尽可能使预应力钢筋的重心降低（即尽量增大偏心距），使之产生较大的预应力负弯矩来平衡外荷载引起的正弯矩。但对于外荷载弯矩较小的其它截面，如视预加力 N_y 近似不变，则应相应地减小偏心距 e_y 值，以免由于过大的预应力负弯矩，而引起构件上缘的混凝土出现拉应力。

根据全预应力混凝土构件的要求，上、下缘混凝土不应出现拉应力，故可以按照在最小外荷载（即构件恒载）作用下和最不利荷载（梁恒载、后加恒载和活载）作用下两种情况，分别确定 N_y 在各个截面上偏心距的极限值。由此可以绘出如图 4-39 所示的 e_y 限值线 E_1 和 E_2 两条曲线，只要使预应力索的重心位置位于这两条曲线所围成的区域内（即索界内），就能保证构件在最小外荷载和最不利荷载作用下，其上、下缘混凝土均不会出现拉应力或上、下缘应力均不超过规定值（对部分预应力混凝土梁）。因此把 E_1 和 E_2 两条曲线所围成的布置钢束时的钢束重心界限，称为束界（或索界）。由于简支梁弯矩向梁端逐渐减小，故上、下索界逐渐上移，这就是必须将大部分预应力筋向梁端逐渐弯起的重要原因之一。

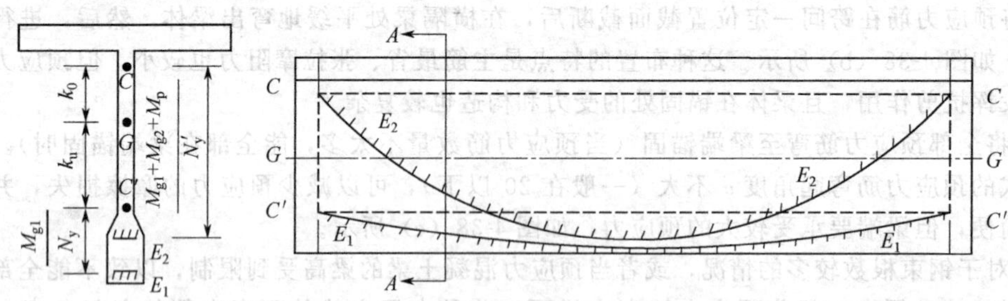

图 4-39　钢束重心界限示意图（索界图）

当然，在实际布置时还要满足混凝土保护层厚度的要求。

预应力筋弯起的曲线形状可以采用圆弧线、抛物线或悬链线三种形式。在矢跨比较小的情况下，这三种曲线的坐标值很接近。工程中通常采用在梁中部保持一段水平直线后向两端圆弧弯起的做法。

预应力筋在跨中横截面内的布置，应在保证满足梁底保护层要求和位于索界内的前提下，尽量使其重心靠下，以增大预应力的偏心距，以节省预应力钢材。预应力筋在满足构造要求的同时，尽量相互靠拢，以减小下马蹄的尺寸，从而减小梁体自重。此外，还应将适当数量的预应力筋布置在腹板中线处，以便于弯起。

后张法直线形预应力管道的净距不应小于 40mm，并且不小于管道直径的 0.6 倍。对曲线形管道，其曲线平面内侧受曲线预应力钢筋的挤压，混凝土保护层在曲线平面内和平面外均受剪力，梁底面保护层和侧面保护层均需要加厚，其值应依据《设计规范》计算确定。管道内径的截面积不应小于两倍预应力钢筋的截面面积。

后张法预应力构件的曲线形预应力钢筋的曲线半径应符合下列规定：

1）钢丝束、钢绞线束的钢丝直径等于或小于 5mm 时，不宜小于 4m；钢丝直径大于 5mm 时，不宜小于 6m。

2）精轧螺纹钢筋的直径等于或小于 25mm 时，不宜小于 12m；直径大于 25mm 时，不宜小于 15m。

横截面内预应力筋的布置如图 4-40 所示。

2. 纵向预应力筋的锚固

张拉后的预应力筋通过有效的锚固，才能在梁体内建立永久的预应力，预应力筋在梁体内的锚固分两种情形：在先张法梁中，主要靠混凝土的握裹力锚固在梁体内；在后张法梁中，则通过各类锚具锚固在梁端或梁顶。

(1) 先张法的锚固　图 4-41 表示了先张法预应力梁中钢丝端段对混凝土的应力传递特点。当张拉到设计控制应力的预应力筋被放松时，外端预应力筋恢复至原来直径而发生回缩量 δ_c，其内应力就通过与混凝土之间的摩阻和粘接作用逐渐传递至混凝土，至传递长度 l_c 处，握裹力为零，混凝土承受全部预应力。此时在传力区内会出现横向压力和横向拉力。传递长度 l_c 的大小取决于梁端混凝土的品质、预应力钢筋的直径和表面形状等。因此，为了使预应力筋可靠地锚固，最好将构件的端截面加宽，加宽部分的长度不小于纵向预应力筋直径的 20 倍。而且在锚固区内要配置足够的包围纵向预应力筋的封闭式箍筋或螺旋钢筋。《桥规》(D62) 规定，对于单根预应力钢筋，其端部应设置长度不小于 150mm 的螺旋筋。对于多根预应力钢筋，在构件端部 10 倍预应力钢筋直径范围内，应设置 3～5 片钢筋网。

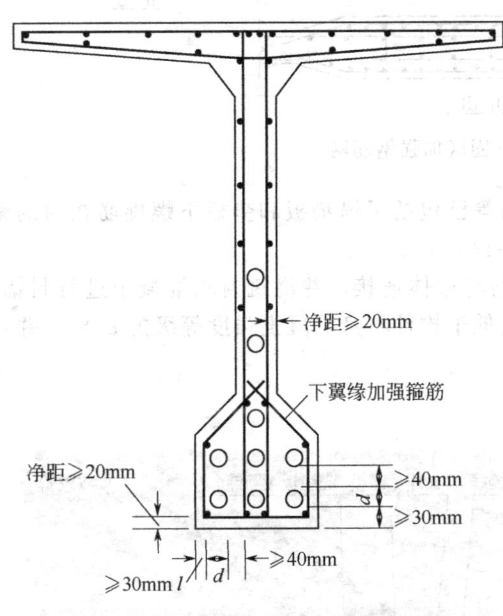

图 4-40　T 形梁横截面内钢筋布置图

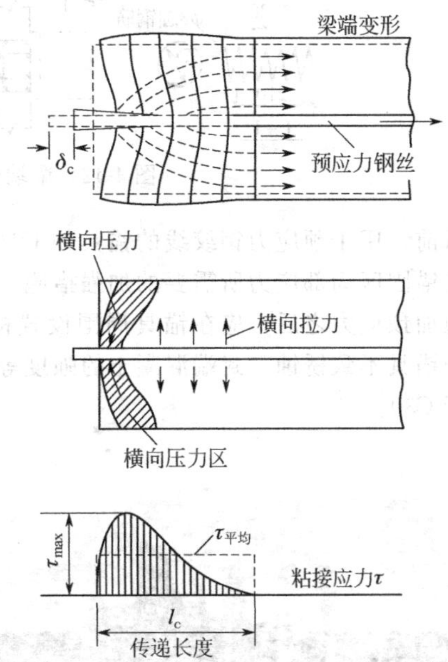

图 4-41　先张法预应力梁中钢筋端段的应力传递

(2) 后张法的锚固　在后张法锚固构造中，锚具底部对混凝土作用着很大的压力，而直接承压的面积不大，应力非常集中。在锚固附近不仅有很大的压应力，还有很大的拉应力，通常将沿锚具中线截面上拉应力的合力称作促进混凝土拉裂的劈裂力，通过试验分析可知，不同的锚具布置方式下，劈裂力大小和位置不同，因此为了避免锚固区混凝土产生过大的劈裂力，锚具在梁端的布置必须遵循一定的原则，总的来说，锚具在梁端的布置应遵循“分散、均匀”的原则，以尽量减小局部应力。从锚固区混凝土受力角度，一般而言，集中、过大的锚具不如分散、小型的锚具更为有利。此外，锚具应在梁端对称于竖轴线布置，以免产生过大的横向不平衡弯矩。锚具之间应留有足够的净距，以便能安装张拉设备，方便施工作业。

锚具下应设置钢垫板以扩大混凝土承压面，减小应力。为了防止锚具附近混凝土出现裂缝，还必须配置足够的间接钢筋（包括加强钢筋网和螺旋筋）予以加强。间接钢筋应根据局部抗压承载力的计算来确定，配置加强钢筋网的范围一般是在一倍于梁高的区域，《桥规》(D62) 规定：后张法预应力混凝土构件的端部锚固区，在锚具下面应设置厚度不小于 16mm 的钢垫板或采用具有喇叭管的锚具垫板。锚具垫板下应设间接钢筋，其体积配筋率 ρ_v 不应小于 0.5%。

图 4-42 所示为梁端锚垫板和锚固区（约等于梁高的长度内）加强钢筋构造图，加强钢筋网的网格为 10cm×10cm。

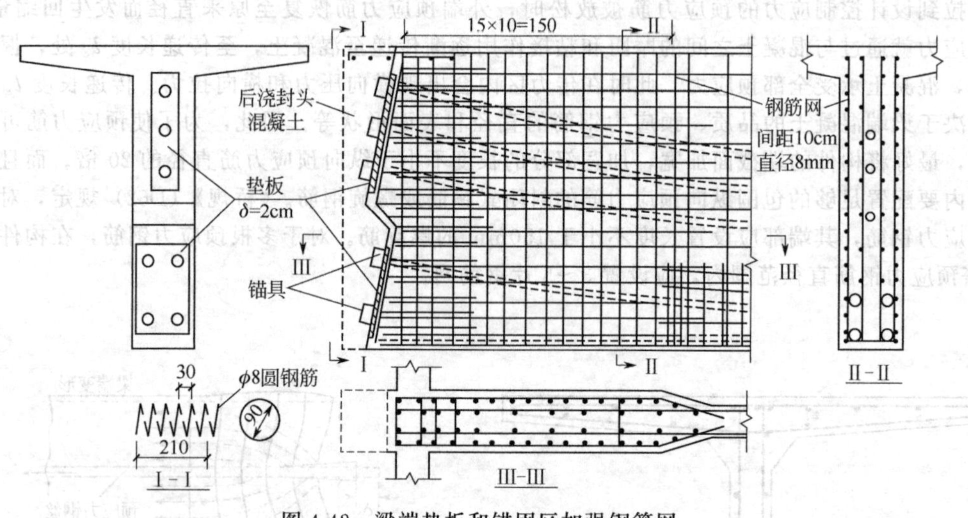

图 4-42 梁端垫板和锚固区加强钢筋网

目前，用于预应力钢绞线的锚具如 OVM 群锚等已包括了锚垫板和垫板下螺旋筋在内的整套抵抗锚固区局部应力所需要的加强措施。如图 4-43 所示。

施加预应力之后，应在锚具周围设置构造钢筋与梁体连接，并浇筑封端混凝土进行封锚，以保护锚具不致锈蚀。封端混凝土的强度等级不应低于构件本身混凝土强度等级的 80%，并且不低于 C30。

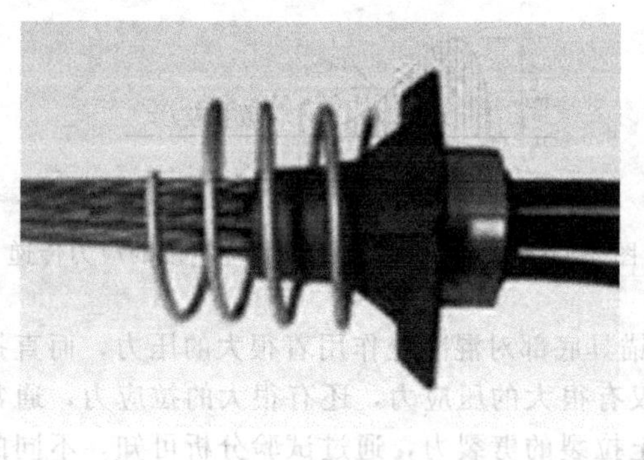

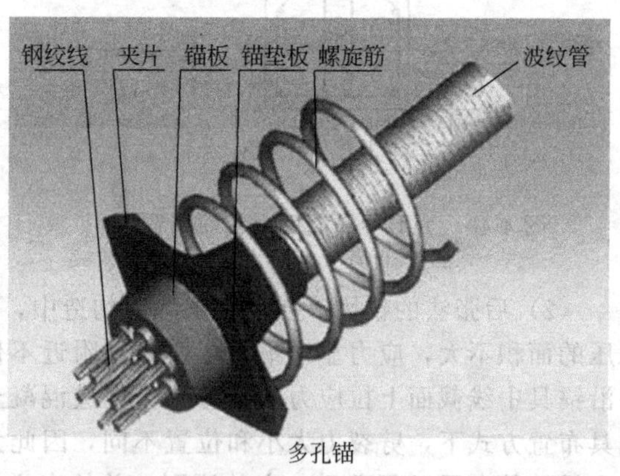

图 4-43 OVM 群锚构造

3. 其它钢筋的布置

预应力混凝土梁与钢筋混凝土梁一样，需按规定的构造要求布置箍筋、架立钢筋和纵向水平分布钢筋等。由于弯起的预应力筋对梁肋混凝土提供了预剪力，梁肋混凝土承受的主拉应力较小，一般可不设斜钢筋。

(1) 箍筋的配置 预应力混凝土 T 形梁的腹板内应设置直径不小于 10mm 和 12mm 的箍筋，且应采用带肋钢筋，间距不大于 250mm。预应力的梁端锚头集中，应力复杂，自支座中心起长度不小于一倍梁高的范围内，应采用闭合式箍筋，间距不大于 100mm，用来加强梁端承受的局部压力。由于纵向预应力筋集中布置在T形梁下缘的马蹄部分，该部分的混凝土承受很大的压应力。因此，必须另外设置直径不小于8mm的闭合式箍筋，其间距不大于200mm，如图4-42所示。此外，马蹄内还必须设置直径不小于ϕ12mm的定位钢筋。

(2) 非预应力纵向受力钢筋　在预应力混凝土简支梁中，将非预应力的钢筋与预应力钢筋协同配置，有时可以达到补充局部梁段内承载力不足，满足承载力要求，也可起到更好地分布裂缝和提高梁体韧性等效果，使简支梁的设计更加经济合理。

先张法施工的小跨度梁，如果采用直线布筋的形式，张拉阶段支点附近无法平衡的负弯矩会在梁顶引起过高的拉应力，为了防止因此可能产生的开裂，可在梁端上缘适当布置如图4-44 (a) 所示的局部受拉钢筋。

对于预制部分的自重比恒载与活载小得多的梁，在预加力阶段跨中部分的上缘可能会开裂而破坏，因而也可以在跨中部分的顶部加设无预应力的纵向受力钢筋，如图4-44 (b) 所示。

这种钢筋在运营阶段还能起到加强混凝土的抗压能力的作用，在破坏阶段则可以提高梁的安全度。图4-44 (c) 为在跨中部分下翼缘内设置的钢筋，对全预应力梁可加强混凝土承受预加压力的能力。图4-44 (d) 为在下翼缘内沿梁的全长设置的钢筋，它对部分预应力梁可补足承载力的需要，对于配置无粘接预应力筋的梁能起分布裂缝的作用。此外，非预应力钢筋还能有效增加梁在重复荷载作用下的疲劳极限强度。

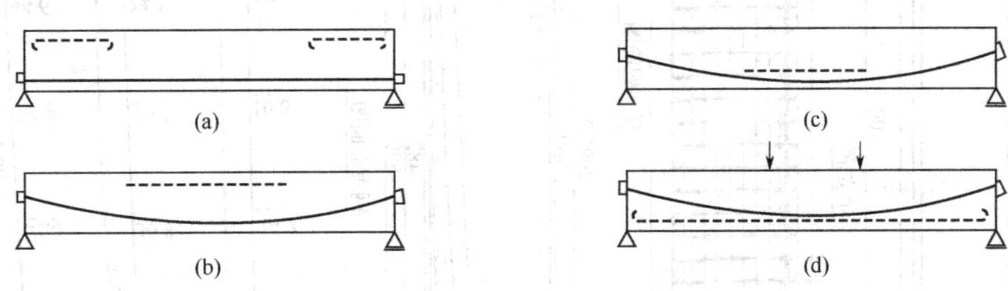

图4-44　非预应力纵向受力钢筋的布置

(四)装配式预应力混凝土简支T梁桥实例

图4-45为一装配式预应力混凝土简支梁桥的标准设计。其标准跨径为30m，主梁全长29.96m，计算跨径为29m，荷载等级为公路-Ⅰ级，主梁中心距为2.26m，预制部分宽度1.80m，吊装后现浇0.45m的湿接缝。预制主梁采用C40混凝土，截面为带马蹄的T形截面，梁高为1.96m，厚20cm的梁肋自第一道内横隔梁向梁端逐渐加宽至马蹄全宽40cm，但马蹄部分高度不变。全梁范围内共设置7道横隔梁，中心间距为4.5m和5.0m，横隔梁高度1.65m，宽度也采用上宽下窄、内宽外窄的形式，以利于脱模。为减小施工难度，横隔梁没有采用挖孔形式，吊装后彼此之间采用现浇接缝连成整体。

每片T形梁设三束预应力钢束，采用A416-87a标准270级钢绞线，直径15.24mm，其标准强度为1860MPa，张拉控制应力为1395MPa，其中N1、N2均采用9股钢绞线，N3则为7股，全部钢绞线均以圆弧起弯并锚固在梁端厚20mm的钢垫板上。钢束孔道采用预埋波纹管，9股钢束波纹管内径80mm，外径87mm；7股钢束波纹管内径70mm，外径77mm。每片T形梁预制部分的质量为63.78t，现浇部分的质量为20.75t，大大减少了吊装部分的质量。

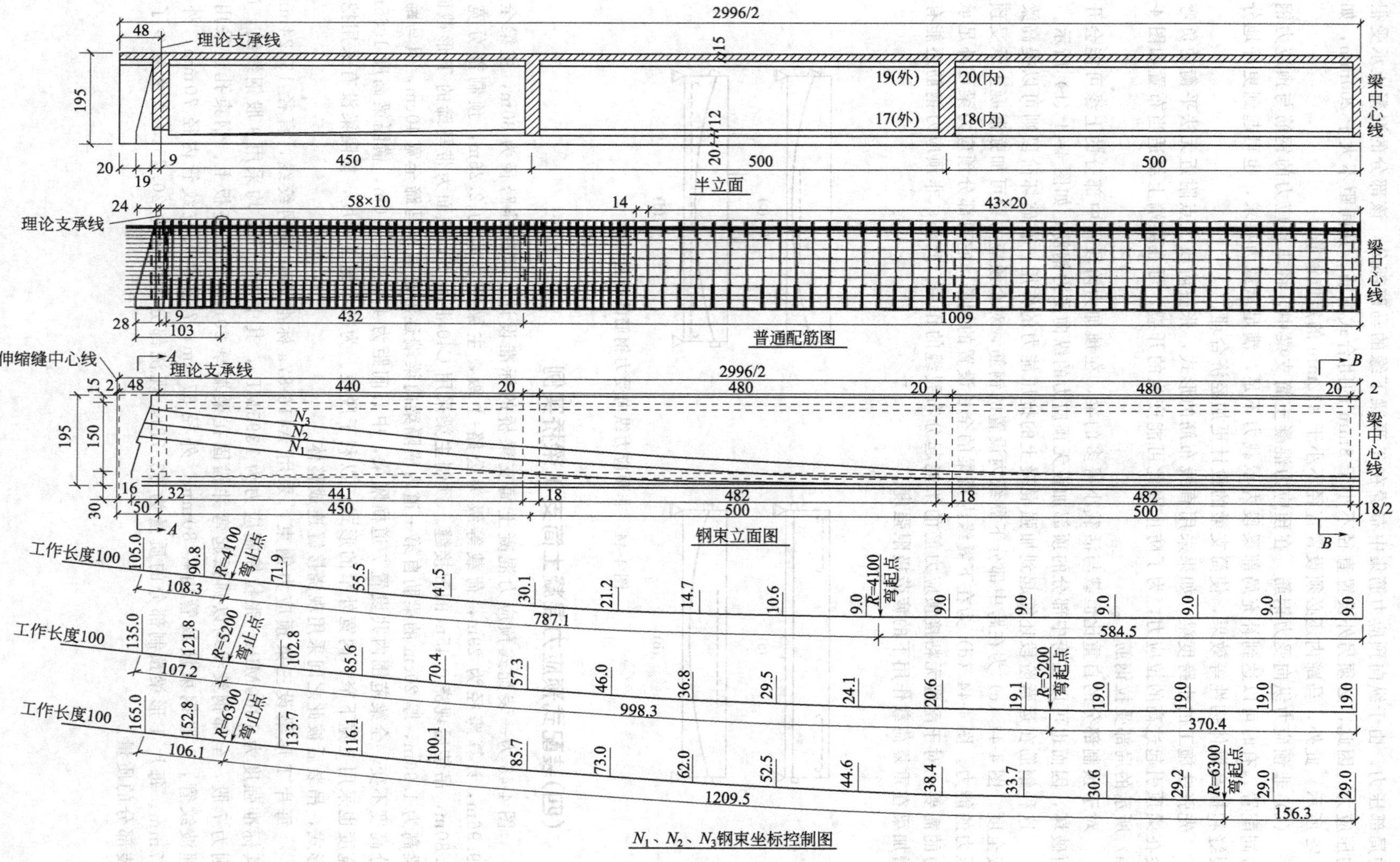
理论支承线
梁中心线
半立面
普通配筋图
伸缩缝中心线
钢束立面图
工作长度100
弯止点
弯起点
N_1、N_2、N_3钢束坐标控制图

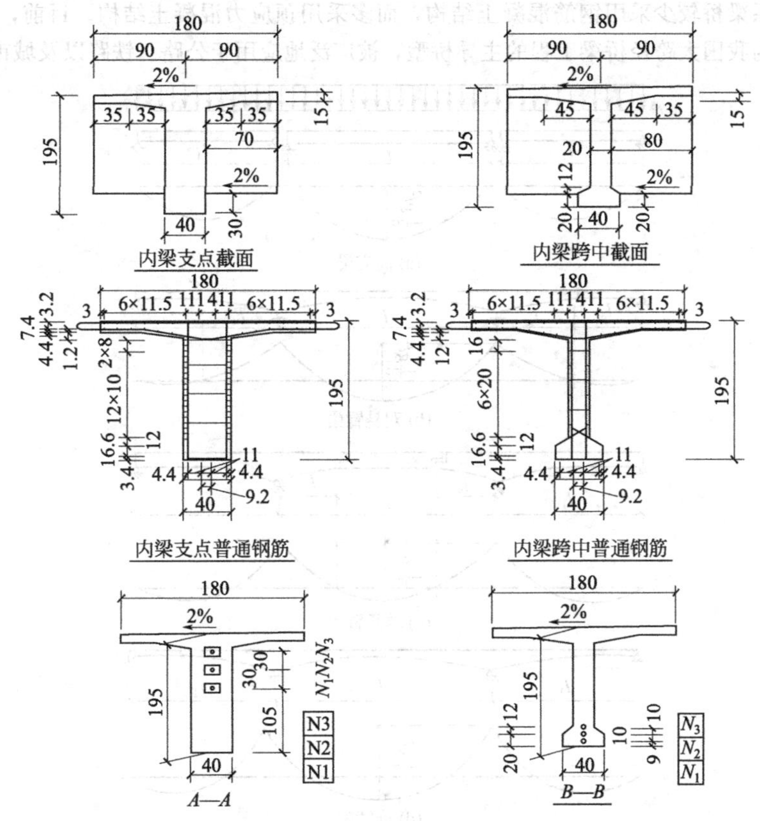

图 4-45 30m 跨径后张法装配式预应力混凝土简支 T 梁桥构造

第五节 预应力混凝土连续箱梁桥构造

简支梁桥由于构造简单，预制和安装方便，在桥梁建设中得到了广泛使用。然而随着跨径的增大，简支体系桥梁的跨中恒载弯矩和活载弯矩将迅速增大，致使梁的截面尺寸和自重显著增加，这样不但因材料耗用量大而不经济，并且很大的吊装重量也给施工造成了困难。一般地，钢筋混凝土和预应力混凝土简支梁桥的经济跨径分别为 20m 和 40m 左右。当跨径超出此范围时，为了降低材料用量指标和降低施工架设的难度，一般应考虑采用能减小跨中弯矩值的悬臂体系和连续体系梁桥。

本节将介绍预应力混凝土连续箱梁桥构造。

一、连续体系梁桥的一般特点

(1) 除了按简支一连续法施工的连续梁桥外，一般一次落架施工的连续梁桥在结构自重荷载作用下，跨中截面产生正弯矩，支点截面产生负弯矩，且支点截面负弯矩大于跨中截面正弯矩。在跨径和均布荷载均相同的情况下，简支梁的跨中弯矩最大，如图 4-46 (a) 所示。悬臂体系和连续体系桥梁则由于支点负弯矩的存在，使跨中正弯矩值显著减小，如图 4-46 (b) ～图 4-46 (d) 所示。内力分布比简支梁要均匀，故可以减小主梁的高度，减少材料用量和结构自重，而结构自重的降低又进一步减小了恒载内力，这正是悬臂梁桥和连续梁桥具有更大跨越能力的原因。然而，由于支点附近负弯矩的存在，使得梁体的上翼缘受拉，悬臂梁桥和连续梁桥若采用钢筋混凝土结构，该区段内将不可避免地出现裂缝，雨水容易侵入梁体而影响耐久性。所以，悬臂和连续体系梁桥较少采用钢筋混凝土结构，而多采用预应力混凝土结构。目前，预应力混凝土连续梁桥已成为我国大跨径桥梁工程的主导桥型，被广泛地应用于公路、铁路以及城市桥梁中。

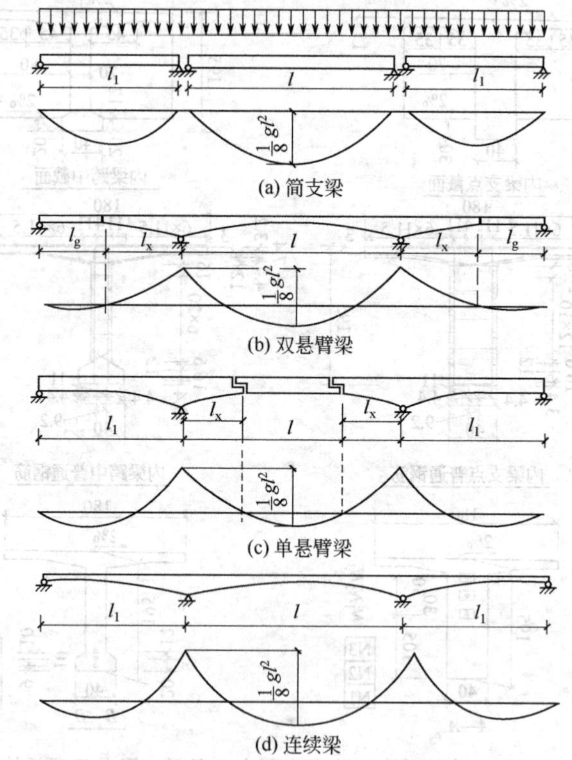

图 4-46　简支梁、悬臂梁、连续梁结构自重弯矩比较

(2) 连续梁为超静定结构，在截面尺寸及材料相同的条件下，连续梁的刚度比相应的简支梁大，即在汽车荷载作用下跨中产生的挠度比简支梁小，行车平顺舒适，如图 4-47 所示。

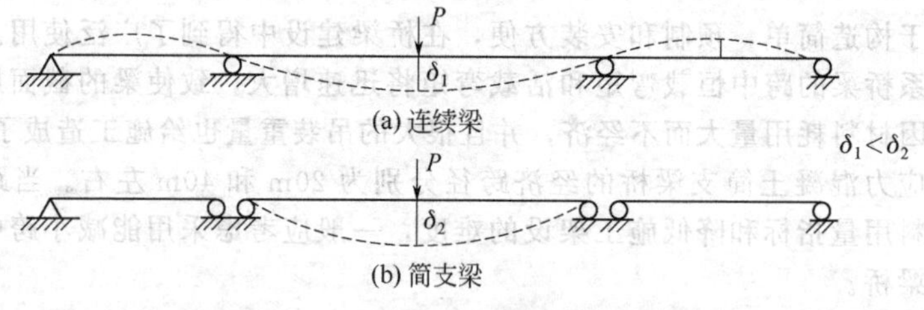

图 4-47　连续梁与简支梁的变形比较

(3) 因结构整体发生均匀温度变化引起的纵向水平位移，在连续梁结构中不产生附加内力及支承反力，这一特点与简支梁相同。但是，连续梁属超静定结构，非线性温度变化、预应力作用、混凝土收缩徐变及基础沉降等都会引起结构附加内力。

二、截面尺寸设计

当悬臂和连续体系梁桥的跨径较大时，主梁一般采用箱形截面。在已建成的跨径超过 40m 的预应力混凝土梁桥中，横截面大多为箱形截面。箱形截面的顶、底板都有比较大的面积，因而能有效地抵抗正、负弯矩，并满足配筋要求。而且由于截面闭合，抗扭刚度较大，具有比 T

形截面高的截面效率指标，当桥梁承受偏心荷载时内力分布比较均匀，整体性较好。另外，箱形截面构造布置灵活，适用于有支架现浇施工、逐孔施工、悬臂施工等多种施工方法。

箱形截面根据桥面宽度、施工方法等的不同，可以采用各种不同的形式，常见的截面形式如图 4-48 所示。单箱单室截面的顶板宽度一般小于 20m［见图 4-48（a）］；单箱双室截面的顶板宽度约为 25m 左右［见图 4-48（b）］；双箱单室截面可达 40m 左右［见图 4-48（c）］；多箱多室截面则可以不受宽度的限制［见图 4-48（d）］。

箱形截面由顶板、底板、腹板等组成，它的细部尺寸拟定既要满足箱梁纵、横向的受力要求，又要满足结构构造及施工上的需要。

1. 顶板

箱形截面主梁的顶板厚度一般应考虑满足行车道板承受横向弯矩的要求和满足布置纵、横向预应力束筋的要求。通常，顶板的中部厚度，不应小于板净跨径的 1/30，且不小于 200mm。考虑到悬臂板的根部弯矩，顶板悬臂长度一般不大于 5m，当长度超过 3m 后，一般应设置横向预应力束筋。悬臂板的端部厚度不小于 100mm，如设有桥面横向预应力钢筋时，则端部厚度不小于 140mm。

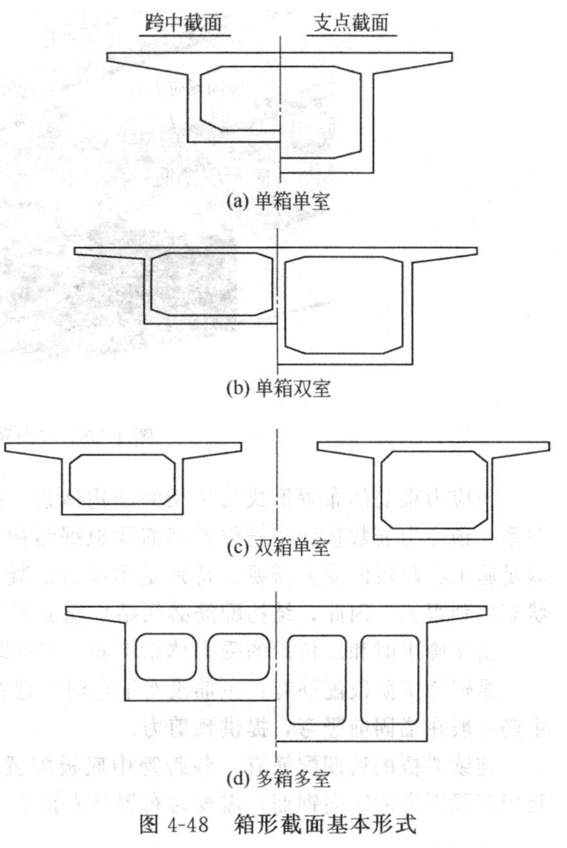

(a) 单箱单室

(b) 单箱双室

(c) 双箱单室

(d) 多箱多室

图 4-48　箱形截面基本形式

2. 底板

连续梁跨中区域主要承受正弯矩，底板厚度可按构造要求设计，一般为 220～280mm。纵向负弯矩区受压底板的厚度对改善全桥受力状态，减小徐变下挠十分重要，因此应确保支点区域的箱梁底板有足够的厚度，连续梁墩顶处底板厚度通常取为梁高的 1/12～1/10。考虑到连续体系梁桥中，支点负弯矩和跨中正弯矩均较大，一般采用变厚度设计，箱梁底板厚度从跨中向中间支点随箱梁负弯矩的增大而逐渐变大，以满足承受中间支点附近截面下缘逐渐增大的压应力要求。

3. 腹板

腹板厚度设计首先要考虑满足抗剪要求，对于连续梁桥，在 $L/4$ 跨径区段，剪力较大，在剪力、弯矩和扭矩的共同作用下，腹板内将产生较大的主拉应力，若腹板强度不够，则往往会导致斜裂缝的产生，因而从跨中区域向支点、腹板应逐渐加宽，腹板的最小宽度应考虑满足预应力钢束管道布置、普通钢筋布置和混凝土浇筑的要求。一般地，腹板的宽度不应小于 140mm，上下承托之间的腹板高度，当腹板内设有竖向预应力筋时，不应大于腹板宽度的 20 倍，当腹板内不设竖向预应力筋时，不应大于腹板宽度的 15 倍。当腹板宽度有变化时，其过渡段长度不宜小于 12 倍的腹板宽度差。

4. 承托

为了提高截面的抗扭刚度和抗弯刚度，减小局部应力，在箱形截面梁顶板与腹板、底板与腹板交接处，一般应设置承托，如图 4-49 所示。承托的坡度一般可采用 1∶1或其它合适的比例。

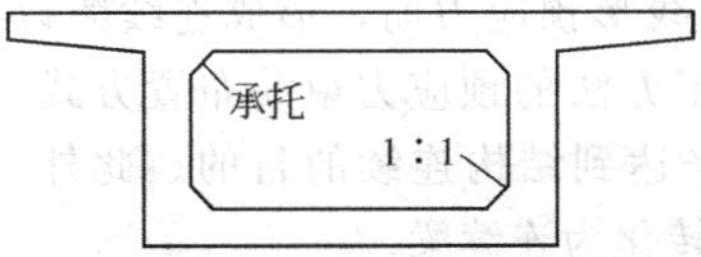

承托
1∶1

图 4-49　箱梁承托的设置

三、主梁预应力筋的布置

连续梁桥主梁主要受三个内力作用：纵向受弯、竖向受剪及横向受弯。为了抵抗这三个内力作用，需布置三向预应力筋，即纵向抗弯预应力筋、竖向抗剪预应力筋及横向抗弯预应力筋，如图 4-50 所示。

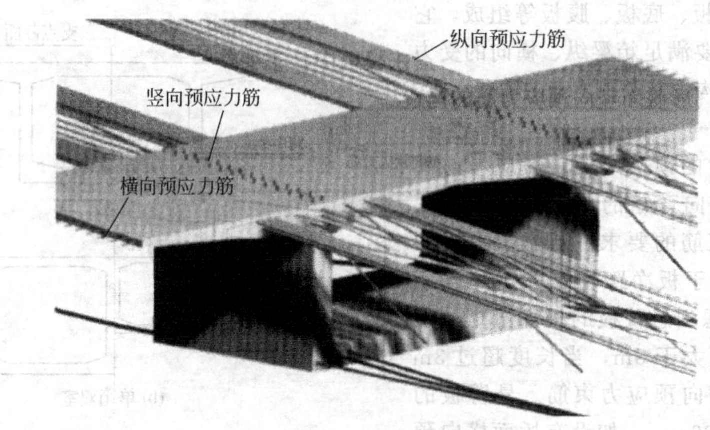

图 4-50　三向预应力筋布置

预应力束筋的布置形式与桥梁的结构体系、受力情况、构造形式以及施工的方法都有密切关系。预应力筋数量和布筋位置都需要根据结构在使用阶段的受力状态予以确定。同时，也要满足施工各阶段的受力需要。特别是预应力混凝土连续梁桥，施工方法不同，施工阶段的受力状态差别很大。因此，结构配筋必须结合施工方法考虑。

由于施工时和成桥后的受力体系不同，不同时期的配筋也不同。

悬臂施工阶段配筋有：主筋没有下弯时布置在腹板加腋中。主筋需下弯时平弯至腹板位置。主筋一般在锚固前竖弯，提供预剪力。

连续梁桥的后期配筋有：各跨跨中底板配置连续束，顶板配置横向钢筋或横向预应力筋，腹板配置下弯的纵向钢筋，需要时布置竖向预应力筋。

(一)纵向预应力筋的布置

预应力混凝土连续梁桥中，纵向预应力筋的布置方式有多种形式，与所采用的施工方法以及预应力筋的种类等密切相关。

1. 顶推法施工的连续梁桥

一般采用直线布筋方式。图 4-51（a）表示采用顶推法施工的直线形预应力筋布置方式。上、下的通长束使截面接近轴心受压，以抵抗顶推过程中各截面所承受的交替变化的正负弯矩。待顶推完成后，再在跨中的底部和支点的顶部增设局部预应力筋，用来满足运营荷载下相应的内力要求。有时在跨中的顶部和支点附近的底部设置设计要求的施工临时束，待顶推完成后即予卸除。

2. 先简支后连续施工的连续梁桥

先按简支梁桥布置预应力束，然后在支座接缝的顶部布置直线形预应力筋，形成连续梁以承担活载下产生的负弯矩。图 4-51（b）为采用先简支后连续施工方法的预应力束筋布置方式。待墩上接缝混凝土达到规定强度后，用设置在接缝顶部的短束来达到结构连续的目的。此外，也可采用帽束或用连接器把简支梁的束筋予以连接，使得简支梁转化为连续梁。

3. 悬臂施工连续梁桥

包括节段悬臂浇筑或悬臂拼装的施工方法，施工中梁体以受负弯矩为主，为了能够支承梁体自重和施工荷载，需在每节段混凝土达到规定的强度或预制梁段就位后，对梁体施加能够承受负弯矩的预应力。

所以，一期钢束布置在截面上缘，以抵抗悬臂施工阶段与运营阶段的负弯矩，合拢后在跨中区域截面下缘张拉二期钢束，以抵抗运营阶段产生的正弯矩。

上缘预应力筋主要布置在箱梁顶板，称为顶板索；下缘预应力筋一般布置在箱梁底板，称为底板索。顶板索可采用直线配筋［图 4-51（c）］与曲线配筋［图 4-51（d）］两种方式，曲线配筋锚固于腹板位置，有利于腹板抗剪，采用较广泛。

4. 连续曲线配筋方式

将跨中部位抵抗正弯矩的底板索与支座部位抵抗负弯矩的顶板索在全桥范围连续化，锚固于梁端［图 4-51（e）］。这种预应力筋布置方式一般适用于整联现浇的中、小跨径连续梁桥。但是，若预应力筋较长，而且弯曲次数又多，会显著加大预应力筋的摩阻损失。因此，预应力筋连续长度一般不宜太长。否则，就应适当考虑采用分段张拉或将某些应力筋在梁内、梁顶或梁底进行锚固，以减少预应力损失。

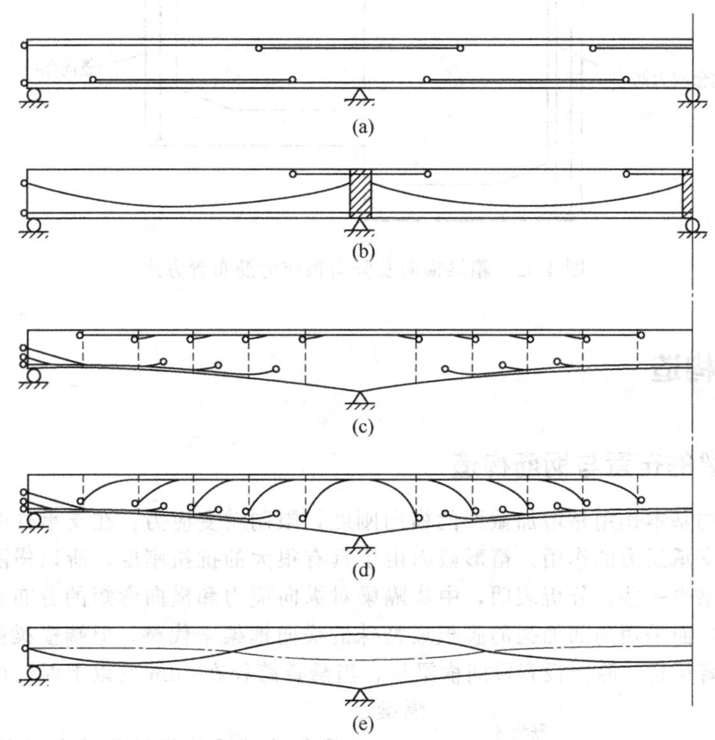

图 4-51　预应力混凝土连续梁纵向预应力筋布置方式

(二)横向预应力筋的布置

箱梁顶板在横桥向作为支承在腹板上的多跨连续桥面板参加工作。当箱梁腹板间距较大或翼板悬臂长度较大时，横向仅布置普通钢筋则难以满足受力的要求，同时也是不经济的。此时，就应该考虑采用横向预应力混凝土桥面板。横向预应力筋是保证桥梁横向整体性、桥面板及横隔板横向抗弯能力的主要受力钢筋，一般布置在桥面板上下两层钢筋之间，可与纵向束叠置，在悬臂段及腹板支承处布置在顶板上缘，在两腹板支撑的跨中部位布置在顶板下缘。图 4-52 为对箱梁顶板配置了横向预应力筋的箱梁截面。由于箱梁顶板厚度较小，一般为 25～35cm。为减少预应力管道所需空间，横向预应力筋大多采用扁锚体系，张拉端和内锚固端交错布置。

(三)竖向预应力筋的布置

竖向预应力筋的主要作用是提高截面的抗剪能力。一般采用粗钢筋或钢绞线作为竖向预应力筋布置在腹板内。图 4-52 中同时示出了在箱梁截面的腹板中配置竖向预应筋构造。竖向预应力筋在梁体腹板内沿纵向布置的间距，可根据剪力的分布情况由计算确定，一般为 30～60cm。支点附近区域由于剪力较大，竖向预应力筋间距较小，跨中区域间距稍大。

竖向预应力筋的特点是：长度短，张拉延伸量小，容易造成预应力损失，一般需进行二次张拉，以确保足够的有效预应力。

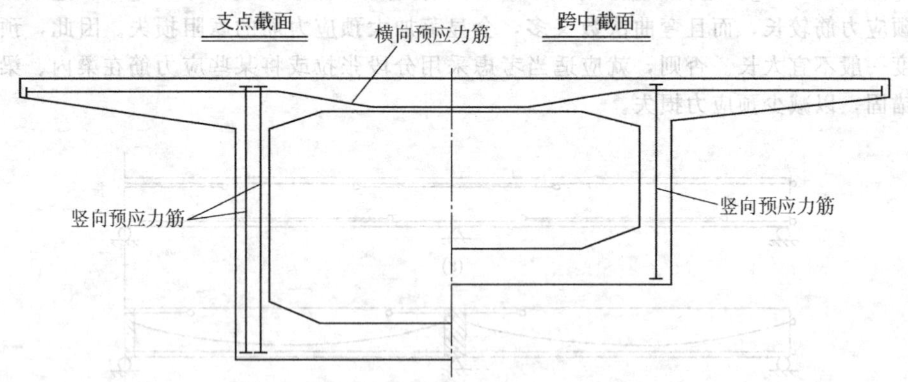

图 4-52 箱梁横向及竖向预应力筋布置方式

四、其它构造

(一)横隔梁的布置与钢筋构造

箱梁横隔梁的基本作用是增加截面的横向刚度，限制畸变应力。在支承处的横隔梁还起到承受和分布较大支承反力的作用。箱形截面由于具有很大的抗扭刚度，所以横隔梁的布置可以比一般肋形的桥梁少一些。分析表明，中横隔梁对纵向应力和横向弯矩的分布影响很小，目前趋于少设或不设，而采用局部加强的腹板或特殊的横向框架来代替。但端横梁则必须设置。另外，对于箱形悬臂梁桥，除应设置段间横梁外，当悬臂跨径在 50m 及以上时，尚应设置跨间横隔梁。

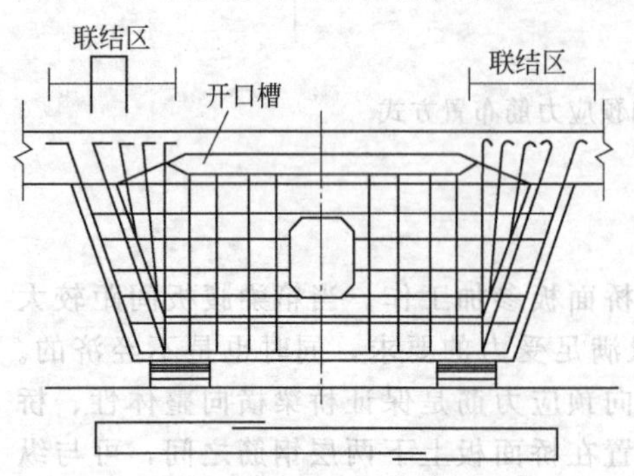

图 4-53 箱梁横隔梁中普通钢筋的布置

箱梁中横隔梁的配筋形式与箱梁的支承方式有关。当支承位于主梁腹板下时，在横隔梁中只要配置一定数量的水平方向的普通钢筋，如图 4-53 所示。

当支承不通过主梁腹板轴线，而是通过箱梁轴线支承底板上时，横隔梁受力类似弹性支承的悬臂梁，在横隔梁中则应设置曲线形的预应力钢筋，如图 4-54 所示。同时可在主梁或横隔梁腹板内布设预应力直筋。

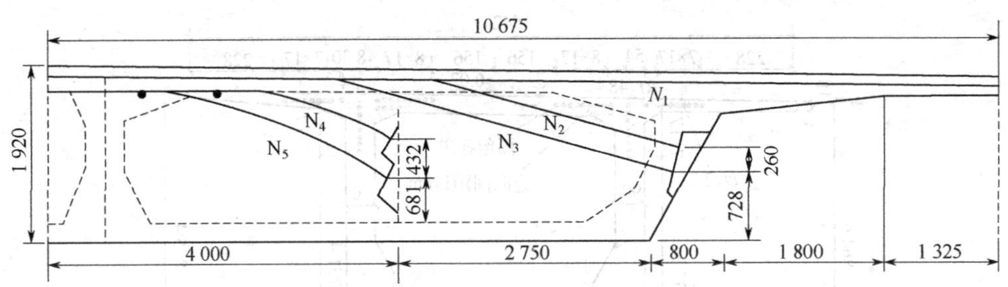

图 4-54 箱梁横隔梁中预应力筋的布置

(二)其它钢筋(顶板、底板、腹板内非预应力钢筋)布置

箱形截面梁的底板上、下层，应分别配置平行于桥跨和垂直于桥跨的构造钢筋。钢筋截面面积为：对于钢筋混凝土桥，不应小于配置钢筋的底板截面面积的 0.4%。对于预应力混凝土桥，不应小于配置钢筋的底板截面面积的 0.3%。以上钢筋尚可充作受力钢筋。当底板厚度有变化时可分段设置。钢筋直径不宜小于 10mm，其间距不宜大于 300mm。

箱形截面梁的腹板两侧，应设置直径为 6～8mm 的纵向钢筋，每腹板内钢筋截面面积宜为 (0.001～0.003)bh，其中 b 为腹板宽度，h 为梁的高度，其间距在受拉区不应大于腹板宽度，且不应大于 200mm，在受压区不应大于 300mm。在支点附近剪力较大区段和预应力混凝土梁锚固区段，腹板两侧纵向钢筋截面面积应予增加，纵向钢筋间距宜为 100～150mm。

五、预应力混凝土连续箱梁桥实例

1. 南京长江二桥北汊桥主桥

南京长江二桥北汊桥主桥长 2172m，上部结构为 90m＋3×165m＋90m 五跨变截面预应力混凝土连续梁，下部主墩采用钢筋混凝土薄壁空心墩，高桩承台钻孔灌注桩群桩基础。主桥的立面布置如图 4-55 所示。

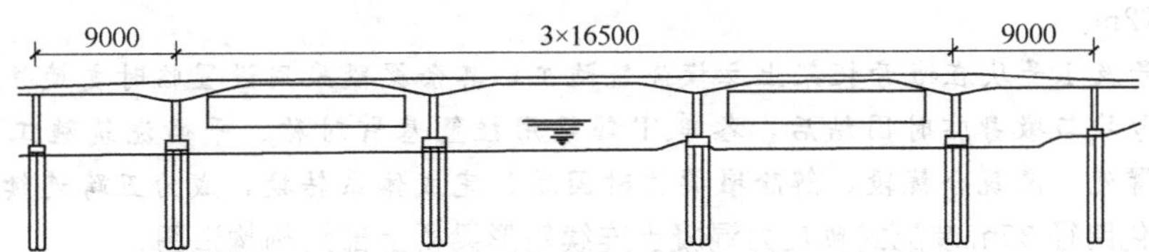

图 4-55 南京长江二桥北汊桥主桥立面布置图（单位：cm）

桥面宽度 32.0m，预应力混凝土箱梁由上、下行分离的两个单箱单室箱形截面组成，支点处梁高 8.8m，跨中梁高 3.0m，箱梁的顶板宽 15.42m，底板宽 7.5m，翼缘板悬臂长为 3.96m，箱梁梁高从距墩中心 3m 处到跨中按二次抛物线变化。除墩顶 0 号块两端设厚度为 0.8m 的横隔板外，其余部位均不设横隔板。

箱梁采用纵、横、竖三向预应力体系，主桥纵向预应力采用 27ϕ^j15.2、25ϕ^j15.2、19ϕ^j15.2 和 12ϕ^j15.2 四种规格的钢绞线。采用 OVM 锚固体系，其锚下控制应力为 $\sigma_{con}=0.75R_y^D$，设计张拉吨位分别为 5273.1kN、4882.5kN、3710.7kN 和 2343.6kN，预应力束的横断面布置形式如图 4-56 所示。

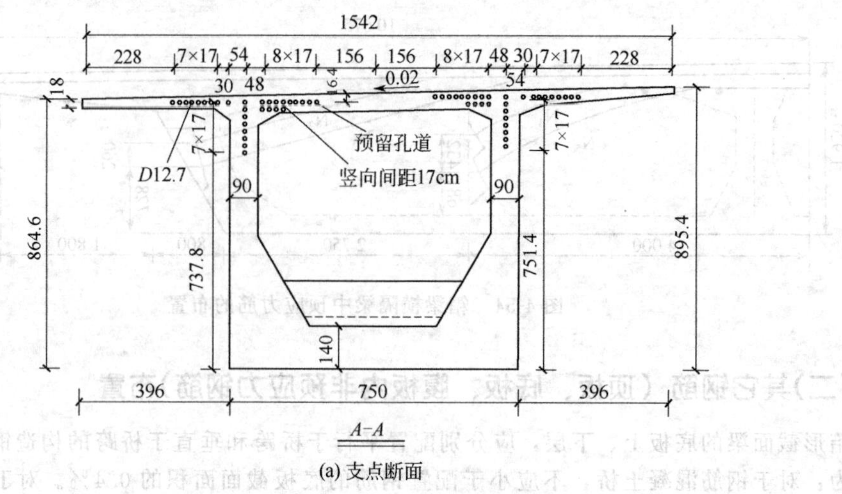

(a) 支点断面

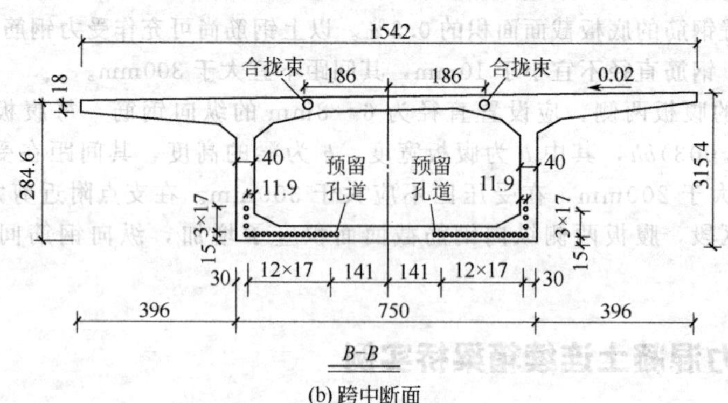

(b) 跨中断面

图 4-56 南京长江二桥北汊桥主桥箱梁预应力束横断面布置图（单位：cm）

主桥连续箱梁分两半幅分别独立采用挂篮悬臂现浇法施工，各单T箱梁除0号块外分为23对梁段，对称平衡悬臂逐段浇筑施工。箱梁纵向分段长度为5×2.5m+5×3.0m+5×3.5m+8×4.0m，0号块长8.0m，中跨、次中跨合拢段长度均为3.0m，边跨合拢段长度为2.0m，边跨现浇段长度为6.72m。

箱梁0号及1号块在墩旁托架上立模浇筑施工，其余梁段采用设置临时支座并张拉预应力粗钢筋使0号块与墩身临时固结后，各单T箱梁用挂篮悬臂对称、平衡浇筑施工直至各单T箱梁最大悬臂处，浇筑合拢段，解除墩梁临时固结，完成体系转换，成为五跨连续梁。

2. 标准化跨径35m装配式预应力混凝土连续箱形梁桥上部结构构造图

如图4-57所示为标准化跨径35m的装配式预应力混凝土先简支后连续箱形梁桥上部结构构造图。其中图4-57（a）为箱梁典型横断面，图4-57（b）、图4-57（c）为箱梁一般构造，图4-57（d）为预制箱梁钢束构造。设计荷载等级为公路-Ⅰ级，桥面宽度为2×12m，单幅桥梁为4片箱梁，梁间距为2.9m，预制梁高为1.6m。预制主梁、端横梁、跨中横隔板、中横梁、现浇接头、湿接缝、封锚、桥面现浇层混凝土均采用C50，桥面铺装采用沥青混凝土。普通钢筋采用HPB300和HRB335两种钢筋，预应力钢绞线采用抗拉强度标准值$f_{pk}=1860$MPa、公称直径$d=15.2$mm的低松弛高强度钢绞线。

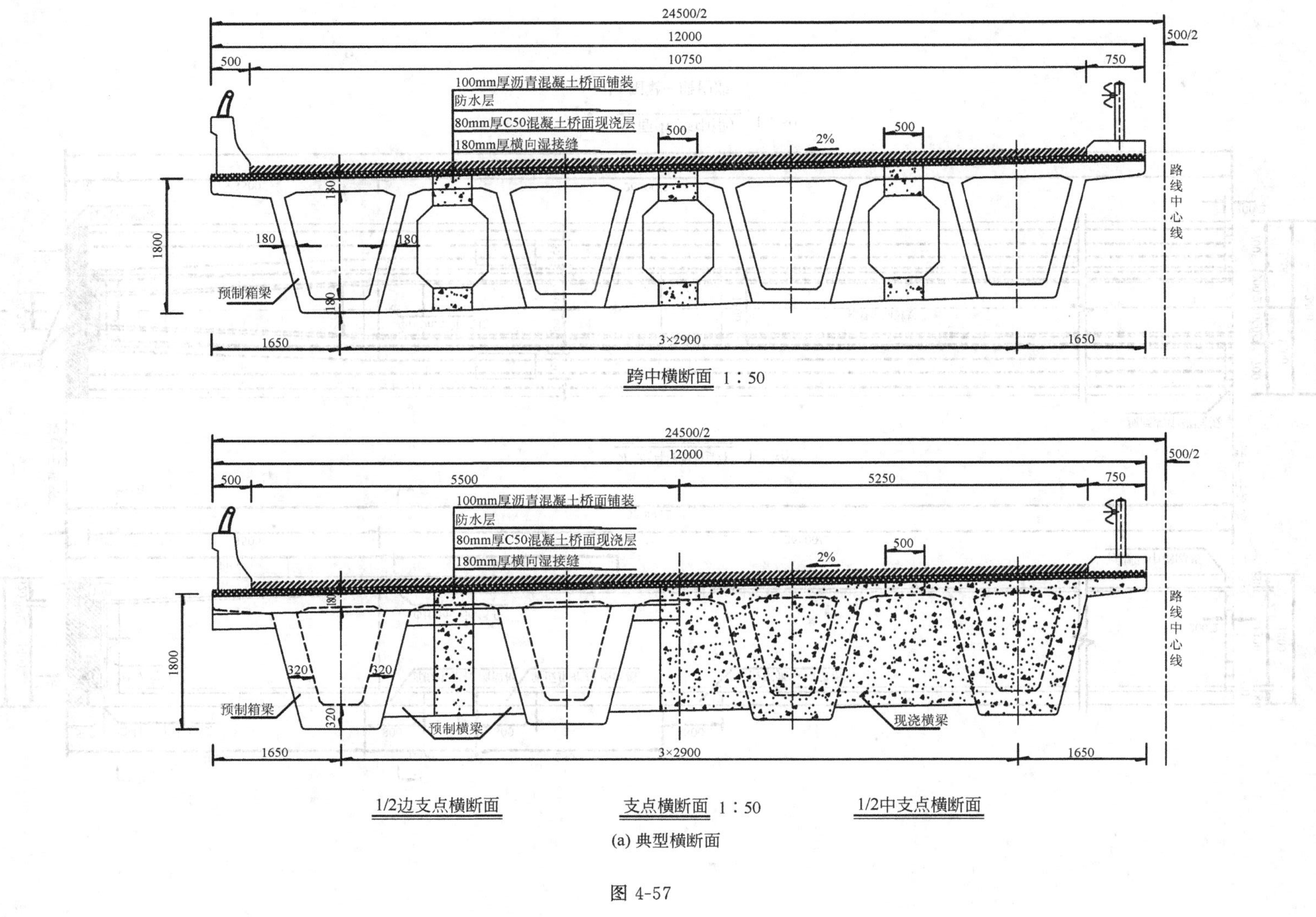
24500/2
12000
500/2
500
10750
750
100mm厚沥青混凝土桥面铺装
防水层
80mm厚C50混凝土桥面现浇层
180mm厚横向湿接缝
500
2%
路线中心线
1800
180
预制箱梁
1650
3×2900
跨中横断面 1：50
5500
5250
320
预制横梁
现浇横梁
1/2边支点横断面
支点横断面 1：50
1/2中支点横断面

(a) 典型横断面

图 4-57

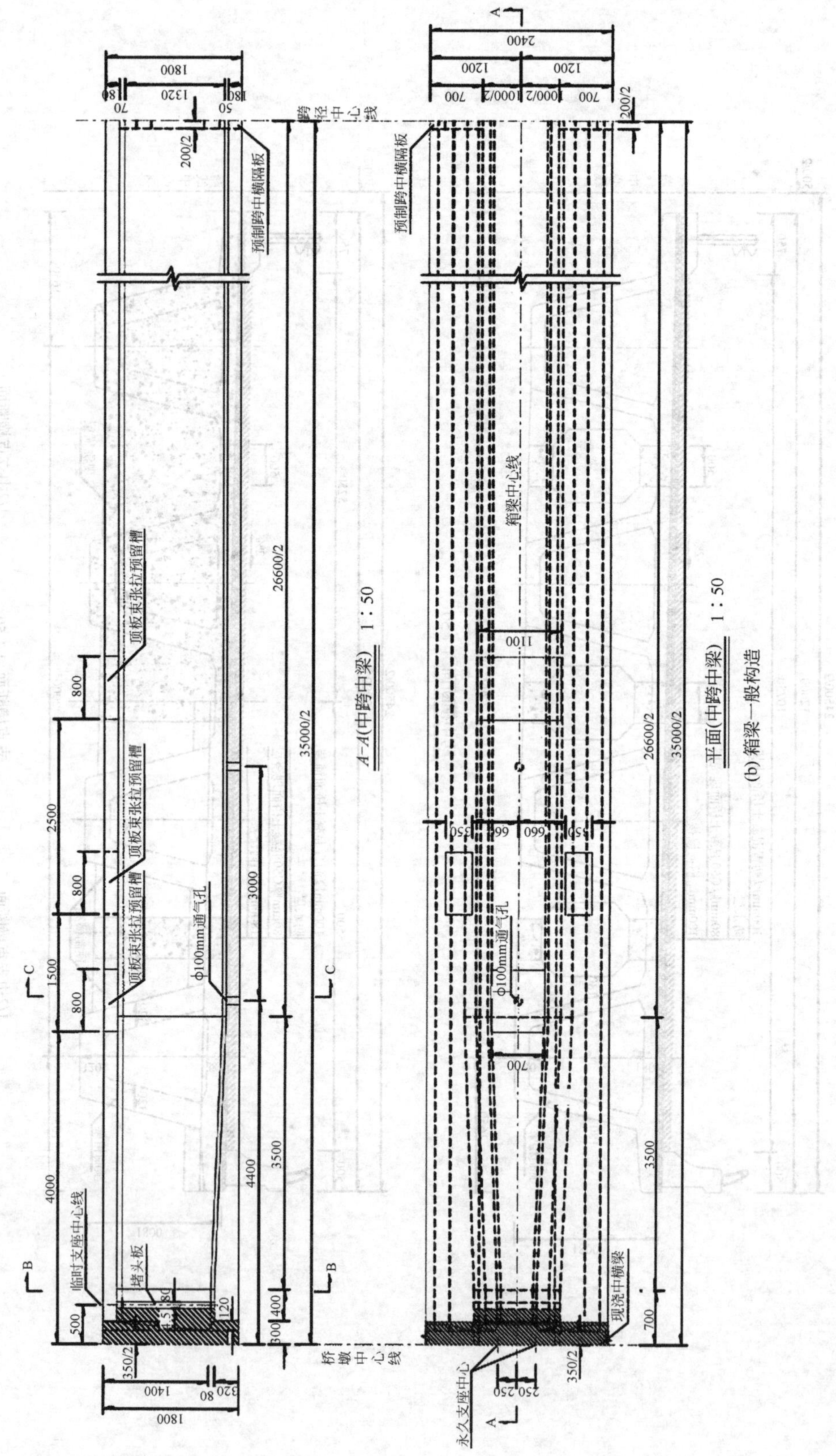
A-A(中跨中梁)　1 : 50
平面(中跨中梁)　1 : 50
预制跨中横隔板
顶板束张拉预留槽
φ100mm通气孔
临时支座中心线
堵头板
跨径中心线
桥墩中心线
箱梁中心线
永久支座中心
现浇中横梁
26600/2
35000/2
1800
1320
2400
1200
1100
700

(b) 箱梁一般构造

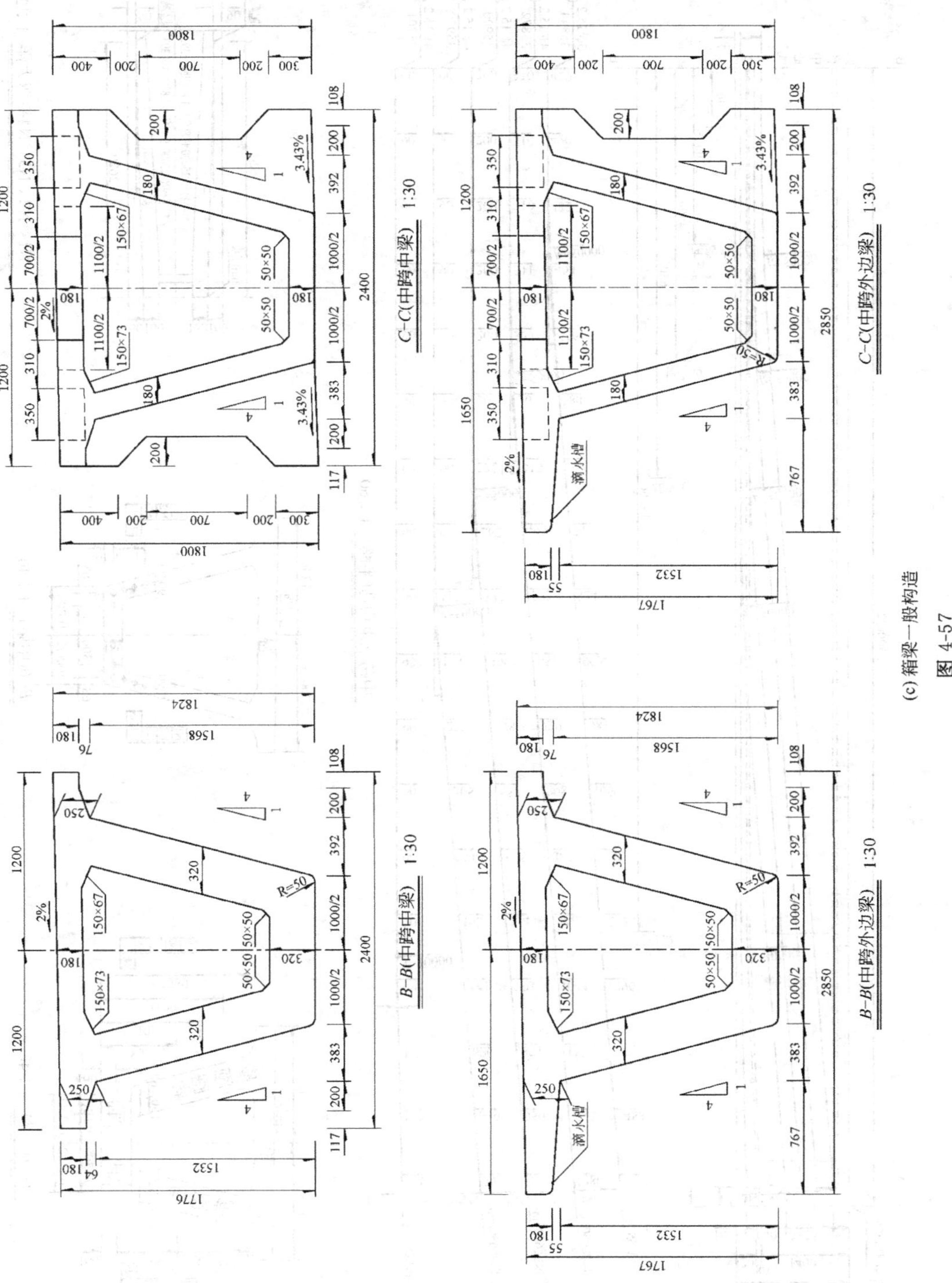

(c) 箱梁一般构造

图 4-57

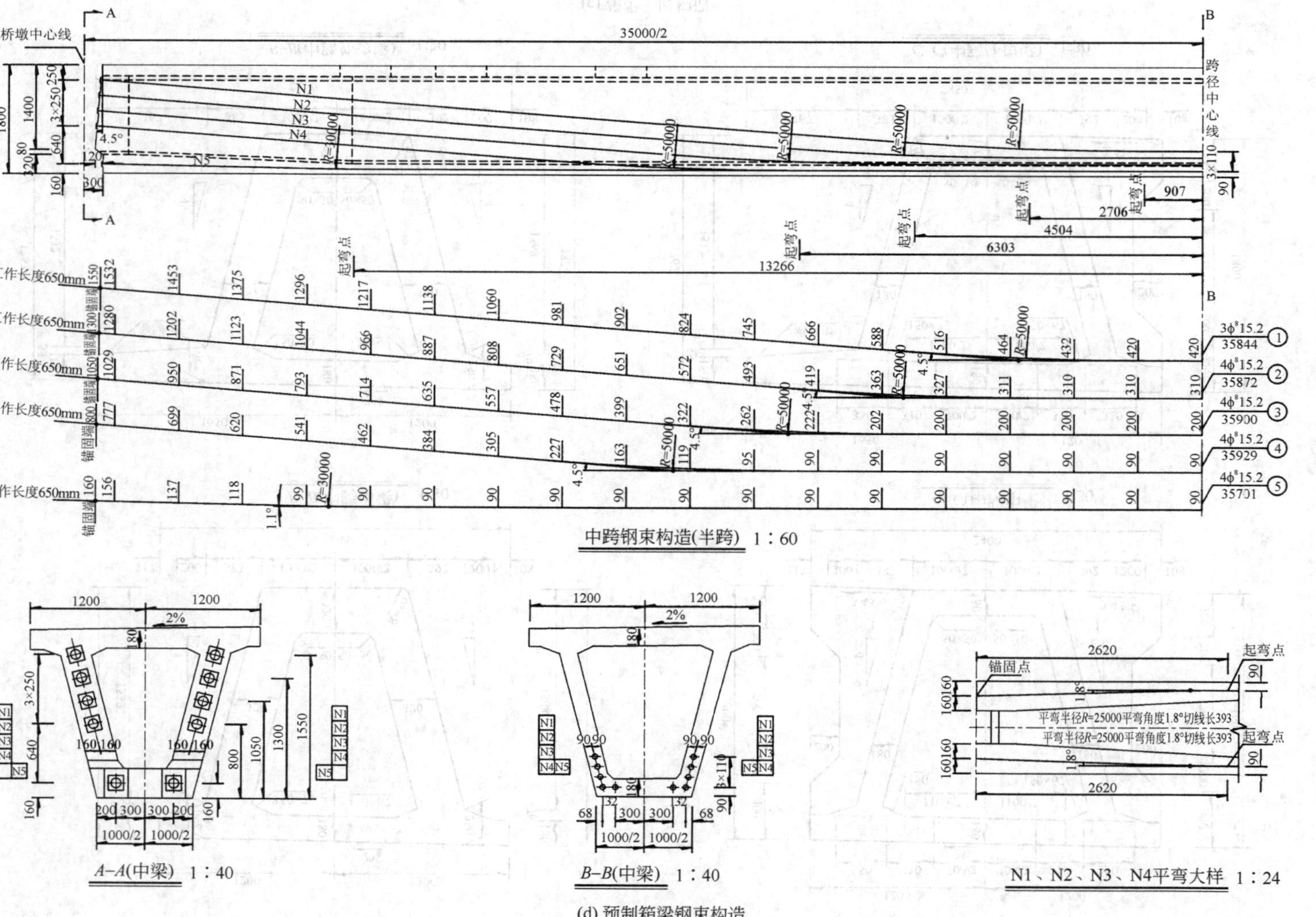

(d) 预制箱梁钢束构造

图 4-57 装配式预应力混凝土连续箱形梁桥上部结构构造图

复习思考题

1. 简支梁桥按不同分类方法各有哪些类型？分别有何特点？

2. 整体式简支板桥的配筋要求有哪些？

3. 装配式简支板桥的主要类型有哪些？基本尺寸和配筋有何规定？

4. 装配式简支板桥横向连接的目的是什么？常用的连接方法有哪些？各有何特点？

5. 装配式钢筋混凝土简支T梁桥主梁梁肋、横隔梁、主梁翼缘板的基本尺寸要求有哪些？

6. 装配式钢筋混凝土简支T梁桥的主梁梁肋内需设置哪些钢筋？其作用和构造要求分别是什么？

7. 装配式钢筋混凝土简支T梁桥主梁翼缘板和横隔梁内需设置哪些钢筋？其作用和构造要求分别是什么？

8. 装配式预应力混凝土简支T梁桥纵向预应力筋的布置方式有哪几种？各有何特点？

9. 预应力混凝土T梁桥内设置的纵向非预应力受力钢筋有哪些作用？

10. 纵向预应力筋总的布置原则是什么？

11. 先张法和后张法的锚固方法分别是什么？锚固要求有哪些？

12. 装配式混凝土简支梁桥横向连接的方式有哪些？有何特点？适用什么情况？

13. 连续体系梁桥的一般受力特点是什么？

14. 为什么大跨度连续体系梁桥一般要采用箱形截面？

15. 连续箱梁内三向预应力筋的作用分别是什么？

16. 根据不同施工方法，连续箱梁内纵向预应力筋一般有哪几种布置方式？各有何特点？

第五章　混凝土简支梁桥的计算

学习要点： 混凝土简支梁桥行车道板的计算方法；主梁荷载横向分布计算原理及横向分布系数的含义；用杠杆原理法、偏心压力法计算主梁荷载横向分布系数的原理和方法；主梁梁肋作用效应组合的计算方法；横隔梁内力计算、主梁挠度、预拱度的计算方法。

在进行桥梁结构设计时，通常先根据使用要求、跨径大小、桥面净宽、作用等级、施工条件等基本资料，综合运用桥梁的构造知识并参考已有桥梁的设计经验来拟定桥梁结构各构件的截面形式和各部分的基本尺寸，估算结构的自重，然后根据结构在施工和运营过程中受到的各种作用，用工程力学方法计算出结构各部分产生的作用效应，并进行作用效应组合，求出各构件最不利效应组合。据此，进行构件的承载力、稳定性、裂缝宽度、挠度等项目的验算，以此来判断原先所拟定的基本尺寸及结构配筋设计是否符合要求。

如果验算结果不能满足要求，则需修改原来的结构尺寸或调整结构配筋设计，然后重新进行验算，直至满足要求为止。当然，如果尺寸过大，也应从经济合理的角度进行调整。

混凝土简支梁桥的计算构件包括行车道板、主梁梁肋、横隔梁三部分。

第一节　行车道板的计算

一、行车道板的力学计算模型

混凝土简支肋梁桥的桥面板是直接承受车辆轮压的混凝土板，它与主梁梁肋和横隔梁联结在一起，既保证了梁的整体作用，又能将荷载传递给主梁。

从结构形式上看，对于具有主梁和横隔梁的简单梁格以及具有主梁、横梁和内纵梁的复杂梁格体系，行车道板实际上都是周边支承的板。对于整体现浇的T梁桥，或桥面板采用整体浇注的装配式T梁桥，梁肋和横（隔）梁之间的桥面板，属于矩形的周边支承板，如图5-1（a）所示。通常其边长比或长宽比（l_a/l_b）等于或大于2，当有荷载作用于板上时，绝大部分是由短跨方向（l_b）传递的，因此可近似地按仅由短跨承受荷载的单向受力板来设计，即仅在短跨方向配置受力主筋，而长跨方向只要配置适当的构造钢筋即可。

对于桥面板采用非整体浇注的装配式T形梁桥，其桥面板也存在长宽比$l_a/l_b \geqslant 2$的关系，如果在两主梁的翼板端边为自由边或仅采用钢板连接［图5-1（b）］时，则桥面板可简化为悬臂板。当采用不承担弯矩的铰接缝连接［图5-1（c）］时，则可简化为铰接悬臂板。

所以在实践中可能遇到的桥面板受力图式为单向板、悬臂板、铰接悬臂板和双向板等几种。双向板因用钢量大、构造复杂，一般较少采用。

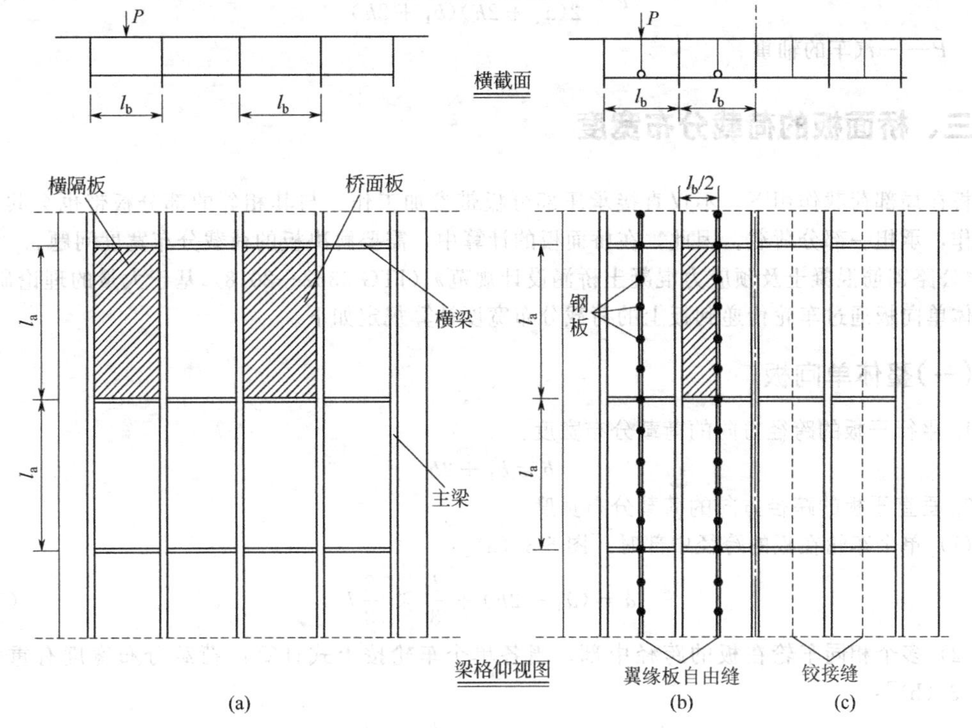

图 5-1　梁格构造和桥面板支承方式

二、车轮荷载在桥面板上的分布

作用在桥面上的车轮压力，通过桥面铺装层扩散分布到钢筋混凝土板面上，由于板的计算跨径相对于轮压的分布宽度来说不是很大。因此在计算时应将轮压作为分布荷载来处理，这样相对较精确，可以避免造成较大的计算误差，又可以节约桥面板的材料用量。

富于弹性的车轮与桥面的接触面实际上接近于椭圆，而且荷载又要通过铺装层扩散分布，故车轮压力在桥面板上的实际分布形状是很复杂的。为了计算方便起见，可以近似地把车轮与桥面的接触面看作是 $a_1 \times b_1$ 的矩形。a_1 为车轮沿行车方向的着地长度，b_1 为车轮的宽度，可从《桥规》中查得其数值。

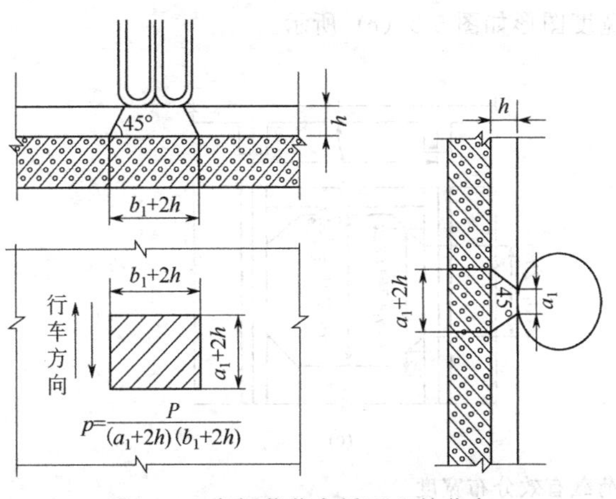

图 5-2　车辆荷载在桥面上的分布

至于荷载在铺装层内的扩散程度，根据试验研究，作用在混凝土或沥青铺装面层上的车轮荷载，可以偏安全地假定呈 45°角扩散分布于混凝土板面上。最后，作用于钢筋混凝土桥面板顶面的矩形荷载压力面的边长为

$$\left.\begin{array}{ll}\text{沿行车方向} & a_1+2h \\ \text{沿横向} & b_1+2h\end{array}\right\} \qquad (5\text{-}1)$$

式中　h——铺装层的厚度，如图 5-2 所示。

因此，当有一个车轮作用于桥面铺装层上时，作用于桥面上的局部分布荷载为：

$$p=\frac{P}{2(a_1+2h)(b_1+2h)} \tag{5-2}$$

式中　P——汽车的轴重。

三、桥面板的荷载分布宽度

板在局部荷载作用下，不仅直接承压部分板带参加工作，与其相邻的部分板带也会共同参与工作，承担一部分荷载。因此，在桥面板的计算中，需要解决板的荷载分布宽度问题。

《公路钢筋混凝土及预应力混凝土桥涵设计规范》(JTG 3362—2018) 基于大量的理论研究，对整体单向板通过车轮传递到板上的荷载分布宽度计算规定如下。

(一)整体单向板

1. 平行于板的跨径方向的荷载分布宽度

$$b=b_1+2h$$

2. 垂直于板的跨径方向的荷载分布宽度

(1) 单个车轮在板的跨径中部时 [图 5-3 (a)]：

$$a=(a_1+2h)+\frac{l}{3}\geqslant\frac{2}{3}l \tag{5-3}$$

(2) 多个相同车轮在板的跨径中部，当各单个车轮按上式计算的荷载分布宽度有重叠时 [图 5-3 (b)]：

$$a=(a_1+2h)+d+\frac{l}{3}\geqslant\frac{2}{3}l+d \tag{5-4}$$

(3) 车轮在板的支承处时：

$$a=(a_1+2h)+t \tag{5-5}$$

(4) 车轮在板的支承附近，距支点的距离为 x 时：

$$a=(a_1+2h)+t+2x \tag{5-6}$$

但不大于车轮在板的跨径中部的分布宽度。

(5) 所算得的所有分布宽度，均不得大于板的全宽度。

(6) 彼此不相连的预制板，车轮在板内分布宽度不得大于预制板宽度。

式 (5-3) ～式 (5-6) 中，l 为板的计算跨径；h 为铺装层厚度；t 为板的厚度；d 为多个车轮时外轮之间的中距；a_1、b_1 分别为垂直于板跨和平行于板跨方向的车轮着地尺寸。

对于不同荷载位置时，单向板的有效分布宽度图形如图 5-3 (c) 所示。

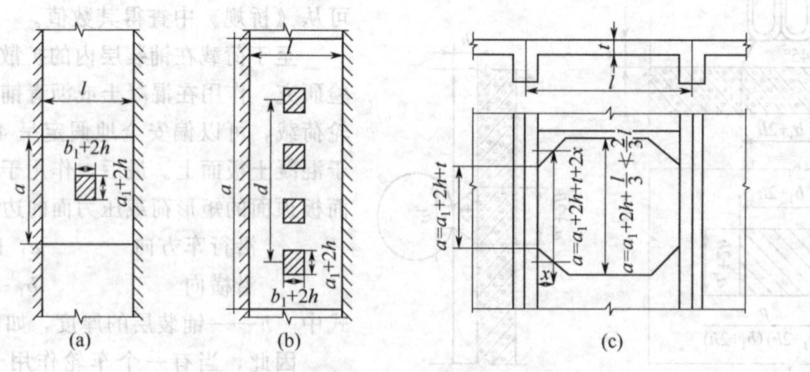

图 5-3　单向板荷载有效分布宽度

(二)悬臂板

悬臂板在车辆荷载作用下，除了直接受荷载的板条外，相邻的板条也发生挠曲变形而承受部分荷载。《桥规》规定：垂直于悬臂板跨径方向的车轮荷载分布宽度，当 c 值（图 5-4）不大于 2.5m 时，按式（5-7）计算。

$$a = (a_1 + 2h) + 2c \tag{5-7}$$

式中　a——垂直于悬臂板跨径的车轮荷载分布宽度；

a_1——垂直于悬臂板跨径的车轮着地尺寸；

c——平行于悬臂板跨径的车轮着地尺寸的外缘，通过铺装层 45°分布线的外边线至腹板外边缘的距离；

h——铺装层的厚度。

对于分布荷载靠近边板的最不利情况，c 就等于悬臂板的净跨径 l_0，于是

$$a = a_1 + 2h + 2l_0 \tag{5-8}$$

当 c 值大于 2.5m 时，悬臂根部负弯矩为按式（5-7）方法计算的 1.15～1.3 倍，此外，在车轮荷载作用点的下方还会出现正弯矩情况，因此，尚应考虑正弯矩配筋。

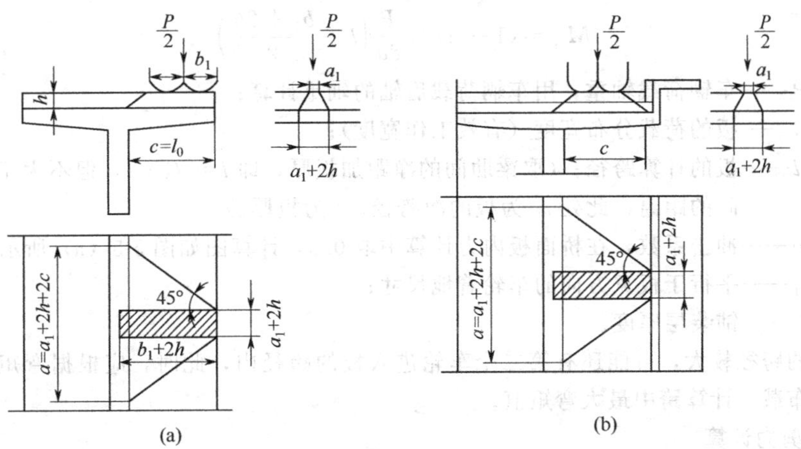

图 5-4　悬臂板的荷载分布宽度

四、行车道板的内力计算

对于实体的矩形行车道板，通常由弯矩控制设计，一般以每米板条来进行计算比较方便。对于单向板或悬臂板，借助板的荷载分布宽度就可得到作用在每米板条上的荷载和由此引起的弯矩。

(一)多跨连续单向板的内力

整体式肋梁桥或横向采用整体混凝土湿接头连接的装配式肋梁桥，桥面板可看成弹性支承在各主梁梁肋上的多跨连续单向板。从构造上看，桥面板与主梁梁肋是整体连在一起的，因此，当板上有荷载作用时，会促使主梁也发生相应的弹性下沉和扭转变形，而这种变形又影响到板的内力。所以，行车道板的实际受力情况非常复杂，影响因素比较多。目前，桥梁设计中通常采用规范提供的简便近似方法进行计算。对于弯矩，先算出一个跨度相同的简支板的跨中弯矩 M_0，然后，根据试验和理论分析的数据，再乘以偏安全的经验系数加以修正。

简支板的计算跨径应为两支承中心之间的距离。与梁肋整体连接的板，计算弯矩时其计算跨径可取为两肋间的净距加板厚，但不大于两肋中心之间的距离。与梁肋整体连接的板，其计算剪力时的计算跨径可取两肋间净距，剪力按该计算跨径的简支板计算。

1. 弯矩计算

(1) 支点弯矩

$$M=-0.7M_0 \tag{5-9}$$

(2) 跨中弯矩

1) 板厚与梁肋高度比等于或大于 1/4（主梁抗扭能力较小）时

$$M=+0.7M_0 \tag{5-10}$$

2) 板厚与梁肋高度比小于 1/4（主梁抗扭能力较大）时

$$M=+0.5M_0 \tag{5-11}$$

式中 M_0——与计算跨径相同的简支板跨中弯矩。由恒载弯矩与车辆荷载弯矩根据不同情况的组合确定。

每米板宽的跨中自重荷载弯矩 M_{0g} 按式 (5-12) 计算：

$$M_{0g}=\frac{1}{8}gl^2 \tag{5-12}$$

式中 g——1m 宽板条每延米的结构自重荷载集度。

每米板宽的跨中车辆荷载弯矩 M_{0p} 按式 (5-13) 计算：

$$M_{0p}=(1+\mu)\times\frac{P}{8a}\left(l-\frac{b_1+2h}{2}\right) \tag{5-13}$$

式中 P——车辆荷载轴重，用车辆荷载后轴的轴重计算；

a——板的荷载分布宽度（有效工作宽度）；

l——板的计算跨径；（取梁肋间的净距加板厚，即 $l=l_0+t$，但不大于梁肋中心之间的距离，此处 l_0 为板的净跨径，t 为板厚。）

μ——冲击系数，在桥面板内力计算中取 0.3，计算图如图 5-5 (a) 所示；

b_1——平行于板宽方向的车轮着地尺寸；

h——铺装层厚度。

如果板的跨径较大，可能还有第二个车轮进入板的跨径内，此时，应根据弯矩影响线，按最不利位置布载，计算跨中最大弯矩值。

2. 支点剪力计算

计算单向板的支点剪力时，可不考虑板和主梁的弹性固结作用。此时，荷载必须尽量靠近梁肋边缘布置。对于跨径内只有一个汽车车轮荷载的情况，考虑了板的相应有效工作宽度后，每米板宽承受的分布荷载如图 5-5 (b) 所示，支点剪力的计算公式如下：

(1) 结构自重剪力

$$Q_{sg}=\frac{1}{2}gl_0 \tag{5-14}$$

(2) 车辆荷载剪力（跨内只有一个汽车车轮荷载时）

$$Q_{sp}=(1+\mu)(A_1y_1+A_2y_2) \tag{5-15}$$

其中，矩形部分荷载的合力为：

$$A_1=p(b_1+2h)=\frac{P}{2a(b_1+2h)}(b_1+2h)=\frac{P}{2a} \tag{5-16}$$

三角形部分荷载的合力为：

$$A_2=\frac{1}{2}(p'-p)\times\frac{1}{2}(a-a')=\frac{P}{8aa'(b_1+2h)}(a-a')^2 \tag{5-17}$$

式中 p，p'——对应于有效工作宽度 a 和 a' 处的荷载集度；

y_1，y_2——对应于荷载合力 A_1 和 A_2 作用点的支点剪力影响线竖标值。

l_0——板的净跨径。

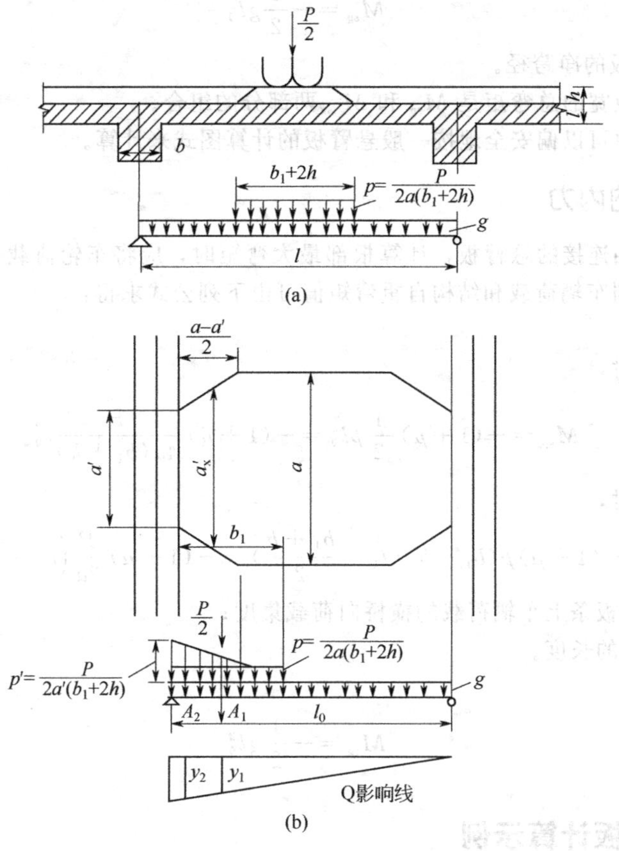

图 5-5　单向板内力计算图示

如跨径内不止一个车轮进入时，尚应计及其它车轮的影响。

(二)铰接悬臂板

用铰接方式连接的 T 形梁翼缘板其最大弯矩在悬臂根部。计算汽车荷载弯矩 M_{sp} 时，最不利荷载位置是把车轮荷载对中布置在铰接处，这时铰内的剪力为零，两相邻悬臂板各承受半个车轮荷载，即 $P/4$，如图 5-6 所示。因此，每米宽悬臂板根部车辆荷载弯矩为：

$$M_{sp}=-(1+\mu)\frac{P}{4a}\left(l_0-\frac{b_1+2h}{4}\right) \tag{5-18}$$

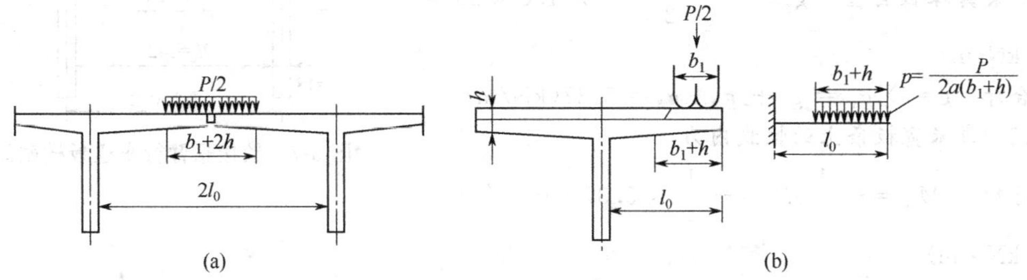

图 5-6　铰接悬臂板、悬臂板内力计算图示

每米板宽的结构自重弯矩为：

$$M_{sg}=-\frac{1}{2}gl_0 \tag{5-19}$$

l_0为铰接悬臂板的净跨径。

悬臂根部每米板宽的总弯矩是 M_{sp} 和 M_{sg}两部分的组合。

悬臂根部的剪力可以偏安全地按一般悬臂板的计算图式来计算。

(三)悬臂板的内力

对于沿纵缝不相连接的悬臂板，计算根部最大弯矩时，应将车轮荷载靠板的边缘布置，如图 5-6（b）所示。则车辆荷载和结构自重弯矩值可由下列公式求得：

车辆荷载弯矩：

当 $b_1+h\geqslant l_0$ 时，

$$M_{sp}=-(1+\mu)\frac{1}{2}pl_0^2=-(1+\mu)\frac{P}{4a(b_1+h)}l_0^2 \tag{5-20}$$

当 $b_1+h<l_0$ 时，

$$M_{sp}=-(1+\mu)p(b_1+h)(l_0-\frac{b_1+h}{2})=-(1+\mu)\frac{P}{2a}\left(l_0-\frac{b_1+h}{2}\right) \tag{5-21}$$

式中　p——每米宽板条上车辆荷载的横桥向荷载集度；

l_0——悬臂板的长度。

结构自重弯矩：

$$M_{sg}=-\frac{1}{2}gl_0^2 \tag{5-22}$$

五、行车道板计算示例

【例 5-1】计算如图 5-7 所示 T 形梁翼缘板所构成的铰接悬臂板的恒载及车辆荷载内力。桥面铺装由 2cm 的沥青混凝土面层（重力密度为 23kN/m^3）和平均厚度 9cm 的水泥混凝土铺装层（重力密度为 24kN/m^3）构成，T 梁翼板的重力密度为 25kN/m^3。

【解】

1. 结构自重（恒载）及其内力（按纵向 1m 宽的板条计算）

（1）每米宽板上的结构自重 g

沥青混凝土面层　$g_1=0.02\times1.0\times23=0.46$(kN/m)

水泥混凝土铺装层　$g_2=0.09\times1.0\times24=2.16$(kN/m)

T 梁翼缘板自重　$g_3=\frac{0.08+0.14}{2}\times1.0\times25=2.75$(kN/m)

合计　$g=\sum g_i=g_1+g_2+g_3=5.37$(kN/m)

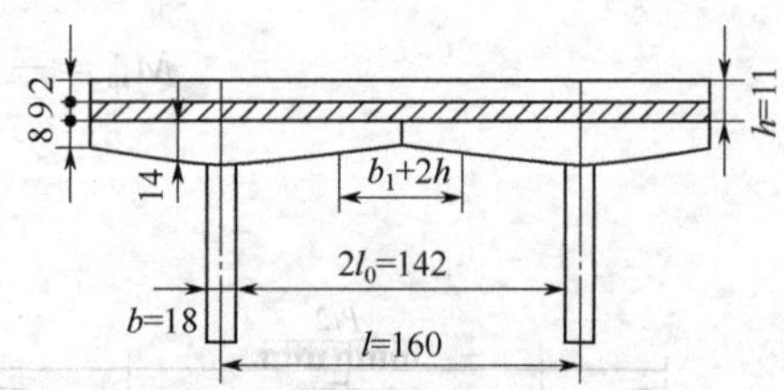

图 5-7　铰接悬臂行车道板横截面

（2）每米宽板条上的恒载内力

弯矩　$M_{sg}=-\frac{1}{2}gl_0^2=-\frac{1}{2}\times5.37\times0.71^2=-1.35$(kN·m)

剪力　$Q_{sg}=g\times l_0=5.37\times0.71=3.81$(kN)

2. 车辆荷载产生的内力

将车辆荷载后轮作用于铰缝轴线上，如图 5-6（a）所示。后轴作用力为 $P=140$kN，轮压分布如图 5-8 所示，车辆荷载后轮着地长度为 $a_1=0.20$m，宽度为 $b_1=0.60$m，则通过桥面铺装扩散到桥面板上的矩形压力面大小为：

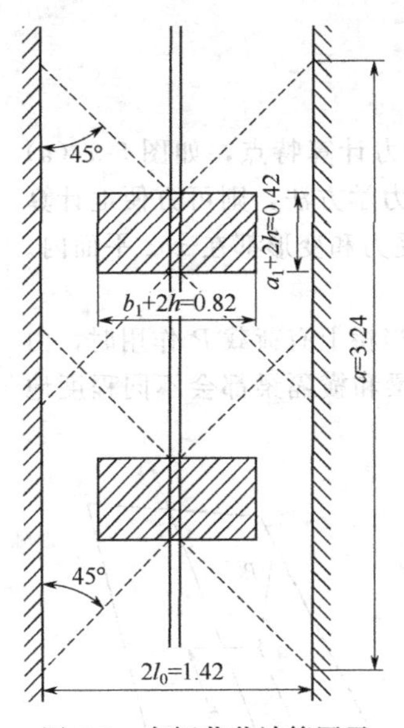

图 5-8　车辆荷载计算图示

行车方向 $a_1+2h=0.20+2\times0.11=0.42(\mathrm{m})$

横向 $b_1+2h=0.60+2\times0.11=0.82(\mathrm{m})$

荷载对于悬臂根部的分布宽度为：

$$a=(a_1+2h)+d+2l_0=0.42+1.4+2\times0.71=3.24(\mathrm{m})$$

d 为汽车车辆荷载两后轴轴距。

T 梁的翼板上车辆荷载为局部加载，冲击系数取 $\mu=0.3$。

作用于每米宽板条上的弯矩为：

$$M_{sp}=-(1+\mu)\frac{2P}{4a}\left(l_0-\frac{b_1+2h}{4}\right)$$
$$=-1.3\times\frac{2\times140}{4\times3.24}\times\left(0.71-\frac{0.82}{4}\right)$$
$$=-14.18(\mathrm{kN\cdot m})$$

作用于每米宽板条上的剪力为：

$$Q_{sp}=(1+\mu)\frac{2P}{4a}=1.3\times\frac{2\times140}{4\times3.24}=28.09(\mathrm{kN})$$

3. 内力组合

(1) 承载能力极限状态内力组合计算

基本组合（用于强度验算）

$$M_j=1.2M_{sg}+1.4M_{sp}-1.2\times(-1.35)+1.4\times(-14.18)=-21.47(\mathrm{kN\cdot m})$$
$$Q_j=1.2Q_{sg}+1.4Q_{sp}=1.2\times3.81+1.4\times28.09=43.90(\mathrm{kN})$$

所以，行车道板的设计内力为：

$$M_j=-21.47\mathrm{kN\cdot m}\qquad Q_j=43.90\mathrm{kN}$$

(2) 正常使用极限状态内力组合（用于抗裂、裂缝宽度、挠度验算）计算短期效应组合。

$$M_j=M_{sg}+0.7M_{sp}(\text{不计冲击})\div1.3=(-1.35)+0.7\times(-14.18)\div1.3=-8.99(\mathrm{kN\cdot m})$$

$$Q_j=Q_{sg}+0.7Q_{sp}(\text{不计冲击})\div1.3=3.81+0.7\times28.09\div1.3=18.94(\mathrm{kN})$$

第二节　荷载横向分布计算

一、概述

主梁梁肋内力包括永久作用和汽车荷载等可变作用引起的内力。永久作用（即恒载）的计算比较简单，除了考虑实际的结构重力外，为简化起见，通常将桥面铺装、人行道、栏杆等重力均匀分摊给各片主梁来承担，按平面问题来计算各片主梁的内力。鉴于人行道、栏杆、灯柱等构件一般是在桥梁连成整体后安装在边梁上的（称为后期恒载），必要时为了计算的精确，也可将这些后期恒载按下述荷载横向分布的方法来计算。由汽车荷载等可变作用引起的内力，计算过程则相对复杂，由于实际桥梁结构为空间整体结构，当桥上作用汽车等可变作用时，整个桥梁将作为一个整体结构来承担荷载，其受力具有空间性。所以，不能像恒载那样简单地按平面问题来计算，应用空间结构计算理论和方法，并借助相关桥梁结构计算软件，求解结构内力。

由于空间结构的分析计算工作量要比平面结构大得多，为了简化计算，特别是便于手算，通常采用下述通过荷载横向分布计算的方法——实用空间计算方法，即将复杂的空间问题合理转化为简单的平面问题来求解。

二、荷载横向分布计算原理及横向分布系数

下面先以单梁为例来说明一座简支梁桥在汽车荷载作用下的内力计算特点，如图 5-9（a）所示的单梁，如以 $\eta_1(x)$ 表示梁上某一截面的内力影响线，按结构力学方法，则可方便地计算该截面的内力值 $S=P\eta_1(x)$。此处，$\eta_1(x)$ 是一个单值函数，梁的受力和变形都在 xoz 平面内。因此，单梁的内力计算属于简单的平面问题。

对于一座由多片主梁和横隔梁组成的梁桥［图 5-9（b）］来说，当桥上有荷载 P 作用时，由于结构的横向联系必然会使所有主梁以不同程度地参与工作，各主梁和横隔梁都会不同程度地在纵向（x 方向）和横向（y 方向）产生挠曲变形，整个桥梁的实际变形是一个挠曲面，如以 $\eta(x,y)$ 表示结构某点的内力影响面（双值函数），则该点的内力值可以表示为 $S=P\eta(x,y)$。实用空间计算方法就是将影响面 $\eta(x,y)$ 分离成两个单值函数的乘积，即 $\eta_1(x)\eta_2(y)$。

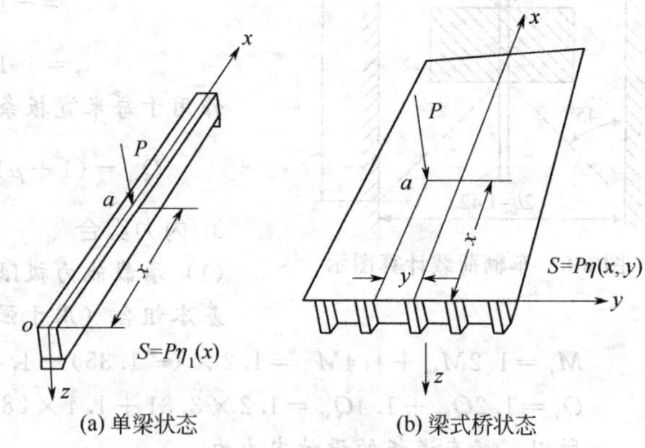

图 5-9　荷载作用下的内力计算

因此，对于某片主梁，任一截面的内力值就可表示为：

$$S=P\eta(x,\ y)\approx P\eta_2(y)\eta_1(x) \quad (5\text{-}23)$$

式中，$\eta_1(x)$ 就是单梁某一截面的内力影响线，如果将 $\eta_2(y)$ 看作是单位荷载沿横向（y 方向）作用在不同位置时对某梁所分配的荷载比值变化曲线即荷载横向分布影响线，则 $P\eta_2(y)$ 就是当 P 作用于点 $a(x,y)$ 时，沿横向分布给某梁的荷载以 P' 表示，即 $P'=P\eta_2(y)$，这样梁式桥某主梁梁肋截面内力计算就可由空间问题转化为平面问题。这就是利用荷载横向分布来计算内力的基本原理。

当桥上作用汽车荷载时，沿横向会作用多个车轮，如图 5-10 所示。在某主梁的荷载横向分布影响线上，按最不利位置布载车轮荷载，就可求得在此位置分配给该梁的最大荷载 P'_{max}，为方便计算，定义 $P'=mP$。此处，P 为车辆荷载的轴重；m 表示主梁某一位置在横向一排车轮荷载作用下分配到的最大荷载与车辆荷载轴重的比值，称为荷载横向分布系数。它表示主梁分配到的最大荷载对轴重的倍数（通常小于 1）。

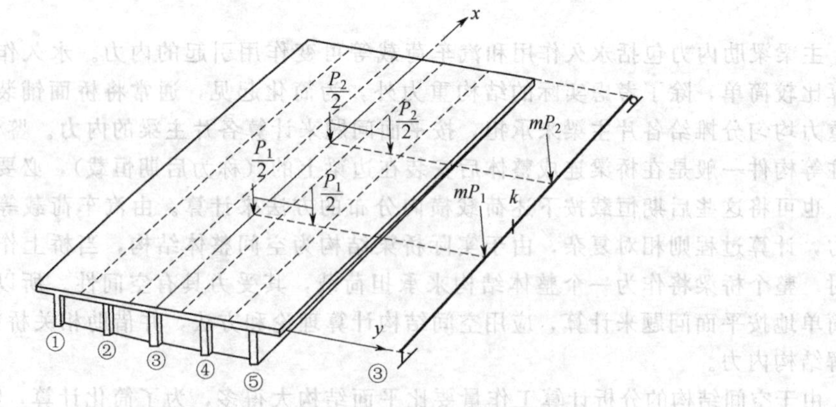

图 5-10　车轮荷载在桥上的分布

三、荷载横向分布的计算方法

桥梁荷载的横向分布规律与结构的横向连接刚度有着直接的关系，如图 5-11 所示为五根主梁组成的桥梁在跨度内的中梁上作用荷载 P 时，跨中截面各梁的荷载分配及变形情况。图 5-11（a）表示各主梁之间没有任何联系。此时，中梁向下发生一定的位移，其它主梁不变形，桥上的荷载全部由中梁承担，即该梁的横向分布系数 $m=1$。显然，这种结构形式整体性差，而且很不经济。图 5-11（c）表示各主梁通过横隔梁及桥面板在横向联结成整体结构，并假设横隔梁刚度接近无穷大（$EI\rightarrow\infty$），则在荷载 P 的作用下，由于横隔梁无弯曲变形，五片主梁将均向下产生相同的挠度，此时，荷载 P 由五片主梁均匀分担，每根主梁承受的荷载为 $\frac{P}{5}$，即各梁的横向分布系数 $m=\frac{1}{5}=0.2$。

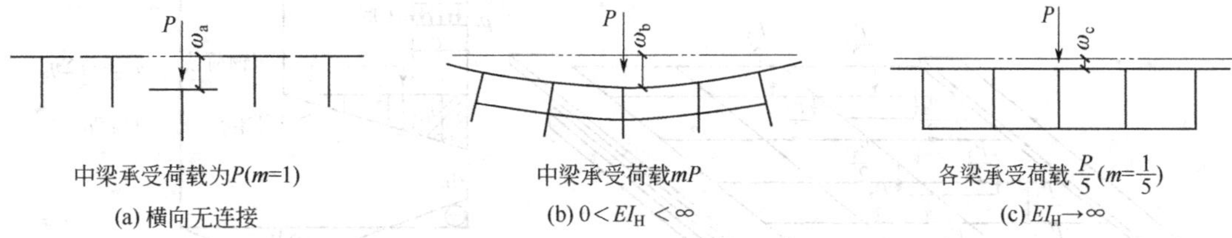

图 5-11　不同横向连接刚度时主梁的变形和受力情况

然而，实际的钢筋混凝土桥梁或预应力混凝土桥梁中，各根主梁虽然通过横向结构联成整体，但其横向结构的刚度并非无穷大。因此，在相同的荷载 P 作用下，各主梁按某种复杂的规律变形，距中梁越远变形越小，使桥梁在横向产生挠曲变形［图 5-11（b）］。此时，中梁的挠度 ω_b 必然小于 ω_a 而大于 ω_c，其横向分布系数 m 也必然介于 1 和 0.2 之间。可见，荷载横向分布规律不仅与荷载性质、荷载作用位置有关，而且与结构的横向联结刚度有着密切的关系，横向联结刚度越大，荷载横向分布作用越显著，各主梁分担的荷载也越趋均匀。

为使荷载横向分度的计算能更好地适应实际工程中不同类型的结构特性，就需要根据各种梁式桥不同的宽度、横向连接构造和截面位置建立计算模型，并拟定出相应的计算方法。目前常用有以下几种荷载横向分布影响线的计算方法：

（1）杠杆原理法——把横向结构（桥面板和横隔梁）视作在主梁上断开而简支在其上的简支梁；

（2）偏心压力法——把横隔梁视作刚性极大的梁，此法又称为刚性横梁法。

（3）铰接板（梁）法——把相邻板（梁）之间视为铰接，只传递剪力；

（4）刚接梁法——把相邻主梁之间视为刚性连接，即传递剪力和弯矩；

（5）比拟正交异性板法——将主梁和横隔梁的刚度换算成纵横两向刚度不同的比拟弹性平板来求解，并由实用的曲线图表进行荷载横向分布计算。此法又称 G-M 法。

本节重点介绍较常用的杠杆原理法和偏心压力法，其余方法可参阅有关文献。

（一）杠杆原理法

1. 计算原理和适用场合

杠杆原理法进行荷载横向分布计算的基本假定是忽略主梁之间横向结构的联系作用，即假设桥面板和横隔梁在主梁梁肋处断开，而当作沿横向支承在主梁上的简支梁或悬臂梁来考虑。

如图 5-12（a）所示为 4 梁式装配式梁桥，假设桥面板在主梁处断开，直接搁置在工字形主梁上，当桥上有车辆荷载作用时，板上的各轮重将按简支梁支承反力的方式分配给左右两根主梁，而反力 R_i 的大小可以利用简支梁的静力平衡条件求出，这就是通常所说的作用力平衡的“杠杆原理”，如果主梁所支承的相邻两块板块上都有荷载，则该梁所受的荷载为相邻两块板块支承反力之和。如图 5-12（b）中 2 号梁所受的荷载为 $R_2=R_2'+R_2''$。

根据上述原理，利用结构力学知识很容易绘出某主梁的反力影响线，此反力影响线就是该主梁在车辆荷载作用下的荷载横向分布影响线。即当移动的单位荷载 $P=1$ 作用于计算梁上时，该梁分配的荷载为 1。当 P 作用于相邻或其它梁上时，该梁分配的荷载为零。当 P 作用于该梁与相邻梁之间的位置时，该梁分配的荷载按线性规律变化。如图 5-13（a）所示，即可绘出该梁的荷载横向分布影响线，在荷载横向分布影响线的最不利位置布载荷载，就可求出主梁的荷载横向分布系数，从而求出该主梁在此处所分配到的最大荷载。

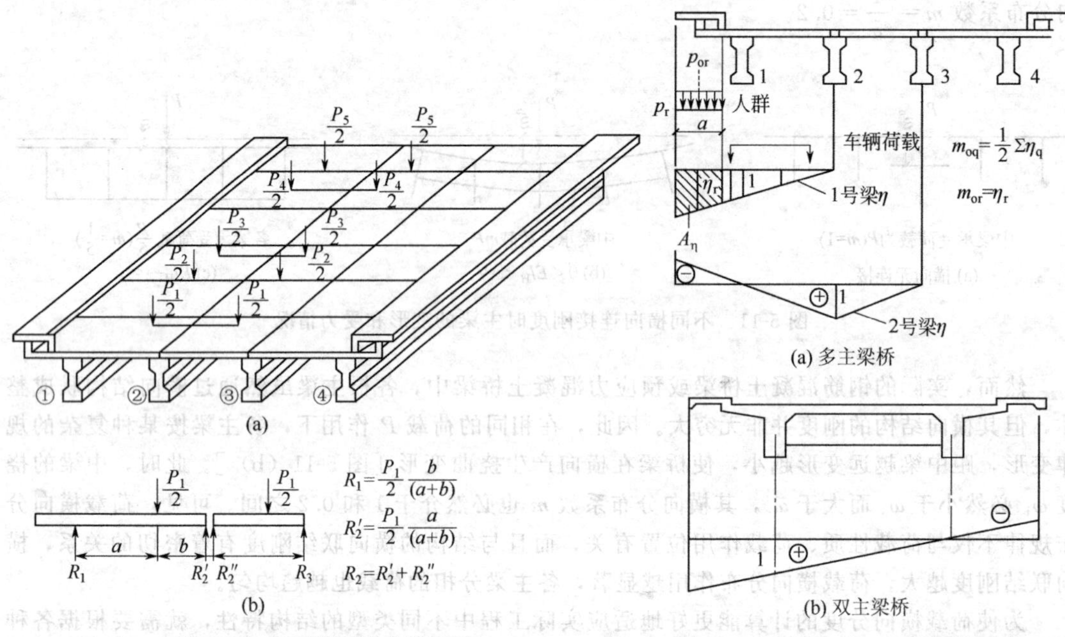

图 5-12 杠杆原理法计算图示

图 5-13 按杠杆原理法计算横向分布系数

假定荷载横向分布影响线的坐标为 η，车辆荷载轴重为 P，则轮重为 $P/2$，将车辆荷载按最不利情况加载，则分布到某主梁的最大荷载为：$P_{\max}=\sum\frac{P}{2}\eta=\left(\frac{1}{2}\sum\eta\right)P$ 。

根据荷载横向分布系数的定义可知，式 $P_{\max}=\sum\frac{P}{2}\eta=\left(\frac{1}{2}\sum\eta\right)P$ 中的 $\frac{1}{2}\sum\eta$ 即为车辆荷载的横向分布系数。《桥规》中规定，车道荷载横向分布系数按设计车道数布置车辆荷载计算，因此，两者可统称为汽车荷载横向分布系数，其值为：

$$m_{oq}=\frac{1}{2}\sum\eta_q \tag{5-24}$$

同理，可得人群的荷载横向分布系数为：

$$m_{or}=\eta_r \tag{5-25}$$

式中 m_o——按杠杆原理法计算的支点处荷载横向分布系数，m_{oq}、m_{or} 中拼音字母角标 q、r 分别表示汽车和人群荷载；

η_q，η_r——汽车车轮和人行道宽度上每纵向延米人群荷载 p_{or} 对应的荷载横向分布影响线竖标值。

$$p_{or}=p_r a \tag{5-26}$$

式中，p_r 为人群荷载，a 为人行道宽度。

杠杆原理法适用于计算荷载位于靠近主梁支点时的荷载横向分布系数 m_o，此时主梁的支承刚度远大于主梁间横向联系的刚度，荷载作用在某处时，绝大部分由相邻的两片梁分担，并直接传给支座、墩台，受力特性与杠杆接近。另外该法也可用于双主梁桥［图 5-13（b）］或横向联系很弱的无中间横隔梁的桥梁的荷载横向分布系数计算。

2. 计算示例

【例 5-2】 图 5-14（a）所示为桥面净空为净-7＋2×0.75m 人行道的五梁式钢筋混凝土 T 梁桥。试求荷载位于支点处时 1、2、3 号梁相应于汽车荷载和人群荷载的横向分布系数。

【解】 当荷载位于支点处时，应按杠杆原理法计算荷载横向分布系数。

首先分别绘制 1、2、3 号梁的荷载横向分布影响线，如图 5-14（b）、图 5-14（c）和图 5-14（d）所示。

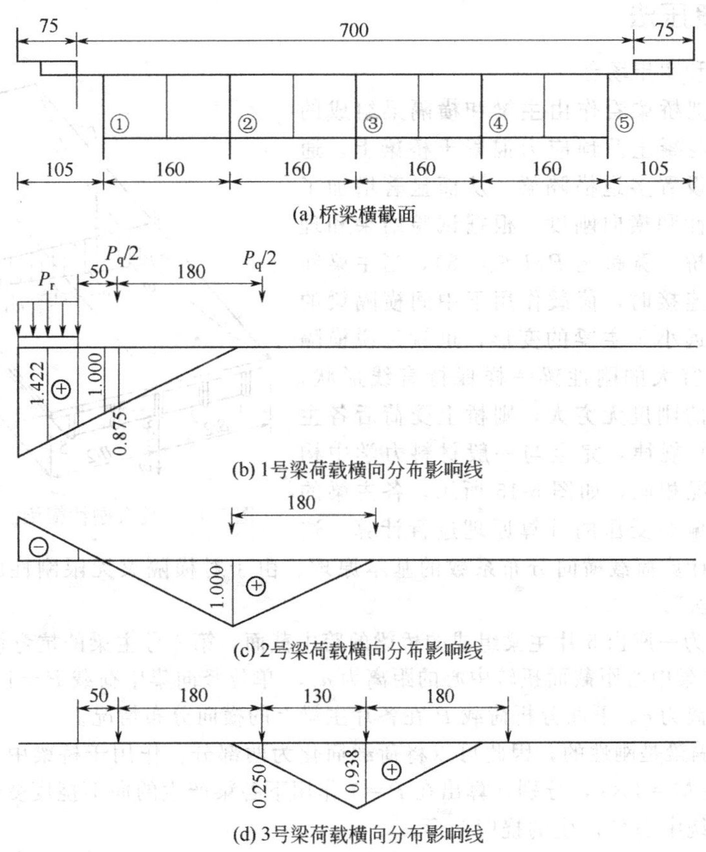

图 5-14 杠杆原理法计算横向分布系数

根据《桥规》关于车辆荷载横向布置的规定，在荷载横向分布影响线上确定荷载沿横向最不利的布置位置。例如：对于汽车荷载，汽车横向轮距为 1.8m，两列汽车车轮的横向最小间距为 1.3m，车轮距离人行道缘石最少为 0.5m。

由此求出相应于横向最不利荷载位置的影响线竖标值后，按式（5-24）和式（5-25）可求得各梁的荷载横向分布系数。

1 号梁：

车辆荷载 $m_{oq}=\frac{1}{2}\sum\eta_q=\frac{1}{2}\times 0.875=0.438$

人群荷载 $m_{or}=\eta_r=1.422$

2 号梁：

车辆荷载 $m_{oq}=\frac{1}{2}\sum\eta_q=\frac{1}{2}\times 1.0=0.5$

人群荷载 $m_{or}=0$

因为人群荷载在 2 号梁上将引起的负反力在作用组合时会使 2 号梁的最不利作用效应减小。因此，在 2 号梁的荷载横向分布影响线上，人行道位置上没有布置人群荷载。

3 号梁：

车辆荷载 $m_{oq}=\frac{1}{2}\sum\eta_q=\frac{1}{2}\times(0.250+0.938)=0.594$

人群荷载 $m_{or}=0$

(二)偏心受压法

1. 计算原理和实用场合

偏心压力法把桥梁看作由主梁和横隔梁组成的梁格系，在钢筋混凝土及预应力混凝土桥梁上，通常在两端和中间设置多道横隔梁，从而显著增加了桥梁结构的整体性和横向刚度。根据试验结果和理论分析，对于窄桥（宽跨比 $B/L\leqslant 0.5$），当主梁间具有较强的横向连接时，荷载作用下中间横隔梁的弹性挠曲变形远远小于主梁的变形，也就是说横隔梁像一根刚度无穷大的刚性梁一样保持直线形状，如果假设横隔梁的刚度无穷大，则桥上受荷后各主梁的变形（挠度）规律，完全与一般材料力学中构件偏心受压的情况相同，如图 5-15 所示，各主梁的受力大小就可按偏心受压的计算原理进行计算。这就是偏心压力法计算荷载横向分布系数的基本原理。由于对横隔梁无限刚性的假定，此法又称为“刚性横梁法”。

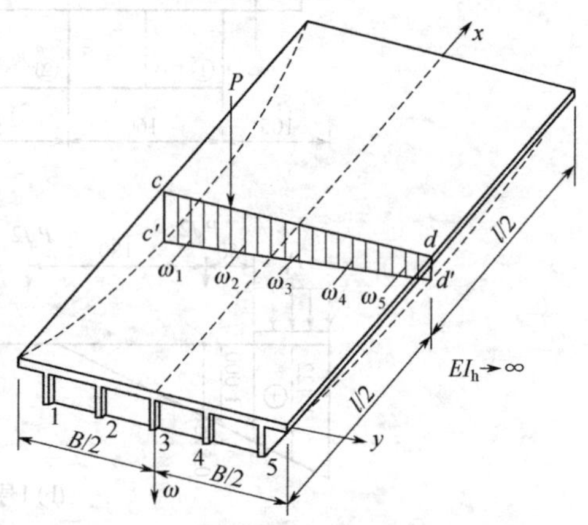

图 5-15　具有刚性横梁的桥梁挠曲变形

图 5-16 所示为一座由 5 片主梁组成的桥梁的跨中截面，第 i 号主梁的抗弯惯性矩为 I_i、弹性模量为 E_i，主梁中心距截面扭转中心的距离为 a_i，单位竖向集中荷载 $P=1$ 的作用点距截面扭转中心 O 点距离为 e。下面分析荷载 P 在各片主梁上的横向分布情况。

由于假定横隔梁是刚性的，因此可以将荷载简化为两部分：作用于桥梁中心线的中心荷载 $P=1$ 和偏心力矩 $M=1\times e$，分别计算出在 $P=1$ 作用下各梁产生的向下挠度变形和在偏心力矩 $M=1\times e$ 作用下绕中心 O 产生的挠度变形。

根据荷载与挠度的关系及静力平衡条件求得两部分荷载对每片梁的分布荷载，然后将两部分荷载叠加，即可求得单位竖向集中荷载 $P=1$ 作用下各主梁所分配到的荷载。写成公式为：

$$R_{ik}=R_i'+R_i''=\frac{I_i}{\sum_{i=1}^{n}I_i}\pm\frac{a_k a_i I_i}{\sum_{i=1}^{n}a_i^2 I_i} \tag{5-27}$$

上式表示单位竖向集中荷载 $P=1$ 作用在距中心距离为 a_k 处（$a_k=e$）时，各主梁所分配到的荷载。

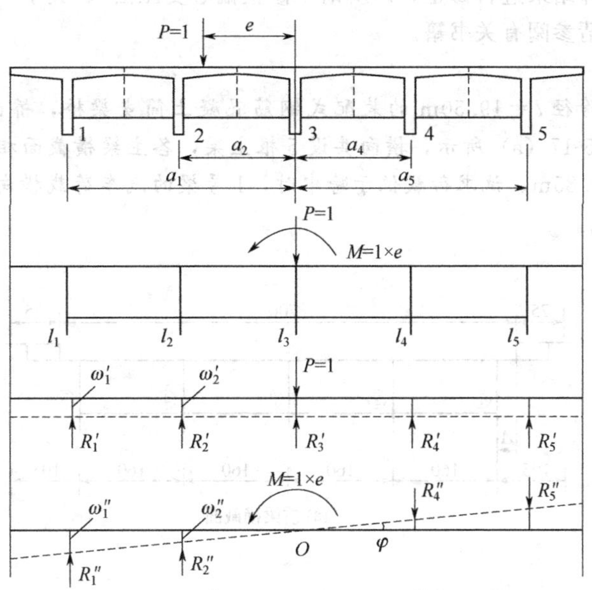

图 5-16　偏心荷载 $P=1$ 对各主梁的荷载分布

根据反力互等定理，

$$R_{ki}=R_{ik}=\frac{I_i}{\sum_{i=1}^{n} I_i}\pm\frac{a_k a_i I_i}{\sum_{i=1}^{n} a_i^2 I_i} \tag{5-28}$$

R_{ki} 表示荷载 $P=1$ 作用在任一梁轴线上时，分布到 k 号梁上的荷载，即 k 号梁的荷载横向分布影响线竖标值（此时 $a_i=e$），习惯上以 η_{ki} 表示：

$$\eta_{ki}=R_{ki}=\frac{I_i}{\sum_{i=1}^{n} I_i}\pm\frac{a_k a_i I_i}{\sum_{i=1}^{n} a_i^2 I_i} \tag{5-29}$$

当各主梁截面尺寸相同时，

$$\eta_{ki}=\frac{1}{n}\pm\frac{a_k a_i}{\sum_{i=1}^{n} a_i^2} \tag{5-30}$$

式中　n——主梁根数；

η_{ki}——荷载 P 作用在任一梁 i 的轴线上时，k 号梁产生的影响线竖标值。

例如：当 $P=1$ 作用在 2 号梁上时，1 号梁的影响线竖标值为 η_{12}：

$$\eta_{12}=\frac{1}{n}+\frac{a_1 a_2}{\sum_{i=1}^{n} a_i^2}$$

当 $P=1$ 作用在 5 号梁上时，1 号梁的影响线竖标值为 η_{15}：

$$\eta_{15}=\frac{1}{n}-\frac{a_1 a_5}{\sum_{i=1}^{n} a_i^2}$$

由于按偏心受压法，荷载横向分布影响线呈直线分布，故绘制荷载横向分布影响线时，只需按式（5-30）计算两个竖标值即可。

偏心受压法适用于主梁间具有可靠横向连接，且宽跨比（B/L）小于或等于 0.5 的桥梁。偏心受压法计算中，由于假定横隔梁为刚度无穷大的刚性横梁，且忽略了主梁的抗扭刚度，这就导致了边梁受力偏大的计算结果。为了减小计算误差，可在按偏心受压法计算时考虑计入主梁的抗扭刚度，对计算结果进行修正，即所谓“修正偏心受压法”。关于“修正偏心受压法”本书不再介绍，需要时请参阅有关书籍。

2. 计算示例

【例 5-3】 某计算跨径 $l=19.50\text{m}$ 的装配式钢筋混凝土简支梁桥，桥面净宽为：净-7＋2×0.75m 人行道，如图 5-17（a）所示，横向共设 5 根主梁，各主梁横截面相同，每跨沿纵向设置 5 道横隔梁，间距为 4.85m。试求荷载位于跨中时，1 号梁的汽车荷载横向分布系数 m_{cq} 和人群荷载横向分布系数 m_{cr}。

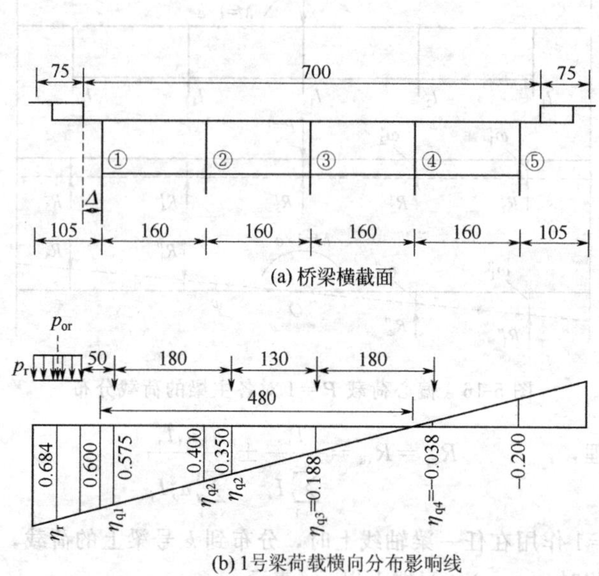

图 5-17　偏心受压法计算横向分布系数图示

【解】 此桥在跨度内设有多道（5 道）横隔梁，横向连接可靠，且承重结构的跨宽比为：

$$\frac{B}{l}=\frac{5\times1.60}{19.5}=0.4102<0.5$$

符合偏心受压法适用条件，故可按偏心受压法来计算横向分布系数 m_c。

（1）求荷载横向分布影响线竖标

本桥各根主梁的横截面均相等，主梁根数 $n=5$，主梁间距为 1.60m，则：

$$\begin{aligned}\sum_{i=1}^{5}a_i^2&=a_1^2+a_2^2+a_3^2+a_4^2+a_5^2\\&=(2\times1.60)^2+1.60^2+0+(-1.60)^2+(-2\times1.60)^2=25.60(\text{m}^2)\end{aligned}$$

因为各根主梁的横截面均相同，所以，可由式（5-30）求得 1 号梁在两个边主梁处的横向分布影响线的竖标值为：

$$\eta_{11}=\frac{1}{n}+\frac{a_1^2}{\sum\limits_{i=1}^{n}a_i^2}=\frac{1}{5}+\frac{(2\times1.60)^2}{25.60}=0.20+0.40=0.60$$

$$\eta_{15}=\frac{1}{n}-\frac{a_1a_5}{\sum\limits_{i=1}^{n}a_i^2}=0.20-0.40=-0.20$$

（2）绘制荷载横向分布影响线，并按横向最不利位置布载

设荷载横向分布影响线的零点至 1 号梁位的距离为 x，则按比例关系可得：

$$\frac{x}{0.60}=\frac{4\times1.60-x}{0.2}$$

解得 $x=4.80$ (m)

如图 5-17 (b) 所示，其中人行道缘石至 1 号梁轴线的距离为：

$$\Delta=(7.0-4\times1.60)/2=0.3(\mathrm{m})$$

根据桥面净宽，在横桥向按双车道最不利位置布载。根据《桥规》(D62) 规定，车辆荷载在横桥向布置时，车轮中心距缘石边缘的最小距离为 0.5m。并据此计算出对应各荷载点的影响线竖标 η_{qi} 和 η_r。

根据几何关系，左侧第一个轮重对应的影响线坐标为（以 x_{q1} 表示影响线零点至汽车车轮中心的横坐标距离）：

$$\eta_{q1}=\frac{\eta_{11}}{x}x_{q1}=\frac{0.60}{4.80}\times(4.8+0.3-0.5)=0.575$$

同理可得各轮重和人群荷载集度对应的影响线坐标分别为：

$$\eta_{q2}=0.350;\ \eta_{q3}=0.188;\ \eta_{q4}=-0.038;\ \eta_r=0.684$$

(3) 计算荷载横向分布系数 m_c

1 号梁的活载横向分布系数分别计算如下：

汽车荷载：

$$m_{cq}=\frac{1}{2}\sum\eta_q=\frac{1}{2}(\eta_{q1}+\eta_{q2}+\eta_{q3}+\eta_{q4})=\frac{1}{2}\times(0.575+0.350+0.188-0.038)=0.538$$

人群荷载：

$$m_{cr}=\eta_r=\frac{\eta_{11}}{x}x_r=\frac{0.60}{4.80}\times\left(4.80+0.30+\frac{0.75}{2}\right)=0.684$$

求得 1 号梁的各种荷载横向分布系数后，就可得到各类荷载分布至该梁的最大荷载值。

四、荷载横向分布系数 m 沿跨径的变化

用杠杆原理法确定出位于支点处的荷载横向分布系数 m_0，用偏心受压法或修正偏心受压法及其它方法确定出位于跨中的荷载横向分布系数 m_c。由于荷载沿纵向作用在桥跨结构的不同位置时，对各主梁产生的荷载横向分布也不同，即从理论上讲，荷载横向分布系数 m 沿跨径是连续变化的，且其变化规律比较复杂，为了求得其它位置的荷载横向分布系数 m_x，设计实践中习惯采用以下实用、近似处理方法来确定荷载位于跨中和支点之间的荷载横向分布系数，如图 5-18 所示。

(1) 对于无中间横隔梁或仅有一根中横隔梁的情况，跨中部分须用不变的 m_c；在两端，从离支点 $\frac{l}{4}$ 处起至支点的区段内，m_x 按直线变化规律过渡至 m_0，如图 5-18 (a) 所示。

(2) 对于有多根内横隔梁的情况，两端第一根内横隔梁之间的区段内采用不变的 m_c，在两端，从第一根内横梁起至支点区段内的 m_x 按直线规律从 m_c 过渡至 m_0，如图 5-18 (b) 所示。

这样，主梁上的汽车荷载和人群荷载，作用在纵向的不同位置，就有不同的横向分布系数。在实际应用中，当求简支梁跨内各截面的最大弯矩时，由于主要荷载集中在跨中附近布置，为了简化起见，通常均可按不变化的 m_c 来计算。只有在计算主梁支点截面的最大剪力时，才考虑

荷载横向分布系数变化的影响。对于跨内其它截面的主梁剪力，也可视具体情况计及 m 沿桥跨变化的影响。

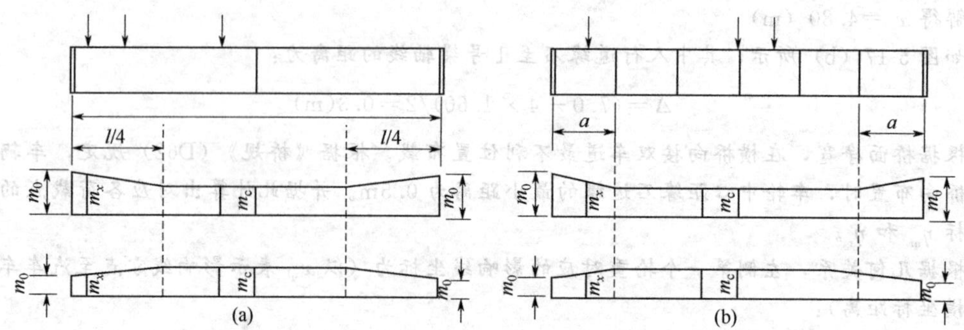

图 5-18　横向分布系数沿跨径的变化

第三节　主梁梁肋内力计算

一、结构重力内力计算

1. 计算方法

钢筋混凝土或预应力混凝土桥梁的结构重力占全部设计荷载的比例较大（60%～90%），在计算重力内力时，为了计算方便，可以将桥梁上部结构的全部结构重力均匀分摊给每根主梁。因此，对于等截面的主梁，其主梁梁肋的结构重力荷载可看作简单的均布荷载。为了精确起见，人行道、栏杆、灯柱也可像可变作用一样，按荷载横向分布系数进行分配。

当通过计算确定了结构自重荷载强度 g 之后，就可以按工程力学公式计算梁内各截面的弯矩 M_x、剪力 Q_x，如图 5-19 所示。其计算公式为：

$$\left.\begin{aligned} M_x &= \frac{gl}{2}x - gx\frac{x}{2} = \frac{gx}{2}(l-x) \\ Q_x &= \frac{gl}{2} - gx = \frac{g}{2}(l-2x) \end{aligned}\right\} \qquad (5\text{-}31)$$

式中　g——一根主梁所承受的沿跨长的结构自重荷载强度；

l——主梁计算跨径；

x——弯矩和剪力计算截面距支点的距离。

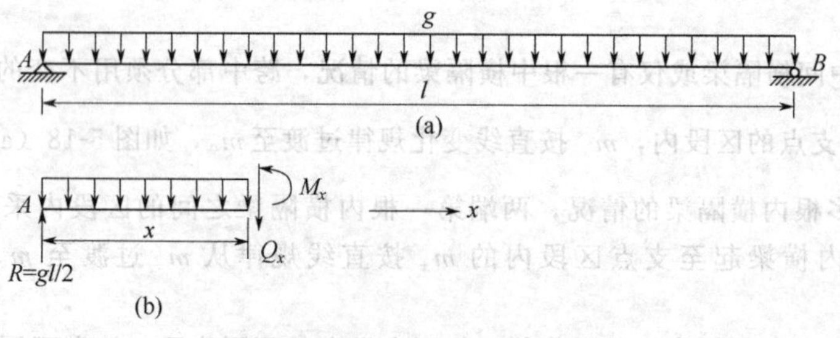

图 5-19　结构重力内力计算图示

2. 计算示例

【例 5-4】 某装配式钢筋混凝土简支T梁桥，主梁及横隔梁截面如图 5-20（a）及图 5-20（b）所示。计算跨径 $l=19.5\text{m}$，已知每侧栏杆及人行道重力为 5 kN/m，沥青混凝土、水泥混凝土、钢筋混凝土的重度分别为 23 kN/m³、24 kN/m³ 和 25 kN/m³，试计算主梁结构重力内力。

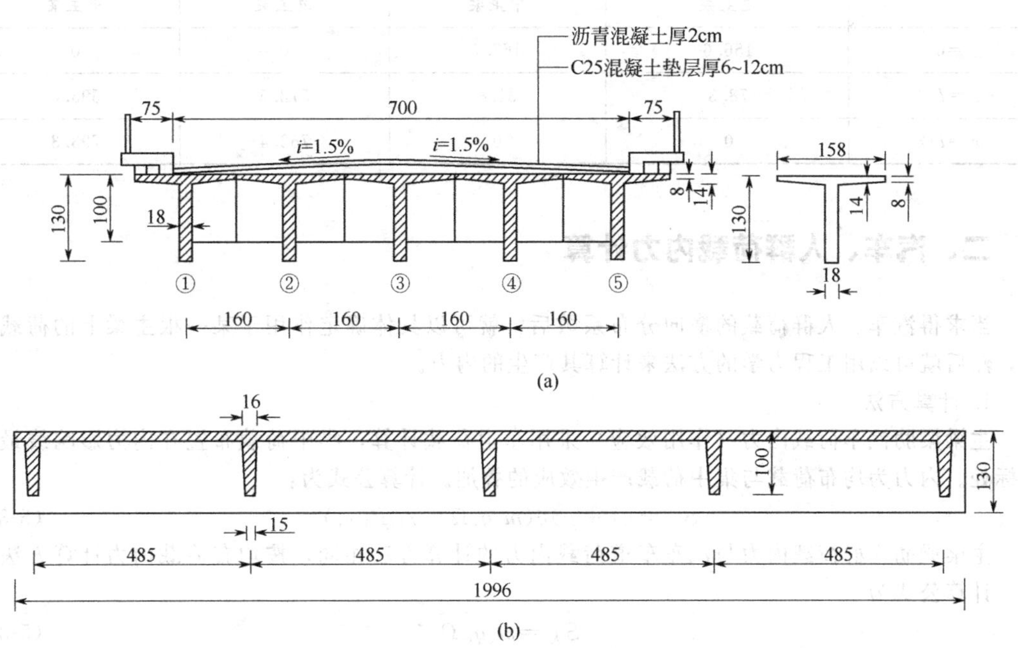

图 5-20 主梁及横隔梁截面图

【解】（1）求结构重力集度

① 主梁：$g_1=\{0.18\times1.30+[(0.08+0.14)\div2]\times(1.60-0.18)\}\times25=9.76(\text{kN/m})$

② 横隔梁：

对于边主梁：

$g_2=\{[1.00-(0.08+0.14)\div2]\times(1.60-0.18)\div2\}\times(0.15+0.16)\div2\times5\times25\div19.50=0.63(\text{kN/m})$

对于中主梁：

$$g_2'=2\times0.63=1.26(\text{kN/m})$$

③ 桥面铺装层：$g_3=[0.02\times7.00\times23+(0.12+0.06)\div2\times7.00\times24]\div5=3.67(\text{kN/m})$

④ 栏杆和人行道：$g_4=5\times2\div5=2.00(\text{kN/m})$

作用于边主梁的全部结构重力集度 g 为：

$$g=\sum g_i=9.76+0.63+3.67+2.00=16.06(\text{kN/m})$$

作用于中主梁的全部结构重力集度 g' 为：

$$g'=g_1+g_2'+g_3+g_4=9.76+1.26+3.67+2.00=16.69(\text{kN/m})$$

（2）结构重力内力计算

根据边主梁和中主梁的结构重力集度，按公式（5-31）分别计算出支点、跨中及 $\frac{1}{4}$ 跨径处截面的弯矩和剪力，计算结果列于表5-1。

表5-1 主梁结构重力产生的内力

内力 \ 截面位置 x	剪力 Q/kN $Q_x=\frac{g}{2}(l-2x)$		弯矩 M/（kN·m） $M_x=\frac{gx}{2}(l-x)$	
	边主梁	中主梁	边主梁	中主梁
$x=0$	156.6	162.7	0	0
$x=l/4$	78.3	81.4	572.5	595.0
$x=l/2$	0	0	763.4	793.3

二、汽车、人群荷载内力计算

当求得汽车、人群荷载的横向分布系数后，就可以具体确定作用于某一根主梁上的荷载数值，然后就可以用工程力学的方法来计算其产生的内力。

1. 计算方法

主梁梁肋汽车荷载内力（作用效应）采用车道荷载计算，集中荷载布置在内力影响线最大竖标处。内力为均布荷载与集中荷载产生效应的叠加。计算公式为：

$$S_{汽}=(1+\mu)\xi(m_c q_k \Omega+m_i P_k y_i) \tag{5-32}$$

主梁梁肋人群荷载内力与汽车车道荷载内力的计算方法相同，按均布荷载内力计算方法计算，计算公式为

$$S_{人}=m_c q_{or}\Omega \tag{5-33}$$

式中 S——汽车或人群荷载产生的内力；

μ——汽车荷载的冲击系数；

ξ——汽车荷载多车道横向折减系数；

m_c——跨中横向分布系数；

q_k——汽车车道荷载中的均布荷载标准值；

Ω——主梁弯矩、剪力影响线的面积；

m_i——沿桥跨纵向与集中荷载作用位置处的横向分布系数；

P_k——车道荷载中的集中荷载的标准值；

y_i——沿桥跨纵向与集中荷载作用位置相对应的内力影响线竖标值；

q_{or}——人行道宽度上，人群荷载的纵向集度。

注意，利用公式（5-32）和公式（5-33）时，在计算汽车车道荷载和人群荷载等均布荷载作用下主梁支点或支点附近截面的剪力时，因为荷载横向分布系数在这一区段与跨中相比有明显的变化，如图5-21所示，应另外计及支点附近因荷载横向分布系数变化而引起的剪力增（或减）值。以支点截面为例 其计算公式为：

$$\Delta Q=(1+\mu)\xi\frac{a}{2}(m_0-m_c)q\overline{y} \tag{5-34}$$

式中 ΔQ——计及横向分布系数的变化所引起的支点剪力内力增减值；

a——荷载横向分布系数 m 变化段（从 m_c 到 m_0）长度；

q——均布荷载标准值；

$\overline{y}$——m 变化区段荷载重心处（距支点 $a/3$ 处）所对应的内力影响线竖标值。

其余符号意义同前。

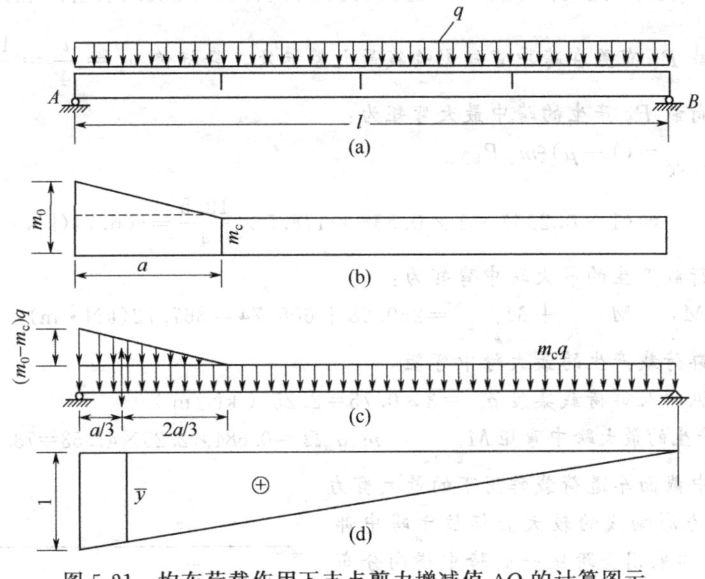

图 5-21　均布荷载作用下支点剪力增减值 ΔQ 的计算图示

2. 计算示例

【例 5-5】 如图 5-20 所示，五梁式装配式钢筋混凝土简支梁桥，计算跨径 $l=19.5$m，汽车荷载冲击系数 $\mu=0.296$，荷载横向分布系数经计算汇总于表 5-2。求边主梁在公路-Ⅱ级车道荷载和人群荷载 $q_r=3.0\text{kN/m}^2$ 作用下的跨中截面最大弯矩、最大剪力以及支点截面的最大剪力。

表 5-2　荷载横向分布系数

梁号	荷载位置	公路-Ⅱ级	人群荷载	备注
边主梁	跨中 m_c	0.538	0.684	按"偏心受压法"计算，见例 5-3
	支点 m_0	0.438	1.422	按"杠杆原理法"计算，见例 5-2

【解】

(1) 计算公路-Ⅱ级车道荷载标准值

均布荷载 $q_k=0.75\times10.5=7.875$ (kN/m)

计算弯矩时的集中荷载：

$$P_k=0.75\times\left[180+\frac{19.5-5}{50-5}\times(360-180)\right]=178.5(\text{kN})$$

计算剪力时的集中荷载：

$$P_k=1.2\times178.5=214.2(\text{kN})$$

(2) 计算车道荷载的最大跨中弯矩。

双车道不折减：$\xi=1$

跨中弯矩影响线全面积：

$$\Omega=\frac{1}{8}l^2=\frac{1}{8}\times19.5^2=47.53(\text{m}^2)$$

则车道均布荷载 q_k 产生的最大跨中弯矩为：

$$M_{\frac{l}{2},q_k}=(1+\mu)\xi m_{cq}q_k\Omega$$

$=(1+0.296)\times 1\times 0.538\times 7.875\times 47.53=260.98(\text{kN}\cdot\text{m})$

车道集中荷载 P_k 布置在跨中弯矩影响线最大竖标处，竖标值 $y_k=\dfrac{l}{4}=\dfrac{19.5}{4}$

则车道集中荷载 P_k 产生的跨中最大弯矩为：

$$M_{\frac{l}{2},P_k}=(1+\mu)\xi m_{cq}P_k y_k$$

$$=(1+0.296)\times 1\times 0.538\times 178.5\times\frac{19.5}{4}=606.74(\text{kN}\cdot\text{m})$$

所以，车道荷载产生的最大跨中弯矩为：

$$M_{\frac{l}{2}}=M_{\frac{l}{2},q_k}+M_{\frac{l}{2},P_k}=260.98+606.74=867.72(\text{kN}\cdot\text{m})。$$

(3) 计算人群荷载产生的最大跨中弯矩

人行道全宽纵向人群荷载集度 $q_{or}=3\times 0.75=2.25$（kN/m）

则人群荷载产生的最大跨中弯矩 $M_{\frac{l}{2},q_{or}}=m_{cr}q_{or}\Omega=0.684\times 2.25\times 47.53=73.15(\text{kN}\cdot\text{m})$

(4) 计算跨中截面车道荷载作用下的最大剪力

由于跨中剪力影响线的较大竖标位于跨中部分（图 5-22），故亦采用全跨统一的跨中横向分布系数 m_c 来计算：

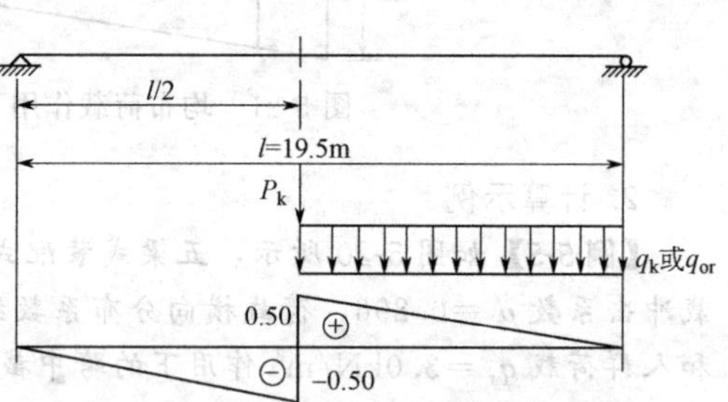

图 5-22　跨中剪力计算图式

正值（或负值）区域跨中剪力影响线面积 $\Omega=1/2\times 19.5/2\times 0.5=2.438$（$\text{m}^2$）

车道均布荷载作用下最大剪力

$$Q_{\frac{l}{2},q_k}=(1+\mu)\xi m_{cq}q_k\Omega$$

$$=(1+0.296)\times 1\times 0.538\times 7.875\times 2.438$$

$$=13.39(\text{kN})$$

车道集中荷载作用下最大剪力

$$Q_{\frac{l}{2},P_k}=(1+\mu)\xi m_{cq}P_k y_k=(1+0.296)\times 1\times 0.538\times 214.2\times 0.5=74.68(\text{kN})$$

所以，跨中截面车道荷载作用下产生的最大剪力为

$$Q_{\frac{l}{2}}=Q_{\frac{l}{2},q_k}+Q_{\frac{l}{2},P_k}=13.39+74.68=88.07(\text{kN})$$

(5) 计算跨中截面人群荷载作用下的最大剪力

$$Q_{\frac{l}{2},r}=m_{cr}q_{or}\Omega=0.684\times 2.25\times 2.438=3.75(\text{kN})$$

(6) 计算支点截面车道荷载产生的最大剪力

支点剪力计算图示如图 5-23 所示，横向分布系数变化区段的长度 $a=\dfrac{1}{2}\times 19.5-4.85=4.9$（m）

变化区段荷载重心处的剪力影响线竖标值为：$\overline{y}=1\times(19.5-\dfrac{1}{3}\times 4.9)/19.5=0.916$

支点剪力影响线面积 $\Omega=\dfrac{1}{2}\times 19.5\times 1=9.75$（$\text{m}^2$）

车道均布荷载作用下，按全跨统一的横向分布系数 m_c 计算时的支点剪力

$$Q'_{o,q_k}=(1+\mu)\xi m_{cq}q_k\Omega=(1+0.296)\times 1\times 0.538\times 7.875\times 9.75=53.53(\text{kN})$$

考虑支点附近横向分布系数沿跨径变化时的剪力增（或减）值

$$\Delta Q'_{o,q_k}=(1+\mu)\xi\frac{a}{2}(m_{oq}-m_{cq})q_k\overline{y}$$

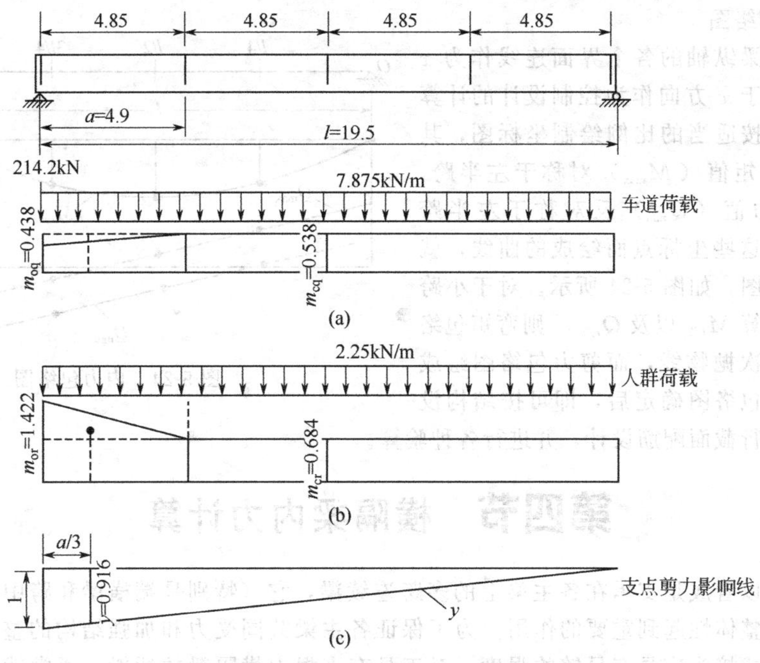

图 5-23　支点剪力计算图示

$$=(1+0.296)\times 1\times \frac{4.9}{2}\times (0.438-0.5380)\times 7.875\times 0.916$$

$$=-2.29(\text{kN})$$

故车道均布荷载作用下的支点剪力为：

$$Q_{o,\,q_k}=Q'_{o,\,q_k}+\Delta Q'_{o,\,q_k}=53.53-2.29=51.24(\text{kN})$$

车道集中荷载作用下支点最大剪力为：

$$Q_{o,\,P_k}=(1+\mu)\xi m_{oq}P_k y_k=(1+0.296)\times 1\times 0.438\times 214.2\times 1.00=121.59(\text{kN})$$

所以，公路-Ⅱ级车道荷载作用下，支点截面的最大剪力为：

$$Q_{oq}=Q_{o,\,q_k}+Q_{o,\,P_k}=51.24+121.59=172.83(\text{kN})$$

(7) 计算支点截面人群荷载产生的最大剪力

支点截面人群荷载产生的最大剪力为：

$$Q_{or}=m_{cr}q_{or}\Omega+\frac{a}{2}(m_{or}-m_{cr})q_{or}\overline{y}$$

$$=0.684\times 2.25\times 9.75+\frac{1}{2}\times 4.9\times (1.422-0.684)\times 2.25\times 0.916$$

$$=15.00+3.73=18.73(\text{kN})$$

三、内力组合和内力包络图

1. 内力组合

在按各种极限状态来设计钢筋混凝土及预应力混凝土梁时，需要确定主梁向各截面的内力组合设计值，它是将各类作用代表值引起的最不利内力分别乘分项系数和组合系数后，按规定的作用效应组合而得到的作用效应组合设计值。

内力组合的方法及其计算表达式，详见第三章中第六节“作用效应组合”的有关内容。

2. 内力包络图

如果将桥梁纵轴的各个界面连线作为 x 方向，将垂直于 x 方向作为控制设计的计算内力值方向，按适当的比例绘制坐标图，其中右半跨的弯矩值（M_{max}）对称于左半跨，右半跨的剪力值（Q_{min}）反对称于左半跨（Q_{max}），连接这些坐标点而绘成的曲线，就称为内力包络图，如图 5-24 所示。对于小跨径梁如果仅计算 $M_{l/2}$ 以及 $Q_{l/2}$，则弯矩包络图可以绘成二次抛物线，而剪力包络图绘成直线形。内力包络图确定后，即可按结构设计原理知识进行截面配筋设计，并进行各种验算。

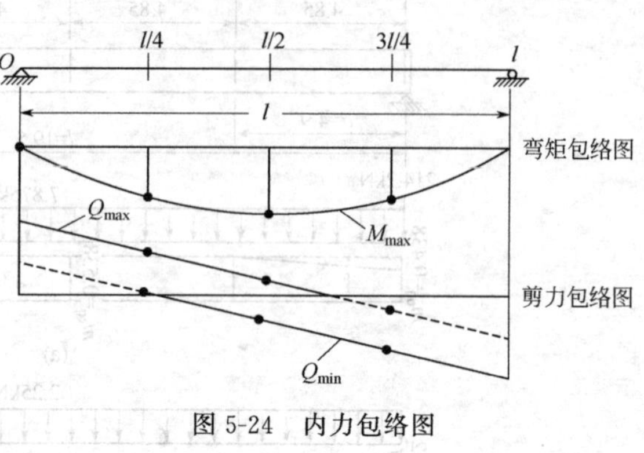

图 5-24　内力包络图

第四节　横隔梁内力计算

横隔梁可以看成是支承在各主梁上的多跨连续梁，它（特别是端横梁和跨中横隔梁）对加强全桥的横向整体性起到重要的作用，为了保证各主梁共同受力和加强结构的整体性，横隔梁本身或其装配式接头应具有足够的强度。对于具有多根内横隔梁的桥梁，通常就只要计算受力最大的跨中横隔梁的内力，其它横隔梁可偏安全地按跨中横隔梁进行设计。

以下将介绍按偏心受压力法计算横隔梁内力的方法。

一、作用在横梁上的计算荷载

对于跨中一根横隔梁来说，除了直接作用在其上的轮重外，前后的轮重对它也有影响。在计算中可假设荷载在相邻横隔梁之间按杠杆原理法分布，如图 5-25 所示。因此，纵向一列汽车车道荷载分布给该横隔梁的计算荷载为：

$$P_{oq}=q_k\Omega+\frac{1}{2}P_k y_1=q_k l_a+\frac{1}{2}P_k y_1 \tag{5-35}$$

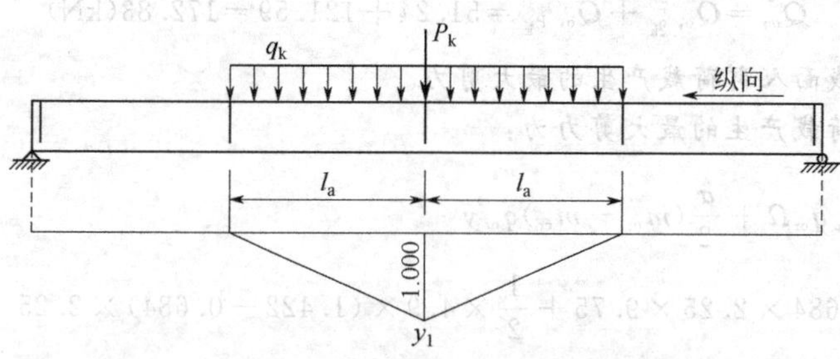

图 5-25　跨中横隔梁上计算荷载的计算图示

同理，人群荷载分布给该横隔梁的计算荷载为：

$$P_{or}=q_{or}\Omega=q_{or}l_a \quad \text{（影响线全面积布载）} \tag{5-36}$$

式中　Ω——按杠杆原理计算的纵向荷载影响线面积；

l_a——横隔梁的间距；

y_1——P_k 布置在中横隔梁上时，所对应的按杠杆原理法计算的纵向荷载影响线竖标值，$y_1=1$；

其余符号意义同前。

二、横隔梁的内力影响线

将桥梁的中横隔梁近似地视作竖向支承在多根弹性主梁上的多跨弹性支承连续梁，如图 5-26 所示。当桥梁在跨中有单位荷载 $P=1$ 作用时，各主梁所受的荷载将为 R_1，R_2，R_3，…，R_n，即横隔梁的弹性支承反力。取 r 截面左侧为隔离体，如图 5-26（c）所示，由力的平衡条件就可写出横隔梁任意截面 r 的内力计算公式。

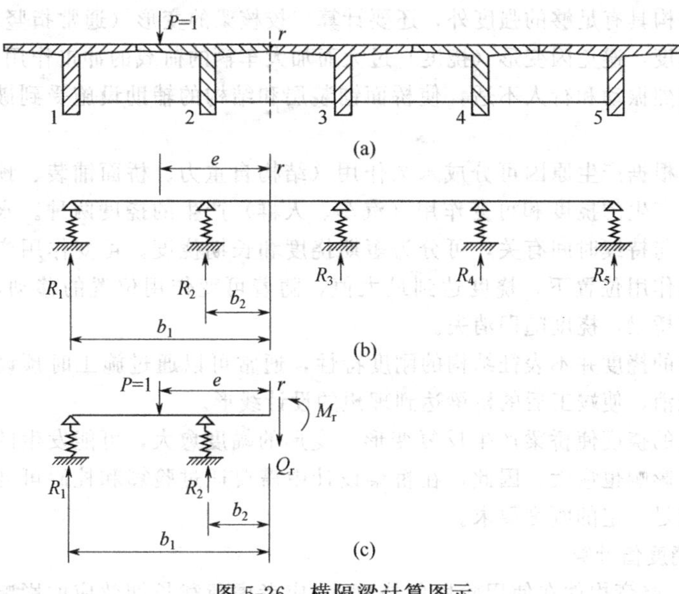

图 5-26　横隔梁计算图示

1. 荷载 $P=1$ 位于截面 r 的左侧时

$$\left.\begin{aligned} M_r &= R_1b_1+R_2b_2-1e=\sum^{左}R_ib_i-e \\ Q_r &= R_1+R_2-1=\sum^{左}R_i-1 \end{aligned}\right\} \tag{5-37}$$

2. 荷载 $P=1$ 位于截面 r 的右侧时

$$\left.\begin{aligned} M_r &= R_1b_1+R_2b_2=\sum^{左}R_ib_i \\ Q_r &= R_1+R_2=\sum^{左}R_i \end{aligned}\right\} \tag{5-38}$$

式中　M_r，Q_r——横隔梁任意截面 r 的弯矩和剪力；

e——荷载 $P=1$ 至所求截面的距离；

b_i——支承反力 R_i 至所求截面的距离；

$\sum^{左}R_i$——所求截面以左的全部支承反力 R_i 的总和。

由此可以直接利用已经求得的 R_i 的横向分布影响线来绘制横隔梁上某个截面的内力影响线。

三、横隔梁内力计算

用上述的计算荷载在横隔梁某截面的内力影响线上按最不利位置加载，就可求得横隔梁在该截面上的最大（或最小）内力值：

$$S=(1+\mu)\xi P_{oq}\sum\eta \tag{5-39}$$

式中　η——横隔梁内力影响线竖标；

μ，ξ——通常可近似地取用主梁的冲击系数 μ 和 ξ 值。

第五节　挠度、预拱度的计算

在进行钢筋混凝土或预应力混凝土梁桥设计时，除了要对主梁进行承载能力计算和应力进行验算，以确保结构具有足够的强度外，还要计算、校核梁的变形（通常指竖向挠度），以确保结构具有足够的刚度，避免因变形（挠度）过大而加大车辆的荷载的冲击作用，影响高速行车，引起桥梁结构的剧烈振动和行人不适，使桥面铺装层和结构的辅助设施受到破坏，甚至危及桥梁的安全。

桥梁的挠度，根据产生原因可分成永久作用（结构自重力、桥面铺装、预应力、混凝土徐变和收缩作用等）产生的挠度和可变作用（汽车、人群）产生的挠度两种。永久作用产生的挠度是恒久存在的且与持续时间有关，可分为短期挠度和长期挠度。可变作用产生的挠度是临时出现的，在最不利作用位置下，挠度达到最大值，随着可变作用位置的移动，挠度逐渐减小，一旦可变作用离开桥梁，挠度随即消失。

永久作用产生的挠度并不表征结构的刚度特性，通常可以通过施工时预设的反向挠度（即预拱度）来加以抵消，使竣工后的桥梁达到理想的设计线形。

可变作用产生的挠度使桥梁产生反复变形，变形的幅度愈大，可能发生的冲击和振动作用愈强烈，对行车的影响也愈大。因此，在桥梁设计中需要通过验算和控制可变作用产生的挠度以保证桥梁结构满足一定的刚度要求。

1. 可变作用挠度值计算

《桥规》规定：受弯构件在使用阶段的挠度 f_c 应考虑荷载长期效应的影响，即按荷载短期效应组合和规范规定的刚度计算方法所计算出的挠度值，再乘以挠度长期增长系数 η_θ。

即

$$f_c=\eta_\theta f \tag{5-40}$$

式中　f_c——考虑荷载长期效应的影响的挠度值（长期挠度值）；

η_θ——挠度长期增长系数，当采用 C40 以下混凝土时，取为 1.60；当采用 C40～C80 混凝土时，取为 1.45～1.35，中间强度等级可按直线内插取用；计算预应力混凝土简支梁预加力反拱值时，取为 2.0；

f——正常使用极限状态下，按荷载短期效应组合计算的挠度值。

对于钢筋混凝土简支梁，

$$f=\frac{5}{48}\times\frac{M_S l^2}{B} \tag{5-41}$$

式中　M_S——正常使用极限状态下，由荷载的短期效应组合计算的弯矩值；

l——梁的计算跨径；

B——开裂构件等效截面的抗弯刚度。

$$B=\frac{B_0}{\left(\frac{M_{cr}}{M_S}\right)^2+\left[\left(1-\frac{M_{cr}}{M_S}\right)^2\right]\frac{B_0}{B_{cr}}} \tag{5-42}$$

式中　B_0——全截面的抗弯刚度，$B_0=0.95E_cI_0$；

B_{cr}——开裂截面的抗弯刚度，$B_{cr}=E_cI_{cr}$；

I_0——全截面换算截面惯性矩；

I_{cr}——开裂截面换算截面惯性矩；

E_c——混凝土弹性模量；

M_{cr}——开裂弯矩。

$$M_{cr}=\gamma f_{tk}W_0 \tag{5-43}$$

式中 f_{tk}——混凝土轴心抗拉强度标准值；

γ——构件受拉区混凝土塑性影响系数。

$$\gamma=\frac{2S_0}{W_0} \tag{5-44}$$

式中 S_0——全截面换算截面重心轴以上（或以下）部分面积对重心轴的面积矩；

W_0——换算截面抗裂边缘的弹性抵抗矩。

2. 挠度限值及验算

《桥规》规定：钢筋混凝土和预应力混凝土受弯构件按上述计算的长期挠度值，在消除结构自重产生的长期挠度后，梁式桥主梁的最大挠度处不应超过计算跨径的 1/600；梁式桥主梁的悬臂端不应超过悬臂长度的 1/300。

3. 预拱度的设置

(1) 对于钢筋混凝土受弯构件，当由荷载短期效应组合并考虑荷载长期效应影响产生的长期挠度不超过计算跨径的 1/1600 时，可不设预拱度；当不符合上述规定时应设预拱度，且其预拱度值为按结构自重和 1/2 可变荷载频遇值计算的长期挠度值之和。

对于预应力混凝土受弯构件，当预加应力产生的长期反拱值大于按荷载短期效应组合计算的长期挠度时，可不设预拱度。

(2) 当预加应力的长期反拱值小于按荷载短期效应组合计算的长期挠度时应设预拱度，其值应按该项荷载的挠度值与预加应力长期反拱值之差采用。对自重相对于活载较小的预应力混凝土受弯构件，应考虑预加应力反拱值过大可能造成的不利影响，必要时可采用反预拱或设计和施工上的其它措施避免因桥面隆起导致开裂破坏。对于竖曲线上桥梁，应视竖曲线的凸起（或下凹）情况，适当增加（或减少）预拱度值。以使竣工后的线形与竖曲线接近一致。预拱的设置应按最大的预拱值沿顺桥向做成平顺的曲线。

复习思考题

1. 行车道板计算中，荷载分布宽度的含义是什么？

2. 行车道板的计算图式有哪几种？

3. 什么是横向分布系数？

4. 横向分布系数的影响因素有哪些？

5. 车道荷载横向分布系数计算如何考虑？

6. 常用的横向分布系数计算方法有哪些？

7. 杠杆原理法与偏心受压法计算横向分布系数的基本假定、适用场合和计算方法分别是什么？

8. 实际计算中，如何考虑荷载横向分布系数沿跨径的变化？

9. 写出车道荷载作用下，主梁梁肋内力计算公式并加以解释。

10. 某计算跨径 $l=19.50$m 的装配式钢筋混凝土简支梁桥，桥面净宽为：净-7＋2×0.75m 人行道，如图 5-17 (a) 所示，每跨沿纵向设置 5 道横梁，试求荷载位于跨中时，2 号梁和 3 号梁的汽车荷载横向分布系数 m_{cq} 和人群荷载横向分布系数 m_{cr}。

11. 横隔梁的受力特点是什么？

12. 什么是预拱度？预拱度设置的要求是什么？

第六章　拱桥上部结构构造与计算

学习要点：掌握常用的拱桥结构体系的分类及受力特点，熟悉常用的拱桥上部结构构造，了解拱桥结构的设计计算方法。

第一节　概述

一、拱桥的特点

拱桥是我国公路上运用非常广泛的一种桥梁形式，它除了外形和梁式桥有明显的区别外，它们的受力性能也有明显的区别。拱桥在竖向荷载作用下，两端支承处除了竖向反力外，还产生水平推力，正是这个水平推力的存在，拱内产生轴向压力，从而跨中弯矩大大减小，使得整个桥拱主要承受压力。由于拱桥存在较大的水平推力，使得拱桥需要有较大的墩台和良好的地基。

由于拱桥是主要承受压应力的结构，因此可以充分利用抗拉性能差而抗压能力较好的圬工材料（如石料、混凝土、砖等）来建造，这种由圬工材料建造的拱桥，称为圬工拱桥。我国2000年7月建成的山西晋城丹河大桥（图6-1），主孔净跨径146m，是世界上最大跨度的圬工拱桥。

为了减少拱的截面尺寸，减小拱的重量，在混凝土拱中配置一定数量的受力钢筋，这样的拱桥，称之为钢筋混凝土拱桥。在钢筋混凝土拱桥中拱截面的拉应力主要由钢筋来承担，这样可以减小桥跨结构的尺寸和重量，有效地提高了拱桥的经济性能。我国1997年6月建成的重庆万县长江大桥主桥为钢筋混凝土箱形拱桥，主跨420m，是目前世界上最大跨径的钢筋混凝土桥（见图6-2）。

图6-1　山西晋城丹河大桥

图6-2　重庆万县长江大桥

拱桥的主要优点是：①易于就地取材，可以充分利用圬工材料，与钢桥和钢筋混凝土梁桥相比可以节约大量的钢材和水泥。②耐久性好，维修、养护费用少。③构造较简单，技术容易掌握，有利于广泛应用。④拱桥外形美观，多作为城市景观桥。⑤跨越能力较大。

拱桥的缺点是：①自重较大，桥台的水平推力也较大，增加了桥梁下部结构的工程量，并要求有良好的地基条件。②由于拱桥水平推力大，对连续多孔拱桥，为防止其中一孔破坏而影响全桥，还需采取特殊的措施，或设置单向推力墩以承受不平衡的推力。③在平原地区修建拱桥，由于建筑高度较大，使桥两头的接线工程量增大，亦使桥面纵坡加大，对行车不利。④圬工拱桥一般都采用在支架上施工的方法修建，需要劳动力较多，随着跨径和桥高的增大，桥梁施工设备的费用大大增大，增加了拱桥施工的难度，提高了施工造价。

拱桥虽然存在以上缺点，但由于其优点突出，并具有民族特色，在条件允许的情况下，修建拱桥往往是经济合理的，因此在我国公路桥梁中得到广泛的应用。

二、拱桥的组成

拱桥和其它桥梁一样，也是由桥跨结构（上部结构）及下部结构两部分组成。根据行车道的位置，拱桥的桥跨结构可以做成上承式、下承式或中承式三种类型（图 6-3）。

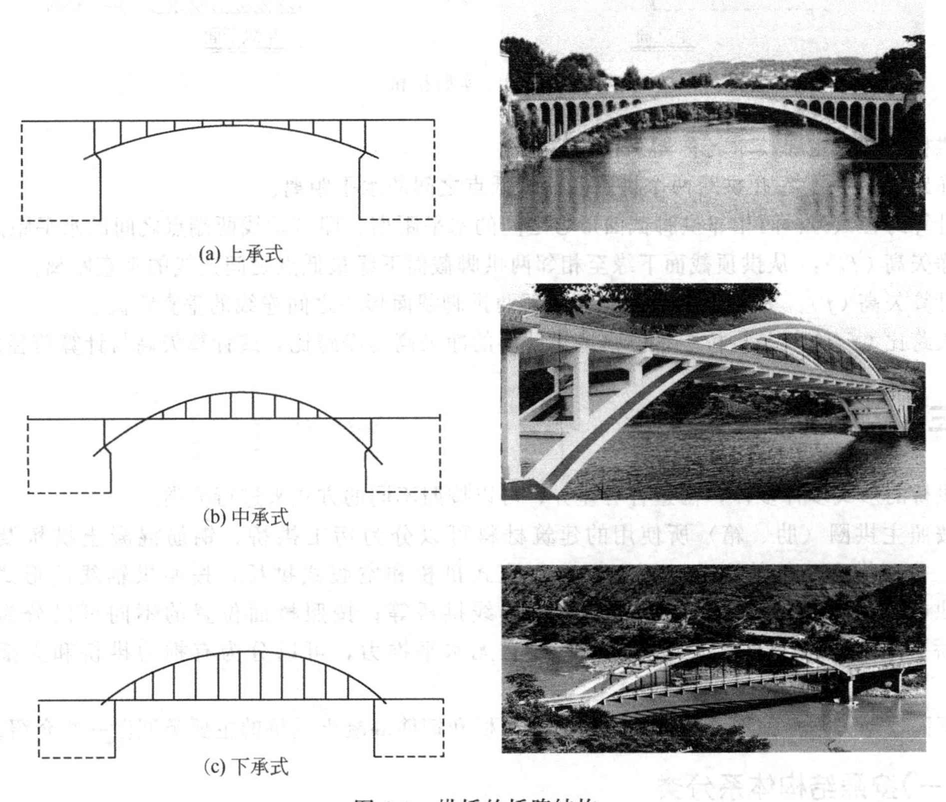

图 6-3　拱桥的桥跨结构

常见的上承式拱桥，上部结构由主拱圈（肋、箱）及拱上建筑（又称拱上结构）组成，主拱圈（肋、箱）是主要承载构件，承受桥上的全部荷载，并通过它把荷载传递给墩台及基础。由于主拱圈是曲线形的，一般情况下车辆无法直接在弧面上行驶，为了使车辆行驶平顺，在行车道和主拱圈之间需要有传递荷载的填充物或构件，这些主拱圈上传递荷载的填充物或构件，把它统称为拱上建筑。拱上建筑可以做成实腹式或空腹式，相应的称之为实腹拱桥和空腹拱桥。

拱桥的下部结构由桥墩、桥台及基础等组成，用以支承桥跨结构，将桥跨结构的全部荷载传递到地基，桥台还起到与两岸路堤相连接的作用，使路桥形成一个协调的整体。

拱圈最高处横向截面称为拱顶，拱圈和墩台连接处的横向截面称为拱脚（或起拱面）。拱圈各横向截面（或换算截面）的形心连线称为拱轴线。拱圈的上曲面称为拱背，下曲面称为拱腹。起拱面与拱腹相交的直线称为起拱线（图 6-4）。

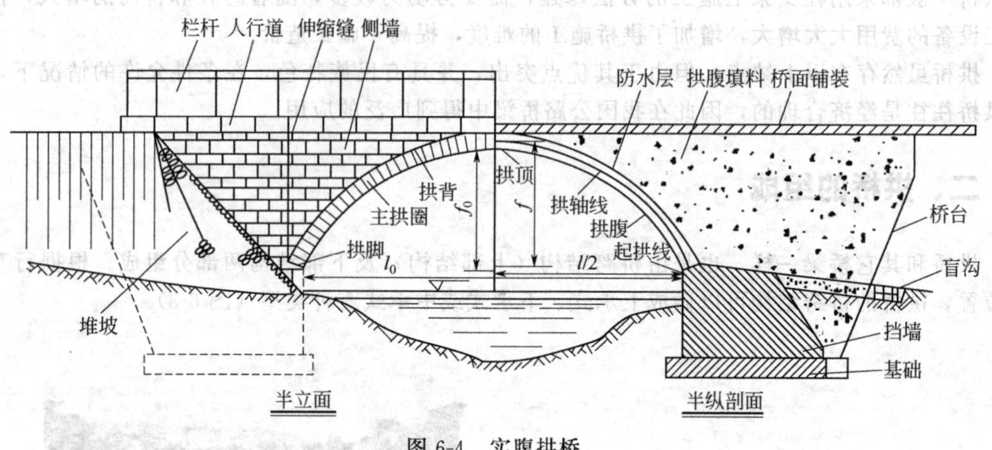

图 6-4　实腹拱桥

拱桥的几个主要技术名称如下：

净跨径（l_0）：每孔拱跨两个拱脚截面最低点之间的水平距离。

计算跨径（l）：两相邻拱脚截面形心之间的水平距离。即拱轴线两端点之间的水平距离。

净矢高（f_0）：从拱顶截面下缘至相邻两拱脚截面下缘最低点之间连线的垂直距离。

计算矢高（f）：从拱顶截面形心至相邻两拱脚截面形心之间连线的垂直距离。

矢跨比（f/l）：是拱桥中拱圈（或拱肋）的净矢高与净跨比，或计算矢高与计算跨径之比。

三、拱桥的主要类型

拱桥的形式多种多样，构造各有差异，可以按照不同的方式来进行分类。

按照主拱圈（肋、箱）所使用的建筑材料可以分为圬工拱桥、钢筋混凝土拱桥及钢拱桥等；按照拱上建筑的形式，可以分为实腹式拱桥和空腹式拱桥；按照拱轴线的形式，可以将拱桥分为圆弧拱桥、抛物线拱桥、悬链线拱桥等；按照桥面位置的不同可以分为上承式拱桥、中承式拱桥和下承式拱桥；按照有无水平推力，可以分为有推力拱桥和无推力拱桥等。

下面根据另外两种不同的分类方式对圬工桥和钢筋混凝土拱桥的主要类型做一些介绍。

(一)按照结构体系分类

按结构受力图式，可将拱桥分为简单体系拱桥和组合体系拱桥两大类。

1. 简单体系拱桥

在简单体系的拱桥中，拱上建筑或行车道系结构不与主拱圈一起承受荷载，桥上的全部荷载由主拱单独承受，拱的水平推力直接由墩台或基础承受。按照主拱的受力特点，简单体系拱桥可以分为三铰拱、两铰拱或无铰拱（图 6-5）。

三铰拱桥属外部静定结构。由于温度、混凝土、支座沉陷等因素引起的变形不会对拱内产生附加内力，计算时无需考虑体系弹性变形对内力的影响。所以，当地基条件不良，又需要采用拱桥时，可以采用三铰拱。但由于铰的存在，使其结构复杂，施工较困难，维护费用高，并且铰的存在也减小了桥梁结构的整体性，也降低了抗震能力。同时，由于拱的挠度曲线在顶铰处有转折，对行车不利。因此，三铰拱一般较少采用，德国的Mosel拱桥是世界上最大跨径的三铰拱桥，其跨径达107m，我国仅在一些较小跨径的桥上有所采用。在空腹式拱桥的拱上建筑中的边腹拱，也常采用三铰拱。

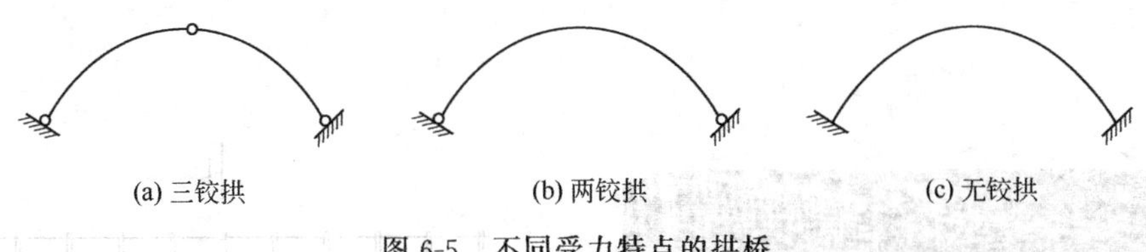

图 6-5　不同受力特点的拱桥

两铰拱桥属外部一次超静定。由于取消了拱顶铰，其结构的整体刚度较三铰拱大，在桥台基础可能发生位移的情况下或坦拱中采用，较无铰拱可以减少因温度变化、混凝土收缩和徐变引起的拱内附加内力。

无铰拱桥属三次超静定结构。在自重及外荷载作用下，拱内的弯矩分布比两铰拱均匀，材料用量省。由于没有铰结构，拱桥的整体刚度最大，构造简单，施工方便，维护费用少，因此在实际施工中被广泛运用。但由于无铰拱的超静定次数高，温度变化，材料收缩，以及墩台的位移会在拱内产生较大的附加内力，所以无铰拱一般修建在地基良好的位置。不过随着跨径的增人，附加内力的影响相对减少，因而无铰拱仍是国内外拱桥上采用最多的一种结构形式。

2. 组合体系拱桥

在拱桥结构中，将行车系与主拱按不同的构造方式组合成一个整体，共同受力，这种拱桥称为组合体系拱桥。组合拱可分为无推力和有推力的两大类，同样可以做成上承式或下承式拱桥。

无推力的组合拱桥是外部静定结构，拱的推力由系杆承受，墩台不承受水平推力，其兼有拱桥的较大跨越能力和简支梁桥对地基适应能力的特点。根据拱肋和系杆的刚度大小及吊杆的布置形式可以分为：①具有竖直吊杆的柔性系杆刚性桥的系杆拱［图 6-6（a）］，②具有竖直吊杆的刚性系杆柔性拱的兰格尔拱［图 6-6（b）］，③具有竖直吊杆的刚性系杆刚性拱的罗泽拱（图 6-6c)，④以上三种采用斜吊杆来代替竖直杆的尼尔森拱［图 6-6（d）、(e)、(f）］。

有推力的组合体系拱没有系杆，由单独的梁和拱共同受力，拱的推力仍由墩台承受，有刚性梁柔性拱［倒兰格尔拱、图 6-7（a）］，刚性梁刚性拱［倒罗泽拱、图 6-7（b）］。

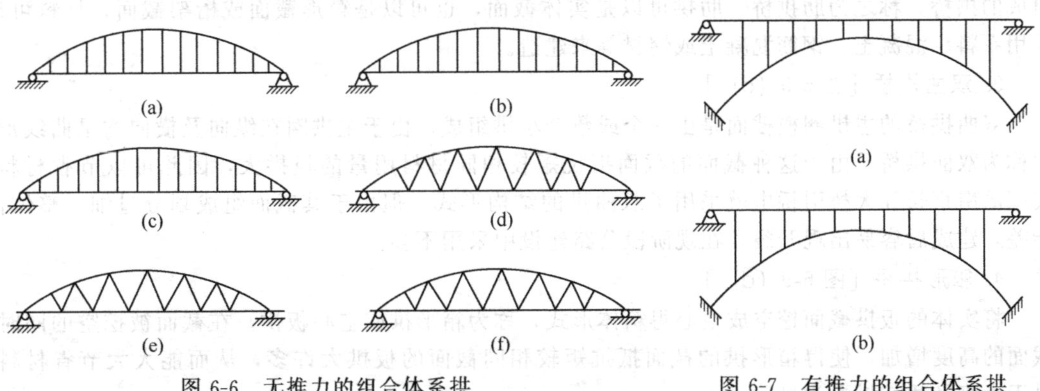

图 6-6　无推力的组合体系拱　　图 6-7　有推力的组合体系拱

3. 拱片桥（图 6-8）

上边缘与桥面纵向平行，下边缘是拱形的有推力结构，称为拱片。拱片的行车道系和拱肋刚性连成一片，共同受力承受荷载，故它仅能用于上承式桥梁。拱片可以做成实体拱片，也可以做成镂空的桁架式拱片。根据桥梁的宽度不同，可以设置两片或以上的拱片，并用横向连接系将各拱片连成整体，行车道板支承在拱片上。拱片桥可以做成三铰、两铰或无铰结构，它的推力由墩台来承受。

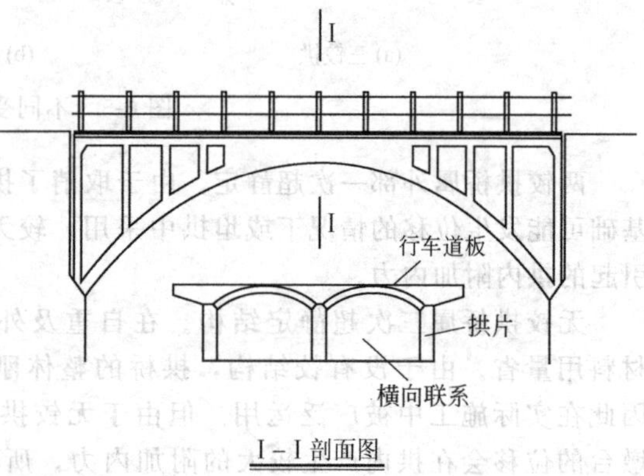

图 6-8 拱片桥

（二）按照主拱的截面形式分类

1. 板拱桥［图 6-9（a）］

主拱的横截面是整块的实体矩形截面，称为板拱桥。由于其构造简单、施工方便，因此广泛被使用。在相同截面积的条件下，实体矩形截面比其它形式截面抵抗矩小，为了获得较大的抵抗矩，就必须加大截面尺寸，这样也就增加了材料的用量和自重，在一定程度上提高了造价，所以一般在地基条件较好的中、小跨径圬工拱桥中采用板拱形式。

2. 肋拱桥［图 6-9（b）］

为了节省材料，减少桥梁自重，充分利用材料的强度，以较小的截面积获得较大的截面抵抗矩，将整块的矩形拱截面分成两条或多条分离式的拱肋，加大拱的高度，这就形成了有肋拱组成的拱桥，称之为肋拱桥。肋拱可以是实体截面，也可以是箱形截面或桁架截面，材料可以采用石料、混凝土、钢筋混凝土或钢材等来建造。

3. 双曲拱桥［图 6-9（c）］

双曲拱桥的主拱圈横截面是由一个或数个小拱组成，由于主拱圈在纵向及横向均呈曲线形，故称为双曲拱桥。由于这种截面的截面抵抗矩较相同材料用量的板拱大，因此可以节省材料。我国的南京长江大桥引桥中就采用了双曲拱的结构形式。但由于其截面组成划分过细，整体性能差，建成后容易出现开裂，在现阶段公路建设中采用不多。

4. 箱形拱桥［图 6-9（d）］

将实体的板拱截面挖空成空心得箱体形式，称为箱形拱或空心板拱。在截面被挖空的同时，截面的高度增加，使得箱形拱的截面抵抗矩较相同截面的板拱大许多，从而能大大节省材料，对于大跨径桥效果更为显著。

(a) 板拱桥

(b) 肋拱桥

(c) 双曲拱桥

(d) 箱形拱桥

图 6-9　不同主拱截面形式的拱桥

第二节　拱桥的构造

一、主拱圈的构造

1. 板拱的构造

主拱圈做成实体矩形截面的，称为板拱，具有构造简单，施工方便的特点，是中、小跨径拱桥最常见的截面形式之一。按建筑材料划分，板拱又分为石板拱、混凝土板拱和钢筋混凝土板拱等。

(1) 石板拱　砌筑石板拱主拱圈的石料主要有料石、块石、片石和砖石等。用粗料石砌筑拱圈时，拱石需要随拱轴线和截面形式不同而分别进行编号，以便加工。等截面圆弧拱的拱石规格少，编号比较简单［图 6-10 (a)］；变截面拱圈的拱石类型较多，编号较复杂，施工不便［图 6-10 (b)］。有的石拱桥也采用等截面或变截面的悬链线作为拱轴线，此时拱石的编号更为复杂（图 6-11），因此，目前大多采用等截面石拱桥。

用于拱圈砌筑的石料应石质均匀，不易风化，无裂纹。石料强度等级不得低于 MU50，拱石形状根据桥跨大小和当地石料供应情况分别采用。砌筑拱石用的砂浆，对大中跨径拱桥不得低于 M10，对于小跨径拱桥不得低于 M7.5。在必要时也可用小石子混凝土进行砌筑，小石子粒径一般不得大于 2cm，采用小石子混凝土（C5～C40）砌筑的片石板拱，其砌体强度比用同标号的水泥砂浆的砌体强度要高，而且可以节约水泥 1/4～1/3。

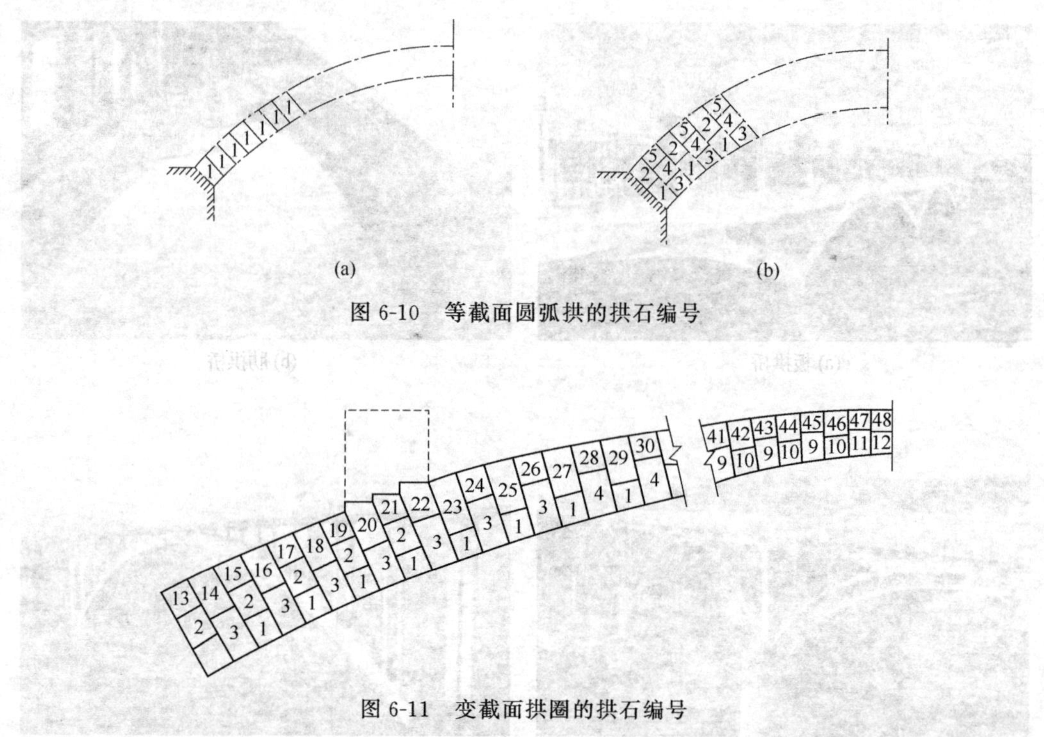

图 6-10　等截面圆弧拱的拱石编号

图 6-11　变截面拱圈的拱石编号

根据拱圈的受力（主要承受压力，其次是弯矩）特点和需要，拱圈砌筑应满足下列构造要求：

① 错缝。对料石拱圈，拱石受压面的砌缝应与拱轴线垂直，可以不错缝；当拱圈厚度不大时，可采用单层砌筑［图 6-10（a）］，但其横向砌缝必须错开且不小于 10cm；当拱圈较大时，采用多层砌筑［图 6-10（b）］，但其垂直于受压面的顺桥向砌缝［图 6-12（a）］，拱圈横截面内拱石竖向砌缝以及各层横向砌缝必须错开且不小于 10cm，以免因存在通缝而降低砌体的抗剪强度和削弱其整体性。对块石拱，应选择较大平面与拱轴线垂直，拱石大头在上，小头在下，砌缝错开不小于 8cm。对于片拱，拱石较大面与拱轴线垂直，大头在上，砌缝交错。

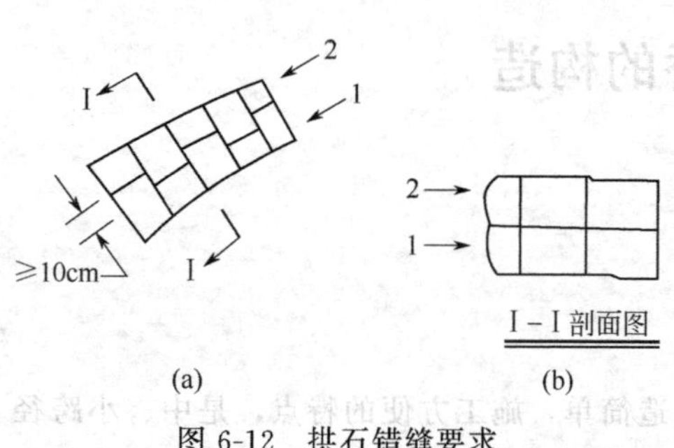

图 6-12　拱石错缝要求

② 限制砌缝宽度。拱石砌缝宽度不能过大，因砂浆强度比拱石低多，缝太宽必将影响砌体强度和整体性。通常，对料石石拱不大于 2cm，对块石石拱不大于 3cm，对片石石拱不大于 4cm，采用小石子混凝土砌筑时，块石砌缝不大于 5cm，片石砌缝宽为 4～7cm。

③ 设置五角石。拱圈与墩台以及拱圈与空腹式拱上建筑的腹孔墩连接处，应采用特别的五角石［图 6-13（a）］，以改善该处的受力状况。为避免施工时损坏或压碎，五角石不得有锐角，为了简单施工，目前常用现浇混凝土拱座及腹孔墩底梁［图 6-13（b）］代替石质五角石。

(2) 混凝土板拱　在缺乏合格天然石料的地区，可采用素混凝土来建造板拱。混凝土板拱可以采用整体现浇，也可以预制砌筑。整体现浇混凝土拱圈，拱内收缩力大，受力不利，同时拱架、模板木材用量大，费用多，工期长，质量不易控制，故较少采用。预制砌筑就是先将混凝土板拱划分为若干块件，然后预制混凝土块件，最后将块件砌筑成拱。预制砌块在砌筑前应有足够的养护期，以消除或减少混凝土收缩的影响。

(3) 钢筋混凝土板拱 与石板拱相比，板拱采用钢筋混凝土具有构造简单、外表整齐，可以设计成最小的板厚，轻巧美观等特点（图 6-14）。钢筋混凝土板拱根据桥宽需要可做成单条整体拱圈或多条平行板（肋）拱圈（拱圈之间可不设横向联系），可反复利用一套较窄的拱架与模板来完成施工，既节约材料，也可节省一部分拱板混凝土。

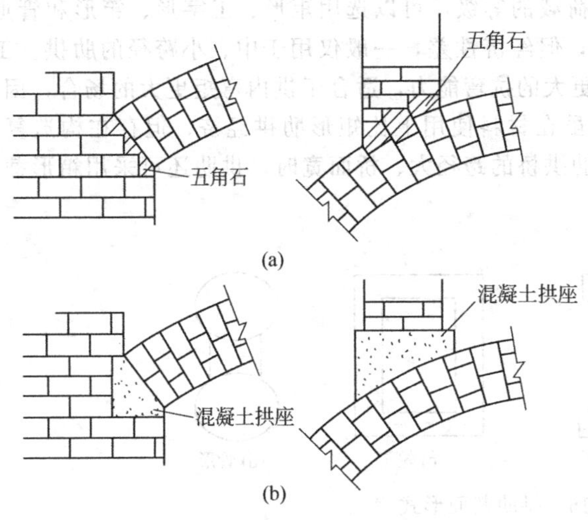

图 6-13 拱圈与墩台及腹孔墩连接

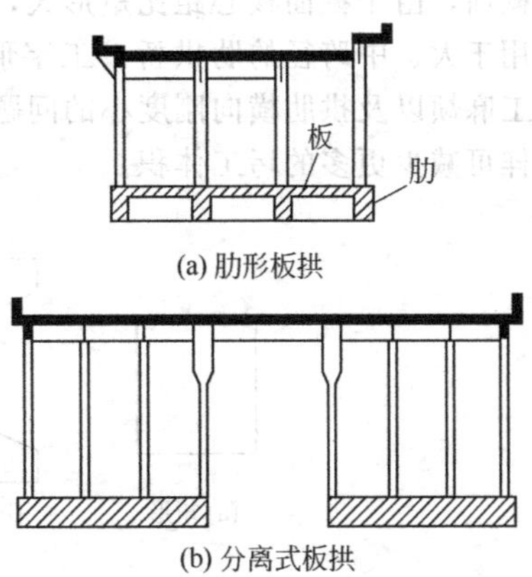

图 6-14 钢筋混凝土板拱的横截面

钢筋混凝土板拱的配筋应按计算需要与构造要求确定。拱圈纵向配置拱形的受力钢筋（主筋），最小配筋率为 0.2%～0.4%，且上、下缘对称通长布置，以适应沿拱圈各截面弯矩的变化；拱圈横向配置与受力钢筋相垂直的分布钢筋及箍筋，分布钢筋设在纵向主筋的内侧，箍筋应将上、下缘主筋联系起来，以防止主筋在受压时发生屈曲和在拱腹受拉时发生外崩。无铰拱的纵向主筋应锚固在墩台帽中，其锚入深度不应小于拱脚截面高度的 1～5 倍。

2. 肋拱构造

肋拱桥是由两条或多条拱肋、横系梁、立柱和由横梁支承的行车道部分组成（图 6-15）。拱肋相当于将拱肋之间的板全部挖去，用两条或多条分离式的平行拱肋来代替拱圈，为保证拱肋的横向稳定性和整体性，需在肋间设置足够数量和刚度的横系梁。

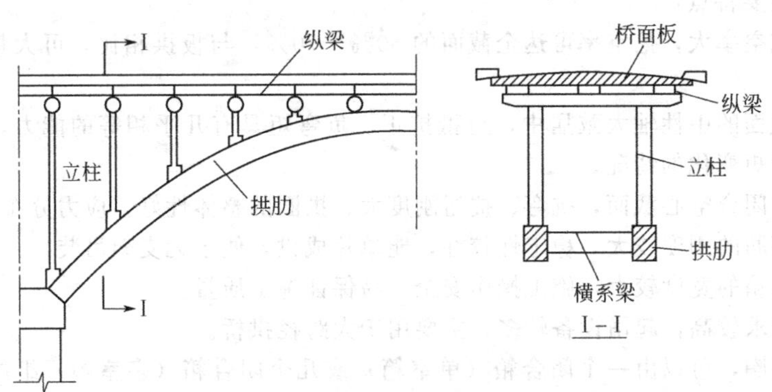

图 6-15 肋拱桥的立面布置

拱肋是肋拱桥的主要承重结构，可由混凝土、钢筋混凝土、钢管混凝土、劲性骨架混凝土做成。拱肋的数量和间距以及截面形式要根据桥梁跨径、桥梁宽度、材料性能、荷载等级、施工条件、拱上建筑结构等各方面综合考虑决定。为了简化构造，一般在吊装能力满足要求的情况下，宜采用少肋形式。通常，桥宽在20m以内时可考虑采用双肋式；当桥宽在20m以上时，宜采用分离式的双幅双肋拱，以免由于肋中距最大而使肋间横向系梁、拱上结构横向跨度与尺寸增大太多。上下游拱肋最外缘的间距一般不宜小于跨径的1/20，以保证肋拱的横向整体稳定性。

拱肋的截面形式，根据跨径的大小和荷载的等级，可以选用矩形、工字形、箱形和管形等（图6-16）。矩形截面构造简单、施工方便，但经济性差，一般仅用于中、小跨径的肋拱。工字形截面，由于截面核心距比矩形大，具有更大的抗弯能力，适合于拱内弯矩更大的场合，因而，常用于大、中跨径的肋拱桥。工字形肋拱虽在材料使用上比矩形肋拱经济，但存在构造复杂、施工麻烦以及拱肋横向刚度小的问题。当肋拱桥的跨径大、桥面宽时，拱肋还可采用箱形截面，这样可减少更多的圬工体积。

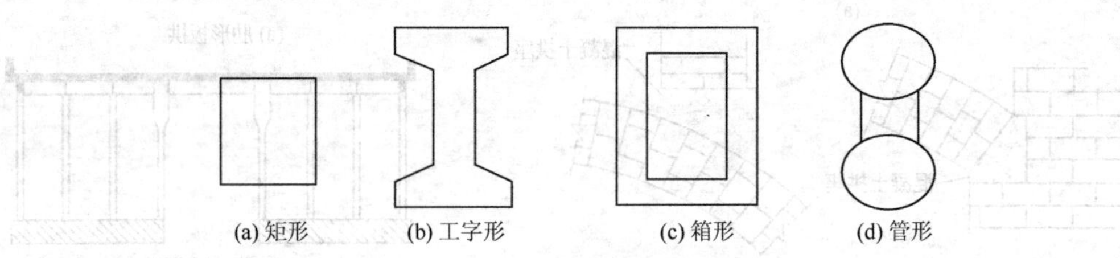

图6-16　拱肋截面形式

3. 箱形拱构造

将实体的板拱截面挖成空心箱形截面，即主拱圈截面由多室箱构成的拱称为箱形拱（图6-17）。

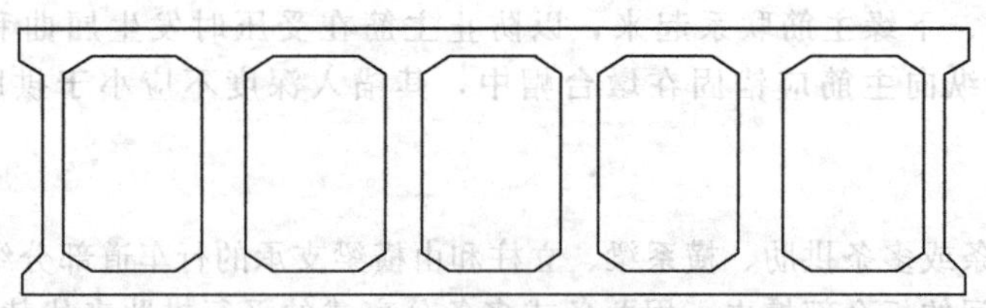

图6-17　箱形拱拱圈截面示意

箱形拱的主要特点：

(1) 截面挖空率大，挖空率可达全截面的50%～70%，与板拱相比，可大量节省圬工体积减轻自重。

(2) 箱形截面的中性轴大致居中，对抵抗正、负弯矩具有几乎相等的能力，能较好地适应各截面正、负弯矩变化的情况。

(3) 由于是闭合空心截面，抗弯、抗扭刚度大，拱圈的整体性好，应力分布比较均匀。

(4) 单根箱肋的刚度较大，稳定性较好，能单片成拱，便于无支架吊装。

(5) 预制拱箱的宽度较大，施工操作安全，易保证施工质量。

(6) 制作要求较高，起吊设备较多，主要用于大跨径拱桥。

箱形拱的拱圈，可以由一个闭合箱（单室箱）或几个闭合箱（多室箱）组成，每一个闭合箱又由顶板（盖板）、底板、侧板（箱壁）及横隔板组成，如图6-18所示。

大跨径拱桥的主拱圈，为了采用预制装配的施工方法，在横向将拱圈截面划分为若干个箱肋，在纵向将箱肋分段，通常为3～5段，以减轻吊装重量，待箱肋拼装就位后，再浇筑肋间混凝土把各箱肋连成整体，形成主拱圈截面。箱形拱桥主拱圈的组成方式有以下几种：

(1) 由多条U形肋组成的多室箱形截面，如图 6-19 (a) 所示。U形肋的优点是预制时不需要顶板模板，只需在拱胎上立侧模板，吊装质量小；缺点是现浇混凝土工作量大，盖板参与拱圈受力作用不大，反而增加自重力，纵、横向刚度不够大，吊装以及单肋合拢的稳定不易满足，目前已较少采用。

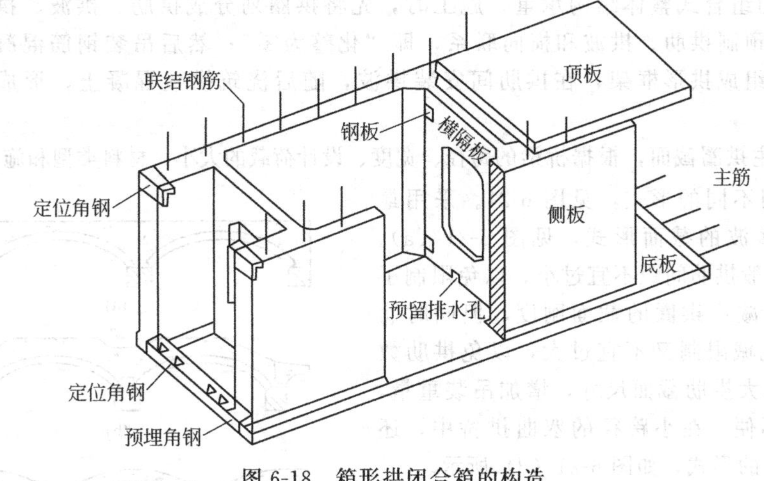

图 6-18　箱形拱闭合箱的构造

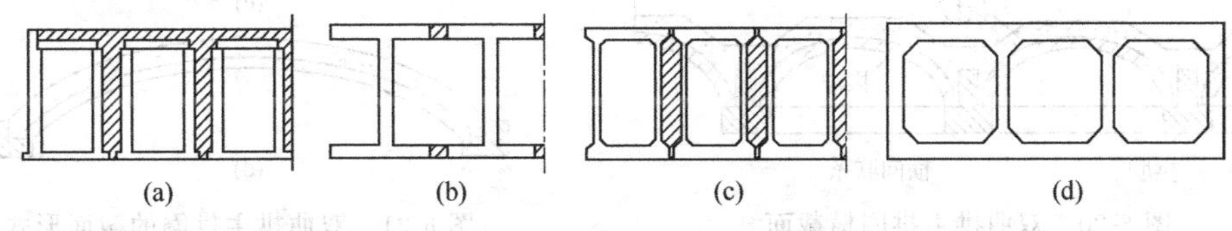

图 6-19　箱形截面的组合方式

(2) 多条I形肋组成的多室箱形截面，如图 6-19 (b) 所示。这种截面优点是省去了现浇混凝土部分，减少了施工工序；缺点是横向刚度小，吊装与单肋合拢的稳定性较差，焊接下翼缘和横隔板的连接钢板时，其工作条件差，质量难以保证，一般较少采用。

(3) 由多条闭合箱肋组成的多室箱形截面，如图 6-19 (c) 所示。闭合箱的优点是箱壁和横隔板分块预制，可改为卧式浇筑，采用干硬性混凝土，并在振动台上进行施工，节省大量模板，提高工效，即使构件厚度只有 5～6cm，仍能保证质量。同时，闭合箱的抗弯、抗扭刚度大，吊装过程中的稳定性容易得到保证，目前箱形拱主要采用这种截面形式。

(4) 单箱多室截面，如图 6-19 (d) 所示。这种截面外形是一箱，箱内具有多室，它主要用于（特）大跨径混凝土拱桥中。单箱多室截面的形成与施工方法有关。当采用劲性骨架施工时，拱箱是在劲性骨架（钢管混凝土或型钢骨架）上分层分段浇筑而成。

这种形成方式的特点是：将拱箱庞大的体积化小，通过将底板、侧板和顶板混凝土沿纵向划分成若干段，横向又根据侧板高度划分成若干层，采用连续浇筑或多工作面浇筑的方法逐步形成拱箱，省去了大量的临时支架。由于拱箱混凝土是分步形成的，因此，各部分的混凝土龄期差别大，收缩、徐变对应力和变形影响大，在拱箱混凝土浇筑过程中必须进行施工监控，确保在混凝土浇筑过程中先期浇筑的混凝土和骨架的受力安全和稳定性要求。

单室箱形拱桥在钢材和混凝土用量方面均比多室箱形拱桥节省，一般约节省钢材50%～60%，混凝土体积约节省40%～50%。

4. 双曲拱构造

双曲拱是20世纪60年代中期我国江苏省无锡县的建桥职工首创的一种新桥型。由于拱圈的横截面是由数个横向小拱组成，使主拱圈在纵向及横向均呈曲线形而得名。双曲拱桥主拱圈通常由拱肋、拱波、拱板和横向联系等几部分组成（图6-20）。

双曲拱桥的主要特点是将主拱圈以“化整为零”的方法按先后顺序进行施工，再以“集零为整”的组合式整体结构承重。施工时，先将拱圈划分成拱肋、拱波、拱板及横向联系四部分，并预制拱肋、拱波和横向联系，即“化整为零”；然后吊装钢筋混凝土拱肋成拱并与横向联系组成拱形框架，在拱肋间安装拱波，随后浇筑拱板混凝土，形成主拱圈，即“集零为整”。

双曲拱桥主拱圈截面，根据桥梁的跨径、宽度、设计荷载的大小、材料类型和施工工艺等各种情况，可采用不同的形式，见图6-21。采用最多的是多肋多波的截面形式，见图6-21（a）、（b）、（c）。一般拱肋间距不宜过小，以免限制了拱波的矢高，减小拱圈的截面刚度，但同时肋间距受吊装机械限制又不宜过大，以免拱肋数量少而过分加大拱肋截面尺寸，增加吊装重量，给施工带来不便。在小跨径的双曲拱桥中，还可以采用单波的形式，如图6-21（d）所示。

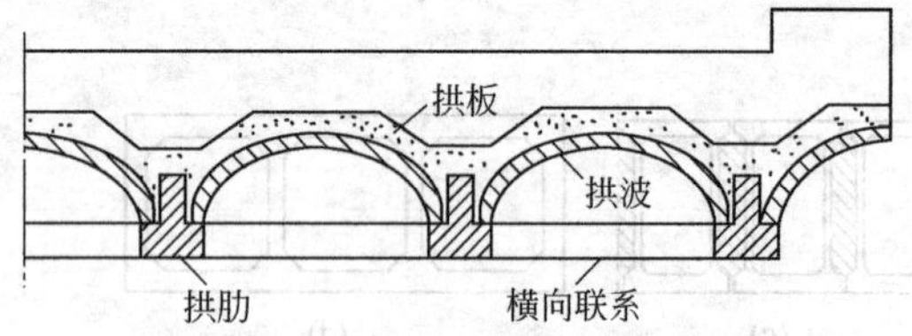

图6-20　双曲拱主拱圈横截面

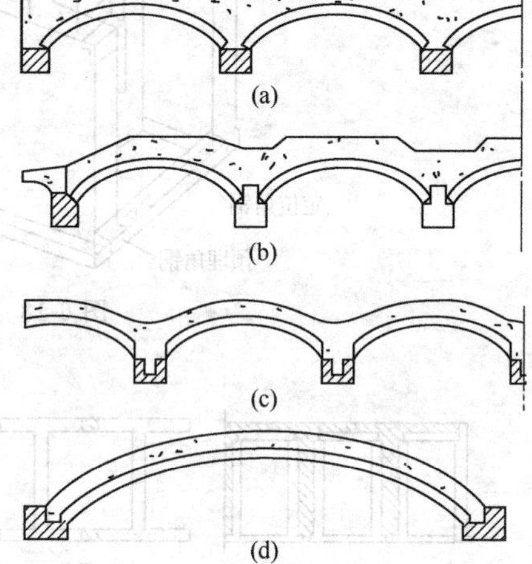

图6-21　双曲拱主拱圈的截面形式

拱肋是双曲拱桥主拱圈的骨架，它不仅参与拱圈共同承受全部永久和可变荷载作用，而且在施工过程中，又要起砌筑拱波和浇筑拱板的支架作用，当拱波、拱板完成后，拱肋成为主拱圈的重要组成部分。因此，拱肋的设计，必须保证具有足够的强度和刚度。特别是采用无支架施工的双曲拱桥，除应满足吊装阶段的强度和纵横向稳定性以外，还需满足截面在组合过程中各阶段荷载作用下的强度和稳定性要求。

常用的拱肋截面形式有矩形、倒T形（凸形）、槽形和工字形等，如图6-22所示。一般根据跨径大小、受力性能、施工难易等条件综合选择合理的截面形式，要求所选拱肋截面有利于增强主拱圈的整体性，支座简单且能保证施工安全。

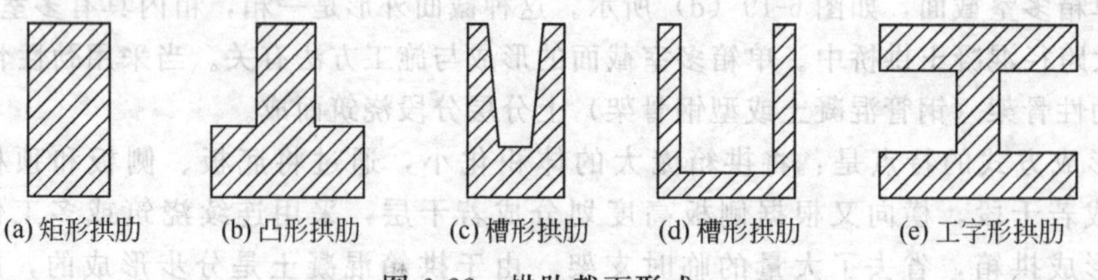

图6-22　拱肋截面形式

拱肋一般为钢筋混凝土构件，常采用预制安装的方法施工。拱肋预制的长度太长，不便于预制、运输和吊装，故常常分为几段。分段数目和长度应根据桥梁跨径大小、运输设备和吊装能力等条件来考虑。由于拱顶往往是受力最不利的截面，因此拱肋分段时接头不宜布置在拱顶。接头宜设置在拱肋自重作用下弯矩最小的地方，一般在跨径的1/3附近。当跨径超过80m时，可以分为5段。

拱波一般采用混凝土预制，常做成圆弧形，矢跨比为1/5～1/3，拱波跨度由拱肋间距确定，以1.3～2.0m为宜，单波截面以3～5m为宜。拱波厚一般为60～80mm，宽度为300～500mm。拱波不仅是参与主拱圈共同承受荷载的组成部分，而且在浇筑拱板混凝土时，它又起模板的作用。

拱板在拱圈截面占有最大比重，而且现浇混凝土拱板又将拱肋、拱波连成整体，使拱圈能实现“集零为整”。因此，拱板在加强拱圈整体性方面起着重要的作用。

双曲拱桥主拱圈截面高度一般为跨径的1/55～1/40，跨径大者取小值。为使拱肋的变形在横桥方向均匀，避免拱顶可能出现纵向裂缝，需在拱肋间设置横向联系。常用的形式有横系梁和横隔板，通常布置在拱顶、腹孔墩下面以及分段吊装的拱肋接头处等，间距一般为3～5m，拱顶部分可适当加密。

主拱圈的横向联系可以大大加强主拱圈的整体性，使主拱圈在可变荷载作用下受力较均匀，避免拱波顶可能出现的纵向裂缝。同时，在无支架施工中，可利用横向联系将几根拱肋在横向联成整体，形成一个拱形框架，加强拱肋的横向刚度，保持拱肋的横向联系。

二、拱上建筑的构造

按形式的不同，拱上建筑可分为实腹式和空腹式两大类。实腹式拱上建筑的构造简单、施工方便，但填料较多、恒重较大，一般多用于小跨径拱桥。大、中跨径拱桥多采用空腹式，以利于减小恒载，并使桥梁显得轻巧美观。

1. 实腹式拱上建筑

实腹式拱上建筑由侧墙、拱肩填料、护拱以及变形缝、防水层、泄水管和桥面等部分组成(图6-23)。

拱腹填料的做法，可分为填充和砌筑两种方式。

填充的方式是在拱圈两侧砌筑侧墙，填充用的材料尽量做到就地取材，通常采用砾石、碎石、粗砂或卵石夹黏土并加以夯实。这些材料的透水性较好，成本较低，而且还能减小对侧墙的推力。在地质条件较差的地区，为了减小拱上建筑的质量，采用其它轻质材料（如炉渣、石灰、黏土等混合料）作填料。当填充材料不易取得时，可采用砌筑的方式，即采用干砌圬工或浇筑贫混凝土作为拱肩填料。

侧墙的作用是围护拱腹上的散粒填料，设置在拱圈两侧，通常采用浆砌块、片石，若有特殊的美观要求，可用料石镶面。对混凝土或钢筋混凝土板拱，也可用钢筋混凝土护壁式侧墙。这种侧墙可以与主拱浇筑为一体，其内配置的竖向受力钢筋应伸入拱圈内一定长度（规定的钢筋长度）。侧墙一般要求承受填料土侧压力和车辆作用下的土侧压力，故按挡土墙进行设计。对浆砌圬工侧墙，顶面厚度一般为50～70cm，向下逐渐增厚，墙脚厚度取用该处墙高的0.4倍。

实腹式拱桥往往在拱脚段用块石或片石砌筑护拱，以加强拱脚段的主拱圈。同时，在多孔拱桥中，设置护拱，还便于设置防水层和泄水管。

2. 空腹式拱上建筑

空腹式拱上建筑除具有实腹式拱上建筑相同的构造外，还具有腹孔和腹孔墩。根据腹孔结构的不同可分为拱式腹孔和梁式腹孔。拱式腹孔拱上建筑构造简单，外形美观，但质量较大，一般用于圬工拱桥；梁式腹孔的拱上建筑可使桥梁造型轻巧美观，减轻拱上重力和地基承压力，因此大跨径拱桥一般都采用梁式腹孔拱上建筑。

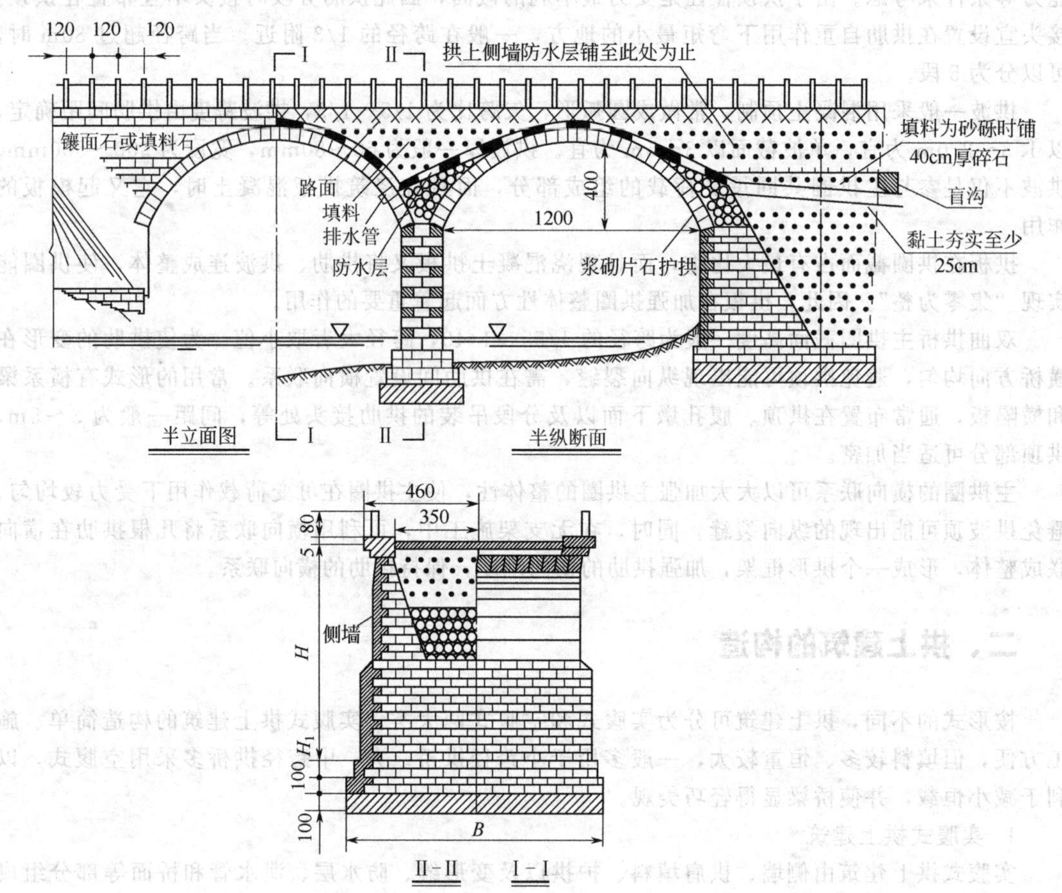

图 6-23　实腹式拱桥构造图（尺寸单位：cm）

（1）拱式拱上建筑

① 腹孔　腹孔的形式和跨径的选择，要既能减轻拱上建筑的重量，又不致因荷载过分集中于腹孔墩处，给主拱圈受力状况造成不利影响，同时还要使拱桥外形协调美观。

腹孔一般对称布置在主拱圈两侧结构高度所容许的范围内，如图 6-24 所示。一般在每半跨内不超过跨径的 1/4～1/3，跨中还存在实腹段。腹孔跨数随桥跨大小不同而异，对于中小跨径拱桥，腹孔跨数以 3～6 孔为宜。有时为进一步减轻拱上建筑质量，采用全空腹形式，也就是在全拱范围内布置腹孔，跨中部分不再设实腹段，腹孔数依腹孔跨径而定，一般以奇数孔为宜。

腹孔跨径的确定主要考虑主拱的受力需要。腹孔跨径过大时，腹孔墩处的集中力就大，对主拱受力不利。腹孔跨径过小时，对减小拱上结构质量不利，构造也较复杂。对中小跨径拱桥一般选用 2.5～5.5m 为宜。对大跨径拱桥则控制在主拱跨径的 1/15～1/8 之间。腹孔构造宜统一，以便施工和有利于腹孔墩的受力。

② 腹孔墩　腹孔墩由底梁、墩身和墩帽组成，墩身又可分为横墙式和立柱式两种。

横墙式腹孔墩身，一般用圬工材料砌筑或现浇混凝土做成实体墙。有时为了减轻墩身质量或便于维修，可在横墙挖一个或几个孔，见图 6-25（a）。这种横墙式腹孔墩，质量较大，多用于圬工拱桥中。腹孔墩的厚度，用浆砌片、块石时，不宜小于 60cm，用混凝土浇筑时，一般应大于腹拱圈厚度的 1 倍。底梁能使横墙传下来的压力较均匀地分布到主拱圈全宽上，其没边尺寸较横墙宽 5cm，其高度则以使较矮一侧为 5～10cm 的原则来确定。梁底常采用素混凝土结构或钢筋混凝土结构，墩帽宽度宜比横墙宽度两侧各宽5cm，也采用素混凝土或钢筋混凝土。

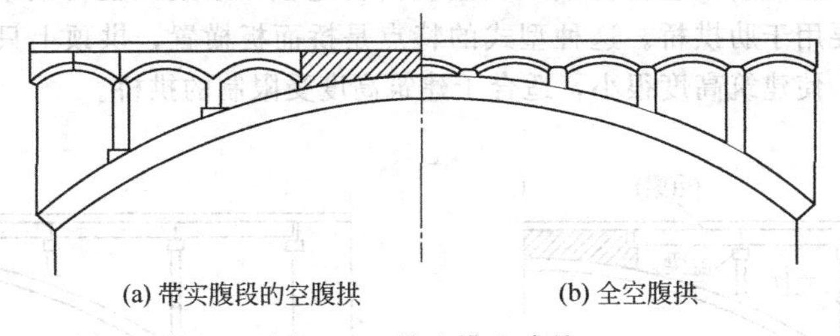

图 6-24　拱式拱上建筑

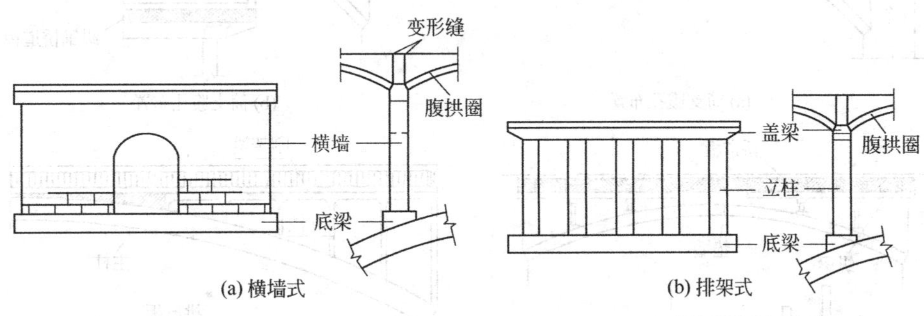

图 6-25　腹孔墩构造形式

立柱式腹孔墩［图 6-25（b）］是由立柱、盖梁组成的钢筋混凝土排架结构。立柱由3～5根预制的钢筋混凝土柱组成，常采用矩形截面，立柱沿桥向的厚度一般采用250～400mm，横桥向的厚度一般可用500～900mm。立柱的上、下间距大于6m时，在立柱间应设置横系梁。立柱钢筋向上应伸向盖梁中部，向下伸入主拱圈（肋）内部，并可靠地锚固。

腹孔与墩台的连接有两种做法：一种是直接支承在墩台上；一种是跨过墩顶，使桥墩两侧的腹孔相连，如图 6-26 所示。

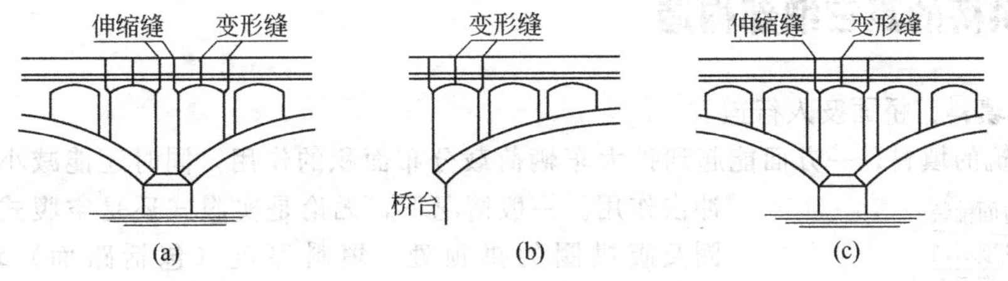

图 6-26　腹孔与墩（台）的连接

(2) 梁式拱上建筑

① 简支腹孔　简支腹孔由底梁（座）、立柱、盖梁和纵向简支桥道板（梁）组成。这种形式的结构体系简单，基本上不存在拱与拱上结构的联合作用，受力明确，是大跨径拱桥拱上建筑主要采用的形式。

简支腹孔布置的范围及腹孔段的构造与拱式腹拱相同，见图 6-27（a）。由于拱顶段上面全被覆盖，空腹、实腹段拱上荷载差异较大。目前，大跨径拱桥的梁式拱上建筑一般都取消拱顶实腹段，而采用全空腹式拱上建筑［图 6-27（b）］。全空腹式腹孔数宜采用奇数，避免拱顶设有立柱，使拱顶受力不利。通常先确定两拱脚的立柱位置，然后将其间距除以某个奇数后，即可确定各立柱位置和腹孔跨径，若得出的腹孔跨径不恰当，可调整孔数以满足受力需要。

② 连续腹孔 连续腹孔由立柱、纵梁、实腹段垫墙及桥道板组成。即在拱上立柱上设置连续纵梁，然后再在纵梁上和拱顶段垫墙上设置横向桥道板，形成拱上传载结构，如图 6-27（c）所示。这种型式主要用于肋拱桥。这种型式的特点是桥面板横置，拱顶上只有一个板厚（含垫墙）及桥面铺装厚，使建筑高度很小，适合于建筑高度受限制的拱桥。

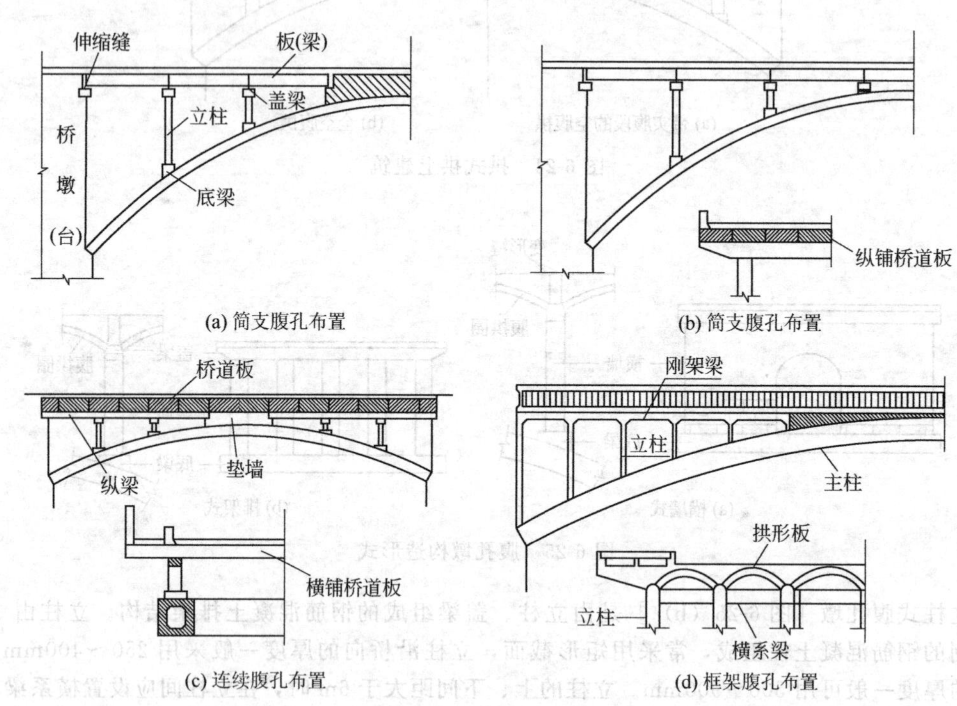

图 6-27 梁式空腹孔拱上建筑

③ 框架腹孔 框架腹孔在横桥向根据需要设置多片，每片间通过系梁形成整体，见图 6-27（d）。

三、拱桥的其它细部构造

1. 拱上填料、桥面及人行道

拱上建筑的填料，一方面能起到扩大车辆荷载分布面积的作用，同时还能减小车辆荷载的冲击作用。一般情况下，无论是实腹式还是空腹式拱桥，主拱圈及腹拱圈的拱顶处，填料厚度（包括路面）均不宜小于 0.30m（图 6-28）。在地基条件很差的情况下，为了进一步减轻拱上建筑重力，可减薄拱上填料厚度，甚至可以不要拱上填料，直接在拱顶截面上缘以上铺筑混凝土桥面，此时，其行车道边缘的厚度至少为 8cm。为了分布车轮重力，拱顶部分的混凝土桥面内可设置钢筋网。

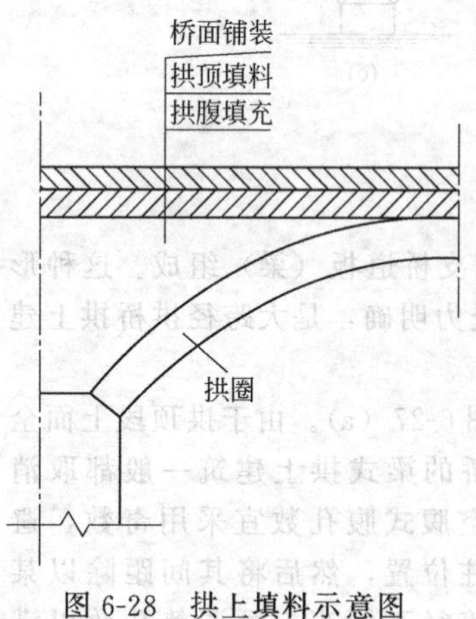

图 6-28 拱上填料示意图

拱桥桥面铺装应根据桥梁所在的公路等级、使用要求、交通量大小以及桥型等条件综合考虑确定。除低等级公路上的中、小跨径实腹或拱式空腹拱桥可采用泥结碎（砾）石桥面外，其它大跨径拱桥以及高等级公路上的拱桥均采用沥青混凝土或设有钢筋网的混凝土桥面。对梁式空腹拱桥，其桥面铺装与梁桥相同。为便于桥面排水，桥面应根据需要设1.5%～3.0%的横坡。行车道两侧，可根据需要设置人行道、栏杆或防撞护栏等设施，其构造与梁式桥相似。

2. 拱上建筑的伸缩缝和变形缝

对普通的上承式拱桥，主拱圈是主要承重结构，拱上建筑主要起传递荷载的作用，但在外荷载作用下，也存在不同程度的主拱与拱上建筑的联合作用。在设计计算时，其计算图式必须与实际受力情况相符，否则将出现拱上建筑开裂，影响桥梁安全使用。要保证受力计算与实际情况相符，就必须采用可行的构造措施，在拱上建筑上设置伸缩缝与变形缝。

伸缩缝和变形缝通常做成直线形。伸缩缝缝宽2～3cm，缝内可用锯木屑与沥青按1∶1（质量比）制成的预制板嵌入，并在伸缩缝上缘设置能活动但不透水的覆盖层。也可用沥青砂的其它材料填塞伸缩缝，以适应主拱圈的变形，变形缝不留缝宽，其缝可用干砌或用油毛毡隔开，也可用低强度等级砂浆砌筑。

伸缩缝的布置应周密考虑，一般在跨度较小的实腹式拱桥，可仅在两拱脚的上方设置，并需在横桥方向贯通全桥及侧墙的高度。目前多将伸缩缝做成直线式［图6-29（a）］，以使构造简单，施工方便；对于空腹式拱桥，若采用拱式腹孔，一般将紧靠墩（台）的第一个腹拱圈做成三铰拱，并在靠墩（台）的拱铰上方的侧墙上，也相应地设置伸缩缝，在其余两铰上方侧墙，可设变形缝（只断开，没有缝宽），如图6-29（b）所示。

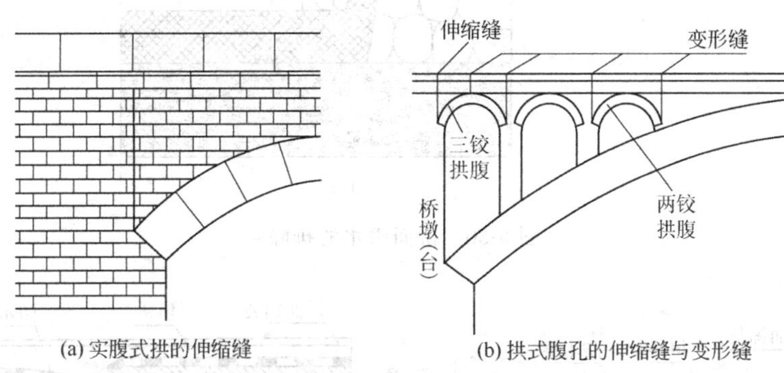

(a) 实腹式拱的伸缩缝　　(b) 拱式腹孔的伸缩缝与变形缝

图6-29　伸缩缝与变形缝

在大跨径拱桥中，根据温度变化情况和跨径长度，必要时还需要将靠近拱顶的腹拱圈或其它腹拱做成两铰拱或三铰拱。拱铰上面的侧墙也需要相应地设置变形缝，以便使拱上建筑更好地适应主拱圈的变形。对于梁式腹孔，通常是在桥台和墩顶立柱处设置标准伸缩缝（板式或毛勒伸缩缝），而在其余立柱处采用桥面连续。

3. 排水及防水层

对于拱桥，不仅要求将桥面雨水及时排除，而且要求将透过桥面铺装渗入到拱腹的雨水及时排除。

关于排除桥面雨水的构造可参见图6-30，泄水管平面布置同梁式桥。

透过桥面铺装渗入到拱腹内的雨水，应由防水层汇集于预埋在拱腹内的泄水管排出，防水层和泄水管的敷设方式与上部结构的型式有关。

实腹式拱桥，防水层应沿拱背、护拱、侧墙铺设。如果使单孔或多孔拱桥靠近桥台的半拱，可以不设泄水管，积水沿防水层流至两桥台后面的盲沟，然后沿盲沟排出路堤。如果是多孔拱桥，可在1/4跨径处设置泄水管［图6-31（a）］。对于空腹式拱桥，防水层应沿腹拱上方与主拱圈跨中实腹段的拱背设置，泄水管也宜布置在1/4跨径处［图6-31（b）］。

拱桥的泄水管可采用铸铁管、混凝土管、陶瓷（或瓦）管或熟料管。泄水管的内径一般为6～10cm，在严寒地区及雨水丰富地区需适当加大。泄水管应伸出结构表面5～10cm，以免雨水顺着结构物的表面流淌。为便于泄水，泄水管应尽可能采用直管，并减少管节的长度。排水管的数目，以每平方米桥面不小于 $4cm^2$ 的排水面积为宜。排水管进口处周围的桥面应做成集水坡度，以便于雨水及时向排水管汇聚；同时，桥面上的排水管口应有保护设施，在拱腹内的进水口应围以大块碎石做成倒滤层，以免杂物堵塞。

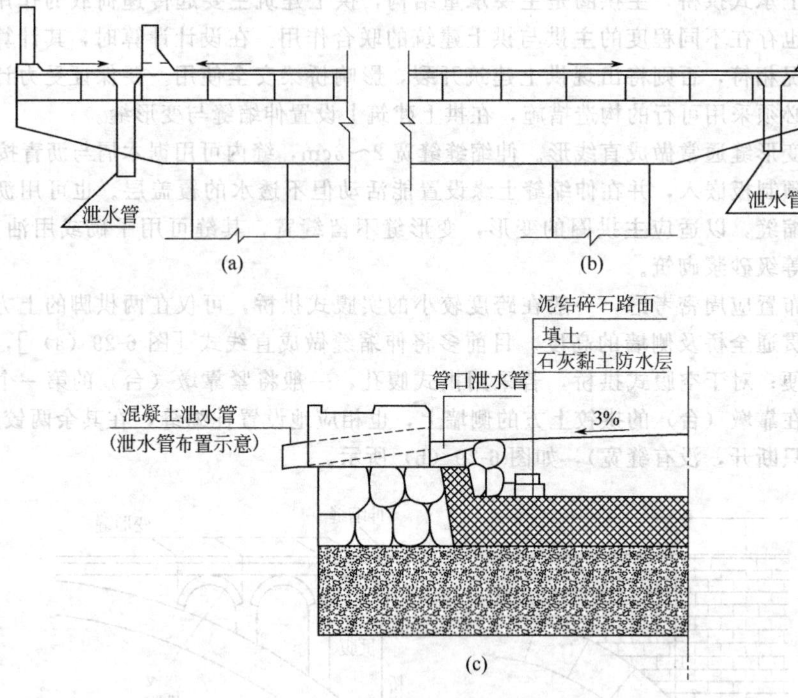

图 6-30 桥面雨水的排除

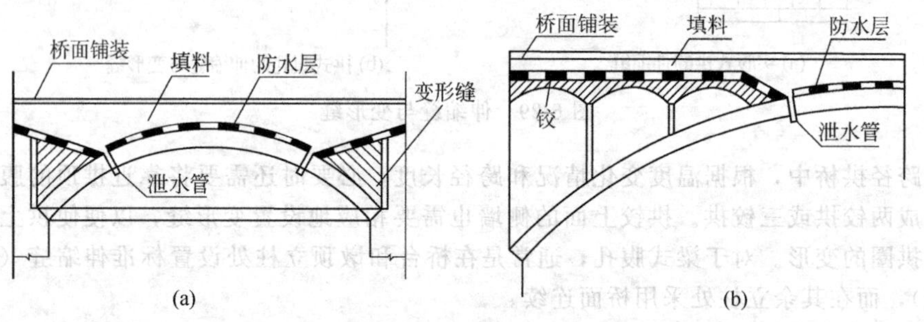

图 6-31 渗入水的排除

防水层在全桥范围内不宜断开，在通过伸缩缝或变形缝处应妥善处理，使其能防水又可以适应变形（图 6-32）。拱桥的防水层有粘贴法与涂抹式两种。粘贴时防水层由 2～3 层油毛毡与沥青胶交替粘铺而成，防水效果较好，但费工费时，造价也高。涂抹式防水层则采用沥青涂料，施工简单，造价低，但防水效果较差，适用于雨水较少的地区。当防水要求较低时，可就地采用石灰三合土、石灰黏土砂浆、黏土胶泥等代替粘贴式防水层。

4. 拱桥中的铰

当拱桥主拱圈按两铰拱或三铰拱设计以及空腹式腹拱按构造要求需采用两铰拱或三铰拱时，需设置永久性的拱铰。当在施工过程中为消除或减小主拱圈的部分附加内力，以及对主拱圈内力作适当调整时，需设置临时性的铰拱。永久性铰拱必须满足设计要求，并能保证长期正常使用，故对其要求较高，构造也较复杂，需经常养护，费用较高。临时性拱铰是适应施工需要而临时设置，待施工结束时，将其封固，故结构较简单，但必须可靠。

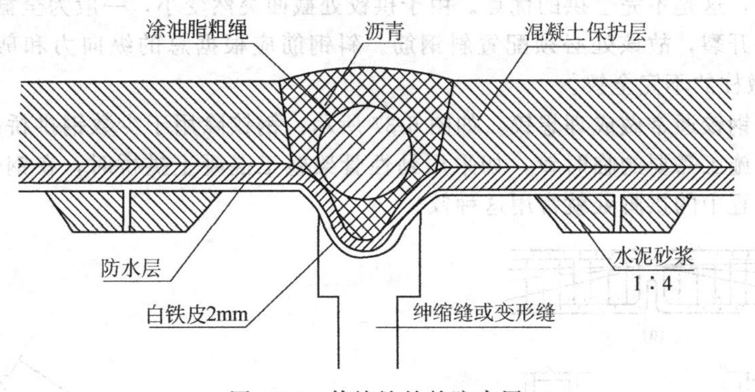

图 6-32 伸缩缝处的防水层

拱铰形式的选择，应按照其所处的位置、作用大小和所使用的材料等条件综合考虑，常用的拱铰形式有弧形铰、铅垫板拱、平铰、不完全铰和钢铰。

(1) 弧形铰 弧形铰一般用钢筋混凝土、混凝土、石料等做成，如图 6-33 所示。弧形铰由两个具有不同半径弧形表面的块件组成，一个为凹面（半径为 R_2），一个为凸面（半径为 R_1）。R_2 与 R_1 的比值常在 1.2～1.5 范围内。铰的宽度应等于构件的宽度，沿拱轴线的长度取为拱厚的 1.15～1.20 倍。铰的接触面应精加工，以保证精密结合。

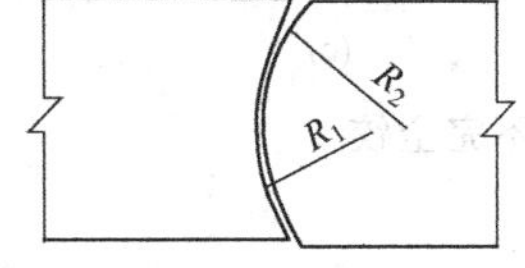

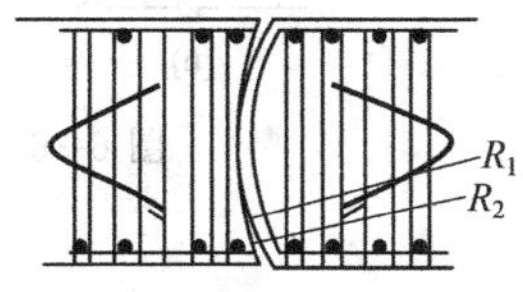

图 6-33 弧形铰

弧形铰由于构造复杂，加工铰面既费时，又难以保证质量，故主要用于主拱圈的拱铰。另外，在采用转体施工方法时，为使桥体顺利转动，在拱脚需设置球面弧形铰，如图 6-33 所示。这种铰虽然是临时使用，但是桥体转动施工的关键，因此制作精度较高，光滑度要好。

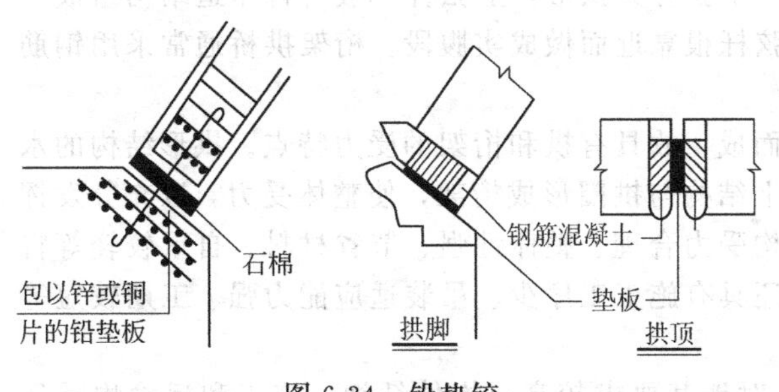

图 6-34 铅垫铰

(2) 铅垫铰 对于中小跨径的板拱或肋拱，可以采用铅垫铰（图 6-34）。铅垫铰由厚度为 1.5～2.0cm 的铅垫板外包以锌、铜薄片（1.0～2.0cm）构成。垫板宽度为拱圈厚度的 1/4～1/3，在主拱圈全部宽度上分段设置。铅垫板是利用铅的塑性变形达到支承面的自由转动，从而实现铰的功能。同时为了使压力正对中心，并且能承受剪力，设置有穿过垫板中心而又不妨碍铰转动的锚杆。为承受局部压力，在墩、台帽内以及邻近铰的拱段，需用螺旋钢筋或钢筋网片加强。直接贴近铅垫板铰的主拱圈混凝土标号应不小于 C25。在计算铅垫板时，其压力为沿铅垫板全宽均匀分布。此外，铅垫铰也可用作临时铰。

(3) 平铰 空腹式拱桥的腹拱圈，由于跨径小，可以采用构造简单的平铰，如图 6-35 所示。平铰就是两构件的端部为平面相接、直接抵承的铰。接缝处可铺一层低标号砂浆，也可垫衬油毛毡或直接干砌。

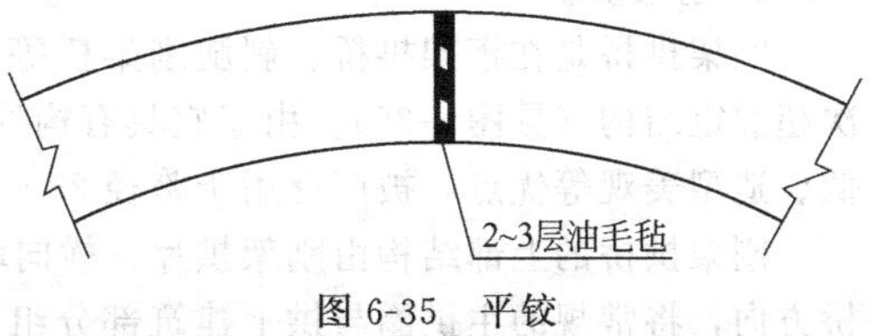

图 6-35 平铰

(4) 不完全铰 对于小跨径或轻型的拱圈以及空腹式拱桥的腹孔墩柱铰，目前常用不完铰。图 6-36 为小跨径拱圈的不完全铰，由于拱界面突然变小，保证了该截面的转动功能。在施工时拱圈不断开方便了整体预制吊装，而在使用中又能起到铰的作用，这是不完全拱的优点。由于拱铰处截面突然变小，一般为全截面的1/3～2/5，应力很大，容易开裂，故该处必须配置斜钢筋。斜钢筋应根据总的纵向力和剪力由计算确定。图6-36为腹孔墩柱的不完全铰。

（5）钢铰　钢铰通常做成理想铰，如图6-37所示。钢铰除用于少数钢拱桥的永久性铰结构外，更多的用于施工需要的临时铰，如采用劲性骨架施工混凝土拱桥时，在钢骨架（型钢或钢管制成）吊装过程中的拱脚处就常用这种铰。

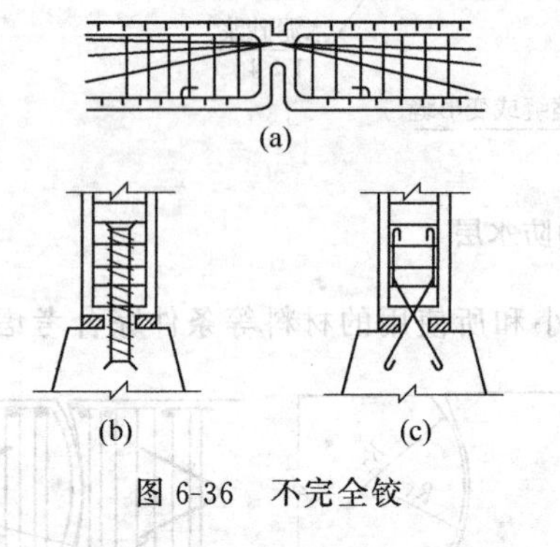

图6-36　不完全铰

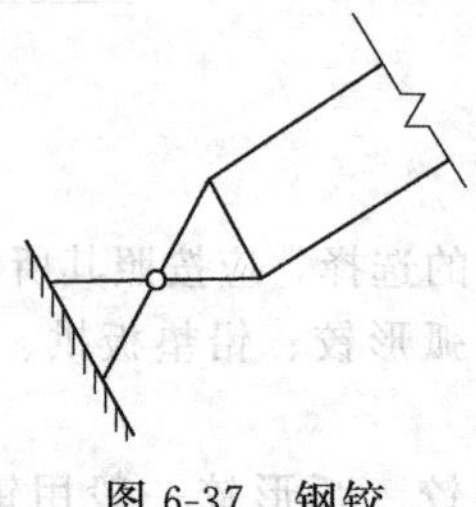
图6-37　钢铰

四、其它类型的拱桥构造

1. 桁架拱桥

桁架拱桥也称拱形桁架桥，其上部结构由桁架拱片、横向联结系和桥面组成。桁架拱片是主要承重结构，由上、下弦杆，腹杆和实腹段组成，其里面布置见图6-38。桁架拱片在施工期间单独受力，竣工后则与桥面结构合为一体共同承受活载与其它荷载。横向联系将各桁架拱片联成整体，共同受力，并保证其横向稳定性。下弦杆为拱形，上弦杆一般与行车道结构组成一个整体而共同工作；在跨中部分，因上、下弦杆很靠近而做成实腹段。桁架拱桥通常采用钢筋混凝土结构或压应力混凝土结构。

桁架拱桥由拱和桁架两种结构体系组合而成，故具有拱和桁架的受力特点。拱形结构的水平推力大大降低了跨间的弯矩，同时利用拱上结构与拱圈形成桁架，使整体受力，以充分发挥各部分构件的作用。因此，桁架拱桥具有结构受力合理、整体性强、节省材料、自重较轻等特点，同时由于大部分构件采用预制安装，故还具有施工工序少、吊装适应能力强、工期较短等优点。

桁架拱桥存在以下不足：拱脚有推力，对地基要求较高；构件纤细，施工和运输均需仔细小心；模板较复杂；钢筋混凝土结构的结点处、拉杆及实腹段下缘易出现裂缝。在加大跨径的桁架拱桥建造中，已越来越多地采用预应力混凝土结构，利用欲加应力的方式来改善桥梁的受力特点，消除裂缝，增强结构的整体性，增加跨越能力，但同时也增加了结点构造的复杂程度。

2. 刚架拱桥

刚架拱桥是在桁架拱桥、斜腿刚架桥等基础上发展起来的另一种新桥型，属于有推力的高次超静定结构（见图6-39）。由于它具有构件少、重量轻、整体性好、刚度大、施工简便、造价低、造型美观等优点，被广泛用于跨径25～70m的桥梁。

刚架拱桥的上部结构由刚架拱片、横向联结系和桥面等部分组成（图6-40）。其特点是在顺桥方向，将常规的主拱圈与拱上建筑部分组成为整体受力的结构，拱上建筑不是单纯的传递荷载，而是参与承受荷载；在横桥向，通过加腋板或微弯板将拱肋与现浇桥面组成整体的受力结构。虽为拱式体系，但恒载推力较常规拱桥要小，为控制梁建筑高度，可将矢跨比选择得小一些，一般取 1/10～1/7 之间。刚架拱桥施工方法的适应性较强，可采用预制吊装、有支架现浇、悬臂拼装和转体施工方法。

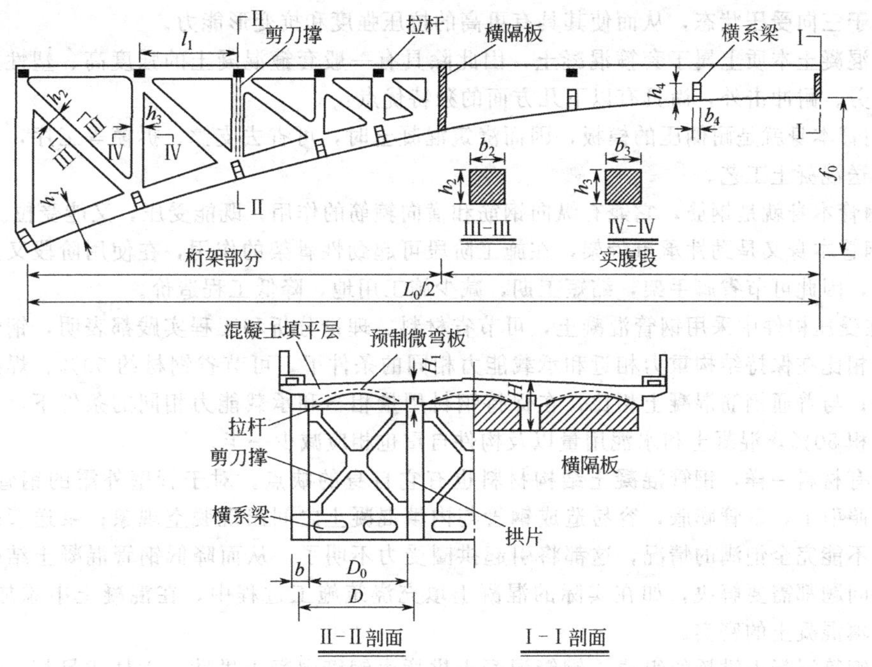

图 6-38　桁架拱桥的主要组成部分

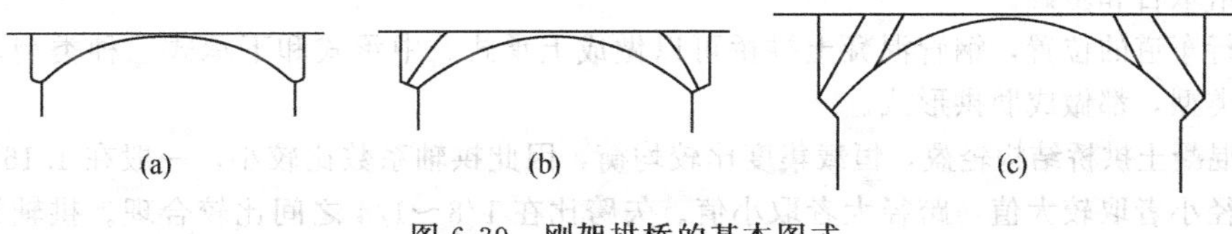

图 6-39　刚架拱桥的基本图式

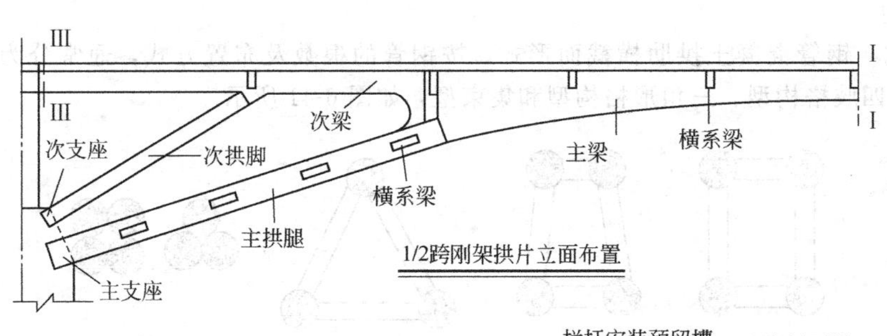

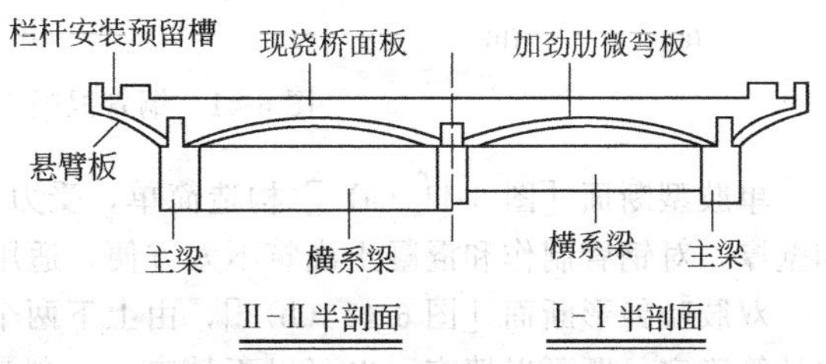

图 6-40　刚架拱桥的主要组成部分

3. 钢管混凝土拱桥

(1) 结构特点 钢管混凝土是在薄壁圆形钢管内填充混凝土而形成的一种复合材料，它一方面借助内填混凝土增强钢管壁的稳定性，同时又利用钢管对核心混凝土的套箍作用，使核心混凝土处于三向受压状态，从而使其具有更高的抗压强度和抗变形能力。

钢管混凝土本质上属于套箍混凝土，因此除具有一般套箍混凝土的强度高、塑性好、重量轻、耐疲劳、耐冲击外，尚具有以下几方面的独特优点：

① 钢管本身就是耐侧压的模板，因而浇筑混凝土时，可省去支撑、拆模等工序，并可适应先进的泵送混凝土工艺。

② 钢管本身就是钢筋，它兼有纵向钢筋和横向箍筋的作用，既能受压，又能受拉。

③ 钢管本身又是劲性承重骨架，在施工阶段可起劲性骨架的作用，在使用阶段又是主要的承重结构，因此可节省脚手架，缩短工期，减少施工用地，降低工程造价。

④ 在受压构件中采用钢管混凝土，可节省材料。理论分析和工程实践都表明，钢管混凝土与钢结构相比在保持结构重力相近和承载能力相同的条件下，可节省钢材约 50%，焊接工作量显著减少；与普通钢筋混凝土相比，在保持钢材用量相当和承载能力相同的条件下，可减少构件横截面积 50%，混凝土和水泥用量以及构件自重也相应减少一半。

与所有材料一样，钢管混凝土结构材料也有它自身的缺点。对于管壁外露的钢管混凝土，在阳光的照射下，钢管膨胀，容易造成钢管与内填混凝土之间出现脱空现象；泵送管内混凝土也常出现不能完全饱满的情况，这都将引起拱圈受力不明了，从而降低钢管混凝土结构的安全度，这些问题都需要解决，如在实际的混凝土填充浇筑施工过程中，在混凝土中添加膨胀剂，以确保内填混凝土的密实。

(2) 钢管混凝土拱桥的组成 钢管混凝土拱桥由钢管混凝土拱肋、立柱或吊杆、横撑、行车道系、下部构造等组成。钢管混凝土拱肋是主要的承重结构，它承受桥上的全部荷载，并将荷载传递给墩台和基础。

根据行车道的位置，钢管混凝土拱桥可以做成上承式、中承式和下承式三种类型，但无论是哪一种类型，都做成肋拱形式。

钢管混凝土拱桥结构轻盈，恒载集度比较均衡，因此拱轴系数比较小，一般在 1.167～2.240 之间，跨径小者取较大值，跨径大者取小值。矢跨比在 1/8～1/4 之间比较合理。拱轴线常采用悬链线或二次抛物线。

① 钢管混凝土拱肋

a. 拱肋横截面形式 钢管混凝土拱肋横截面形式，按钢管的根数及布置方式，通常分为：单肢型、双肢哑铃形、四肢格构型、三角形格构型和集束型，如图 6-41 所示。

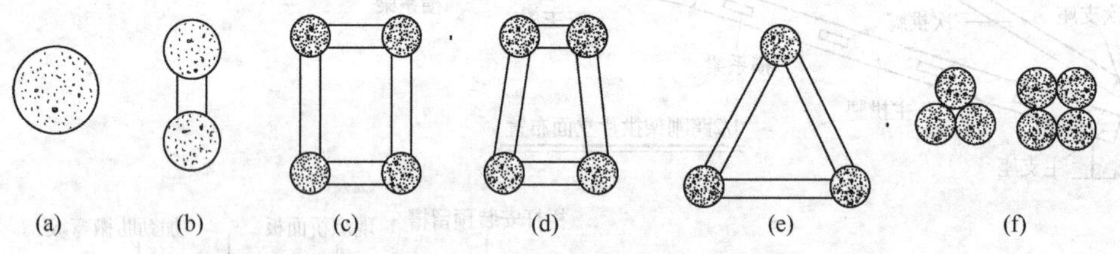

图 6-41 钢管混凝土拱肋横截面形式

单肢型断面［图 6-41 (a)］构造简单，受力明确，但跨径过大，相应地要求增大钢管直径和壁厚，对钢管制作和混凝土浇筑不太方便，适用于跨径 80m 以内的小跨径拱桥。

双肢哑铃形断面［图 6-41 (b)］，由上下两个钢管通过缀板连接而成，缀板内混凝土可根据计算确定，既可以填充，也可以不填充，一般应予填充，以增大承压面积。双肢哑铃形断面抗压刚度大，由于承压面距中心轴较远，因此纵向抗弯刚度大，占用桥面空间少，是一种理想的断面形式。缺点是侧向刚度相对较小，因此桥面以上必须设置风撑，以确保横向稳定，适用于跨径 80～120m 的拱桥。

四肢格构型断面根据钢管的布置方式，又分为四肢矩形格构型［图 6-41（c）］和四肢梯形格构型［图 6-41（d）］。由钢管（又称弦杆）、腹杆（多为空钢管）和横联组成，是大跨径钢管拱桥常用的一种形式。

三角形格构型断面［图 6-41（e）］纵向刚度大，横向刚度也大，适合于无风撑钢管混凝土拱桥。黑龙江牡丹江大桥净跨 100m，由 3 根直径 600mm 钢管混凝土弦杆和直径 180mm 的竖杆及直径 500mm 的水平横杆组成，确保了拱肋截面的整体刚度。

集束型［图 6-41（f）］是将钢管桁架改成集束钢管，钢管间采用螺栓、电焊以及钢板箍（间距 2～3m）连成整体形成拱肋，与钢管桁架相比可节省腹杆，但纵向刚度减弱。已建成的有四川武隆县峡门口乌江大桥和白马石梁河大桥。

拱桥是一个以受压为主的构件，为节省材料，多采用格构式截面，将弯矩转化为轴向力。

拱肋通常做成等高、等宽截面，以方便加工制作。当拱脚段应力较大时，可将拱脚段做成变截面形式。钢管混凝土变截面主要通过改变腹杆长度来实现，很少改变钢管直径。

当拱脚段处于淹没于水中，或拱脚段受力较大，或有防撞等要求的情形时，可将拱脚段做成钢管混凝土实腹结构。

b. 钢管　选定断面形式后，钢管直径及壁厚尺寸将直接影响结构的强度，考虑到防腐等要求，壁厚不宜小于 12mm。

钢管与混凝土面积之比称之为含钢率 α，其值不宜小于 5%，否则不能发挥钢管混凝土弦杆的套箍作用，但也不宜大于 10%，以免耗用过多的钢材，造成浪费。

钢管应采用 Q235qC 或 Q235qD 钢，既可采用成品无缝钢管，也可用钢板卷制加工而成。当钢管直径较大或壁厚超过常用规格时，可用钢板冷卷或热压后焊接成相应的空钢管。焊缝可以采用螺旋焊接，也可以采用直缝，但都应符合《公路桥涵钢结构及木结构设计规范》（JT 025—86）的有关质量检验标准。由于焊接质量直接关系到全桥的安全，对焊缝必须采用超声波或 X 射线检测。

c. 混凝土　钢管内填芯混凝土宜选用高强度等级，使其与钢管钢号和含钢率匹配，以充分发挥钢管混凝土构件的套箍作用。

钢管混凝土应采用泵送，为了保证混凝土能填满钢管，应采用减水剂和膨胀剂，同时掺入适量的粉煤灰，以降低混凝土的水化热，减少水泥用量，提高混凝土的和易性和可泵性，减少收缩。

通常把 $A_s f_s / A_c f_c$ 称之为套箍指标，它是钢管混凝土结构的一个重要参数，宜控制在 0.3～3 之间，以确保钢管混凝土构件在使用荷载作用下处于弹性工作阶段，且在破坏前具有足够的延性。若套箍指标小于 0.3，当混凝土强度等级较高时，会因钢管的套箍能力不足而引起脆性破坏；相反，若套箍指标大于 3，当混凝土强度等级过低时，结构会在使用荷载下产生塑性变形。

② 横撑　横撑主要设置在拱顶、拱脚、拱肋与桥面系交接处，横撑的主要作用是将钢管混凝土拱肋连接成整体，以确保结构稳定。

钢管混凝土拱肋的横撑多采用钢管桁架，钢管可以是空心的，也可以内填混凝土，做成钢管混凝土横撑。

横撑在拱脚段多做成桁式 K 撑或 X 撑，以获得更好的稳定性；在桥面系以上则多采用直撑、K 撑或 H 形撑。

③ 吊杆　中、下承式钢管混凝土拱桥需设置吊杆，吊杆一般采用柔性吊杆。锚固在拱肋上的吊杆锚具，为避免直接暴露在大气中，常设置在拱肋弦杆内或缀板处，如图 6-42 所示。图 6-42（d）是图 6-42（a）的大样构造图。垫板 A 由 4 根 416mm 的定位钢筋焊接在钢管内，为加强定位钢筋与钢管的连接，加焊 ϕ22mm 的圆形加强筋，以加固圆形开孔。

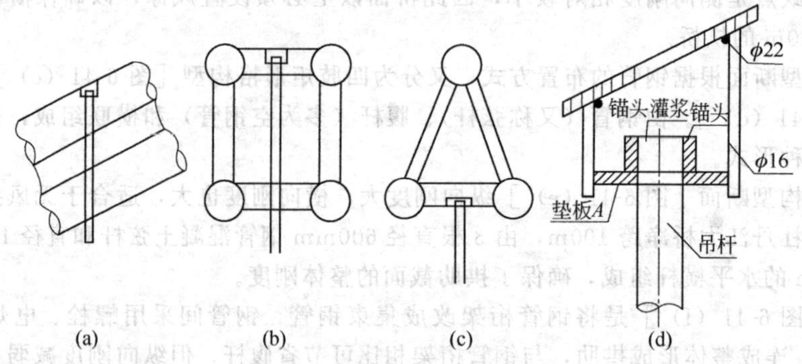

图 6-42 拱肋吊杆锚具布置

吊杆可采用平行钢绞线或平行钢丝束，外套无缝钢管或热挤聚乙烯防护层。上下锚头可采用 OVM 锚、冷铸镦头锚等，然后用高强度等级混凝土封锚。

通常将张拉端设置在缀板处或钢管弦杆内，下端为固定锚，以方便拆卸更换。锚头要求防护严密，不能外露于大气中，防止锈蚀。

为便于以后更换吊杆，可以做成双吊杆。

④ 节点与连接 钢管混凝土拱肋上下弦杆、腹杆、横系梁之间的相互连接以及与钢结构、钢筋混凝土结构等构件之间的连接应满足强度、刚度和稳定性要求。钢管混凝土拱肋连接构件应做到构造简单、整体性好、传力明确、安全可靠、节省材料、方便施工。

钢管混凝土结构连接设计的关键在于如何确保可靠地传递内力。

a. 拱肋弦杆连接构造 为减轻吊装质量，通常将钢管混凝土拱肋分为数段（多为奇数段）。拱肋上、下弦杆是钢管混凝土拱桥的主要受力构件，因此其上、下弦杆连接是钢管混凝土拱件连接的关键。为了充分发挥钢管、混凝土的承载力，应尽可能将连接力直接传递到核心混凝土上。采用法兰盘连接，传力明确，能有效地将荷载传递给核心混凝土，如图 6-43 所示。

钢管混凝土拱肋的节段数比普通钢筋混凝土拱肋的分段数要多，采用常规的吊装方法难以控制标高，因此，常采用吊一段焊一段的施工方法。先吊装一个拱肋节段，用锚栓将法兰盘连接，调整接头和拱肋标高后，将其焊死；然后再吊装下一个节段，又用螺栓将法兰盘连接，调整标高，再焊接，如此反复，直到拱肋合拢。

b. 拱肋弦杆与拱座的连接 为加强拱肋上、下弦杆与拱座的连接，应将拱肋上、下弦杆插入拱座内，插入长度应为钢管直径的 1～2 倍。弦杆端头应与预埋在拱座内的钢板或钢筋连接。为避免吊装过程中在拱脚产生附加弯矩，便于调整拱轴高程，往往在拱座处设置拱脚铰支座，如图 6-44 所示。等拱肋全部合拢并调整完拱肋高程再焊死封口进行封铰。

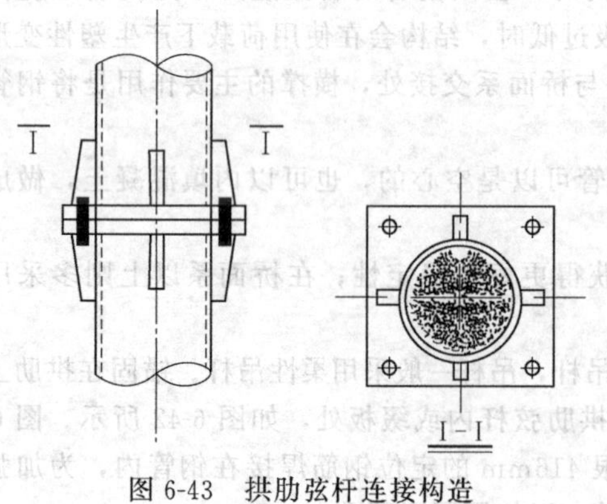

图 6-43 拱肋弦杆连接构造

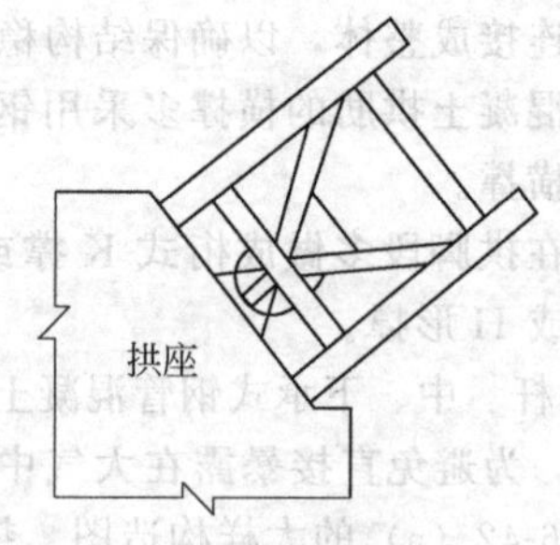

图 6-44 拱脚铰支座

c. 格构式拱肋腹杆、系梁布置与构造连接　钢管混凝土拱肋是一个轴心受压构件，当拱肋为格构式时，其腹杆宜布置成如图6-45所示的形式，腹杆分直腹杆和斜腹杆。腹杆多采用空钢管，与钢管弦杆直接焊接。相邻两根直腹杆的距离 s 与吊杆的布置、斜腹杆与直腹杆之间的夹角有关，一般宜在35°～55°之间。腹杆与弦杆轴线宜交于一点，或腹杆轴线交点与弦杆轴线的间距不大于 $D/4$（D 为钢管的外径），否则应考虑其偏心影响。

腹杆端部净间距应不小于50mm。腹杆壁厚不宜大于弦杆管壁厚度，腹杆不穿入弦杆。在任何情况下，弦杆上不允许开孔。

腹杆与弦杆、腹杆与腹杆、腹杆与系梁之间的连接尽可能采用直接对接的方式，只有在连接管较多，且发生冲突时，才可采用节点板连接方式，如图6-46所示。当采用节点板连接时，必须将空心的腹杆端头封死，以免潮气侵入，造成管内锈蚀。弦杆的其它构造要求、焊接计算以及在弦杆连接处的受拉承载力计算，必须满足规范的有关规定。

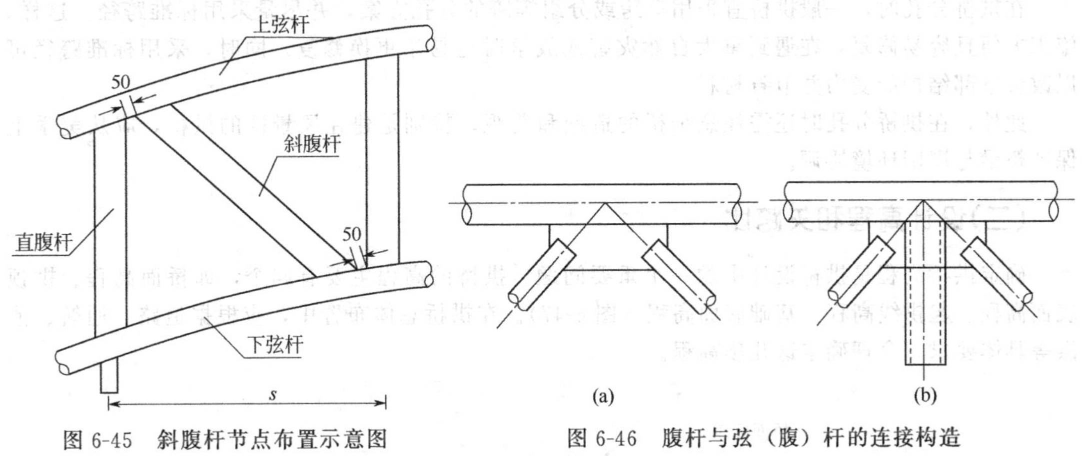

图6-45　斜腹杆节点布置示意图　　图6-46　腹杆与弦（腹）杆的连接构造

d. 格构式拱肋缀条的节点构造　格构式拱肋各钢管之间用缀条或缀板连接。缀条可采用钢板，也可采用钢管。圆钢管工作性能好，与弦杆直接焊接，传力简捷，节点构造简单。缀板应用16Mn或A3钢板制成。

第三节　拱桥的设计

一、拱桥的总体设计

与其它桥型一样，拱桥的总体布置十分重要。在通过必要的桥址方案比较，确定了桥位之后，再根据桥址地形、水文、地质等具体情况，合理地拟定拱桥的长度、结构形式及结构体系、跨径及孔数、桥面高程及主拱圈的矢跨比等，是拱桥总体设计的主要内容。

（一）桥长及分孔

拱桥设计时，应根据桥址地形、水文、地质等具体情况，进行技术、经济、美观等方面的比较，确定两岸桥台台口之间的总长度，再考虑桥梁与两端路线的衔接及桥台的施工等因素，确定桥台的位置和长度，桥梁的全长便确定了。

在桥梁全长确定后，再根据桥址地形、水文、地质及有无通航等具体情况，并结合结构体系、结构形式和施工条件，对拱桥进行分孔，确定选择单孔拱桥还是多孔拱桥。

对于多孔拱桥，分孔方式是总体布置中一个比较重要的问题。如果拱桥跨越的是通航河流，在确定孔数与跨径时，一般分为通航孔和不通航孔两部分，并确定通航孔数。通航孔的桥下净空尺寸应满足航道等级规定的要求，并与航道部门协商，必要时应进行通航论证。通航孔的位置一般布置在常水位时河床最深处或正常航行时的航道上，不应由于桥梁的修建而使航位有大的改变。对于变迁性河流，鉴于航道位置可能发生变化，应多设几个通航孔，这样，即使主河道位置变迁时，也能保证通航要求。不通航孔或非通航河段，桥孔划分可按经济原则考虑，尽量使上、下部结构的总造价最低。

在拱桥分孔时，应本着经济适用的原则进行。有时为了避开深水区或不良的地质地段（如软土层、溶洞、岩石破碎带等），可根据具体情况将跨径加大。在水下基础结构复杂、施工困难的地方，为了减少基础工程，也可以考虑采用较大跨径。对跨越高山峡谷、水流湍急的河道或宽阔的水库，由于基础及墩台的施工困难或费用太大，可考虑采用大跨径跨越。

在拱桥分孔时，一般拱桥宜采用等跨或分组等跨的分孔方案，并尽量采用标准跨径。这样，施工方便且容易修复，在遇到重大自然灾害或战争时也易于更换修复。同时，采用标准跨径可以改善下部结构的受力并节省材料。

此外，在拱桥分孔时还需注意全桥的造型和美观，特别是建在风景区的拱桥，应从美学上保证桥梁与周围环境协调。

（二）设计高程和矢跨比

确定拱桥高程是拱桥设计中的一个重要问题。拱桥的高程主要有四个，即桥面高程、拱顶底面高程、起拱线高程、基础底面高程（图6-47）。在拱桥总体布置中，应根据道路、通航、泄洪等具体要求，合理确定这几项高程。

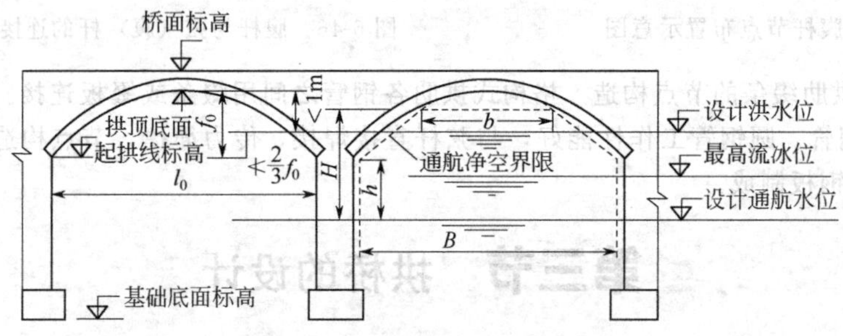

图6-47 拱桥高程及桥下净空

拱桥的桥面高程是指桥面与缘石相接处的高程。桥面高程代表着建桥的高度，特别在平原区，在相同纵坡情况下，桥高会使两端的引桥或引道工程显著增加，将提高桥梁的总造价。

反之，如果桥修矮了，不但有遭受洪水冲毁的危险，而且往往影响桥下通航的正常运行，致使桥梁建成后带来难以挽救的缺陷。

建在山区河流上的拱桥，由于两岸公路路线的位置一般较高、桥面高程一般由两岸线路的纵断面设计所控制。

对跨越平原区河流的拱桥，为了保证桥梁的安全，桥下必须留有足够的泄洪净空，其桥面高程一般由桥下净空所控制。对于有淤积的河床，桥下净空尚应适当加高。对于通航河流，通航孔的最小桥面高度，除满足以上要求外，还应满足对不同航道等级所规定的桥下净空限界的要求。设计通航水位，一般是按照一定的设计洪水频率进行计算，并与航运部门具体协商决定。

因此，拱桥桥面高程一方面由两岸线路的纵断面设计来控制，另一方面要保证桥下净空能满足通航及泄洪要求。设计时应综合考虑有关因素，并与有关部门（航运、防洪、水利等）商定。

拱顶底面的高程在桥面高程确定后，由桥面高程减去拱顶处的建筑高度就可得到。拟定起拱线高程时，为了减小墩台基础底面的弯矩，节省墩台的圬工数量，一般宜选择低拱脚的设计方案。但具体设计时，拱脚的位置可能会受到通航净空、排洪、洪水等条件限制。

对于无铰拱桥，可以将拱脚置于设计水位以下，但通常淹没深度不得超过矢高的2/3。为了保证漂浮物能通过，在任何情况下，拱顶底面应高出设计洪水位1.0m。对于有铰拱桥，拱脚需高出设计洪水位以上0.25m。为了防止冰害，有铰或无铰拱拱脚均应高出最高流冰面0.25m。

当洪水带有大量漂浮物时，若拱上建筑采用立柱时，宜将起拱线高程提高，使主拱圈不要淹没过多，以防漂浮物对立柱的撞击或挂留。有时为了美观的要求，应避免就地起拱，而应使墩台露出地面一定的高度。

拱桥基础底面的高程，主要根据河流的冲刷深度、桥址处地质情况、地基承载能力等因素确定。

当拱顶、拱脚高程确定后，根据跨径即可确定拱的矢跨比。矢跨比是拱桥设计的一个主要特征数据，它不但影响主拱圈内力，还影响拱桥施工方法的选择，它与整个拱桥的造价密切相关。同时，矢跨比也影响整个桥梁的视觉效果及其与周围景观是否协调。

拱的恒载水平推力与垂直反力之比值，随矢跨比的减小而增大。当矢跨比减小时，拱的推力增加，反之则推力减小。众所周知，推力大，相应地在主拱圈内产生的轴向力也大，对主拱圈本身的受力状况是有利的．但对墩台基础不利。同时，矢跨比小，则弹性压缩、混凝土收缩和温度等附加内力均较大，对主拱圈不利。在多孔情况下，矢跨比小的连拱作用较矢跨比大的显著，对主拱圈也不利。然而，矢跨比小却能增加桥下净空，降低桥面纵坡，拱圈的砌筑和混凝土的浇筑比较方便。因此，在设计时，矢跨比的大小应经过综合比较进行选择。

通常，对于砖、石混凝土拱桥和双曲拱桥，矢跨比一般可取1/8～1/4，不宜小于1/8；钢筋混凝土箱形拱桥的矢跨比一般为1/8～1/5。一般将矢跨比大于或等于1/5的拱称为陡拱，矢跨比小于1/5的称为坦拱。

(三)不等跨连续拱的处理

一般情况下，多孔拱桥最好选用等跨分孔的方案。但有时会受地形、地质、通航等条件的限制，或引桥很长，考虑与桥面纵坡协调一致，以及特殊的美观要求，可以考虑用不等跨分孔的办法处理。

由于拱桥采用不等跨，相邻桥孔的恒载推力不相等，使桥墩和基础增加了恒载的不平衡推力，这一不平衡推力导致桥墩和基础受力极为不利。为解决这一问题，通常有两类处理方法，一是采用无推力的系杆拱以避免水平推力对邻跨的影响；二是减小连拱作用，即可以采取以下措施减小不平衡推力，改善桥墩和基础的受力状况。

1. 采用不同的矢跨比

在跨径一定时，矢跨比与推力大小成反比，因此，在相邻两孔中，大跨径选用矢跨比大的拱，小跨径选用矢跨比小的拱，可使两相邻孔在恒载作用下的水平推力大致相等。

2. 采用不同的拱脚高程

可以将水平推力大的拱脚放在较低的位置，水平推力相对较小的拱脚则放在较高的位置，这样可使两侧水平推力对桥墩基底产生的弯矩得到平衡（图 6-48）。

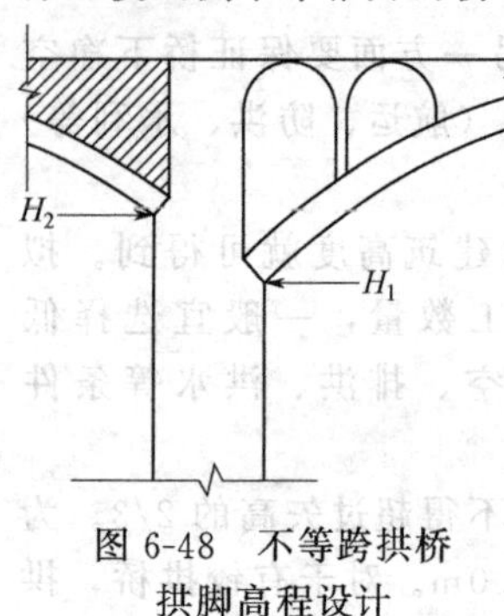

图 6-48　不等跨拱桥拱脚高程设计

3. 调整拱上建筑的恒载重力

对于上承式拱桥，可以通过调整相邻两孔拱上建筑的恒载重力，来达到调整水平推力的目的。大跨径用轻质的拱上填料或采用空腹式拱上建筑；小跨径用重质的拱上填料或采用实腹式拱上建筑。

4. 采用不同类型的拱跨结构

相邻跨可以采用不同类型的拱跨结构，例如大跨采用中承式肋拱，小跨采用上承式板拱，再加上矢跨比等其它设计参数的调整，相邻跨的拱脚水平推力可做较大调整（图 6-49）。拱桥的种类繁多，类似调整的方法还有很多，不再一一列举。

图 6-49　不同类型的拱跨结构

二、拱轴线的选择

拱桥的设计应首先要选择合理的拱轴线，选择拱轴线的原则是要尽可能地降低由于荷载作用产生的拱轴内弯矩数值。最理想的拱轴线是与拱上各种荷载作用下的压力线相吻合，这时拱圈截面只受轴向压力而无弯矩作用，从而能充分利用圬工材料的抗压性能。但事实上是不可能获得这样的拱轴线的，因为除永久作用外，拱圈还是受到可变作用、温度变化和材料收缩等因素的作用。当永久荷载作用压力线与拱轴线吻合时，在可变荷载作用下就不再吻合，然而公路拱桥的永久荷载作用占全部荷载的比重较大。如一座 30m 跨径的双车道公路拱桥，可变荷载大约只是永久荷载的 20%，随着跨径的增大，永久荷载作用占的比重还将增大。因此，以永久荷载作用压力线作为设计拱轴线，可以认为基本上是适宜的。但是，即使仅在永久荷载作用下，拱圈本身的轴线还将因材料的弹性压缩而变形，致使拱圈的实际压力线与原来设计所采用的拱轴线仍会发生偏离。因此在拱桥设计时，要选择一条能够使永久荷载作用下的截面弯矩都是零的拱轴线也是不可能的。

一般而言，拱桥设计中所选择的拱轴线应满足以下几个方面的要求：①尽量减少拱圈截面的弯矩，使主拱圈在计入弹性压缩、均匀温降、混凝土收缩等影响下各主要截面的应力相差不大，且最大限度减小截面拉应力，最好是不出现拉应力；②对于无支架施工的拱桥，应能满足各施工阶段的要求，并尽可能少用或不用临时性施工措施；③线型美观，便于施工。

目前，拱桥常用的拱轴线型有以下几种。

1. 圆弧线

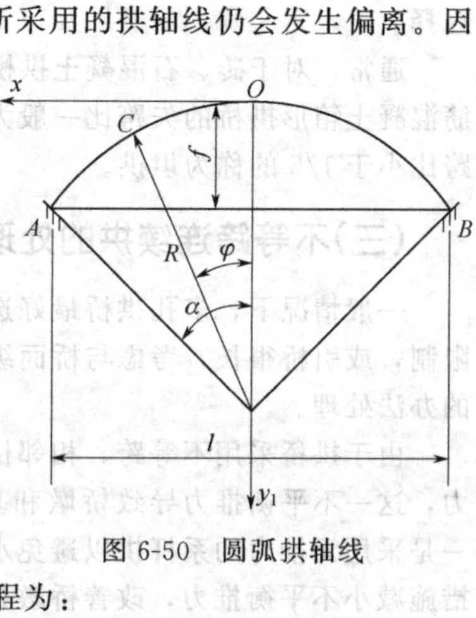

圆弧线拱轴线（图 6-50）对应于同一深度静水压力下的压力线。圆弧线线形简单，全拱曲率相同，施工方便。拱轴方程为：

图 6-50　圆弧拱轴线

$$\left.\begin{aligned} y_1 &= R(1-\cos\varphi) \\ x &= R\sin\varphi \\ R &= \frac{l}{2}\left(\frac{1}{4f/l}+\frac{f}{l}\right) \end{aligned}\right\} \tag{6-1}$$

当计算矢高和计算跨径已知时，根据上述几何关系可计算出各几何量。

圆弧形拱轴线与实际的恒载压力线有偏离，使拱轴各截面受力不够均匀，当矢跨比较小时，两者偏离不大，随着矢跨比的增大，偏离逐渐增大。因此，圆弧拱轴线常用于15～20m以下的小跨径拱桥和空腹式拱桥的拱式腹拱中。有些大跨径钢筋混凝土拱桥，为简化施工，也有采用圆弧作为拱轴线方案的。

对圆弧线拱，任意截面拱轴切线的水平倾角φ为

$$\varphi=\alpha\text{rcsin}\left(\frac{x}{R}\right) \tag{6-2}$$

2. 抛物线

二次抛物线对应于竖向均匀荷载作用下拱的压力线。对于恒载强度比较接近均布的拱桥，如中承式肋拱桥、矢跨比较小的空腹式钢筋混凝土拱桥、钢筋混凝土桁架拱和刚架拱等轻型拱上结构的拱桥，可以采用二次抛物线作为拱轴线（图6-51），其方程为：

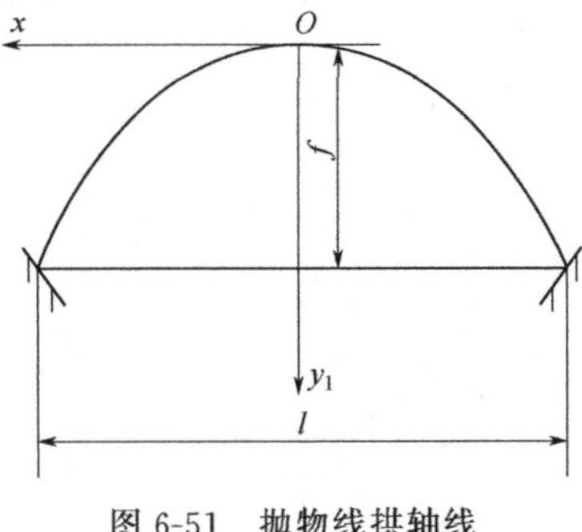

图6-51　抛物线拱轴线

$$y_1=\frac{4f}{l^2}x^2 \tag{6-3}$$

对二次抛物线拱，任意截面拱轴切线的水平倾角φ为

$$\varphi=\alpha\text{rctan}\left(\frac{\mathrm{d}y_1}{\mathrm{d}x}\right)=\alpha\text{rctan}\left(\frac{8f}{l^2}x\right) \tag{6-4}$$

在某些大跨径拱桥中，由于特殊的拱上建筑布置，为了尽量使拱轴线与恒载压力线相吻合，也采用高次抛物线（四次、六次抛物线）作为拱轴线。

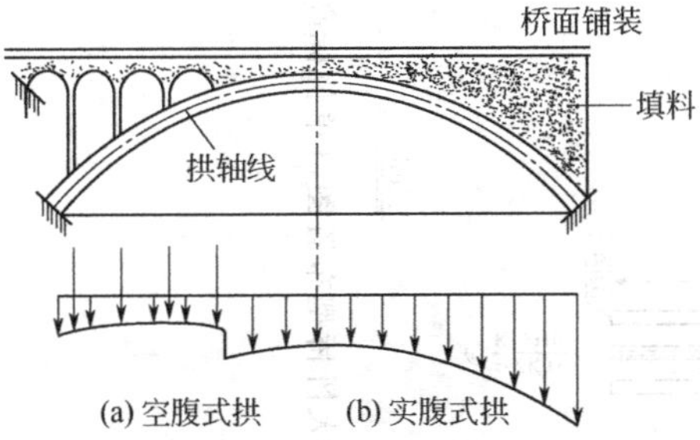

桥面铺装　填料　拱轴线

(a) 空腹式拱　(b) 实腹式拱

图6-52　悬链线拱恒载分布图

3. 悬链线

实腹式拱桥的恒载集度（单位长度的恒重）由拱顶到拱脚是连续分布并逐渐增大的［图6-52（b）］，其恒载压力线是一条悬链线。因此，一般认为，悬链线是实腹式拱的合理拱轴线。

空腹式拱桥的恒载集度从拱顶到拱脚不再是连续的［图6-52（a）］，它既承受拱轴自重的分布荷载，又承受拱上立柱（横墙）传来的集中荷载，其恒载压力线是一条不平滑的曲线，可采用数值法确定。某些桥梁直接采用恒载压力线作为拱轴线，或与恒载压力线相逼近的连续曲线作为拱轴线。然而这些曲线计算麻烦。目前，普遍的做法还是用悬链线作为空腹式拱的拱轴线，而使拱轴线与恒载压力线在拱顶、两个1/4截面和两个拱脚截面五个截面相重合（称为"五点重合法"），这样可利用现存完整的悬链线计算用表来计算各项内力。同时，理论分析证明，拱轴线与恒载压力线的偏离对空腹式主拱的受力是有利的。因此，悬链线是目前大、中跨径拱桥最普遍采用的拱轴线形。

第四节　拱桥实例——滦河特大桥

一、工程概况

滦河大桥是燕山大路南延工程中的一座特大型桥梁，桥型布置如图6-53所示。本桥为5×60m钢筋混凝土上承式箱形拱桥，设计桥梁起点桩号K1＋190.00，终点桥梁桩号K1＋490.00，桥梁总长300m。主拱为无铰拱。全桥按联拱5×60m设计计算。拱上连续板，跨径组成9×6.667m。每幅桥设六道伸缩缝，每一个交接墩设一道。

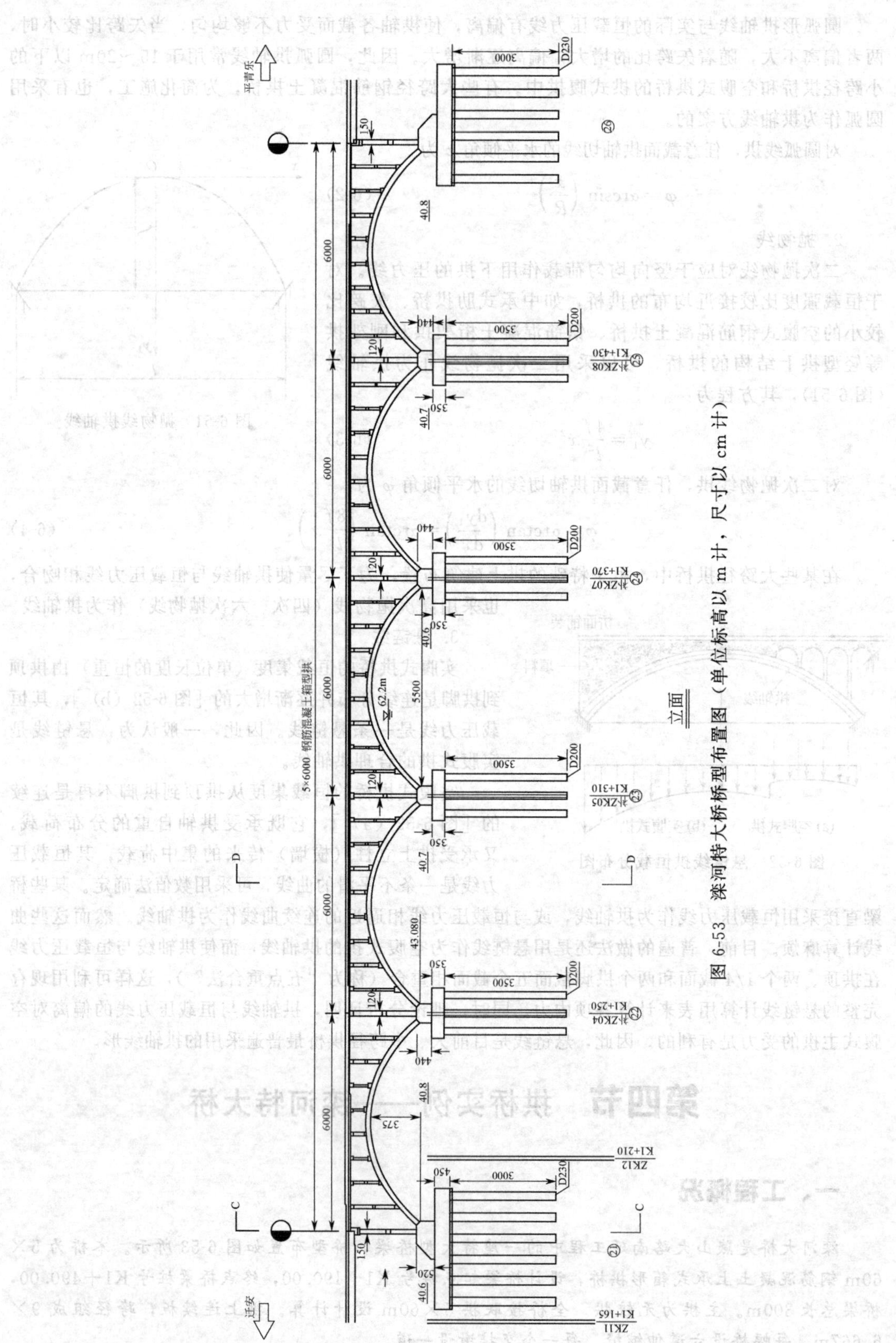

图 6-53　滦河特大桥桥型布置图（单位标高以 m 计，尺寸以 cm 计）

二、主要技术标准

道路等级：城市主干路。

设计车速：设计车速60km/h。

设计荷载：公路Ⅰ级，（特载）T-160级（一列），人行荷载按《城市桥梁设计荷载标准》（CJJ 77—1998）规范第6.1-9.1条执行。

桥梁宽度：采用双幅设计，双向8车道，桥梁总宽47.5m，布置为：中央分隔带5m＋左侧路缘带2×0.5m＋行车道2×（3×3-5＋3.75）m＋右侧路缘带2×0.5m＋隔离墩2×0.5m＋非机动车道2×3.5m＋人行道2×1.5m＋防撞护栏2×0.5m。

气温：年平均气温10.1℃，极端最低气温－28.2℃，极端最高气温38.9℃。

抗震烈度：Ⅶ度区，地震动峰值加速度为0.15g，场地特征周期为0.45s。场地土类型为中硬土，场地类别为Ⅱ类。桥梁类别为B类，按Ⅷ设防。

设计洪水频率：1/300。

航道：无通航要求。

三、构造设计

1. 主拱圈结构

从施工角度，箱形拱的截面刚度大，稳定性好，操作安全，现浇混凝土程序少，整体性也较好，这些优点跨径越大越显著，因此采用箱形截面作拱圈。该桥梁拱轴线为悬链线，通过计算选择与恒载压力线最接近的拱轴系数为$m=1.790$，主拱圈净矢高13.75m，净跨径55m，矢跨比1/4。

主拱圈为单箱五室，拱圈高1.4m，全宽21.5m；箱室顶、底板厚度由拱脚处25cm渐变到相邻横隔板倒角下缘处20cm，其余部分全部为20cm；箱室边腹板宽由拱脚处50cm渐变到相邻横隔板倒角下缘处40cm，其余部分全部为40cm；箱室中腹板宽由拱脚处50cm渐变到相邻横隔板倒角下缘处30cm，其余部分全部为30cm；横隔板厚40cm，如图6-54所示。主拱圈、拱座、连续板均为C40混凝土。

2. 拱上建筑

拱上建筑采用轻型结构，这对于大跨径拱桥很有意义，减轻拱上自重就可以减小拱圈截面，或降低应力。本桥采用梁式拱上建筑。

拱圈上垫梁最小边高度50cm，宽度为立柱纵向宽度加两侧各20cm襟边。拱上立柱为矩形断面，断面尺寸为80cm×60cm（纵×横），系梁为70cm×60cm（高×宽）。见图6-55。

中拱座上立柱：矩形断面120cm×80cm（纵×横），系梁100cm×90cm（高×宽），见图6-56。

边拱座上立柱：矩形断面150cm×100cm（纵×横），系梁130cm×100cm（高×宽）。

拱上立柱盖梁：90cm×100cm（高×宽），见图6-55。

中交接墩盖梁：150cm×150cm（高×宽），见图6-56。

边交接墩“L”形盖梁：

$21^{\#}$墩：160（268.5）cm×180cm（高×宽）；

$26^{\#}$墩：160（306.5）cm×180cm（高×宽）。

中拱座：高440cm，上宽291.6cm，下宽540cm，见图6-56。

边拱座：高520cm，上宽493.8cm，下宽1038cm。

中拱座承台：$22^{\#}$、$23^{\#}$、$24^{\#}$、$25^{\#}$墩：350cm×1400cm×2360cm（高×纵宽×横宽），见图6-56。边拱座承台：450cm×3330cm×2360cm（高×纵宽×横宽）。

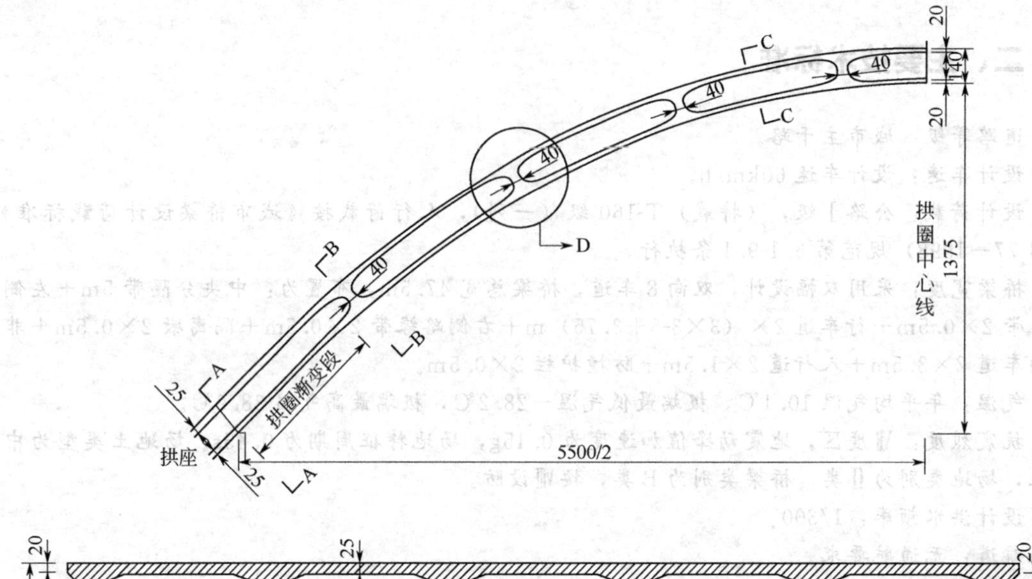

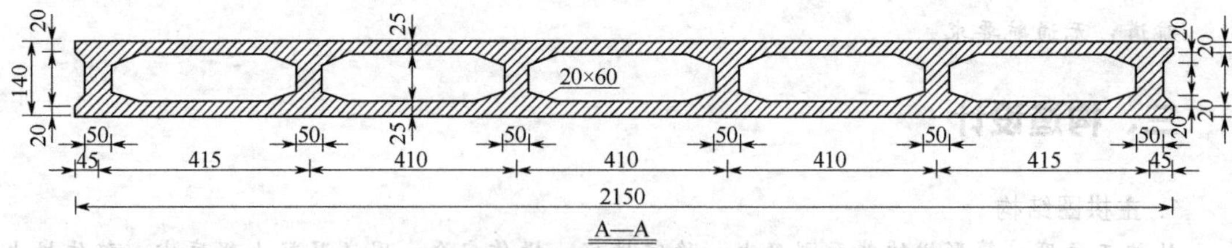

A—A

图 6-54　滦河特大桥主桥拱圈一般构造图（单位标高以 m 计，尺寸以 cm 计）

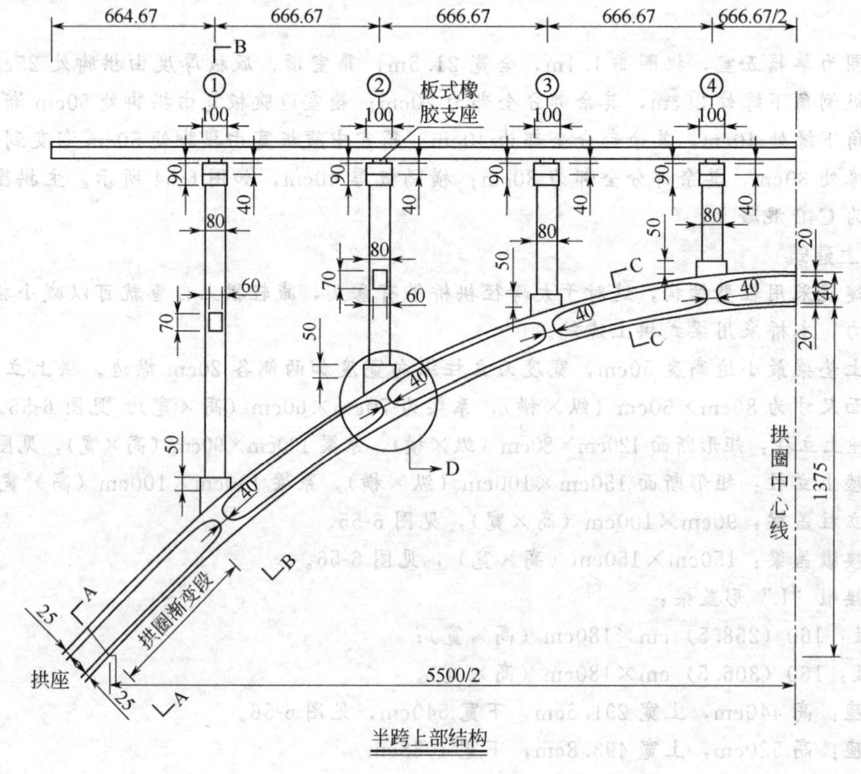

半跨上部结构

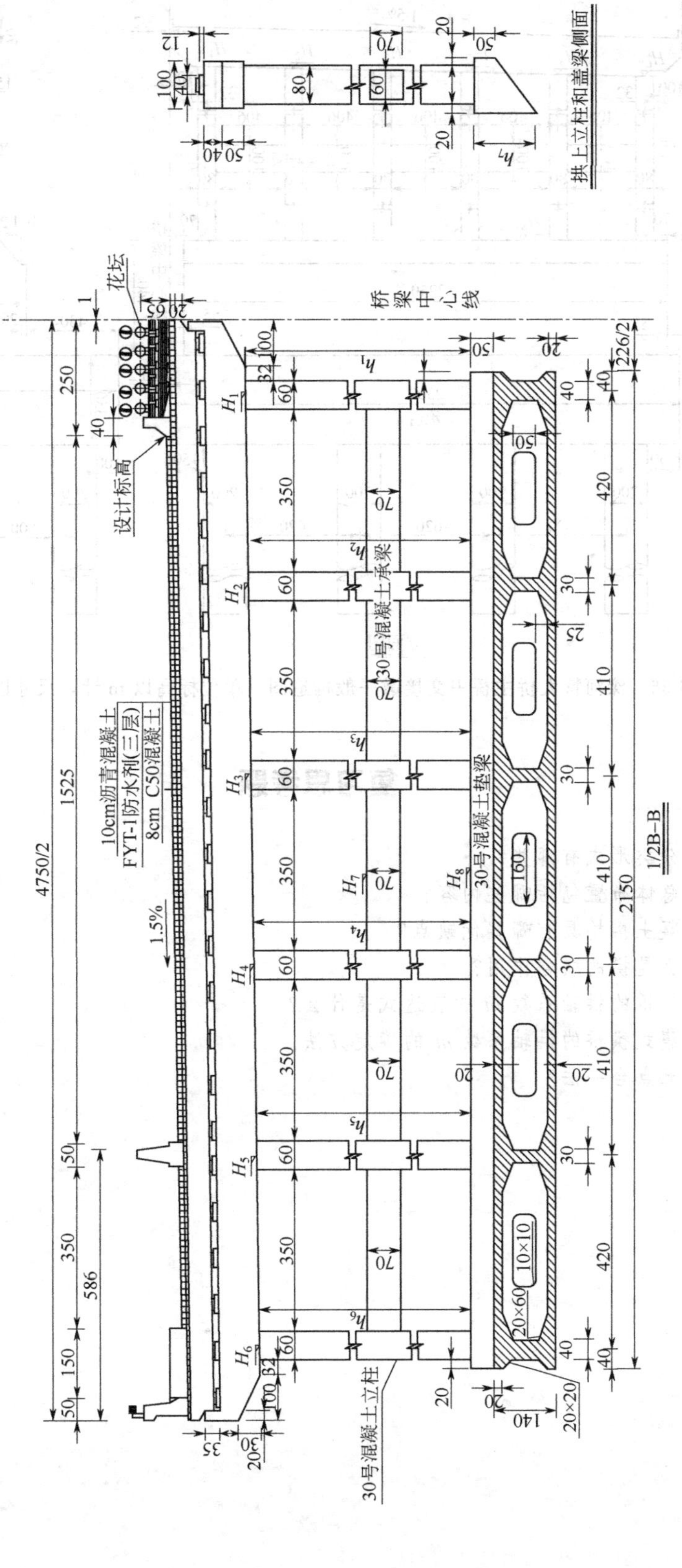

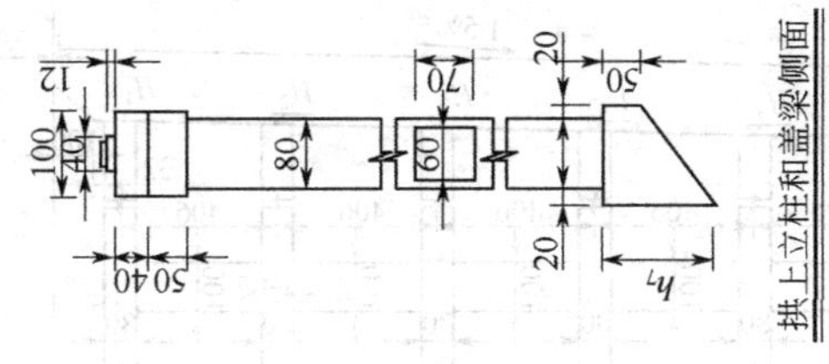

1/2B-B

图 6-55　滦河特大桥拱上建筑一般构造图（单位标高以 m 计，尺寸以 cm 计）

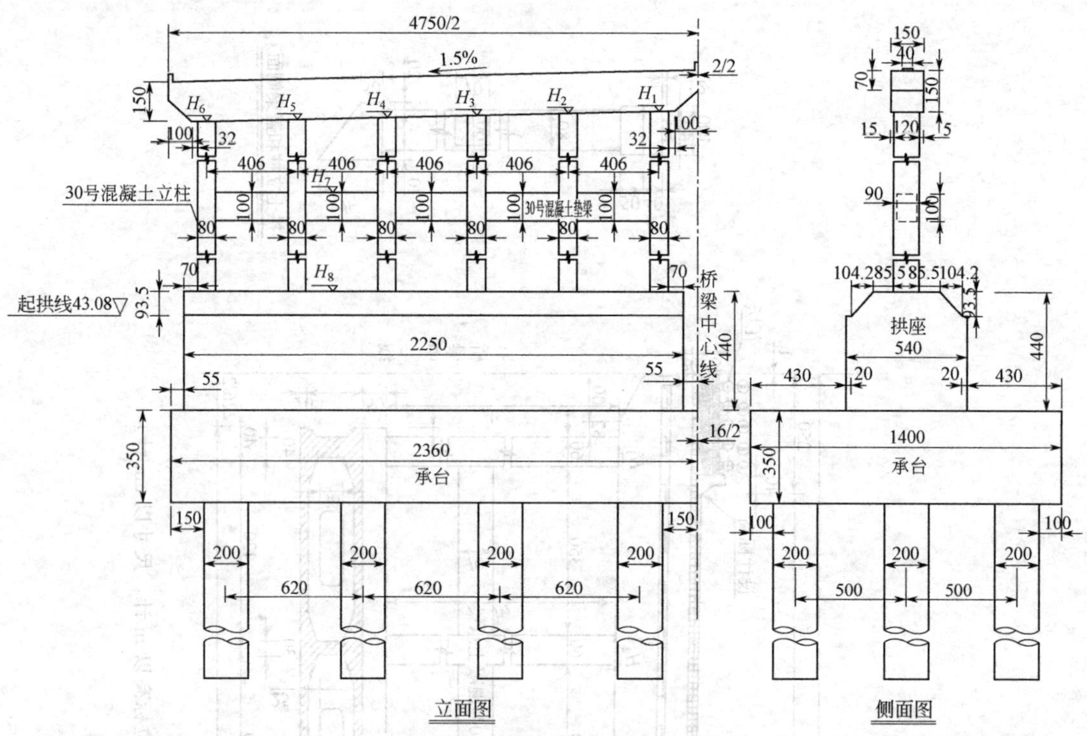

图 6-56　滦河特大桥主桥中交接墩一般构造图（单位标高以 m 计，尺寸以 cm 计）

复习思考题

1. 拱桥的分类形式有哪些？
2. 拱桥的总体布置包括哪些内容？
3. 钢管混凝土拱桥具有哪些优缺点？
4. 解释什么是拱的联合作用？
5. 实腹式拱桥的拱轴系数 m 的表达式是什么？
6. 简述实腹式拱桥的拱轴系数 m 的确定方法。
7. 什么是五点合一法？

第七章 斜拉桥及悬索桥构造

学习要点：斜拉桥的常见结构体系及特点；主要承载构件及构造；悬索桥的基本类型、主要承载构件及各部分构造。

第一节 斜拉桥构造

一、斜拉桥概述

斜拉桥又称斜张桥，它的上部结构由主梁、斜拉索和索塔三种基本构件组成，属于组合体系桥梁。如图 7-1 所示。

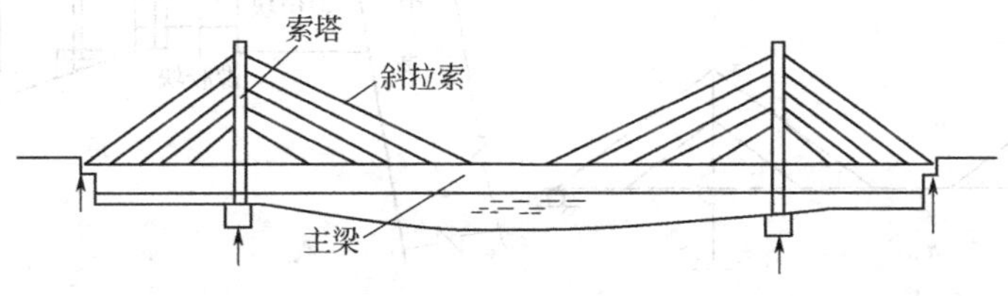

图 7-1 斜拉桥概貌

它是从索塔上用若干斜拉索将主梁吊起，斜拉索的两端分别锚固在主梁和索塔上，将作用在主梁上的恒载和车辆荷载传递至索塔，再通过索塔传至基础和地基。因为主梁在斜拉索的各点支承作用下，像多跨弹性支承的连续梁一样，使弯矩值得以大大地降低，这不但可以使主梁尺寸大大地减小（梁高一般为跨度的 1/200～1/50，甚至更小），而且由于结构自重显著减轻，既节省了结构材料，又能大幅度地增大桥梁的跨越能力。斜拉索对主梁的多点弹性支承作用，只有在斜拉索始终处于拉紧状态时才能得到充分发挥。因此，在主梁承受荷载之前对斜拉索要进行预张拉。预张拉力的结果可以给主梁一个初始支承力，以调整主梁初始内力，使主梁受力状况更趋均匀合理，由于斜拉索被拉成直线形状，不发生大的位移，故与悬索桥相比，斜拉桥具有更大的整体刚度。此外，斜拉索拉力产生的水平分力对主梁施加了强的轴向预压应力，从而增强了主梁的强度和抗裂性能，并节约了主梁中预应力钢材的用量。斜拉桥利用塔、索、梁三者的组合变化做成不同体系，可以适应不同地形与地质条件。独塔方案，可以使全桥总长度缩短，易于适应正桥总长不大的桥梁。密索体系可以使梁高小到 1.5m 左右，使桥下净空增大，增加美学效果，更加适用于城市桥梁。主梁较小的高跨比可使主梁接近薄板结构，加之合理的风嘴构造，使其更具有良好的空气动力稳定性，适宜于风力较大地区。悬浮体系作为抗震设防的有效措施，适宜于地震地区。使斜拉桥在地震地区有更多的应用可能性。斜拉桥利用斜拉索可以发挥无支架施工的优越性，利用永久斜拉索作为临时拉索，使悬臂施工更加容易，施工安全可靠，提高了建桥速度。

二、斜拉桥的结构体系分类

斜拉桥是由主梁、斜拉索和索塔以及下部的桥墩、桥台、基础共同组成的组合体系桥梁。斜拉桥的结构体系按照塔、梁、墩的相互不同结合方式，可划分为漂浮体系、半漂浮体系、塔梁固结体系和刚构体系；按照斜拉索的锚固方式，可划分为自锚体系、部分地锚体系和地锚体系；按照主梁的连续方式分为连续体系和非连续体系；按照索塔的高度不同，分为常规斜拉桥和矮塔部分斜拉桥体系等。

(一)按照塔、梁、墩之间不同结合方式分类

1. 漂浮体系

漂浮体系的特点是塔墩固结、塔梁分离。主梁除两端有支承外，其余全部用拉索悬吊，属于一种在纵向可稍作浮动的多跨弹性支承连续梁，如图 7-2 所示。

由于斜拉索不能对主梁提供有效的横向支承，为了抵抗由于风力等引起主梁的横向水平位移，一般应在塔柱和主梁之间设置一种用来限制侧向变位的板式或聚四氟乙烯盆式橡胶支座，简称侧向限位支座。安装时预先顶紧，以施加横向约束，如图 7-3 所示。

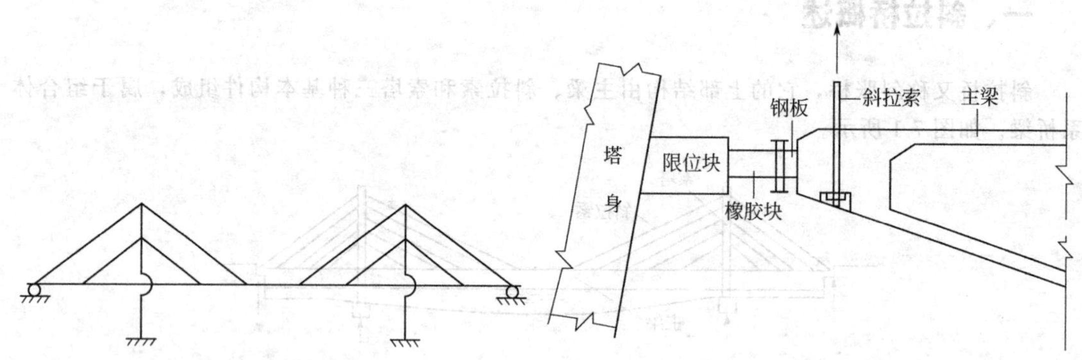

图 7-2　漂浮体系斜拉桥　　　　图 7-3　主梁侧向限位支座

该体系的主要优点是主跨满载时，塔柱处的主梁截面无负弯矩峰值。由于主梁可以随塔柱的缩短而下降，所以温度收缩和徐变次内力均较小。密索体系中主梁各截面的变形和内力的变化较平缓，受力较均匀；地震时允许全梁纵向摆荡，作长周期运动，从而吸震消能。

漂浮体系的缺点是：当采用悬臂施工时，塔柱处主梁需临时固结，以抵抗施工过程中的不平衡弯矩和纵向剪力。另外，由于施工中不可能做到完全对称，成桥后解除临时固结时，应采取必要的措施防止主梁发生纵向摆动。

为了防止纵向飓风和地震荷载使漂浮体系斜拉桥产生过大的摆动，影响使用安全，在斜拉桥塔上的梁底部位设置高阻尼的主梁水平弹性限位装置是十分必要的。

2. 半漂浮体系

半漂浮体系又称为支承体系，其特点是塔墩固结，主梁在塔墩上设置竖向支承，成为具有多点弹性支承的三跨连续梁或悬臂梁，如图 7-4 所示。后者即在跨中设铰或挂孔，挂孔需要有一定长度，以免在一侧悬臂受到

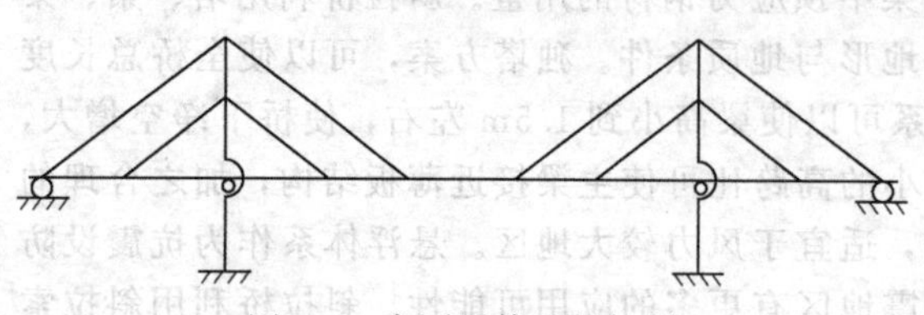

图 7-4　半漂浮体系斜拉桥

荷载作用时，导致挂孔发生较大的倾斜，影响行车通顺。当为连续梁时，可以是一个固定支座，三个活动支座，也可以是四个活动支座，但一般均设活动支座，以避免由于不对称约束而导致不均衡温度变位，水平位移将由斜拉索制约。

半漂浮体系若采用一般支座来处理则无明显优点，因为当两跨满载时，塔柱处主梁有负弯矩尖峰，温度、收缩、徐变次内力仍较大。若在墩顶设置一种可以用来调节高度的支座或弹簧支承来替代从塔柱中心悬吊下来的拉索（一般称“零号索”），并在成桥时调整支座反力，以消除大部分收缩、徐变等的不利影响，这样就与漂浮体系相比，在经济和减小纵向漂移方面将会有一定好处。

3. 塔梁固结体系

塔梁固结体系（图 7-5）的特点是将塔梁固结并支承在墩上，斜拉索为弹性支承。视地质条件，它可用于连续梁或悬臂梁。主梁的内力与挠度直接同主梁与索塔的弯曲刚度比值有关。这种体系的连续主梁一般在一个塔柱处设置固定支座，而其余均为纵向可以活动的支座。

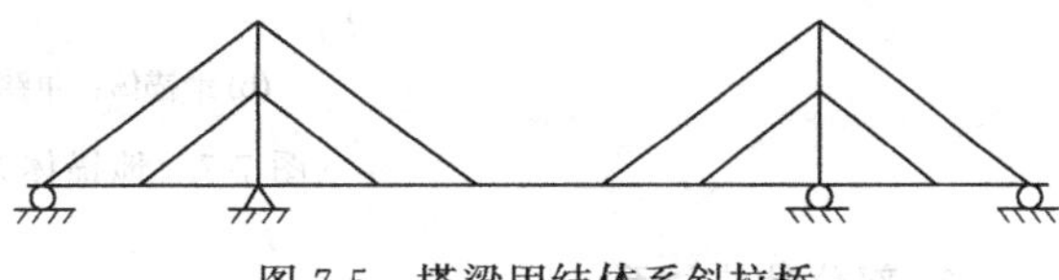
图 7-5　塔梁固结体系斜拉桥

这种体系的优点是：减小塔墩弯矩和主梁中央段承受的轴向拉力，并且索塔和主梁的温度内力极小。缺点是中孔满载时，主梁在墩顶处的转角位移将导致塔柱倾斜，使塔顶产生较大的水平位移，从而显著地增大主梁跨中挠度和边跨负弯矩。另外上部结构重量和活载反力都需由支座传给桥墩，这就需要设置很大吨位的支座。在大跨径斜拉桥中，这种支座甚至达到上万吨级，这样使支座的设计制造及日后养护、更换均带来较大的困难。

4. 刚构体系

刚构体系的特点是塔梁墩相互固结，形成跨度内具有多点弹性支承的刚构。如图 7-6 所示。

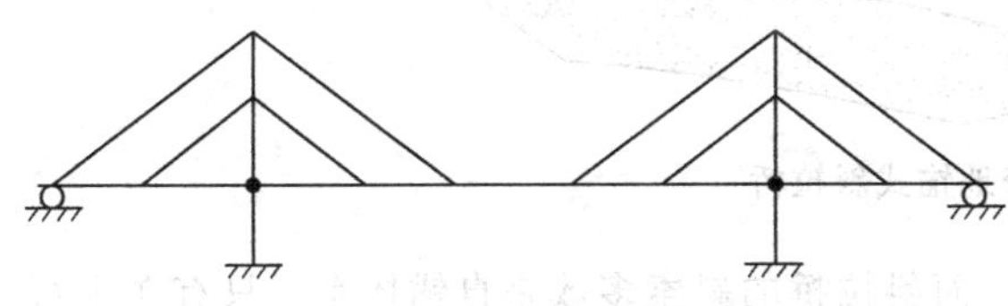
图 7-6　刚构体系斜拉桥

这种体系的优点是：既免除了大型支座又能满足悬臂施工的稳定要求。结构的整体刚度比较好，主梁挠度小。缺点是：主梁固结处负弯矩大，使固结处附近截面需要加大。再则，为消除极大的温度应力，需要在主梁跨中设置可以容许水平移动的剪力铰或挂梁，导致行车不通顺。所以，比较适合于独塔斜拉桥。应用于双塔斜拉桥中时，要求墩身具有一定的柔性来适应由于温度、混凝土收缩、徐变和车辆、人群荷载等对结构产生的水平变形，在高墩双塔斜拉桥中，若采用由两片薄壁组成的柔性墩，则形成连续刚构体系，它能保持刚构体系的优点，并使行车平顺舒适。

(二)按照斜拉索的锚固方式分类

1. 自锚体系

自锚式斜拉桥的全部斜拉索都锚固在主梁与塔柱之间，斜拉索对主梁提供多点弹性支承，桥面恒载和活载通过拉索传到索塔、桥墩和基础，斜拉索的水平分力则由主梁的轴力来平衡。无论是双塔三跨式或独塔双跨式斜拉桥，绝大多数均采用自锚体系。

2. 地锚体系

地锚式斜拉桥的斜拉索一端锚固在主梁上，另一端锚固在山岩上或通过塔顶改变方向后锚固在河岸的地锚中。单跨式（独塔或双塔）斜拉桥由于不存在边跨问题，塔后拉索一般采用地锚式。此时，由拉索的水平分力引起的梁内水平轴力由地锚承担。如图 7-7 所示。

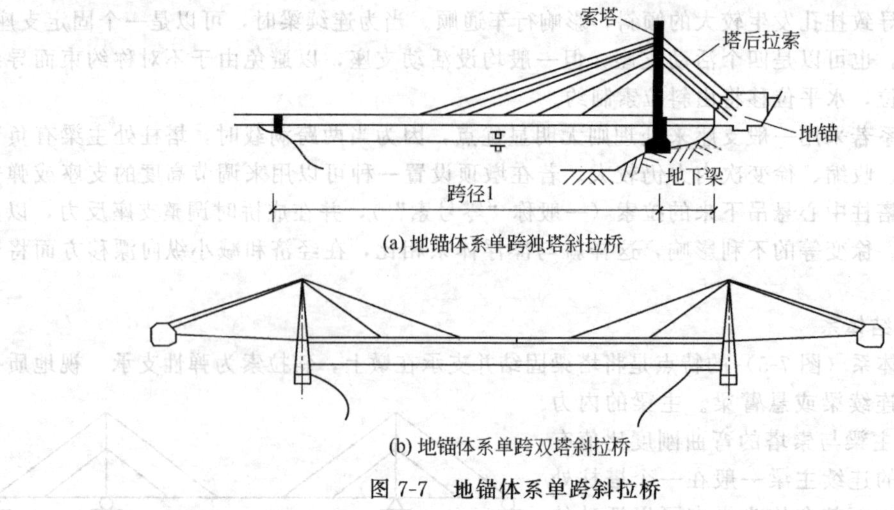

(a) 地锚体系单跨独塔斜拉桥

(b) 地锚体系单跨双塔斜拉桥

图 7-7　地锚体系单跨斜拉桥

3. 部分地锚体系

在双塔三跨式或独塔两跨式斜拉桥中，由于某种原因边跨布置得相对于主跨很小时，可以将边跨部分拉索锚固在主梁上，部分锚固于锚碇，成为部分地锚体系斜拉桥。部分地锚式斜拉桥索塔两侧拉索的不平衡水平分力直接由边跨主梁传递给桥台（锚碇）。如图 7-8 所示。

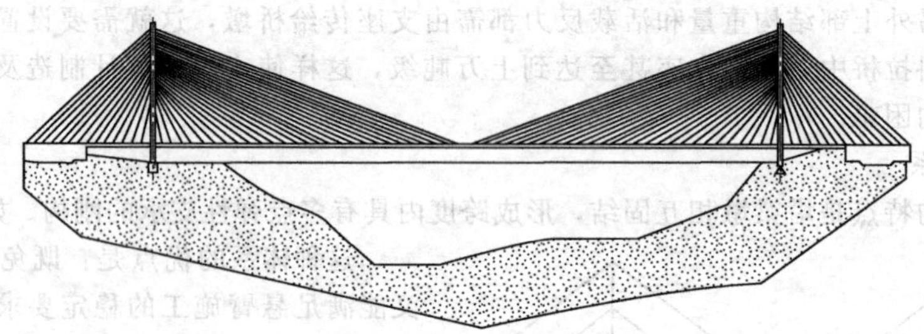
图 7-8　部分地锚式斜拉桥

一般来说，悬索桥的主缆多数是地锚体系。而斜拉桥的斜索多数是自锚体系。只有在主跨很大边跨很小等特殊情况下，少数斜拉桥才采用部分地锚式的锚拉体系。

(三)按斜拉桥索塔的高度不同分类

按斜拉桥索塔的高度不同可分为常规斜拉桥和矮塔部分斜拉桥，如图 7-9 所示。

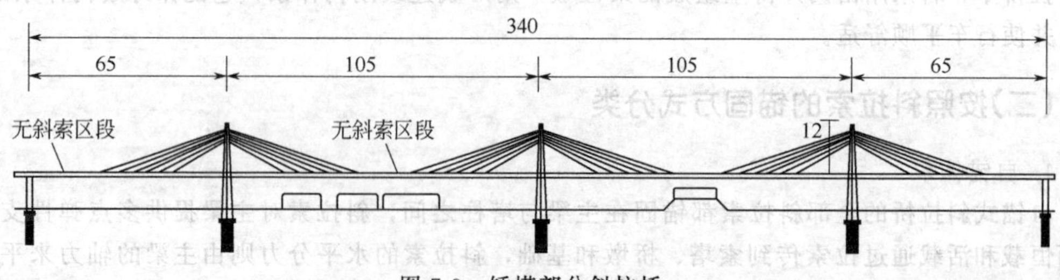

图 7-9　矮塔部分斜拉桥

部分斜拉桥是介于连续梁与常规斜拉桥之间的一种新型桥梁。

与常规斜拉桥相比，部分斜拉桥结构在形式和构造上有显著的特点。主要体现在索塔高度、主梁刚度和斜拉索布置等方面。常规斜拉桥塔高与主跨之比为 1/5～1/4，而部分斜拉桥为 1/12～1/8。由于塔的高度降低，拉索的倾角减小，对主梁的支撑刚度也减小。因拉索只能提供部分刚度，“部分斜拉桥”由此而得名。由于拉索不能对主梁提供足够的支撑刚度，故要求主梁的刚度较大。当采用等高度梁时，梁高与跨度之比为1/45～1/35。多数情况下采用变高度梁。此时，主梁跨中截面高度为跨径的1/69～1/54，塔墩处为跨径的1/39～1/32。部分斜拉桥的拉索布置较为集中，通常布置在边跨跨中及1/3中跨附近。所以，部分斜拉桥的无索区较长，且一般没有端锚索（与端支点连接的锚索）。此外，在桥墩布置上，其边跨与主跨的比例更接近于连续梁桥，一般为0.42～0.62。同时，部分斜拉桥的拉索对主梁的水平压力较大，这相当于对主梁施加了一个较大的体外预应力，其受力性能和跨越能力介于梁式桥和斜拉桥之间。

(四)按主梁的连续方式分类

1. 主梁连续体系

实际工程中，大部分斜拉桥的主梁都采用连续体系。根据其结构体系和支承方式的不同，主梁就成为连续梁（漂浮体系或半漂浮体系）或连续刚构（塔梁固结体系或刚构体系）。这种桥面的整体性强，行车平稳舒适，但是常年温差作用下塔柱的弯矩变化较大。

2. 主梁非连续体系

三跨或多跨斜拉桥也可以在跨中无索区段设置挂孔或在主梁跨中布置剪力铰形成非连续体系，以适应主梁在常年温差作用下的纵向伸缩变形。此时，主梁成为单悬臂梁或T形刚架。所以，这种体系又称为T构体系。如图7-10所示。T构体系与刚构体系的区别是主梁跨中区域无轴向拉力。主梁的非连续布置破坏了桥梁的整体性，对行车不利，并且增加了设计、施工及养护等方面的难度，现代斜拉桥一般很少采用这种形式。

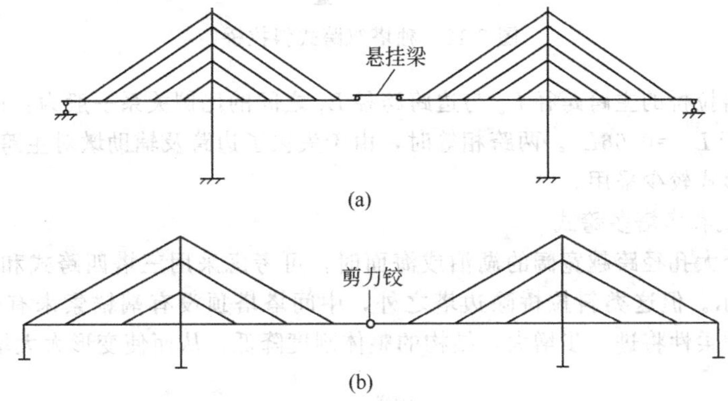

图7-10　主梁非连续体系（T构体系）斜拉桥

三、斜拉桥的孔跨布置

1. 双塔三跨式

双塔三跨式斜拉桥是一种最常见的孔跨布置方式，如图7-11所示。由于它的主跨跨径较大，一般适用于跨越较大的河流、山谷或海峡。

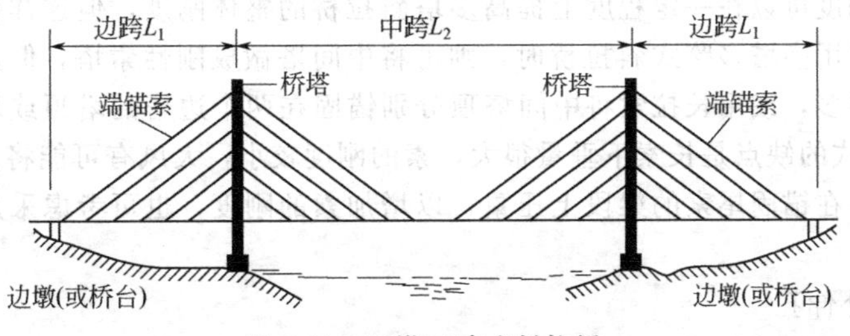

图7-11　双塔三跨式斜拉桥

在双塔三跨桥式中，边跨与主跨的比例非常重要，为了在视觉上清楚地表现主跨，边主跨之比应小于0.5。从受力上看，边主跨之比与斜拉桥的整体刚度、端锚索的应力变幅有着很大的关系。当主跨有活载作用时，边跨梁端点的端锚索产生正轴力（拉力），而当边跨有活载作用时，端锚索又产生负轴力（拉力松减），由此引起较大应力幅而产生疲劳问题。边跨较小时，边跨主梁的刚度较大，边跨拉索较短，刚度也就相对较大，因而此时边跨对索塔的锚固作用就大，主跨的刚度也就相应增大。对于活载比重较小的公路和城市桥梁，合理的边主跨之比为0.40～0.45。而对于活载比重大的铁路桥梁，边主跨之比宜为0.20～0.25。同样道理，钢斜拉桥的边跨应比相同跨径混凝土斜拉桥的跨径小。

2. 独塔双跨式

独塔斜拉桥也是一种较常见的孔跨布置方式。由于它的主孔跨径一般比双塔三跨式的主孔跨径小，适用于跨越中小河流和城市通道。如图7-12所示。

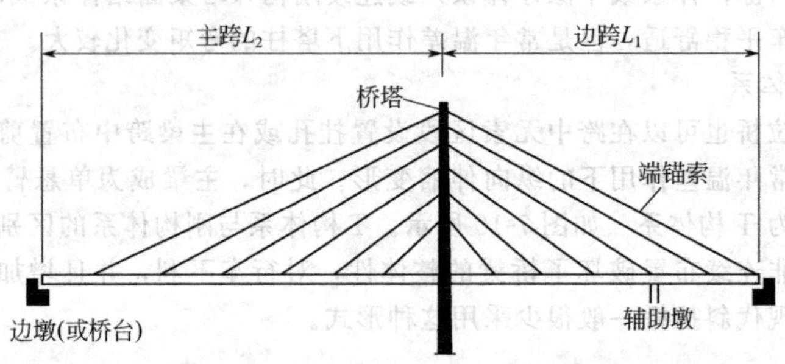

图7-12　独塔双跨式斜拉桥

独塔双跨式斜拉桥的主跨跨径L_2与边跨跨径L_1之间的比例关系一般为：$L_1=(0.5\sim0.8)L_2$，但多数接近于$L_1=0.66L_2$。两跨相等时，由于失去了边跨及辅助墩对主跨变形的有效约束作用，因而这种形式较少采用。

3. 三塔四跨式和多塔多跨式

当需要以多个大孔径跨越宽阔的湖泊或海面时，可考虑采用三塔四跨式和多塔多跨式斜拉桥，如图7-13所示。但这类斜拉桥除边塔之外，中间塔塔顶没有端锚索来有效地限制它的变位，斜拉桥结构的柔性将进一步增大，结构的整体刚度降低，从而使变形大大增加。

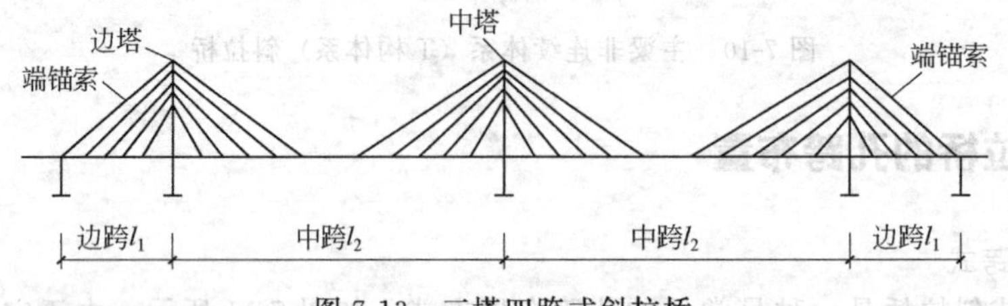

图7-13　三塔四跨式斜拉桥

增加主梁的刚度可以在一定程度上提高多塔斜拉桥的整体刚度，但这样做必然会增加桥梁的自重。如必须采用多塔多跨式斜拉桥时，则可将中间塔做成刚性索塔，但此时索塔和基础的工程量将会增加很多，或用长拉索将中间塔顶分别锚固在两个边塔的塔顶或塔底加劲（如香港汀九桥），这种方式的缺点是长索下垂量很大，索的刚度较小，大风有可能将其破坏。还有一种方法是加粗尾索并在锚固尾索的梁段上压重，以增加索的刚度，也可考虑采用矮塔部分斜拉桥体系。

4. 辅助墩和外伸孔

活载往往在边跨梁端附近区域产生很大的正弯矩，并导致梁体转动，伸缩装置易受损。在此情况下，可以通过加长边梁以形成引跨或设置辅助墩的方法予以解决。

当斜拉桥的边孔设在岸上或浅滩，边孔高度不大或不影响桥下通航时，可根据需要在边孔设置辅助墩，如图 7-14 所示。

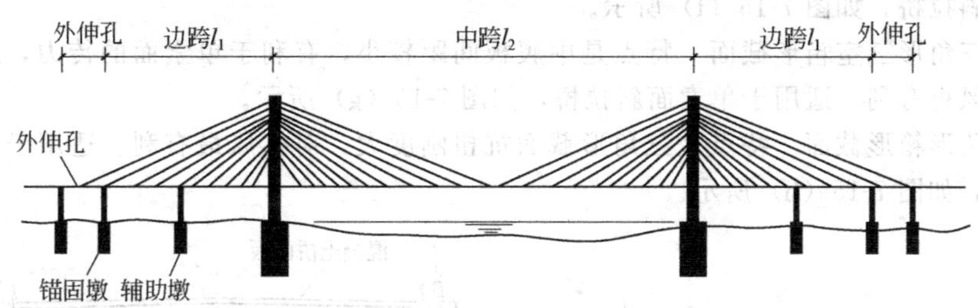

图 7-14 斜拉桥辅助墩设置

辅助墩的作用在于减少边跨主梁弯矩，缓和端锚索应力集中，减小拉索应力变幅，提高桥梁总体刚度，增加施工期安全，是大跨度斜拉桥中常用的方法。辅助墩的数量不宜过多，一般为 1～2 个。当辅助墩的数量达到三个以上时，斜拉桥的位移和内力不再有明显的变化。

对大型桥梁，除主桥部分外，往往还有引桥部分。当桥面标高较高、边孔水深等原因使设置辅助墩施工困难或造价较高时，可采用外伸孔的构造形式，即将斜拉桥的主梁向两侧再连续延伸一孔或数孔，使斜拉桥的主梁与引桥的上部结构形成连续梁的形式。这样，即可减少端锚索的应力集中，又能缓和端支点的负反力，减小主梁和索塔的内力和位移，增强全桥的总体刚度。

四、斜拉桥的构造

(一)主梁构造

主梁的主要作用有三个方面：一是将恒、活载分散传给拉索。梁的刚度越小，则承担的弯矩越小；二是与拉索及索塔一起成为整个桥梁的一部分，主梁承受的力主要是拉索的水平分力所形成的轴压力，因而需有足够的刚度防止压屈；三是抵抗横向风荷载和地震荷载，并把这些力传给下部结构。当拉索间距较大时，主梁由弯矩控制设计。对于单索面斜拉桥，主梁由扭转控制设计。而对于双索面密索体系，主梁设计主要应考虑轴压力因素以及整个桥的纵向弯曲。

1. 混凝土主梁

混凝土主梁的特点是刚度大、挠度小、阻尼效果好、混凝土自重大、抗振动性能较好。我国砂石料资源丰富，除个别桥外，都采用混凝土主梁，是世界上混凝土斜拉桥修建最多的国家。常用截面形式有以下几种：

(1) 板式截面　特点是构造最简单，但抗扭能力较小，截面效率较低。适用于双面密索且宽度不太大的桥。如图 7-15 (a) 所示。

(2) 双主梁截面　特点是施工方便。采用悬臂法施工时，为了减轻挂篮的负荷，可以将两个边主梁先行浇筑，然后，在挂索后再浇筑横梁，最后浇筑桥面板混凝土，使形成整体，共同受力，适用于双索面斜拉桥，如图 7-15 (b) 所示。

(3) 半封闭式双箱梁截面　特点是抗风性能良好，中部无底板，可减轻结构自重。适用于双索面斜拉桥，如图 7-15 (c) 所示。

(4) 单箱单室截面　特点是采用斜腹板，可以改善抗风性能，又可减小墩台的宽度，且箱形截面的抗扭刚度也大。适用于单索面或桥中央双索面的斜拉桥，如图 7-15 (d) 所示。

(5) 单箱双室截面　特点是在单箱的基础上增加一道中腹板，虽然增加了自重，但可减小桥面板的计算跨径。适用于单索面或双索面斜拉桥。如图 7-15（e）所示。

（6）单箱三室截面　特点是桥面全宽可达 30～35m，但在悬臂施工时，须将截面分成三榀，先施工中间箱，待挂完拉索后，再完成两侧边箱的施工，呈品字形前进，将截面构成整体。适用于单索面斜拉桥，如图 7-15（f）所示。

（7）准三角形三室箱形截面　特点是中腹板间距较小，有利于单索面的传力，边腹板倾角更小，对抗风更有利。适用于单索面斜拉桥，如图 7-15（g）所示。

（8）三角形箱形截面　特点是三角形截面抗扭刚度大，对抗风最有利。适用于双索面或单索面斜拉桥，如图 7-15（h）所示。

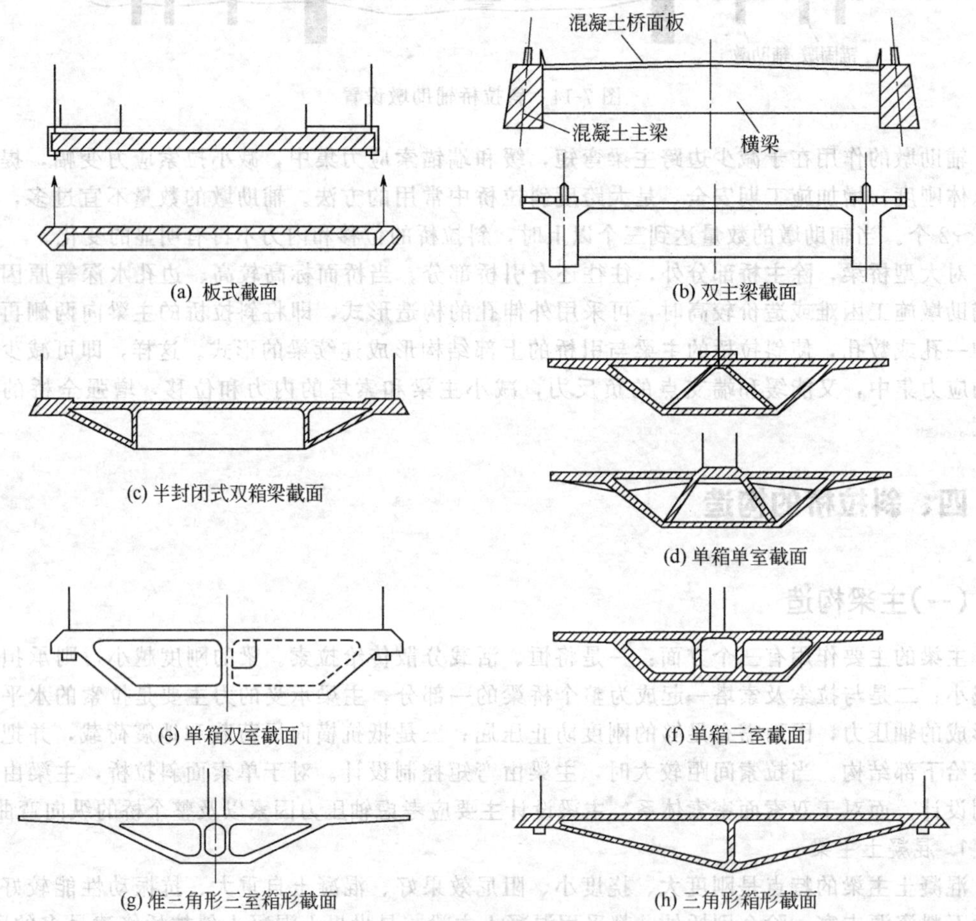

图 7-15　混凝土主梁常用截面形式

2. 钢主梁

其主要特点是重量轻、跨越能力大，构件可在工厂制作，质量可靠、便于安装、施工速度快、养护工作量大。世界上钢主梁使用最多的是德国和日本。它特别适用于大跨度斜拉桥，以减轻自重。钢主梁以箱形截面为主，这是由于其抗扭刚度大和抗风性能好。截面形式有以下几种：

（1）工字形钢主梁　如图 7-16 所示，一般采用两根工字形钢主梁的“双主梁”布置。钢主梁之间有钢横梁，钢桥面板与钢主梁及钢横梁相连接。钢桥面板底面焊有纵向和横向的加劲肋，形成正交异性钢桥面系。

（2）钢箱梁　钢箱梁截面，可以采用相当于工字形双主梁的布置方式，只是将工字形钢梁换成钢箱梁。在现代斜拉桥中，钢主梁更多地采用整体构造的流线形扁平钢箱梁，如图 7-17 所示。

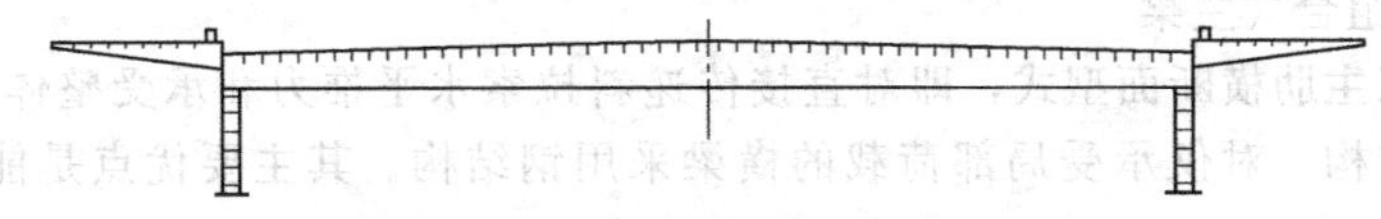

图 7-16　工字形钢主梁横截面

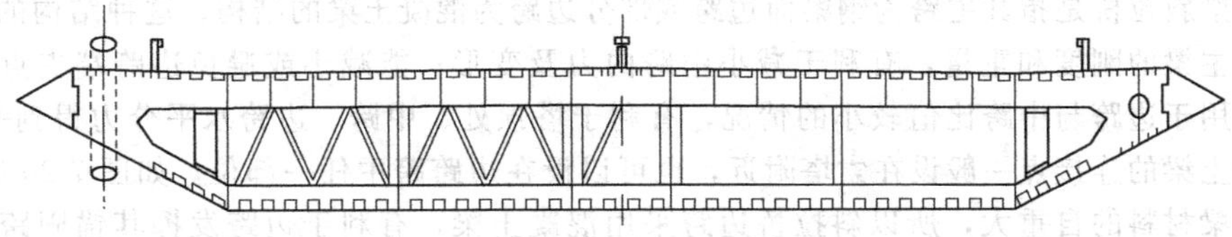

图 7-17　流线形扁平钢箱梁横截面

(3) 钢桁梁　斜拉桥采用钢桁梁，主要是由于布置双层桥面或公铁两用桥的需要，如图 7-18 所示。

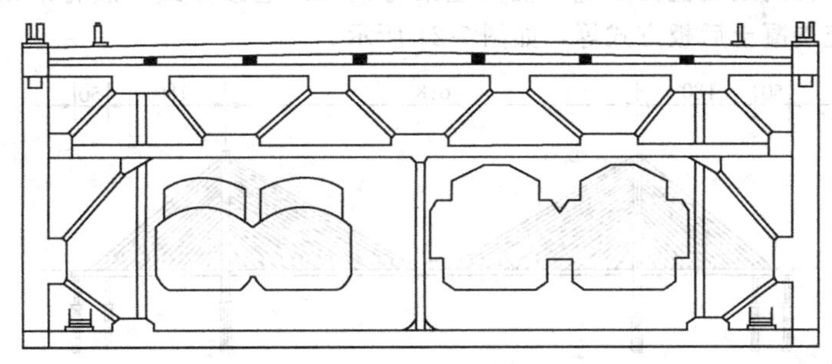

图 7-18　钢桁梁横截面

3. 钢-混凝土结合梁（钢-混凝土叠合梁）

结合梁是在钢主梁上用混凝土桥面板代替正交异性钢桥面板，钢主梁的上翼缘与设置其上的混凝土桥面板之间用剪力键结合成共同受力的梁体结构。一般只适用于双索面斜拉桥，如图 7-19 所示。这是近年来大跨斜拉桥主梁形式之一。它除具有钢主梁的特点外，与钢主梁相比，能节省钢材用量，且其刚度大，抗风稳定性好，能有利地分担斜拉索的水平分力，但自重比钢主梁大；与混凝土主梁相比，主梁轻，结构简单，施工速度快。500～700m 的跨度范围比较适合采用主梁为结合梁的斜拉桥。我国上海南浦、福建闽江大桥（主跨 605m）主梁采用两片工字形钢梁。上海杨浦、徐浦大桥主梁采用两个分离钢箱梁分别与预应力混凝土桥面板结合，形成结合梁，工字梁间用横梁连接。芜湖长江大桥公路桥面为预应力混凝土与钢桁梁结合梁。混凝土桥面板作为主梁的组成部分，由于主梁可能出现负弯矩，在设计时特别要防止混凝土桥面板受拉、开裂。

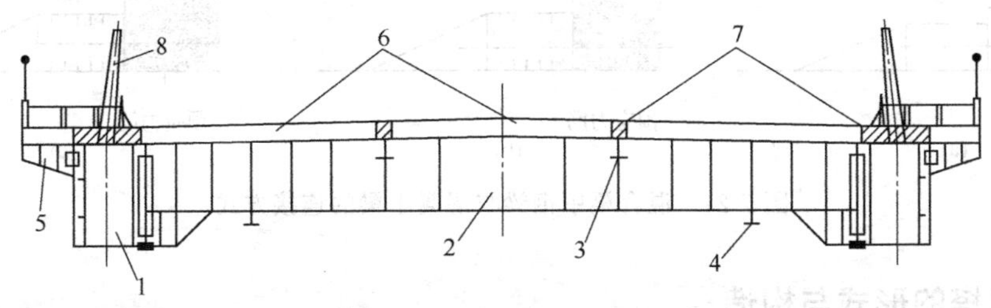

图 7-19　钢-混凝土结合梁构造图

1—钢主梁；2—钢横梁；3—小纵梁；4—行车轨道梁；5—人行道挑梁；6—预制桥面板；7—现浇桥面板；8—斜拉索

4. 钢-混凝土组合式主梁

它较适合于双主肋横断面型式，即对直接传递斜拉索水平推力和承受整体荷载的主肋及桥面板采用混凝土结构，对仅承受局部荷载的横梁采用钢结构。其主要优点是能减轻结构自重，简化施工工艺。

5. 钢-混凝土混合梁

混合梁斜拉桥是指其主跨为钢梁而边跨或部分边跨为混凝土梁的结构。这种结构的特点是：加大边跨主梁的刚度和重量，有利于减小中跨内力及变形；能减小或避免边跨端支点负反力。它特别适用于边跨与中跨比值较小的情况，有利于塔顶处、中跨、边跨水平分力得到平衡。钢梁与混凝土梁的连接点一般设在索塔附近，也可以设在边跨跨中任一部位。如图 7-20 所示。因为混凝土梁材料的自重大，所以斜拉桥边跨采用混凝土梁，有利于边跨发挥其锚固跨的作用。混凝土梁与钢梁的连接点选择在索塔附近，原因是该处梁的弯矩最小，梁的轴力为最大。对混凝土梁与钢梁连接的细节构造而言，传递轴力的构造要比传递弯矩的构造容易处理得多。混凝土梁与钢梁的连接点选择在边跨尾部，是为了更进一步突出尾跨的压重与锚固作用，以使得中跨与整体结构所获得的刚度值为最优。混凝土梁与钢梁的连接方式一般有钢板方式、填充混凝土前板方式和填充混凝土后板方式等，如图 7-21 所示。

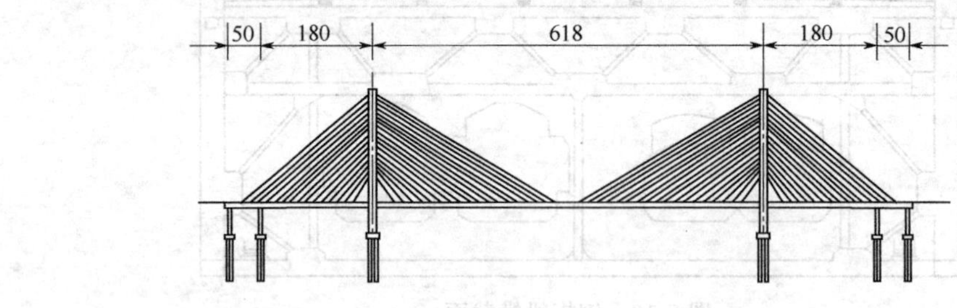

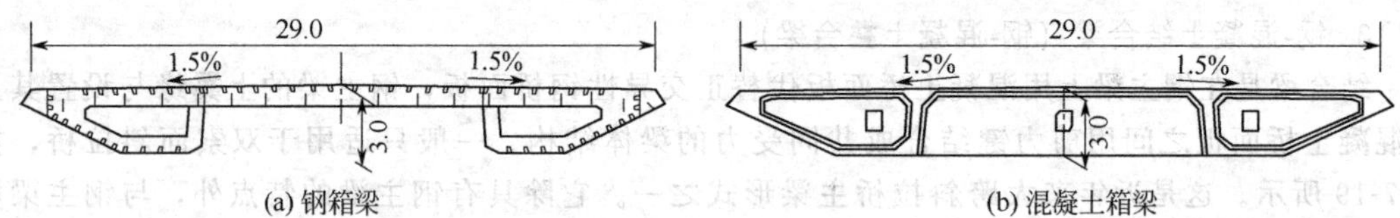

图 7-20 钢-混凝土混合梁

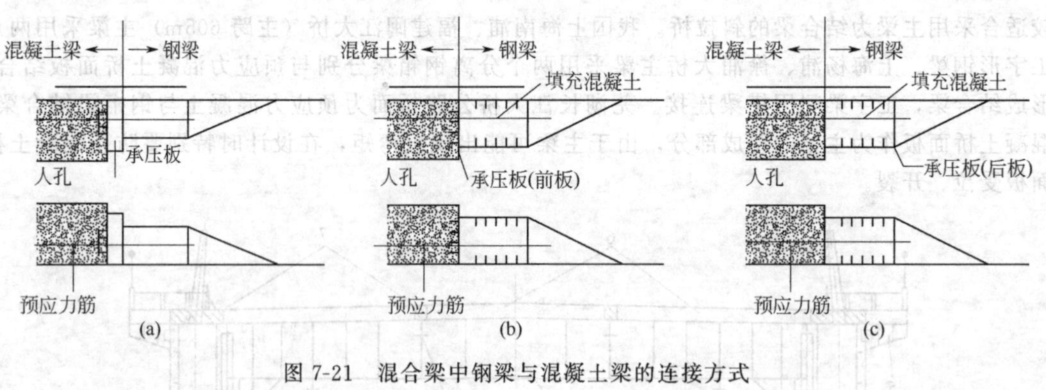

图 7-21 混合梁中钢梁与混凝土梁的连接方式

(二)索塔的形式与构造

斜拉桥是由塔、梁、索三种基本构件组成的桥梁结构体系。斜拉桥的塔索不仅要承受巨大的轴向力，还要承受很大的弯矩。塔索的结构形式、高度、截面尺寸以及塔底支承形式应根据桥位处的地质、环境条件、斜拉桥的跨径、桥面宽度、斜拉索布置，以及建筑造型等因素决定。

1. 索塔构件组成

组成索塔的主要构件是塔柱，另外还有塔柱之间的横梁或其它联结构件，如图 7-22 所示。塔柱之间的横梁一般可分为承重横梁与非承重横梁。前者为设置主梁支座的受弯横梁，以及塔柱转折处的压杆横梁或拉杆横梁；后者为塔顶横梁和塔柱无转折的中间横梁。

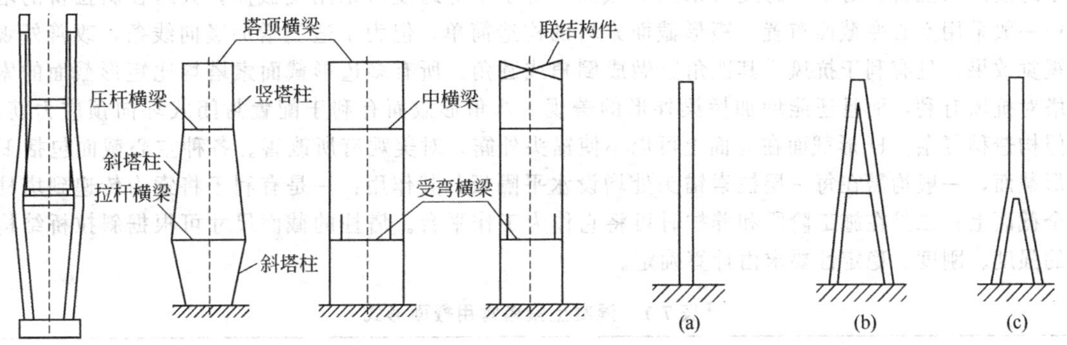

图 7-22　索塔构件组成　　　　图 7-23　索塔的纵向布置形式

2. 索塔的结构形式

索塔设计必须适合于拉索的布置，传力应简单明确，在恒载作用下，索塔应尽可能处于轴心受压状态。单索面斜拉桥和双索面斜拉桥索塔塔架的纵、横向布置形式如图 7-23、图 7-24 所示。

索塔沿桥纵向的布置有独柱型、A 字形、倒 Y 形等几种，如图 7-23 所示，独柱型主塔构造简单；A 字形和倒 Y 形在顺桥向刚度大，有利于承受索塔两侧斜拉索的不平衡拉力；A 字形还可减小搁置在塔上主梁的负弯矩。

索塔横桥方向的布置方式，可分为独柱型、双柱型、门形或 H 形、A 形、宝石形或倒 Y 形等。如图 7-24 所示。

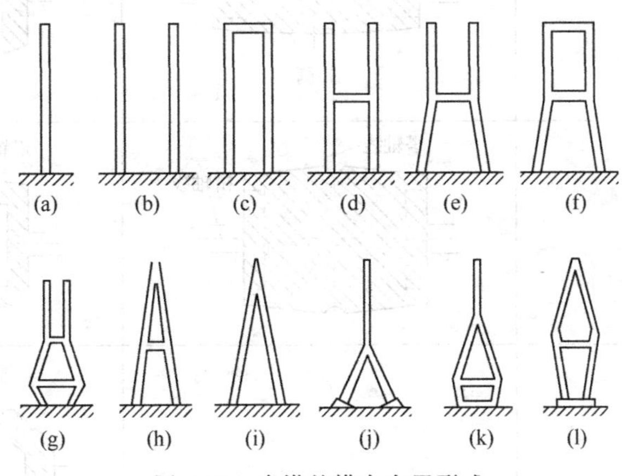

图 7-24　索塔的横向布置形式

索塔纵横向布置均呈独柱型的索塔，仅适用于单索面斜拉桥。当需要加强横桥向抗风刚度时，则可以配合采用图 7-24（g）或图 7-24（h）的型式。图 7-24（b）～图 7-24（d）一般适用于双平面索的情况；图 7-24（e）、（f）和（i）一般适用于双斜索面的斜拉桥上。

索塔的有效高度一般应从桥面以上算起，索塔高度不仅与桥梁的主孔跨径有关，也与斜拉桥的索面型式、斜拉索布置间距以及斜拉索的水平倾角有关。如主塔高度低、斜拉索的倾角小，斜拉索的竖向分力对主梁的支承作用小，因而，会增加斜拉索的材料用量，而主塔高度过大，则不仅会增加塔柱的材料用量，还会给施工带来困难，合理的桥塔高度需要通过技术经济比较加以确定。

3. 混凝土塔的构造

混凝土索塔常采用的塔柱截面分为实心式和空心式两类形式。沿索塔高度方向又可以采用等截面或变截面布置，混凝土索塔常采用的塔柱截面形式见表 7-1。实心截面索塔一般适用于中小跨度的斜拉桥，对于小跨度可采用等截面，对于中等跨度可采用变截面。大跨径斜拉桥的塔柱一般采用空心变截面布置。矩形截面索塔的构造简单，但为了适当增加竖向线条，改善外观视觉效果，且有利于抗风，其四角宜做成倒角或圆角。所有多边形截面索塔均比矩形截面的索塔对抗风有利，而且还能增加桥梁外形的美观。八角形截面有利于配置封闭式环向预应力筋，但构造稍复杂。H 形截面在立面上可以不使锚头外露，对美观有所改善。各种空心截面包括 H 形截面，一般均需在每一层拉索锚头处增设水平隔板，其作用：一是有利于将索力传递到塔柱全截面上；二是在施工阶段和养护时可将它作为工作平台。塔柱的截面尺寸可根据斜拉桥结构的强度、刚度、稳定性要求由计算确定。

表 7-1　混凝土索塔常用截面形式

类　别	示 意 图	
	实　心	空　心
矩形	桥轴线 塔轴线	桥轴线 塔轴线
五角形	塔轴线 桥轴线 外侧	塔轴线 桥轴线 外侧
六角形	塔轴线 桥轴线	塔轴线 桥轴线
八角形	—	塔轴线 桥轴线
H 形	水平隔板	—

塔柱之间的横梁以及塔柱之间的其它连接构件，其截面形式由塔柱的截面形式决定，一般采用矩形、T形或工字形实体截面或矩形空心截面。

(三)斜拉索的布置、构造、锚固与减振

1. 斜拉索的布置

(1) 斜拉索在空间的布置形式　斜拉索按其在空间所组成的平面，通常分为三种类型，即单索面［图 7-25 (a)］、垂直双索面［图 7-25 (b)］和斜向双索面［图 7-25 (c)］

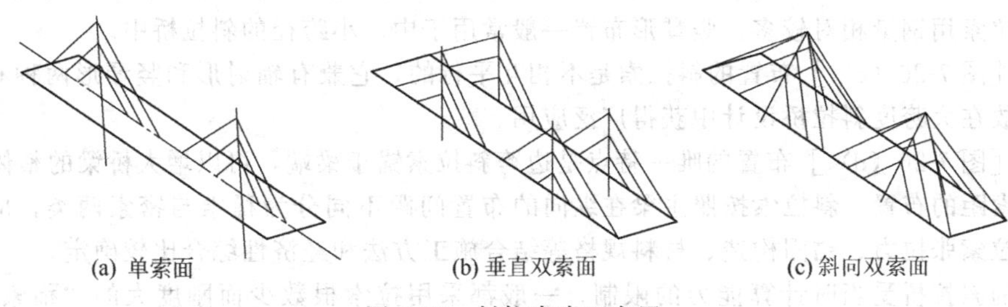

图 7-25　斜拉索索面布置

从力学角度来看，采用单索面时，拉索对抗扭不起作用。因此，主梁应采用抗扭刚度较大的闭合箱形截面。单索面的优点是桥面上视野开阔。采用双索面时，作用于桥梁上的扭矩可由锚固于主梁两侧的拉索的轴向拉力来抵抗，主梁可采用较小抗扭刚度的截面。至于斜向双索面，它对桥面梁体抵抗风力扭振特别有利（斜向双索面限制了主梁的横向摆动）。倾斜的双索面应采用倒Y形、A形等形式的索塔。

单索面一般设置在桥梁纵轴线上（拉索下端锚固于主梁中心线上），桥面中央有一部分空间不能作为行车道，这对于设置有中央分隔带的桥梁特别合适，基本上不需要增加桥面宽度。但对较窄的双车道桥梁则不宜采用单索面布置。双索面布置在桥宽方向既可以把索面布置在桥面宽度之内，也可以把索面布置在桥面宽度之外。前一种布置方式有部分桥宽不能利用，后一种布置则需要设置伸臂来锚固拉索，并向梁体传递剪力和弯矩。

由于抗扭刚度的限制，单索面布置的斜拉桥跨径一般不宜过大。考虑到结构和施工方面的要求，大跨径斜拉桥广泛采用双索面的布置形式，特别是倾斜双索面布置，在特大跨斜拉桥中会表现出更大的优越性。

(2) 斜拉索在索面内的布置形式　根据总体设计构思、受力情况及美观等各方面的要求，斜拉索在索面内的布置形式主要有如图 7-26 所示的四种基本形式，即辐射形、竖琴形、扇形和星形。

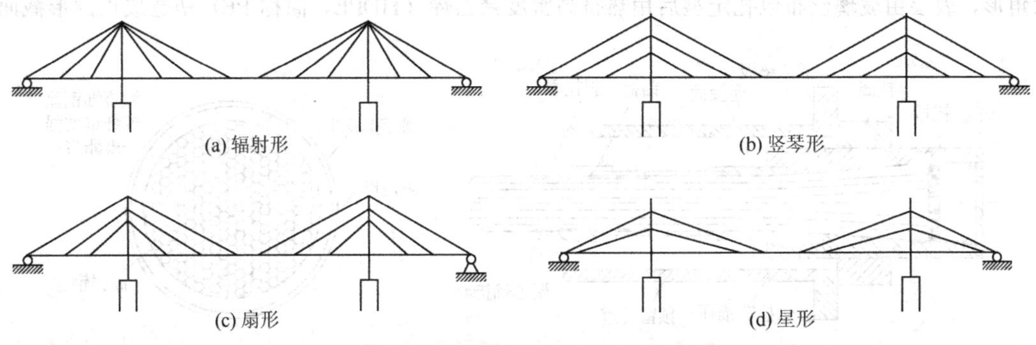

图 7-26　斜拉索在索平面内的布置形式

辐射形［图 7-26 (a)］布置的斜拉索沿主梁为均匀分布，而在索塔上则集中于塔顶一点。由

于其斜拉索与水平面的平均交角较大，故斜拉索的垂直分力对主梁的支承效果较好，斜拉索用量最省（与竖琴形布置相比，可节省钢材15%～20%）。另外，索塔高度也比其它布置形式低。但是，集中锚固的拉索使得塔顶的锚固点构造过于复杂，局部应力集中现象突出，这势必给施工和养护带来一定的困难。一般塔顶要采用鞍座。由于拉索倾角不等，也使锚具、垫板的制作安装比较复杂。

竖琴形［图7-26（b）］布置的斜拉索成平行排列，所有拉索的倾角都相同。外形简洁美观。斜拉索与索塔的锚固点分散布置，所有斜拉索在梁端与塔端的锚固点的构造细节相同，便于施工处理。同时，竖琴形布置对增加索塔的顺桥向刚度，减小索塔的弯矩，提高索塔的稳定性都是有利的。但竖琴形布置形式下斜拉索倾角较小，斜拉索对主梁的支承效果较差，索的总拉力大，拉索用钢量相对较多。竖琴形布置一般常用于中、小跨径的斜拉桥中。

扇形［图7-26（c）］布置的斜拉索是不相互平行的，它兼有辐射形和竖琴形两种布置方式的优点，故在大跨度斜拉桥设计中获得广泛应用。

星形［图7-26（d）］布置的唯一特点是边跨斜拉索锚于梁端，可以增大桥梁的整体刚度。

（3）索距的布置　斜拉索按照主梁在纵向的布置间距不同分为稀索与密索两类，应根据主梁内力、拉索张拉力、锚固构造、材料规格等结合施工方法和经济性综合比较确定。

早期的斜拉桥受当时计算能力的限制，一般都采用拉索根数少而刚度大的“稀索”体系，以降低超静定的次数。稀索在主梁上的间距对于混凝土主梁一般为15～30m，对于钢主梁一般为30～60m。由于索距较大，主梁的弯矩和剪力较大，故需要较大的梁高。同时，拉索的拉力相对也较大，使得锚固构造复杂，锚固点附近需要做大规模的补强，耗材较多，架设和施工也存在一定的困难。这类稀索布置体系一般只适应跨径不大的斜拉桥。

随着斜拉桥的发展和计算机在桥梁设计中的广泛应用，拉索布置趋向于采用越来越小的间距，现代斜拉桥多采用“密索”体系。密索在主梁上的间距一般为4～12m（混凝土主梁）或8～24m（钢主梁）。从而大大减小了主梁的弯矩，使主梁由受弯为主转变为受压为主，主梁高度显著减小。密索的使用不仅取得了较好的经济效果，而且改善了结构的力学性能。同时，每根拉索的索力较小，一方面，锚固点附近应力流变化小，使得锚固点的构造简单，补强范围减小；另一方面，使得拉索截面较小，有可能在工厂整根制作，不但保证了质量，更方便了拉索的安装和运营期间的更换。另外，拉索密度加大还有利于斜拉桥采用悬臂法施工（斜拉桥采用悬臂法架设时，索间距宜为5～15m，钢或钢—混凝土组合主梁可采用较大的间距）。

2. 斜拉索的构造

在近代大跨度斜拉桥中，拉索的构造基本上分为整体安装的斜拉索和分散安装的斜拉索两大类。前者的代表为平行钢丝索配冷铸锚，后者的代表为平行钢绞线索配夹片锚。

（1）平行钢丝索配冷铸锚　平行钢丝索的截面组成和冷铸锚如图7-27所示。平行钢丝索配冷铸锚的拉索，在工厂整体制造。平行钢丝索由ϕ5mm或ϕ7mm高强度镀锌钢丝组成，一般排列成六角形，表层由玻璃丝布包扎定型后用热挤高密度聚乙烯（HDPE，简称PE）塑造成正圆形截面。

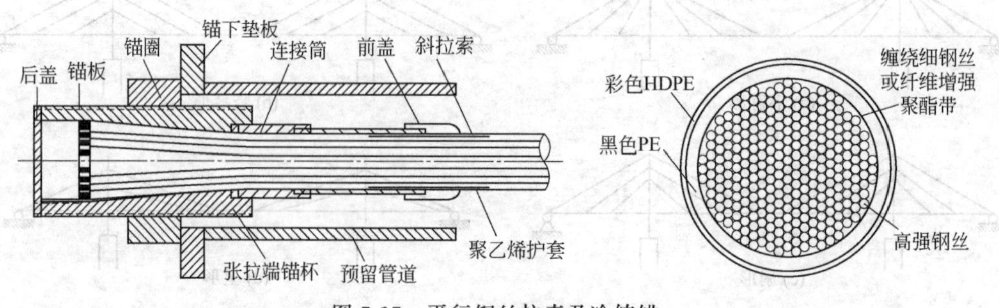

图7-27　平行钢丝拉索及冷铸锚

这种斜拉索具有厚镀锌层（锌层300g/m）和厚PE层（厚度6mm）的双重防腐保护。然后将钢丝束穿入冷铸锚中，钢丝尾镦头后锚定在冷铸锚的后锚板上，再在锚体内分段常温浇灌环氧树脂加铁丸和环氧树脂加岩粉（辉绿岩）等混合填料，使锚体与钢丝束之间的刚度匀顺变化，避免在索和锚的交界处刚度突变。

最后，将冷铸锚头放入加热炉中加热养护，加热温度约150℃。由于是在常温下浇铸填料，不同于传统的锌基合金填料的浇铸温度，故相对而言称为“冷铸锚”。冷铸锚的锚固力，由锚筒的圆锥体内腔和筒内填料的横向挤压力承受，在正常情况下镦头不受力，只是作为安全储备。

（2）平行钢绞线索配夹片锚　平行钢丝索配冷铸锚，因其性能可靠（承载能力、疲劳强度和防腐措施）从20世纪70年代在欧洲和日本始用至今已被广泛使用。但由于其要求整体制造、整体运输和整体安装，在某些特定环境下受到限制。由于运输需求，整体安装的平行钢丝索配冷铸锚必须盘绕在圆筒上，为避免索的钢丝产生过高的弯曲应力和外包PE套被撕裂，一般规定圆筒直径不小于索径的20～25倍，在大跨度斜拉桥中，粗而长的斜索圆筒直径将很大（索径200mm时，圆筒直径将超过4m)，这将给陆路运输（火车或汽车）造成困难。因此，在现代大跨度斜拉桥中提出拉索分散制作、现场安装成索的要求。这就是平行钢绞线索配夹片锚固的拉索。

平行钢绞线拉索截面组成和夹片锚如图7-28所示。将平行钢丝索中的钢丝换成等截面的钢绞线即成为平行钢绞线拉索。

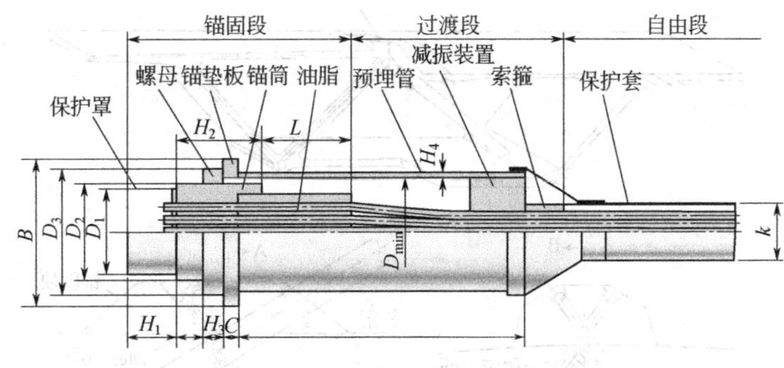

图7-28　平行钢绞线拉索及夹片锚

钢索线在索中是平行排列的，有别于早期曾出现过的将多根钢绞线扭绞而成的螺旋形钢绞线索，故称为平行钢绞线索。

此种ϕ15mm钢绞线为后张法体内预应力无粘接钢绞线（抗拉强度R_{yb} =1860MPa)，系将镀锌钢绞线表面涂油（或蜡）后外套两层PE管而成。钢绞线成盘运至现场，在现场截取需要长度后除去两端部分长度的套管，逐根安装、张拉，两端裸线由夹片锚固定。采用夹片锚的原因，是在现场施工中难以将ϕ15mm的钢绞线镦头（镦头机体积太大）和保证其质量。

对于平行钢绞线索配夹片锚的体系，需要注意的问题是：

1）夹片锚的疲劳强度；

2）夹片和锚孔之间的圆锥度配合要精确，否则咬合力将集中在夹片小端形成“切口效应”，成为疲劳破坏之源；

3）对夹片应设置防松脱装置，否则在较小索力下受振动荷载时，夹片可因咬合力不足而松脱导致事故；

4）钢绞线进入锚管内有两处转折，一在钢绞线散开的约束圈处；二在钢绞线进入锚孔处。在第二个转折处，亦为拉索的锚固点，存在着固端弯矩。由于轴向索应力和挠曲应力的叠加，该处产生最大的应力幅。为分散应力幅，需在锚管内加设一“支承圈”，据试验，该“支承圈”可分散80%以上的应力幅。

3. 斜拉索的锚固

（1）斜拉索与混凝土梁的锚固　常见形式大体上也有5种，具体内容见表7-2，局部构造如图7-29所示。

表 7-2　斜拉索与混凝土梁的锚固

序　号	锚 固 形 式	构 造 要 点	力 的 传 递	适 用 范 围
1	顶板锚固块［图 7-29 (a) ］	以箱梁顶板为基础，向上、下两个方向延伸加厚而成	拉索水平分力传至梁截面，垂直分力由加劲斜杆平衡	箱内具有加劲斜杆的单索面斜拉桥
2	箱内锚固块［图 7-29 (b) ］	两个锚固块位于顶板之下和两个腹板之间，并与它们固结在一起	垂直分力通过锚固块左右的腹板传递	两个分离式单箱的双索面斜拉桥和带有中间箱室的单索面斜拉桥
3	斜隔板锚固［图 7-29 (c) ］	锚头设在梁底外面，也可埋入斜隔板预留的凹槽内	垂直分力由斜隔板两侧的腹板以剪力形式传递	两个分离式单箱的双索面斜拉桥和带有中间箱室的单索面斜拉桥
4	梁体两侧设锚固块［图 7-29 (d) ］	设在风嘴实体之下或边腹板之下		双索面斜拉桥
5	梁底两侧设锚固块［图 7-29 (e) ］	锚块设在梁底		双主梁或板式截面斜拉桥

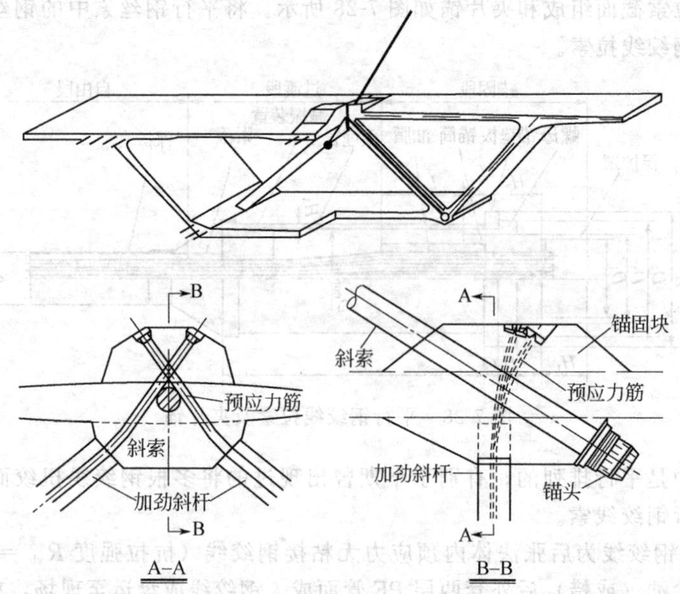

(a) 顶板锚固块

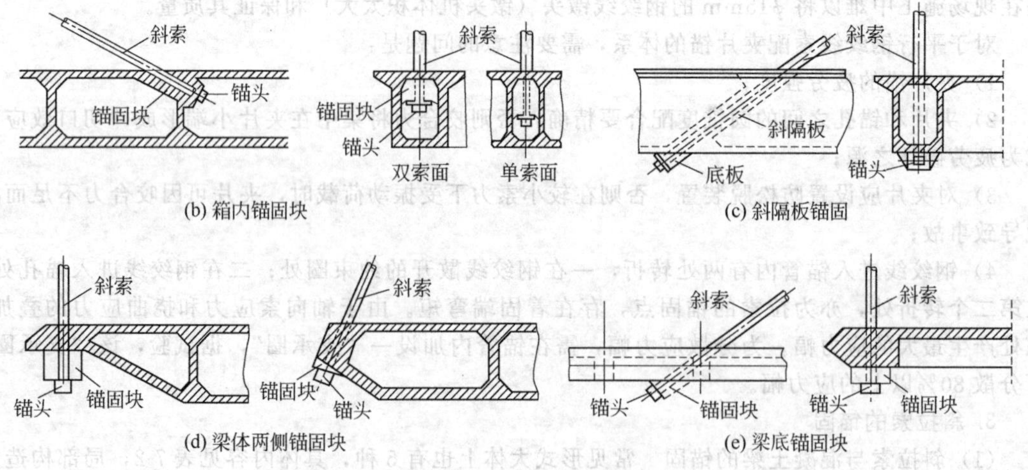

图 7-29　拉索与混凝土梁的锚固形式

(2) 拉索在索塔上的锚固

1) 在实体塔上交错锚固［图 7-30（a）］。其具体构造是在塔柱中埋设钢管，再将斜拉索穿入和用锚头锚固在钢管上端的锚垫板上。

2) 在空心塔上作非交错锚固［图 7-30（b）］。其构造与上述相同，但需在箱形桥塔的壁板内配置环向预应力钢筋，以抵抗拉索在箱壁内产生的拉力。

3) 采用钢锚固梁来锚固［图 7-30（c）］。这是将钢锚固梁搁置在混凝土塔柱内侧的牛腿上，斜索通过埋设在塔壁中的钢管锚固在钢锚固梁两端的锚块上。

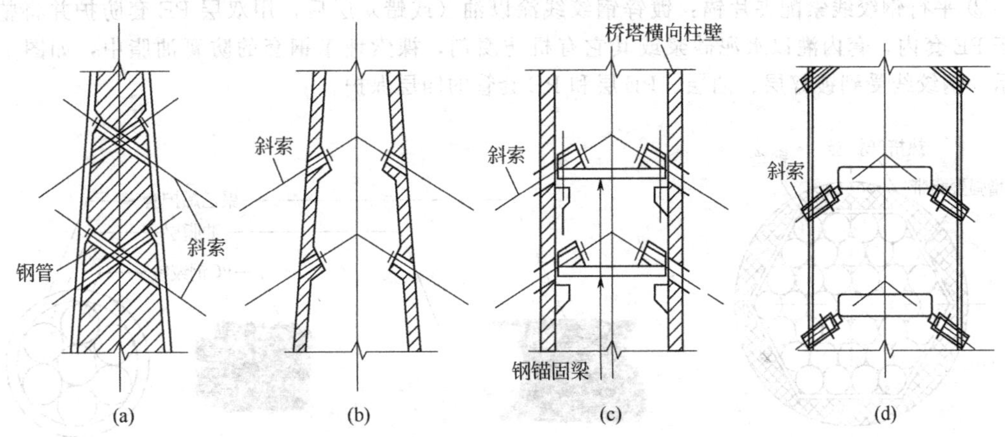

图 7-30　斜拉索与混凝土梁的锚固形式

当塔柱两侧的索力及斜索倾角相等时，水平分力由钢梁的轴向受拉及两端的偏心弯矩来平衡，与塔柱无关。垂直分力则由钢锚固梁通过牛腿凸块传给塔柱。当塔柱两侧的索力或斜索倾角不等时，如图 7-31 所示。水平分力的不平衡值 $\Delta H = H_1 - H_2$ 由挡块传给柱壁；垂直反力 R_1 及 R_2 通过牛腿凸块传给塔柱。

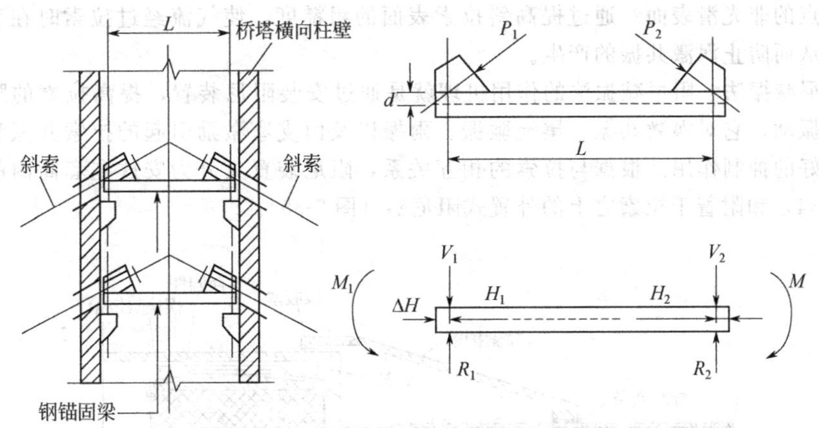

图 7-31　用钢锚固梁锚固拉索

4) 利用钢锚箱锚固［图 7-30（d）］。整个钢锚箱是由各层的钢锚箱进行上下焊接而成，然后将锚箱用焊钉使之与混凝土塔身联结，另外还要用环形预应力筋将锚箱夹在混凝土的塔柱内，以增加对拉索水平和荷载的抵抗力。

4. 斜拉索的防护

斜拉索由高强钢材组成，长期在变幅高应力状态下工作，为了提高拉索的耐久性，延长其使用寿命，必须高度重视拉索的防护工作。拉索防护的方法因其构造不同而不同，可以分为钢丝防护和拉索防护两个方面。钢丝防护可采用镀锌、镀防锈脂、涂防锈底漆或镀环氧层等方法。拉索防护方法主要有涂料保护、卷带保护、套管保护及拉索外施加塑料缠绕保护层等。

现代斜拉桥中，广泛采用的两种斜拉索——平行钢丝索配冷铸锚、平行钢绞线索配夹片锚的防护措施如下。

① 平行钢丝索配冷铸锚：镀锌钢丝为高密度 PE 套所防护，裸索埋于冷铸锚的环氧树脂混合料中，如图 7-32 所示，钢丝受到镀锌层和高性能 PE 套的保护。

② 平行钢绞线索配夹片锚：镀锌钢绞线涂以油（或蜡）层后，用双层 PE 套防护并将整索弯于 PE 套内，套内灌以水泥砂浆或其它有机防腐剂，裸索埋于钢套的防腐油脂中，如图 7-33 所示。钢绞线受到镀锌层、油层、PE 层和 PE 套管的四层保护。

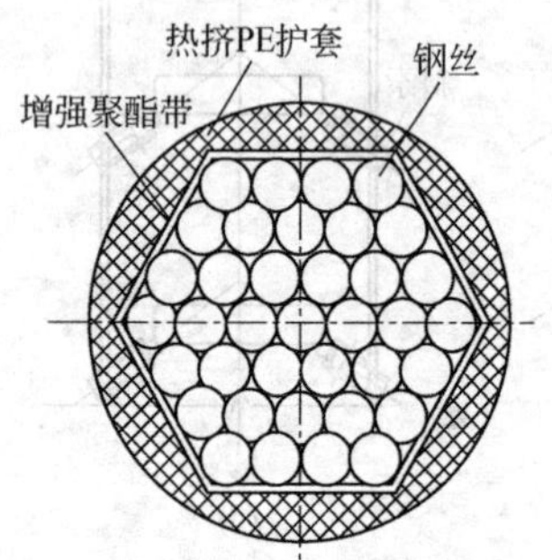

图 7-32 平行钢丝拉索断面

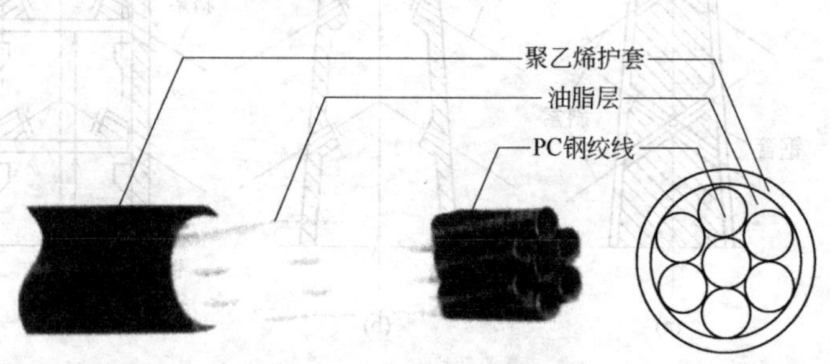

图 7-33 平行钢绞线拉索断面

5. 斜拉索的减振

拉索的风致振动现象在各种跨径和类型的斜拉桥上普遍存在，拉索的振动易导致疲劳和外包破损。目前对斜拉桥的拉索采取的减振措施主要有以下几种：

(1) 气动控制法 该法是将斜拉索原来的光滑表面做成带有螺旋凸纹、条形凸纹、V 形凹纹或圆形凹点的非光滑表面。通过提高斜拉索表面的粗糙度，使气流经过拉索时在表面边界层形成湍流，从而防止涡激共振的产生。

(2) 阻尼减振法 阻尼减振法的作用机理就是通过安装阻尼装置，提高拉索的阻尼比从而抑制拉索的振动，它对涡激共振、尾流驰振、雨振以及由支座激励引起的拉索共振和参数振动都能起到较好的抑制作用。根据与拉索的相互关系，阻尼装置又分为安放在套筒内的内置式阻尼器（图 7-34）和附着于拉索之上的外置式阻尼器（图 7-35）。

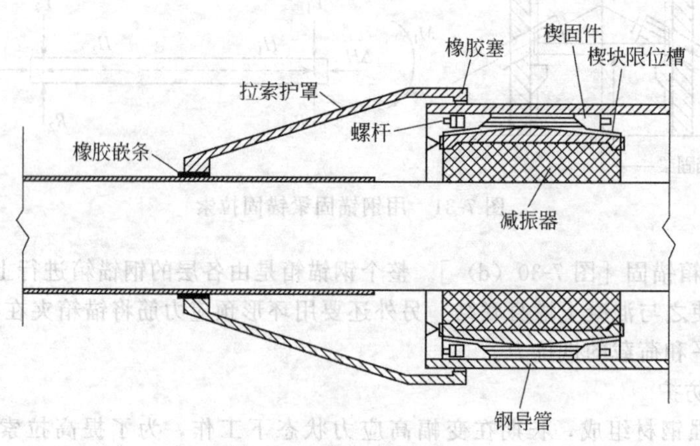

图 7-34 内置式阻尼器

(a)

(b)

(c)

图 7-35　外置式阻尼器及其安装

(3) 改变拉索动力特性法　采用联结器（索夹）或辅助索将若干根索相互联结起来，辅助索可以采用直径比主要索小得多的索。其作用机理是通过联结，将长索转换成为相对较短的短索，使拉索的振动基频提高，从而抑制索的振动。这对防止低频振动十分有效，同时也能降低雨振以及单根索振动发生的机率，但对通常以高阶形式出现的涡激振动抑制作用不明显。另外，辅助索易疲劳断裂，对桥梁景观有一定影响。

五、斜拉桥实例

苏通大桥

1. 工程概况

苏通长江公路大桥（2008 年 4 月建成通车），位于江苏省东南部长江口南通河段，连接苏州、南通两地，是交通部规划的黑龙江嘉荫至福建南平国家重点干线公路跨越长江的重要通道，也是江苏省公路主骨架之一赣榆至吴江高速公路的重要组成部分，是目前我国建桥史上工程规模最大、综合建设条件最复杂的特大型桥梁工程。苏通大桥跨江工程总长 8206m，其中主桥采用 100m＋100m＋300m＋1088m＋300m＋100m＋100m＝2088m 的双塔双索面钢箱梁斜拉桥，主孔跨度 1088m，是当今世界跨径最大斜拉桥。立面布置如图 7-36 所示。

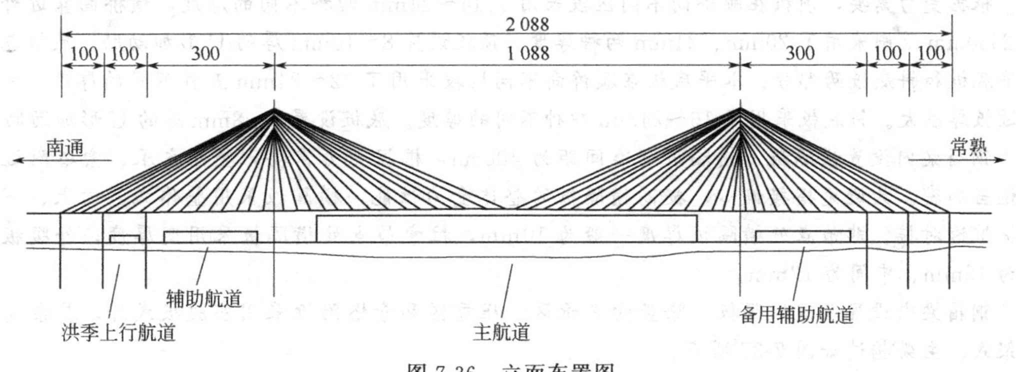

图 7-36　立面布置图

2. 建设条件

苏通大桥位于长江河口段，建设条件有四大特点：

气象条件较为恶劣，主要灾害性天气有暴雨、旱涝、连阴雨、雷暴、台风、龙卷风、冰雹、寒潮、霜冻、大雪和雾，对该桥影响较大的主要是雨、风和雾。

水文条件复杂，该桥所在河段为弯曲与分叉混合型中等强度的潮汐河段，江宽、水深、流急，涨落潮流速流向多变。桥位处江面宽约 6km，桥位附近最大水深达 50m，－10m 等深线宽约 2km，－20m 等深线宽约 1km，1999 年实测垂线最大流速达 3.86m/s，点流速 4.47m/s。

基岩埋藏深，基岩埋深一般在270m以下，上部均为第四系巨厚层所覆盖，覆盖层的上部以淤泥和粉砂为主，下部为中粗砂和（亚）黏土，较好的持力层在80m以下。

通航标准高，主通航孔单孔双向通航净宽要求不低于891m、净高不低于62m，桥位处于港口，码头众多，航运繁忙，当时每天约有2200多艘船只通过南通，其中万吨级以上船只30艘，千吨级至万吨级（含大型船队）380艘（对）。

3. 技术标准

苏通长江大桥全线采用双向六车道高速公路标准，计算行车速度为100km/h，设计荷载采用汽车—超20级，挂车—120。桥梁标准宽度为34m，标准横断面如图7-37所示。主通航净空高62m，宽891m，可满足5万吨级集装箱货轮和4.8万吨船队通航需要。

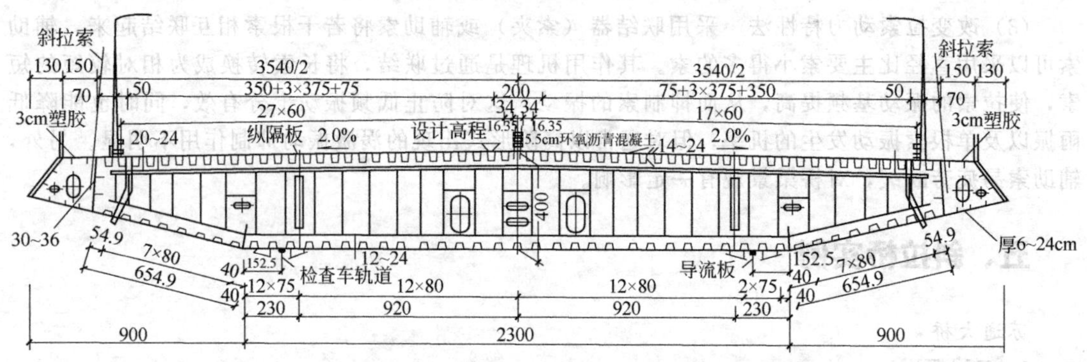

图7-37 主梁横断面构造图（尺寸单位：cm）

4. 主梁设计

主梁采用抗风性能好的扁平流线型闭口钢箱梁，两端设置风嘴。外腹板、索塔区段顶底板和锚箱构件所需厚度较大的钢板，拟采用Q370q钢，其它构件采用Q345q钢材。

钢箱梁含风嘴全宽4100cm，不含风嘴顶宽3540cm，底板宽为（900＋2300＋900）cm，中心线处高度400cm。节段标准长度1600cm，边跨尾索区节段标准长度1200cm。

根据受力需要，顶板在顺桥向不同区段采用了14～24mm四种不同的厚度，横桥向靠近外腹板2550mm范围采用了20mm、24mm两种厚度。顶板设置8～10mm厚的U形加劲肋。底板包括水平底板和斜底板两部分，水平底板在顺桥向不同区段采用了12～24mm五种不同的厚度，索塔附近板厚最大。斜底板采用了16～24mm四种不同的厚度。底板设置6～8mm厚的U形加劲肋。

钢箱梁内设置横隔板，横隔板标准间距为400cm，根据受力需要，竖向支承、索塔附近梁段适当加密。为避免搭接偏心，提高横隔板的整体受力性能，横隔板采用整体式，由上、下两块板熔透对接。非吊点处横隔板厚度一般为10mm，拉索吊点处横隔板采用变厚度，外腹板附近为16mm、中间为12mm。

钢箱梁内设置两道纵隔板，除竖向支承区、压重区和索塔附近采用实腹板式外，其余均为桁架式。主梁构造如图7-37所示。

5. 斜拉索设计

斜拉索采用平行钢丝拉索，抗拉强度为1770MPa，全桥共282根斜拉索，最长的达577m，为目前世界上最长的斜拉索。斜拉索最大规格为PES7-313，单根最大质量为59t。斜拉索在钢箱梁上锚固点的标准间距为1600cm，边跨尾索区为1200cm；在塔上锚固点的间距为230～270cm。采用阻尼器、气动措施并用的减振方案，将斜拉索的最大侧向振幅控制在其长度的1/1700以内。

6. 索塔设计

索塔采用倒Y形，并在主梁下方设置下横梁一道，构造及尺寸如图7-38所示。索塔总高300.4m，为世界最高桥塔。其中上、中、下塔柱高度分别为91.361m、155.813m、53.226m。索塔高跨比为 0.212。塔柱采用空心箱形断面，上塔柱为对称单箱单室，外尺寸由 900cm×800cm 变化到 1080cm×1740cm，中下塔柱为不对称的单箱单室断面，外尺寸由 1082cm×650cm 变化到 1500cm×800cm。为保证下塔柱自身能够抵抗船舶局部撞击力，塔柱底部设 10m 高实心段。

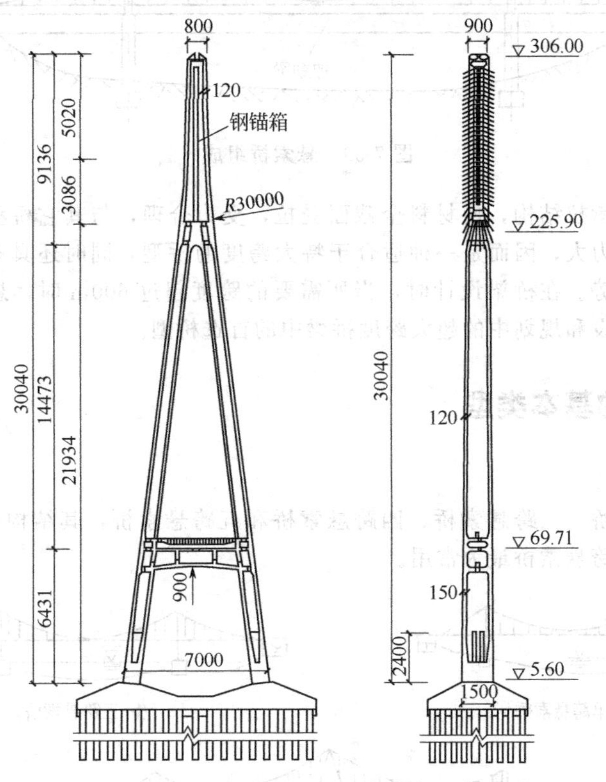

图 7-38　索塔构造（尺寸单位：cm）

7. 斜拉索锚固设计

斜拉索在主梁上的锚固采用钢锚箱，锚箱安装在主梁腹板外侧，并与其焊成一体。为保证锚固处的斜拉索索力合理分散到主梁上，主梁腹板和承压板内侧均做了补强设计。

斜拉索在索塔上的锚固，第 1～3 对直接锚固在上塔柱的混凝土底座上，其它采用钢锚箱锚固。钢锚箱包裹在上塔柱混凝土中。

8. 群桩基础设计

索塔基础采用 131 根长约 120m、直径 250～280cm 的钻孔灌注桩基础，另设四个备用桩位，梅花形布置，是世界上规模最大、入土最深的群桩基础。承台为哑铃形，在每个塔柱下承台平面尺寸为 5135cm×4810cm，其厚度由边缘的 500cm 变化到最厚处的 1332.4cm。两承台之间采用 1105cm×2810cm 的系梁连接，厚度为 600cm。近塔辅助墩基础采用 36 根直径 250～280cm 的钻孔灌注桩基础，行列式布置。远塔辅助墩和过渡墩基础均采用 19 根直径 250～280cm 的钻孔灌注桩基础，梅花形布置。所有钻孔灌注桩均按摩擦桩设计，并考虑钢护筒与桩基础共同受力。

第二节　悬索桥构造

一、概述

悬索桥也称吊桥，由主塔、主缆、加劲梁、吊索、鞍座、锚碇等部分组成，如图 7-39 所示。

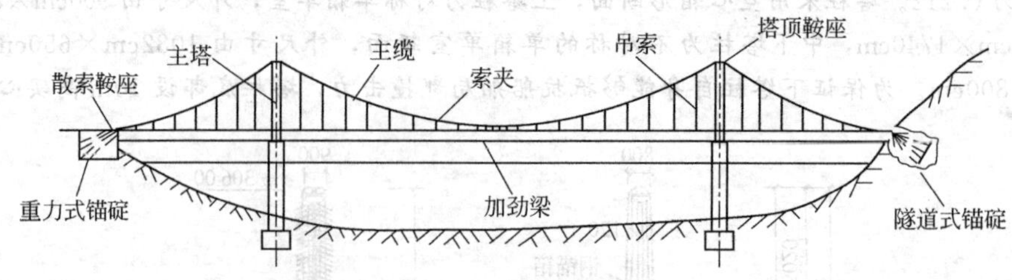

图 7-39　悬索桥组成

它以主缆为主要承拉结构，使材料全截面受拉，受力合理，与其它桥型相比，能充分发挥材料的强度，跨越能力大，因而是一种适合于特大跨度的桥型，同时还具有整体造型流畅美观和施工安全快捷等优势。在桥梁设计时，当所需要的跨度超过 600m 时，悬索桥是常见的可选桥型，并且是目前建设和规划中的超大跨度桥梁中的首选桥型。

二、悬索桥的基本类型

1. 按悬吊跨数分类

可分为单跨悬索桥、三跨悬索桥、四跨悬索桥和五跨悬索桥，其结构形式如图 7-40 所示。其中单跨悬索桥和三跨悬索桥最为常用。

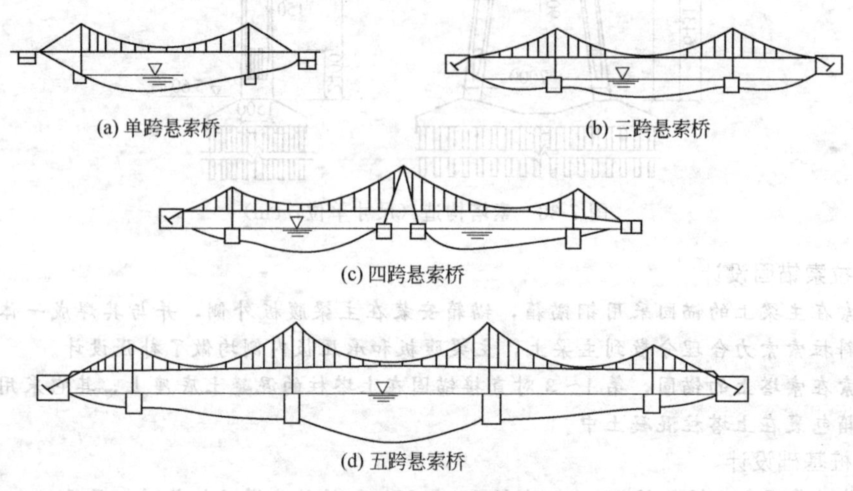

(a) 单跨悬索桥　(b) 三跨悬索桥

(c) 四跨悬索桥

(d) 五跨悬索桥

图 7-40　不同悬吊跨数的悬索桥

(1) 单跨悬索桥　单跨悬索桥常用于高山峡谷地区，两岸地势较高，采用桥墩支承边跨更为经济，或者道路的接线受到限制，使得平面曲线布置不得不进入大桥边跨的情况。就结构特性而言，单跨悬索桥由于边跨主缆的垂度较小，主缆长度相对较短，对中跨荷载变形控制更为有利，如图 7-40 (a) 所示。

(2) 三跨悬索桥　三跨悬索桥是实际工程中应用最多的桥型，世界上大跨度悬索桥绝大部分采用这种形式，其结构受力较为合理，整体建筑造型对称、流畅，如图 7-40 (b) 所示。

(3) 多跨悬索桥　相对于三跨悬索桥而言，四跨或五跨悬索桥又称之为多跨悬索桥，如图 7-40 (c)、(d) 所示。这种桥型由于结构柔性大，固有振动频率较低，难以满足特大跨度悬索桥的受力及刚度需要，因而不具备使用优势。在建桥条件需要采用连续大跨布置时，可以用两个三跨悬索桥联袂布置，中间共用一座桥的锚碇锚固这两桥的主缆。美国的旧金山——奥克兰海湾大桥和日本本洲四国联络线中的南北备赞大桥即采用此形式。

2. 按主缆的锚固方式分类

按主缆的锚固形式划分，可分为地锚式悬索桥和自锚式悬索桥。

(1) 地锚式悬索桥 通常，绝大多数悬索桥都采用地锚方式锚固主缆，即主缆通过重力式锚碇或岩隧式锚碇将荷载产生的拉力传至大地来达到全桥的受力平衡，这是大跨度悬索桥最佳的受力模式。

(2) 自锚式悬索桥 在较小跨度的悬索桥中，有的采用以自锚形式锚固主缆，即主缆的水平拉力由加劲梁提供轴压力自相平衡，不需要另外设置锚碇，这种悬索桥称为自锚式悬索桥。如图 7-41 所示。

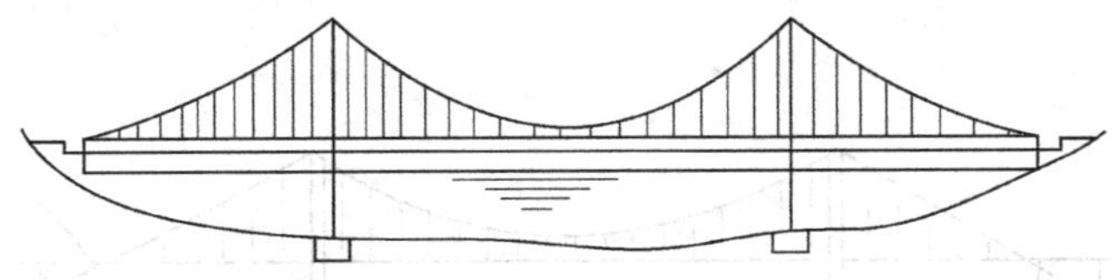

图 7-41 自锚式悬索桥

这种自锚式悬索桥的主缆在边跨两端直接锚固于加劲梁上，主缆的拉力直接传递给加劲梁。主缆拉力的垂直分力（一般较小）可以抵消边跨端支点的部分竖向力，从而减小加劲梁底的端支点反力；但水平分力使加劲梁承受巨大的轴向压力，要求有较大的截面。会显著增加结构自重，所以自锚式悬索桥的跨度不宜过大。另外，与地锚式悬索桥不同，自锚式悬索桥在施工中必须先架设加劲梁，然后再安装主缆，施工相对困难、经济性略差。

自锚式悬索桥的优点是不需要强大的锚碇，适宜用于两岸地基承载力较低，特别是软土地基的桥位，在桥位处无法布置庞大的主缆锚碇建筑物的情况下，也可以考虑采用。另外，自锚式悬索桥还可以避免对周围的景观的影响和破坏，适用于城区跨河桥。自锚式悬索桥在我国起步较晚，目前在我国发展很快，采用预应力混凝土加劲梁的自锚式悬索桥在中等跨径桥梁中具有一定的竞争力。

3. 按悬吊方式分类

(1) 美式悬索桥 采用竖直吊索并以钢桁架作加劲梁，这种形式的悬索桥绝大部分为三跨地锚式。加劲梁是不连续的，在主塔处有伸缩缝，桥面为钢筋混凝土桥面，主塔为钢结构。其优点是可以通过增加桁架高度来保证桥梁有足够的刚度，且便于实现双层通车。如图 7-42 所示。

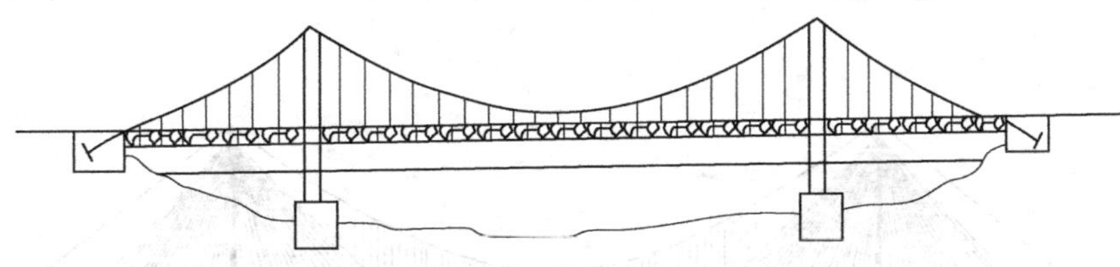

图 7-42 美式悬索桥（竖直吊索桁式加劲梁悬索桥）

(2) 英式悬索桥 英式悬索桥的基本特征是采用三角布置的斜吊索，并以扁平流线型钢箱梁作加劲梁。除此之外，这种形式的悬索桥采用连续的钢箱梁作为加劲梁，桥塔处设有伸缩缝，用混凝土桥塔代替钢桥塔。有的还将主缆与加劲梁在主跨中点处固结。英式悬索桥的优点是钢箱加劲梁可减轻恒载，因而减小了主缆的截面，降低了用钢量和总造价。如图 7-43 所示。也有呈交叉形布置的斜吊桥。

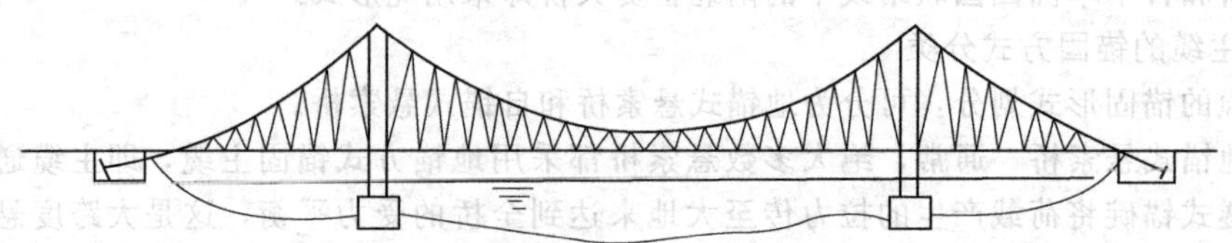

图 7-43　英式悬索桥（斜吊索扁平钢箱梁加劲梁悬索桥）

(3) 混合式悬索桥　综合了上述两类悬索桥的特点，是目前广泛采用的悬索桥。即采用竖直吊索和流线型扁平钢箱梁作加劲梁。一般采用钢筋混凝土桥塔。混合式悬索桥的广泛使用表明其钢箱加劲梁具有良好的静力和动力特性，其竖直吊索构造简单实用，如图 7-44 所示。

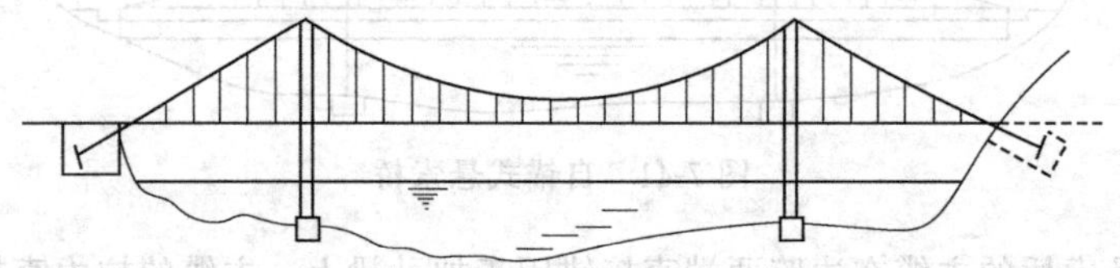

图 7-44　混合式悬索桥（竖直吊索扁平钢箱梁加劲梁悬索桥）

(4) 带斜拉索的悬索桥（斜拉-悬吊混合式悬索桥）　为了有效地提高大跨度悬索桥结构的整体刚度和抗风稳定性，在悬索桥设计中，除设置悬索体系外，还可考虑同时设置斜拉索，以适应大跨度悬索桥的变形控制和动力稳定性的要求，这就构成了带斜拉索的悬索桥。如图 7-45 所示。这种结构形式可看作悬索桥和斜拉桥的结合，悬索承担跨中的荷载，斜拉索承担桥塔附近 1/4 跨的荷载，这样能够大大地增强悬索桥的跨越能力和结构的整体刚度，并有效地加强结构的抗风和抗震能力，防止和控制结构的振动。

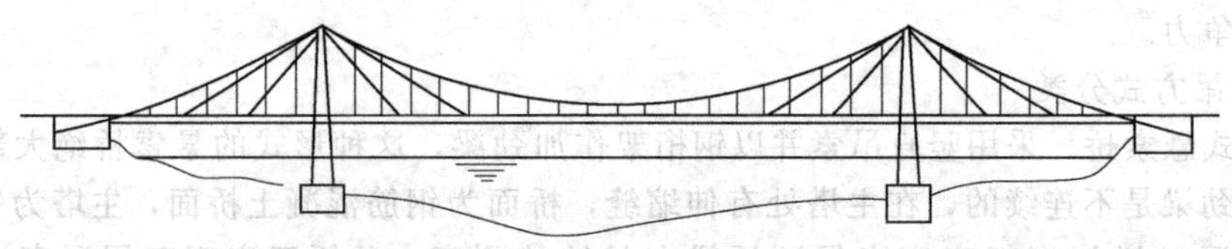

图 7-45　带斜拉索的悬索桥

图 7-46 为世界首座斜拉-悬吊混合式悬索桥——乌江大桥（主跨 288m，主梁为高强预应力薄壁箱梁）。

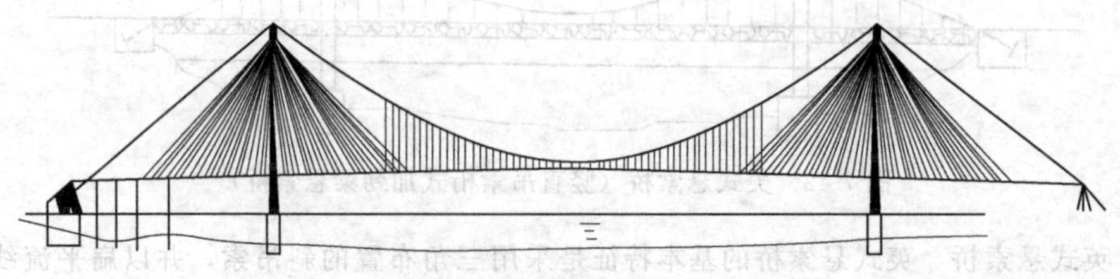

图 7-46　斜拉-悬吊组合悬索桥（乌江大桥）

4. 按加劲梁的支承条件（或结构体系）分类

按加劲梁的支承条件，悬索桥可分为单跨简支加劲梁悬索桥、三跨简支加劲梁悬索桥及三跨连续加劲梁悬索桥等，如图 7-47 所示。

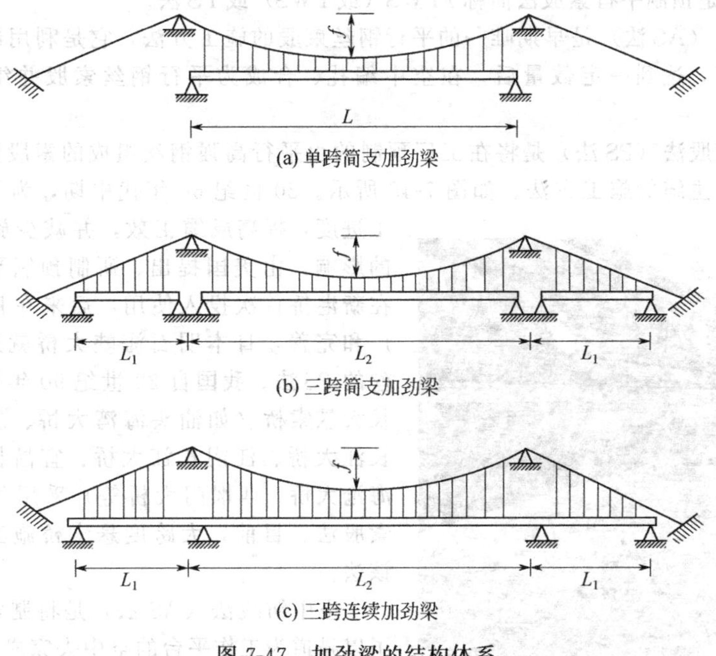

图 7-47　加劲梁的结构体系

三、悬索桥构造

现代悬索桥通常主要由主缆、主塔、锚碇与加劲梁四大主体结构以及塔顶主索鞍、锚口散索鞍座或散索箍和悬吊系统等重要附属系统组成。下面分别介绍其上部结构的主要结构及特点。

1. 主缆

主缆是悬索桥的主要承重构件，它以桥塔及支墩为支承，两端锚固于锚碇，并通过吊索悬挂加劲梁。主缆除承受自重恒载、索夹、吊索、加劲梁等恒载外，还承受索夹、吊索传来的作用在桥面上的活载。另外，主缆还承担一部分横向风力以及温度变化的影响力，并直接传到桥塔顶部。

悬索桥的主缆材料必须具有强度高、弹性模量大、耐腐蚀等性能，在悬索桥发展过程中，主缆先后经历了钢结构眼杆式缆链、钢丝绳缆、封闭钢绞索缆，最终发展为现在的平行钢丝主缆。平行钢丝主缆强度高（可达 1800MPa 以上）、弹性模量大（比钢绞线提高 10%～25%）、抗锈蚀性好，因此在大跨度桥梁中普遍被采用。平行钢丝主缆由平行的高强、冷拔、镀锌钢丝组成。钢丝直径大都在 5mm 左右，视主缆拉力的大小，每根主缆需要包括几千甚至上万根钢丝。为了便于施工安装和锚固，主缆通常被分成束股编制架设，并在锚碇处分散锚固。为了保护钢丝，并使主缆的形状明确，主缆的其余区段则挤紧成规则的圆形，然后缠以软质钢丝捆扎并进行外部涂装防腐。对于一定钢丝总数的主缆，钢丝束股的数量和每股钢束所含钢丝的数量与主缆的制作方法有关。

（1）主缆的类型　目前，在悬索桥主缆的设计中，多是根据上述材料要求条件而选择主缆的类型。而主缆类型主要有如下两类。

1）钢丝绳主缆：多用于中、小跨悬索桥，它又分为钢绞线绳和螺旋钢丝绳、封闭式钢绞线索。

2）平行丝股主缆：主要用于大跨悬索桥。

（2）主缆的制作方法　主缆的制作方法主要有两种：一是空中纺线法，又称空中编丝法，简称AS法，二是预制平行索股法简称PPWS（或PWS）或PS法。

空中纺线法（AS法）是早期唯一的平行钢丝束股的施工方法，它是利用编丝轮往复拽拉钢丝，架到主塔，达到一定数量后，在空中编扎、合成为平行钢丝索股并组成主缆的施工方法。

预制平行索股法（PS法）是将在工厂预制的由平行高强钢丝组成的索股运到工地，在现场架设安装组成主缆的施工方法。如图7-48所示。20世纪60年代中期，为了加快悬索桥施工进度，提高成缆工效，并减少施工中气候因素的影响，由美国提出、研制预制平行索股法，并在新港桥首次投入使用，后来在日本得到大量推广和完善，日本明石海峡大桥就采用了每股127丝的PS法。我国自20世纪90年代以来，修建的长大悬索桥（如汕头海湾大桥、虎门大桥、西陵长江大桥、江阴长江大桥、宜昌长江大桥、厦门海沧大桥、西堠门大桥等）采用的都是预制平行索股法。目前，大跨度悬索桥施工中，普遍使用该法。

图7-48　预制平行索股主缆

空中纺线法（AS法）是将制索股的工作放到了以猫道为工作平台的空中去完成，在制索股的同时完成了架设。相对于工厂预制平行索股而言，空中纺线法每束股中，钢丝数量多，因而索股数量少，锚靴数亦少，锚室内的锚固面积小，但该法的编缆设备一次性投入较高。工厂预制平行索股法（PS法）架设工期短、能保证钢丝的平行，提高索股质量，但需要大吨位的起重设备和拽拉设备来架设跨越全桥的整根钢丝束股。总之主缆的形成方法应结合已有设备、成缆质量、防护要求、施工单位对施工方法掌握的熟练程度及经济性等因素合理进行选择。

(3) 主缆的形式　大多数悬索桥都采用双面主缆，但也有用单面主缆者。至于主缆的根数，一般为2根主缆，即一侧布置一根，但若有主缆太粗、架设困难或者工期限制等原因，也有一侧用两根主缆的设计。在桥的每侧都用两根主缆，并让两主缆在立面的几何形状不同，这种称复式主缆。

(4) 主缆的截面组成　主缆的截面组成一般是：先由ϕ5mm左右的镀锌钢丝组成钢丝束股，如图7-49 (a) 所示，然后再由若干束钢丝索股按一定方式组成一根主缆截面。每根主缆截面大小是根据每座悬索桥的主缆拉力大小确定的，一旦钢丝直径选定，其主缆内所含钢丝总根数n即随之而定。而具有n根钢丝的主缆应有多少股钢束n_1，每股钢束含多少根钢丝n_2，则与主缆的编制方法有关。采用AS法的钢束较大，每股钢束所含钢丝数n_2较多（达400～500根以上），因而每缆所含总钢束数n_1较少（约30～90束）。因而其单股锚固吨位大，锚固空间相对集中。

采用PS法的索股通常按正六边形平行排列定型，一般有平顶形和尖顶形两种，如图7-49 (b)、图7-49 (c) 所示。考虑桥跨及其施工条件，每股丝数n_2通常取值61、91、127、169等，由这些钢丝组成形状稳定的正六边形，并可使主缆的空隙率达到最小。如图7-49 (c) 所示。因为每股丝数相对较少，因此，每缆总股数n_1相对AS法较多（一般为100～300束），锚固空间相对较大。

(5) 主缆防锈　目前悬索桥主缆通常都采用镀锌钢丝，为了进一步加强防锈能力，在主缆四周涂以锌粉膏等防锈剂，再用直径4mm软退火的镀锌钢丝缠绕，然后在上面涂油漆，以形成双重防锈措施。为了完全防水，主缆箍处产生的间隙要填充密实材料，如图7-49 (d) 所示。在锚碇区，主缆需分散后，锚固到锚块，无法用镀锌钢丝缠绕，常采用在锚碇箱内吹风除湿措施，保持箱内空气干燥。

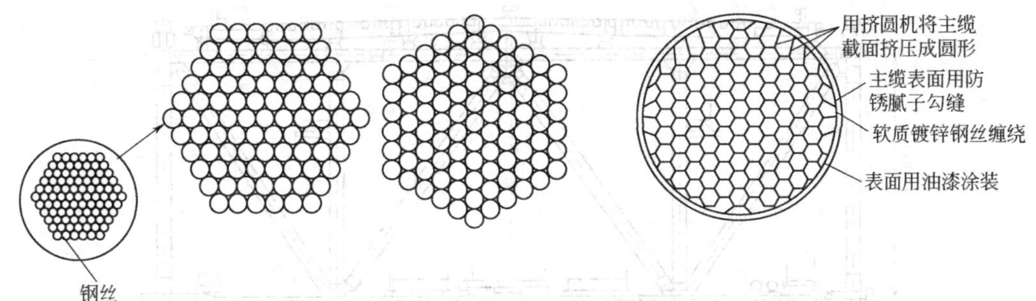

图 7-49　PS 法的索股及主缆断面

2. 加劲梁

加劲梁的主要作用是提供桥面，并防止桥面发生过大的挠曲变形和扭转变形。它直接承担竖向荷载，同时也是悬索桥承受风荷载和其它横向水平荷载的主要构件，所以，必须具有足够的抗扭刚度或自重，以保持在风荷载作用下的气动稳定性。悬索桥加劲梁的结构形式有钢桁梁、扁平钢箱梁和混凝土箱梁等。在悬索桥发展的历史上，钢桁梁是使用最多的加劲梁形式。由于具有很高的截面抗扭刚度，透风性好的迎风截面，因而具有良好的抗风稳定性。它可以充分利用截面空间，适宜于公铁两用等需要双层桥面的桥梁。钢桁梁起始于美国，最初全部用铆钉连接，后来改为高强螺栓连接。钢桁梁的桥面板可以是钢筋混凝土板或钢桥面板。后者重量较轻，一般与加劲梁分离，图 7-50 为采用钢桁梁作为加劲梁的日本明石海峡大桥，图 7-51 为其钢桁梁加劲梁及桥面板断面图。

图 7-50　日本明石海峡大桥

1966 年，英国在塞文桥上首次采用流线型扁平钢箱梁作为加劲梁后，改变了大跨悬索桥的传统钢桁梁的单一形式，如图 7-52 所示。与钢桁梁相比，扁平钢箱梁抗扭刚度大，抗风性能更好，风阻系数仅为钢桁梁的 1/4～1/2，且具有构造简单，易于制造，重量轻，用钢量少，养护方便等优点。

图 7-53 为主跨 960m，采用外置式吊索锚箱结构的湖北宜昌长江大桥扁平钢箱梁横截面图。

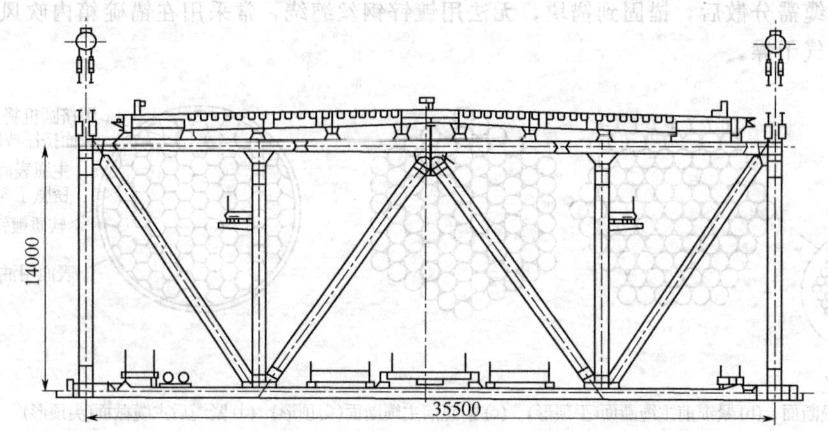

图 7-51　钢桁梁加劲梁及桥面板横断面图（日本明石海峡大桥）

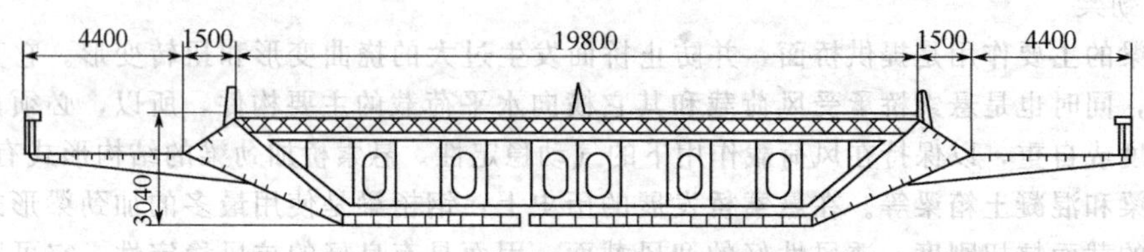

图 7-52　英国塞文桥扁平钢箱梁

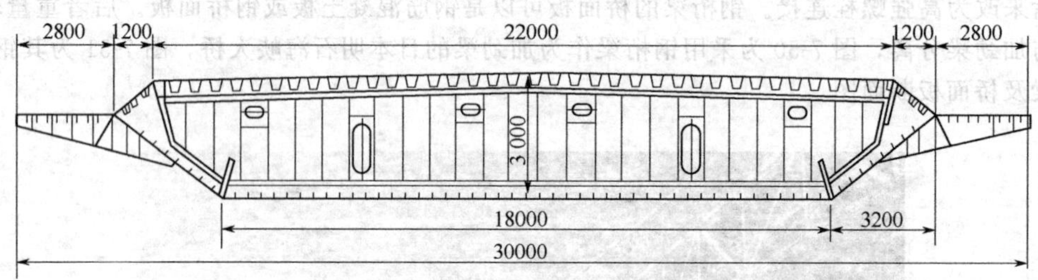

图 7-53　宜昌长江大桥扁平钢箱梁加劲梁断面图

悬索桥加劲梁也可采用混凝土箱梁，混凝土加劲梁截面可塑性强，采用预应力混凝土箱梁作加劲梁的悬索桥具有重力刚度大，风稳性能好等优点，但由于梁体自重较大，使悬吊系统为此增加了更多的钢材用量，同时还使施工制作、运输及起吊安装等工作增加了难度。一般只在跨度不大（≤500m）的悬索桥中应用。我国汕头海湾大桥，跨度为 154m＋452m＋154m，其加劲梁采用 C60 预应力混凝土箱梁，其横截面如图 7-54 所示。

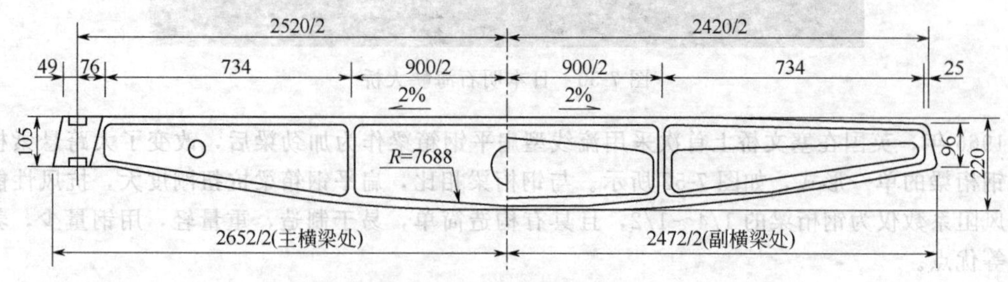

图 7-54　汕头海湾大桥预应力混凝土箱梁加劲梁横断面图

3. 吊索与索夹

吊索是连接主缆和加劲梁的构件，它通过索夹把加劲梁悬挂于主缆上。它是将活载和加劲梁（包括桥面）的恒载等竖向荷载通过索夹传递到主缆的受力构件。吊索顺桥向布置形式有垂直吊索和斜向吊索两种。其下端通过锚头与加劲梁两侧的吊点联结，上端通过索夹与主缆联结。现代悬索桥一般采用柔性较大且易于操作的钢丝绳索或平行钢丝索作为吊索。吊索表面涂装油漆或包裹 HDPE（高密度聚乙烯）护套防腐。

吊索与主缆上索夹的连接方式有四股骑跨式（鞍挂式）和双股销铰式两种。如图 7-55 所示，索夹是紧箍主缆索股并连接主缆与吊索的构件。主缆和吊索的连接一般采用刚性索夹把主缆箍紧，使主缆在受拉时，产生收缩变形时也不致滑动。索夹的下端伸出铸件吊耳，通过销栓把吊索与吊耳相连。

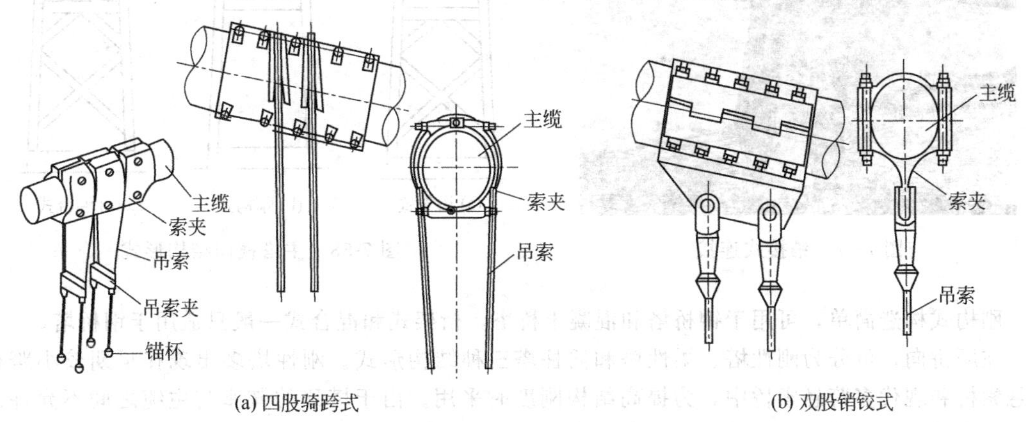

(a) 四股骑跨式　　(b) 双股销铰式

图 7-55　吊索与索夹的连接方式

四股骑跨式的吊索实际上是用两根两端带锚头的钢丝绳绕跨在索夹顶部的嵌索槽中，并用四个锚头在下端与加劲梁体联结。双股销铰式的吊索则是用两根下端带锚头，上端带连接套筒的钢丝绳索或平行钢丝索，上端用销铰与索夹下的耳板连接，下端用锚头或同样用销铰与加劲梁体联结。前者不宜采用平行钢丝索，而后者对钢丝绳索与平行钢丝索都能适应。

吊索与加劲梁的连接方式，常用的有锚头承压方式和销接式，如图 7-56 及图 7-57 所示。

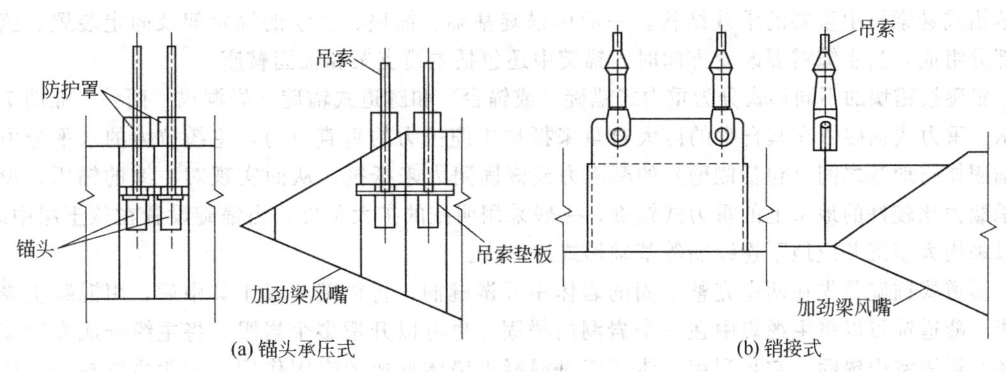

(a) 锚头承压式　　(b) 销接式

图 7-56　吊索与加劲梁的连接方式

4. 主塔

主塔是支承主缆的主要构件。分担主缆所受的竖向荷载，并将荷载传至塔墩和基础。主塔还承受作用于塔身、加劲梁及主缆上的风力。悬索桥的桥塔按其材料可分为圬工桥塔、钢桥塔和钢筋混凝土桥塔。早期悬索桥由于高耸结构物混凝土浇筑技术及混凝土强度的限制，大多采用钢桥塔。20 世纪 60 年代后，由于混凝土强度的提高，施工浇筑技术的改进，特别是爬升模板的采用，大跨度悬索桥逐渐开始采用混凝土桥塔。我国的悬索桥都采用了混凝土桥塔。

桥塔的结构形式分横桥向和顺桥向。横桥向一般由带斜腹杆的桁架式、只带横杆的刚构式和兼有以上两种形式的混合式三种结构形式，如图 7-58 所示。

图 7-57　销接式连接

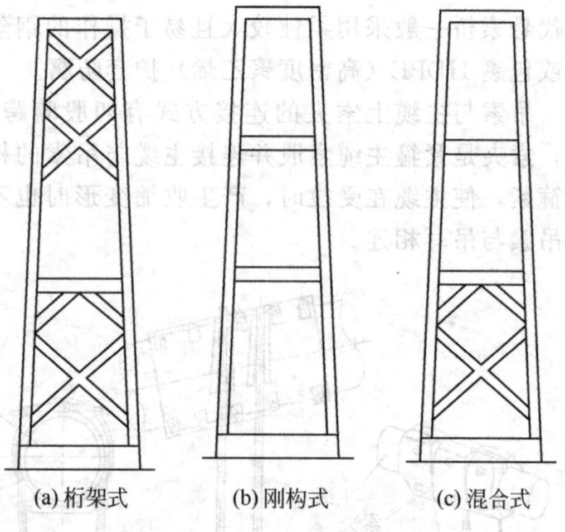

图 7-58　主塔横向结构形式

刚构式构造简单，可用于钢桥塔和混凝土桥塔，桁架式和混合式一般只适用于钢桥塔。

在顺桥向，可分为刚性塔、柔性塔和摇柱塔三种结构形式。刚性塔多出现在早期较小跨径的悬索桥和现代多跨悬索桥中，为提高结构刚度时采用。由于塔顶的鞍座与主缆之间不允许出现相对滑移，鞍座就需沿桥轴线方向发生线位移。

柔性塔是大跨度现代悬索桥最常用的结构，为下端固结的单柱形式，鞍座固定于塔顶，由塔的弹性变形来适应鞍座的线位移。

摇柱塔也只适用于跨度较小的悬索桥，下端为铰接式单柱结构。由于塔底设铰，大大减小了塔所受的弯矩，但施工困难，结构复杂，现在很少采用。

5. 锚碇

锚碇是主缆两端的锚固体，它是地锚式悬索桥承担主缆拉力并将拉力传递给地基的结构物，是地锚式悬索桥中重要的承载结构。一般由锚碇基础、锚块、主缆的锚定架及固定装置、遮棚等部分组成，当主缆需要改变方向时，锚碇中还包括主缆支架和锚固鞍座。

锚碇按锚块的不同形式分为重力式锚碇（或锚台）和隧道式锚碇（岩洞锚）两种，如图 7-59 所示。重力式锚碇依靠其自身的巨大自重来抵抗主缆拉力的垂直分力，主缆拉力的水平分力则由锚固体与地基之间（包括侧壁）的摩阻力或嵌固阻力来抵抗，从而实现对主缆的锚固。设置在承载力比较好的地基上的重力式锚碇，一般采用明挖的扩大基础。当锚碇设置在软土层中时，可以采用大型沉井或地下连续墙等基础形式的形式。

隧道式锚碇是先在两岸完整坚固的岩体中开凿隧洞，将锚碇架置于其中后，用混凝土浇筑而成。隧道锚可以将主缆集中在一个岩洞内锚固，也可以开凿多个岩眼，将主缆分成多股穿过岩体在锚固室内锚固。它是利用岩体强度对混凝土锚体形成的嵌固作用来承担主缆拉力，达到锚固主缆的目的。因而其锚碇混凝土用量较重力式锚碇大为减少，经济性能更为显著。但两岸必须有可利用的完整坚固的山体岩壁。

锚碇架是一个大的钢结构骨架，它将主缆拉力分散传播到锚块，通常由前梁、后梁、钢锚杆和支撑架组成，主缆束股通过锚头与锚杆连接，再由锚杆将束股拉力通过支撑架分散至整个混凝土锚体。

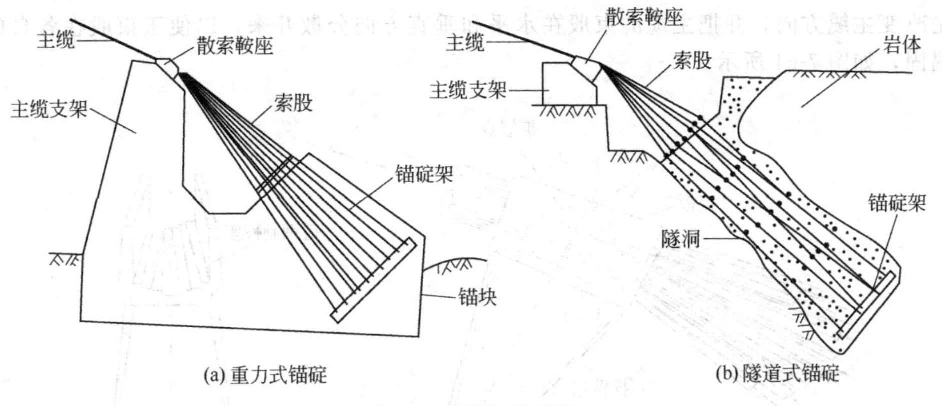

图 7-59　锚碇示意图

6. 鞍座

悬索桥的鞍座分为塔顶鞍座（亦称主鞍座）和散索鞍座。

塔顶鞍座位于主缆和塔顶之间，用以支承主缆，并将主缆所受到的拉力以垂直力和不平衡水平力的方式均匀地传给主塔。塔顶鞍座主要由鞍槽、鞍体和底板三部分组成，如图 7-60 所示。

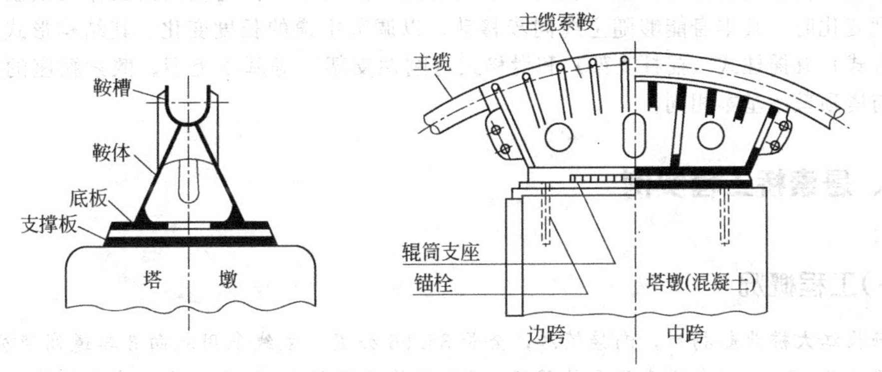

图 7-60　塔顶鞍座构造

鞍槽用以直接容纳和支承主缆束股，其纵向呈圆弧状，半径一般不小于主缆直径的 8～12 倍。横向呈台阶状，台阶由中央向两侧渐次抬高，与主缆束股圆形排列相适应，台阶宽度与束股尺寸相近。座体是鞍座传递竖向压力的主体，上部直接与鞍槽底部连为一体，下部与底座板相连。底板是预置于塔顶用以支承鞍座座体的部分，它使鞍座反力均匀分布于塔顶。

为满足悬索桥施工过程中鞍座预偏复位滑移的需要，底板与座体底板之间需设置滑动装置，如辊轴、四氟滑板或其它减摩技术。刚性桥塔上的主鞍座，一般在上座下面设一排辊轴或设置聚四氟乙烯滑板，用来调整施工中主缆在塔顶两侧的水平分力使之接近平衡。柔性塔和摇柱塔上的主鞍座仅设上座，它将通过螺栓与塔固定。对现代大跨度悬索桥而言，由于塔身较高，凭塔身的弹性弯曲就能满足鞍座处平衡所需的纵向位移。所以为避免镀锌钢丝因滑动而磨耗，主缆、鞍座和塔顶之间不应发生相对滑动。

塔顶鞍座在早期常采用全铸的方法制造，其缺点是加工困难，目前多采用铸焊结合的方法来制造，鞍座的上部鞍槽采用铸钢件，鞍槽下部的支承结构则采用厚钢板焊接结构。鞍槽与支承结构之间也用焊接。为施工吊装方便，可将主索鞍纵向分两段或三段吊装到塔顶后再用高强螺栓连接成一体。

散索鞍座是主缆进入锚碇之前的最后一个支承构件，置于锚碇的前墙处。散索鞍座的主要功能是改变主缆方向，并把主缆的束股在水平和垂直方向分散开来，以便于束股在各自的位置进行锚固，如图 7-61 所示。

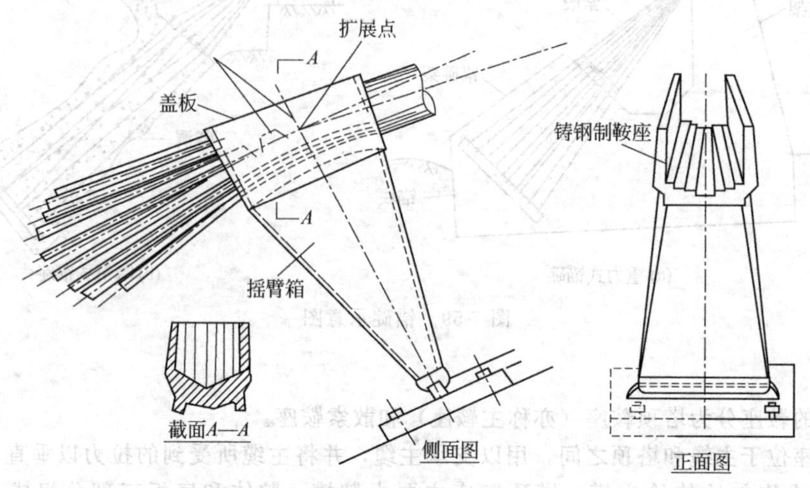

图 7-61 散索鞍座构造

散索鞍座构造与塔顶鞍座基本相同，不同的是，散索鞍座在主缆因活载作用或温度变化而产生长度变化时，其本身能够随主缆同步移动，以调节主缆的长度变化。其结构形式（即主缆的支承方式）有摇柱式（摇杆支架）和滑移式（刚性支架）等基本类型。散索鞍座的构造与制造方法与塔顶鞍座基本相同。

四、悬索桥工程实例

(一)工程概况

润扬长江大桥北起扬州，南接镇江，全长 35.66 公里。主线采用双向 6 车道高速公路标准，桥面净宽为 32.5m（不含锚索区和检修道）。工程总投资约 53 亿元，为高速公路特大桥。设计时速 100km/h，设计车辆荷载为汽车—超 20 级、挂车—120。设计通航水位，最高 7.34m，最低—0.43m。设计基准期 100 年，地震设计烈度为 7 度，设计基本风压 29.1m/s。桥下最大通航净宽 700m、最大通航净高 50m，可通行 5 万吨级巴拿马货轮。工程于 2000 年 10 月 20 日开工建设，2005 年 4 月 30 日建成通车。整个工程由北接线、北汊桥、世业洲互通高架桥、南汊桥、南接线及延伸段等部分组成，主桥（包括北汊桥、世业洲互通高架桥和南汊桥）长 7.21 公里，北引桥及北接线高架桥长 1.74 公里，北接线长 10.27 公里，南接线及延伸段长 16.44 公里。南汊为长江的主河槽，综合考虑桥位地形、河势、通航、桥位线形及构造统一等因素，采用单孔跨径为 1490m 的双铰钢箱梁悬索桥（图 7-62），跨径布置为 470m＋1490m＋470m。如图 7-63 所示。

图 7-62 润扬长江大桥钢箱梁悬索桥

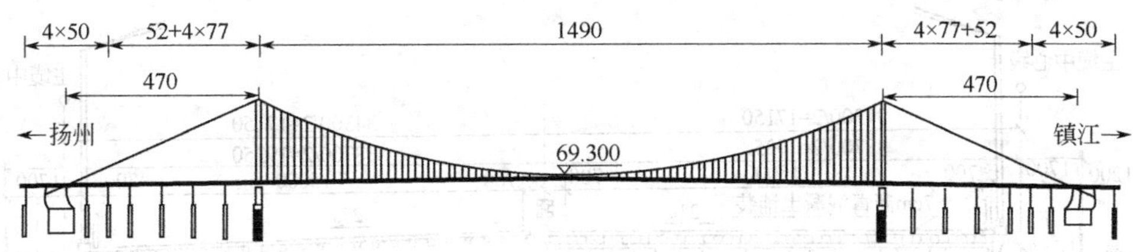

图 7-63　润扬长江大桥立面布置图（尺寸单位：cm）

(二)主缆系统

全桥主缆共两根，平面间距为 34.3m。在成桥状态下，根据全桥整体刚度及经济性比较，确定矢跨比为 1/10。每根长 2580.8m，重约 10444t，由平行钢丝索股组成。主缆钢丝采用强度为 1670MPa 的镀锌高强钢丝，钢丝直径 5.30mm。每根主缆包含 184 股索股，每股含 127 根镀锌高强钢丝。每根主缆紧缆前排列成尖顶形正六边如图 7-64 所示，紧缆后主缆截面形状为圆形，钢丝索股在索夹处和索夹间的空隙率分别为 18%和 20%，相应的主缆外径分别为 895mm、906mm。索股两端为热铸式锚头，锚头由锚板、锚杯和盖板组成，每束索股经主索鞍、散索鞍后通过锚头用拉杆与锚固系统连接，形成主缆系统。

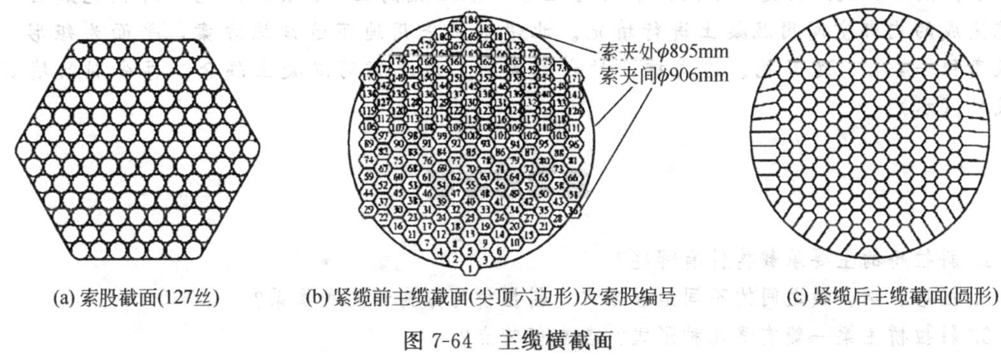

(a) 索股截面(127丝)　(b) 紧缆前主缆截面(尖顶六边形)及索股编号　(c) 紧缆后主缆截面(圆形)

图 7-64　主缆横截面

吊索选用耐久性良好的平行钢丝索股，钢丝为采用 1670MPa 的镀锌高强钢丝，钢丝直径 5.0mm，其外面采用 PE 防护套防护。索夹采用铸钢，吊索上、下端均为顺桥向销接的连接方式。跨中加设刚性中央扣连接，使主缆和加劲梁在跨中处相对固定，对梁的纵横向位移进行约束，从而有效地改善吊索（尤其是跨中短吊索）的受力状态。

(三)加劲梁

加劲梁采用全焊扁平流线型封闭钢箱梁断面（图 7-65），整体性好，满足抗风稳定性的要求。箱梁标准梁段长 16.1m，中心线处梁高 3.0m，顶板宽 32.9m，检修道宽 1.2m，设置在尖嘴外。箱梁总宽 38.7m，高跨比 1/497，宽跨比 1/38.5。吊索与耳板为销接。两个标准段焊接连成一个标准吊装段，吊装质量约 471t。

箱梁主体结构采用 Q345-D 钢。顶板和斜腹板厚 14mm，底板厚 10mm，采用 8mm 的 U 形肋和球头钢加劲。横隔板纵向间距 3m。

(四)主塔

根据主塔的受力特点及美观方面的要求。主塔选用由两个塔柱、三道横梁组成的门式框架结构，如图 7-62 所示。塔高约 210m。塔柱为钢筋混凝土箱形结构，横桥向两个塔柱斜置，底部

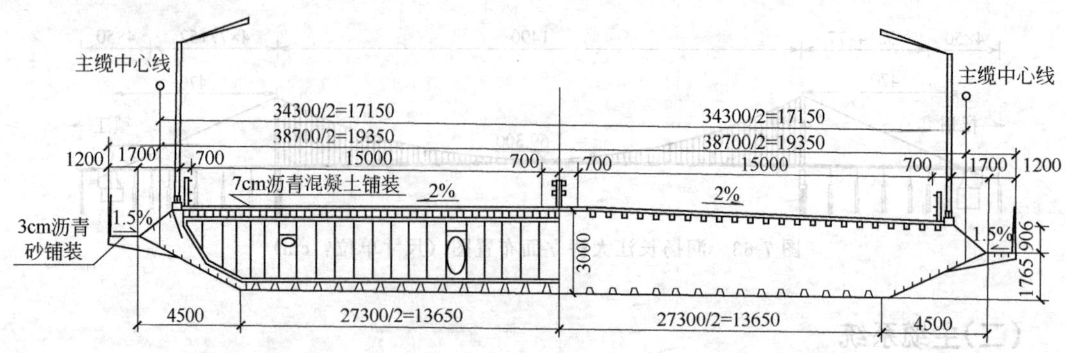

图 7-65 标准钢箱梁断面图（尺寸单位：mm）

外形尺寸 6m×12.5m，顶部 6m×9.5m。塔柱壁厚采用双向变壁厚，横梁为预应力混凝土空心箱形结构。基础为直径 2.8m 钻孔灌注桩。

(五)锚碇

设计采用重力式锚体、预应力锚固系统。初步设计、技术设计阶段对锚碇基础分别采用冻结法、地下连续墙、沉井等方案进行了技术经济比较。南锚基础采用钻孔桩围护加冻结止水帷幕、钢筋混凝土内支撑方案，平面为矩形，基础底高程−26m，开挖、封底完成后，在开挖完成的内部空间用混凝土进行填充。北锚基础采用地下连续墙方案，平面为矩形，基础底高程−45m，边开挖、边支撑，封底完成后，现浇钢筋混凝土隔仓，再分别回填混凝土或砂（水）。

复习思考题

1. 斜拉桥的主要承载构件有哪些？
2. 按塔、梁、墩之间的不同结合方式，斜拉桥可分为哪几种体系？
3. 斜拉桥主梁一般有哪几种形式？各有何特点？
4. 近代大跨度斜拉桥中，斜拉索有哪几种主要类型？其特点分别是什么？
5. 悬索桥的主要承载构件有哪些？
6. 悬索桥的主要类型有哪些？
7. 悬索桥主缆的制作方法有哪些？
8. 按照对主缆的锚固方式，悬索桥锚碇分为哪两种基本形式？其锚固原理分别是什么？

第八章　桥面系及桥梁支座构造

学习要点： 桥面铺装、排水防水系统构造；桥梁伸缩装置的类型及构造；人行道、安全带、护栏构造；桥梁支座的类型、构造及选配。

第一节　桥面系构造

桥面系包括桥面铺装、排水防水系统、人行道（安全带）、路缘石、栏杆、灯柱、安全护栏和伸缩装置等。桥面构造直接与车辆、行人接触，虽然不是主要承重结构，但它对桥梁功能的正常发挥，对主要构件的保护，对车辆行人的安全以及桥梁的美观等都十分重要。其构造合理性、施工质量和养护质量，直接影响到桥梁的使用功能，因此，应对桥面构造的设计和施工给予足够的重视。

一、桥面布置形式

一般桥梁的桥面布置应在桥梁的总体设计中考虑，根据道路等级、桥梁的宽度、行车要求等条件确定。对混凝土梁桥的桥面布置一般有以下几种。

（1）双向车道布置　是指行车道的上下行交通布置在同一桥面上，如图 8-1 所示。在桥面上，上下行交通由画线分隔，没有明显的物理限界，桥梁上允许机动车与非机动车同时通过，同样用画线分隔，因此车辆混行影响行车速度，易造成交通阻塞，适合交通量不大的桥梁。

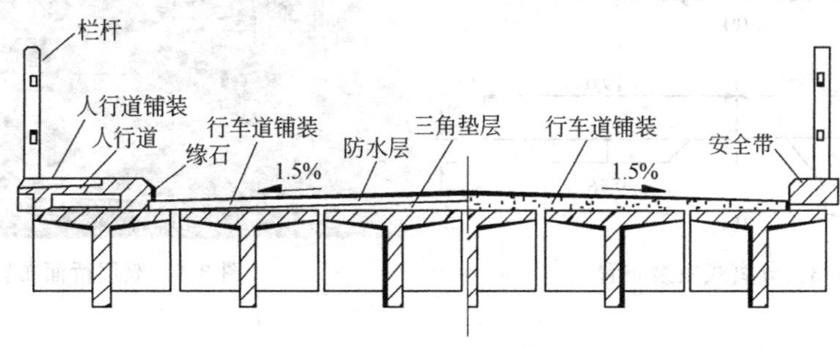

图 8-1　双向车道布置

（2）分车道布置　在桥面上设置分隔带，用以分隔上下行车辆，通常也将机动车道与非机动车道分隔、行车道与人行道分隔，可提高行车速度，便于交通管理，适应交通量大的桥梁。如图 8-2 所示。

分隔带常用混凝土制作的护栏、路缘石、钢柱-杠杆或钢链分隔等形式。

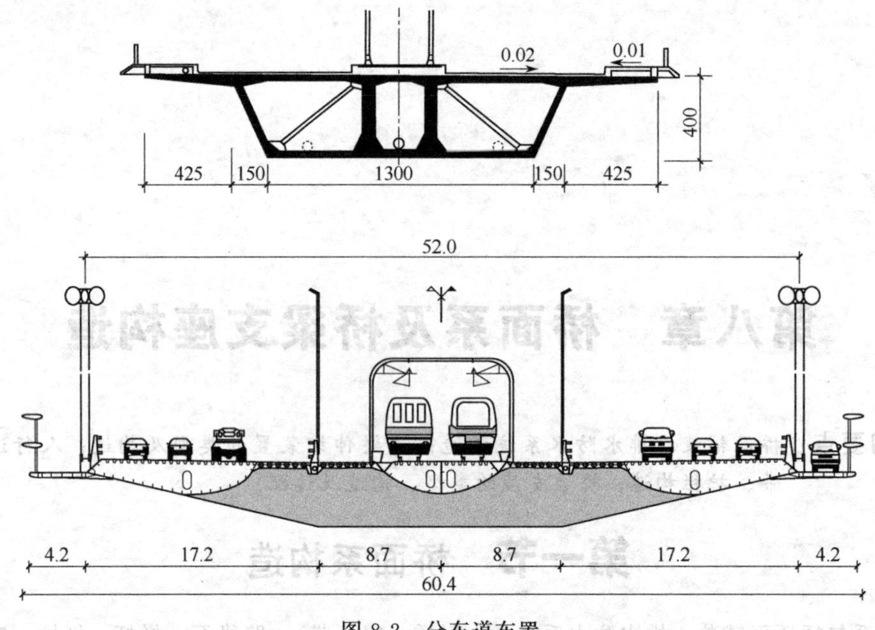

图 8-2　分车道布置

(3) 分离式主梁布置　在两主梁之间的桥面上不加联系各自通行单向交通；上下行桥梁分离，多用于高速公路、汽车专用公路，实行封闭式运行，一般不设人行道与人行道护栏，但在路缘和中央分隔带设置安全护栏。如图 8-3 所示。

(4) 双层桥面布置　桥梁结构在空间上可以提供两个不在同一平面上的桥面构造，双层桥面布置可以使不同的交通严格分道行驶，提高了车辆和行人的通行能力，并便于交通管制同时，可以充分利用桥梁空间，在满足同样交通要求之下减小桥梁宽度、缩短引桥长度，取得较好的经济效益。如图 8-4 所示。

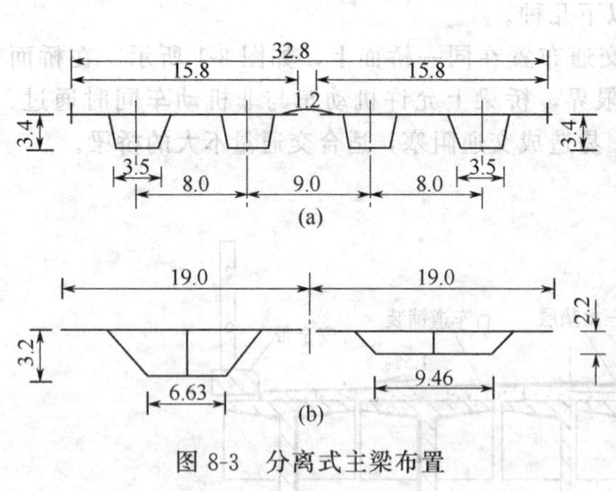

图 8-3　分离式主梁布置

图 8-4　双层桥面布置

二、桥面铺装及排水防水系统

(一)桥面铺装

1. 桥面铺装的作用

保护属于主梁整体部分的行车道板不受车辆轮胎的直接磨耗，防止主梁遭受雨水的侵蚀，并对车辆轮重的集中荷载起一定的分布作用，对主梁受力有一定帮助作用。

2. 桥面铺装的要求

具有抗车辙、行车舒适、抗滑、不透水、刚度好。

3. 桥面铺装的类型

桥面铺装的结构型式宜与所在位置的道路路面相协调。桥面铺装应有完善的防水、排水系统。其类型有水泥混凝土、沥青混凝土、沥青表面处治等。沥青表面处治耐久性差，仅在中级或低级桥梁上采用。

水泥混凝土铺装耐磨性好，适合重载交通，直接铺设在防水层或桥面板上，混凝土铺装（不含整平层和垫层）厚度不宜小于 80mm，混凝土强度等级不应低于 C40，内应配置钢筋网，钢筋直径不应小于 8mm，间距不宜大于 100mm。桥面铺装一般不作受力计算，但如在施工中能确保铺装层与行车道板紧密结合成整体，则铺装层的混凝土（除去作为车轮磨耗部可取 1～2cm 厚外）还可以计算在行车道的厚度内和行车道板共同受力。

考虑到大桥和特大桥中，因结构体系的原因，桥面板常受拉、压应力的交替作用，为防止桥面铺装参与受力而开裂，现行《公路桥涵设计通用规范》（JTG D60—2004）第 3.6 条推荐高速公路和一级公路上特大桥、大桥的桥面铺装宜采用沥青混凝土桥面铺装。高速公路和一级公路上桥梁的沥青混凝土桥面铺装层厚度不宜小于 70mm；二级及二级以下公路桥梁的沥青混凝土桥面铺装层厚度不宜小于 50mm。沥青混凝土桥面铺装维修养护方便，通车快，但易老化和变形。应此，沥青材料应采用重交通沥青或改性沥青。

(二)桥面纵、横坡

桥面设置纵、横坡，以利雨水迅速排出、防止和减少雨水对铺装层的渗透，从而保护了行车道板，延长桥梁使用寿命。

桥面上设置纵坡有利于排水，同时，在满足桥下通航净空的前提下，降低墩台标高，减少引桥长和引道填土，节省费用，桥面纵坡，一般为双向纵坡，纵坡一般不超过 4%。除设置桥面纵坡，还应设置足够的桥面横坡，行车道一般为抛物线形，坡度为 1.5%～3%；人行道一般为直线形，坡度一般为 1%。桥面横坡通常有下面做法。

(1) 盖梁顶设横坡　等厚铺装层，上部结构双向倾斜。对板桥（矩形板或空心板）或就地浇注的肋板式桥梁，为节省铺装材料并减轻桥面恒载重量，可将横坡直接设在墩台顶部，而使桥梁上部构造做成双向倾斜，此时铺装层在整个桥宽上做成等厚的。如图 8-5 (a) 所示。

(2) 三角垫层　对装配式肋板桥梁，为使主梁构造简单、架设和拼装方便，直接在行车道板上设置。具体做法是：先设一层厚度变化的混凝土三角垫层形成双向倾斜，再铺设等厚的混凝土铺装层，也可通过调整支座垫石高度来形成横坡。如图 8-5 (b) 所示。

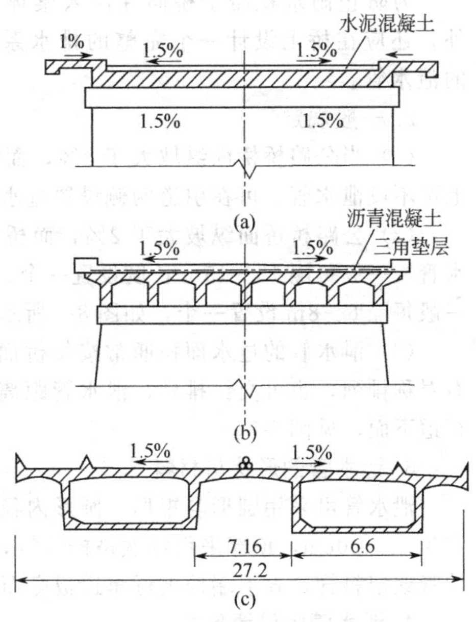

图 8-5　桥梁横坡设置方法

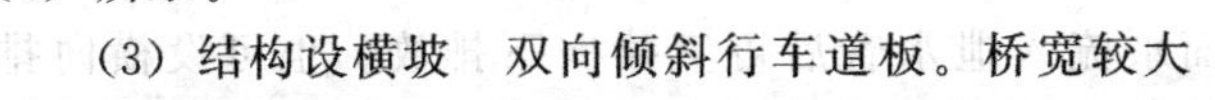
(3) 结构设横坡　双向倾斜行车道板。桥宽较大时，直接将行车板做成双倾斜，可减轻恒载，主梁构造相对较复杂。如图 8-5 (c) 所示。

(三)防水层

防水层设置在桥梁行车道板的顶面，三角垫层之上，行车道铺装层下边，它将透过桥面铺装层的雨水汇集到排水设备（泄水管）排出。

防水层的类型：

(1) 沥青涂胶下封层，即洒布薄层沥青或改性沥青，其上撒布一层砂，经碾压形成。

(2) 高分子聚合物涂胶，例如涂刷聚氨酯胶泥、环氧树脂、阳离子乳化沥青、氯丁胶乳等。

(3) 铺装沥青或改性沥青防水卷材，以及浸渍沥青的无纺土工布等贴式防水层。采用柔性卷材时，当桥面板位于受拉区时，可采用“三油二毡”厚1～2cm，为了增强桥面铺装的抗裂性，应在上铺设厚不小于4cm保护混凝土层，并加设一层钢筋网。防水措施见图 8-6。

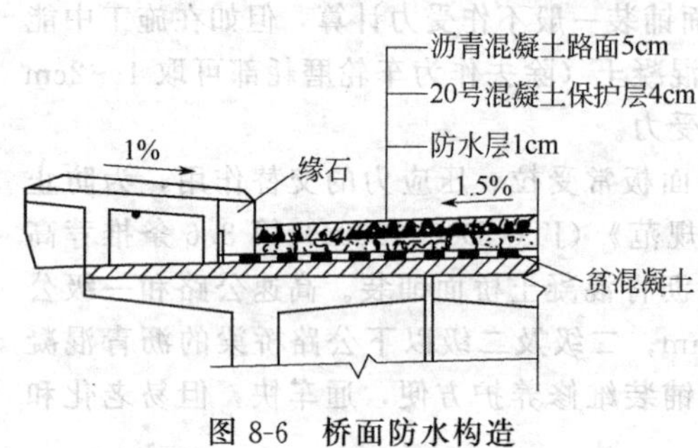

图 8-6 桥面防水构造

(4) 无专门防水层时，应采用防水混凝土铺装或加强排水和养护。

防水层性能要求：不透水，有一定强度、弹性和韧性，耐腐蚀性和耐老化性较好。

防水层的铺设要求：在桥面伸缩缝处应连续铺设，不可切断；桥面纵向应铺过桥台背；桥面横向两侧，应伸过缘石地面，从人行道与缘石砌缝里向上叠起 0.10m。

(四)桥面排水系统

1. 目的与作用

为防止雨水积滞于桥面并渗入梁体而影响桥梁的耐久性，除在桥面铺装内设置防水层外，还应在桥上设计一个完整的排水系统。除设置纵向、横向排水坡外，常需要一定数量的泄水管。

2. 一般规定

(1) 当公路桥桥面纵坡大于 2%，而桥长小于 50m 时，一般能保证通过桥头引道排水，桥上可不设泄水管。可在引道两侧设置流水槽，以免雨水冲刷引道路基。

(2) 公路桥桥面纵坡大于 2%，而桥长大于 50m 时，为防止雨水积滞于桥面，就需设置泄水管，一般每隔 12～15m 长度设置一个；当桥面纵坡小于 2%时，泄水管就需要设置更密一些，一般每隔 6～8m 设置一个，如图 8-7 所示。

(3) 泄水管的过水面积通常按每桥面上不小于 2～3cm²/m² 计。泄水管可沿行车道两侧左右对称排列，也可交错排列，泄水管距离路缘石的距离为 0.10～0.50m。泄水管也可布置在人行道下面，见图 8-8。

3. 泄水管的形状与材料

泄水管可采用圆形与矩形，圆形内径 10～20cm；矩形泄水管的宽度宜为 20～30cm，长度宜为 30～40cm，顶部采用铸铁格栅盖板，其顶面应比周围路面低 5～10mm，泄水管一般采用铸铁管或塑料管，管下端伸出行车道板底面 15～20cm 以上。

4. 泄水管的设置形式

竖向排水孔道：对跨河的桥梁，桥面水流入泄水管后可直接向下排放。也可设横向排水孔道，如图 8-9 所示，直接侧向排除，管口要伸出构件 2～3cm，以便滴水。对跨线桥、城市桥梁设置完整封闭式的落水管道，以增加桥梁的美观和防止雨水随意冲刷，如图 8-10 所示。

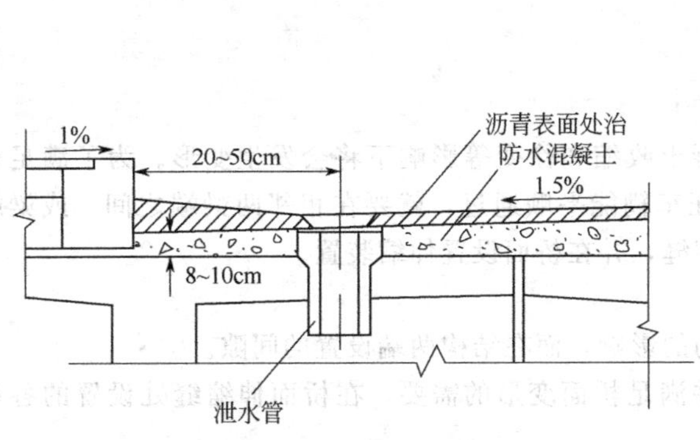

图 8-7　行车道两侧设置的泄水管

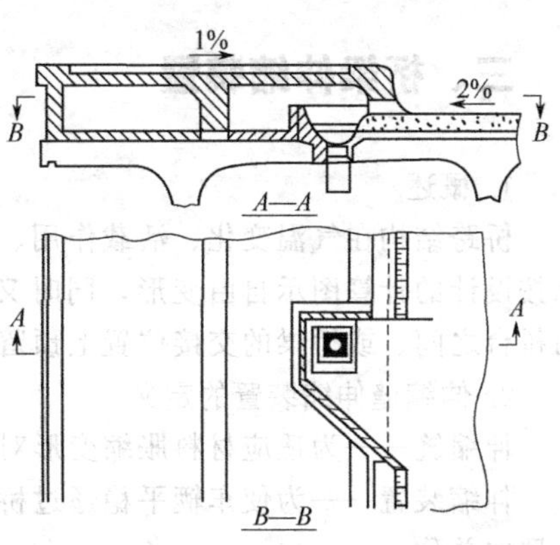

图 8-8　在人行道下面设置的竖向泄水管

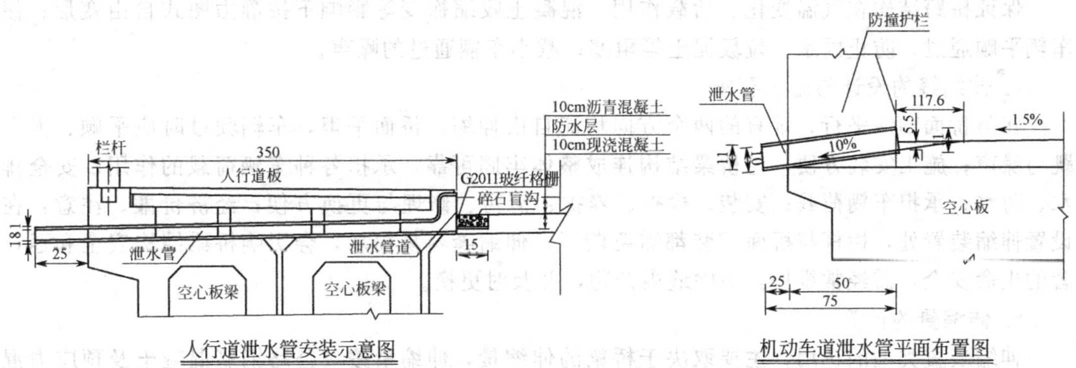

图 8-9　横向泄水管的设置（单位：mm）

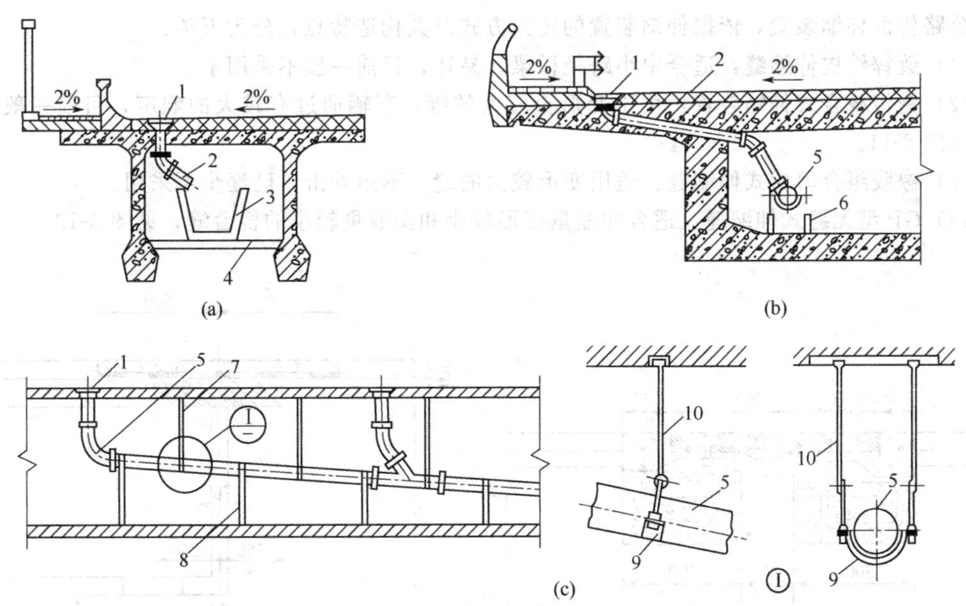

图 8-10　梁体内的封闭式排水系统

1—泄水漏斗；2—泄水管；3—钢筋混凝土斜槽；4—横梁；5—纵向排水管；
6—支撑结构；7—悬吊结构；8—支柱；9—弧形箍；10—吊杆

三、桥梁伸缩装置

1. 概述

桥跨结构在气温变化、活载作用、混凝土收缩和徐变等影响下将会发生变形。为了满足桥面按设计的计算图示自由变形，同时又保证车辆能平顺通过，就要在相邻两梁端之间、或梁端与桥台之间、或桥梁的交接位置上预留伸缩缝，并在桥面设置伸缩装置。

2. 伸缩缝伸缩装置的定义

伸缩缝——为适应材料胀缩变形对结构的影响，而在结构两端设置的间隙。

伸缩装置——为使车辆平稳通过桥面并满足桥面变形的需要，在桥面伸缩缝处设置的各种装置的总称。

3. 伸缩缝、伸缩装置的作用

保证桥跨结构在气温变化、活载作用、混凝土收缩徐变等影响下按静力图式自由变形；使车辆平顺通过，防止雨水、垃圾泥土等阻塞；减小车辆通过的噪声。

4. 伸缩缝的设计与施工要求

在与桥面轴线平行、垂直的两个方向均能自由伸缩；桥面平坦，车辆驶过时应平顺、无突跳与噪声；施工安装方便，与桥梁结构连成整体牢固可靠，承担各种车辆荷载的作用；安全排水、防水；承担车辆荷载；安装、检查、养护、清污、修理与更换方便；经济价廉。注意：在设置伸缩装置处，栏杆与桥面铺装都需要断开。伸缩缝容易损坏，会影响桥梁结构安全和通行者的生命安全，需经常维护，清除缝内杂物，并及时更换。

5. 伸缩量的计算

伸缩装置类型的选用，主要取决于桥梁的伸缩量，伸缩量按《公路钢筋混凝土及预应力混凝土桥涵设计规范》(JTG G62—2004) 第 8.6.2 条有关规定进行计算。

6. 装置的类型

公路桥面伸缩装置，依据伸缩装置的传力方式及其构造特点，分为五类：

(1) 镀锌铁皮伸缩缝：适合中小跨径桥梁，易坏，目前一般不采用了。

(2) 钢板叠合式伸缩装置：用于变形量较大的缝，车辆通过有较大的响声，目前一般也不用，见图 8-11。

(3) 橡胶组合剪切式伸缩缝：适用变形较大的缝，不耐冲击，已逐步不采用。

(4) GP 型无缝式伸缩缝：适合伸缩量变形较小和交通量较小的桥台缝，见图 8-12。

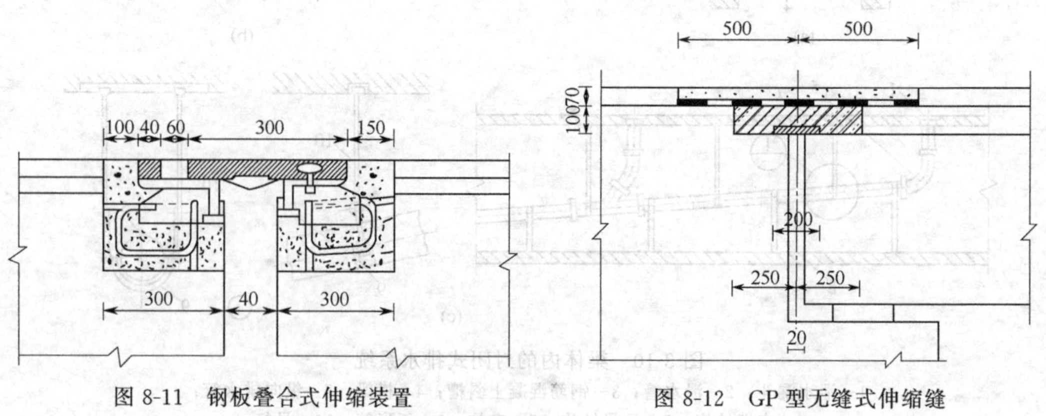

图 8-11 钢板叠合式伸缩装置　　图 8-12 GP 型无缝式伸缩缝

(5) SG 型模数支承式伸缩缝（又称毛勒缝）：通过增加模数可适合各种变形量的缝，两边钢梁抗冲击，中间橡胶条易于更换，目前已得到广泛应用，如图 8-13 所示。

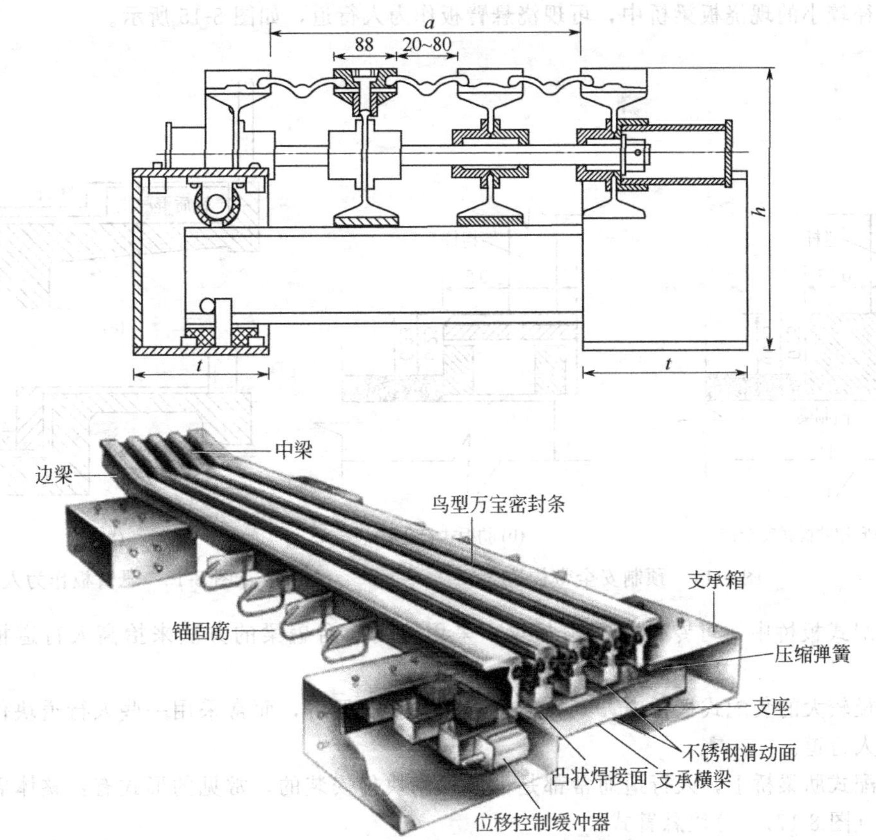

图 8-13　SG 型多模数支承式伸缩缝

7. 桥面连续构造

伸缩缝装置易坏，且会在缝处跳车，为了克服桥面伸缩缝装置易于损坏和行车不稳的现象，桥面上应尽量少设置伸缩缝，中小跨径的桥梁常采用多跨简支连续结构，即减少了上部结构的施工难度，又增加了桥梁行驶的舒适性，还可以节省造价。

四、安全带、人行道、栏杆灯柱、安全护栏

(一)安全带

不设人行道的桥上，两边应设宽度 0.25～0.5m、高度不少于 0.25～0.4m 的护轮安全带。安全带为了坚固，较为常用的预制安全带有矩形截面和肋板式截面，见图 8-14。现浇的安全带宜每隔 2.5～3.0m 作一断缝，以免参与主梁受力而破坏。

(二)人行道

人行道一般高出行车道 0.25～0.40m；人行道板顶面一般铺设 20mm 厚的水泥砂浆或沥青砂作为面层，城市桥梁人行道顶面可铺彩砖，以增加美观；并做成内倾桥面的排水坡，坡度 1%左右；在桥面伸缩缝竖面内，人行道（栏杆）也必须断开；人行道宽度按 0.5～1m 的倍数设置。

人行道的构造方式多种多样，施工方法目前主要为预制装配，部分现浇，人行道下面的空间则用来放置过桥管线。

在跨径较小的现浇板梁桥中，可现浇悬臂板作为人行道，如图 8-15 所示。

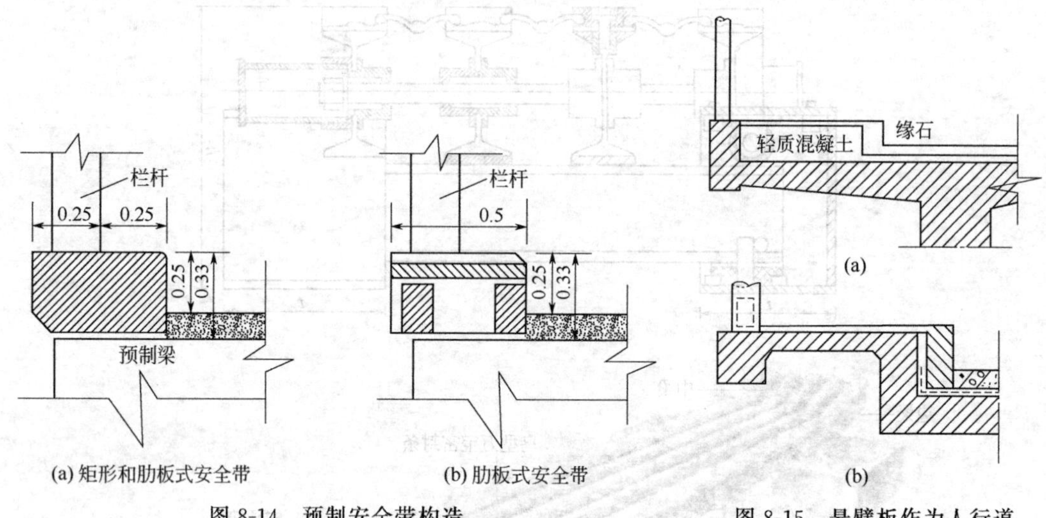

图 8-14　预制安全带构造　　图 8-15　悬臂板作为人行道

在装配式板桥中，可专设人行道板梁，采用加高墩台盖梁的方法来抬高人行道板梁，见图 8-16。

在跨径较大的装配式板桥中，专设人行道板梁就不经济，而常采用一些人行道块件搁置于板上形成人行道。

在装配式肋梁桥上，人行道通常都是做成预制块件安装的，常见的形式有：整体搁置式预制人行道（图 8-17）、分块悬臂式。

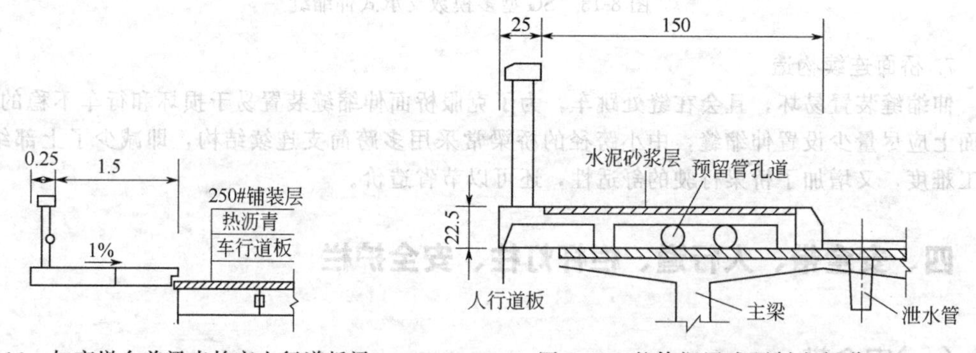

图 8-16　加高墩台盖梁来抬高人行道板梁　　图 8-17　整体搁置式预制人行道

（三）栏杆

栏杆设置在人行道上，其功能在于防止行人和非机动车掉入桥下。栏杆设计，除满足规范要求受力外，尚应注意美观，栏杆高度不应低于 1.1m。

1. 栏杆的要求

栏杆是保护行人安全的设施，要求坚固耐用，同时有艺术性。栏杆的设计首先要考虑结构的安全可靠，选材合理；栏杆柱或栏杆底座要直接与浇注在混凝土中的预埋件焊接以增强抗冲击能力；同时也要考虑经济适用，工序简单互换方便，一般为全预制安装。

2. 栏杆的材料

公路与城市道路桥梁的栏杆常用混凝土、钢筋混凝土、钢、铸铁、大理石等材料制作。

3. 栏杆的形式

形式上，可分为节间式与连续式。节间式由立柱、扶手及横档（或栏杆板）组成，扶手支撑于立柱上。公路桥梁的栏杆要求简洁明快，其所用材料尺寸和比例与主体工程配合，常采用上扶手、下扶手和栏杆柱组成，给行驶的车辆有一个广阔的视野（图 8-18）。城市桥梁的栏杆要注重艺术性与周围环境相协调（图 8-19）。

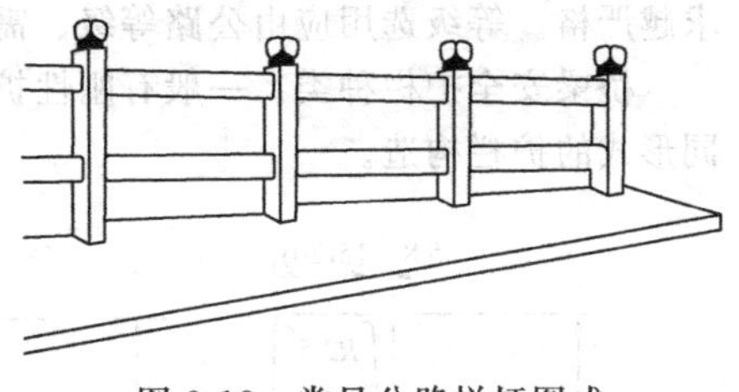

图 8-18 常见公路栏杆图式

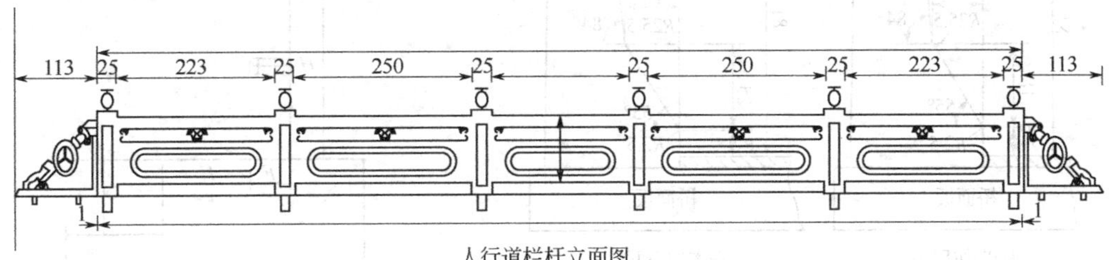

图 8-19 城市桥梁大理石栏杆

(四)灯柱

城市及市郊行人和车辆较多的桥梁上需要设置照明设施，一般采用灯柱作为桥面上照明设备，照明灯柱一般高出车道 8～12m 左右，灯柱的设计要经济合理，造型美观，要与周围环境相协调，灯柱一般均为预制安装。

照明灯柱可以设置在栏杆扶手位置，在较宽的人行道上也可以靠近路缘石处，灯具柱脚可固定在锚固螺栓上，照明线路从人行道下的预留孔道中通过，见图 8-20、图 8-21。

图 8-20 灯柱图

图 8-21 灯柱底座锚固图

(五)护栏

为了避免机动车辆碰撞行人和非机动车辆的严重事故发生，对于高速公路、汽车专用一级公路上的桥梁，必须根据其防撞等级在行车道外两侧或人行道与车行道之间设置防撞护栏，一般公路的特大、中桥在条件许可下也应设置。防撞护栏的作用：可以封闭沿线两侧的作用，具有吸收碰撞能量的作用，可以有效地保护高速行驶的车辆。在意外事故中不致严重损坏桥梁设施，尽量减少车辆毁坏和人员伤亡。

桥梁护栏按防撞等级划分有 PL1、PL2、PL3 三级。每一防撞等级的安全护栏应可以避免在相应设计条件下的失控车辆越出栏杆的情况出现。

防撞等级按车辆碰撞速度、车辆质量、碰撞角度等设计条件确定，级别越高，防撞保护要求越严格。等级选用应由公路等级、需保护对象的重要性程度来确定。

桥梁安全护栏种类：一般有刚性护栏、半刚性护栏、柔性护栏。图 8-22、图 8-23 为各种不同形式的护栏构造。

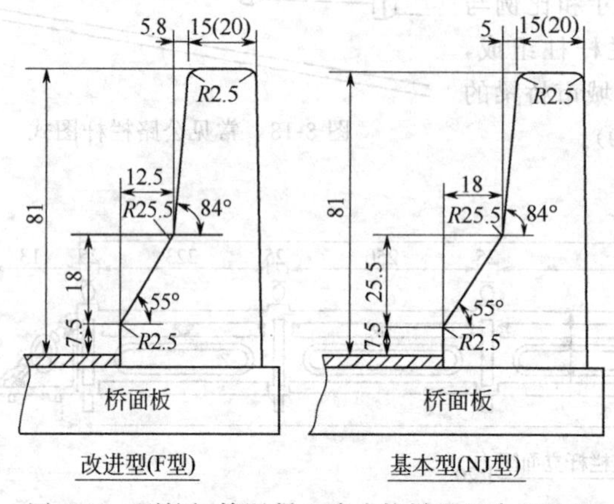

图 8-22　刚性钢筋混凝土墙式护栏和组合式护栏

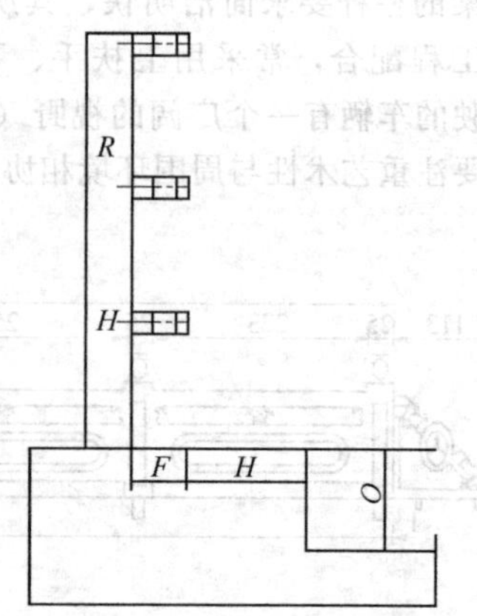

图 8-23　半刚性金属预制护栏

第二节　桥梁支座构造

一、概述

(一)支座作用

传递上部结构的各种荷载；适应活载、温度、收缩、徐变等因素产生的位移；在支承处能自由转动。

(二)按受力特性分类

固定支座；活动支座。

(三)支座布置

简支梁桥一般一端采用固定支座，一端采用活动支座；连续梁一般每一联中的一个桥墩设固定支座；支座的设置应有利于墩台传递水平力（又有三点原则）。

(四)支座的布置原则

固定支座和活动支座的布置，应以有利于墩台传递纵向水平力为原则：

(1) 对于桥跨结构，最好使梁的下缘在水平力的作用下受压，从而能抵消一部分竖向荷载在梁下缘产生的拉应力。

(2) 对于桥墩，应尽可能使水平力的方向指向河岸，以使桥墩顶部在水平力作用下不是受拉。

(3) 对于桥台，应尽可能使水平力的方向指向桥墩中心，以使桥台顶部受压，并能平衡一部分台后土压力。

二、支座的类型和构造

支座通常用钢、橡胶等材料来制造，主要类型有简易垫层支座、弧形钢板支座、橡胶支座（板式橡胶支座、盆式橡胶支座）。

应根据桥梁结构的跨径、支点反力的大小、梁体的变形程度等因素来选取支座类型。中小跨度公路桥一般采用板式橡胶支座；大跨度连续梁桥一般采用盆式橡胶支座；铁路桥采用钢支座。

(一)简易支座

如图 8-24 所示，采用几层油毛毡或石棉制成，压实后的厚度不小于 1cm，可用于跨径小于 10m 的板梁桥，目前多用于盖板涵中。

特点：结构简单，造价低，易于施工，但变形能力较差，易损坏盖梁。

注意事项：①墩、台顶部前缘削角处理。②梁端底部及墩、台顶部增设 1～2 层钢筋网。

(二)板式橡胶支座

1. 板式橡胶支座

板式橡胶支座有矩形和圆形，如图 8-25 所示。支座的橡胶材料以氯丁橡胶为主，也可采用天然橡胶。氯丁橡胶一般用于最低气温不超过－25℃的地区，天然橡胶用于－30℃～－40℃的地区。

图 8-24　油毛毡简易支座

图 8-25　板式橡胶支座

根据试验分析，橡胶压缩弹性模量 E、容许压应力 $[\sigma]$ 和容许剪切角 $[\tan\gamma]$ 的数值，均与支座的形状系数 S 有关。形状系数为橡胶支座的承压面积与自由表面积之比，矩形支座为：

$$S=\frac{l_{oa}l_{ob}}{2(l_{oa}+l_{ob})t_{es}}$$

式中　l_{oa}——矩形支座加劲钢板短边有效尺寸；

l_{ob}——矩形支座加劲钢板长边有效尺寸；

t_{es}——支座中间橡胶层的厚度。

为满足橡胶的容许压应力和使支座能适应梁端转动的要求，支座的长度 a 与宽度 b 之比取决于主梁下的有效宽度及所需的剪切角 γ。一般应充分利用有效宽度 b，而尽可能减小 a 的尺寸，以降低转动阻抗力矩（它与 a^5 成正比）。根据支座受压稳定的要求，支座的总厚度不得大于平面最小尺寸的 20%，同时不得小于 10%。

构造特点：常用的板式橡胶支座采用薄钢板或钢丝网作为加劲层以提高支座的竖向承载能力。

变形机理：①不均匀弹性压缩实现转动；②剪切变形实现水平位移；③无固定和活动支座

之分。如图 8-26 所示。

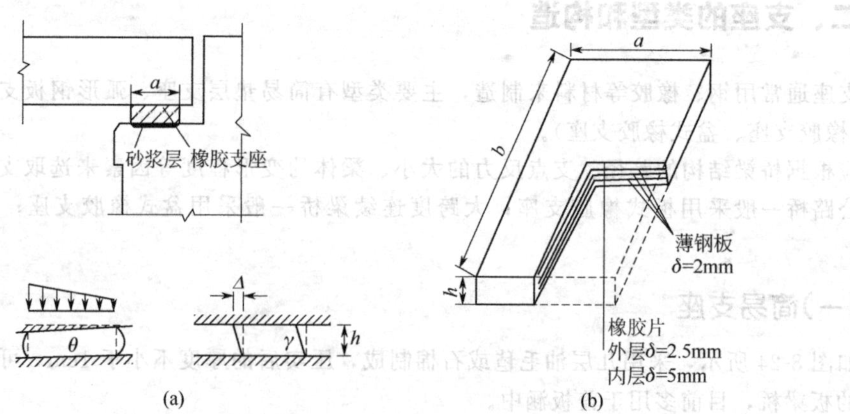

图 8-26　板式支座布置及变形图

性能指标：①容许应力；②弹性模量和剪切模量，③容许剪切的正切值。

适用范围：支座反力为 70～3600kN 的公路、城市桥梁。

2. 四氟滑板式橡胶支座（图 8-27）

图 8-27　四氟滑板式橡胶支座

3. 其它类型板式橡胶支座

其它类型板式橡胶支座有桥梁球冠圆板式橡胶支座（图 8-28）、坡型板式橡胶支座（图 8-29）等

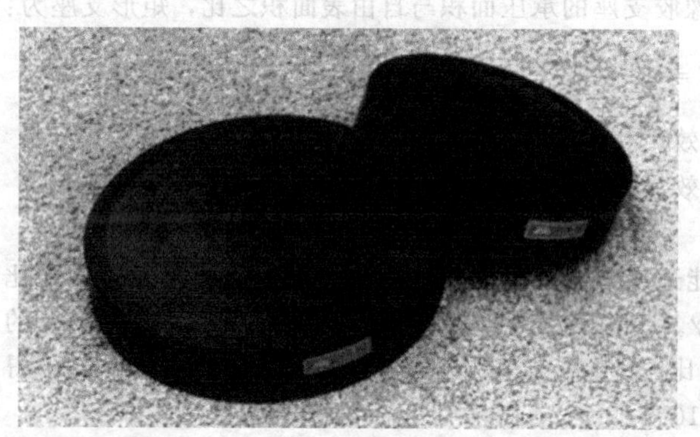

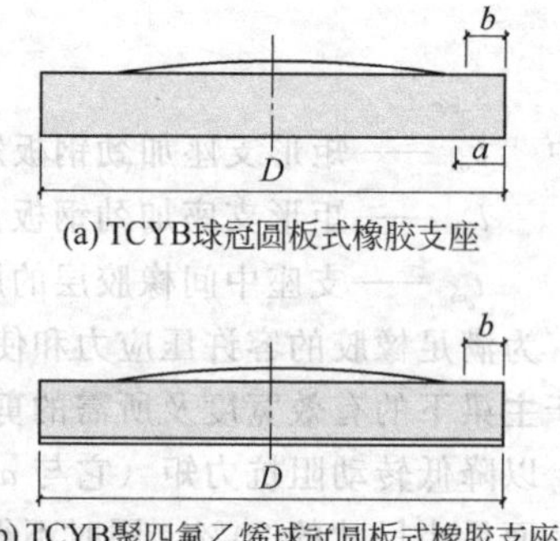

图 8-28　桥梁球冠圆板式橡胶支座

坡型板式橡胶支座示意图

图 8-29　坡型板式橡胶支座

4. 成品板式橡胶支座的选配

成品的板式橡胶支座早已形成系列，故在一般情况下，没有必要自行设计支座，只需根据标准成品支座的目录，选配合适的产品。

我国交通部颁布的成品板式橡胶支座代号表示方法，按交通部 JT 标准第 5.1 条有这样几项代码组成：名称、型式、规格及胶种。如 GJZ300×400×47（CR），表示公路桥梁矩形、平面尺寸 300×400、厚度为 47 的氯丁橡胶支座；又如 GYZF300×54（NR），表示公路桥梁圆形、直径 300、厚度为 54、带聚四氟乙烯滑板的天然橡胶支座。另外，除常用支座外，还有一些特制支座，如同济大学桥梁工程系研制的球冠支座、抗震支座等。

（三）盆式橡胶支座

盆式橡胶支座是钢构件与橡胶组合而成的桥梁支座，如图 8-30 所示。具有承载能力大、水平位移量大、转动灵活等特点，适用于支座承载力为 1000kN 以上的大跨径桥梁。

图 8-30　盆式橡胶支座

盆式橡胶支座分固定支座与活动支座。活动盆式橡胶支座由上支座板、聚四氟乙烯板、承压橡胶块、橡胶密封圈、中间支座板、钢紧箍圈、下支座板以及上下支座连接板组成，如图 8-31 所示。组合上、中支座板构造或利用上下支座连接板即可形成固定支座。

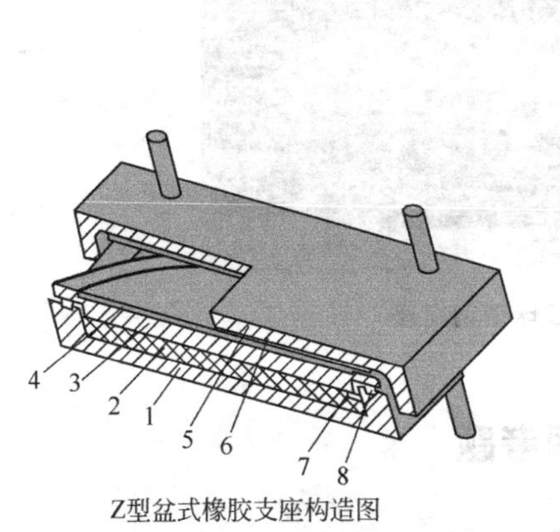

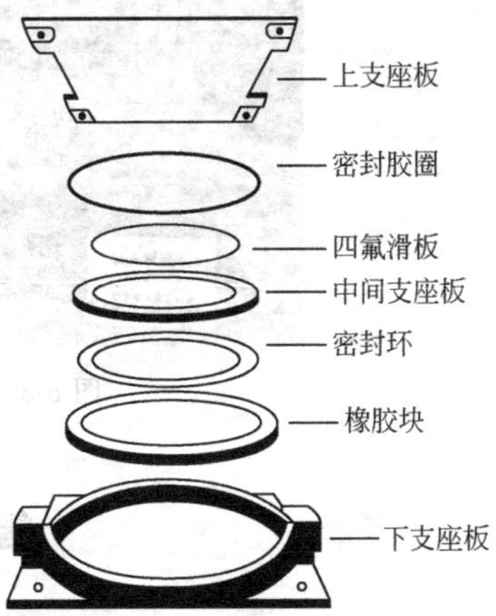

图 8-31　盆式橡胶支座结构

1—钢盆；2—承压橡胶板；3—钢衬板；4—聚四氟乙烯板；5—上支座板；6—不锈钢滑板；7—钢紧箍圈；8—密封胶圈

常用固定与滑动盆式橡胶支座有：多向活动支座（DX）（图 8-32）、纵向活动支座（ZX）（图 8-33）、固定支座（GD）（图 8-34）、QGZ 球型钢支座（图 8-35）。

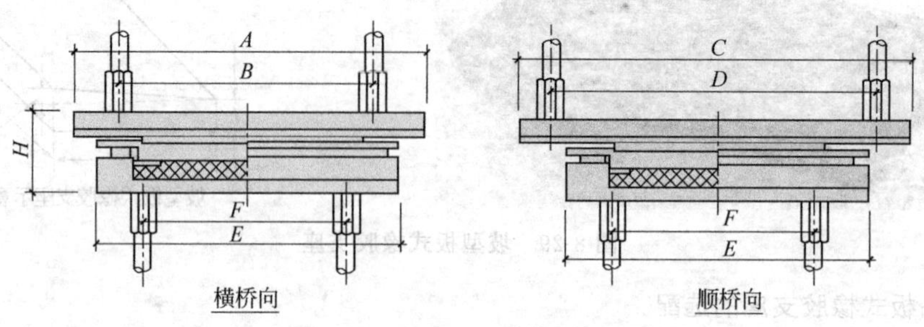

图 8-32　多向活动支座（DX）

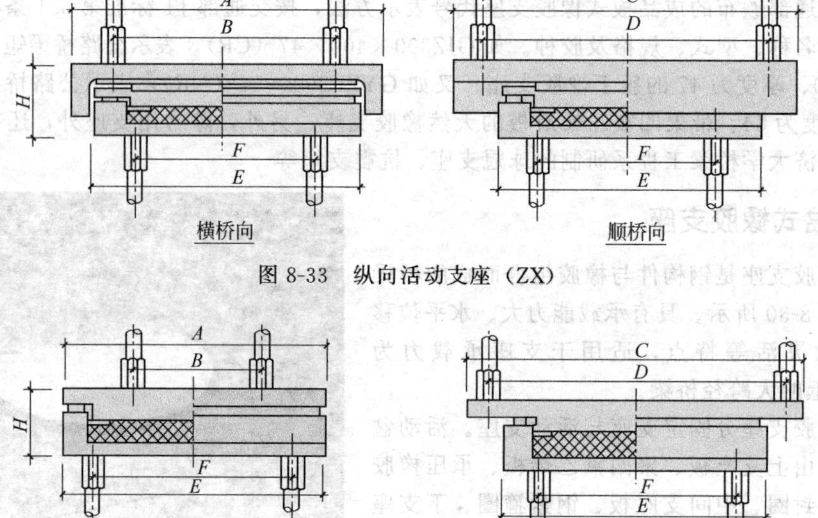

图 8-33　纵向活动支座（ZX）

图 8-34　固定支座（GD）

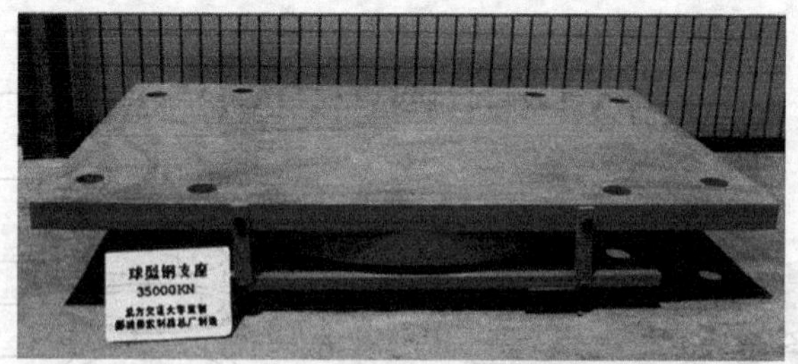

图 8-35　QGZ 球型钢支座

复习思考题

1. 桥面部分通常包括哪些构造？
2. 桥面布置有哪些形式？
3. 桥面铺装的主要作用是什么？桥面铺装有哪几种类型？

4. 桥面伸缩缝装置的主要作用是什么？桥面伸缩缝装置有哪几种类型？
5. 桥面护栏的主要作用是什么？
6. 桥面横坡的设置作用是什么？方式有哪些？
7. 为什么在伸缩缝附近的栏杆、人行道结构也应断开？
8. 桥梁支座的作用是什么？
9. 板式橡胶支座的变形机理是什么？有哪些主要类型？
10. 如何选配成品板式橡胶支座？
11. 盆式橡胶支座的基本构造是什么？有哪些主要类型？
12. 如何选配成品盆式橡胶支座？

第九章　桥梁墩台构造与设计

学习要点： 桥梁墩台结构的类型、构造及适用条件；桥梁墩台上的作用布置及作用效应组合；桥梁墩台的计算及验算内容、方法和步骤。

第一节　概述

桥梁墩台是桥墩和桥台的合称，是桥梁的重要结构，它与基础统称为桥梁下部结构，主要作用是承受上部结构传来的荷载，并将它及本身自重传给地基基础。桥梁墩台主要由墩（台）帽、墩（台）身和基础三部分组成（图 9-1）。

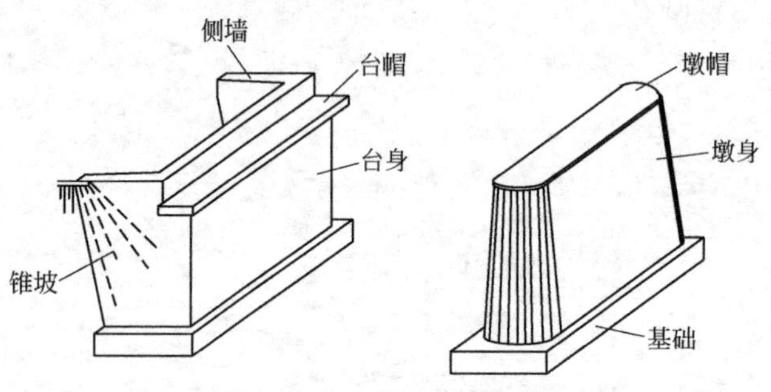

图 9-1　重力式墩台

桥墩是指多跨（两跨及以上）桥梁的中间支承结构，是支承桥梁上部结构和传递桥梁荷载的结构物。它除承受上部结构自重及作用于其上的车辆荷载，并将其传至地基基础外，还要承受流水压力、水面以上的风力以及可能出现的冰荷载、船只和漂流物的撞击力或桥下汽车的撞击力等。桥台一般设置在桥梁的两端，除了支承桥跨结构之外，它又是衔接两岸接线路堤的构筑物，既要挡土护岸，还要承受台背填土及填土上车辆荷载所产生的附加土侧压力。此外，桥梁墩台还要承受施工时的临时荷载，在某种情况下需要临时加固和补强。桥梁墩台的设计与桥跨结构形式及其受力、地质构造和土质条件、水文、流速、河床性质及其埋置深度等密切相关，因此，桥梁墩台不仅本身应具有足够的强度、刚度和稳定性，而且对地基的承载能力、沉降量、地基与基础之间的摩阻力等也都提出一定的要求，以避免在上述荷载作用下产生过大的水平位移、转动或者沉降。

确定桥梁下部结构时应遵循满足交通、安全耐久、造价低、维修养护少、施工方便、工期短、与周围环境协调、造型美观和有利于环保等原则。在桥梁的总体设计中，下部结构的选型对整体方案有较大的影响，合理的选型将使上、下部结构的造型协调一致，轻巧美观。

公路桥梁上常用的墩台形式大致可归纳为两大类：重力式墩台和轻型墩台。

1. 重力式墩台

重力式墩台的主要特点是靠自身重量来平衡外力而保持其稳定。因此墩身和台身比较厚实，多采用天然石材或片石混凝土砌筑，可以不用钢筋。它主要适用于地基良好的大、中型桥梁，或流冰、漂浮物较多的河流中，在砂石料丰富的地区，小跨径桥梁也可采用重力式墩台。重力式墩台的优点是承载能力大，可以就地取材，节约钢筋。缺点是圬工体积较大，自重和阻水面积也较大。

2. 轻型墩台

轻型墩台形式很多，其刚度小，受力后允许在一定的范围内发生弹性变形，大多采用钢筋混凝土和少量配筋的混凝土建造，对于小跨径桥梁，通过验算后，也可采用石料砌筑。轻型墩台自重较轻、节约圬工材料、外形美观并减轻了地基的应力。但是由于轻型墩台各自的特点和使用条件，应根据桥址处的地形、地质、水文及施工条件等因素综合考虑确定。

第二节　梁桥墩台的构造和设计

一、梁桥桥墩

桥墩按其构造可分为实体墩、空心墩、桩（柱）式墩、框架墩等，见图 9-2；按其受力特点可分为刚性墩和柔性墩；按施工工艺可分为就地砌筑或浇筑桥墩、预制安装桥墩，见图 9-3；按其截面形状可分为矩形、圆形、圆端形、尖端形及各种截面组合而成的空心墩，见图 9-4；墩身侧面可垂直，也可以是斜坡式或台阶式，见图 9-5。

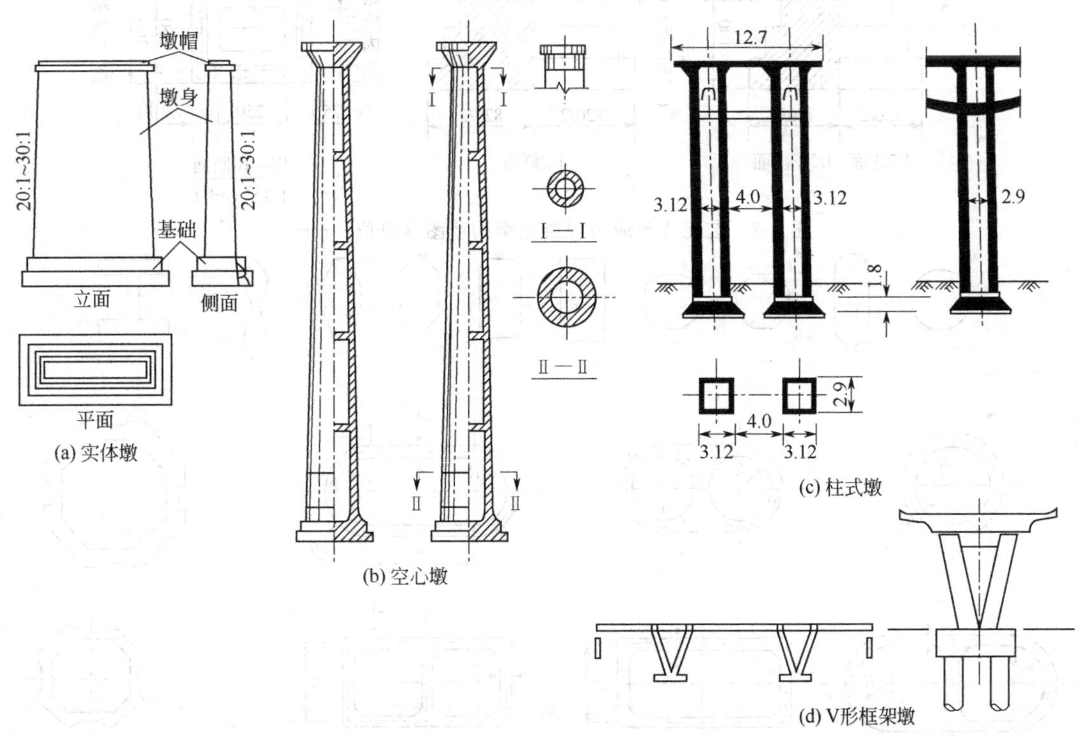

图 9-2　桥墩构造（单位：m）

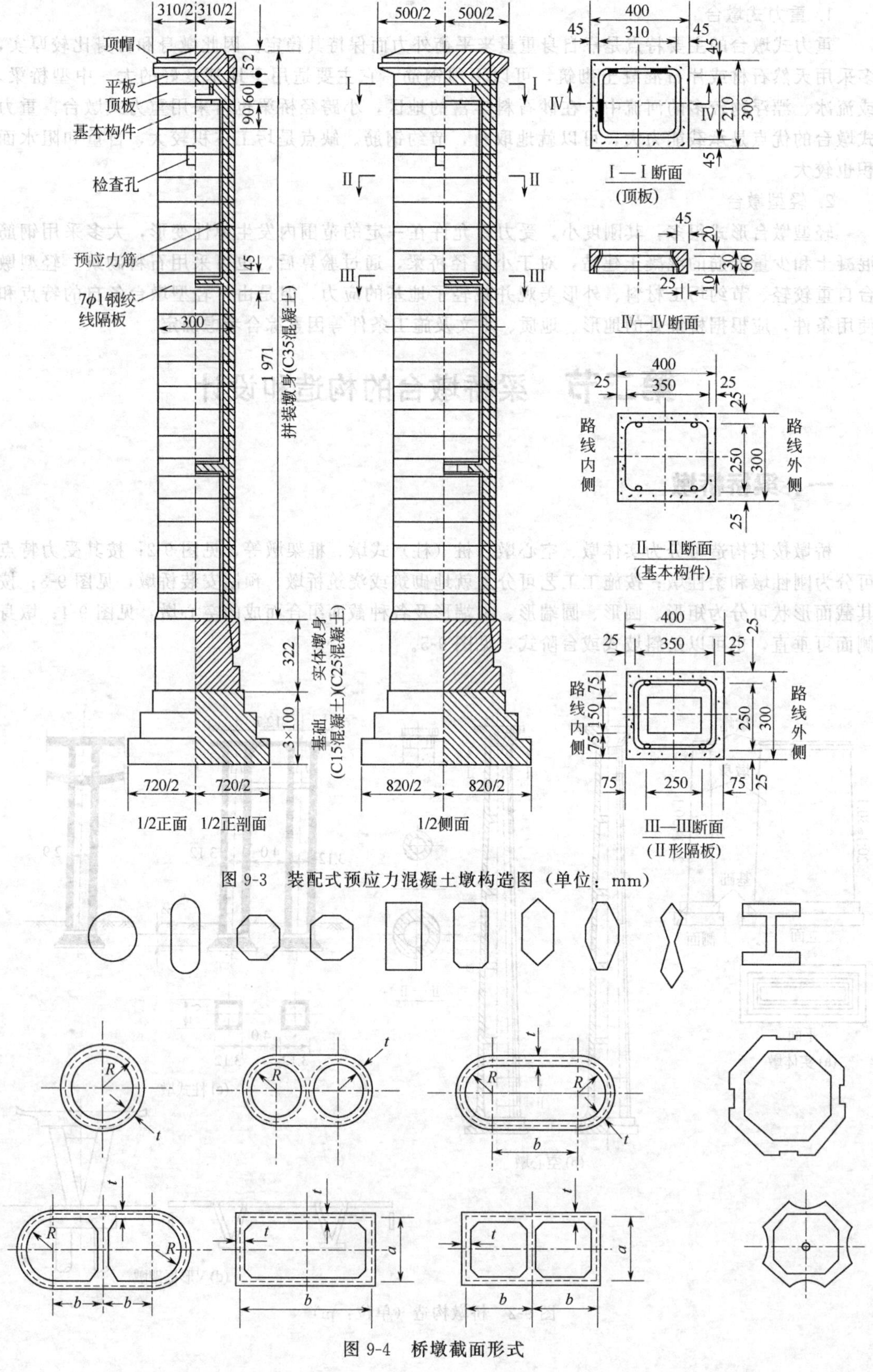

图 9-3 装配式预应力混凝土墩构造图（单位：mm）

图 9-4 桥墩截面形式

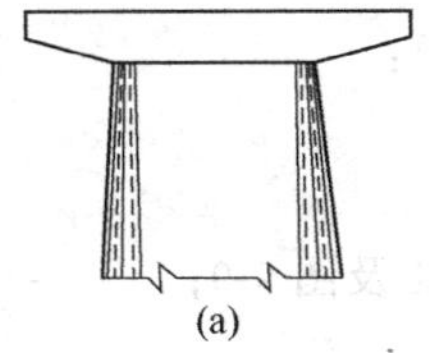
(a)

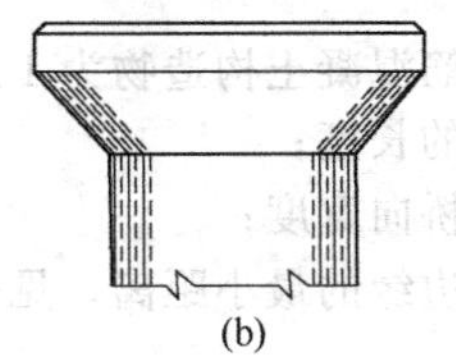
(b)

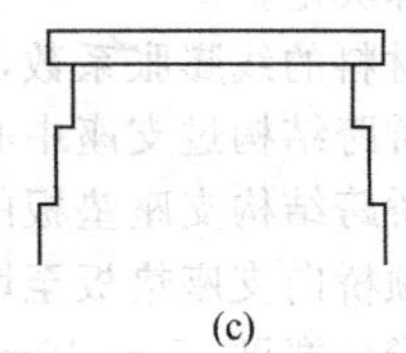
(c)

图 9-5　桥墩侧面变化

(一)实体桥墩

实体桥墩是由墩帽、墩身和基础构成的一个实体结构，按截面尺寸和桥墩重量的不同又分为实体重力式桥墩（图 9-6）和实体薄壁式桥墩（墙式桥墩）（图 9-7）。

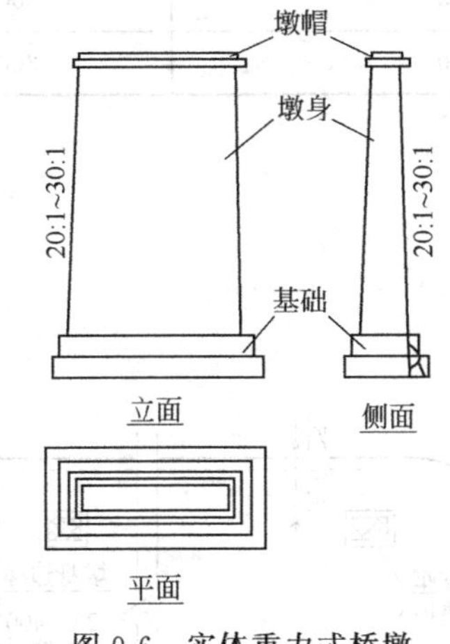

图 9-6　实体重力式桥墩

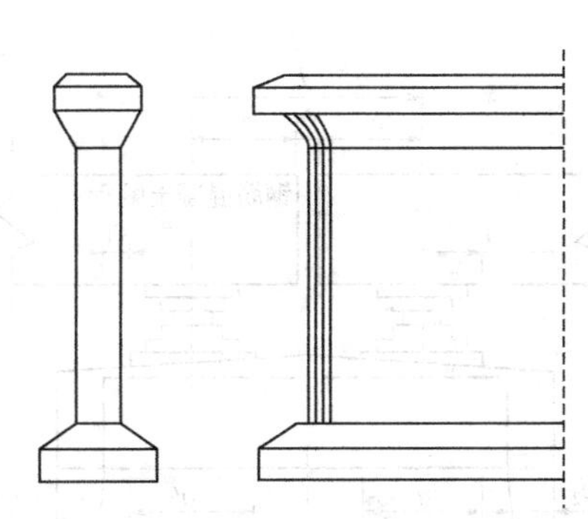

图 9-7　实体薄壁式桥墩

1. 墩帽

墩帽是桥墩顶端的传力部分，通过它支承上部结构，并将相邻两孔桥上的恒载和活载传到墩身上，因此，墩帽的强度要求较高，一般需用 C20 以上的混凝土制作。另外，在一些桥面较宽、墩身较高的桥梁中，为了节省墩身及基础的圬工体积，常利用悬臂或托盘来缩短墩身的横向长度，悬臂或托盘式墩帽一般采用 C20 或 C25 钢筋混凝土。

墩帽长度和宽度视上部结构的形式和尺寸、支座的布置等要求而定，其最小厚度一般不小于 0.4m，中小跨径桥梁也不应小于 0.3m。

墩帽尺寸拟定如下：

(1) 顺桥向墩帽最小宽度 b

① 双排支座：如图 9-8 所示，b 为

$$b \geqslant f + \frac{a}{2} + \frac{a'}{2} + 2c_1 + 2c_2 \tag{9-1}$$

式中　f——相邻两跨支座间的中心距；

$$f = e_0 + e_1 + e_1' \geqslant \frac{a}{2} + \frac{a'}{2} \tag{9-2}$$

式中，e_0 为伸缩缝宽，中小桥为 2～5cm；大跨径桥梁可按温度变化及施工放样、安装构件可能出现的误差等决定；温度变化引起的变位为

$$e_0 = lt\alpha \tag{9-3}$$

式中　l——桥跨的计算长度（因桥梁的分孔、联长、固定支座与活动支座布置不同而不同）；

t——温度变化幅度值，可采用当地最高和最低月平均气温及桥跨浇筑完成时的温度计

算决定；

α ——材料的线膨胀系数，钢筋混凝土构造物为 1×10^{-5}；

e_1，e_1'——桥跨结构过支座中心线的长度；

a，a'——桥跨结构支座垫板的顺桥向宽度；

c_1 ——顺桥向支座垫板至墩身边缘的最小距离，见表 9-1 及图 9-9；

c_2 ——檐口宽度，5 ～ 10cm 。

表 9-1　支座边缘到墩身边缘的最小距离　　　单位：mm

跨径＼桥向	顺桥向	横桥向	
		圆弧端头（自支座边角量）	矩形端头
大桥	250	250	400
中桥	200	200	300
小桥	150	150	200

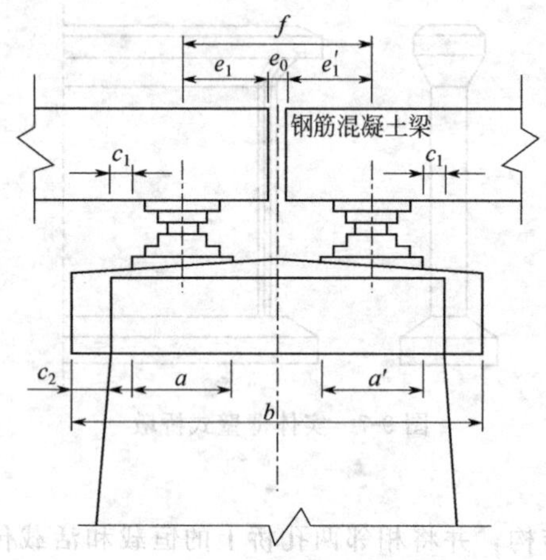

图 9-8　墩帽顺桥向尺寸

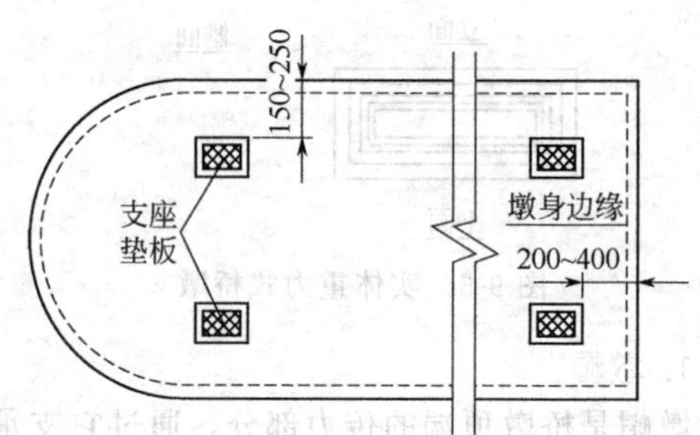

图 9-9　c_1 值的确定（单位：mm）

② 单排支座：当墩上仅有一排支座时（如连续梁桥），则 b 可由下式计算（图 9-10）：

$$b = a + 2c_1 + 2c_2 \tag{9-4}$$

③ 不等高梁双排支座：如图 9-11 所示，b 按下列两式计算取大者：

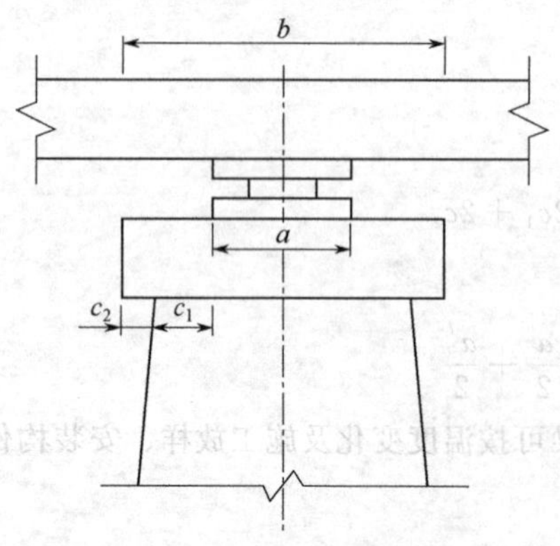

图 9-10　单排支座墩帽尺寸

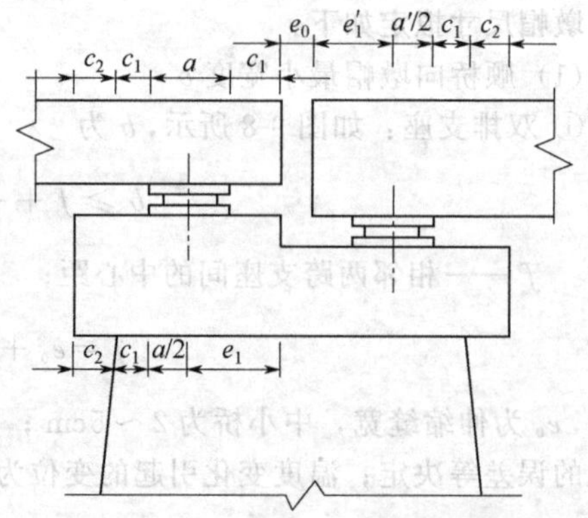

图 9-11　不等高梁对排支座墩帽尺寸

$$b=(a+2c_1+c_2)+e_0+\left(e_1'+\frac{a'}{2}+c_1+c_2\right)$$

$$b=\left(c_1+c_2+\frac{a}{2}+e_1\right)+e_0+\left(e_1'+\frac{a'}{2}+c_1+c_2\right)$$

(2) 横桥向墩帽最小宽度 B

① 平面形状为矩形的墩帽：多片主梁（图 9-12）

$$B=B_1+a_1+2c_1+2c_2 \tag{9-5}$$

式中 B_1——桥跨结构两外侧主梁中心距；

a_1——支座底板横向宽度。

箱形梁（图 9-13）计算公式同式（9-5），式中 B_1 为支座中心距。

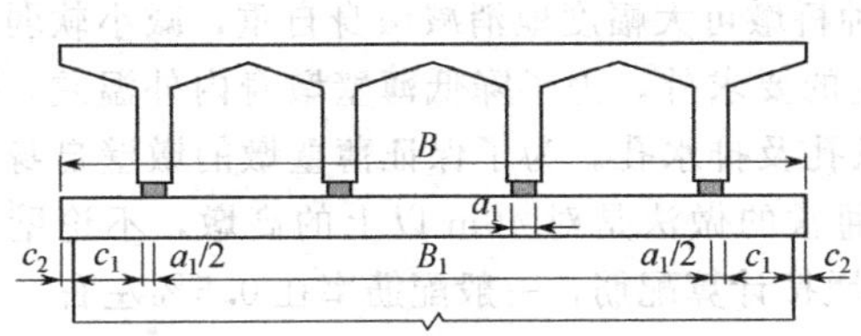

图 9-12 多片主梁墩帽横桥向尺寸

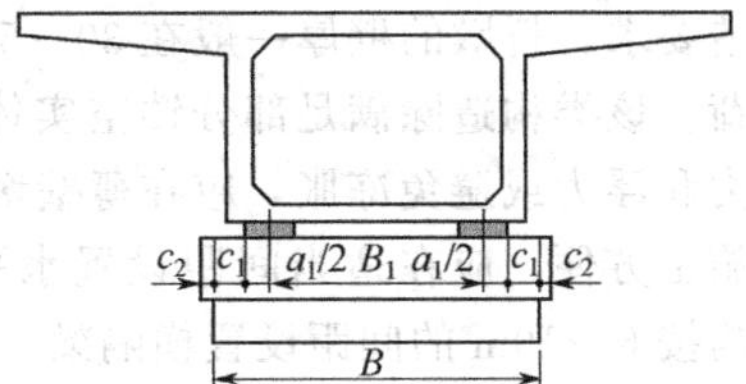

图 9-13 箱形梁墩帽横桥向尺寸

② 平面形状为圆端形的墩帽，当墩帽顺桥向采用了最小宽度 b 时：

$$B=B_1+a_1+b \tag{9-6}$$

2. 墩身

墩身是桥墩的主体。重力式桥墩墩身的顶宽，小跨径桥梁不宜小于 80cm；中跨径桥梁不宜小于 100cm；大跨径桥梁的墩身顶宽，视上部构造类型而定。侧坡一般采用 20∶1～30∶1，小跨径桥梁的墩身也可采用直坡。

墩身通常由石块、浆砌片石、混凝土或钢筋混凝土等材料建造。石砌桥墩应采用强度等级不低于 MU25 的石料，大中桥用 M5 以上砂浆砌筑，小桥用不低于 M2.5 的砂浆砌筑。混凝土桥多由 C15 以上的混凝土浇筑，并可掺入不多于 25% 的片石。混凝土预制墩不低于 C20。

为了便于水流和漂浮物通过，墩身平面形状可以做成圆端形或尖端形；无水的岸墩或高架桥墩可以做成矩形，见图 9-6。在水流与桥梁斜交或流向不稳定时，宜做成圆形；在有强烈流水或大量漂浮物的河道，桥墩的迎水端应做成破冰棱体。

实体薄壁式桥墩（图 9-7）可用钢筋混凝土材料做成，由于它可以显著减少圬工体积，因而广泛应用于中小跨径的桥梁中，但其抗冲击能力较差，不宜用在流速大且夹有大量泥沙的河流或可能有船舶、冰、漂浮物撞击的河流。

3. 基础

基础是桥墩与地基直接接触的部分，其类型与尺寸往往取决于地基条件，尤其是地基承载力。最常见的是刚性扩大基础，一般采用 C15 以上片石混凝土或浆砌块石筑成。基础的平面尺寸较墩身底面尺寸略大，四周各放大 0.25～0.75m 左右，基础可以做成单层，也可以做成 2～3 层台阶式的。台阶的宽度以基础用材的刚性角来控制。

为了保持桥梁美观和结构不受碰损，基础顶面一般应设置在最低水位以下不少于 0.5m；在季节性河流或旱地上，不宜高出地面。另外，为了保持持力层的稳定性和不受扰动，基础的埋置深度，除岩石地基外，应在天然地面或河底以下不少于 1m；如有冲刷，基底埋深应在设计洪水位冲刷线以下不少于 1m；对于上部结构为超静定结构的桥涵基础，除了非冻胀土外，均应将基底埋于冻结线以下不小于 0.25m。

(二)空心桥墩

空心桥墩有两种形式：部分镂空实体桥墩和薄壁空心桥墩。

部分镂空实体桥墩仍保持实体桥墩的基本特点，如较大的轮廓体形，较大的圬工结构，少量的钢筋等。镂空的主要目的是在截面强度和刚度均足以承担和平衡外力的前提条件下，减少圬工数量，使得结构更经济。镂空部位具有一定的条件限制（如在墩帽下一定高度范围内），为保证上部结构的荷载安全有效地传递给墩身壁，应设置一定的实体过渡段；在空心部分与实体部分连接处应设倒角或配置构造钢筋，以避免墩身传力过程中产生的局部应力集中；对于易受船只、漂流物撞击或易磨损、需防冰害的墩身部分，一般不宜镂空。

薄壁空心墩［图 9-2（b）］基本结构形式与部分镂空实体桥墩相似，但一般采用强度高、墩身壁较薄的钢筋混凝土构件，混凝土等级一般为 C20～C30。根据受力情况、桥墩高度以及自身构造要求，桥墩的壁厚一般在 30～50cm。这种桥墩可大幅度地消减墩身自重，减小软弱地基的负荷。该类构造除满足部分镂空实体桥墩规定的要求外，为了降低薄壁墩身内外温差，减小水压力和浮力或避免冻胀，应在薄壁墩上设通风孔及排水孔。为了保证薄壁墩的墩壁自身稳定性和施工方便，应在适当间距设置水平隔板，通常的做法是对 40m 以上的高墩，不论壁厚如何，均按 6～10m 的间距设置横隔梁。薄壁空心墩按计算配筋，一般配筋率在 0.5%左右。

(三)桩（柱)式桥墩

桩（柱）式桥墩由分离的两根或多根立柱（或桩柱）组成。其外形美观、圬工体积小、自重轻，是目前公路桥梁中广泛采用的桥墩形式之一，一般用于跨径不大于 30m，墩身不高于 10m 的桥梁中。

通常，桩（柱）式桥墩的墩身沿桥横向由 1～4 根立柱组成，柱身为直径 60～150cm 的圆柱或方形、六角形柱等形式。当墩身高度大于 6～7m 时，可设横系梁加强柱身横向联系。这种桥墩的刚度较大，适用性较广，并可与柱基配合使用；缺点是模板工程较复杂，柱间空间小，易阻滞漂浮物，故一般多在水深不大的浅基础或高桩承台上采用，避免在深水、深基础及漂浮物多、有木筏的河道上采用。

桩（柱）式桥墩一般由位于基础上的承台、柱式墩身和盖梁组成。双车道桥常用墩的型式有单柱式、双柱式和哑铃式以及混合双柱式四种，见图 9-14。当上部结构为大悬臂箱形截面，墩身可以直接与梁相接。

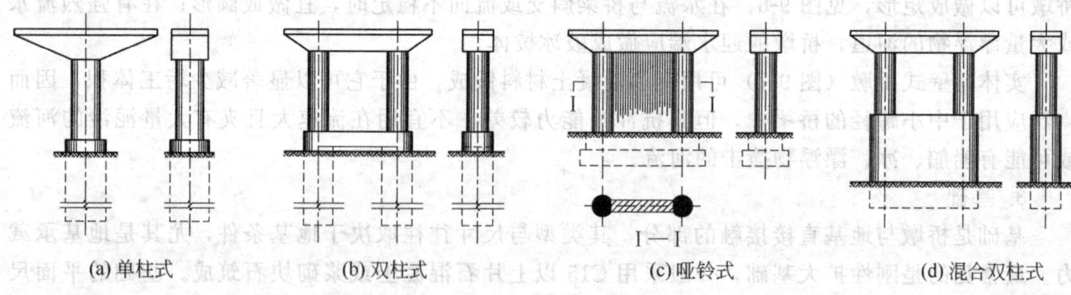

图 9-14　桩（柱）式桥墩

桩（柱）式桥墩一般用 C20～C30 的钢筋混凝土构件组成。墩柱配筋由计算确定，纵向受力筋的直径不应小于 12mm，纵向受力钢筋截面面积应不小于混凝土计算截面面积的 0.5%，当混凝土强度等级为 C50 及以上时不应小于 0.6%，同时一侧钢筋的配筋率不小于 0.2%；纵向受力筋净距应不小于 5cm，且不应大于 35cm，最小保护层厚度不小于 3cm；箍筋直径不应小于纵向受力钢筋直径的 1/4，且不小于 8mm，箍筋间距不应大于受力钢筋直径的 15 倍，不大于构件短边尺寸（圆形截面采用 0.8 倍直径），且不大于 40cm；在受力钢筋接头处，箍筋间距应不大于纵向钢筋直径的 10 倍或构件短边尺寸，且不大于 20cm。

盖梁是桩（柱）式桥墩的墩帽，一般采用钢筋混凝土就地浇筑，混凝土强度等级采用 C20～C30，也可采用预制安装或预应力混凝土。当高跨比不大于 5 时，盖梁宜采用强度等级较高的混凝土，混凝土强度等级一般不应低于 C25。盖梁截面内应设箍筋，其直径不应小于 8mm，间距不宜大于 20cm。盖梁两侧面应设纵向水平钢筋，其直径不宜小于 12mm，间距宜大于 20cm。

当桩（柱）式桥墩的柱身间设置横系梁时，梁的截面高度和宽度可分别取 0.8～1.0 倍和 0.6～0.8 倍的柱直径或长边边长。横系梁一般不直接承受外力，可不作内力计算，按横截面面积的 0.1%配置构造钢筋即可，四角应设置直径不小于 16mm 的纵向钢筋，并设直径不小于 8mm 的箍筋，箍筋间距不应大于横系梁的短边尺寸或 40cm。

(四)柔性排架桩墩

柔性排架桩墩是由成排打入的单桩或多排钢筋混凝土桩与顶端的钢筋混凝土盖梁连接而成的。它依靠支座摩阻力使桥梁上下部构成一个共同承受外力和变形的整体，多用于桥墩高度小于 6～7m 的多孔和桥梁跨径小于 16m 的梁式桥。

柔性排架桩墩的主要特点是：上部结构传来的水平力（制动力、温度影响力等）按各墩台的刚度分配到各墩台，作用在每个柔性墩上的水平力较小，而作用在刚性墩台上的水平力很大。因此，柔性桩墩截面尺寸得以减小，具有用料省、施工进度快、修建简便等优点。主要缺点是用钢量大。

柔性桩墩可采用单排或双排，桩墩高于 5m 时宜采用双排。柔性桩墩一般采用矩形桩，其截面尺寸常选用 25cm×35cm、30cm×35cm 和 30cm×40cm 等，桩长不超过 14m，桩间中距为 1.5～2.0m。双排架的两排间距不大于 0.3～0.4m。桩顶盖梁单排架宽为 0.6～0.8m，高 0.4～0.5m。双排架盖梁宽度视桩的尺寸和间距而定。

柔性墩是桥墩轻型化的途径之一，一般布设在两端具有较大刚性桥台的多跨桥梁中，全桥除一个中墩设置活动支座外，其余墩台均采用固定铰支座，如图 9-15 所示。

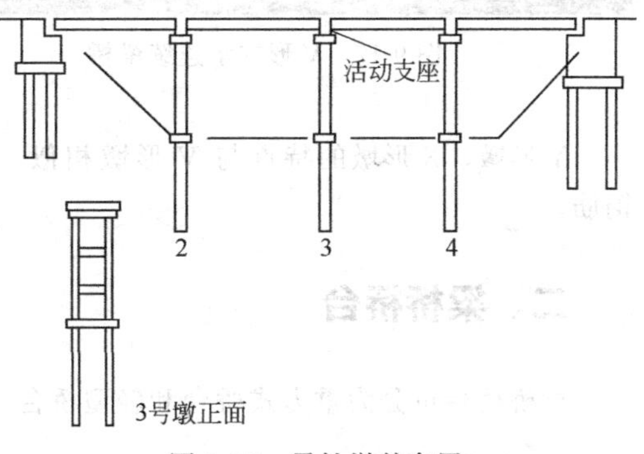

图 9-15　柔性墩的布置

由于柔性墩在布置上只设一个活动铰支座，当桥孔数目较多且桥较长时，柔性墩固定铰支座的墩顶位移量过大而处于不利状态，活动支座的活动量也大，刚性桥台的支座所受的水平力也大。因此，多跨长桥采用柔性墩时宜分成若干联，每联设置一个刚性墩（台）。两个活动铰支座间或刚性台与第一个活动铰支座间称为一联，如图 9-16 所示。

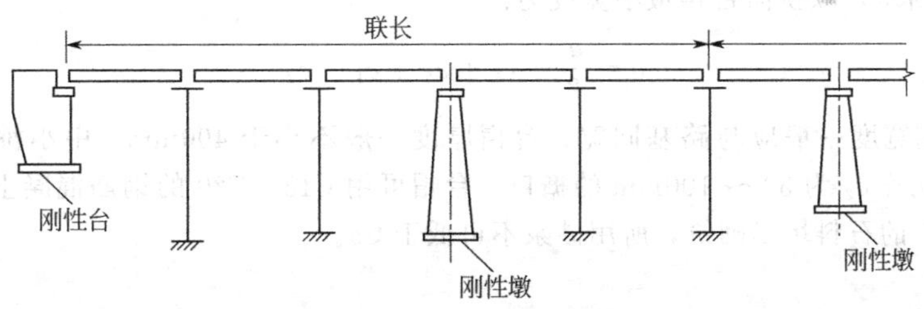

图 9-16　多跨柔性墩的布置

柔性排架墩多用于墩高为5.0～7.0m，跨径13m以下，桥长50～80m的中小型桥梁。不宜用在山区河流或漂流物严重的河流。

(五)框架式桥墩

框架式桥墩采用钢筋混凝土或预应力混凝土等压挠和挠曲构件组成平面框架代替墩身支承上部结构，必要时可做成双层或多层框架。V形墩、Y形墩、X形墩等也是框架墩的一种。此种桥墩结构的出现，给桥梁建筑增添了新的艺术造型，改变了桥墩原本较笨拙的形象，使桥梁整体结构造型更加轻巧美观，同时使桥梁的跨越能力提高，缩短了主梁的跨径，降低了梁高。

钢筋混凝土和预应力混凝土V形墩、Y形墩、X形墩可在混凝土桥梁中使用。采用V形墩、Y形墩、X形墩等，结构构造比较复杂，施工比较麻烦。

V形斜撑与水平面的夹角，依据桥下净空要求和总体布置确定，倾斜角通常大于45°。斜撑的截面形式可采用矩形、I形和箱形等。

图9-17　V形支承连续梁桥

V形墩的支座可布置在V形斜撑的顶部或底部。支座布置在斜撑的顶部，斜撑是桥墩的一个组成部分；支座布置在斜撑的底部，或当采取斜撑与承台连接而不设支座时，斜撑与主梁固结，斜撑成为上部结构的一个组成部分，斜撑的受力大小依结构图式和主梁与斜撑的刚度比确定。如图9-17所示的桥梁，就是斜撑与主梁固结的连续梁桥，可称为V形墩连续梁桥或V形支撑连续梁桥。

Y形墩、X形墩的特点与V形墩相似，当斜撑受力较大时，可在斜撑构件内布置预应力钢筋。

二、梁桥桥台

梁桥桥台可分为重力式桥台和轻型桥台。

(一)重力式桥台

重力式桥台的常用型式是U形桥台，它由台帽、台身和基础三部分组成（图9-18）。台后的土压力主要由自重来平衡，因此，桥台本身多数由石砌、片石混凝土或混凝土等圬工材料建造，且采用就地浇筑的方法施工。

1. 台帽

如图9-19所示，顺桥向台帽最小宽度为：

$$b=\frac{a}{2}+e_1+e_2+c_1+c_2$$

横桥向台帽宽度一般应与路基同宽，台帽厚度一般不小于400mm，中小桥梁也不应小于300mm，并应配置c_2为50～100mm的檐口。台帽可用C15、C20的钢筋混凝土或素混凝土做成，也可用C25的石料圬工砌筑，所用砂浆不可低于C5。

2. 台身

U形桥台的台身由前墙和两个侧墙构成，如图9-18所示。其优点是：构造简单，可以用混凝土或片、块石砌筑，适用于填土高度在8～10m以下或跨度稍大的桥梁；缺点是：桥台体积和自重较大，增加了对地基的要求。此外，桥台的两个侧墙之间填土容易积水，结冰后冻胀，使侧墙产生裂缝。所以，宜用渗水性较好的土夯填，并做好台后排水措施。

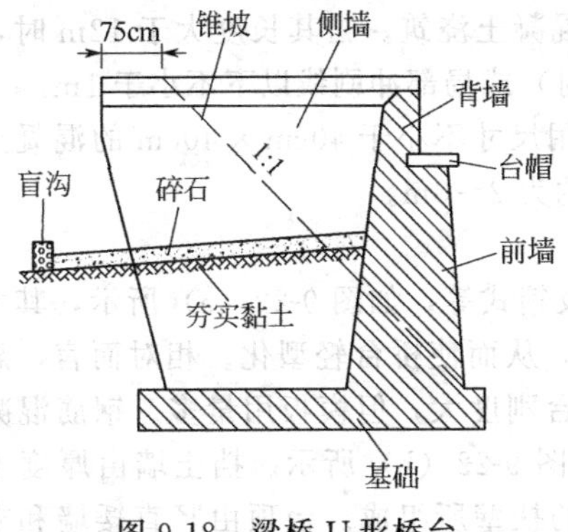

图 9-18　梁桥 U 形桥台

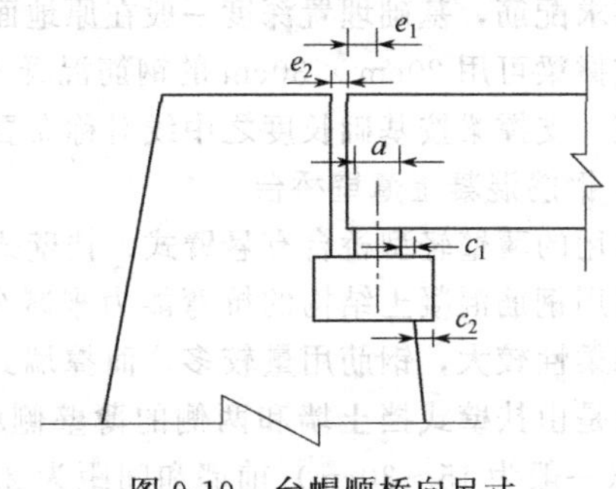

图 9-19　台帽顺桥向尺寸

U 形桥台前墙正面多采用 10∶1或 20∶1的斜坡，侧墙与前墙结合成一体，兼有挡土墙和支撑墙的作用。侧墙正面一般是直立的，其长度视桥台高度和锥坡坡度而定。前墙的下缘一般与锥坡下缘相齐，桥台越高，锥坡越坦，侧墙则越长。侧墙尾端应有不小于 0.75m 的长度伸入路堤内，以保证与路堤有良好的衔接。台身的宽度通常与路堤宽度相同。

无论是梁桥还是拱桥，桥台前墙的任一水平截面的宽度，不宜小于该截面至墙顶高度的 0.4 倍。侧墙的任一水平截面的宽度，对于片石砌体不小于该截面至墙顶高度的 0.4 倍；对于块石、料石砌体或混凝土则不小于 0.35 倍。如果桥台内填料为透水性良好的砂质土或砂砾，则上述两项可分别减至 0.35 倍和 0.3 倍。前墙及侧墙的宽度，对于片石砌体不宜小于 500mm；对于块石、料石砌体和混凝土不宜小于 400mm（图 9-20）。

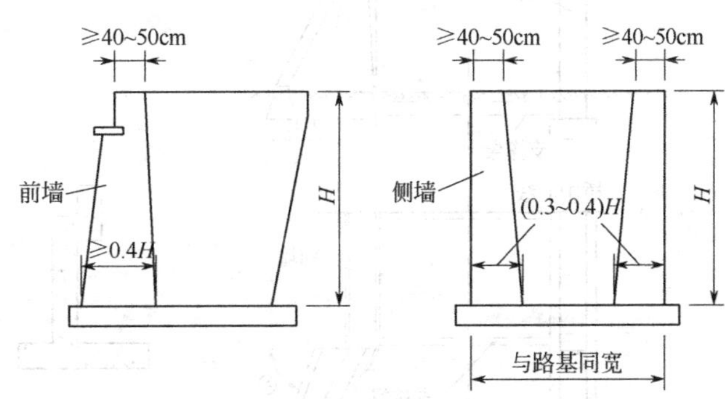

图 9-20　U 形桥台尺寸

(二)轻型桥台

轻型桥台的体积较小、自重较轻，一般由钢筋混凝土材料建造。它借助结构的整体刚度和材料强度承受外力，从而可节省材料，降低对地基承载力的要求并扩大应用范围，为在软土地基上修建桥台开辟了经济可行的途径。

常用的轻型桥台有设有支撑梁的轻型桥台、钢筋混凝土薄壁桥台和埋置式桥台等几种类型。

1. 设有支撑梁的轻型桥台（图 9-21）

这种桥台的特点是台身为直立的薄壁墙，台身两侧有翼墙（用于挡土）。两桥台下部设置钢筋混凝土支撑梁，上部结构与桥台通过锚栓连接，其中间空隙用小石子混凝土或砂浆填塞，构成了四铰框架结构系统，并借助两端台后的土压力来保持稳定，锚栓直径不宜小于上部结构构造主筋的直径，锚固长度为台帽厚度加上三角垫层和板厚。

按照翼墙（侧墙）的形式和布置方式，这种桥台又可分为：一字形轻型桥台、八字形轻型桥台和耳墙式轻型桥台。一字形桥台的翼墙与台身连成一体，八字形的八字墙与台身之间设断缝分开，带耳墙的桥台由台身、耳墙和边柱三部分组成，如图 9-21（b）所示。

这种桥台的台帽用钢筋混凝土浇筑，混凝土强度等级不低于 C20，厚度不小于 25～30cm，并有 10cm 的挑檐。填土高度较高或跨径较大时，宜采用有台背的台帽，它具有良好的支撑作用。

台身可用混凝土或砂浆块石砌筑，混凝土强度等级不低于 C20，砂浆强度不低于 M5，块石强度不低于 MU30。台身厚度不宜小于 60cm。

基础按支承于弹性地基上的梁进行验算，一般用混凝土浇筑。当其长度大于 12m 时，应按构造要求配筋，基础埋置深度一般在原地面（无冲刷时）或局部冲刷线以下不小于 1m。

支撑梁可用 20cm × 30cm 的钢筋混凝土筑成，或用尺寸不小于 40cm × 40cm 的混凝土或块石砌筑。支撑梁按基础长度之中线对称布置，其间距约为 2～3m。

2. 钢筋混凝土薄壁桥台

常用的薄壁轻型桥台有悬臂式、扶壁式、撑墙式及箱式等，如图 9-22（a）所示，其主要特点是利用钢筋混凝土结构的抗弯能力来减少圬工体积，从而使桥台轻型化。相对而言，悬臂式桥台的柔性较大，钢筋用量较多，而撑墙式和箱式桥台刚度大，但模板用量多。钢筋混凝土薄壁桥台是由扶壁式挡土墙和两侧的薄壁侧墙组成，如图 9-22（b）所示。挡土墙由厚度不小于 15cm（一般为 15～30cm）前墙和间距为 2.5～3.5m 的扶壁所组成。台顶由竖直矮墙和支承于扶壁上的水平梁构成，用于支承桥跨结构。两侧薄壁可与前墙垂直，有时也可与前墙斜交。前者称为 U 形薄壁桥台，后者称为八字形薄壁桥台，如图 9-22（c）所示。

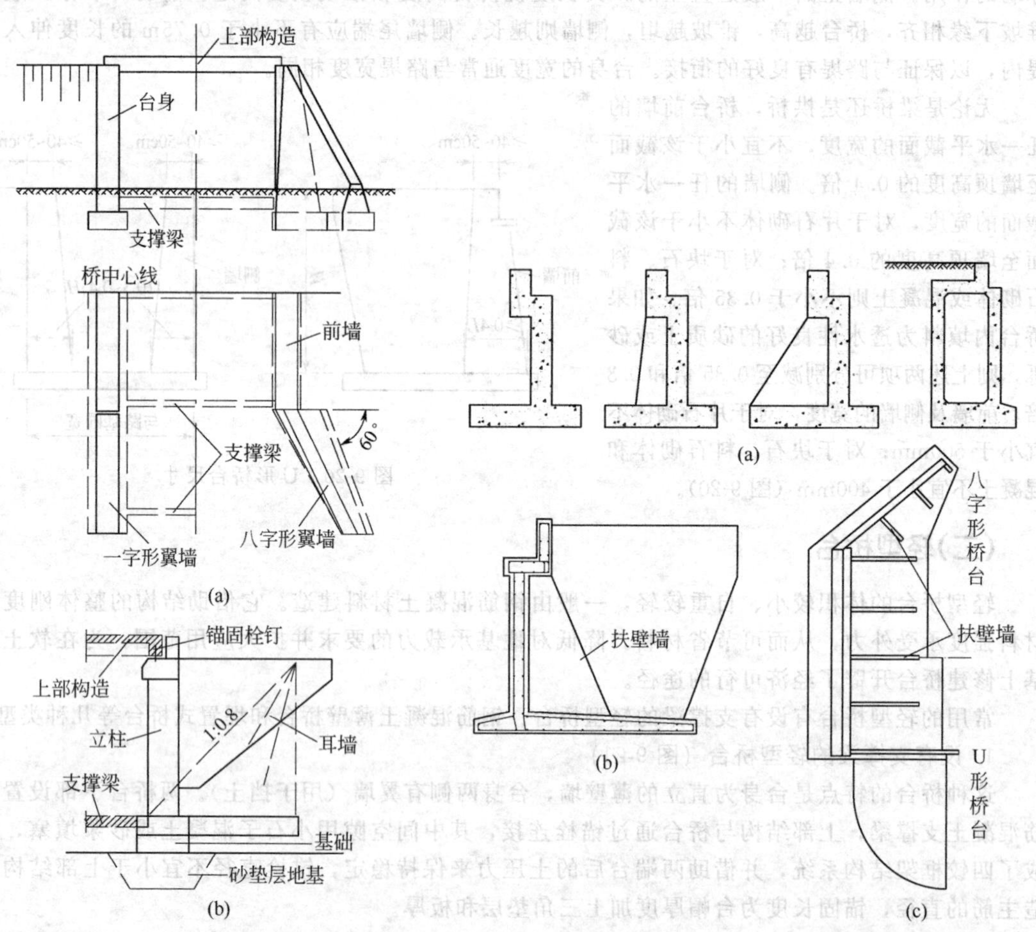

图 9-21　设有地下支撑梁的轻型桥台　　图 9-22　钢筋混凝土薄壁轻型桥台

这种桥台不仅可以减少 40%～50% 的圬工体积，同时因自重减轻而减小了对地基的压力，故适用于软弱地基的条件，但其构造和施工较复杂，并且钢筋用量也较大。

3. 埋置式桥台

埋置式桥台是将桥台台身埋在锥形护坡中，仅露出台帽用以安装支座及上部构造。桥台所受的土压力大大减小，桥台的体积也相应减小。由于台前护坡是用片石作表面防护的一种永久性设施，存在被洪水冲毁而使台身裸露的可能，故设计时必须进行强度和稳定性的验算。按台身的结构形式，埋置式桥台可分为：肋形埋置式（图 9-23）、桩柱式（图 9-24）和框架式（图 9-25）。

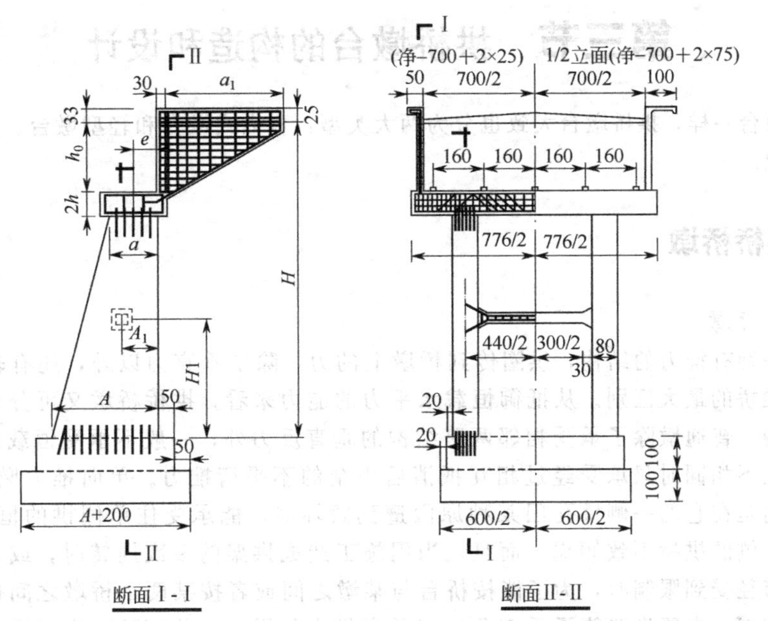

图 9-23 肋形埋置式桥台

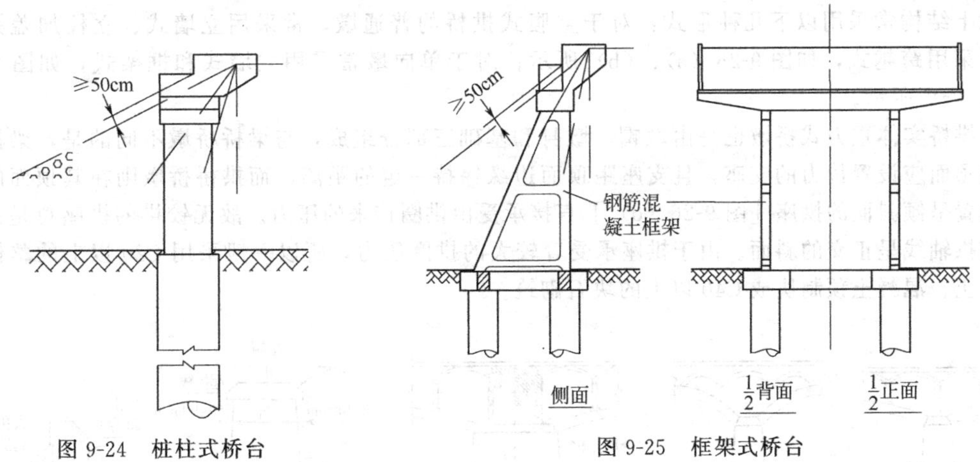

图 9-24 桩柱式桥台

图 9-25 框架式桥台

肋形埋置式桥台的台身是由两块后倾式肋板与顶面帽梁联结而成的。台高的高度达到或超过 10m 时必须设置系梁。帽梁、系梁和耳墙均需配置钢筋，采用 C20 以上混凝土。台身与帽梁、台身与基础之间只需布置少量接头钢筋，台身及基础可用 C15 混凝土。对于肋板式桥台，在桥台的背墙和肋板表层应设置钢筋网，其截面面积在水平方向和竖直方向分别不应小于每米 $250mm^2$（包括受力钢筋），间距不应大于 400mm。

柱式埋置式桥台适用于各种土壤地基。根据桥宽和地基承载能力可采用双柱、三柱或多柱的形式。柱与钻孔桩相连的称为桩柱式；柱子嵌固在普通扩大基础之上的称为立柱式；完全由一排钢筋混凝土桩和桩顶盖梁联结而成的称为柔性柱台。

框架式桥台往往比桩柱式桥台具有更好的刚度，比肋形埋置式桥台挖空率更高，更节约圬工体积。框架埋置式桥台结构本身存在斜杆，能够产生水平分力以平衡土压力，加之基底较厚，又通过系梁联成一个框架体，所以稳定性较好，可用于填土高度在5m以上的桥台，并与跨径为16m和20m的梁式上部结构配合使用，其不足是必须用双排桩基，钢筋水泥用量较桩柱式要多。

第三节　拱桥墩台的构造和设计

与梁桥墩台一样，拱桥墩台大致也分为两大类型：重力式墩台和轻型墩台。其作用原理与梁桥墩台类似。

一、拱桥桥墩

1. 重力式桥墩

拱桥是一种有推力的结构，拱圈传到桥墩上的力，除了垂直力以外，还有较大的水平推力，这是与梁桥的最大区别。从抵御恒载水平力的能力来看，拱桥桥墩又可分为普通墩和单向推力墩两种。普通墩除了承受相邻两跨结构的垂直反力外，一般不承受恒载水平推力，或者当相邻两孔不相同时只承受经过相互抵消后尚余的不平衡推力。单向推力墩又称制动墩，它的主要作用是在它的一侧桥孔因某种原因遭到毁坏时，能承受住单侧拱的恒载水平推力，以保证其另一侧的拱桥不致倾塌。而且，当因施工造成拱架的多次周转时，或者当缆索吊装施工的工作跨径受到限制时，为了能按桥台与某墩之间或者按某两个桥墩之间作为一个施工段进行分段施工，也要设置能承受部分恒载单向推力的墩。由此可见，为了满足结构强度和稳定性的要求，普通墩的墩身可以做得薄一些，如图9-26（a）、（b）所示；单向推力墩要做得厚实一些，如图9-26（c）、（d）所示。由于上承式拱桥的桥面与墩顶顶面相距有一段高度，墩顶以上结构常采用以下几种形式：对于空腹式拱桥的普通墩，常采用立墙式、立柱加盖梁式或者采用跨越式，如图9-26（a）、（b）所示；对于单向墩常采用立墙式和框架式，如图9-26（a）、（c）所示。

拱桥实体重力式桥墩也是由墩帽、墩身和基础三部分组成，与梁桥桥墩不同的是，梁桥桥墩的顶面应设置传力的支座，且支座距顶面边缘保持一定的距离，而拱桥桥墩则在其顶面的边缘设置呈倾斜面的拱座［图9-26（d）］直接承受由拱圈传来的压力。故无铰拱的拱座总是设计成与拱轴线呈正交的斜面。由于拱座承受着较大的拱圈压力，所以一般采用C20以上的整体式混凝土、混凝土预制块或C40以上的块石砌筑。

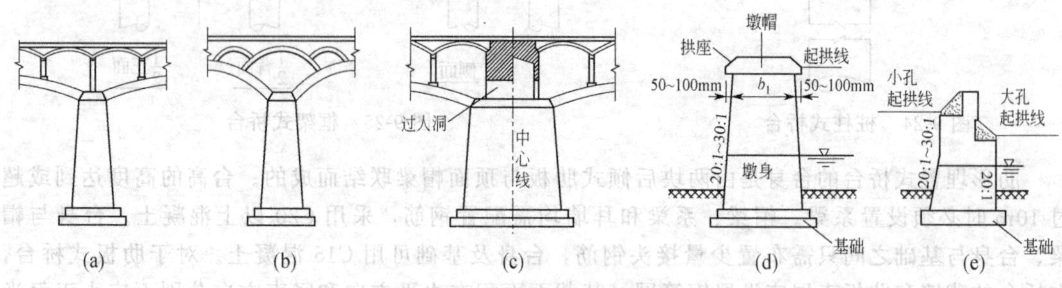

图9-26　拱桥重力式桥墩

当桥墩两侧孔径相等时，则拱座均设置在桥墩顶部的起拱线标高上，有时考虑桥面的纵坡，两侧的起拱线标高可以略有不同。当桥墩两侧的孔径不等，恒载水平推力不平衡时，将拱座设置在不同的起拱线标高上，如图 9-26（e）所示。此时，桥墩墩身可在推力小的一侧变坡或增大边坡，以减小不平衡推力引起的基底反力偏心距。从外形美观上考虑，变坡点一般设在常水位以下，墩身两侧边坡和梁桥的一样，一般为 20∶1～30∶1。

2. 轻型桥墩

拱桥所用的轻型桥墩，一般为配合钻孔灌注桩基础的桩柱式桥墩，如图 9-27 所示。从外形上看，它与梁桥上的桩柱式桥墩非常相似。其主要区别在于：在梁桥墩帽上设置支座，而在拱桥墩顶部分则设置拱座。当拱桥跨径在 10m 左右时，常采用两根直径为 100cm 的钻孔灌注桩；跨径在 30m 左右时可采用三根直径为 120～130cm 的钻孔灌注桩。桩墩较高时，应在桩间设置横系梁以增强桩柱刚性。桩柱式桥墩一般采用单排桩，跨径在 40～50m 以上的高墩，可采用双排桩。在桩顶设置承台，与墩柱联成整体。如果柱与桩直接连接，则应在结合处设置横系梁。若柱高大于 6～8m 时，还应在柱的中部设置横系梁。

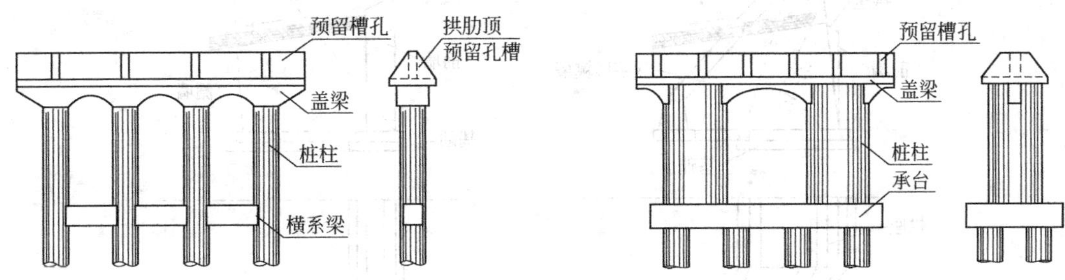

图 9-27　拱桥桩柱式桥墩

二、拱桥桥台

拱桥桥台可分为重力式桥台、轻型桥台和组合式桥台三种类型。

1. 重力式桥台

常用的重力式桥台为 U 形桥台，如图 9-28 所示，它由台帽、台身和基础三部分组成。U 形桥台的台身是由前墙和平行于行车方向的两侧翼墙构成，其水平截面呈 U 字形。U 形桥台通常采用锥形护坡与路堤连接，锥坡的坡度根据台高、地形等确定。U 形桥台的优缺点与梁式桥中的 U 形桥台相同，在结构构造上除在台帽部分有差别外，其余部分也基本相同。拱桥桥台只在向河心的一侧设置拱座，其尺寸可参照相应拱桥桥墩的拱座拟定。其它部分尺寸可参考相应梁桥 U 形桥台进行设计。

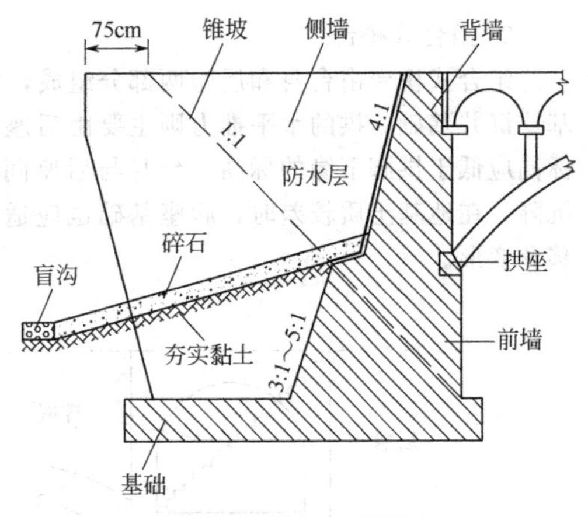

图 9-28　拱桥 U 形桥台

2. 轻型桥台

轻型桥台是相对于重力式桥台而言的，其工作原理是，当桥台受到拱的推力时，即发生绕基底形心轴而向路堤方向的转动，此时台后的土便产生抗力来平衡拱的推力。由于土参与提供部分抗力，从而使桥台的尺寸大大小于实体重力式桥台，但此时必须验算由于拱脚位移而在拱圈内产生的不利于附加内力的影响。采用轻型桥台时，要注意保证台后的填土质量，台后填土应严格按照规定分层夯实，并做好台后填土的防护工作，防止受水流的侵蚀和冲刷。常用的轻型桥台有八字形和U形桥台，以及由此派生出来的Ⅱ形和E形等背撑式桥台。

(1) 八字形桥台　八字形桥台的构造简单，台身由前墙和两侧的八字翼墙构成，如图9-29 (a) 所示，两者之间通常留沉降缝。前墙可以是等厚度的，也可以是变厚度的。变厚度台身的背坡为2∶1～4∶1，翼墙的顶宽一般为40cm，前坡为10∶1，后坡为5∶1，为了防止基底向河心滑动，基础应有一定的埋置深度。

(2) U字形桥台　U字形轻型桥台是由前墙和平行于行车方向的侧墙组成，构成U字形的水平截面，如图9-29 (b) 所示。它与U形重力式桥台的差别在于，后者是依靠扩大桥台底面积来减小基底压力，并利用基底与地基的摩阻力和适当利用台背土侧压力，以平衡拱的水平推力。因此，基础底面积较轻型桥台的要大。U字形轻型桥台前墙的构造和八字形桥台相同，但侧墙却是拱上侧墙的延伸，它们之间应设变形缝，以适应桥梁的可能变位。

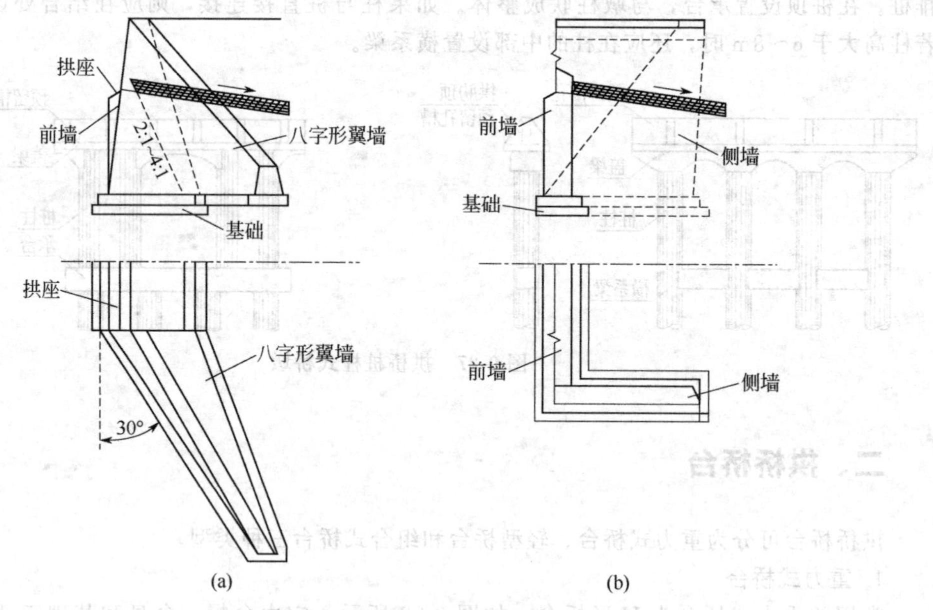

图9-29　拱桥八字形和U字形轻型桥台

3. 组合式桥台

组合式桥台由台身和后座两部分组成，如图9-30所示。台身基础承受竖向力，一般采用桩基或沉井基础；拱的水平推力则主要由后座基底的摩阻力及台后的土侧压力来平衡，后座基底标高应低于拱脚下缘的标高。台身与后座间应密切贴合，并设置沉降缝，以适应两者的不均匀沉降。在地基土质较差时，后座基础也应适当处理，以免后座向后倾斜，导致台身和拱圈的位移和变形。

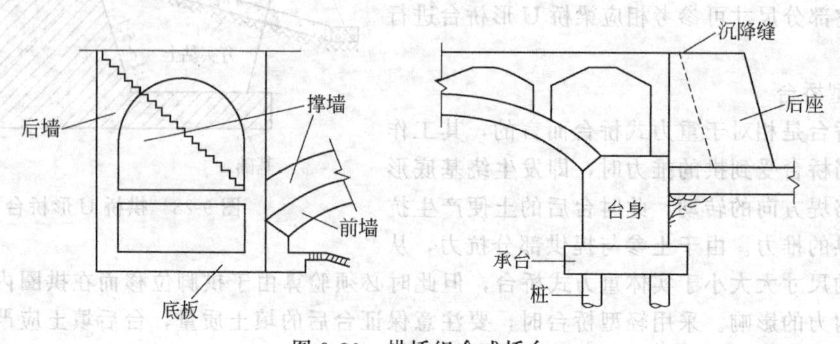

图9-30　拱桥组合式桥台

第四节 桥墩计算

一、作用及其组合

(一)桥墩计算作用

1. 永久作用

永久作用包括以下各项：

(1) 上部构造的恒重对墩帽或拱座产生的支承反力，包括上部构造混凝土收缩、徐变作用。

(2) 桥墩自重，包括在基础襟边上的土重。

(3) 预加力，例如对装配式预应力空心桥墩所施加的预加力。

(4) 基础变位作用，对于奠基于非岩石地基上的超静定结构，应当考虑由于地基压密等引起的支座长期变位的影响，并根据最终位移量按弹性理论计算构件截面的附加内力。

(5) 水的浮力，当验算稳定位于透水性地基上的桥梁墩台时，应计算设计水位时水的不利浮力；当验算地基应力时，仅考虑低水位时的有利浮力或不计浮力；基础嵌入不透水性地基的墩台，可以不计水的浮力；当不能肯定是否透水时，则分别按透水和不透水两种情况进行最不利的作用效应组合。

2. 可变作用

可变作用包括以下各项：

(1) 作用在上部结构上的汽车荷载，对于钢筋混凝土柱式墩应计入冲击力，对于重力式墩台则不计冲击力。

(2) 弯桥桥墩受到的离心力。

(3) 人群荷载。

(4) 汽车制动力。

(5) 作用在上部结构和墩身上的纵、横向风荷载。

(6) 作用在墩身上的流水压力。

(7) 作用在墩身上的流冰压力。

(8) 上部结构因温度变化对桥墩产生的作用。

(9) 支座摩阻力。

3. 偶然作用

偶然作用包括以下各项：

(1) 地震作用。

(2) 船只或漂浮物对墩身的撞击作用。

(3) 汽车对墩身的撞击作用。

4. 施工荷载

(二)桥墩计算中的作用效应组合

为了找到控制设计的最不利组合，通常需要对各种可能的组合分别进行计算，并且在计算时还需按纵向及横向的最不利位置布载。在桥墩计算中，一般需验算墩身截面的强度、墩身截面上的合力偏心距及其稳定性。为此，需根据不同的验算内容选择各种可能的最不利荷载组合。下面将分别叙述梁桥和拱桥桥墩可能出现的组合。

1. 梁桥重力式桥墩

(1) 第一种组合：按桥墩各截面上可能产生的最大竖向力的情况进行组合。

该种组合可用于验算墩身强度和基底最大应力。除了有关的永久作用外，应在相邻两跨满布一种或几种可变作用（如汽车荷载、汽车冲击力和人群荷载等），如图 9-31 (a) 所示。

(2) 第二种组合：按桥墩各截面在顺桥方向上可能产生最大偏心和最大弯矩的情况进行组合。

该种组合可用于验算墩身强度、基底应力、偏心距以及桥墩的稳定性。除了有关的永久作用外，还应在相邻两孔中的一孔上（当为不等跨梁桥时则在跨径较大的一孔上）布置一种或几种可变作用，如汽车荷载、汽车冲击力和人群荷载；纵桥向风力、汽车制动力和支座摩阻力；桥与水流斜交时的流水压力或冰压力在纵桥方向的分力等，如图 9-31 (b) 所示；偶然作用中的船只或漂浮物的撞击作用和桥下汽车对桥墩的撞击作用等。

(3) 第三种组合：按桥墩各截面在横桥方向可能产生最大偏心和最大弯矩的情况进行组合。

该种组合主要用于验算横桥方向上的墩身强度、基底应力、偏心距及桥墩的温度性。属于这一组合的除了有关的永久作用外，还要注意将可变作用的一种或几种偏于桥面的一侧布置，此外还应考虑横桥向风力、流水压力或冰压力以及偶然作用中船只或漂浮物的撞击作用、桥下汽车对桥墩的撞击作用等，如图 9-32 所示。

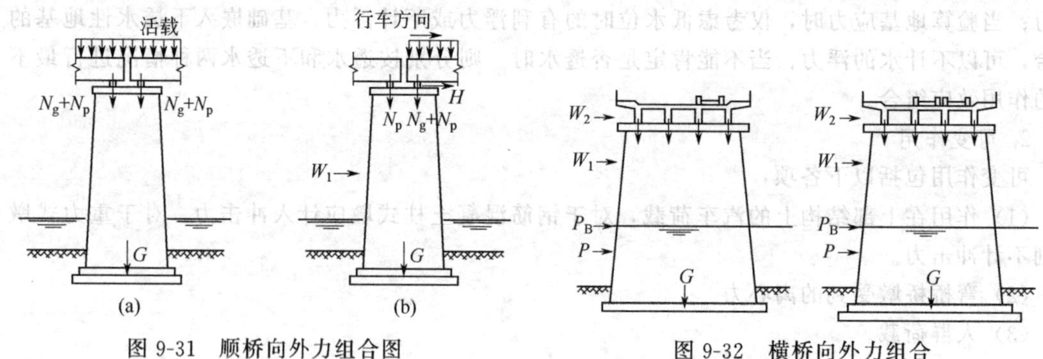

图 9-31 顺桥向外力组合图　　图 9-32 横桥向外力组合

2. 拱桥重力式桥墩

(1) 顺桥方向的作用及其组合　对于普通桥墩应为相邻两孔的永久作用，在一孔或跨径较大的一孔满布基本可变作用的一种或几种，其可变作用中的汽车制动力、纵向风力、温度影响力等，并由此对桥墩产生不平衡水平推力、竖向力和弯矩，如图 9-33 (a) 所示。

对于单向推力墩则只考虑相邻两孔中跨径较大一孔的永久作用力。

图 9-33 中的符号意义如下：

Q——水的浮力（仅在验算稳定时考虑）。

V_g，V'_g——相邻两孔拱脚处因结构自重产生的竖向反力。

V_p——与车辆荷载产生的 H_p 最大值相对应的拱脚竖向反力，可按支点反力影响线求得。

V_T——由桥面处制动力 $H_制$ 引起的拱脚竖向反力，即 $V_T=H_制 h/l$，其中 h 为桥面至拱脚的高度，l 为拱的计算跨径，如图 9-33 (b) 所示。

H_g，H'_g——不计弹性压缩时在拱脚处由恒载引起的水平推力。

ΔH_g，$\Delta H'_g$——由永久作用产生弹性压缩引起的拱脚水平推力，方向与 H_g 和 H'_g 相反。

H_p——在相邻两孔中较大的一孔上由车辆荷载所引起的拱脚最大水平推力。

H_T——制动力引起在拱脚处的水平推力，按两个拱脚平均分配计算，即 $H_T=H_制/2$；

H_t，H'_t——温度变化引起在拱脚处的水平推力。

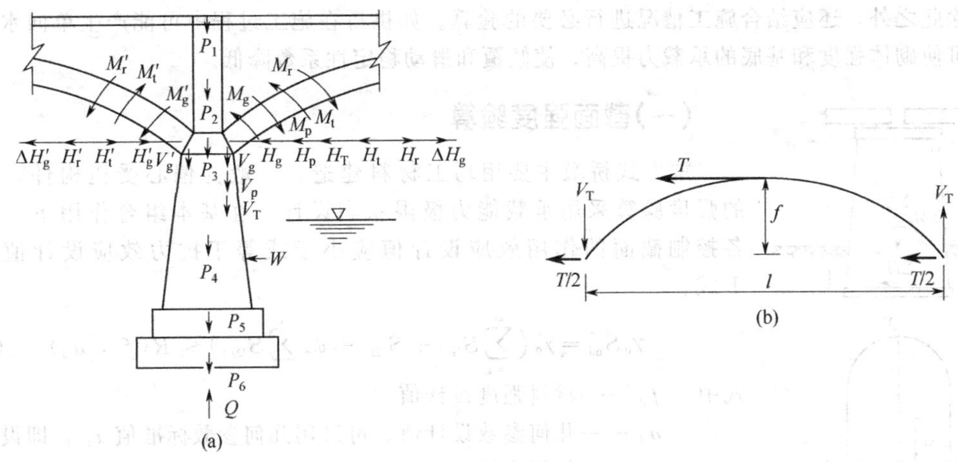

图 9-33 拱桥桥墩受力情况

H_r，H'_r——拱圈材料收缩引起的拱脚水平拉力。

M_g，M'_g——由永久作用引起的拱脚弯矩。

M_p——由车辆荷载引起的拱脚弯矩，由于它是按 H_p 达到最大值时的可变作用布置计算，故产生的拱脚弯矩很小，可以忽略不计。

M_t，M'_t——温度变化引起的拱脚弯矩。

M_r，M'_r——拱圈材料收缩引起的拱脚弯矩。

W——墩身纵向风力。

(2) 横桥向的作用及其组合 在横桥方向作用于桥墩上的外力有风力、流水压力、冰压力、船只或漂浮物撞击力或地震力等。但是对于公路桥梁，横桥方向的受力验算一般不控制设计。

以上所述各种作用效应组合是对重力式桥墩而言的，对于其它形式的桥墩，则要根据其构造和受力特点进行具体分析，然后参照上述的一般原则，进行相应的作用效用组合。需注意以下两点：

第一，不论对哪种形式的桥墩，在计算中对于各种作用效用组合都要满足《公路桥涵设计通用规范》(JTG D60—2004) 中所规定的强度安全系数和结构稳定系数。

第二，《公路桥涵设计通用规范》(JTG D60—2004) 中还规定，在其它可变作用中，有些作用不应同时考虑，例如在计入汽车制动力时，就不应同时计入流水压力、冰压力和支座摩阻力等，具体参见《公路桥涵设计通用规范》(JTG D60—2004)。

二、重力式桥墩计算

重力式桥墩的计算，就某个截面而言，全部外力可以合成为竖向合力 ΣN 和水平合力 ΣH，以及绕该截面 $x-x$ 轴和 $y-y$ 轴的弯矩 ΣM_x 和 ΣM_y，如图 9-34 所示。

重力式桥墩计算或验算的步骤如下：

(1) 根据构造要求和经验拟定各部分尺寸。

(2) 计算作用在桥墩上的作用。

(3) 进行作用的布置与作用效应组合，并选取截面，计算各截面的内力。

(4) 验算墩身截面承载力和偏心距。

(5) 验算地基承载力和偏心距。

(6) 验算桥墩倾覆和滑动稳定性。

除此之外，还应结合施工情况进行必要的验算。如拱桥在施工过程中可能产生单向水平推力，可使砌体强度和基底的承载力提高，使倾覆和滑动稳定性系数降低。

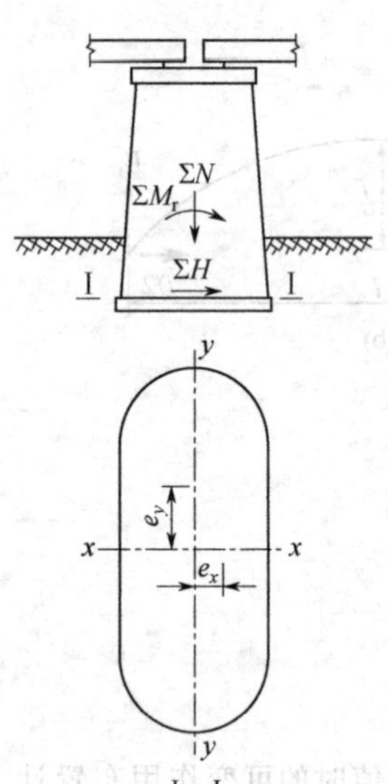

图 9-34　墩身底截面强度验算

(一)截面强度验算

重力式桥墩主要用圬工材料建造，一般为偏心受压构件，截面的强度验算采用承载能力极限状态设计。在基本组合作用下，桥墩各控制截面的作用效应设计值应小于或等于抗力效应设计值，如下式：

$$\gamma_0 S_{ud}=\gamma_0\left(\sum_{i=1}^{m} S_{Gid}+S_{Q1d}+\psi_c\sum_{j=2}^{n} S_{Qjd}\right)\leqslant R(f_d,\ a_d) \tag{9-7}$$

式中　f_d——材料强度设计值；

a_d——几何参数设计值，可采用几何参数标准值 a_k，即设计文件规定值。

公式中其余各符号的意义可参考《公路桥涵设计通用规范》(JTG D60—2004)。

偶然组合计算详见《公路桥涵设计通用规范》(JTG D60—2004)及《公路桥梁抗震设计细则》(JTG/T B02-01—2008)。

墩台截面的强度验算包括下列内容：

1. 验算截面的选取

强度验算截面通常选取墩身底截面和墩身截面突变处。对于悬臂式墩帽的墩身，应对与墩帽交界的墩身截面进行验算。当桥墩较高时，由于危险截面不一定在墩身底部，需沿墩身每隔 2～3m 选取一个验算截面。

2. 验算截面的内力计算

按照各种组合分别对各验算截面进行竖向力、水平力和弯矩（顺桥向和横桥向）的计算，得到相应的竖向力 $\sum N$、水平力 $\sum H$ 和弯矩 $\sum M$。

3. 抗压强度的验算

按轴心或偏心受压构件验算墩身各截面的强度。如果不满足要求时，就应修改墩身截面尺寸，重新验算。

4. 截面偏心验算

桥墩承受偏压作用时，各验算截面在各种组合下的偏心距 e_0 ($\sum M/\sum N$) 均不应超过《公路桥涵设计通用规范》(JTG D60—2004) 的限值。

5. 抗剪强度的验算

当拱桥相邻两孔的推力不相等时，需要验算拱座截面的抗剪强度，具体参考《桥规》(D62) 中有关公式。

(二)桥墩的整体稳定性验算

桥墩的稳定性验算目前仍按《公路桥涵地基与基础设计规范》(JTG D63—2007) 和《公路桥涵设计通用规范》(JTG D60—2004) 的有关规定计算。

1. 抗倾覆稳定性验算

如图 9-35 所示，当桥墩处于临界稳定平衡状态时，绕倾覆转动轴 A-A 取矩，令稳定力矩为正，倾覆力矩为负，则

$$\sum P_i\ (x-e_i)\ -\sum\ (T_i h_i)\ =0$$

即

$$x\sum P_i-\left[\sum\ (P_i e_i)\ +\sum\ (T_i h_i)\right]=0$$

上述方程左边第一项为稳定力矩，第二项为倾覆力矩。由此可见，抵抗倾覆的稳定系数 K_0 可按下式验算：

$$K_0=\frac{M_{稳}}{M_{倾}}=\frac{x\sum P_i}{\sum(P_ie_i)+\sum(T_ih_i)}=\frac{x}{e_0} \tag{9-8}$$

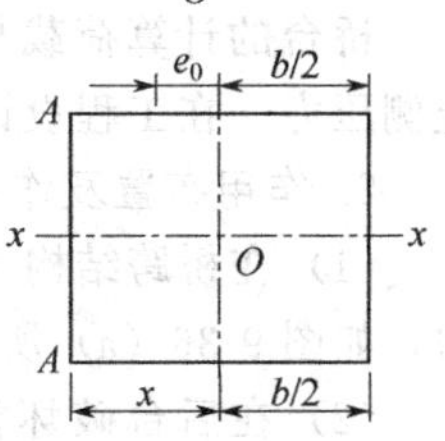

图 9-35 桥墩稳定性验算

式中 $M_{稳}$——稳定力矩；

$M_{倾}$——倾覆力矩；

$\sum P_i$——作用于基底的竖向力的总和；

P_ie_i——作用于桥墩上各竖向力与它们到基底中心轴距离的乘积；

T_ih_i——作用在桥墩上各水平力与它们到基底距离的乘积；

x——基底截面重心至偏心方向截面边缘的距离；

e_0——所有外力的合力的竖向分力对基底重心的偏心距。

2. 抗滑动稳定性验算

可按下式验算抗滑动的稳定性系数 K_c：

$$K_c=\frac{f\sum P_i}{\sum T_i} \tag{9-9}$$

式中 $\sum P_i$——各竖向力的总和（包括水的浮力）；

$\sum T_i$——各水平力的总和；

f——基础底面（圬工）与地基土之间的摩擦系数，若无实测值可参照表 9-2 选取。

表 9-2 基底摩擦系数

地基土分类	摩擦系数 f
软塑黏土	0.25
硬塑黏土	0.30
砂黏土、黏砂土、半干硬的黏土	0.30～0.40
砂土类	0.40
碎石类土	0.50
软质岩土	0.40～0.60
硬质岩土	0.60～0.70

上述求得的抗倾覆与抗滑动稳定系数 K_0 和 K_c 均不得小于《公路桥涵地基与基础设计规范》(JTG D63—2007) 限值。

(三)墩顶水平位移验算

墩顶过大的水平位移会影响桥跨结构的正常使用，对于高度超过 20m 的重力式桥墩应验算墩顶水平方向的弹性位移。《公路桥涵地基与基础设计规范》(JTG D63—2007) 规定墩顶水平位移的容许极限值为：

$$\Delta\leqslant 0.5\sqrt{l} \tag{9-10}$$

式中 l——相邻墩台间最小跨径长度，以 m 计，跨径小于 25m 时仍以 25m 计；

Δ——墩顶计算水平位移值，单位 mm。

第五节　桥台计算

一、重力式桥台的计算

1. 作用于桥台上的作用

桥台的计算荷载与桥墩的荷载计算基本相同，只是在永久作用中需计入台后填土对台身的土侧压力。在工程设计中，一般都将它按主动土压力计算，其大小与压实程度有关。

2. 作用布置及作用效应组合（只考虑顺桥向）

(1) 在桥跨结构上布置汽车荷载、温度下降作用，制动力向桥孔方向，并考虑台后土侧压力，如图 9-36 (a) 所示。

(2) 在后台破坏棱体上布置汽车荷载、温度下降作用，并考虑台后土侧压力，如图 9-36 (b) 所示。

(3) 在桥跨结构和台后破坏棱体上均布置汽车荷载（当桥台尺寸较大时，还要考虑在桥跨结构上、台后破坏棱体上和桥台上同时布置可变作用的情况），温度下降作用，制动力向桥孔方向，并考虑台后土侧压力，如图 9-36 (c) 所示。

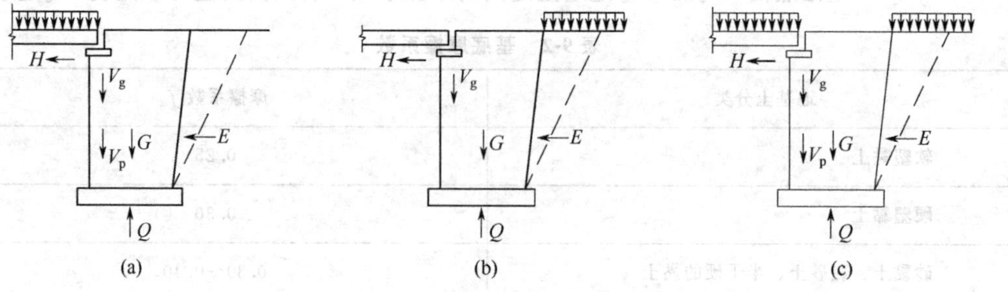

图 9-36　作用在梁桥桥台上的作用

一般重力式桥台以第 (2) 种和第 (3) 种组合控制设计，但需根据具体情况进行分析比较后才能确定。

3. 桥台强度、偏心和稳定性验算

桥台台身强度、地基承载力、偏心以及桥台稳定性验算与桥墩相同。如果 U 形桥台两侧墙宽度不小于同一水平截面前墙全长的 0.4 倍时，桥台台身截面强度验算应把前墙和侧墙作为整体考虑其受力；否则，台身前墙应按独立的挡土墙进行验算。

二、轻型桥台的计算

为了防止桥台受路堤的土侧压力而向河中心方向移动，通常利用桥跨结构和底部支撑梁作为桥台与桥台或桥墩与桥台之间的支撑，形成四铰框架体系。这类桥台的计算内容主要包括桥台作为竖梁时的强度计算、桥台在本平面内的弯曲验算和基底应力验算，这里仅介绍桥台作为竖梁时的强度计算。

通常取单位桥台宽度进行验算，其步骤为：

1. 验算截面处的竖直力 N

它包括以下三项：

(1) 桥跨结构永久作用在单位宽度桥台上的支点反力 N_1；

(2) 单位宽度台帽的自重 N_2；

(3) 验算截面以上单位宽度台身的自重 N_3。

$$N = N_1 + N_2 + N_3$$

2. 土压力计算

计算土压力时，对桥台最不利的作用效应组合是桥上无车辆荷载，台背填土破坏棱体上有车辆荷载。其作用分别如图 9-37 所示。

(1) 由填土本身引起的单位台宽土压力 E_T：

它呈三角形分布，可按下式计算：

$$E_T = \frac{1}{2}\gamma H_2^2 \tan^2\left(45° - \frac{\varphi}{2}\right) \quad (9\text{-}11)$$

(2) 由车辆荷载引起的单位台宽土压力 E_c：

它呈均匀分布，可按下式计算：

$$E_c = \gamma H_2 h \tan^2\left(45° - \frac{\varphi}{2}\right) \quad (9\text{-}12)$$

(3) 单位台宽的总土压力 E：

$$E = E_T + E_c \quad (9\text{-}13)$$

(4) 等代土层厚度 h：

$$h = \frac{\Sigma G}{B l_0 \gamma} \quad (9\text{-}14)$$

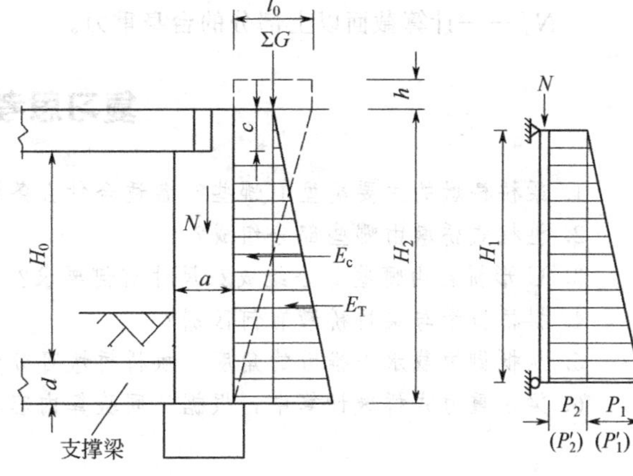

图 9-37　土压力及计算图式

式中，γ 为台后填土容重；φ 为土的摩擦角；

ΣG 为布置在 Bl_0 面积内的车轮荷载；B 为桥台计算宽度；l_0 为台后填土的破坏棱体长度。

$$l_0 = H_2 \tan\left(45° - \frac{\varphi}{2}\right) \quad (9\text{-}15)$$

3. 台身内力计算

(1) 计算图式：如图 9-37 所示，台身按上下铰接的简支梁计算。对于有台背的桥台，因上部构造和台背间的缝隙已用砂浆或小石子混凝土填实，保证了有牢靠的支撑作用。因此，台身受弯的计算跨径为

$$H_1 = H_0 + \frac{d}{2} + \frac{c}{2} \quad (9\text{-}16)$$

式中　H_0——桥跨结构与支撑梁间的净距；

d——支撑梁的高度；

c——桥台背墙的高度。

计算受剪时，计算跨径取 H_0。

(2) 内力计算：在计算截面弯矩 M 时，轴力 N 的影响可忽略不计，仅在强度验算中考虑。跨中截面的弯矩为

$$M = \frac{1}{8}P_2 H_1^2 + \frac{1}{16}P_1 H_1^2 \quad (9\text{-}17)$$

台帽顶部截面的剪力为：

$$Q = \frac{1}{2}P'_2 H_0 + \frac{1}{6}P'_1 H_0 \quad (9\text{-}18)$$

支撑梁顶面处的剪力为：

$$Q = \frac{1}{2}P'_2 H_0 + \frac{1}{3}P'_1 H_0 \quad (9\text{-}19)$$

式中　P_1，P_2——受弯计算跨径 H_1 处的土压力强度；

P'_1, P'_2——受弯计算跨径 H_0 处的土压力强度。

4. 截面强度验算

按《公路钢筋混凝土及预应力混凝土桥涵设计规范》(JTG D62—2004) 有关公式进行跨中截面的抗压强度和支点截面的抗剪强度验算。

其中计算截面的垂直力

$$N = N_1 + N_2 + N_3 \tag{9-20}$$

式中　N_1——上部结构重力引起的支点反力；

N_2——台帽重力；

N_3——计算截面以上部分的台身重力。

复习思考题

1. 梁桥桥墩的主要类型有哪些？各适合什么条件？
2. 桩柱式桥墩由哪些部分组成？
3. U形桥台由哪些部分组成？尺寸有何要求？
4. 拱桥桥墩与梁桥桥墩有何区别？
5. 从抵御恒载水平推力的角度，拱桥桥墩可分为哪两类？主要区别是什么？
6. 梁桥重力式桥墩计算中，根据不同验算内容，有哪些最不利作用效应组合？

第二篇
桥梁施工技术

第十章　桥梁施工前的准备工作

学习要点： 桥梁施工前准备工作的主要内容，常用的桥梁施工工艺、施工方法的合理选择。桥梁施工测量的基本方法和要求。

第一节　施工准备

一、施工准备工作的重要性

施工准备工作的基本任务是为桥梁工程的施工建立必要的技术和物质条件，统筹安排施工力量和施工现场，是施工企业搞好目标管理，推行技术经济承包的重要依据，同时也是施工得以顺利进行的根本保证。认真做好施工准备工作，对于发挥企业优势、合理供应资源、加快施工进度、保证工程质量和施工安全、降低工程成本、增加企业经济效益，为企业赢得社会效益、实现企业管理现代化等具有重要意义。

二、施工准备工作的分类

根据施工阶段的不同，可将施工准备工作分为两类：

(1) 工程项目开工前的施工准备。这是在工程正式开工前所进行的一切施工准备工作，其目的是为工程正式开工创造必要的施工条件。

(2) 各施工阶段前的施工准备。这是在工程项目开工之后，每个施工阶段正式开工之前所进行的一切施工准备工作，其目的是为施工阶段正式开工创造必要的施工条件。

施工准备工作既要有阶段性，又要有连贯性，必须有计划、有步骤、分期分阶段地进行，要贯穿于工程项目施工的整个过程。

三、施工准备工作的内容

施工准备工作主要包括：技术准备、劳动组织准备、物质准备和施工现场准备等。

(一)技术准备

技术准备是施工准备的核心。由于技术准备上的差错和隐患将造成生命、财产和经济的巨大损失，因此必须认真做好技术准备工作。

技术准备的具体内容如下：

1. 熟悉设计文件、研究核对设计图纸

全面领会设计意图，透彻了解桥梁的设计标准、结构和构造细节；检查核对设计图纸与其各组成部分之间有无矛盾或错误；在几何尺寸、坐标、高程、说明等方面是否一致，技术要求是否正确等，发现问题及时与设计单位和监理工程师协商解决。

2. 进一步调查分析原始资料

施工前应对施工现场进行实地勘察，尽可能多地获得有关原始数据的第一手资料，这对于正确选择施工方案、制定技术措施、合理安排施工顺序和施工进度计划以及编制切合实际的施工组织设计都是非常必要的。主要调查项目如下：

1）自然条件的调查分析：地质、水文、气象、施工现场的地形地物、桥梁工程所在地区的国家水准基点和绝对标高等情况。

2）技术经济条件的调查分析：施工现场的动迁、当地可利用的地方材料、砂石料场、水泥生产厂家及产品质量、地方能源和交通运输、地方劳动力和技术水平、当地生活物质供应、可提供的施工用水用电条件、设备租赁、当地消防治安、分包单位的力量和技术水平等状况。

3. 施工前的设计技术交底

通常由建设单位主持，设计、监理、施工单位参加，对设计图纸的疑问、建议或变更在形成统一认识的基础上，做好记录，形成设计技术交底纪要，由建设单位正式行文，参加单位共同会签盖章，作为施工合同的一个补充文本，与设计文件同时使用，是指导施工的依据，也是建设单位与施工单位进行工程结算的依据之一。

4. 确定施工方案，进行施工设计

在全面掌握设计文件和设计图纸，正确理解了设计意图和技术要求，以及进行了施工为目的的各项调查后，应根据进一步掌握的情况和资料，对投标时初步拟定的施工方法和技术措施等进行重新评价和深入研究，以制定出详细的更符合实际情况的施工方案。

施工方案一经确定，即可进行各项临时性结构的施工设计，诸如基坑围堰，浮运沉井和钢围堰的制造场地及下水、浮运、就位、下沉等设施，钻孔桩水上工作平台，连续梁顶推施工的台座和预制场地，悬浇桥梁的挂篮、导梁或架桥机，模板、支架及脚手架，自制起重吊装设备，施工便桥便道及装卸码头等的设计。施工设计应保证在安全的前提下尽量考虑使用现有材料和设备，因地制宜，使设计出的临时结构经济适用、装拆简便、通用性强。

5. 编制施工组织设计和施工预算

施工组织设计是施工准备工作的重要组成部分，也是指导工程施工中全部生产活动的基本技术经济文件。编制施工组织设计的目的在于全面、合理、有计划地组织施工，从而具体实现设计意图，优质高效地完成施工任务。

施工预算是根据施工图纸、施工组织设计或施工方案、施工定额等文件进行编制的。施工预算是施工企业内部控制各项成本支出、考核用工、签发施工任务单、限额领料以及基层进行经济核算的依据，也是制定分包合同时确定分包价格的依据。

(二)劳动组织准备

1. 建立施工组织机构

确定组织机构应遵循的原则是：根据工程项目的规模、结构特点和复杂程度来决定机构中各职能部门的设置，人员的配备应力求精干，以适应任务的需要。坚持分工合理与密切协作相结合，使之便于指挥和管理，分工明确，责权具体。

2. 合理设置施工班组

施工班组的建立应认真考虑专业和工种之间的合理配置，各班组的进场安排时间，技工和普工的比例要满足合理的劳动组织，并符合流水作业方式的要求，同时制定出该工程的劳动力需要量计划。

3. 施工力量的集结进场和培训

进场后应对工人进行技术、安全操作规程以及消防、文明施工等方面的培训教育。

4. 向施工班组和操作工人进行开工前的交底

在单位工程或分部分项工程开工之前，应将工程的设计内容、施工组织设计、施工计划和施工技术等要求，详尽地向施工班组和工人进行交底，以保证工程能严格按照设计图纸、施工组织设计、施工规范、安全操作规程和施工验收规范等要求进行施工。交底工作应按照管理系统自上而下逐级进行，交底的方式有书面、口头和现场示范等形式。交底的过程要留有书面记录。

交底的内容有：工程的施工进度计划；施工组织设计，尤其是施工工艺、安全技术措施、降低成本措施和施工验收规范的要求；新技术、新材料、新结构和新工艺的实施方案和保证措施；有关设计变更和技术核定等事项。

5. 建立健全各项管理制度

建立和完善各项规章制度是顺利高效完成施工任务的有力保障。通常有以下制度：技术质量责任制度、工程技术档案管理制度、施工图纸学习和会审制度、技术交底制度、各部门各级人员的岗位责任制度、工程材料和构件的检查验收制度、工程质量检查与验收制度、材料出入库制度、安全操作制度、机具使用保养制度等。

(三)物质准备

物质准备工作的内容主要包括：工程材料的准备；构件和制品的加工准备；施工机具设备的准备以及各种工具和备件的准备。

物质准备工作的程序一般为：根据施工预算、分部分项工程的施工方法和施工进度安排制定需要量的计划；与有关单位签订供货合同；拟定运输计划和运输方案；按施工平面图的要求，组织物质按计划时间进场，在指定地点、按规定方式进行储存或堆放，以便随时提供给工程使用。

(四)施工现场准备

施工现场的准备工作，主要是为工程的施工创造有利的施工条件和物质保证。具体内容如下：

1. 做好施工测量控制网的复测和加密工作

在勘查设计单位向测量监理工程师及承包商提供平面控制点（如路线控制的导线点及大桥控制网）及高程控制点的交桩工作中，认真做好交接记录，要注意点位的完好及与交桩资料的吻合，有破损或点位与资料不符时应注明且需各方签字认可，如控制桩不能满足路线控制要求时必须要求业主、设计单位重新交桩。用于复测的仪器须经有资质的单位进行校核，测量人员通过制定的复测技术方案并对设计单位提供的所有点位进行同精度复测，以确保在施工阶段的测量精度要求。控制点的加密一般要求与原设计的控制点的精度相同，加密应采用严密平差，以检查点位的测设精度。

2. 做好施工现场的补充钻探

桥梁工程在初步设计时所依据的地址钻探资料往往因钻孔较少、孔位过远而不能满足施工的需要，因此必须对有些地质情况不甚明了的墩位进行补充钻探，以查明墩位的地址情况和可能的隐蔽物，为基础工程的施工创造有利条件。

3. 搞好“三通一平”

“三通一平”是指路通、水通、电通和平整场地。为了蒸汽养护的需要以及在寒冷冰冻地区，还需考虑暖气供热的要求。

4. 建造临时设施

按照施工总平面图的布置，建造所有生产、办公、生活、居住和储存等临时用房，以及临时便道、码头、混凝土拌和站、构件预制场地等。

5. 安装调试施工机具

对所有施工机具都必须在开工前进行检查和试运转，对于故障和安全隐患及时排除，确保施工期间能顺利运转。

6. 原材料的试验和储存堆放

按照材料的需要量计划，应及时提供材料的试验申请计划，如混凝土与砂浆的配合比和强度、钢材的机械性能等试验。并组织材料进场，按规定的地点和指定的方式进行储存堆放。

7. 做好冬雨季施工安排

按照施工组织设计的要求，落实冬雨季施工的临时设施和技术措施，做好施工安排。

第二节　桥梁施工方法的选择

一、桥梁下部结构

(一)基础工程

在桥梁工程中，通常采用的基础有扩大基础、桩基础、沉井基础、管柱基础、地下连续墙等，每种基础根据不同的施工条件可采用不同的施工方法，如图 10-1 所示。

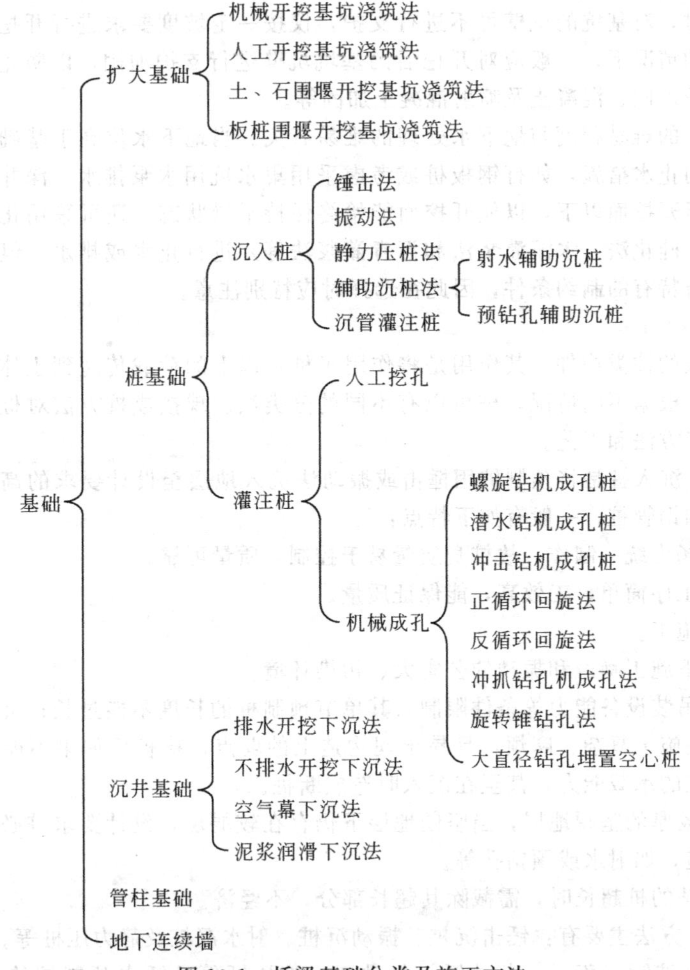

图 10-1　桥梁基础分类及施工方法

1. 扩大基础

所谓扩大基础，是将桥墩（台）及上部结构传来的荷载由其直接传递至较浅的支承地基的一种基础形式，一般采用明挖基坑的方法进行施工，故又称为明挖扩大基础或浅基础，如图 10-2 所示。其主要特点是：

图 10-2 扩大基础

(1) 由于能在现场直观确认支承地基的情况下进行施工，因而施工质量可靠；

(2) 施工时的噪声、振动和对地下污染等建设公害较小；

(3) 与其它类型的基础相比，施工所需的操作空间较小；

(4) 在多数情况下，比其它类型的基础造价低、工期短；

(5) 易受冻胀和冲刷影响。

扩大基础施工的顺序是开挖基坑，对基底进行处理（当地基的承载力不满足设计要求时，需对地基进行加固处理），然后砌筑圬工或立模、绑扎钢筋、浇筑混凝土。其中，开挖基坑是施工中的一项主要工作，而在开挖过程中，必须解决挡土墙与止水带的问题。

当土质坚硬时，对基坑的坑壁可不进行支护，仅按一定坡度要求进行开挖。在采用土、石围堰或土质松软的情况下，一般应对开挖后的基坑坑壁进行支护加固，以防止坑壁坍塌。支护的方法有挡板支护加固、混凝土及喷射混凝土加固等。

扩大基础施工的难易程度与地下水处理的难易有关。当地下水位高于基础的设计地面标高时，施工时须采用止水措施，如打钢板桩或考虑采用集水坑用水泵排水、深井排水及井点法等使地下水位降低至开挖面以下，以使开挖面能始终保持干燥状态。还可采用化学灌浆法及围幕法（包括冻结法、硅化法、水泥灌浆法和沥青灌浆法等）进行止水或排水。但扩大基础的各种施工方法都有各自特有的制约条件，因此在选择时应特别注意。

2. 桩基础

桩是深入土层的柱类构件，其作用是将作用于桩顶以上的荷载传递到土体中的较深处，以承受较大的荷载。根据不同情况，桩可以有不同的分类法。现按成桩方法对桩进行分类，并分别叙述其不同施工方法和工艺。

(1) 沉入桩　沉入桩是将预制桩用锤击或振动法沉入地层至设计要求的高度。预制桩包括木桩、混凝土桩和钢管桩，一般有如下特点：

① 因在预制场内统一制作，故桩身质量易于控制，质量可靠。

② 沉入施工工序简单，工效高，能保证质量。

③ 易于水上施工。

④ 多数情况下施工噪声和振动的公害大、污染环境。

⑤ 受运输、吊装设备能力等条件限制，其单节预制桩的长度不能过长；沉入长桩时要在现场接桩；桩的接头施工复杂、麻烦，且易出现构造上的弱点；接桩后如果不能保证全桩长的垂直度，则将降低桩的承载能力，甚至在沉入时造成断桩。

⑥ 不易穿透较厚的坚硬地层，当坚硬地层下仍存在较弱层，设计要求桩必须穿过时，则需辅以其它施工措施，如射水或预钻孔等。

⑦ 当沉入地基的桩超长时，需截除其超长部分，不经济。

沉入桩的施工方法主要有：锤击沉桩、振动沉桩、射水沉桩及静力压桩等。

锤击沉桩是以桩锤（落锤、柴油锤、气动锤、液压锤等）锤击预制桩的桩头而将桩沉入地下土层中的施工方法，如图 10-3 所示。一般适用于中密砂类土、黏性土。由于锤击沉桩依靠桩锤的冲击能量将桩打入土中，因此一般桩径不能太大（不大于 0.6m），入土深度在 40m 左右。

射水沉桩是利用在桩尖处设置冲射管喷出高压水，冲刷桩尖处的土体，在桩尖周围地基松动、摩擦阻力减小的同时，使桩受自重以及锤击、振动、静压等作用而下沉的施工方法。射水沉桩施工对黏性土、砂性土地基都可适用，但更适用于细砂地基。

振动沉桩是采用振动沉桩机（振动锤）将桩沉入地层的施工方法。振动沉桩适用于砂质土、硬塑及软塑的黏性土和中密及较松散的碎、卵石类土。

静力压桩是采用静压力将桩压入土中，即以压桩机的自重克服沉桩过程中的阻力，适用于高压缩性黏土或砂性较轻的亚黏土层。

(2) 灌注桩　灌注桩是在现场采用钻孔机械（或人工）将地层钻挖成预定孔径和深度的孔后，将制作成一定形状的钢筋骨架放入孔内，然后在孔内灌入流动性的水下混凝土而形成桩基，如图 10-4 所示。水下混凝土多采用垂直导管法灌注。灌注桩的特点是：

图 10-3　沉入桩

图 10-4　钻孔灌注桩

① 与沉入桩中的锤击法和振动法相比，施工噪声和振动要小得多；

② 能修建比预制桩的直径大得多的桩；

③ 与地基的土质无关，在各种地基上均可使用；

④ 施工上应注意对钻孔时的孔壁坍塌及桩尖地基的流砂、孔底沉淀等的处理，施工质量的好坏对桩的承载力影响很大；

⑤ 由于混凝土是在泥水中灌注的，因此混凝土质量较难控制。

灌注桩因成孔的机械不同而通常有表 10-1 几种成孔施工方法：

表 10-1　常用的成孔施工方法

序号	成孔设备（方法）	适用范围			
		土　层	孔径/cm	孔深/m	泥浆作用
1	机动推钻	黏性土，砂土，砾石粒径小于 10cm，含量少于 30%的碎石土	60～160	30～40	护壁

续表

序号	成孔设备（方法）	适用范围			
		土层	孔径/cm	孔深/m	泥浆作用
2	正循环回旋钻机	黏性土，砂土，砾，卵石粒径小于2cm，含量少于20%的碎石土，软岩	80～200	30～100	浮悬钻渣并护壁
3	反循环回旋钻机	黏性土，砂土，砾，卵石粒径小于钻杆2/3，含量少于20%的碎石土，软岩	80～250	泵举<40 气举100	护壁
4	正循环潜水钻机	淤泥，黏性土，砂土，砾卵石粒径小于10cm，含量少于20%的碎石土	60～150	50	浮悬钻渣并护壁
5	正循环潜水钻机	同序号3	60～150	泵举<40 气举100	护壁
6	全护筒冲抓和冲击钻机	各类土层	80～200	30～40	不需泥浆
7	冲抓锥	淤泥，黏性土、砂土、砾石，卵石	60～150	20～40	护壁
8	冲击实心锥	各类土层	80～200	50	浮悬钻渣并护壁
9	冲击管锥	黏性土，砂土，砾石，松散卵石	60～150	50	浮悬钻渣并护壁
10	冲击、振动沉管	软土，黏性土，砂土，砾石，松散卵石	25～50	20	不需泥浆

（3）大直径桩　一般认为，直径2.5m以上的桩可称为大直径桩，目前，最大桩径已达6m。近年来，大直径桩在桥梁基础中得到广泛应用，结构形式也越来越多样化，除实心桩外，还发展了空心桩；施工方法上不仅有钻孔灌注法，还有预制桩壳钻孔埋置法等。根据桩的受力特点，大直径桩多做成变截面的形式。大直径桩与普通桩在施工上的区别主要反映在钻机选型、钻孔泥浆及施工工艺等方面。

3. 沉井基础

沉井基础是一种断面和刚度均比桩大得多的筒体结构，施工时在现场重复交替进行构筑和开挖井内土方，使之沉落到预定支承地基上。若为陆地沉井，它在地表建造，由取土井排土以减少刃脚下土对刃脚的阻力，一般借助自重下沉；若为水中沉井基础，可用筑岛法，或浮运法建造。在下沉过程中，如侧摩阻力过大，可采用高压射水法、泥浆套法或井壁后压气法等加速下沉，如图10-5所示。

图10-5　沉井基础

各种沉井的施工方法共同特点：

① 沉井基础的适宜下沉深度一般为10～30m；

② 与其它基础形式相比，沉井基础的抗水平作用能力及竖直支承力均较大，但由于其刚度大，其变形较小，故沉井基础一般应用于对基础变位要求较高的拱桥、斜拉桥和吊桥等桥型。

4. 管柱基础

管柱基础因其施工的方法和工艺相对来说较复杂，所需的机械设备也较多，一般的桥梁极少采用这种形式的基础，仅当桥址处的水文地质条件十分复杂，应用通常的基础施工方法不能奏效时，方采用这种基础形式。因此，对于大型的深水或海水基础，特别是深水岩面不齐，流速大的地方采用管柱基础比较适合。

管柱基础的施工一般包括管柱预制、围笼拼装、浮运和下沉定位、下沉管柱，在管柱底基岩上钻孔，在管柱内安放钢筋笼并灌注水下混凝土等内容。管柱有钢筋混凝土、预应力钢筋混凝土和钢管三种。其下沉与前述的沉入桩类似，大多采用振动并辅以射水、吸泥等措施。管柱的下沉必须有导向装置，浅水时可用导向架，深水时则用整体围笼。

5. 地下连续墙

地下连续墙是用膨润土泥浆进行护壁，在防止开挖面坍塌的同时在设计位置开挖出一条狭长端圆的深槽，然后将钢筋骨架放入槽内并灌注水下混凝土，从而在地下形成连续墙体的一种基础形式，如图 10-6 所示。分为排柱式和墙式两种，一般多用墙式。地下连续墙的特点有：

图 10-6　地下连续墙施工

(1) 施工噪声、振动小；

(2) 地下连续墙承载力大，可用作刚性基础，对墙体进行适当的组合后可用以代替桩基础和沉井基础；

(3) 墙体刚度大，截水性能优越，对周边土体扰动小；

(4) 可用逆筑法施工，并使用于多种地质条件；

(5) 在挖槽时采用泥浆护壁，如施工过程管理不当，有槽壁坍塌的问题。

地下连续墙的施工方法种类甚多，根据机械类型和开挖方法可分为抓斗式、冲击式和旋转切削式三类。

(二)承台

位于旱地、浅水河道采用土石围堰施工桩基的桥梁，其承台施工方法与扩大基础的施工方法类似，可采取明挖基坑、原木桩围堰后开挖基坑的方法进行施工，如图 10-7 所示。

对于深水中的承台，可选用的方法有：钢板桩围堰、钢管桩围堰、双壁钢围堰及套箱围堰等，不论采用何种围堰方法，其目的都是为了止水，以实现承台的施工工作面干燥的目的。钢板桩和钢管桩围堰实际上是同一类型的围堰形式，只不过所用材料不同；双壁钢围堰通常是将桩基和承台的施工一并考虑，在桩顶设钻孔平台，桩基础施工结束后拆除平台，在围堰内进行承台施工；套箱现多采用钢材制作，分有底和无底两种类型，根据受力情况不同又可设计成单壁和双壁。

(三)墩(台)身

墩（台）身的施工方法根据结构形式的不同而各异。对结构形式较简单、高度不大的中、小桥墩（台）身，通常采用传统的方法，立模（一次或几次）现浇施工。但对高墩及斜拉桥、悬索桥的索塔，则有较多的可供选择的方法。而施工方法的多样化主要反映在模板结构形式的不同。近年来，滑升模板、爬升模板和翻升模板等在高墩及索塔上应用较多，其共同的特点是：将墩身分成若干节段，从上至下逐段进行施工。

采用滑升模板（简称滑模）施工，对结构物外形尺寸的控制较准确，施工进度平稳、安全，机械化程度较高，但因多采用液压装置实现滑升，故成本较高，所需的机具设备亦较多，如

图 10-8 所示；爬升模板（简称爬模）一般要在模板外侧设置爬架，因此这种模板相对而言需耗用较多的材料，体积亦较庞大，但不需另外的提升设备；翻升模板（简称翻模）结构较简单，施工亦较方便，不过需设专门用于提升的起吊设备。

图 10-7　承台

图 10-8　桥墩滑升模板施工

高墩的施工，应根据现场的实际情况，进行综合比较后来选择适宜的施工方案。中、小桥中，有的设计为石砌墩（台）身，其施工工艺虽较简单，但必须严格控制砌石工程的质量。

二、桥梁上部结构

桥梁上部结构的形式是多种多样的，其施工方法的种类也较多，但除一些比较特殊的施工方法外，大致可分为预制安装和现浇两大类。现将常用的一些施工方法（图 10-9）的特点和适用性分述如下。

(一)预制安装法

预制安装可分为预制梁安装和预制节段式块件拼装两种。前者主要指装配式的简支梁板，如空心板梁、T形梁、工形梁及小跨径箱梁等的安装，之后进行横向联结或施工桥面板使之成为整体；后者是将梁体在预制场进行分段预制，运至现场进行拼装，连续梁、T 构、刚构和斜拉桥都可以采用这种方法进行施工。

预制构件的安装方法有很多，各需不同的安装设备，可根据施工的实际情况合理选择。通常有以下几种方法。

1. 自行式吊车吊装法

吊装采用汽车吊、履带吊和轮胎吊等机械，一般适用于跨径在 30m 以内的简支梁的安装作业。如图 10-10 所示。

2. 跨墩龙门安装法

在墩台两侧顺桥向设置轨道，在其上安置跨墩的龙门吊，将梁体在吊起状态下运至架设地点而安装在预定位置。如图 10-11 所示。

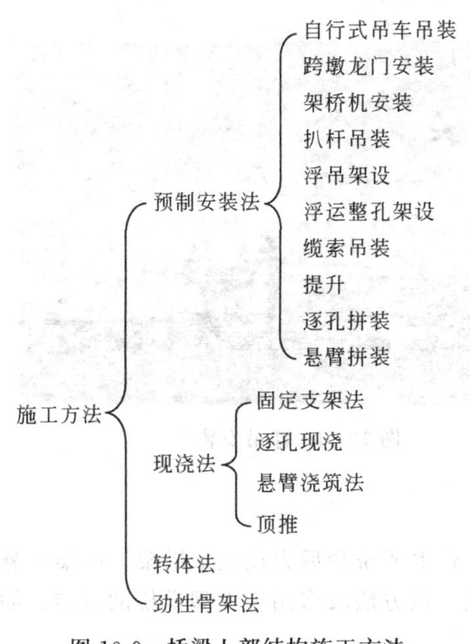

图 10-9　桥梁上部结构施工方法

图 10-10　板梁吊装

3. 架桥机安装法

在孔跨内设置安装导梁，作为支承梁来架设梁体，这种作为支承梁的安装梁结构称为架桥机。目前架桥机的种类很多，有专用的架桥机设备，也有应用常备构件（如万能杆件、贝雷桁架片等）自行拼装而成的。如图 10-12 所示。

图 10-11　龙门吊装

图 10-12　架桥机安装箱梁

4. 扒杆吊装法

这是一种较为原始的吊装方式，目前已很少采用，仅在一些重量轻的小型构件中使用。如图 10-13 所示。

5. 浮吊架设法

这种方法适用于河口、海上大型桥梁的架设安装，包括整孔架设和节段式块件的悬臂拼装。该施工法工期较短，但需要大型架设设备，浮吊费用高，易受气象、海洋和地理条件的影响。如图 10-14 所示。

6. 浮运整孔架设法

这是一种将梁体用船载运至架设地点后进行架设安装的方法。

图 10-13　扒杆安装梁板

图 10-14　浮吊安装

7. 缆索吊装法

当桥址为深谷、急流等桥下净空不能利用时，在桥台上或桥台后方设立钢塔架，塔架上悬挂缆索，以此缆索作为承重索进行架设安装的施工方法。该方法较多用于大型拱桥的拼装。如图 10-15 所示。

8. 提升法

提升施工是在未来安置结构物以下的地面上预制该结构并把它提升就位。

9. 逐孔拼装法

逐孔拼装法一般适用于节段式预应力混凝土连续梁桥的施工。

10. 悬臂拼装法

这是一种将梁体分节段预制，墩顶附近的块件用其它架设机械安装或现浇，然后以桥墩为对称点，将预制块件沿桥跨方向对称起吊、安装就位后，张拉预应力筋，使悬臂不断接长，直至合拢的施工方法。悬臂拼装法施工速度快、上下部结构可平行作业，预制块的质量容易控制，但对节段拼装的精度要求较高。如图 10-16 所示。

图 10-15　缆索吊装

图 10-16　悬臂拼装箱梁

(二)现浇法

1. 固定支架法

在桥跨间设置支架，安装模板，绑扎钢筋，现场浇筑混凝土的施工方法，特别适用于地上的钢筋混凝土和预应力钢筋混凝土中小跨径连续梁桥的施工。

支架按构造的不同可分为满布式、柱式、梁式和梁柱式几种类型。在这种施工方法中，支架虽为临时结构，但施工中需承受梁体的大部分自重，因此必须具有足够的强度和刚度，同时支架的地基要可靠，必要时要对地基进行加固处理。如图 10-17 所示。

固定支架法施工不需要大型起吊、运输设备，梁体的主筋可不中断，桥梁整体性好。它的主要缺点是工期长，施工质量不容易控制；对预应力混凝土梁由于混凝土的收缩、徐变引起的应力损失比较大；施工中的支架、模板耗用量大，施工费用高；搭设支架影响排洪、通航，施工期间可能受到洪水和漂流物的威胁。

图 10-17　固定支架现浇

2. 逐孔现浇法

(1) 在支架上逐孔现浇施工　这种方法和前述的固定支架法类似，区别在于逐孔现浇施工仅在梁的一孔（或两孔）间设置支架，完成后支架整体转移到下一孔进行连续施工，因此这种方法可仅用一孔（或两孔）的支架和模板周转使用，所需施工费较少。支架可采用落地式、梁式和落地移动式。逐孔现浇的接头通常设置在距桥墩中心约 $L/5$、弯矩较小的部位，这种施工方法适用于中小跨径及结构比较简单的预应力混凝土桥梁。如图 10-18 所示。

(2) 移动模架逐孔现浇施工　这种方法是使用不着地移动式的支架和装配式的模板进行连续逐孔现浇施工。施工中不需设置地面支架，不影响通航和桥下交通，施工安全、可靠，一套模架可多次周转使用，机械化、自动化程度高，节省劳力，降低劳动强度。但移动模架设备投资大，施工准备和操作都较复杂，因此该施工方法一般适宜在桥梁跨径在 20～50m 的多孔长桥上使用。如图 10-19 所示。

图 10-18　移动支架现浇

图 10-19　移动模架逐孔现浇施工

3. 悬臂浇筑法

这种方法最常采用挂篮悬臂浇筑施工，从桥墩开始，两侧对称逐段就地浇筑混凝土，待混凝土达到一定强度后张拉预应力筋，移动挂篮继续进行施工，使悬臂梁不断接长，直至合拢。采用悬臂施工的机具设备种类很多，就挂篮而言，也有桁架式、斜拉式等多种形式，可以根据实际情况选用。悬臂浇筑施工简便，不需设置跨间支架，使用少量施工机具便可跨越深沟和河流，适用于大跨径连续梁桥的施工。如图 10-20 所示。

4. 顶推施工法

顶推施工法是在沿桥纵轴方向的台后设置预制场地，分节段预制，并用纵向预应力筋将预制节段与施工完成的梁体联成整体，然后通过水平千斤顶施力，将梁体向前顶推出预制场地，之后继续在预制场进行下一节段梁的预制，循环操作直至施工完成。

顶推施工法宜在等截面的预应力混凝土连续梁中使用，设备简单，费用低，施工平稳无噪声，连续作业，结构整体性好，可在水深、山谷和高桥墩上采用，也可在曲率相同的弯桥和坡桥上使用。如图 10-21 所示。

图 10-20 悬臂浇筑法

图 10-21 顶推施工法

(三)转体施工法

转体施工是将桥梁构件先在桥位边处、岸边（或路边及适当的位置）进行预制，待混凝土达到设计强度后旋转构件就位的施工方法。转体施工其静力组合不变，它的支座位置就是施工时的旋转支承和旋转轴，桥梁完工后，按计划要求改变支承情况。该方法适用于峡谷，水深流急，通航河道和跨线桥等地形特殊的情况，具有工艺简单，操作安全，使用设备少，节省施工用料，成本低，速度快的特点。如图 10-22 所示。

(四)劲性骨架法

以钢骨架作为拱圈的劲性拱架，采用现浇混凝土包裹骨架，最后形成钢筋混凝土拱桥。这种埋入式拱架法国外称为“米兰拱”，骨架可采用型钢或钢管等材料制作。如图 10-23 所示。

图 10-22 转体施工法

图 10-23 劲性骨架法

三、桥梁施工方法的选择

在选择施工方法时，桥梁的类型、跨径、施工的技术水平、机具设备条件也是相当重要的因素。虽然桥梁的施工方法很多，但对于不同的桥梁类型，有的适合；有的就不适合；有的则在特定的条件下就可以使用。表 10-2 列出了各类桥型可以选择的施工方法，可作为施工方法选择时参考。

表 10-2 各类桥型可选择的主要施工方法

施工方法 \ 桥型	简支梁桥	悬臂梁桥 T形刚构	连续梁桥	刚架桥	拱桥	组合体系桥	斜拉桥	吊桥
预制安装法	●	●		●	●	●	●	●
现浇法	●	●	●	●	●	●	●	
固定支架法			●		●	●	●	
逐孔现浇法		●	●	●	●			
悬臂浇筑法		●	●	●			●	●
顶推施工法			●		●		●	
转体施工法		●		●	●		●	
劲性骨架法				●	●	●		●

桥梁施工方法的选定，可依据下列条件综合考虑。

(1) 使用条件　桥梁的类型、使用跨径、墩高、梁下空间的限制、平面场地的限制、桥墩的形状等。

(2) 施工条件　工期要求，起重能力和机具设备要求，架设时是否封闭交通，架设时所需的临时设施，材料供应情况，架设施工的经济性等。

(3) 自然环境条件　山区或平原，地质条件及软弱层状况，对河道的影响，运输线路的限制等。

(4) 社会环境影响　对施工现场环境的影响，如公害、景观、污染、架设孔下的障碍，道路交通的阻碍，公共道路的使用及建筑界限等。

第三节　施工测量

建设一座桥梁，需要进行各种测量工作，其中包括勘测、施工测量、竣工测量等；在施工过程中及竣工通车后，还要进行变形观测工作。根据不同的桥梁类型和不同的施工方法，测量的工作内容和测量方法也有所不同。桥梁的测量工作概括起来有：中线复测及桥轴线测定；施工控制测量；墩、台中心的定位；墩、台细部放样及其它细部放样等。

一、导线复测及桥轴线测定

在桥梁施工前，设计、施工单位应对控制性桩点进行现场交桩，并进行控制点复测，保护好其成果。根据具体施工的需要应对控制点进行加密。大桥的控制性桩点应编号绘于标志总图上，并注明各有关标志坐标，相互间的距离、角度、高程等，以便于寻找。

桥梁轴线的位置是桥位勘测设计时根据路线的总走向、地形、地质及河床情况等选定的，在施工前必须在现场恢复桥梁轴线的位置，并进行墩台中心的定位。

对位于干河或浅水河中的中小桥，一般可采用直接丈量法标定桥轴线长度并定出墩台的中心位置，有条件时可使用测距仪或全站仪直接确定；但如果精度需要时或对于复杂特大桥，则应布置三角网或小三角网，进行平面控制测量，这时桥轴线长度的精度估算还应考虑利用三角点交会墩位的误差影响。

1. 预估桥轴线长度的精度

在测量桥轴线长度之前，应预先估算桥轴线的长度所需要的精度，以便合理地拟定测量方案和规定各项测量的限差。

桥轴线的精度要求取决于桥长、跨径及其假设的精度。桥轴线测量中误差精度见表 10-3。

表 10-3 桥轴线相对中误差

测 量 等 级	桥轴线相对中误差
二等	1/150000
三等	1/100000
四等	1/60000
一级	1/40000

现以一座 9 孔的连续钢桁架梁桥为例，全桥分为 3 联，每节桁架由 10 节杆件组成，每节上下弦杆的长度为 16m。两联支座中心距离为 2m，所以桥总长是 $D=9\times10\times16+2\times2=1444$m。两桥梁支座及联与联间的支座安装限差均为±5mm。根据钢梁验收规范的规定，钢梁各杆件的长度的误差不超过其设计长度的 1/5000，因此每节的极限误差为 16000/5000＝±3.2mm，

每联的极限误差：

$$\Delta\delta=\pm\sqrt{\delta_1^2+Nn\left(\frac{s}{5000}\right)^2+\delta_2^2}=\pm\sqrt{5^2+3\times10\times\left(\frac{16000}{5000}\right)^2+5^2}=\pm18.9(\text{mm})$$

式中，δ_1、δ_2 为支座安装限差；N 为每联的孔数；n 为每孔上（下）弦杆数量；s 为上（下）弦杆长度。

全桥钢梁架设的极限误差为：$\Delta D=\pm\sqrt{3}\,\Delta\delta=\pm\sqrt{3}\times18.9=\pm33(\text{mm})$

由 $\Delta D=2m_D$

则全桥钢梁架设的相对中误差为：$\dfrac{m_D}{D}=\dfrac{33}{2\times1444000}=\dfrac{1}{87515}$

根据计算，若测量桥轴线长度的误差小于 1/87515，说明测量结果的精度是可以的。

2. 桥轴线测量的方法

桥轴线测量的方法，通常有直接丈量法、三角网法和坐标放样法。

(1) 直接丈量法　当桥位处在地势平坦，通视良好地段时，可采用直接丈量法测量桥梁轴线，这种方法设备简单，精度可靠，是中小桥梁常用的测量方法。

为了确保施工期间的长度丈量精度和量具精度的一致性，在量距之前应对所有的钢尺进行严格的检定，取得尺长改正数 Δ_1。

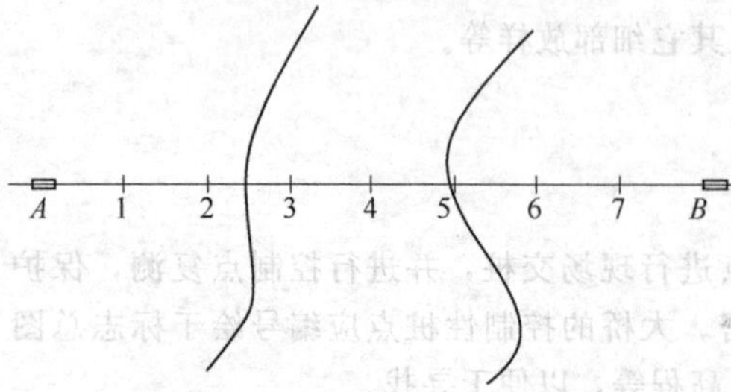

图 10-24 桥轴线方向定向图

用钢尺丈量的方法如下：

① 先沿桥轴线 AB 方向用经纬仪定线，钉出一系列木桩，如图 10-24 所示，桩的标志中心偏离直线最大不得超过 ± 1cm 。

② 用水准仪测出相邻桩顶间的高差，为了校核应测两次，读数精确到 mm，两次高差之间不应超过 2mm。

③ 丈量时应对钢尺施以标准拉力，每一尺段

可连续测三次，每次读数时均应变换钢尺的前后位置，以防差错。读数取至0.1mm，三次测量结果的较差不得超过1～2mm。在测量距离的同时应记下当时的温度，以便进行温度改正。

④ 计算桥轴线长度。每一尺段的丈量结果应进行尺长改正Δ_1，温度改正Δ_t，以及倾斜改正Δ_h，即：

$$l_i = l'_i + \Delta_1 + \Delta_t + \Delta_h \tag{10-1}$$

式中 l_i——各尺段经过各项改正后的长度；

l'_i——各尺段未经过各项改正的实测长度；

Δ_1——尺长改正数，$\Delta_1 = L_0 - L$，L_0为检查时的标准长度，L为名义长度；

Δ_t——温度改正数，$\Delta_t = l'_i\alpha(t-20℃)$，$\alpha$为钢尺线膨胀系数，$t$为测量时温度；

Δ_h——倾斜改正值，$\Delta_h = -h^2/2l'_i$，h为相邻桩顶高差。

则桥轴线一次测量的总长为：

$$L_i = l_1 + l_2 + \cdots + l_n \tag{10-2}$$

取各次丈量结果的平均值，即为桥轴线的长度。

⑤ 评定丈量的精度。

每个观测值的中误差m'：

$$m' = \sqrt{\frac{[VV]}{n-1}} \tag{10-3}$$

算术平均值的中误差m：

$$m = \frac{m'}{\sqrt{n}} = \sqrt{\frac{[VV]}{n(n-1)}} \tag{10-4}$$

式中 $[VV]$——各次丈量与算术平均之差的平方和；

n——丈量次数。

量测段全长的中误差M：

$$M = \pm\sqrt{m_1^2 + m_2^2 + \cdots + m_n^2} \tag{10-5}$$

量测段的精度M_L：

$$M_L = \frac{M}{L} \tag{10-6}$$

式中 M——量测段全长的中误差；

L——量测段全长的算术平均值。

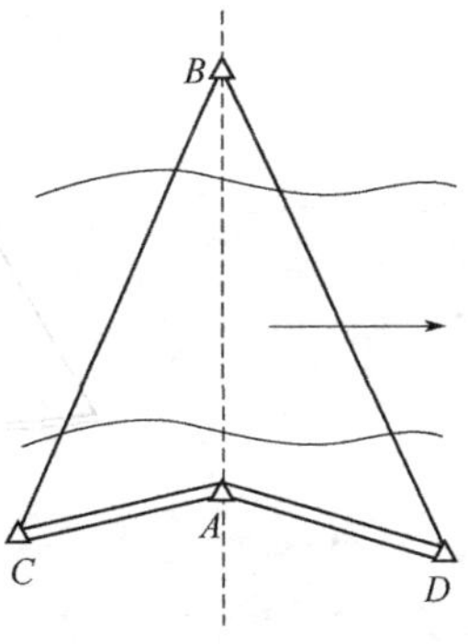

(2) 三角网法 在深水大河上测量桥轴线的长度，三角测量是一种传统的方法，如图10-25所示。将桥轴线AB作为三角网的边长，测量基线长度AC、AD，利用三角网的原理测量并解算，即可得出桥轴线的长度AB。

图10-25 桥梁三角网

(3) 坐标放样法 坐标放样法是将全站仪置于导线点，根据控制点的大地坐标直接采用极坐标的方法测设桥轴线。

二、施工控制测量

(一)平面控制测量

1. 平面控制的布设要求

桥梁平面控制测量的目的是测定桥轴线长度并据以进行墩、台位置的放样；同时，也可用于施工过程中的变形监测。

平面控制的布设有以下要求：

① 平面控制网的布设应符合因地制宜、技术先进、经济合理、确保质量的原则。

② 平面控制网应采用三角测量或全球定位系统（GPS）测量方法进行。

③ 对于大桥和特大桥以及其它构造物，当对测量精度要求较高时，应根据其桥梁结构和精度要求确定平面控制测量的精度，宜以其作为首级控制网，并据以扩展其它测量控制网。桥位平面控制网应与路线控制点直接联测，但应保持其本身的精度。主控制网宜全线贯通，统一平差。

④ 桥梁及其它构造物平面控制点可与路线平面控制点同时布设。在特大桥的两端至少分别布设一对相互通视的首级平面控制点。

⑤ 点位的位置应便于加密、扩展、易于保存、寻找，同时便于测角、测距及桥梁中线、桥墩、台放样。

⑥ 桥梁平面控制网宜布设成四边形，应以桥梁一端桥位控制网中的一个点为起算点，以该点到桥位另一控制点的方向为起始方向，并利用桥梁另一端桥位控制网中的一个点为检核点。平面控制网三角测量，三角网的基线应不少于 2 条，依据现场条件，可设于桥头的一端或两端。基线的一端应与桥梁轴线连接，并宜近于垂直。当桥梁轴线较长时，应将基线设置于桥的两端。基线长度一般不小于桥梁轴线长度的 0.7 倍，受限制地段不小于 0.5 倍。

⑦ 各等级三角控制网应布设为近似等边的三角网，三角形内角一般不小于 30°，受限制时也不应小于 25°。

⑧ 加密网可采用插点的方法。交会插点点位应在高等点组成的三角形的中心附近。同一插点各方向距离之比不得大于 1∶3。对于单插点至少应有 3 个方向测定，四等以上插点应有 5 个交会方向；对于双插点，交会方向数应为 2 倍于上述规定（包括两待定点间的对向观测方向）。

根据桥梁跨越的河宽及地形条件，平面控制网多布设成如图 10-26 所示的形式。

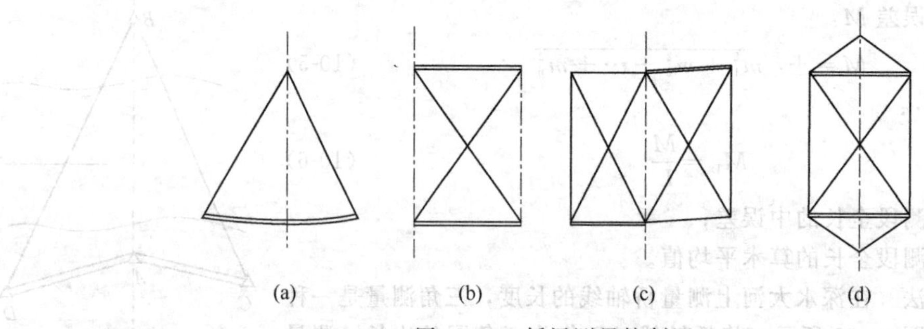

图 10-26 桥梁测量控制网

选择控制点时，应尽可能使桥的轴线作为三角网的一个边，以利于提高桥轴线的精度。如不可能，也应将桥轴线的两个端点纳入网内，以间接求算桥轴线长度，如图 10-26（d）所示。

2. 测量精度计算

(1) 水平角观测结束后，测角中误差应按式（10-7）计算。

三角网测角中误差：

$$m_\beta=\sqrt{\frac{[WW]}{3n}} \tag{10-7}$$

式中 m_β——测角中误差，(″)；

W——三角形闭合差，(″)；

n——三角形的个数。

(2) 按角度平差改正数和边长改正数，单位权中误差按式（10-8）计算。

$$m_{\beta}=\pm\sqrt{\frac{[PVV]}{n-t}} \tag{10-8}$$

式中　P——观测值的权；

V——观测值平差改正数；

n——观测值个数；

t——必要观测值个数。

（3）往返测距单位权中误差应按式（10-9）计算。

$$\mu=\sqrt{\frac{[pdd]}{2n}} \tag{10-9}$$

式中　μ——往返测距单位权中误差，mm；

d——各边往返距离的较差，mm；

n——测距的边数；

p——各边距离测量的先验权，其值为 $1/\delta_D^2$，δ_D 为测距的先验中误差，可按测距仪的标称精度计算。

（4）任一边的实际测距中误差应按式（10-10）计算。

$$m_{Di}=\mu\sqrt{\frac{1}{P_i}} \tag{10-10}$$

式中　m_{Di}——第 i 边的实际测距中误差，mm；

P_i——第 i 边距离测量的先验权。

3. 桥梁控制网的相关精度要求

（1）各级平面控制测量，其最弱点点位中误差不得大于±50mm，最弱相邻点相对点位中误差不得大于±30mm，最弱相邻点边长相对中误差不得大于表 10-4 的规定。

表 10-4　平面控制测量精度要求

测量等级	最弱相邻点边长相对中误差	测量等级	最弱相邻点边长相对中误差
二等	1/100000	四等	1/35000
三等	1/70000	一级	1/20000

（2）各级公路桥梁平面控制测量的等级不得低于表 10-5 的规定。

表 10-5　平面控制测量等级选用

多跨桥梁总长 L/m	单跨桥梁 L_K/m	其它构造物	测量等级
$L\geqslant3000$	$L_K\geqslant500$	—	二等
$2000\leqslant L<3000$	$300\leqslant L_K<500$	—	三等
$1000\leqslant L<2000$	$150\leqslant L_K<300$	高架桥	四等
$L<1000$	$L_K<150$	—	一级

（3）角度、长度和坐标的数据，其小数取位应符合表 10-6 的规定。

表 10-6　角度、长度和坐标数据小数取位要求

测量等级	角度/（″）	长度/m	坐标/m
二等	0.01	0.0001	0.0001
三、四等	0.1	0.001	0.001
一级	1	0.001	0.001

(4) 水平角测量的主要技术要求应符合表10-7的规定。

表10-7 水平角测量的主要技术要求

测量等级	经纬仪型号	光学测微器两次重合读数之差/(″)	半测回归零差/(″)	同一测回中2c较差/(″)	同一方向各测回间较差/(″)	测回数
二等	DJ1	≤1	≤6	≤9	≤6	≥12
三等	DJ1	≤1	≤6	≤9	≤6	≥6
	DJ2	≤3	≤8	≤13	≤9	≥10
四等	DJ1	≤1	≤6	≤9	≤6	≥4
	DJ2	≤3	≤8	≤13	≤9	≥6
一级	DJ2	—	≤12	≤18	≤12	≥2
	DJ6	—	≤24	—	≤24	≥4

注:当观测方向的垂直角超过±3°时,该方向的2c较差可按同一观测时间段内相邻测回进行比较。

(5) 光电测距的主要技术要求应符合表10-8的规定。

表10-8 光电测距的主要技术要求

测量等级	观测次数		每边测回数		一测回读数间较差/mm	单程各测回较差/mm	往返较差/mm
	往	返	往	返			
二等	≥1	≥1	≥4	≥4	≤5	≤7	$\leqslant\sqrt{2}(a+bD)$
三等	≥1	≥1	≥3	≥3	≤5	≤7	
四等	≥1	≥1	≥2	≥2	≤7	≤10	
一级	≥1	—	≥2	—	≤7	≤10	

注:1. 测回是指照准目标一次,读数4次的过程。
2. a为固定误差,b为比例误差系数,D为水平距离(km)。

(6) 采用普通钢尺丈量距离时,应对尺长、温度、拉力、垂度和倾斜度进行改正计算,其主要技术要求应符合表10-9的规定。

表10-9 普通钢尺丈量距离的主要技术要求

定线偏差/mm	每尺段往返高差之差/mm	最小读数/mm	三组读数之差/mm	同段尺长差/mm	外业手簿计算取值/mm		
					尺长	各项改正	高差
≤5	≤10	1	≤3	≤4	1	1	1

注:每尺段指2根同向丈量或单尺往返丈量。

(二)高程控制测量

1. 水准点布设的基本要求

在桥梁的施工阶段,为了作为放样的高程依据,应建立高程控制网,即在河流两岸建立若干个水准基点,这些水准基点除用于施工外,也可作为以后变形观测的高程基准点。

水准基点布设的数量视河宽及桥的大小而异。一般小桥可只布设一个;在200m以内的大、中桥,宜在两岸各设一个;当桥长超过200m时,由于两岸连测不便,为了在高程变化时易于检查,则每岸至少设置两个。水准基点是永久性的,必须十分稳固。除了它的位置要求便于保护外,根据地质条件,可采用混凝土标石、钢管标石、管柱标石或钻孔标石。在标石上方嵌以凸出半球状的铜质或不锈钢标志。

为了方便施工，也可在附近设立施工水准点，由于其使用时间较短，在结构上可以简化，但要求使用方便，也要相对稳定，且在施工时不致破坏。

2. 高程测量误差计算

(1) 高差偶然中误差 M_{Δ} 按式 (10-11) 计算。

$$M_{\Delta}=\pm\sqrt{\frac{1}{4n}\left[\frac{\Delta\Delta}{R}\right]} \tag{10-11}$$

式中　M_{Δ}——高差偶然中误差，mm；

Δ——测段往返高差不符值，mm；

R——测段长度，km；

n——测段数。

(2) 高差中数全中误差 M_W 按式 (10-12) 计算。

$$M_W=\pm\sqrt{\frac{1}{N}\left[\frac{WW}{F}\right]} \tag{10-12}$$

式中　M_W——高差中数全中误差，mm；

W——水准路线经过各项修正后的环线闭合差，mm；

F——水准环线周长，km；

N——水准环数。

3. 高程测量的相关精度要求

(1) 桥梁和其它构造物的高程控制测量等级不得低于表 10-10 的规定。

表 10-10　高程控制测量等级选用

多跨桥梁总长 L/m	单跨桥梁 L_K/m	其它构造物	测量等级
$L\geqslant3000$	$L_K\geqslant500$	—	二等
$2000\leqslant L<3000$	$300\leqslant L_K<500$	—	三等
$1000\leqslant L<2000$	$150\leqslant L_K<300$	高架桥	四等
$L<1000$	$L_K<150$	—	一级

(2) 高程测量的数据，其小数取位应符合表 10-11 的规定。

表 10-11　高程测量数据小数取位要求

测量等级	各测站高差/mm	往返测距离总和/km	往返测距离中数/km	往返测高差总和/mm	往返测高差中数/mm	高程/mm
各等级	0.1	0.1	0.1	0.1	1	1

(3) 水准测量的主要技术要求应符合表 10-12 的规定。

表 10-12　水准测量的主要技术要求

测量等级	往返较差、符合或环线闭合差/mm		检测已测测段高差之差/mm
	平原、微丘区	山岭、重丘区	
二等	$\leqslant4\sqrt{l}$	$\leqslant4\sqrt{l}$	$\leqslant20\sqrt{L_i}$
三等	$\leqslant12\sqrt{l}$	$\leqslant3.5\sqrt{n}$ 或 $\leqslant15\sqrt{l}$	$\leqslant20\sqrt{L_i}$

续表

测量等级	往返较差、符合或环线闭合差/mm		检测已测测段高差之差/mm
	平原、微丘区	山岭、重丘区	
四等	$\leqslant 20\sqrt{l}$	$\leqslant 6.0\sqrt{n}$ 或$\leqslant 25\sqrt{l}$	$\leqslant 30\sqrt{L_i}$

注：计算往返较差时，l 为水准点间的路线长度（km）；计算附合或环线闭合差时，l 为附合或环线的路线长度（km）；n 为测站数，L_i 为检测已测测段长度（km），小于 1km 时按 1km 计算。

（4）用于跨越水域和深谷的大桥、特大桥的高程控制网最弱点高程中误差不得大于±10mm；每公里观测高差中误差和附合（环线）水准路线长度应小于表 10-13 的规定。

表 10-13　高程控制测量的技术要求

测量等级	每公里高差中误差/mm		附合或环线水准路线长度/km
	偶然中误差 M_Δ	全中误差 M_W	
二等	±1	±2	100
三等	±3	±6	10
四等	±5	±10	4

注：控制网节点间的长度不应大于表中长度的 0.7 倍。

（三）墩台定位及其轴线测设

1. 直线桥的墩、台中心测设

直线桥的墩、台中心位置都位于桥轴线的方向上。墩、台中心的设计里程及桥轴线起点的里程是已知的，如图 10-27 所示，相邻两点的里程相减即可求得它们之间的距离。根据地形条件，可采用直接测距法或交会法测设出墩、台中心的位置。

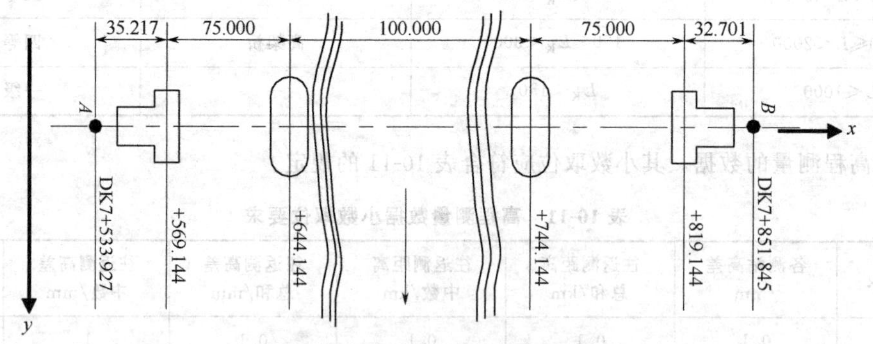

图 10-27　直线桥的布置图

（1）直接测距法　这种方法使用于无水或浅水河道。根据计算出的距离，从桥轴线的一个端点开始，用检定过的钢尺逐段测设出墩、台中心，并附合于桥轴线的另一个端点上。如在限差范围之内，则依据各段距离的长短按比例调整已测设出的距离。在调整好的位置上钉一个小钉，即为测设的点位。

如用光电测距仪测设，则在桥轴线起点或终点架设仪器，并照准另一个端点。在桥轴线方向上设置反光镜，并前后移动，直至测出的距离与设计距离相符，则该点即为要测设的墩、台中心位置。为了减少移动反光镜的次数，在测出的距离与设计距离相差不多时，可用小钢尺测出其差数，以定出墩、台中心的位置。

(2) 交会法　当桥墩位于水中，无法丈量距离及安置反光镜时，则采用角度交会法。

如图 10-28 所示，A、C、D 位于控制网的三角点，且 A 为桥轴线的端点，E 为墩中心位置。在控制测量中 φ、φ'、d_1、d_2 已经求出，为已知值。AE 的距离 l_E 可根据两点里程求出，也为已知。则

$$\alpha = \arctan\left(\frac{l_E \sin\varphi}{d_1 - l_E \cos\varphi}\right) \tag{10-13}$$

$$\beta = \arctan\left(\frac{l_E \sin\varphi'}{d_2 - l_E \cos\varphi'}\right) \tag{10-14}$$

α、β 也可以根据 A、C、D、E 的已知坐标求出。

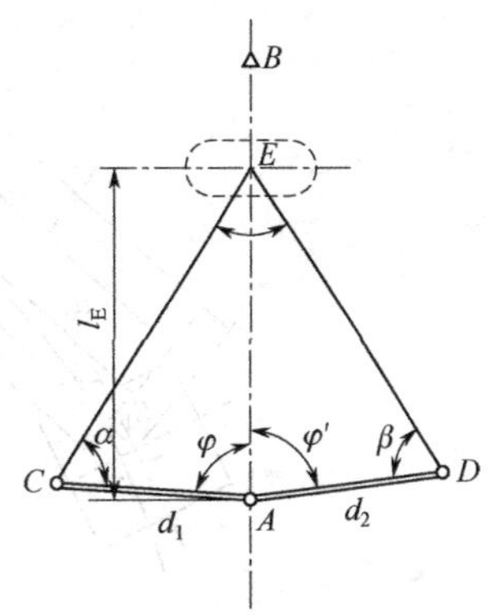

图 10-28　方向交会法

在 C、D 点上架设经纬仪，分别自 CA 及 DA 测设出 α 及 β 角，则两方向的交点即为 E 点的位置。

为了检核精度及避免错误，通常都用三个方向交会，即同时利用桥轴线 AB 的方向。

由于测量误差的影响，三个方向不交于一点，而形成如图 10-29 所示的三角形，这个三角形称为示误三角形。示误三角形的最大边长，在建筑墩、台下部时不应大于 25mm，上部时不应大于 15mm。如果在限差范围内，则将交会点 E 投影至桥轴线上，作为墩中心的点位。

随着工程的进展，需要经常进行交会定位。为了工作方便，提高效率，通常都是在交会方向的延长线上设立标志，如图 10-30 所示。在以后交会时即不再测设角度，而是直接照准标志即可。

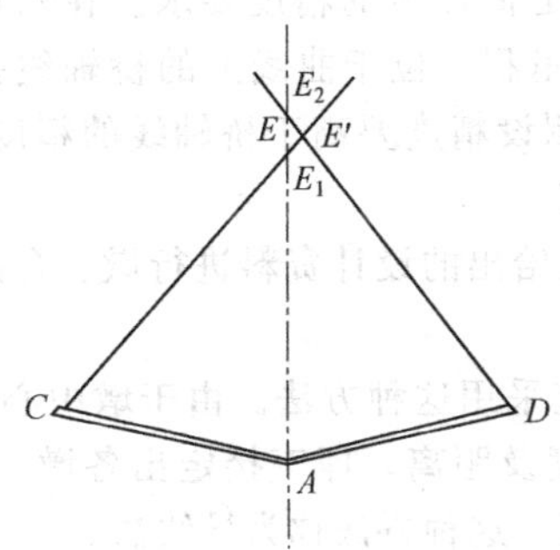

图 10-29　三方向交会法的误差

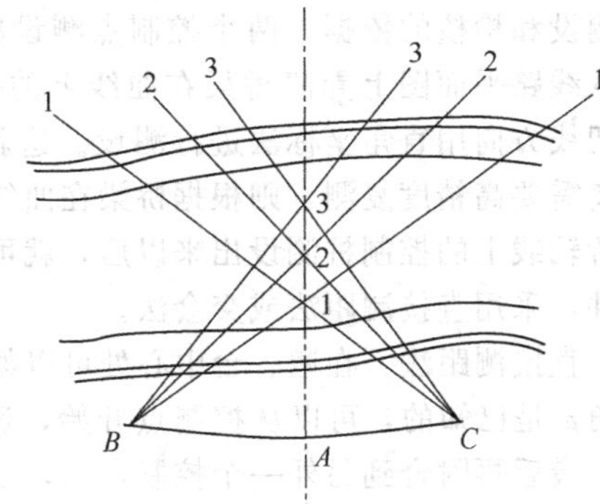

图 10-30　方向交会法的固定瞄准标志

当桥墩筑出水面以后，即可在墩上架设反光镜，利用光电测距仪，以直接测距法定出墩中心的位置。

2. 曲线桥的墩、台中心定位

位于直线桥上的桥梁，由于线路中线是直的，梁的中心线与线路中线完全重合，只要沿线路中线测出墩距，即可定出墩、台中心位置。但在曲线桥上则不然，曲线桥的线路中线是曲线，而每跨梁本身却是直的，两者不能完全吻合，而是如图 10-31 所示。梁在曲线上的布置，是使各梁的中线联结起来，成为与线路中线基本吻合的折线，这条折线称为桥梁工作线。墩、台中心一般位于桥梁工作线转折角的顶点上，所谓墩台定位，就是测设这些转折角顶点的位置。

在桥梁设计时，为使列车运行时梁的两侧受力均匀，桥梁工作线应尽量接近线路中线，所以梁的布置应使工作线的转折点向线路中线外移动一段距离 E，这段距离称为桥墩偏距。

偏距 E 一般是以梁长为弦线的中矢值的一半，这是铁路桥梁的常用布置方法，称为平分中矢布置。相邻梁跨工作线构成的偏角 α 称为桥梁偏角。每段折线的长度 L 称为桥墩中心距。E、α、L 在设计图中都已经给出，结合这些资料即可测设墩位。

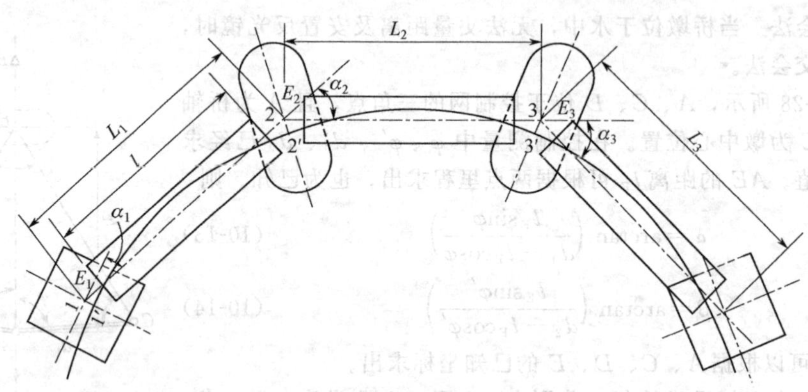

图 10-31　曲线桥的布置

从上面的说明可以看出，直线桥的墩、台定位，主要是测设距离，其所产生的误差，也主要是距离误差的影响；而在曲线桥时，距离和角度的误差都会影响到墩、台点位的测设精度，所以它对测量工作的要求比直线桥要高，工作也比较复杂，在测设过程中一定要多方检核。

在曲线上的桥梁是线路组成的一部分，故要使桥梁与曲线正确地联结在一起，必须以高于线路测量的精度进行测设。曲线要素要重新以较高精度取得。为此需对线路进行复测，重新测定曲线转向角，重新计算曲线要素，而不能利用原来线路测量的数据。

曲线桥上测设墩位的方法与直线桥类似，也要在桥轴线的两端测设出两个控制点，以作为墩、台测设和检核的依据。两个控制点测设精度同样要满足估算出的精度要求。在测设之前，首先要从线路平面图上弄清桥梁在曲线上的位置及墩台的里程。位于曲线上的桥轴线控制桩，要根据切线方向用直角坐标法进行测设。这就要求切线的测设精度要高于桥轴线的精度。至于哪些距离需要高精度复测，则根据桥梁在曲线上的位置而定。

将桥轴线上的控制桩测设出来以后，就可根据控制桩及给出的设计资料进行墩、台的定位。根据条件，采用直接测距法或交会法。

(1) 直接测距法　在墩、台中心处可以架设仪器时，宜采用这种方法。由于墩中心距 L 及桥梁偏角 α 是已知的，可以从控制点开始，逐个测设出角度及距离，即直接定出各墩、台中心的位置，最后再附合到另外一个控制点上，以检核测设精度。这种方法称为导线法。

利用光电测距仪测设时，为了避免误差的积累，可采用长弦偏角法（也称极坐标法）。因为控制点及各墩、台中心点在切线坐标系内的坐标是可以求得的，故可据以算出控制点至墩、台中心的距离及其与切线方向的夹角 δ_i。架仪器于控制点，自切线方向开始拨出 δ_i，再在此方向上测设出 D_i，如图 10-32 所示，即得墩、台中心的位置。该方法特点是独立测设，各点不受前一点测设误差的影响；但在某一点上发生错误或有粗差也难于发现。所以一定要对各个墩台中心距进行检核测量，可检核相邻墩台中心间距，若误差在 2cm 以内时，则认为成果是可靠的。

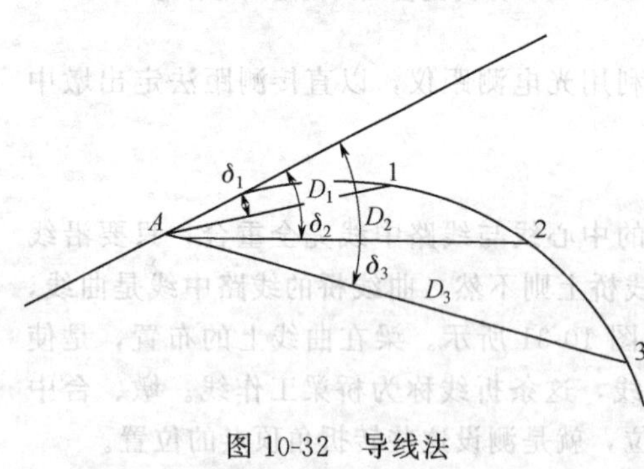

图 10-32　导线法

(2) 角度交会法　当桥墩位于水中，无法架设仪器及反光镜时，宜采用交会法。

与直线桥上采用交会法定位所不同的是，由于曲线桥的墩、台中心未在线路中线上，故无法利用桥轴线方向作为交会方向之一；另外，在三方向交会时，当误差三角形的边长在容许范围内时，取其重心作为墩中心位置。

由于这种方法是利用控制网点交会墩位，所以墩位坐标系与控制网的坐标系必须一致，才能进行交会数据的计算。如果两者不一致时，则须先进行坐标转换。交会数据的计算与直线桥时类似，根据控制点及墩位的坐标，通过坐标反算出相关方向的坐标方位角，再依此求出相应的交会角度。

3. 墩台纵、横轴线的测设

为了进行墩、台施工的细部放样，需要测设其纵、横轴线。

纵轴线是指过墩、台中心平行于线路方向的轴线；横轴线是指过墩、台中心垂直于线路方向的轴线；桥台的横轴线是指桥台的胸墙线。

直线桥墩、台的纵轴线与线路的中线方向重合，在墩、台中心架设仪器，自线路中线方向测设 90°角，即为横轴线的方向（图 10-33）。

曲线桥的墩、台纵轴线位于桥梁偏角的分角线上，在墩、台中心架设仪器，照准相邻的墩、台中心，测设 $\alpha/2$ 角，即为纵轴线的方向。自纵轴线方向测设 90°角，即为横轴线方向（图 10-34）。

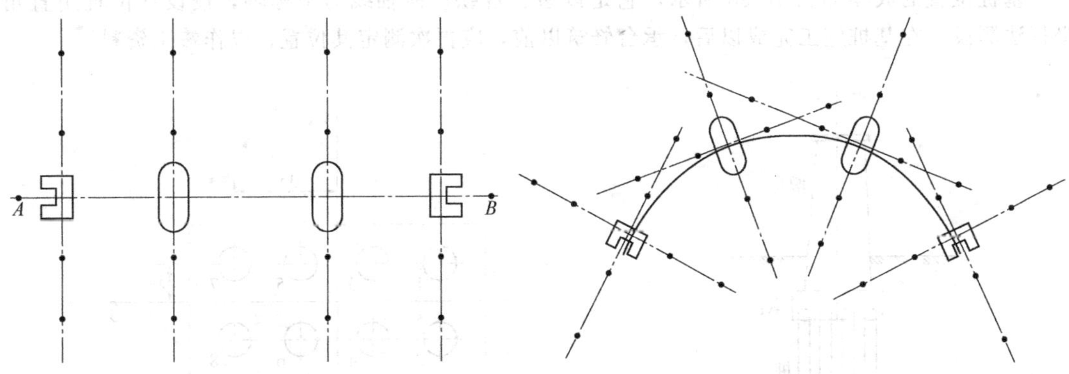

图 10-33　直线桥梁纵横轴线图　　图 10-34　曲线桥纵横轴线图

墩、台中心的定位桩在基础施工过程中要被挖掉，实际上，随着工程的进行，原定位桩常被覆盖或破坏，但又经常需要恢复以便于指导施工。因而需在施工范围以外钉设护桩，以方便恢复墩台中心的位置。

所谓护桩，即指在墩、台的纵、横轴线上，于两侧各钉设至少两个木桩，因为有两个桩点才可恢复轴线的方向。为防制破坏，可以多设几个。在曲线桥上相近墩台的护桩纵横交错，使用时极易弄错，所以在桩上一定注意要注明墩台的编号。

（四）施工放样

随着施工的进展，随时都要进行放样工作，但桥梁的结构及施工方法千差万别，所以测量的方法及内容也各不相同。总的来说，主要包括基础放样、墩、台放样及架梁时的测量工作。

中小型桥梁的基础，最常用的是明挖基础和桩基础。明挖基础的构造如图 10-35 所示，它是在墩、台位置处挖出一个基坑，将坑底平整后，再灌注基础及墩身。根据已经测设出的墩中心位置，纵、横轴线及基坑的长度和宽度，测设出基坑的边界线。在开挖基坑时，如坑壁需要有一定的坡度，则应根据基坑深度及坑壁坡度测设出开挖边界线。边坡桩至墩、台轴线的距离 D（图 10-36）依下式计算：

$$D=\frac{b}{2}+hm$$

式中　b——坑底的长度或宽度；

h——坑底与地面的高差；

m——坑壁坡度系数的分母。

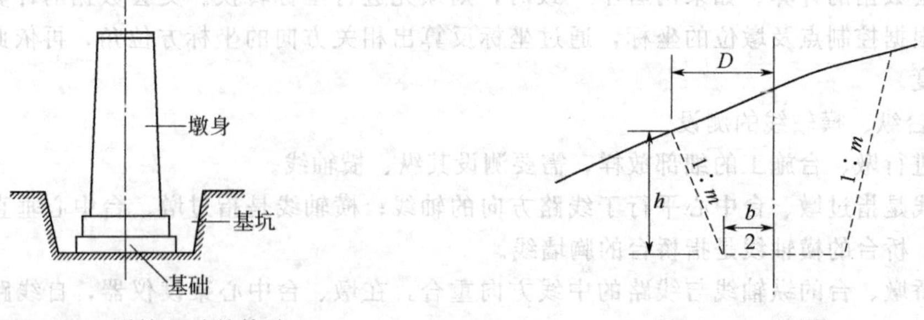

图 10-35　明挖基础的构造　　图 10-36　基坑

桩基础的构造如图 10-37 所示，它是在基础的下部打入基桩，在桩群的上部灌注承台，使桩和承台连成一体，再在承台以上修筑墩身。

基桩位置的放样如图 10-38 所示，它是以墩、台纵、横轴线为坐标轴，按设计位置用直角坐标法测设。在基桩施工完成以后，承台修筑以前，应再次测定其位置，以作竣工资料。

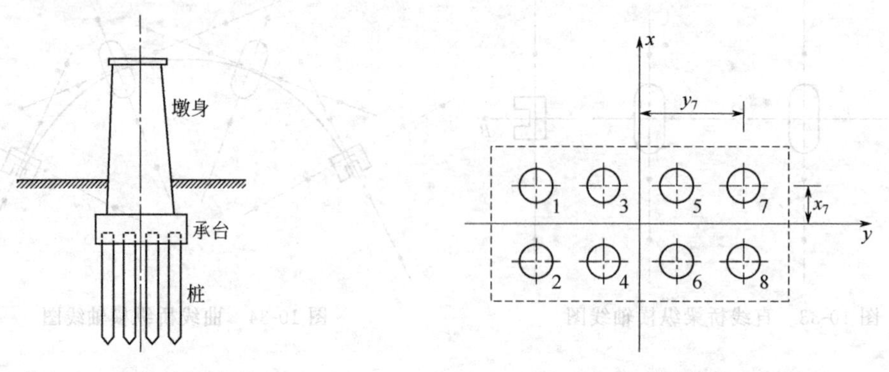

图 10-37　桩基础的构造　　图 10-38　纵横轴线坐标图

明挖基础的基础部分、桩基的承台以及墩身的施工放样，都是先根据护桩测设出墩、台的纵、横轴线，再根据轴线设立模板。即在模板上标出中线位置，使模板中线与桥墩的纵、横轴线对齐，即为其应有的位置。

墩、台施工中的高程放样，通常都在墩台附近设立一个施工水准点，根据这个水准点以水准测量方法测设各部分的设计高程。但在基础底部及墩、台的上部，由于高差过大，难于用水准尺直接传递高程时，可用悬挂钢尺的办法传递高程。

架梁是建造桥梁的最后一道工序。无论是钢梁还是混凝土梁，都是预先按设计尺寸做好，再运到工地架设。

梁的两端是用位于墩顶的支座支撑，支座放在底板上，而底板则用螺栓固定在墩、台的支承垫石上。架梁的测量工作，主要是测设支座底板的位置，测设时也是先设计出它的纵、横中心线的位置。支座底板的纵、横中心线与墩、台纵横轴线的位置关系是在设计图上给出的。因而在墩、台顶部的纵横轴线测设出以后，即可根据它们的相互关系，用钢尺将支座底板的纵、横中心线设放出来。

(五)桥梁施工监控与变形观测

施工测量贯穿于整个施工过程之中，但除对桥涵各分项工程进行准确施工放样外，在施工过程中，还应随时进行监测，并做测量记录和相应的评定。特别是悬臂拼装、节段拼装及悬臂浇筑的上部结构，对已形成的每一节段梁体及全桥的上部结构，应按设计和工艺要求进行挠度控制测量。对上部结构合拢时的温度及结构体系转换时的温度，均须进行现场温度测量。

大桥、特大桥以及结构复杂的桥梁在投入运营后，还应在缺陷责任期期间定期进行变形观测，其观测资料通过与交工资料对比进行变形分析，若发现变形过大，影响行车安全和使用寿命时，需及时采取补救措施。

复习思考题

1. 桥梁施工准备工作有哪些？
2. 桥梁基础有哪些施工方法？分别有什么特点？适用于哪些条件？
3. 桥梁承台、墩台身有哪些施工方法？
4. 桥梁上部结构的施工方法可分为哪几类？各有什么特点？
5. 简述桥梁轴线测量的方法。
6. 直线桥与曲线桥墩台定位有何区别？应如何进行直线桥、曲线桥的墩台定位？
7. 如何进行明挖基础和桩基础的放样？

第十一章　桥梁基础施工

学习要点： 扩大基础、桩基础、沉井基础的施工方法、技术要求、质量标准。

第一节　明挖扩大基础施工

如果桥位处的地基土质良好，采用天然地基上的浅基础作为墩台的基础形式是比较合适的。天然地基上的浅基础施工又称为明挖基础施工。采用明挖法施工的特点是工作面大，施工简便，其施工程序和主要内容为基础定位放样、围堰施工、基坑排水、基坑开挖与支护、基底检验与处理、基础砌筑及基坑回填。

一、基础定位放样

基础定位放样是根据墩台的位置和尺寸将基础的平面位置与基础各部分的标高标定在地面上。放样时，首先定出桥梁的主轴线，然后定出墩台轴线，最后详细定出基础各部分的尺寸。基础位置确定后采用钉设龙门板或测设轴线控制桩，作为基坑开挖后各阶段施工恢复轴线的依据。

基础的尺寸由设计图纸查得为 a、b，如图 11-1 所示，根据土质确定放坡率与工作面宽度等，可得到基坑顶的尺寸公式为：

$$A = a + 2 \times (0.5 \sim 1\text{m}) + 2 \times H \times n$$

$$B = b + 2 \times (0.5 \sim 1\text{m}) + 2 \times H \times n$$

式中　A——为基坑顶的长，m；

B——为基坑顶的宽，m；

H——基础底高程与地面平均高程之差，m；

n——边坡率。

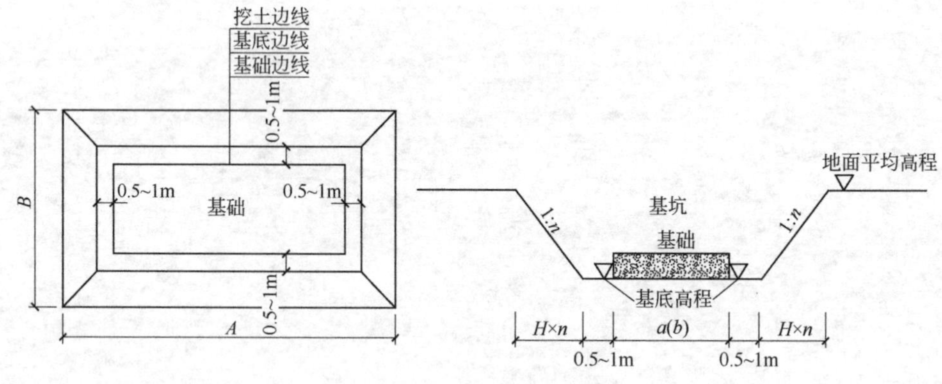

图 11-1　基坑放坡示意图

二、围堰施工

围堰是在基坑四周修筑一道临时、封闭、挡水构筑物。在水中修筑桥梁基础时，开挖基坑前需在基坑周围先修筑一道防水围堰，把围堰内水排干后，再开挖基坑修筑基础。待工作结束后，即可拆除。常用的围堰种类有土围堰、土袋围堰、钢板桩围堰、钢筋混凝土板桩围堰等。

(一)围堰的一般要求

(1) 围堰顶面标高应高出施工期间可能出现的最高水位（包括浪高）0.5～0.7m，有风浪时应适当加高。

(2) 围堰外形应考虑河流断面被压缩后，流速增大引起水流对围堰、河床的集中冲刷及对通航、导流、农用排灌等的影响，因此要求河道断面压缩一般不超过流水断面的30%，并应满足堰身强度和稳定的要求。对两边河岸河堤或下游建筑物有可能造成危害时，必须征得有关单位同意并采取有效防护措施。

(3) 堰内面积应能满足基础施工的需要，基坑边缘至堰脚距离一般不小于1m。

(4) 围堰要求具有良好的防渗性能，减少渗漏，减少排水工作；若为滩地挡土的围堰（河道中亦同），应验算土压。

(5) 围堰断面应能满足堰身强度和稳定（防止滑动、倾覆）的要求。

(6) 围堰施工一般应尽量安排在枯水期进行。

(7) 围堰应便于施工、维护及拆除，围堰材质不得对河道水质产生污染。

(二)常用围堰的形式和施工要求

1. 土围堰

土围堰适用于河边浅滩地段和水深小于1.5m，流速小于0.5m/s，渗水性较小的河床上，如图11-2所示。

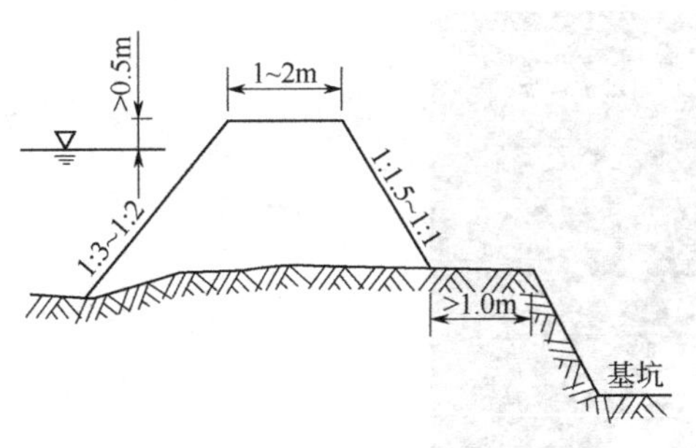

图11-2　土围堰

一般采用松散的黏性土作填料。如果无黏性土时，也可以用河滩细砂或中砂填筑，这时最好设黏土心墙，以减少渗水现象。筑堰前，应将河床底杂物淤泥清除以防漏水，先从上游开始，并填筑出水面，逐步填至下游合拢。倒土时应将土沿着已出水面的堰顺坡送入水中，切勿直接向水中倒土，以免使土离析。水面以上的填土应分层夯实。

土围堰堰顶宽度可为1～2m。当采用机械挖基时，应视机械的种类确定，但不宜小于3m。堰外边坡迎水流冲刷的一侧，边坡坡度宜为1∶3～1∶2，背水冲刷的一侧的边坡坡度可在1∶2之内，堰内边坡宜为1∶1.5～1∶1，内坡脚与基坑的距离根据河床土质及基坑开挖深度而定，

图 11-3 土袋围堰

但不得小于 1m。

2. 土袋围堰

土袋围堰适用于水深 3.0m 以下，流速小于 1.5m/s 的透水性较小的河床，如图 11-3 所示。

土袋围堰堰底处理及填筑方向与土围堰相同。土袋内应装容量 1/2～2/3 松散的黏土或亚黏土；水流流速较大时，在过水面及迎水面，袋内可装填粗砂或卵石。袋口应缝口。装土过少，用袋过多，不经济；装土过多，堆码不平稳，空隙多，易渗漏。土袋可采用草包、麻袋或尼龙编织袋。叠砌土袋时，要求上下、内外相互错缝，搭接长度宜为 1/3～1/2，堆码应密实平整。土袋围堰也可用双排土袋与中间填充黏土组成。

土袋围堰顶宽 2～3m，堰外边坡为 1∶1～1∶0.5，堰内边坡为 1∶0.5～1∶0.2，坡脚与基坑顶边缘的距离和堰顶的宽度同土围堰的规定相一致。

3. 钢板桩围堰

钢板桩围堰适用于水深 5m 以上各类土质的深水基坑，如图 11-4 所示。

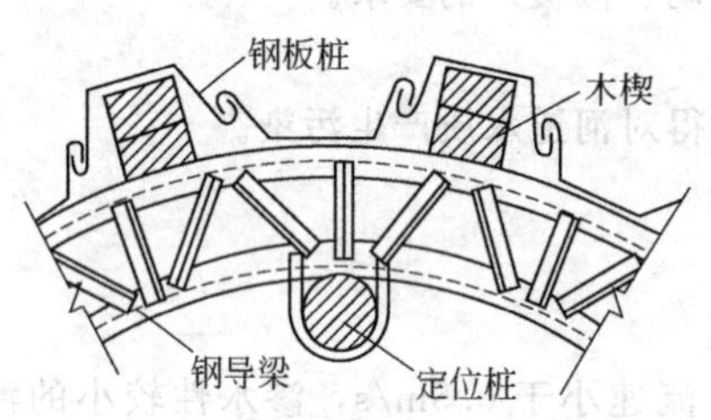

(a) 单层结构

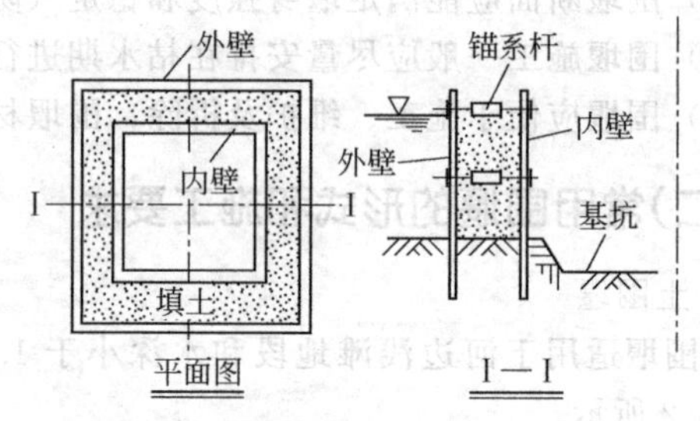

(b) 双层结构

图 11-4 钢板桩围堰

钢板桩在使用前要检查其尺寸和力学性能，经过整修或焊接后的钢板桩，应用同类型的钢板桩进行锁口试验与检查，钢板桩的锁口应用止水材料捻缝。施打顺序应按施工组织设计进行，一般由上游分两头向下游合拢。施打时宜先将钢板桩逐根或逐组施打到稳定深度，然后依次施打至设计深度。当可以保证垂直度时，也可一次打到设计深度。钢板桩需接长时，其相邻两钢板桩的接头位置应上下错开。施打时，应随时检查其位置是否正确，桩身是否垂直，不符合要求时应立即纠正或拔起重新施打。

钢板桩可用锤击、振动、射水等方法下沉，但射水下沉方法不宜在黏土中使用。锤击时宜使用桩帽，以分布冲击力和保护桩头。拔桩前，宜向堰内灌水使内外水位持平并从下游侧开始拔桩。拔桩时宜用射水、锤击等松动措施，并应尽可能采用振动拔桩法。

4. 钢筋混凝土板桩围堰

钢筋混凝土板桩围堰适用于深水或深基坑，各种土质河床，可作为基础结构的一部分，亦有采用拔除周转使用的，能节省大量木材。

目前的钢筋混凝土板桩，用空心板桩的较多，可节约制桩材料，桩较轻，故打桩锤亦可较轻，还可利用空心孔道射水加快下沉。空心孔道多为圆形，用钢管做芯模，待混凝土初凝后，将钢管转动以减小粘接力，达到一定强度后可将钢管由桩头用卷扬机拔出。

5. 套箱围堰

套箱围堰适用于深水，流速≤2.0m/s，无覆盖层，平坦的岩石河床。套箱可根据工地起吊、移运能力和现场实际情况，制成整体式和装配式。套箱的接缝必须采取防止渗漏的措施。

6. 竹笼、木笼、铅丝笼及钢笼围堰

水深在4m以内，流速较大，且能满足泄洪要求时，可筑竹、木或铅丝笼围堰；水深超过4m时可筑钢笼围堰。

各种笼体的制作应坚固，并应满足使用要求。围堰的层数宜根据水深、流速、基坑大小及防渗要求等因素确定；宽度宜为水深的1.0～1.5倍。

三、基坑排水

基坑坑底多位于地下水位以下，随着基坑的下挖，渗水将不断涌集基坑，为保持基坑的干燥，便于基坑挖土和基础的砌筑与养护，在基坑土方开挖前和开挖过程中，必须采取排水措施。目前，常用的基坑排水方法有集水坑排水法和井点降水法两种。

(一)集水坑排水法

集水坑排水法是采用基坑底部的排水沟收集进入基坑的地表水和地下水，然后汇入集水坑，用水泵集中将水抽出基坑的排水方法。一般分为普通明沟排水和盲沟排水。图11-5为集水坑排水法。

排水沟、集水坑的大小，主要根据渗水量的大小而定，排水沟深0.5m，底宽应不小于0.3m，纵坡为0.1%～0.2%。集水坑宜设在上游，集水坑深度一般应大于0.7m或大于进水龙头的高度，集水坑可用荆笆、竹篾、编筐或木笼围护，坑底宜铺设0.3m左右厚度的滤料（碎石、粗砂），以防止泥沙堵塞吸水龙头。集水坑应随挖土逐层加深，挖至设计标高后，坑底应低于基坑底0.3～0.5m。抽水时应有专人负责维护排水沟和集水坑，使其不淤、不堵，能将水连续抽出基坑。集水坑排水法的抽水设备有潜水泥浆泵、活塞泵、离心泵或隔膜泵等，排水能力宜大于总渗水量的1.5～2.0倍。

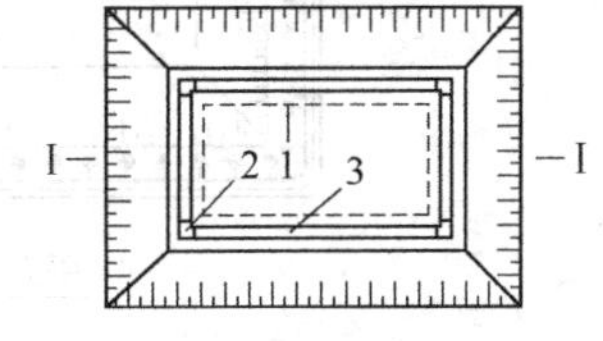

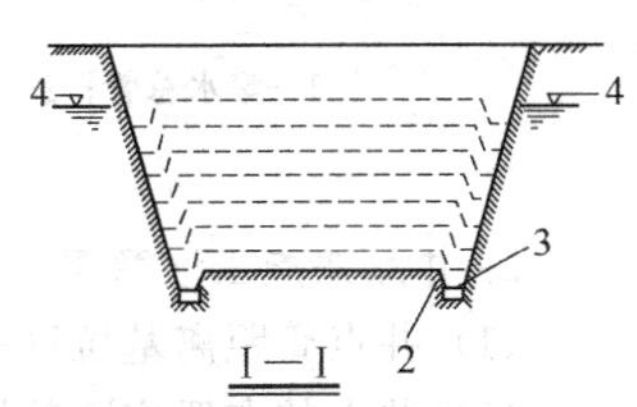

图11-5　集水坑排水法
1—基础边线；2—集水井；3—排水沟；4—地下水位线

抽水工程开工后应连续不断地快速施工。河床或地面为渗水性的土质时，抽水时应将出水管接长或用排水槽将水引流远处，以防渗回基坑。

(二)井点降水法

井点降水法适用于粉细砂、地下水位较高、有承压水、挖基较深、坑壁不稳定的土质基坑。根据《公路桥涵施工技术规范》(JTG/T F50—2011),选择井点类别时,应按照土壤的渗透系数、要求降低水位深度以及工程特点而定,见表 11-1。

表 11-1 各种井点降水法的适用范围

井点类别	土壤渗透系数/(m/d)	降低水位深度/m
一级轻型井点法	0.1~80	3~6
二级轻型井点法	0.1~80	6~9
喷射井点法	0.1~50	8~20
射流泵井点法	0.1~50	<10
电渗井点法	<0.1	5~6
管井井点法	20~200	3~5
深井泵法	10~80	>15

注:1. 降低土层中地下水位时,应将滤水管埋设于透水性较大的土层中;
2. 井点管的下端滤水长度应考虑渗水土层的厚度,但不得小于 1m。

1. 轻型井点法降低地下水位

轻型井点法是在基坑四周将井点管按一定的间距插入底下含水层内,井点管的上端通过弯联管与集水总管相连接,再用抽水设备将地下水从井点管内不断抽出,使地下水位降至坑底以下,保证基坑挖土施工处于干燥无水的状态下进行。轻型井点系统的主要设备有井点设备(井点管、弯联管、集水总管)和抽水设备(真空泵、离心水泵、集水箱),如图 11-6 所示。

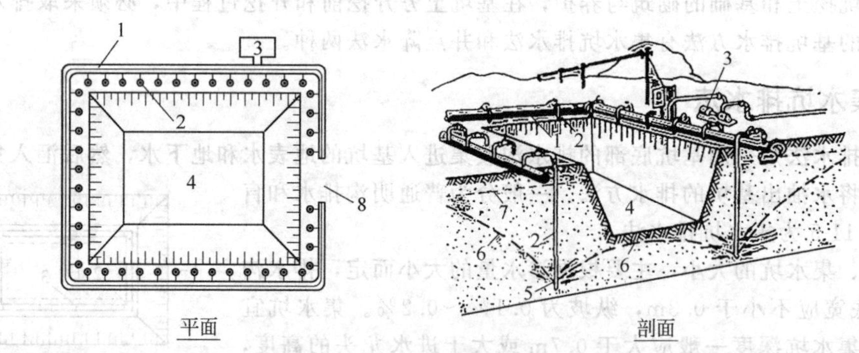

图 11-6 轻型井点法布置示意图

1—集水总管;2—井点管;3—抽水设备;4—基坑;5—滤水管;6—地下水降落曲线;7—原地下水位线;8—挖土机出入口

2. 井点法施工注意事项

(1) 井点管距离基坑壁一般不宜小于 1m,宜布置在地下水流的上游。

(2) 井点的布置应随基坑形状、大小、地质、地下水位高低与流向、降水深度等要求而定。

(3) 井点管露出地面 0.2~0.3m,尽可能将滤水管埋设在透水性较好的土层中,埋深保证地下水位降至基坑底面以下 0.5~1m。

(4) 井点管的成孔可根据土质分别用射水成孔、冲击钻机、旋转钻机及水压钻探机成孔。

井点降水曲线至少应深于基底设计标高 0.5m。

(5) 在水位降低的范围内设置观测孔，其数量视工程情况而定。

(6) 应考虑水位降低区域构筑物可能产生的附加沉降，并应做好沉降观测，确保水位降低区域内建筑物的安全，必要时要采取防滑措施。

(7) 应对整个井点系统加强维护和检查，保证不间断地抽水。

四、基坑开挖与支护

(一)不加固坑壁的开挖（放坡开挖）

1. 适用条件

(1) 在干涸无水河滩、河沟中，或虽有水但经改河或筑堤能排除地表水的河沟中。

(2) 地下水位低于基底，或渗透量小，不影响坑壁的稳定。

(3) 基础埋置不深，施工期较短，挖基坑时不影响邻近建筑物的安全。

2. 基坑坑壁类型（图 11-7）

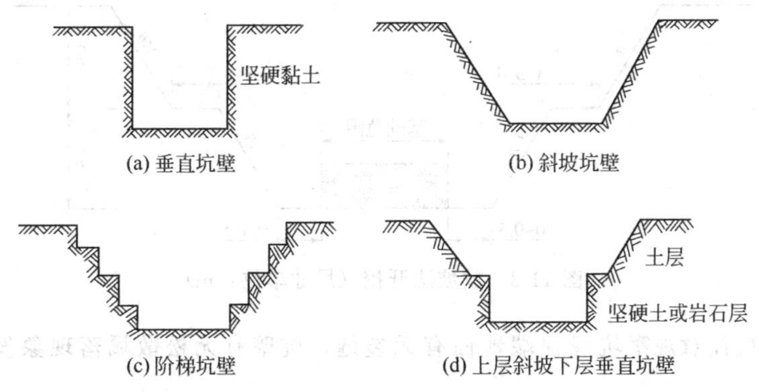

图 11-7　基坑坑壁类型

3. 施工注意事项

(1) 挖基坑宜安排在枯水或少雨季节进行，基坑开挖前应先做好地面排水，在基坑顶缘四周应向外设排水坡，并在适当距离设截水沟，且应防止水沟渗水，以免影响坑壁稳定。

(2) 坑缘顶端应留有护道，静载距坑缘不小于 0.5m，动载距坑缘不小于 1.0m；在垂直坑壁坑缘边的护道还应适当增宽，堆置弃土的高度不得超过 1.5m。

(3) 基坑深度在 5m 以内，施工期较短，基坑底在地下水位以上，土的湿度正常（接近最佳含水量），应将坑壁坡度放大或土层构造均匀时，基坑坑壁坡度应参考基坑坑壁边坡系数，如表 11-2 所示。

表 11-2　基坑坑壁坡度

坑 壁 土 类	坑壁坡度（高：宽）		
	坡顶无荷载	坡顶有静载	坡顶有动载
砂类土	1∶1	1∶1.25	1∶1.5
卵石、砾类土	1∶0.75	1∶1	1∶1.25
粉质土、黏质土	1∶0.33	1∶0.5	1∶0.75
极软岩	1∶0.25	1∶0.33	1∶0.67

续表

坑壁土类	坑壁坡度（高：宽）		
	坡顶无荷载	坡顶有静载	坡顶有动载
软质岩	1∶0	1∶0.1	1∶0.25
硬质岩	1∶0	1∶0	1∶0

注：1. 坑壁有不同土层时，基坑坑壁坡度可分层选用，并酌设平台。
2. 坑壁土类按照现行行业标准《公路土工试验规程》（JTG E40）划分。
3. 岩石单轴极限强度＜5MPa为极软岩，5～30MPa为软质岩，＞30MPa为硬质岩。
4. 当基坑深度大于5m时，基坑坑壁坡度可适当放缓或加设平台。

土的湿度超过坑壁稳定的湿度时，应采用缓于该湿度时土的天然坡度，或采取加固坑壁的措施。

基坑深度大于5m时，应将坑壁坡度放大或采用二次放坡法施工，在边坡中段加设宽约0.5～1m的护道，如图11-8所示。

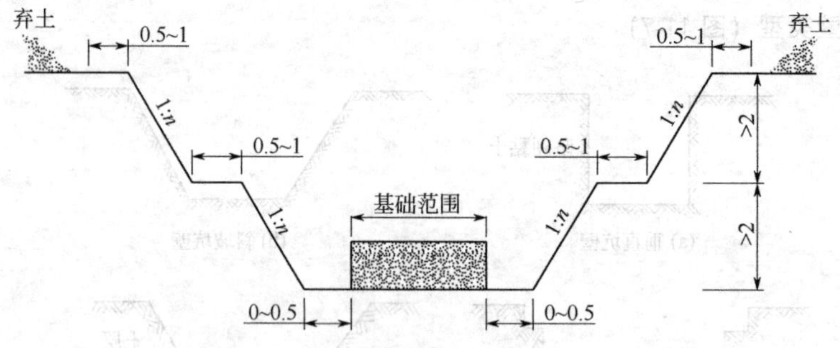

图11-8 放坡法开挖（尺寸单位：m）

(4) 施工时应注意观察坑缘顶端地面有无裂缝，坑壁有无松散塌落现象发生，确保安全施工。

(5) 基坑应避免超挖，如用机械开挖基坑，挖至坑底时，应保留距离坑底设计高程不小于0.3m的厚度，待基础砌筑圬工前，再用人工挖至基底高程。如发生超挖，严禁用土回填。

(6) 基坑施工不可延续时间过长，自基坑开挖至基础完成，应抓紧连续快速施工；挖至设计标高的土质基坑不得长期暴露、扰动或浸泡，基坑经检查符合要求后，应立即进行基础施工。

(7) 相邻基坑深浅不等时，一般按先深后浅的顺序施工。

(二)加固坑壁的开挖

1. 适用条件

当地下水位较高而基坑较深、坑壁土质不稳定，放坡开挖工作量大，施工影响邻近建筑物的安全时，可将基坑的坑壁加固后再开挖或边开挖边加固坑壁。加固坑壁的方法有：挡板支护、现浇混凝土护壁和喷射混凝土护壁。

2. 挡板支护坑壁的基坑开挖

(1) 挡板支护坑壁的适用条件 挡板支护坑壁适合的情况有：基坑坑壁土质不易稳定，并有地下水的影响；放坡开挖工程量过大，不符合多快好省要求；受施工场地或邻近建筑物限制，不能采用放坡开挖。

(2) 挡板支护坑壁的形式 挡板支护坑壁有垂直挡板式和水平挡板式两种。不同支护形式的适用范围和支护方法见表11-3。

表 11-3　各挡板支护坑壁形式的适用范围及方法

支护名称	适用范围	支护方法
垂直挡板支护	硬塑状黏质土，基坑尺寸较小，深度不大于 3m，一次开挖到底	挖至设计高程后，立即设置垂直挡板，两侧上下各设水平横枋一根，用撑木顶紧。如图纸允许，在垂直挡板间亦可酌留间隔
垂直挡板连续支护	软塑或硬塑状的黏质土分层开挖，可达较大深度。缺点是出土不太方便	挖至可能的深度（不加支护，短期内能稳定）后设置垂直挡板，两侧上下设置水平横枋一根，用撑木顶紧。继续下挖，随挖随打下垂直挡板加横枋。依次不断下挖，如法支撑直至基底
水平挡板间断支护	硬塑状黏质土，深度不大于 3m	两侧挡板水平设置，用撑木顶紧，挖一层、支顶一层
水平挡板连续支护	硬塑状黏质土，密实砂类土深度不大于 5m，一次开挖到底	挡板水平设置，挡板间酌留间隔，两侧对称设立木，用撑木顶紧
水平挡板支护	软塑状黏质土，中密或稍松砂类土，深度不大于 5m，一次开挖到底	挡板水平设置，互相紧靠不留间隔，两侧对称设立木，用撑木顶紧
水平挡板连续支护	软塑状黏质土，中密或稍松砂类土，分层开挖，深度不限	挖至可能的深度（不加支撑短时期内能稳定），然后水平设置挡板，互相紧靠不留间隔，两侧对称设立木，用撑木顶紧。继续下挖，依次如法支挡直至基底
水平挡板锚拉式支护	用挖掘机开挖的较大基坑，不能安装横撑的	柱桩一端打入土内，另一端用锚杆与远处锚柱拉紧，挡板水平设置在柱桩的内侧。挡土板内侧回填土
水平挡板斜柱支护	用挖掘机开挖的较大基坑，不能安装横撑木又不能采用锚拉式支撑的	挡板水平设置在柱桩的内侧，由斜柱支撑，斜柱的底端顶在撑桩上，然后在挡土板内回填土
水平挡板短柱支护	开挖宽大的基坑，下部放坡不足或有小规模坍塌，基底为石或硬土	小短木桩（或钢钎）一半露出地上，一半打入地下，地上部分背面水平设置挡板后回填土
临时挡土墙支护	开挖宽大基坑，当部分地段下部放坡不足时	沿坡脚用石块或草袋装土叠砌

3. 现浇混凝土加固坑壁

现浇混凝土加固基坑多采用圆形或圆端形。基坑采取分节开挖，每节深度视土质稳定情况或既有定型钢模宽度而定，一般以 1.0～1.5m 为一节。挖完一节应立即安装模板、浇筑混凝土，然后再挖下一节，拆上节模板立下节模板，浇下节混凝土，如此循环作业直至设计深度。

4. 喷射混凝土加固坑壁

喷射混凝土护壁施工是在基坑开挖限界内，先向下挖土 1m 左右，即用混凝土喷射机喷射一层含速凝剂的混凝土，以保护坑壁。应按设计要求逐层开挖，逐层喷护加固直至坑底。一次下挖深度，较稳定的土层可为 1m 左右，含水量大的土壁不宜超过 0.5m；对于无水少水的坑壁，喷射应由下向上进行，有渗水的坑壁，喷射则应由上向下进行，以防新喷的混凝土被水冲坏。如图 11-9 所示。

喷射混凝土厚度可根据坑壁的径向压力和混凝土早期强度通过计算决定，最大不宜超过 200mm；坑壁土含水量较大时不低于 80mm；最小厚度不应低于 50mm。喷射混凝土终凝 2h 后，应喷水养护，养护时间一般不小于 7d。基坑已达设计高程并经检验合格后立即浇筑基础圬工，不宜等待时间过长。

喷射混凝土护壁宜优先选用早强水泥和普通硅酸盐水泥，也可采用矿渣硅酸盐水泥。水泥等级不得低于 32.5。水泥初凝不超过 5min，终凝不超过 10min。喷射混凝土应采用硬质洁净的

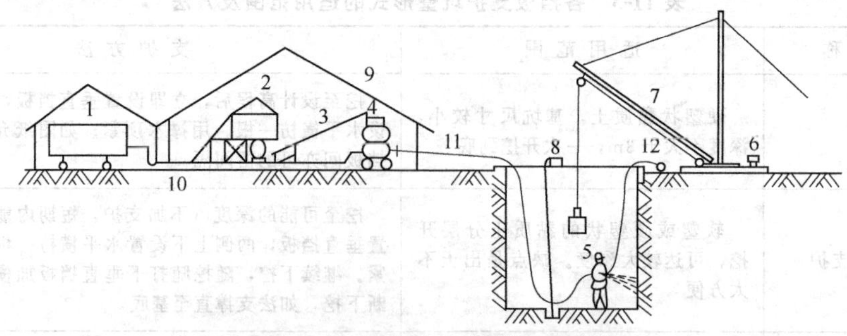

(a) 喷射混凝土护壁作业示意

(b)

图 11-9　喷射混凝土护壁

1—空压机；2—搅拌机；3—皮带运输机；4—喷射机；5—喷射手；6—卷扬机；7—摇头扒杆；8—抽水机；9—搅拌堆料棚；10—高压管路；11—混凝土喷射管路；12—高压水管路

中砂或粗砂。砂的细度模数宜大于 2.5，含水量一般为 5%～7%，使用前一律过筛。石料采用坚硬耐久的碎石或卵石，粒径不宜大于 15mm，级配良好，注意使用碱性速凝剂时，石料不得含活性二氧化硅。

五、基底检验与处理

(一)基底检验

基坑开挖至设计高程后，或已按设计要求加固、处理完毕后，应立即按照有关规定请监理工程师及质检部门人员进行基础验收，质量合格后，方可进行基础结构施工。

1. 基底检验内容

《公路桥涵施工技术规范》(JTG/T F50—2011) 要求的基底检验内容如下：

(1) 检查基底的平面位置、尺寸和高程是否符合设计要求。

(2) 检查基底的工程地质的均匀性、稳定性及承载力等。

(3) 经特殊地基加固技术处理后，基底是否达到设计要求。

(4) 检验基底处理和排水情况是否符合规范要求。

(5) 挖基坑和基底处理施工过程中有关施工记录和试验等资料。

2. 基底检验方法

基底检验根据《公路桥涵施工技术规范》(JTG/T F50—2011) 的要求，按桥涵大小、地基土质复杂（如溶洞、断层、软弱夹层、易溶岩等）程度及结构对地基有无特殊要求，可采用以下检验方法：

（1）小桥、涵洞的基底检验可采用直观或触探方法，当确认土质与设计要求符合时，即可签认进行基础的浇筑；土工试验只在特殊地基处理（如软土地基等）时才有必要。

（2）大、中桥和地基土质复杂、结构对地基有特殊要求的基底检验一般采用触探和钻探（钻深至少4m）取样做土工试验，或按设计的特殊要求进行荷载试验。

（3）特大桥或特殊结构桥梁的地基检验应符合设计规定。

(二)基底处理

基底处理应根据地基土的种类、强度和密度，按设计要求，结合现场情况采取相应的处理方法，不同地基土的基底处理要求见表11-4。

表11-4　不同地基土的基底处理要求

序　　号	地基土类别	基底处理要求
1	岩层地基	（1）风化的岩层，应挖至满足地基承载力要求或其它方面的要求为止。 （2）在为风化的岩层上修建基础前，应先将淤泥、苔藓、松动的石块清除干净，并洗净岩石。 （3）坚硬的倾斜岩层，应将岩层面凿平。倾斜度较大，无法凿平时，则应凿成多级台阶。台阶的宽度宜不小于0.3m
2	多年冻土地基	（1）基础不应置于季节冻融土层上，并不得直接与冻土接触。基础的基底修筑于多年冻土层上时，基底之上应设置隔温层或保温层材料，且铺筑宽度应在基础外缘加宽1m。 （2）按保持冻结的原则设计的明挖基础，其多年平均地温等于或高于－3℃时，应于冬季施工；多年平均地温低于－3℃时，可在其它季节施工，但应避开高温季节。 （3）施工前做好充分准备，组织快速施工。做好的基础应立即回填封闭，不宜间歇。必须间歇时，应以草袋、棉絮等加以覆盖，防止热量侵入。 （4）施工过程中严禁地表水流入基坑。明水应在距坑顶10m之外修排水沟。水沟之水，应引于远离坑顶排放并及时排除融化水。 （5）施工时必须搭设遮阳棚和防雨棚，并及时排除季节冻层内的地下水和冻土本身的融化水
3	软土层地基	软土地基应按设计要求进行加固，可采用换土、砂井、砂桩或其它软土地基处理方法
4	碎石或砂类土地基	将基底修理平整并夯实，砌筑基础混凝土时，应先铺一层2cm厚水泥砂浆
5	黏土地基	基坑开挖时，留20～30cm深度不挖，以防止地面、地下水渗流至基面，浸泡基面，降低强度。砌筑前，再用铁锹加以铲平。如基底原状土含水量较大或在施工中浸水泡软，可在基坑中夯入10cm以上厚度的碎石，但碎石顶面不得高于设计高程。当基底土质不均，部分软土层厚度不大时，可挖除后换填砂土，并分层夯实
6	湿陷性黄土地基	开挖时必须保持基坑不受水浸泡，并应按设计要求采用重锤夯实、换填或挤密桩法进行加固，且尽量避免在雨季施工，否则应有专门的防洪排降水设施
7	溶洞地基	（1）影响基底稳定的溶洞，不得堵塞溶洞水路。 （2）干溶洞可用砂砾石、碎石、干砌片或浆砌片石及灰土等回填密实。 （3）基底干溶洞较大，回填处理有困难时，可采用桩基处理，桩基应进行设计，并经有关单位批准
8	泉眼地基	（1）可将有螺口的钢管紧紧打入泉眼，盖上螺帽并拧紧，阻止泉水流出；或向泉眼内压注速凝的水泥砂浆，再打入木塞堵眼。 （2）堵眼有困难时，可用管子塞入泉眼，将水引流至集水坑排出或在基底下设盲沟引流至集水坑排出，待基础砌筑完成后，向盲沟压注水泥浆堵塞。采用引流排水时，应注意防止砂土流失，引起基底沉陷。 （3）基底泉眼，不论采用何种方法处理，都不应使基底泡水

(三)基底平面位置和高程的允许偏差

(1) 基底的平面位置应符合设计要求，且应满足基础施工作业的需要。

(2) 基底高程允许偏差：土质±50mm；石质+50mm，－200mm。

六、基础砌筑及基坑回填

(一)基础砌筑

基础施工可分为无水砌筑、排水砌筑及水下灌筑三种情况，扩大基础的种类有浆砌片石、浆砌块石、片石混凝土、钢筋混凝土等几种。

1. 浆砌片（块）石基础

一般要求砌块在使用前必须浇水湿润，将表面的泥土、水锈清洗干净。浆砌片（块）石基础应分层进行砌筑，砌第一层砌块时，对于基底为岩层或混凝土基础，应首先将基底表面清洗、湿润，再坐浆砌筑。各层应先砌筑外圈定位行列，然后砌筑里层，外圈砌石与里层砌块应相互交错、连成一体。各层砌块应安放稳固，且砌块间应砂浆饱满，黏结牢固，不得直接贴靠或脱空。

片石砌体宜以2～3层砌块组成一工作层，每层的水平缝应大致找平，各层竖缝应相互错开，不得贯通。外圈定位行列和转角石，应选择形状较为方正及尺寸较大的片石，并长短相间地与里层砌块咬接，砌缝宽度一般不应大于4cm。较大的砌块应放在下层，石块的尖锐突出部分应敲除。竖缝较宽时，在砂浆中塞以小石块填实。

块石砌筑时每层石料高度应大致一样，外圈定位行列和镶面石块，应丁顺相间或二顺一丁排列，砌缝宽度不大于3cm，上下层竖缝错开距离不小于8cm。

2. 片石混凝土基础

对于片石混凝土基础施工，当基底为非黏性土或干土时，应将其夯实、润湿；基面为岩石时，应加以润湿，铺一层厚20～30mm的水泥砂浆，然后于水泥砂浆凝结前浇筑第一层混凝土。对于基底为岩层或混凝土基础，应先将基底表面清洗、润湿，再坐浆砌筑；对于基底为土质，可直接坐浆砌筑。

混凝土中填放片石时应符合以下规定：

(1) 埋放石块的数量不宜超过混凝土结构体积的25%；当设计为片石混凝土砌体时，石块可增加为50%～60%。

(2) 应选用无裂纹、夹层且未被锻炼过的、高度小于15cm、具有抗冻性能的石块。

(3) 石块的抗压强度应不小于25MPa及混凝土强度等级。

(4) 石块应清洗干净，应在捣实的混凝土中埋入一半以上；石块应分布均匀，净距不小于1cm，距结构侧面和顶面净距不小于15cm，对于片石混凝土，石块净距不小于4～6cm；石块不得挨靠钢筋或预埋体。

3. 钢筋混凝土基础

旱地浇筑钢筋混凝土基础，应在对基底及基坑验收完成后尽快绑扎、放置钢筋；在底部放置混凝土垫块，保证钢筋的混凝土净保护层厚度，同时安放墩柱或台身钢筋的预埋部分，保证其定位准确；对全部钢筋进行检查验收，保证其根数、直径、间距、位置满足设计文件和技术规范要求时，即可浇筑混凝土。混凝土的浇筑应分层进行，但应连续施工，在下层混凝土开始凝结前，应将上层混凝土灌注捣实完毕。基础全部浇筑完凝结后，要立即覆盖草袋、麻袋、稻草或沙子，并经常洒水养护。

(二)基坑回填

基坑回填应满足下列要求：

(1) 基坑回填时，其结构的混凝土强度应不低于设计强度的70%。

(2) 在覆土线以下的结构必须通过隐蔽工程验收。

(3) 填土前抽除基坑内积水，清除淤泥及杂物等。

(4) 凡淤泥、腐殖土、有机物质超过5%的垃圾土、冻土或大石块不得回填，应采用含水量适中的同类亚黏土或砂质黏土。

(5) 填土应水平分层回填压实，每层松铺厚度一般为30cm，在其含水量接近最佳含水量时压实。

(6) 填土经碾压、夯实后不得有翻浆、“弹簧”现象。

(7) 填土施工中，应随时检查土的含水量和密实度。

七、施工案例

石武铁路客运专线项目中桥梁扩大基础施工

(一)工程概况

石武铁路客运专线，本管段共有桥梁7座，2670.475延长米。其中：特大桥1座，大桥4座，中桥2座。桥梁基础有钻孔桩和扩大基础两种类型。

(二)施工工艺

1. 扩大基础施工工艺流程（图11-10）

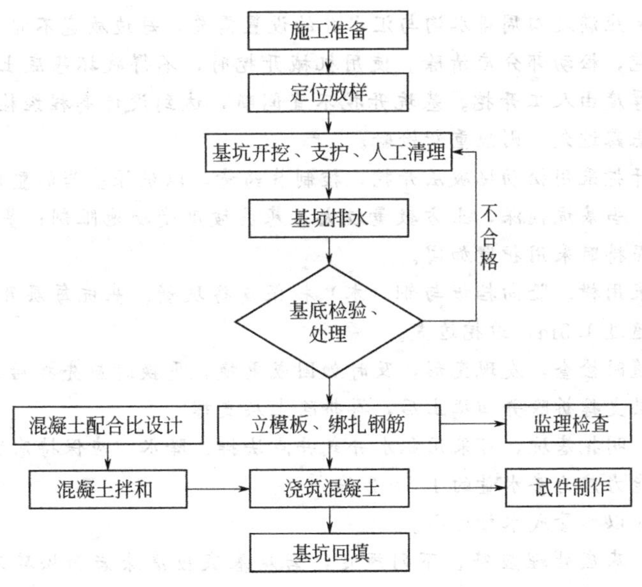

图11-10　扩大基础施工工艺流程图

2. 扩大基础施工工艺说明

(1) 基坑开挖　基坑开挖前的准备工作：测定基坑中心线、方向、高程；按地质水文资料，结合现场情况，决定开挖坡度和支护方案、开挖范围和防、排水措施。

基坑可采用垂直开挖、放坡开挖，支撑加固或其它加固的开挖方法。在有地面水淹没的基坑，可修筑围堰、改河、改沟、筑坝排开地面水后再开挖基坑。

在天然土层上挖基，如深度在5m以内，施工期较短，基坑底处于地下水位以上，土的湿度接近最佳含水量、土层构造均匀时，则基坑坑壁坡度可参照表11-5选定。基坑深度大于5m或有其它不利条件时，应将坑壁坡度适当放缓，或加作平台。如土的湿度过大，能引起坑壁坍塌时，坑壁坡度应采用该湿度下土的天然坡度。

表11-5　基坑坑壁坡度

坑壁土	坑壁坡度		
	基坑顶缘无载重	基坑顶缘有静载	基坑顶缘有动载
砂类土	1∶1	1∶1.25	1∶1.5
碎石类土	1∶0.75	1∶1	1∶1.25
黏性土、粉土	1∶0.33	1∶0.5	1∶0.75
极软岩、软岩	1∶0.25	1∶0.33	1∶0.67
较软岩	1∶0	1∶0.1	1∶0.25
极硬岩、硬岩	1∶0	1∶0	1∶0

基坑顶有动载时，坑顶缘与动载间应留有大于1m的护道，如地质、水文条件不良，或动载过大，应进行基坑开挖边坡检算，根据检算结果确定采用增宽护道或其它加固措施。

弃土不得妨碍施工。弃土堆坡脚距坑顶缘的距离不宜小于基坑的深度，且宜弃在下游指定地点，不得淤塞河道，影响泄洪。

无水土质基坑底面，宜按基础设计平面尺寸每边放宽不小于50cm。适宜垂直开挖且不立模板的基坑，基底尺寸应按基础轮廓确定。

有水基坑底面，应满足四周排水沟与汇水井的设置需要，每边放宽不宜小于80cm。

基底应避免超挖，松动部分应清除。使用机械开挖时，不得破坏基底土的结构，可在设计高程以上保留一定厚度由人工开挖。基坑开挖不宜间断，达到设计高程经检验合格后，应立即灌注基础。如基底暴露过久，则应重新检验。

岩石地基基础开挖采用松动爆破法开挖，控制装药量，以确保基岩的整体性不被破坏。

(2) 基坑护壁　当基坑较深，土方数量较大；基坑坡度受场地限制；基坑地质松软或含水量较大，坡度不易保持时采用护壁加固。

挡板支撑，可采用横、竖向挡板与钢（木）框架支撑坑壁。基坑每层开挖深度，应根据地质情况确定，不宜超过1.5m，边挖边支。

对支撑结构应随时检查，发现变形，及时加固或更换，更换时应先撑后拆。支撑拆除顺序，应自下而上。待下层支撑拆除并回填土后，再拆除上层支撑。

(3) 基坑排水　明挖基坑，可采用积水井或井点法排、降水，应保持基坑底不被水淹。

挖基时，抽水能力应为渗水量的1.5～2倍。

基坑排出的水应以水管或水槽远引。

(4) 基底处理　基底处理应符合下列规定：岩层基底应清除岩面松碎石块、淤泥、苔藓，凿出新鲜岩面，表面应清洗干净。倾斜岩层，应将岩面凿平或凿成台阶。

泉眼可用堵塞或排引等方法处理。

(5) 基底检验　基底应检验下列内容：基底平面位置、尺寸大小和基底高程；基底地质情况和承载力是否与设计资料相符；基底处理和排水情况。

基坑检验方法按地基土质复杂（如溶洞、断层、软弱夹层、易溶岩等）及结构对地基有无特殊要求，可采用直观或触探方法，必要时钻探（钻深至少4m）取样做土工试验，或按设计的特殊要求进行荷载试验。

基底高程容许误差应符合下列规定：土质±50mm，石质+50mm、－200mm。

(6) 基础浇筑

① 模板　支立模板时重新测量放线，放线时注意曲线上桥台中心坐标与桥梁中心线有预定的偏差，放线时除核对标高外，还仔细核对桥梁墩台中心坐标。

模板采用组合钢模板，扣件式钢管脚手支架。模板要支立准确、牢固，浇筑混凝土时不能发生走模和变形。

明挖扩大基础根据设计要求，最底层基础不立模，直接在开挖面上浇筑混凝土，但开挖表面岩面平整度必须满足规范要求。

② 钢筋　钢筋在有防护的钢筋制作场地制作，现场绑扎成型。钢筋的根数、直径、长度、编号排列、位置等都要符合设计的要求，钢筋接头的位置和数量符合施工规范的要求。在钢筋上认真绑好同强度混凝土垫块，以确保钢筋的保护层厚度。

扩大基础内专用接地钢筋中心到结构表面的距离不小于10cm。在基础或墩身底部侧面预留M16螺母连接用的接地套筒，接地套筒置于地面以下0.3m。接地套筒与接地专用钢筋，接地专用与地层钢筋网片均采用焊接，焊接搭接长度不小于20cm。详见桥梁综合接地设计通用图。

③ 混凝土　为了确保混凝土施工质量，混凝土在装配有自动计量系统的强制式搅拌机的拌和站集中拌制，使用混凝土运输搅拌车运输，输送泵或吊车吊装入模，混凝土连续浇筑，每节基础混凝土一次浇筑完成。浇筑时在基础整个平截面内水平分层进行，浇筑层厚控制在30cm以内，用插入式振捣棒分层捣固，保证混凝土密实。

混凝土浇筑期间设专人值班，观察模板的稳固情况，发现松动、变形、移位时，及时处理。混凝土收浆后立即覆盖养护。

(7) 基础回填　基础强度达到设计要求的强度后进行基础回填，桥墩扩大基础采用开挖原土进行基坑回填，回填土对称、水平分层进行并采用多功能振动夯实机夯实。

第二节　桩基础施工

当地基浅层土质不良，采用浅基础无法满足建筑物对地基强度、变形和稳定性的要求时，往往需要采用深基础。

桩基础是一种历史悠久而应用广泛的深基础形式。近年来，随着工程建设和施工技术的发展，桩的类型和成桩工艺、桩的承载力与桩体结构完整性的检测等各方面均有较大的发展或提高，使桩与桩基础的应用更为广泛，更具有生命力。它不仅可作为建筑物的基础，而且还广泛用于软弱地基的加固和地下支挡结构物。

一、桩基础的特点

桩基础是由若干根桩和承台组成的一种深基础形式。桩在平面上可布置成为一排或多排，所有桩的顶部由承台连成一个整体并传递荷载。然后在承台上再修筑桥墩、桥台等上部结构，如图11-11所示。根据实际使用情况可将桩身部分或全部埋入地基土中，当桩身外露在地面上较高时，应在桩

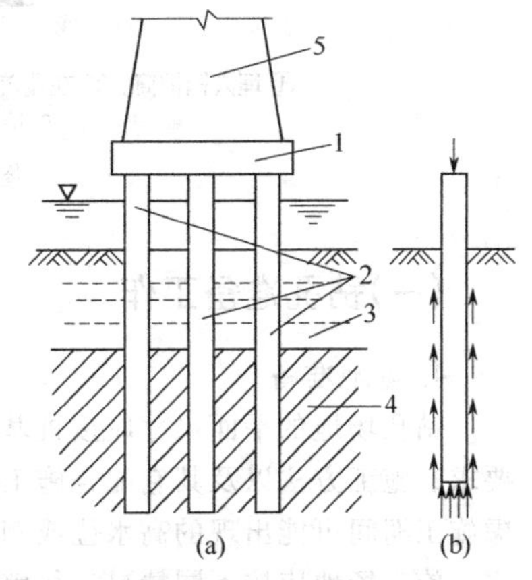

图11-11　桩基础示意图

1—承台；2—基桩；3—松软土层；4—持力层；5—墩身

之间加设横系梁，以加强各桩间的横向联系。

桩基础具有承载力高、稳定性好、沉降量小而均匀的特点，且在深基础中相对来说耗用材料少、施工简便；在深水河道中，采用桩基可避免（或减少）水下工程，简化施工设备和技术要求，加快施工速度并改善工作条件。近代在桩基础的类型、沉桩机具和施工工艺以及桩基础理论等方面都有了很大发展。采用桩基不仅便于机械化施工和工厂化生产，而且能以不同类型的桩基础适应不同的水文地质条件、荷载性质和上部结构特征，因此，桩基础具有较好的适应性。

二、钻孔灌注桩施工

钻孔灌注桩施工是采用不同的钻孔方法，在土中形成一定直径的井孔，达到设计标高后，再将钢筋笼吊入井孔中，灌注混凝土（有地下水时灌注水下混凝土）形成桩基础。

钻孔灌注桩具有施工设备简单、便利施工、用钢量少、承载力大等优点。钻孔灌注桩基础在如今的桥梁建设中得到广泛的应用。钻孔灌注桩的施工示意图如图 11-12 所示。

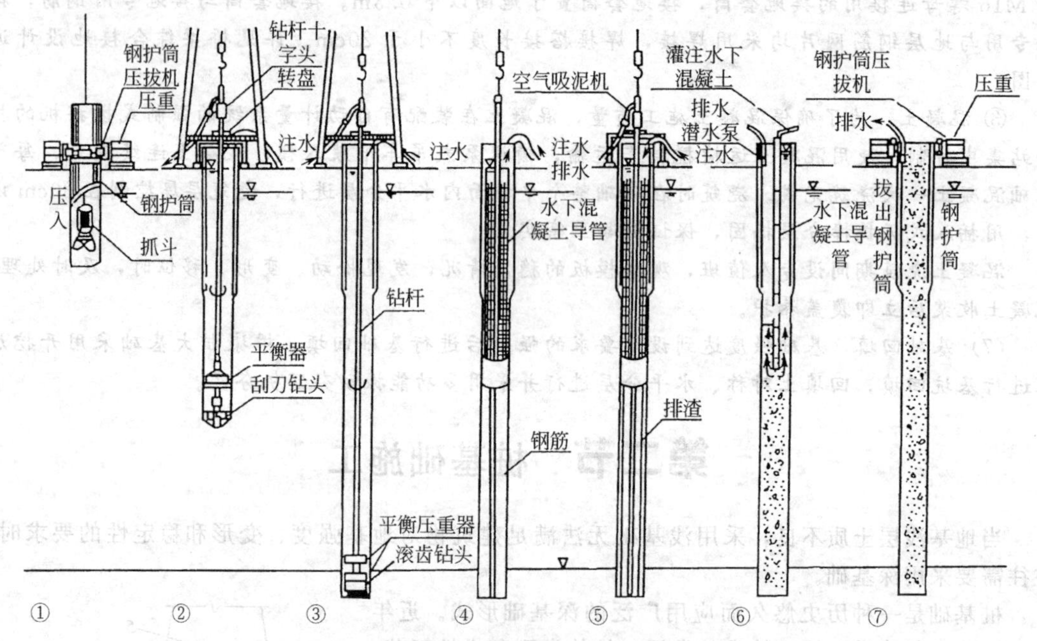

① 埋入钢护筒；② 在覆盖层中钻进；③ 在岩中钻进；④ 安装钢筋及水下混凝土导管；⑤ 清孔；⑥ 灌注水下混凝土；⑦ 拔出钢护筒

图 11-12 钻孔灌注桩施工示意图

（一）钻孔准备工作

1. 场地准备

钻孔场地的平面尺寸应按桩基设计的平面尺寸、钻机数量和钻孔底座平面尺寸，钻机移位要求、施工方法以及其它配合施工机具设施布置等情况决定。施工场地或工作平台的高度应考虑施工期间可能出现的高水位或潮水位，并比其高出 0.5～1.0m。

施工场地应按不同情况进行整理：

(1) 场地为旱地时，应平整场地，清除杂物，换除软土，夯打密实。钻机底座不宜直接置于不坚实的填土上，以免产生不均匀沉陷。

(2) 场地为陡坡时，可用枕木或木挑架搭设坚固稳定的工作平台。

(3) 场地为浅水时，宜采用筑岛方法。当水不深、流速不大时，根据技术经济比较，采取截流或临时改河方案有利时，也可改水中钻孔为旱地钻孔方案。

(4) 场地为深水时，可搭设水上工作平台，工作平台可用木桩、钢筋混凝土桩作基础，顶面纵横梁、支承架可用木料、型钢或其它材料造成。平台面积应按桩位布置、钻机种类和平台上同时作业的钻机台数，考虑运输护筒和钢筋笼、下护筒与钢筋笼、运输与灌注混凝土等施工工序的需要，设计脚手架平台的平台高度应高出施工期间最高水位 2.0m 以上。

(5) 场地为深水且水流平稳时，钻孔的钻机可设在船上，但必须锚固稳定，以免造成偏位、斜孔或其它事故。

2. 埋设护筒

护筒有固定桩位，引导钻头（锥）钻进方向，并隔离地面水以免其流入井孔，保护孔口不坍塌，并保证孔内水位（泥浆）高出地下水或施工水位一定高度，形成静水压力（水头），以保护孔壁免于坍塌等作用。

(1) 护筒的种类　护筒在构造上要求坚固耐用，便于安装、拆除，不漏水。根据材料不同，可分为木护筒、钢护筒和钢筋混凝土护筒三种。如图 11-13 所示。

1) 木护筒　木护筒一般采用 30mm 厚木板制作。为加强整体性，在木护筒外围加 2～3 道 50mm 厚的弧形肋木。木护筒重复使用次数少，易损坏，耗用木料多，在深水中不宜使用。

2) 钢护筒　钢护筒一般采用 4～6mm 厚钢板制作。为增加刚度防止变形，可在护筒上、下端和中部的外侧各焊一道加劲肋。钢护筒坚固耐用，重复使用次数多，用料较省，在无水河床、岸滩和深水中都可使用。

3) 钢筋混凝土护筒　钢筋混凝土护筒壁厚一般为 80～100mm，长度按需要而定，每节不宜过长，以 2m 左右为宜。在深水中多采用钢筋混凝土护筒，具有较好的防水性能，可靠自重沉入或打（振）入土中；钻孔灌注混凝土后，护筒可作为桩的一部分，不拔出，也可拔出周转使用。

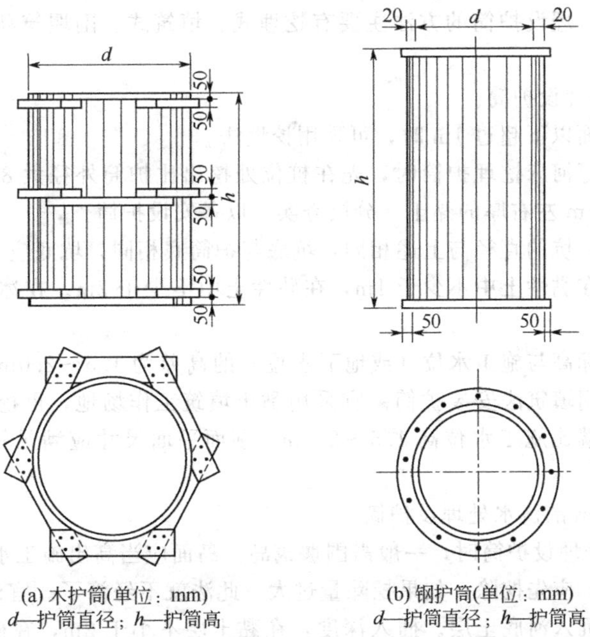

(a) 木护筒(单位：mm)
d—护筒直径；h—护筒高

(b) 钢护筒(单位：mm)
d—护筒直径；h—护筒高

图 11-13

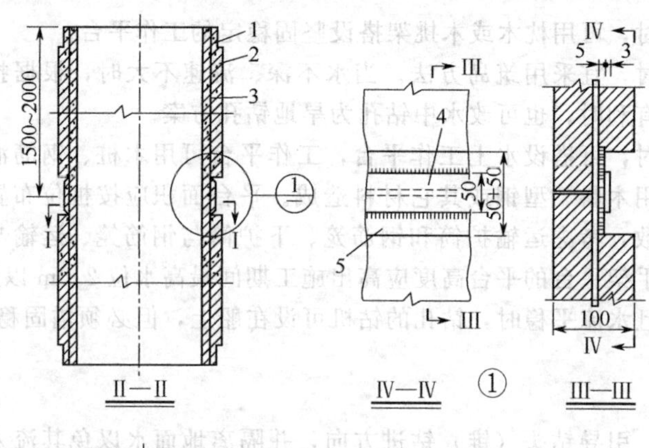

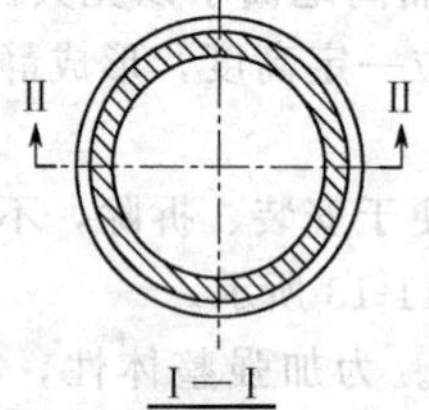

(c) 钢筋混凝土护筒

图 11-13 木护筒、钢护筒和钢筋混凝土护筒

1—预埋钢板；2—箍筋；3—主筋；4—连接钢板；5—预埋钢板

(2) 护筒的要求

1) 用钢板或钢筋混凝土制成的护筒，应坚固，轻便耐用，不漏水。

2) 护筒的内径应比设计桩径稍大 200～400mm，长度应根据施工水位决定。

3) 护筒顶标高应高出地下水位和施工最高水位 2m，旱地应高出地面 0.3m；护筒应低于施工最低水位 0.1～0.3m。

4) 护筒的入土深度，当河底是黏性土时为 1～1.5m，砂性土时为 3～4m。

5) 护筒平面位置的偏差不得大于 50mm，倾斜度不得大于 1%。

(3) 护筒的埋设 埋设护筒的方法主要有挖埋式、填筑式、围堰筑岛、深水护筒四种。如图 11-14 所示。

1) 在旱地或岸滩埋设护筒。

当地下水位在地面以下超过 1m 时，可采用挖埋法。

在砂类土、砂砾等河床挖埋护筒时，先在桩位处挖出比护筒外径大 800～1000mm 的圆坑。然后在坑底填筑 500mm 左右厚的黏土，分层夯实，以备安设护筒。

在黏土中挖埋时，坑的直径与上述相同，坑底与护筒底相同，坑底应平整。

护筒埋设深度，在黏性土中不少于 1m，在砂性土中不少于 2m。在冰冻地区，护筒应埋入冻土层以下 0.5m。

当桩位处的地面标高与施工水位（或地下水位）的高差为 1.5～2.0m（视钻孔方法和土层情况而定）时，宜采用填筑法安装护筒。宜采用黏土填筑工作场地，再挖坑埋设护筒。填筑的土台高度应使护筒顶端比施工水位高 1.5～2.0m。顶面平面尺寸应满足钻孔机具布置的需要，并且便于操作。

2) 在水深小于 3m 的浅水处埋设护筒。

在水深小于 3m 处埋设护筒时，一般需围堰筑岛。岛面应当高出施工水位 0.5～0.7m。若岛底河床为淤泥或软土，应先挖除，如果挖除量过大，此法就不经济了。宜改用长护筒，用加压、锤击或振动法将护筒沉入河底土层。插入深度，在黏土层不小于 2m，在砂土层不小于 3m，然后按前述旱地埋设护筒的方法施工。

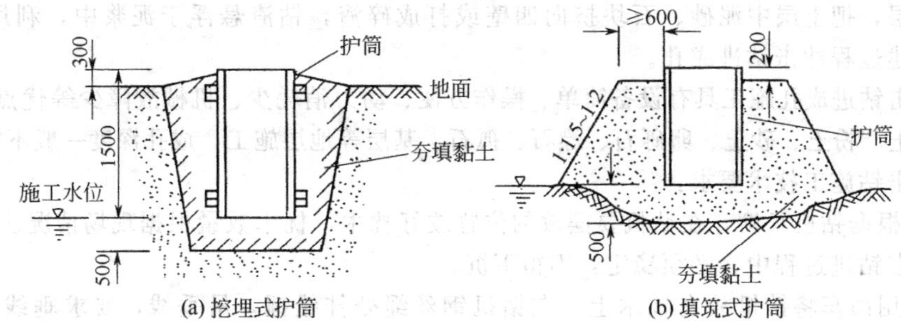

(a) 挖埋式护筒 (b) 填筑式护筒

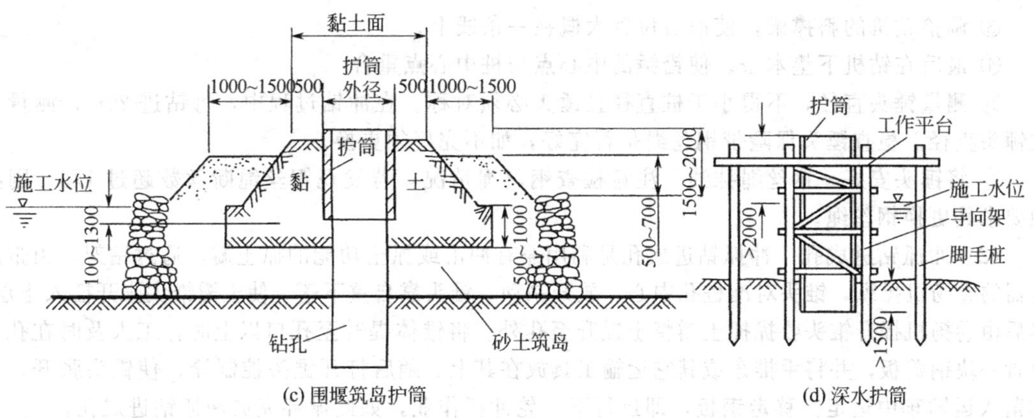

(c) 围堰筑岛护筒 (d) 深水护筒

图 11-14 护筒埋设示意图（尺寸单位：mm）

3）在水深大于 3m 的深水河床沉入护筒。

在深水中沉入护筒，其主要工序为搭设工作平台（有搭设支架、浮船、钢板桩围堰、浮运薄壳沉井等方法）、下沉护筒定位的导向架和下沉护筒等。

3. 泥浆制备

泥浆是由水、黏土（膨润土）和添加剂按适当配比配制而成。在钻孔中，由于泥浆比重大于水的密度，泥浆的静水压力比水大，所以泥浆可作用在井孔壁形成一层泥皮，阻隔孔外渗流，保护孔壁免于坍塌。此外，泥浆还起悬浮钻渣的作用，使钻进正常进行。

泥浆中所用的黏土以水化快、造浆能力强、黏度大的膨润土为好。通常采用塑性指数大于 25，粒径小于 0.005mm，黏粒含量大于 50％的黏土。

泥浆的制备按照钻孔方法的不同采用不同的制备方法：当采用冲击钻孔时，可直接将黏土投入钻孔内，依靠钻头的冲击作用成浆；当采用回转钻机成孔时，通过泥浆搅拌机成浆，储存在泥浆池内，再用泥浆泵输入钻孔内。

4. 钻架与钻机就位

钻架是钻孔、吊放钢筋笼、灌注混凝土的支架。在钻孔过程中，成孔中心必须对准桩位中心，钻机（架）必须保持平整，不发生位移、倾斜和沉陷。钻机（架）安装就位时，应详细测量，底座应用枕木垫实塞紧，顶端应用缆风绳固定平稳，并在钻进过程中经常检查。

(二)钻孔

1. 钻孔方法

钻孔方法的选择与各种成孔设备（方法）、使用的土层、孔径、孔深、是否需要泥浆浮悬钻渣、土结构的功率大小、施工管理好坏有关。目前钻孔均采用机械成孔，有冲击钻进成孔、冲抓钻进成孔和旋转钻进成孔。

(1) 冲击钻进成孔　冲击钻进成孔是利用重为 10～15kN 的钻锥不断地提锥、落锥反复冲击孔底土层，把土层中泥砂、石块挤向四壁或打成碎渣，钻渣悬浮于泥浆中，利用掏渣筒取出，重复上述过程冲击钻进成孔。

冲击钻进成孔施工具有设备简单、操作方便、动力消耗少、机械故障少等优点，适宜在杂填土、黏土、粉土、砂土、卵砾石、漂石、孤石、基层等地层施工，成孔深度一般不宜大于 50m。

冲击钻施工技术要求：

① 根据钻机长度，在钻机要摆放的位置放好枕木，枕木数量根据现场情况决定，总之是保证钻机在钻进过程中，必须稳定，不得下沉。

② 用吊车将钻机放在枕木上，在钻机钢丝绳处挂铅锤，吊垂线，要求垂线在桩中心点附近，偏差不可过大。

③ 调整钻机的斜撑梁，使前后位置大概在一条线上。

④ 最后在钻机下垫木条。使铅锤的中心点与桩中心点重合。

⑤ 测量锤头直径，不得小于桩直径且锤头必须对称。在冲钻过程中，每钻进 20m，测量一次锤头直径。检查锤头保险带钢丝绳是否完好，如不完好须更换。

⑥ 将锤头安好，钢丝绳抹油。注意检查钢丝绳情况，若发现钢丝绳断丝数超过 1/3，则必须要求其更换钢丝绳。

(2) 冲抓钻进成孔　冲抓钻进成孔是利用兼有冲击或抓土功能的抓土瓣，通过钻架，由带离合器的卷扬机操纵，锥头对准桩孔中心，放开制动，锥头靠自重下落，使土瓣锥尖张开插入土层，然后由卷扬机提升锥头收拢抓土瓣将土提升至孔外。将锥体提升至孔口以上时，工人及时在孔口放置一块钢盖板，并将手推车或其它运输工具放在其上。随后打开锥头控制栓，使锥头张开，土体落入运输车中运走。移走钢板，即进行下一轮冲抓作业，如此循环完成冲抓钻进成孔。

冲抓钻进成孔适用于黏性土、砂性土及夹有碎卵石的砂砾土层，成孔深度宜小于 30m。

(3) 旋转钻进成孔　旋转钻进成孔是国内灌注桩施工中最常用的方法之一。利用钻具的旋转切削土体钻进，并同时采用循环泥浆的方法护壁排渣。按泥浆循环方式不同分为正循环和反循环两种。

正循环回转成孔是指由钻机回转装置带动钻杆和钻头回转切削破碎岩土，由泥浆泵通过钻杆中心往钻孔压入泥浆，钻头喷出的泥浆挟带钻渣沿钻孔壁上升，从孔口溢浆孔溢出，流入泥浆池，经沉淀处理后再循环使用，如图 11-15 所示。正循环回转成孔具有设备简单、操作方便、工艺成熟等优点，适用于填土、淤泥、黏土、粉土、砂土等地层，对于卵砾石含量不大于 15%、粒径小于 10mm 的部分砂卵砾石层和软质基岩及较硬基岩也可使用。

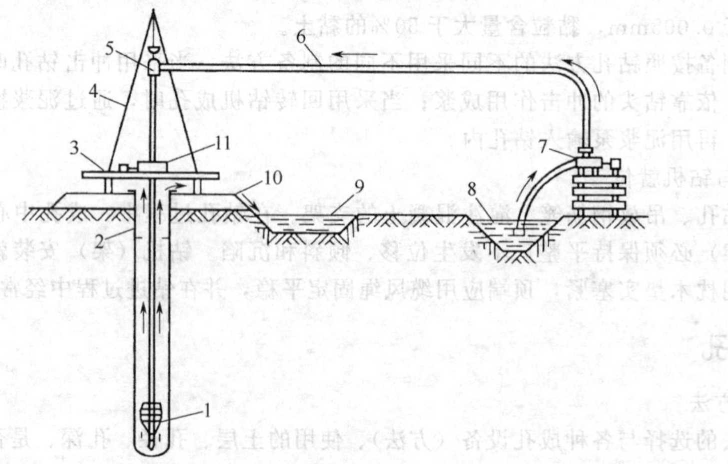

图 11-15　正循环回转成孔工作示意

1—钻锥；2—护筒；3—工作平台；4—钻架；5—水龙头（摇头）；6—高压胶管；7—泥浆泵；8—储浆池；9—沉淀池；10—土台；11—磨盘钻机

反循环回转成孔是通过泵吸，或送入压缩空气，使钻机内腔形成负压或形成充气液压柱产生压差，使经过钻杆与孔壁间的环空间隙流向孔底的泥浆，挟带钻头切削下来的钻渣由钻杆内腔高速返回地面泥浆池，如图 11-16 所示。反循环回转成孔具有成孔效率高，成孔质量好等优点。

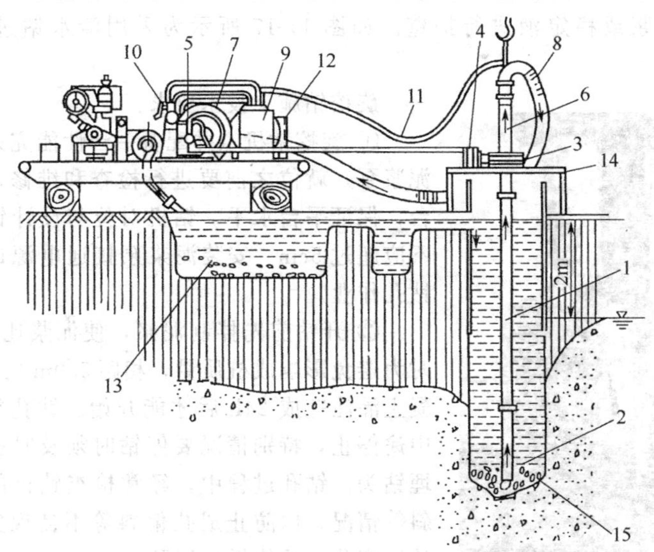

图 11-16　反循环回转成孔工作示意

1—钻杆；2—钻锥；3—转盘；4—液压电动机；5—油压泵；6—方型传动杆；7—泥石泵；8—吸泥胶管；9—真空罐；10—真空泵；11—真空胶管；12—冷却水槽；13—泥浆沉淀池；14—井盖；15—井底

循环钻施工技术要求：

① 将钻机移至钻孔位置，调整转盘、底座至水平，起重滑轮边缘、固定钻杆的卡孔和桩位中心都应在一条竖直线上，保证钻头平面偏位在 50mm 以内，竖直度在 1/200 以内。进钻时用十字线法检查钻头偏位情况。

② 在钻孔过程中应经常用全站仪校核钻杆的竖直度，在钻架上设置导向架，控制钻杆上的提引水龙头，保证钻杆垂直，使其沿导向架对中钻进。并经常检查钻杆接头，及时调直、调正。

③ 将钻头徐徐吊入护筒内，对正桩位，启动泥浆泵和转盘，待泥浆输入到孔内一定数量并形成循环后，开始钻进。

④ 开钻时先缓慢进尺，并及时检查和纠正钻头的偏位，待钻锥全部进入土层后，钻机方可全速钻进。

⑤ 在钻孔阶段应注意始终保持孔内水位高过护筒底口 0.5m 以上，同时孔内水位高度应大于地下水位 1m 以上。

⑥ 在钻孔过程中随时检查钻杆的垂直度和钻头的平面位置，防止偏孔或斜孔现象的发生。

⑦ 钻孔过程中严格控制好泥浆密度，注意地层变化情况，经过不同地层要补充不同数量的泥浆。

⑧ 根据不同的地层采取不同的钻进方式。

淤泥层采用低挡慢速减压钻进，可保证护壁质量；粉细砂层中挡慢速钻进，可减少对护壁的扰动；亚黏土层宜采用低挡慢速加压钻进，利用压重切削地层。

(4) 旋挖钻机成孔　旋挖钻机成孔在我国是近几年才推广使用的一种较先进的桩基成孔工

艺。广泛应用于我国的公路、铁路、桥梁和大型建筑的基础桩施工。

旋挖钻机成孔首先是通过底部带有活门的桶式钻头回转破碎岩土，并直接将其装入钻斗内，然后再由钻机提升装置和伸缩钻杆将钻斗提出孔外卸土，这样循环往复，不断地取土卸土，直至钻至设计深度。对黏结性好的岩土层，可采用干式或清水钻进工艺，无需泥浆护壁。而对于松散易坍塌地层，或有地下水分布，孔壁不稳定，必须采用静态泥浆护壁钻进工艺，向孔内投入护壁泥浆或稳定液进行护壁。如图 11-17 所示为采用清水钻进工艺的旋挖钻机成孔。

图 11-17　旋挖钻机成孔

旋挖钻施工技术要求：

① 旋挖钻机（并配备一台性能完好的砂石泵及一台泥浆泵）就位之前要进行检查和维修，并且检查工作平台，保证平台水平。钻机对位与设计钻孔中心位置误差不应超过 5cm。安装泥浆泵接通电源试机下沉后，开始钻孔作业。

② 开钻前先拌制泥浆，使泥浆比重达到 1.1。钻孔时为避免影响成桩质量，相距 5.0m 内的任何其它桩在混凝土灌注完成 24h 后才能开始。钻孔须连续作业，不得中途停止，特别情况要停钻时须及时提起钻头以免塌孔埋钻头。钻孔过程中，经常检查钻机的稳固、位移和倾斜等情况，以防止成孔偏斜等不良现象的发生，并注意地层变化，严格做好记录。

若施工地质条件稳定，也可采用干挖法进行钻孔。

钻孔工程中的注意事项：

① 黏土层钻进，回次钻程一般控制在 300～500mm。砂砾石层钻进时，采用加压钻进并考虑必要的扭矩、压力，确定钻斗转数。接近桩端时，缓慢上提钻斗，防止由于钻斗的吸引扰动桩端持力层。

② 为防止出现孔壁坍塌事故，施工或钻斗升降速度一般控制在 0.8～0.9m/s，空斗时控制在 1.1～1.3m/s。

③ 经常检查调整桅杆的垂直度，以保证孔壁的垂直度小于 1%。

④ 钻进过程中，经常检查刀尖磨损情况，保证钻斗外径与刀尖之间的距离，防止升降、旋转时刀尖刮伤孔壁。

⑤ 钻至地层分界处时，提前控制钻程，确保一个钻程穿过地层分界处。

⑥ 在接近设计孔底时，适当控制钻进速度及钻程，防止超深过多。

2. 钻孔施工应符合下列规定

(1) 钻机的选型宜根据孔径、孔深、桩位处的水文和地质情况、施工环境条件等因素综合确定，所选用的钻机及钻孔方法应能满足施工质量和施工安全的要求。

(2) 钻机就位前，应对钻孔的各项准备工作进行检查；钻机安装后，其底座和顶端应平稳。不论采用何种方法钻孔，开孔的孔位均必须准确；开钻时应慢速钻进，待导向部位或钻头全部进入地层后，方可正常钻进。钻机在钻进施工时不应产生位移或沉陷，否则应及时处理。分级扩孔钻进施工时应保持桩轴线一致。

(3) 采用正、反循环回旋钻机（含潜水钻）钻孔时应减压钻进，钻机的主吊钩始终应承受部分钻具的重力，孔底承受的钻压不应超过钻具重力之和（扣除浮力）的 80%。

(4) 采用冲击钻机冲击成孔时，应小冲程开孔，并应使初成孔的孔壁坚实、竖直、圆顺，能起到导向的作用，待钻进深度超过钻头全高加冲程后，方可进行正常的冲击。冲击钻进过程中，孔内水位应高于护筒底口500mm以上；掏取钻渣和停钻时，应及时向孔内补水，保持水头高度。

(5) 采用全护筒法钻进时，钻机应安装平正，压进的首节护筒应竖直。钻孔开始后应随时检测护筒的水平位置和竖直线，如发现偏移，应将护筒拔出，调整后重新压入钻进。

(6) 采用旋挖钻机钻孔时，应根据不同的地质条件选用相应的钻斗。钻进过程中应保证泥浆面始终不低于护筒底部500mm以上，并应严格控制钻进速度，避免进尺过快造成坍孔埋钻事故。钻斗的升降速度宜控制在0.75～0.80m/s；在粉砂层或亚砂土层，升降速度应更加缓慢。泥浆初次注入时，应垂直向桩孔中间进行注浆。

(7) 在钻孔排渣、提钻头除土或因故停钻时，应保持孔内具有规定的水位及要求的泥浆相对密度和黏度。处理孔内事故或因故停钻时，必须将钻头提出孔外。

3. 钻孔常见问题和预防处理方法（表11-6）

表11-6　钻孔常见问题和预防处理方法

常遇问题	产生原因	防治措施及处理方法
坍孔	1. 护筒周围未用黏土填封紧密而漏水，或护筒埋置太浅； 2. 未及时向孔内加泥浆，孔内泥浆面低于孔外水位，或孔内出现承压水降低了静水压力，或泥浆密度不够； 3. 在流砂、软淤泥、破碎地层、松散砂层进钻，进尺太快或停在一处空转时间太长，转速太快	1. 护筒周围用黏土填封紧密； 2. 钻进中及时添加新鲜泥浆，使其高于孔外水位； 3. 遇流砂、松散土层时，适当加大泥浆密度，不要使进尺过快、空转时间过长，轻度坍孔，加大泥浆密度和提高水位； 4. 严重坍孔，用黏土泥浆投入，待孔壁稳定后采用低速钻进
钻孔偏移（倾斜）	1. 桩架不稳，钻杆导架不垂直，钻机磨损，部件松动，或钻杆弯曲接头不直； 2. 土层软硬不均匀； 3. 钻机成孔时，遇较大孤石或探头石，或基岩倾斜未处理，或在粒径悬殊的砂、卵石层中钻进，钻头所受阻力不均匀	1. 安装钻机时，要对导杆进行水平和垂直校正，检修钻孔设备； 2. 如钻杆弯曲，应及时调换，遇软硬土层应控制进尺，低速钻进； 3. 偏斜过大时，填入石子、黏土后重新钻进，控制钻速，慢速提升、下降，往复扫孔纠正； 4. 如有探头石，宜用钻机钻透，使用冲孔机时用低锤密击，把石块打碎； 5. 倾斜基岩时，投入块石，使表面略平，用锤密打
钻孔漏浆	1. 遇到透水性强或有地下水流动的土层； 2. 护筒埋设过浅，回填土不密实或护筒接缝不严密，在护筒刃脚或接缝处漏浆； 3. 水头过高使孔壁渗透	1. 适当加稠泥浆； 2. 倒入黏土慢速转动； 3. 在回填土内掺片石、卵石，反复冲击，增强护壁、护筒周围及底部接缝，用土回填密实，适当控制孔内水头高度，不要使压力过大
黏性土层缩颈、糊钻	由于黏性土层有较强的造浆能力和遇水膨胀的特性，使钻孔易于缩颈，或使黏土附在钻头上，产生抱钻、糊钻现象	1. 除严格控制泥浆的黏度增大外，还应适当向孔内投入部分砂砾，防止糊钻； 2. 钻头宜采用肋骨的钻头，边钻进边上下反复扩孔，防止缩颈、卡钻事故
孔斜	1. 钻进松散地层中遇有较大的圆弧石或探头石，将钻具挤离钻孔中心轴线； 2. 钻具由软地层进入陡倾角硬地层，或粒径差别太大的砂砾层钻进时，钻头所受阻力不均匀； 3. 钻具导正性差，在超径孔段钻头走偏，以及由于钻机位置发生串动或底座产生局部下沉使其倾斜等	1. 针对地层特征选用优质泥浆，保持孔壁的稳定； 2. 防止或减少出现探头石，一旦发现探头石，应暂停钻进，先回填黏土和片石，用锥形钻头将探头石挤压在孔壁内； 3. 用冲击钻冲击或将钻机（或钻架）略移向探头石一侧，用十字或一字形冲击钻头猛击，将探头石击碎； 4. 如冲击钻也不能击碎探头石，则可用小直径钻头在探头石上钻孔，或在表面放药包爆破

续表

常遇问题	产生原因	防治措施及处理方法
不进尺	1. 钻头粘满黏土块（糊钻头），排渣不畅，钻头周围堆积土块； 2. 钻头合金刀具安装角度不适当，刀具切土过浅，泥浆密度过大，钻头配重过轻	1. 加强排渣，重新安装刀具角度、形状、排列方向；降低泥浆密度，加大配重； 2. 糊钻时，可提出钻头，清除泥块后，再施钻

(三)清孔

钻孔达到设计标高后，应对孔径、孔深进行检查，确认合格后即进行清孔，进行清孔的目的是抽换孔内泥浆，清除钻渣与孔底沉淀层，以减少桩基的沉降量，提高承载能力，同时为灌注混凝土创造良好条件，确保桩基质量。

1. 清孔方法

清孔方法应根据设计要求、钻孔方法、机具设备和土质情况而定，常用的清孔方法有换浆清孔法、抽浆清孔法、掏渣清孔法、喷射清孔法和砂浆置换清孔法等。

(1) 换浆清孔法　当使用正循环回转钻进时，终孔后，停止进尺，稍提钻锥离孔底100～200mm空转，并保持泥浆正常循环，以中速压入比重为1.03～1.10的较纯泥浆，把钻孔内悬浮钻渣较多的泥浆换出。根据钻孔直径和深度，换浆时间约为4～8h，然后在泥浆中灌注水下混凝土。

本方法清孔不彻底，混凝土质量较难保证，而且清孔时间太长。用其它方法钻孔时，不宜采用本方法清孔。

(2) 抽浆清孔法　用空气吸泥机吸出含钻渣的泥浆而达到清孔。由风管将压缩空气输进排泥管，使泥浆形成密度较小的泥浆空气混合物，在水柱压力下沿排泥管向外排出泥浆和孔底沉渣，同时用水泵向孔内注水，保持水位不变直至喷出清水或沉渣厚度达设计要求为止，使用各种钻孔后孔壁不易坍塌的柱桩和摩擦桩，如图11-18所示。

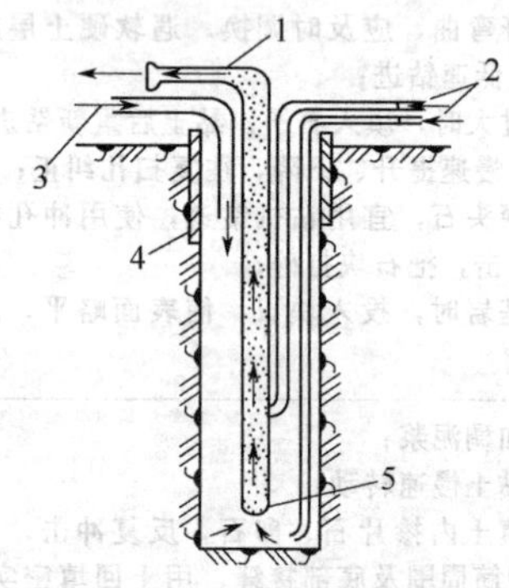

图11-18　抽浆清孔法

1—泥浆砂石渣喷出；2—通入压缩空气；3—注入清水；4—护筒；5—孔底沉积物

(3) 掏渣清孔法　冲击、冲抓钻进过程中，冲碎的钻渣一部分连同泥浆被挤入孔壁，大部分则靠掏渣筒或大锅锥清除。对冲击钻进，可在清渣前，投入水泥1～2袋，通过冲击锤低冲程的反复冲拌数次，使孔底泥浆、钻渣和水泥形成混合物，然后以掏渣工具掏出。

(4) 喷射清孔法　喷射清孔法是在灌注混凝土前对孔底进行高压射水或射风数分钟，使沉淀物漂浮后，立即灌注水下混凝土。常在其它方法清孔后或清孔过程中配合使用。

(5) 砂浆置换清孔法　先用掏渣筒尽量清除钻渣，然后用活底箱在孔底灌注600mm厚的特殊砂浆。特殊砂浆是用炉灰与水泥加水拌和，其比重较轻，能浮托在混凝土之上。

2. 清孔注意事项

(1) 钻孔至设计标高后，应对孔径、孔深进行检查，确认合格后即进行清孔。

(2) 清孔时，必须保持孔内水头，防止坍孔。

(3) 清孔后应对泥浆试样进行性能指标试验。

(4) 清孔后的沉渣厚度应符合设计要求。设计未规定时，摩擦桩的沉渣厚度不应大于300mm，端承桩的沉渣厚度不应大于100mm。

(5) 不得用加深钻孔深度的方式代替清孔。

(6) 在钢筋笼、导管下完后，应对孔深进行再次检测，若沉淀厚度超过 10cm［《公路桥涵施工技术规范》(JTG/T F50—2011) 为 1.5m 以下桩 30cm，1.5m 以上或桩长大于 40m 或土质较差桩 50cm］则进行二次清孔。直至沉淀厚度小于 10cm。

(四)钢筋笼吊放

钢筋笼根据图纸设计尺寸和钻架允许起吊高度，可整节或分节制作，应在清孔前制成，并经检查合格后使用。长桩钢筋骨架宜分段制作，分段长度根据吊装条件确定，应确保不变形，接头应错开，每隔 2.0～2.5m 设置加强箍筋一道。在钢筋骨架外侧设置控制保护层厚度的“钢筋耳”、混凝土垫块或塑料垫块，其间距竖向为 2m，横向圆周不得少于 4 处。钢筋骨架顶端应设置吊环。

钢筋骨架可利用钻机塔架、汽车式起重机、龙门式起重机等起吊。为了保证骨架起吊时不变形，宜用两点起吊。第一吊点设在骨架的下部，第二吊点设在骨架长度的中点到上三分点之间。起吊时，先提第一吊点，使骨架稍提起，再与第二吊点同时起吊。待骨架离开地面后，第一吊点停止起吊，继续提升第二吊点，直到骨架同地面垂直后停止起吊。解除第一吊点，检查骨架是否顺直。当骨架进入孔口后，将其扶正徐徐下降，严禁碰撞孔壁。如图 11-19 所示。

图 11-19 钢筋笼吊放

钢筋笼的吊装应符合下列规定：

(1) 钢筋笼宜整体吊装入孔。需分段入孔时，上下两段应保持顺直。

(2) 应在骨架外侧设置控制保护层厚度的垫层，其间距竖向宜为 2m，径向圆周不得少于 4 处。钢筋笼入孔后，应牢固定位。

(3) 在骨架上应设置吊环。为防止骨架起吊变形，可采取临时加固措施，入孔时拆除。

(4) 钢筋笼吊放入孔应对中、慢放，防止碰撞孔壁。

钢筋笼施工技术要求：

(1) 下钢筋笼前应先根据钢筋笼重量、长度等确定钢筋笼分段方法。顶节与底节应符合标准，中间节宜制成统一规格，方便加工与安装。

(2) 钢筋接头应错开 1m。焊接采用搭接焊。

(3) 制作中要求主筋平直，箍筋圆顺，尺寸准确，主筋与箍筋连接牢固，保证安装时不致变形，并严格按图纸要求安装超声波检测管，钢筋工将由经过培训的人员担任，钢筋焊接经检验后方可入孔，一节入孔后，再吊上节，垂直固定后焊接。钢筋加工时，定位筋每组四根布置在加强筋四周，间距为 2m。其它要求详见钢筋部分说明。

(4) 钢筋笼运输应注意钢筋笼稳定，不可造成钢筋笼变形。

(5) 钢筋笼起吊时，应使钢筋笼纵向经过吊车，在顶端和底端分别用钢丝绳拴好，分别挂在吊车的大小钩上。吊车起吊时，先两钩同时上升，上升到一定高度后，吊顶端的钩继续上升，吊底端的钩下降，使钢筋笼直立。

(6) 对准孔口，下钢筋笼，两节焊接时，下面一节应支在工字钢上。控制好焊接质量。声测管一定要对严，连接密实，绑扎牢固，最上面用塑料盖盖严。若声测管里进入泥浆甚至混凝土浆，会给以后检桩造成相当大的麻烦。

(7) 焊吊筋。钢筋笼焊接完毕后，在钢筋一笼上焊吊筋。吊筋钢筋规格应根据钢筋笼质量确定。吊筋理论尺寸为护筒顶标高＋支垫物高度-钢筋笼设计顶标高＋20cm 焊接长度。因吊筋在钢筋笼的重力作用下，可能会引起变形，工字钢也可能会因土质问题引起下陷，故吊筋实际使用尺寸应比理论尺寸短 3cm 左右。

(8) 钢筋笼在彻底入孔前，必须进行对中。对中方法：根据护桩拉十字线，用尺测量十字线中点与钢筋笼箍筋的距离，直到调整到钢筋笼中心与十字线中心重合，方可继续下放钢筋笼。

(五)水下混凝土灌注

灌注水下混凝土之前，应再次检查孔内泥浆性能指标和孔底沉渣厚度，如超过规定，应进行第二次清孔，符合要求后方可灌注水下混凝土。

1. 灌注方法

灌注水下混凝土，目前一般多采用导管法施工。其施工过程如图 11-20 所示。

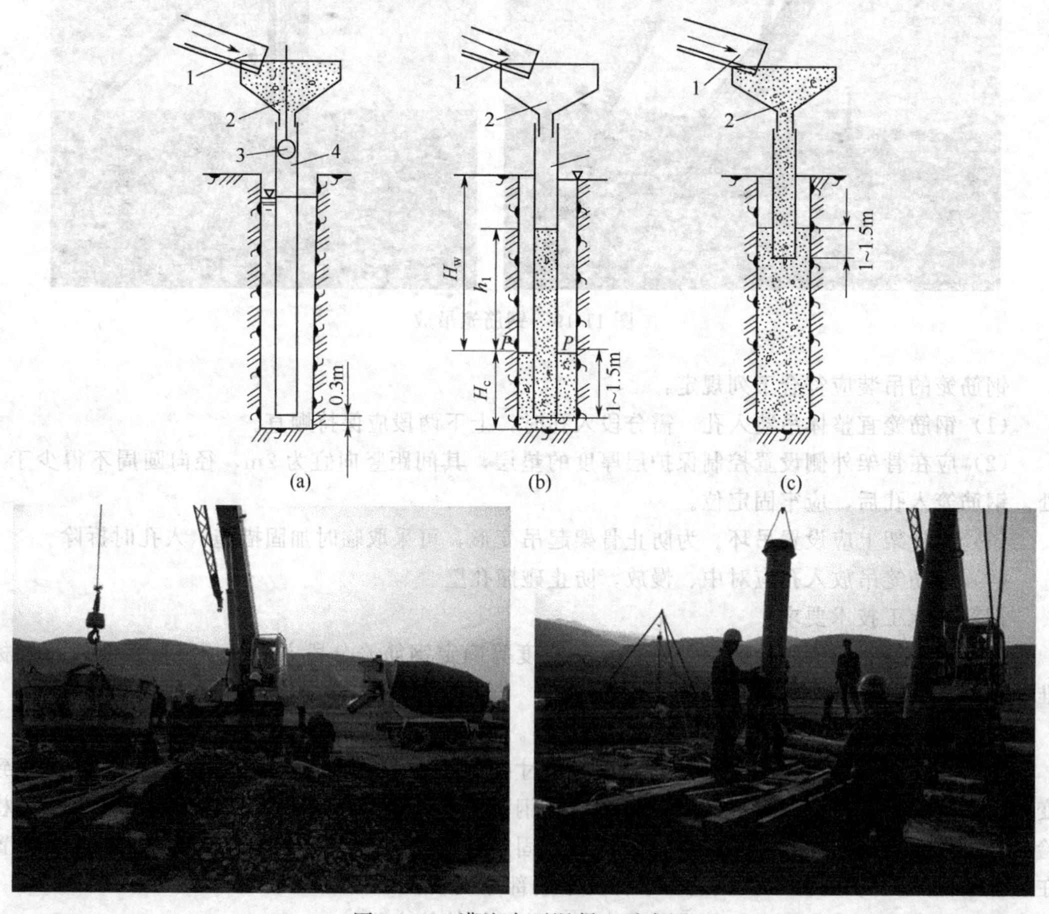

图 11-20　灌注水下混凝土示意图

1—普通混凝土储料槽；2—漏斗；3—隔水球；4—导管

用于灌注水下混凝土的导管内壁应光滑圆顺，直径宜为200～350mm，中间节长宜为2m，最下面一节导管较长，一般为4～6m，漏斗下可配长约1m的上端节导管，以便调节漏斗的高度；导管轴线偏差不宜超过孔深的0.5%，且不宜大于100mm；导管采用法兰盘接头宜加锥形活套。

导管法灌注混凝土，应先将导管居中插入距孔底0.3～0.4m（不能插入孔底沉积的泥浆中），导管上口接漏斗，在接口处设隔水球，以隔绝混凝土与管内水的接触。当漏斗中储备足够数量混凝土后，放开隔水球，储备的混凝土通过隔水球向孔底猛落，将导管内水挤出，混凝土沿导管下落至孔底，导管下口埋入孔内混凝土中1～1.5m深，保证钻孔内的水不可能重新流入导管。随着混凝土不断灌入，钻孔内初期灌注的混凝土及其上面的水或泥浆不断被顶托升高，相应的不断提升导管和拆除导管，直到钻孔内混凝土灌注完毕。

2. 对混凝土材料的要求

水泥可采用火山灰硅酸盐水泥、粉煤灰硅酸盐水泥、普通硅酸盐水泥或硅酸盐水泥，采用矿渣硅酸盐水泥时应采取防离析的措施；粗集料宜选用卵石，如采用碎石宜适当增加混凝土配合比中的含砂率，粗集料的最大粒径不应大于导管内径的1/8～1/6和钢筋最小净距的1/4，同时不应大于37.5mm；细集料宜采用级配良好的中砂。

混凝土拌合物应有良好的和易性，在运输和灌注过程中应无显著离析、泌水现象。灌注时应保持足够的流动性，其坍落度当桩孔直径$D<1.5$m时，宜为180～220mm；$D\geqslant1.5$m时，宜为160～200mm，且应充分考虑气温、运距及施工时间的影响导致的坍落度损失。为保证施工质量，水下混凝土的配合比配制强度要比设计强度高20%左右。混凝土拌合物中宜掺用外加剂、粉煤灰等材料。

3. 首批混凝土数量

首批混凝土的数量应能保证将导管内的水全部压出，并满足导管首次埋置深度≥1.0m。因此首批混凝土必须要有足够的数量，如图11-21所示，其最小体积计算公式如下：

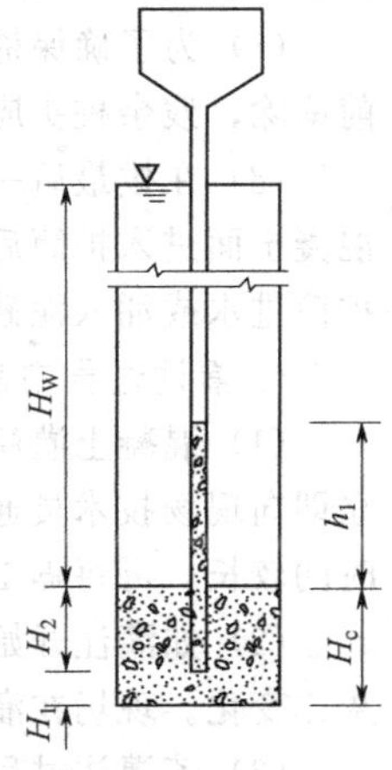

$$V=h_1\times\frac{\pi d^2}{4}+H_c\times\frac{\pi D^2}{4} \tag{11-1}$$

式中 V——灌注首批混凝土所需数量，m^3；

d——导管内径，m；

D——桩孔直径，m；

H_c——首批混凝土面至孔底的高度，为导管埋置深度与导管悬空高度之和；

h_1——孔内混凝土达到H_c时，导管内混凝土柱与导管外水压平衡所需高度，m。

图11-21 首批混凝土数量计算

h_1的计算公式为

$$h_1=\frac{H_W\gamma_W}{\gamma_c} \tag{11-2}$$

式中 H_W——孔内混凝土面至孔内水面的距离，m；

γ_W——泥浆重度，kN/m^3（取$11kN/m^3$）；

γ_c——混凝土重度，kN/m^3（取$24kN/m^3$）。

【例11-1】 某钻孔灌注桩桩径1.4m，无扩孔，导管直径250mm，泥浆重度为$11kN/m^3$，混凝土重度为$24kN/m^3$，钻孔深度为孔内水面以下40m，导管底距孔底0.4m，导管初次埋置深度1m，求首批混凝土数量。

【解】

$$H_W=40-0.4-1=38.6\ (\text{m})$$

$$h_1=\frac{H_W\gamma_W}{\gamma_c}=38.6\times11/24=17.6(\text{m})$$

$$V=h_1\times\frac{\pi d^2}{4}+H_C\times\frac{\pi D^2}{4}=17.6\times\pi\times0.25^2/4+(0.4+1)\times\pi\times1.4^2/4=3.02(\mathrm{m}^3)$$

4. 水下混凝土灌注要求

（1）灌注前，对孔底沉淀层厚度应再进行一次测定。如厚度超过规定，可用喷射清孔法向孔底射水（或射风）3～5min，使沉渣悬浮，然后立即灌注首批水下混凝土。

（2）混凝土应连续灌注，中间停顿时间不宜大于30min。

（3）在灌注过程中，应保持孔内的水头高度；导管的埋置深度宜控制在2～6m，并应随时测探桩孔内混凝土面的位置，及时调整导管埋深；应将桩孔内溢出的水或泥浆引流至适当地点处理，不得随意排放。

（4）在灌注过程中，应经常测探井孔内混凝土面的位置，及时地调整导管埋深。防止导管提升过猛、管底提离混凝土面或埋入过浅，而使导管内进水造成断桩夹泥；也要防止导管埋入过深，而造成导管内混凝土压不出或导管被混凝土埋住而不能提升，导致中止浇灌而断桩。

（5）提升导管时要保持其轴线竖直和位置居中，逐步提升，拆除导管的动作要快。

（6）为了防止钢筋骨架上浮，当灌注的混凝土顶面距钢筋骨架底部1m左右时，应降低混凝土的灌注速度，当混凝土上升到骨架底部4m以上时，提升导管，使其底口高于骨架底部2m以上再恢复正常的灌注速度。

（7）为了确保桩顶质量，灌注的桩顶高程应比设计高程高出不小于0.5m，多余部分在接桩前凿除，残余桩头应无松散层。

（8）在拔最后一节导管时，提升必须缓慢，以防止桩顶沉淀的泥浆挤入导管形成泥心。当混凝土面进入护筒后，随导管的提升，逐步上拔护筒，护筒底部始终应在混凝土面以下，防止护筒进水或涌入泥砂。

5. 灌注过程中常见意外及应对措施

（1）混凝土灌注至一半时发生停电或拌和站故障等原因不能及时运送混凝土时，拌和站应立即向现场技术员通电话，说明原因及解决时间。现场技术员根据时间合理控制放灰速度，若时间较长，可每隔10～15min放大概1m³的灰，直到拌和站修好或从另一拌和站拉灰过来。

（2）如灌注开始后突然下雨，可通知拌和站每盘混凝土加5kg水泥，以减小因下雨造成水灰比变化。现场在灌注后应用彩条布盖住导管口。吊车注意防雷。

（3）若灌注过程中因导管埋深太大，导致混凝土堵住导管，可命令吊车上下抖动导管，直到混凝土放下后，拔出多余导管。

三、施工案例

（一）工程概况

某汽车试验场高速环道进场桥，桥梁全长186m，跨径为20m＋20m＋35m＋40m＋35m＋20m＋20m，共7跨。中间三跨为混凝土连续箱梁，两侧四跨为简支空心板梁。基础为钻孔灌注桩，共34根，每根54延米，累计1836延米，桩径为1.2m，混凝土为C30水下混凝土。钻机选用反循环。

（二）施工工艺

1. 工艺流程

现场调查及施工准备→测量放样及定桩位→开挖泥浆池及配置泥浆→埋设护筒→钻机就位及对中→钻进→成孔检查→清孔→吊放钢筋笼→安装导管→二次清孔→灌注水下混凝土→桩成品检测及验收

2. 测量放样及定桩位

(1) 复核全桥桩位坐标，确认设计图纸提供的桩位数据。

(2) 用全站仪放出桩位点坐标，并做好护桩。桩位点标注时，先放出桩位位置，用木块钉入土中，再在木块上放出桩点，钉入小铁钉，用红油漆标记，最后复测桩点位置。护桩采用十字护桩法，在桩基范围外土中钉入钢筋，拉十字线，使十字线的中心正好与桩点重合。

(3) 施工过程中，若发生护桩移位和偏斜，需及时通知测量队进行复测。

3. 开挖泥浆坑及配置泥浆

(1) 泥浆坑的开挖要尽量避开高环主路基、附近涵洞等，泥浆坑设置容积为 $60m^3$ 以上。除泥浆池外，还需再开挖一个沉淀池，使泥浆得到充分沉淀后，经由泥浆池循环至孔内。

(2) 拌制泥浆前，先将泥浆坑内放水，直到泥浆坑四周不吸水方可进行泥浆拌制。

(3) 根据工地试验室确定的泥浆配合比，在孔内拌制泥浆。先将泥浆坑中水灌满，使水自由流入孔内，钻机进行试循环，待循环正常后，加入黄黏土拌制泥浆，搅拌由钻头完成，拌制的泥浆由泥浆泵循环至泥浆坑内，然后一直循环，直至泥浆坑内泥浆各项指标满足要求。

(4) 本工程泥浆计划使用黄黏土造浆。

(5) 泥浆坑宜设置成长宽比 1.5 左右，长度不小于 6m 的矩形，用以增加泥浆在池内流动时间，使泥浆可以得到充分沉淀。

(6) 反循环泥浆指标应符合表 11-7 的要求。

表 11-7 反循环泥浆指标

钻孔方法	地层情况	泥浆性能指标要求						
		相对密度/ (g/cm^3)	黏度/s	静切力/MPa	含砂率/%	胶体率/%	失水率/(mL/30min)	泥皮厚/mm
反循环回转钻	一般地层	1.03～1.10	16～20	1～2.5	<4	>95	<20	<3
	易塌地层	1.06～1.15	19～28	1～2.5	<4	>95	<20	<3
	卵石土	1.10～1.15	20～35	1～2.5	<4	>95	<20	<3
测定方法		泥浆相对密度	漏斗黏度计	静切力计	含砂率计	量杯法	失水量仪	

4. 埋设护筒

(1) 护筒采用钢板制作，上部设置加强圈。护筒直径要大于桩基直径 20～30cm，护筒中心与桩中心偏差不得超过 50mm。

(2) 护筒焊接部分要严密，不漏浆。

(3) 埋设护筒时，以桩点为圆心，按照护筒大小开挖坑槽，护筒顶略高于地面不超过 30cm。

(4) 筒身要竖直，埋设后检查护筒位置是否满足要求，护筒回填时要分层夯实，并随即观察，防止填土时护筒位置偏移。

(5) 开钻后，测定护筒顶标高，并焊接钢筋做标记，以后孔深测量都以此处为标准。

5. 钻机就位对中

(1) 钻机就位前，先在钻机范围内铺设枕木，用以分散钻机对孔口附近土的压力。

(2) 钻机就位应考虑混凝土灌注时罐车进出，留出足够的空间保证罐车运送混凝土。

(3) 钻机就位的场地要平整、稳定。

(4) 钻机一经就位，不得随意挪动。

(5) 钻机对中采用十字线对中法。

(6) 通过钻机自身的仪器设备调整好钻杆的竖直度。

6. 钻进

(1) 钻孔采用跳打法施工。

(2) 反循环钻机钻孔，应将钻头提离孔底20cm。待泥浆循环通畅后方可开钻。开钻时宜低档慢速钻进，钻至护筒以下1m后再以正常速度钻进。

(3) 钻进过程中及时滤渣，同时经常注意地层的变化，在地层变化处均应捞取渣样，判断地质类型，记入记录表中，并与设计提供的地质剖面图相对照，钻渣样应编号保存，以便分析备查。

(4) 开始钻进时，在控制速度的同时，要注意钻杆是否发生孔位偏差、钻杆倾斜等，待钻进一定深度后，方可加速钻进。

(5) 钻进速度分三阶段进行控制，开钻至护筒下1m时，使用低档钻进，速度不超过1.5m/h，其余不宜超过3m/h。

(6) 经常检查泥浆比重，不满足要求及时调整。调整时，应向泥浆池中加水，不得向孔内加水，防止冲坏孔口造成塌孔。

(7) 钻进过程中，根据护桩随时注意钻杆倾斜度及孔位偏差，不满足要求时，及时调整。

(8) 根据钻渣，注意底层变化情况，若有与图纸设计不符的，及时上报。

(9) 加接钻杆时，应先停止钻进，将钻具提离孔底80mm～100mm，维持泥浆循环1～2min，以清洗孔底并将管道内的钻渣携出排净，然后停泵加接钻杆。

(10) 钻进达到要求孔深停钻时，应维持泥浆正常循环，清洗吸除孔底沉渣至返出泥浆的钻渣含量小于4%为止。起钻时应注意操作轻稳，防止钻头拖刮孔壁，并向孔内补入适量泥浆，稳定孔内水头高度。

(11) 根据地质报告反映，−17m处有2m、−31m处有5m深的淤泥质土，钻至该土层时应降低钻进速度，防止该处缩径。

7. 成孔检查

(1) 钻机钻到设计标高后，对孔深、孔径、孔壁垂直度、沉淀厚度等进行检查，检测前准备好检孔器、测绳等。

(2) 检孔器外径比钢筋笼直径大10cm，长度为孔径的6倍，即检孔器外径为117cm，长度为7.2m。

(3) 测锤重量不小于3kg。

(4) 用检孔器检测成孔的孔径和垂直度，以检孔器在孔内靠自重下沉，不借助其它外力顺利下沉至孔底、不停顿为准。

(5) 检测标准：钻孔倾斜度误差不大于1%，沉淀厚度不大于30cm。

8. 清孔

(1) 由于反循环钻机在施工过程中已经将孔底钻渣全部清除，成孔检测完毕后，对池内泥浆比重、砂率进行调整即可。滤砂器开口不宜过大，防止原浆数量不足。

(2) 清孔过程中，保持浆液循环，钻头旋转不进尺，保证孔底浆液始终处于扰动状态，用以减少清孔过程中沉淀的产生。

(3) 清孔后的泥浆指标应符合表11-8规定。

表11-8 清孔后的泥浆指标

检查项目	相对密度/(g/cm^3)	黏度/Pa·s	含砂率/%	胶体率/%
指标	1.03～1.10	17～20	<2%	>98%

9. 吊放钢筋笼

(1) 钢筋笼制作应分节制作，每节制作长度不大于吊车最大吊装长度。

(2) 每节钢筋笼制作时，接头钢筋要错开1m，保证每断面接头总数不超过钢筋总数50%。焊接优先采用闪光对焊，当条件不具备时，采用双面焊。加强筋要使用专用模具进行制作。主筋焊接钢筋要顺直，间距满足规范要求。

(3) 钢筋笼运输要平稳，装卸吊装时采用多点吊装防止变形。

(4) 钢筋笼焊接长度应满足规范要求，采用双面焊，焊缝长度不小于5倍钢筋直径。

(5) 焊接时，下节钢筋笼应用5m长[20槽钢双拼支撑，护筒外侧密布方木用以支撑槽钢，不得直接将槽钢放置在护筒上。考虑到桩基钢筋笼重量约3吨重，槽钢必须有足够的刚度来支撑钢筋笼，若不满足要求，采用在槽钢凹槽处加肋处理。

(6) 每节钢筋笼焊好后，应及时将外部箍筋缠好并进行焊接。

(7) 钢筋笼最后一节焊好后，要进行对中，对中方法采用十字线对中法，测量十字线中心到钢筋笼加强筋距离，四个方向距离相等再下笼。

(8) 设置声测管的钢筋笼，应检查声测管是否连接严密，声测管接头处使用胶带缠绕数圈，管口封堵要密实，防止泥浆流入堵塞声测管。

(9) 吊筋采用10mm圆钢，倒U字形设置，共2根，焊接在主筋上。吊筋长度应根据桩位标高不同分别计算，理论长度为：工字钢顶标高－钢筋笼顶标高＋焊接长度－3cm（吊环变形量，经验值）。

(10) 最后，将工字钢穿过吊环安放钢筋笼。

10. 安装导管、二次清孔及灌注前准备

(1) 施工所用导管必须进行水密性试验和接头抗拉试验，严禁采用气压试验。水密试验的水压力应不小于孔内水深1.3倍的水压力，亦不小于导管壁和焊缝可能承受灌注混凝土时最大内压力的1.3倍。计算后得出试验压力为756kPa。

$$P=1.3\gamma gH=1.3\times1.1(\text{泥浆密度})\times9.8\times54=756(\text{kPa})$$

(2) 每节导管接头必须设置防水圈，导管连接时要紧密。

(3) 导管悬空高度控制在25～40cm。

(4) 导管安装完毕后，检测孔内沉淀厚度，若沉淀厚度不满足要求，须进行二次清孔，若满足要求，可进行混凝土的灌注。

11. 灌注水下混凝土

(1) 混凝土灌注要连续，灌注时间尽量不超过首盘的初凝时间。

(2) 运到现场的混凝土要进行坍落度检测，不符合要求不得使用。

(3) 为保证首盘导管埋深，首盘灌注采用容积$1m^3$以上带有塞子的大漏斗，先用塞子塞住管口，在漏斗内灌满混凝土，然后拔掉塞子，同时混凝土罐车用最快速度放灰，首盘导管埋深1m共需要$3.4m^3$混凝土。由于灌注采用罐车直接倾倒，在首盘浇筑时，按一个罐车$8\sim10m^3$计算，能在1.5min内将混凝土全部倒出，大漏斗容积为$2.4m^3$，剩余$1.2m^3$的浇筑时间为10s左右，基本保证导管埋深1m时，混凝土是连续灌注，已经满足首盘灌注的需要。除首盘外，剩余混凝土灌注时，可更换为小漏斗。

(4) 混凝土每灌注一盘，要及时测量孔深，计算导管埋深，一般埋深控制在2～4m，埋深过大时，要将多余导管拔除。

(5) 按设计要求，混凝土超灌高度为1m。

(6) 首批混凝土灌注量计算

$$V=h_1\times\frac{\pi d^2}{4}+H_c\times\frac{\pi D^2}{4} \tag{11-3}$$

式中　V——首批混凝土所需数量，m^3；

h_1——井孔混凝土面高度达到时，导管内混凝土柱需要的高度，m，$h_1\geqslant\gamma_W H_W/\gamma_c=10.6\times52.6/24=22$；

H_c——灌注首批混凝土时所需井孔内混凝土面至孔底的高，m，$H_c=h_2+h_3=0.4+1=1.4$；

H_W——井孔内混凝土面以上水或泥浆深度；

D——井孔内径，m，取1.2；

d——导管内径，m，取0.325；

γ_W——井孔内水或泥浆的容重，kN/m^3，取10.6；

γ_c——混凝土的容重，kN/m^3，取24；

h_2——导管初次埋置深度，≥1.0m；

h_3——导管底端至钻孔底间隙，约为0.4m。

经计算$V=3.4m^3$。

12. 成品桩检测

(1) 桩基成桩7d后，即可进行基坑开挖，凿除多余桩头。

(2) 桩头表面要平整密实，无浮浆和松散混凝土。

(3) 对于预留声测管的桩基，要将声测管口封堵物清除，用钢筋对声测管进行疏通，确保声测管通畅无阻碍。

(4) 将声测管内灌满干净的水。

(5) 按照要求对桩基进行100%完整性检测，30%超声波检测，5根高应变检测。

四、挖孔灌注桩施工

挖孔灌注桩多用人工开挖和小型爆破，配合小型机具成孔，灌注混凝土形成桩基，其特点是设备投入少，成本低，成孔后可直观检查孔内土质状况，基桩质量有可靠保证。适用于无水或极少水的较密实的各类土层，桩径不小于1.2m，孔深不宜大于15m。

人工挖孔灌注桩的主要程序是：挖孔→支护孔壁→清底→安放钢筋笼→灌注混凝土。

人工挖孔灌注桩适用于孔径比较大、无地下水或地下水道很少的密实土层或岩石地层。桩形有圆形、方形两种。人工挖孔灌注桩所用机具较少，成孔后可直观地检查孔内土质情况，孔底易清除干净，桩身质量易保证。场区内各桩可同时施工，因此造价低，工期短。

施工前应根据地质和水文地质条件以及安全施工、提高挖掘速度和因地制宜的原则，选择合适的孔壁支护类型。

平整场地、清除松软土层并夯实，施测出墩中心线，定出桩孔位置；在孔口四周挖排水沟，及时排除地表水；安装提升设备；布置出土道路；合理堆放材料和机具。

井口周围需用木料、型钢或混凝土制成框架或围圈予以围护，其高度应高出地面200～300mm，防止土、石、杂物滚入孔内伤人。若井口地层松软，为防止孔口坍塌，需在孔口用混凝土护壁，高约2m。若井口地层有较大的渗水量时，应采用降水法降低地下水位。

挖掘成孔一般要求：

(1) 挖孔桩的桩芯尺寸不得小于0.8m。

(2) 桩孔挖掘及支撑护壁两道工序必须连续作业，不宜中途停顿，以防坍孔。

(3) 土层紧实、地下水不大时，一个墩台基础的所有桩孔可同时开挖，便于缩短工期。但渗水量大的孔应超前开挖、集中抽水，以降低其它孔水位。

(4) 挖掘时要使孔壁稍有凹凸不平，以增加桩的摩阻力。

(5) 在挖孔过程中，应经常检查桩孔尺寸和平面位置，孔径、孔深、垂直度必须符合设计要求。

(6) 孔深大于5m时，必须采用电雷管引爆。孔内爆破后应先排烟15min，并经检查无有害气体后，施工人员方可下井继续作业。

对岩层、较坚硬密实土层，不透水，开挖后期不会塌孔者，可不设支撑。在其它土质情况下，应设支撑护壁，以保证安全。支撑形式视土质、渗水情况等条件而定。支撑护壁方法有预制钢筋混凝土套壳护壁和现浇混凝土护壁。

其它清孔、安放钢筋笼、灌注混凝土等施工方法均同灌注桩。

五、施工案例

某大桥挖孔灌注桩基础施工

(一)工程概况

大桥全长 339.32m，跨径为：26m＋7×40m＋26m。北岸以防洪堤为界，其东侧农田、池塘广布，地形较平坦，为Ⅰ级阶地，地面高程 58.50～60.00m；防洪堤以西，河床东侧为河漫滩，地面高程 56.00～57.85m。河床较平坦，自东向西微倾，水深自东向西渐加深，水流方向与桥轴线基本正交，水流流速受上游水库蓄水、排泄影响大。南为山丘，近河床一侧，受水流冲刷，地形陡峭，岩石裸露，山丘顶部地面高程 73.00～74.00m。

本桥 9＃桥台为扩大基础，0＃桥台、1＃～4＃墩采用挖孔桩施工，5＃～8＃墩采用钻孔桩施工，0＃桥台单幅基础为 4*D*150cm 桩基，桥墩单幅基础为 2*D*200cm，桩基均为嵌岩桩，桥墩单幅柱为 180cm，0＃桥台为肋板式桥台，9＃桥台为重力式桥台，当桩底岩性与地质钻探资料有较大出入时，应及时提出上报工程部或总工。

(二)挖孔桩施工方案

0＃台、1～2＃墩位于陆上，采用挖孔进行下部结构施工，3＃墩位于河滩上，采用敞口土坝围堰筑岛施工，钢筋混凝土护壁人工挖孔成桩；4＃墩靠近岸边浅水中，采用钢壁双护筒人工挖孔成桩。9＃桥台施工方案为扩大基础，用挖掘机在陆地上开挖基坑进行施工。

1. 施工准备工作

挖孔灌注桩的优点是需用机具少，成孔后可直观检查孔内土质情况，保证桩的质量。混凝土护壁作为桩身截面的一部分，护壁混凝土标号不得低于桩身混凝土标号。其它施工准备如下：

(1) 平整场地，清除坡面危石浮土；坡面有裂缝或坍塌迹象者应加设必要的保护，铲除松软的土层并夯实。

(2) 施测墩台十字线，定出桩孔准确位置；设置护桩并经常检查校核。

(3) 孔口四周挖排水沟，做好排水系统；及时排除地表水，搭好孔口雨棚；安装提升设备；布置好出渣道路；合理堆放材料和机具，使其不增加孔壁压力、不影响施工。

(4) 井口周围用木料、型钢或混凝土制成框架或围圈予以围护，其高度应高出地面 20～30cm，防止土、石、杂物滚入孔内伤人。若井口地层松软，为防止孔口坍塌，须在孔口用混凝土护壁，高约 2m。若井口地层有较大的渗水量时，采用井点法降低地下水位。

2. 挖掘方法

组织三班制连续作业，采用电动链滑车或架设三脚架，用 10～20kN 慢速卷扬机提升。

3. 挖掘程序

挖掘程序视土层性质及桩孔布置而定。土层紧密、地下水不大者，一个墩台基础的所有桩孔可同时开挖，便于缩短工期，但渗水量大的一孔应超前开挖、集中抽水，以降低其它孔水位。土层松软、地下水位较大者，宜对角开挖，避免孔间间隔层太薄造成坍塌。若为梅花式布置，则先挖中心孔，待混凝土灌注后再对角开挖其它孔。

由于 0＃桥台有 8 根桩且有承台，要采取先挖桩孔，后挖承台座板基坑的方法，优点是便于排除地表水，场地宽敞，立架、支撑、提升、灌注等操作方法方便。特别是陡坡地形，若先挖承台底板基坑，当挖方边坡较陡时，易造成挖孔事故。

挖孔的顺序采用先沿一条桩孔位置的对角线开挖待混凝土灌注后再沿另一条桩孔位置的对角线进行开挖。

1～3♯墩台每个墩台都有4根桩在河滩上开挖宜采用对角开挖。

4♯墩台虽然在水中但是在浅水滩中施工且靠近河滩，采用钢壁双护筒抽水、人工挖孔成桩。

4. 挖掘的一般工艺要求

(1) 挖掘时，不必将孔壁修成光面，要使孔壁稍有凸凹不平，以增加桩的摩阻力。对摩擦桩更应如此。

(2) 在挖孔过程中，须经常检查桩孔尺寸和平面位置，使之符合设计要求。群桩桩位误差不大于100mm，直桩倾度不超过1%。孔径、孔深必须符合设计要求。

(3) 挖孔时如有水渗入，应及时支护孔壁，防止水在孔壁浸泡流淌造成坍孔。渗水应设法排除（如用井点法降水或集水泵排）。

(4) 桩孔挖掘及支撑护壁两道工序必须连续作业，不宜中途停顿，以防坍孔。

(5) 挖孔如遇到涌水量较大的潜水层承压水时，可采用水泥砂浆压灌卵石环圈，或其它有效的措施。孔深达到设计深度后，应进行孔底处理。

5. 挖掘的安全技术措施

挖孔时，应注意施工安全。挖孔工人必须配有安全帽、安全绳，必要时应搭设掩体。取出土渣的吊桶、吊钩、钢丝绳、卷扬机等机具，必须经常检查。井口周围须用木料、型钢或混凝土制成框架或围圈予以围护，井口围护应高于地面20～30cm，以防止土、石、杂物滚入孔内伤人，为防止井口坍塌，须在孔口用混凝土护壁，高约2.0m。挖孔时还应经常检查孔内的二氧化碳含量，如超过0.3%，或孔深超过10m时，应用机械通风。挖孔工作暂停时，孔口必须罩盖，井孔应安设牢固可靠的安全梯，以便于施工人员上下。

6. 现浇混凝土护壁

混凝土护壁采用内齿式护壁，其结构特点为护壁外侧面为等直径的圆柱，而内侧面则是圆锥台，上下护壁间搭接50～75mm。每挖掘1.2～1.5m深时，即立模浇筑混凝土护壁，厚度10～15cm，强度等级一般用C15；专用作桩身截面的一部分时，其强度应与桩身相同。为加速混凝土凝结，可掺入速凝剂。模板不需光滑平整，以利于与桩体混凝土联结。

7. 排水（含遇到潜水层的处理）

在挖孔桩成孔的施工过程中，排水工作至关重要。其工作内容如下：

(1) 一般性排水　除挖掘顺序中述及的有关排水要求外，还要注意下列事项：

1) 除在地表墩台位置四周挖截水沟外，并应对从孔内排出孔外的水妥善引流远离桩孔。

2) 孔内渗水量不大时，可用铁皮桶盛水，人工提引排走，渗水量大时，可用小水泵排走，孔深小于水泵吸程时，水泵可设在孔外；若孔深大于水泵吸程，须将水泵吊入孔内抽水。

3) 在灌注混凝土时，若数桩孔均只有小量渗水应采取措施同时灌注，以免将水集中一孔增加运推。若多孔渗水量均大，影响灌注质量时，则应一孔集中抽水，降低其它各孔水位，此孔最后用灌注混凝土施工。

(2) 挖孔遇到潜水层承压水的处理　挖孔时如果遇到涌水量较大（$90m^3/h$以内）的潜水层承压水（水头9m，压力90kPa），可采用水泥砂浆压灌卵石环圈将潜水层进行封闭处理，效果较好，做法如下：

1) 首先用水泵将井孔内水排尽；然后把潜水面沿孔壁周边完全开挖出来；再在孔壁设计半径外面开挖环形槽。

2) 在孔底干铺20cm厚卵石层，其上安设5mm厚、高度稍大于潜水层的钢板圈，其内径等于桩径。在钢板圈内卵石层上设置2根直径25mm的压浆钢管，其中1根作为（当另一根堵塞时）备用。压浆管埋入混凝土顶盖处焊一钢板，以利定位及防止压入的水泥浆沿管壁上流。

3）钢板隔离圈与孔壁之间填充卵石，其孔隙率要求在40%左右。

4）为了省工、省料，便于继续开挖，在隔离圈内填充装泥麻包（草包），要求填塞密实，减少孔隙。

5）灌筑水下混凝土顶盖，强度等级C10，厚50cm。

6）压浆。同一压浆管按材料分的给进程序为：先压泥浆，将钢板圈内的空隙用泥浆填充，以节省水泥；次压纯水泥浆，因其流动性好，裂缝很小亦可压浆；最后压进水泥砂浆，其配合质量比为1∶1。砂浆中可掺入合适的早强剂，各种压浆均以稠度来控制。稠度用砂浆流动度测定器来测定，以s表示。泥浆稠度要求2～6s，稠水泥浆或水泥砂浆稠度要求2～10s。压浆机具可用灰浆泵，压力0.3～0.4MPa即可。

7）封闭完成继续开挖。封闭完成48h以后可将水抽尽，水位不上升，即可用风镐将混凝土下盖凿去孔径范围之内的部分，并吊出装泥麻包，拆除钢板圈，继续进行挖孔工作。

8. 终孔检查处理

挖孔达到设计标高后，应进行孔底处理。必须做到平整，无松渣、污泥及沉淀等软层。嵌岩层深度应符合设计要求，开挖过程中应经常检查了解地质情况，若与设计资料不符，应提出变更设计。若孔底地质复杂或开挖中发现不良地质现象（如溶洞、薄层泥岩、不规则的淤泥分布等）时，应探明孔底以下地质情况。

六、沉入桩施工

(一)桩的制作

桩的制作包括钢筋混凝土桩的制作和预应力混凝土管桩的制作。

1. 钢筋混凝土桩的制作

场地应考虑吊桩设备的安装、拆卸和运桩便道的布置。地基应整平夯实，不积水，其上面铺压一层砾料或石灰土，表面用水泥砂浆抹平亚光并涂以隔离剂，以作制桩底模。

桩的主筋宜用整根的钢筋，如需接长时，宜采用闪光接触对焊或机械连接，接头应相互错开，在桩尖、桩顶各2m长范围内的主筋不应有接头。主筋与箍筋或螺旋箍筋应紧密连接，交叉处应采用点焊或钢丝绑扎牢固。

同一根桩的混凝土配合比不能随便改变，浇筑顺序宜由桩顶开始向桩尖连续浇筑，中间不得停顿，并用振捣器严密振实。混凝土浇筑完1～2h后，应覆盖并洒水养护。当混凝土强度达到设计要求的25%时可拆侧模；如无特殊要求，强度达到设计要求的70%时可拆底模；全部达到设计强度要求时，方可使用。

预制钢筋混凝土桩和预应力混凝土桩的制作应符合下列规定［引用《公路桥涵施工技术规范》(JTG/T F50—2011)］：

(1) 钢筋混凝土桩的横向收缩裂缝宽度不得大于0.2mm，深度不得大于20mm，裂缝长度不得大于1/2桩宽；预应力混凝土桩不得有裂缝。

(2) 桩的表面出现蜂窝麻面时，其深度不得大于5mm，每面的蜂窝麻面面积不得超过该面总面积的0.5%。

(3) 有棱角的桩，棱角破损深度应在5mm以内，且每10m长的边棱角上只能有1处破损，在1根桩上边棱破损的总长度不得大于500mm。

(4) 预制桩出场前应进行检验，出场时应具备出场合格检验记录。

2. 预应力混凝土管桩的制作

预应力混凝土管桩国内已有定型生产，直径一般为400mm和550mm，管壁厚80～100mm，每节长8～10m不等。预应力混凝土管桩的预制，一般由工厂用离心旋转法制作。采用混凝土的强度等级一般为C45。

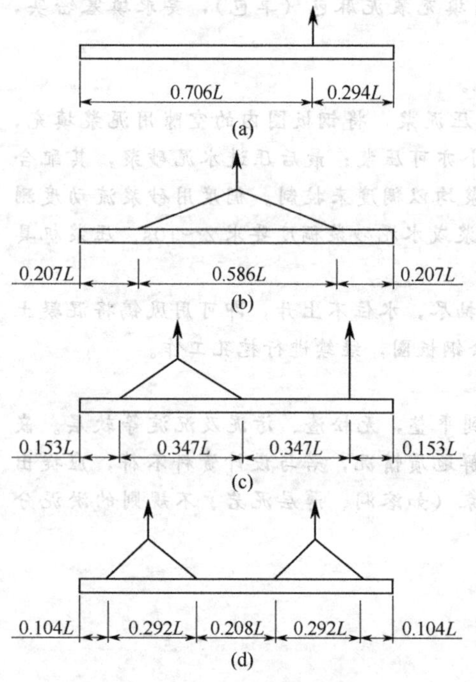

图11-22 吊点位置示意图

(二)预制桩的吊运和堆放

1. 吊运

预制混凝土桩吊运时，混凝土强度一般应达到设计强度的70%后方可起吊，达到100%后方可运输，运输时桩身应平置。如需提前吊运时，应根据吊点布置位置（吊点位置如图11-22所示），经验算合格后才能起吊。预制混凝土桩吊点一般不设吊环，起吊前应标出吊点位置，用钢丝绳捆绑。捆绑处应加麻布、木块衬垫保护，以防损坏桩的表面和棱角。吊点的位置偏差不应超过设计位置20mm。吊桩时要使各吊点同时受力，徐徐起落，避免振动损坏桩身。使用起重机或浮吊起吊时，应使桩纵轴线夹角不小于45°。

桩搬运时，可采用平板拖车或前后托架拖车。采用前后托架拖车时，前托架拖车上需加设活动转盘，如图11-23所示。

2. 堆放

堆放桩的场地应靠近沉桩地点。场地应平整坚实，做好防水措施，防止湿陷和不均匀沉陷。

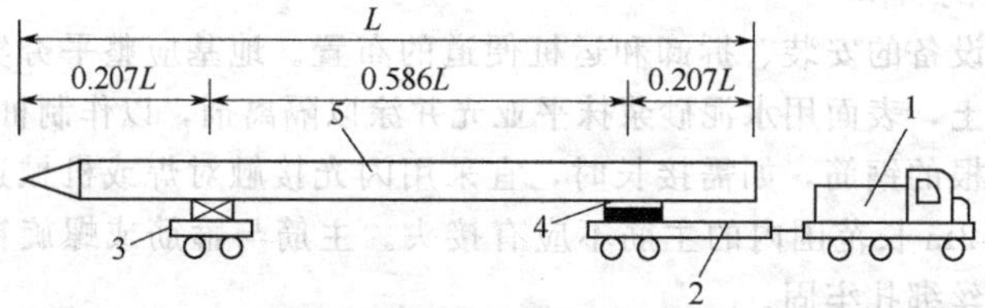

图11-23 托架拖车运桩示意图

1—卡车；2—拖车；3—托架拖车；4—活动转盘；5—桩

不同类型和尺寸的桩应考虑使用先后，分别堆放。堆放支点位置与吊点相同，偏差不得超过20mm。当桩需长期堆放时，为避免桩身挠曲，可采用多点支垫。各支点垫木应位置均匀，各垫木顶面应在相同的水平面上。多层堆放时，各层垫木应位于同一垂直面上。

混凝土管桩堆放层数：直径400mm，最高可堆放6层；直径550mm，不宜超过4层。

钢管桩堆放层数：直径400mm，放置5层；直径600mm，放置4层；直径900mm，放置3层；H型钢桩最多放置6层。

(三)沉桩机械及设备

沉桩机械要根据土质、桩的种类、工程大小、规格、尺寸、现场水电供应条件及施工期限进行选择。

1. 桩锤

桩锤可分为坠锤、单动汽锤、双动汽锤、柴油锤、液压锤和振动锤等。各种锤型适用范围如表 11-9 所示。

表 11-9　各种锤型适用范围及优缺点

序号	锤　　型	适 用 范 围	优 缺 点
1	坠锤	1. 适用于沉木桩和断面较小混凝土桩； 2. 重型及特重型龙门锤适用于沉钢筋混凝土桩； 3. 在一般黏性土、砂土、含有少量砾石土均可使用	设备简单，使用方便，冲击力大，能随意调整落距，但锤击速度慢（每分钟 6～20 次），效率低
2	单动汽锤	1. 适用于沉各种类型的桩； 2. 适宜沉管灌注桩	结构简单，冲程短，对桩头和设备不易破坏，沉桩速度及冲击力较坠锤大，效率较高
3	双动汽锤	1. 适用于沉各种类型的桩； 2. 可用于沉斜桩； 3. 使用压缩空气时可用于水下沉桩，并可用于拔桩； 4. 可吊锤沉桩	冲击次数多，工作效率高，可不用桩架沉桩；在水中沉桩时，可不用送桩。冲击部分质量占总质量比例小，一次冲击能比单动汽锤小，当冲击重型桩时就不能满足。另外，设备笨重移动不方便
4	柴油锤	1. 杆式锤适宜沉小型桩、钢板桩； 2. 筒式锤适宜混凝土桩、钢管桩等； 3. 不适宜在过软或过硬土中沉桩； 4. 用于浮船中沉桩较为有利	附有桩架动力等设备，机架轻，移动方便，沉桩快，燃料消耗少，也可以打斜桩，是使用最广的一种沉桩方法；但振动大、噪声大
5	液压锤	1. 适用于沉重型的混凝土桩、钢桩； 2. 适用于黏性土、砂土中含少量砾石土等	锤质量大、冲击次数多、工作效率高，其冲程可根据不同土质用人工调整，在一定条件下，可保证锤对桩的锤击力控制、噪声小，且不会污染空气
6	振动锤	1. 适宜沉各种桩和沉管灌注桩； 2. 适用松散砂土、亚黏土、黄土和软土； 3. 在卵石夹砂及紧密黏土中效果较差	沉桩速度快，适用面宽，施工操作简易、安全，能辅助拔桩

2. 桩架

桩架为沉桩的主要设备，可以用钢、木结构组拼而成，其主要作用是装吊锤和桩，并控制锤的运动方向。其组成主要有：导杆和导向架、起吊装置、底盘、撑架等。

(四)沉桩施工

1. 沉桩顺序

沉桩一般由一端向另一端顺序打、由中间向两端打、由两端向中间打和分段打桩，如图 11-24 所示。

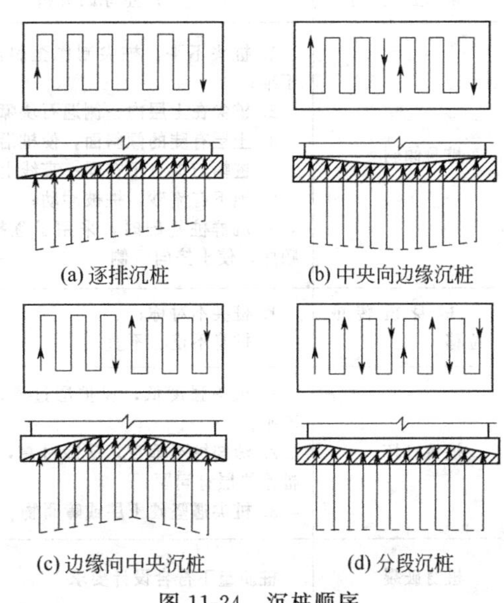

图 11-24　沉桩顺序

由一端向另一端顺序打桩便于施工，应用较多，间距较大，土不太密实，桩锤较重时，可采用此顺序打桩。

由中间向两端打桩可避免因中部土壤被挤紧而造成打桩困难的现象，一般在基坑较小，土质密实，桩多、间距小的情况下可采用此顺序打桩。

由两端向中间打桩可使土质越挤越紧，增加土的摩擦阻力，充分发挥摩擦桩的作用，适用于较松软的土中打摩擦桩。

分段打桩可解决后打桩不易打入的问题，且土壤挤出也比较均匀，可在基坑较大，柱数较多的情况下采用。

如桩埋置有深浅，宜先沉深的，后沉浅的；在斜坡地带，应先沉坡顶的，后沉坡脚的。

2. 锤击沉桩

沉桩前，应对桩架、桩锤、动力机械、射水管路、蒸汽或压缩空气管路、电缆等主要设备部件进行检查。

沉桩前还应对混凝土预制桩进行检查，其强度应达到设计要求。

另外，开锤前应检查桩锤、桩帽或送桩与桩的中心轴线是否一致。在松软土中沉桩，将桩锤放在桩顶上时，为防止下沉量过大，应先不解开钢丝绳，待安好桩锤再慢慢放长吊锤和吊桩的钢丝绳，使桩均匀缓慢地向土中沉入。同时还要继续检查桩锤、桩帽或送桩的中心是否同桩的中心轴线一致，桩的方向有无变动，随时进行改正。经检查无误后即可进行锤击。

开始沉桩时，宜采用较低落距。桩锤、替打、送桩和桩宜保持在同一轴线上。在锤击过程中，应采用“重锤低击”。

锤击沉桩时，桩帽与桩之间的垫层（包括锤垫和桩垫）要仔细安放，要有适当的厚度，在锤击过程中须及时修理锤垫和更换桩垫，避免桩头引起很高的压应力。桩帽要夹着垫层，减少锤击时产生振动，使锤击力能均匀地分布在桩头上。当沉桩的桩顶标高低于落锤的最低标高时，应设送桩，其强度不得小于桩的设计强度。

一般开锤后，坠锤或单动汽锤的落锤高度不宜超过 0.5m；双动汽锤应降低汽压，减少每分钟的锤击数；柴油锤应控制供油量，减少锤击能量。以后视桩的入土情况，逐渐加大冲击动能，直至桩的入土深度和贯入度都符合设计要求为止。锤击沉桩的最后贯入度，不宜定得太小，对于柴油锤沉桩的贯入度不宜小于 1～2mm/击，蒸汽锤不宜小于 2～3mm/击，以免损坏桩锤。

沉桩时，应控制桩尖设计标高为主。当桩尖已达到设计标高，而贯入度仍较大时，应继续锤击，使贯入度接近控制贯入度。当贯入度已达到控制贯入度，桩尖标高未达设计标高时，应继续锤击 100mm 左右（或锤击 30～50 击），如无异常变化时，即可停锤。

沉桩工作应一次沉到设计标高，不得中途停顿。若停顿过久，由于土的恢复将难以下沉。沉好的桩在未经验收以前，不得截锯桩头。

沉桩时常遇问题及其防治措施和处理方法如表 11-10 所示。

表 11-10 锤击沉桩时常遇问题及防治措施和处理方法

常遇问题	产生原因分析	防治措施和处理方法
桩身倾斜	1. 桩头不平，桩尖制作歪斜，桩靴套得不准； 2. 桩尖在土层内一侧遇石块障碍物等； 3. 土层有陡的倾斜面，使桩沿斜面滑移； 4. 桩帽与桩身不在同一直线上； 5. 地下有流砂，桩被冲动； 6. 沉群桩基础时，采用了逐排连续沉桩顺序，使土挤向一侧	1. 沉桩前须对桩头、桩尖和桩靴进行检查纠正； 2. 障碍物不深，可挖除回填后重新沉桩； 3. 须查明土层陡坡方向，采取适当措施； 4. 随时检查纠正； 5. 是否采用桩基，与设计单位研究； 6. 改用分段沉桩顺序
桩身扭转或位移	1. 桩尖不对称； 2. 桩身不正、不直	1. 偏差不大，可用锤慢锤低击纠正； 2. 偏差过大，应拔桩重沉
桩头打坏	1. 桩头强度低，保护层过厚，桩顶凸凹不平； 2. 锤与桩不垂直，落锤过高，锤击过久，桩帽垫层有问题； 3. 桩尖遇坚硬土层或障碍物	分析原因，分别及时纠正
桩身破裂	桩质量不符合设计要求	混凝土预制桩可加钢夹箍，用螺栓拧紧后焊接加固补强。质量差的不得使用

续表

常遇问题	产生原因分析	防治措施和处理方法
桩涌起	1. 遇流砂或较软土层； 2. 采用了由两边向中央沉桩顺序，使地基土挤密	1. 对浮起量大的桩重新沉入； 2. 对涌起的桩进行复打
桩急剧下沉	1. 遇软土层、土洞、暗坑等； 2. 接头破裂或桩尖劈裂，桩身弯曲或有严重的横向裂纹； 3. 桩锤过重或落锤过高； 4. 接桩不垂直	1. 如情况与钻探资料符合，属于正常现象； 2. 将桩拔起检查改正重沉，或在原桩位处补桩处理； 3. 调整锤击速度或落锤高度
桩沉不下去或达不到设计标高	1. 遇障碍物或碰到大石块； 2. 沉到坚硬土夹层或砂夹层； 3. 由于基岩面起伏较大，相同长度的桩沉不下去； 4. 沉桩间歇时间过长，摩擦力增大； 5. 桩锤太轻或落锤太低； 6. 桩距太小，或自两边向中央沉桩，土被挤密	1. 设法清除或移动桩位或补桩； 2. 地基土与钻探资料相符，属正常情况； 3. 进一步探清地质资料，改用符合设计要求的不同桩长，或按上述入土深度和贯入度采用双控方法处理； 4. 加大锤质量，提高落锤高度； 5. 放大桩距改由中央向两边沉桩
桩身跳动或桩锤回弹	1. 桩尖遇树根或坚硬层； 2. 桩身过曲，接桩过长； 3. 落锤过高	1. 检查原因，采取措施使桩穿过或避开障碍物，如入土不深应拔起避开或换桩重沉； 2. 重锤轻击，改善落锤高度

3. 振动沉桩

振动沉桩法具有沉桩速度快，施工操作简易、安全且能辅助拔桩的优点，适用于松软的或塑态的黏质土或饱和砂类土层中，对于密实的黏性土、风化岩、砾石效果较差，基桩入土深度小于15m时，单用振动沉桩即可，除此情况外宜采用射水配合振动沉桩。

振动沉桩施工应考虑振动对周围环境的影响，并应预计振动上拔力对桩结构的影响，每根桩的沉桩作业应一次完成，中途不宜停顿过久，开始沉桩时，应以自重下沉或射水下沉，将桩身稳定后，再采用振动下沉。

在振动沉桩过程中，如发生贯入度产生剧变；桩身发生突然倾斜、位移或严重回弹；桩头或桩身破坏；地面隆起；桩身上浮的情形或机械故障时，应立即暂停施工，查明原因并采取措施后，方可继续施工。

4. 静力压桩

静力压桩施工现场应先平整，并根据现场条件，预先确定压桩机压桩顺序，尽量减少压桩机行走距离。压桩前应在桩身作出明显的深度标志，以便压桩时记录压入深度和压力的数值。

吊装前应清理桩身，并检查桩身有无明显碰损处，以免影响夹持下压。如影响则不得使用。吊桩进入压桩机夹具后，应对准桩位。开始压桩时，应使较低的压力徐徐压入，确定无异常情况后，再开始正常工作。

压桩过程中应严格控制桩身与地面的垂直度，不允许倾斜压入。如需接送桩时，应保证送桩的中心轴线与桩身的中心轴线上下一致。压桩过程中，应随时注意桩下沉有无变化，如有水平方向位移时，则可能桩尖遇到障碍，当移动量较大时，应将桩拔出，清除障碍或与设计单位研究后改变位置。

5. 射水沉桩

在砂质或砾石土壤中打桩，可采用射水打桩法，随射随打。待桩尖距设计高程1m左右时，应停止射水，完全锤击，以增加桩的承载能力。若随射随打仍不能穿过坚实土层时，可利用旧钢轨作引桩先打成导眼，然后将桩插入继续下沉。

下沉空心桩时，一般用单管内射水。当桩下沉较深或土层较密实时，可用锤击或振动配合射水。下沉至要求深度仍有困难时，如在砂质土层中，可再加外射水，以减小桩周的摩阻力，加快沉桩速度。

下沉实心桩时，将射水管对称安装在桩的两侧，并能沿着桩身上下自由移动，以便在任何高度上冲土。当在流水中沉桩或下沉斜桩时，应将水管固定于桩身上。

射水管的直径根据水压和水量决定。一般射水管的直径为37～63mm，喷嘴直径为射水管直径的0.4～0.45倍。如需扩大冲刷范围时，可在喷嘴管壁上设置若干小孔眼，该孔眼与喷嘴垂直轴线成30°～45°角，孔眼直径一般为8mm。在黏性土壤中，宜用只有一个中心孔眼的射水管。

射水沉桩施工时，在沉入最后阶段1～5m至设计标高时，应停止射水，单用锤击或振动沉入至设计深度。

第三节　沉井基础施工

当水文地质条件不宜于修筑天然地基和桩基时，可采用沉井基础。沉井是桥梁深基础的一种常用类型，是用钢筋混凝土制成的上下开口的井筒状结构物，沉入土中，成为桥梁或其它构筑物的基础。如图11-25所示为世界第一大沉井——江阴长江大桥北锚沉井。沉井在施工中有独特的优点：占地面积小，不需板桩围护，与大开挖相比较，挖土量小，对邻近建筑的影响比较小，操作简便，无须特殊的专用设备。

图11-25　江阴长江大桥北锚沉井

一、沉井的类型与构造

(一)沉井类型

1. 按施工情况分

(1) 就地浇筑下沉沉井：多采用混凝土或钢筋混凝土沉井。筑岛立模浇筑混凝土后，就地挖土下沉。

(2) 浮式沉井：多为钢壳井壁，亦有空腔钢丝网水泥薄壁沉井、钢筋混凝土薄壁沉井，是在岸上制作成型后，通过滑道等方法下水浮运到位。还有的在船上制作成型，采用一整套吊装设备和措施，使其浮运到位下沉，或采用船运到位，用沉船方法，使其入水下沉。

2. 按其竖向剖面形状分

柱形、锥形、阶梯形。见图 11-26（a）。

3. 按其横截面形状分

圆形、矩形、圆端形。如图 11-26（b）所示。圆形沉井受力好，适用于河水主流方向易变的河流。矩形沉井制作方便，但四角处的土不易挖除，河流水流也不顺。圆端形沉井兼有两者的优点，也在一定程度上兼有两者的缺点，是土木工程中常用的基础类型。

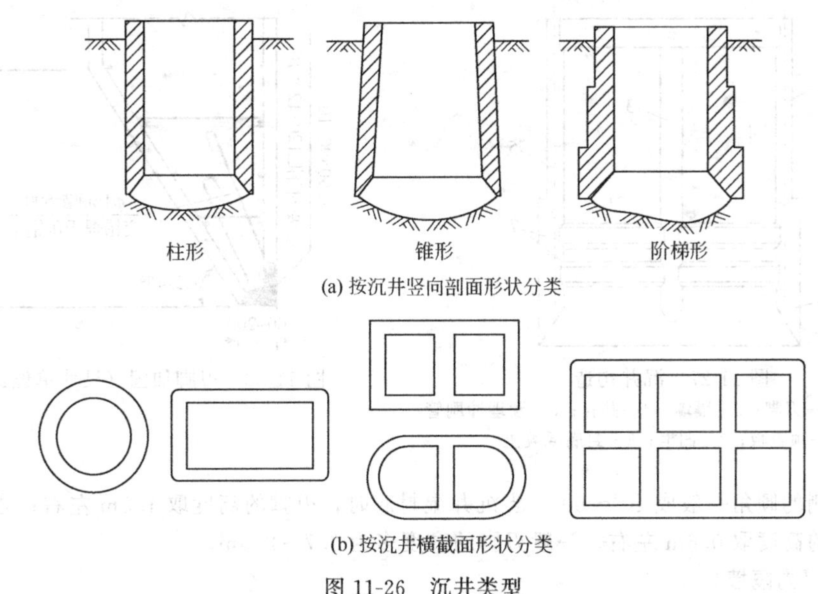

(a) 按沉井竖向剖面形状分类

(b) 按沉井横截面形状分类

图 11-26　沉井类型

4. 按材料分

(1) 混凝土沉井：混凝土的特点是抗压强度高，抗拉能力低，因此这种沉井宜做成圆形，并适用于下沉深度不大（4～7m）的软土层中。

(2) 钢筋混凝土沉井：这种沉井的抗拉及抗压能力较好，下沉深度可以很大（达数十米以上）。当下沉深度不很大时，沉井壁大部用混凝土，下部（刃脚）用钢筋混凝土的沉井，在桥梁工程中得到较广泛的应用。钢筋混凝土沉井可以就地制造下沉，也可以在岸边制成空心薄壁浮运沉井。

(3) 竹筋混凝土沉井：沉井在下沉过程中受力较大因而需设置钢筋，一旦完工后，它就不承受多大的拉力，因此，在南方产竹地区，可以采用耐久性差但抗拉力好的竹筋代替钢筋，我国南昌赣江大桥等曾用这种沉井。在沉井分节接头处及刃脚内仍用钢筋。

(4) 钢沉井：用钢材制造沉井其强度高、重量轻、易于拼装，宜于做浮运沉井，但用钢量大，国内较少采用。

(5) 砖石沉井、木沉井：这两种均是就地取材制作的沉井，现很少采用。

(二)沉井构造

沉井是由井壁、刃脚、隔墙（内隔墙）、井孔、预埋冲刷管、凹槽、封底混凝土、顶盖板等组成。如图 11-27 所示。

1. 井壁

井壁是沉井的主体部分，沉井主要靠井壁的自重克服正面阻力和侧面阻力而下沉。为减小沉井下沉时的摩阻力，沉井井壁外侧可做成1%～2%的向内斜坡。多数沉井都做成阶梯形，台阶设在每节沉井的接缝处，错台的宽度约为50～200mm，井壁厚度多为0.7～1.5m。

2. 刃脚

刃脚位于井筒的下端，形如刀刃，其作用是在沉井自重作用下易于切土下沉，主要是减少下沉阻力。刃脚底的水平面称为踏面。踏面宽度一般为100～300mm。当沉井在坚硬土层中下沉时，刃脚踏面可减少至100～150mm。为了防止障碍物损坏刃脚，还可采用钢筋及型钢加强，如图11-28所示。当采用爆破法清除刃脚下障碍时，刃脚应用钢板包裹。当沉井在松软土层中下沉时，刃脚踏面又应加宽至400～600mm。

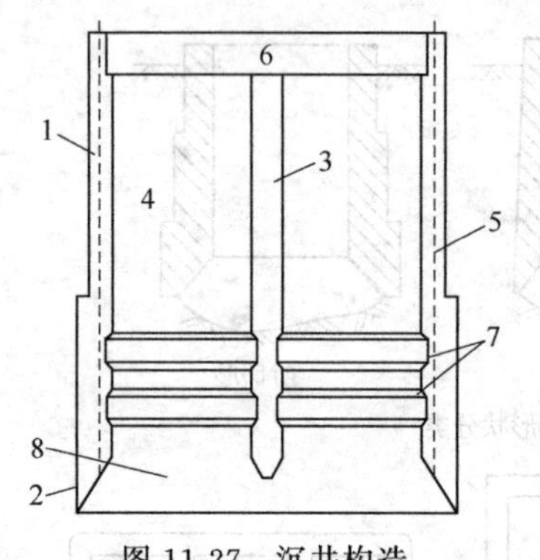

图11-27 沉井构造

1—井壁；2—刃脚；3—隔墙；4—井孔；5—预埋冲刷管；6—顶盖板；7—凹槽；8—封底混凝土

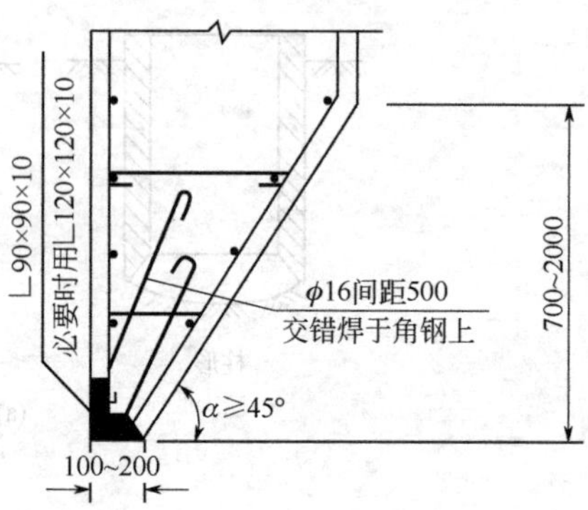

图11-28 刃脚加固（尺寸单位：mm）

刃脚内侧的倾角一般成40°～60°。当沉井湿封底时，刃脚的高度取1.5m左右；当沉井干封底时，刃脚的高度取0.6m左右。一般刃脚的高度多为0.7～2.0m。

3. 隔墙（内隔墙）

如果沉井平面尺寸较大时，为加强沉井的刚度，可在沉井内部设置隔墙。隔墙的厚度多为0.8～1.2m，底面一般应比井壁刃脚踏面高出0.5～1.0m，以免土体顶住内墙阻碍沉井下沉。但当穿越软土层时，为了防止沉井“突沉”，也可与井壁刃脚踏面齐平。沉井在硬土层及砂类土层中下沉时，为了防止隔墙底面受土体的阻碍，阻止沉井纠偏或出现局部反力过大，造成沉井断裂，故隔墙底面高出刃脚踏面的高度可增加到1.0～1.5m。隔墙的厚度一般为0.5m左右。隔墙下应设过人孔，供施工人员在各取土井间往来之用。

4. 井孔

井孔是挖土、排水的工作场所和通道。井孔尺寸除应满足使用要求外，还应保证挖土机可在井孔中自由升级，不受障碍。如用挖泥机取土时，井孔的最小边长应大于挖泥斗张开尺寸0.5～1.0m，一般不小于3m。井孔的布置应力求简单、对称。

5. 预埋冲刷管

冲刷管是用来辅助沉井下沉的设施，多设在井壁内或外侧，在下沉深度较大、沉井自重不足以克服土的摩阻力时，可采用射水法辅助沉井下沉。

6. 凹槽

凹槽设在近刃脚处，是为增强封底混凝土和沉井壁的联结而设立的。凹槽的高度根据底板厚度决定，主要为传递底板反力而采取的结构措施。凹槽底面一般距刃脚踏面2.5m左右。槽高约1.0m，接近封底混凝土的厚度，以保证封底工作顺利进行。凹入深度约为150～250mm。

7. 封底混凝土、顶盖板

封底混凝土和顶盖板是传递荷载的承重结构，封底混凝土位于井底，顶盖板位于井顶。封底可以分为湿封底（水下灌注混凝土）和干封底两种。采用干封底时，可先铺垫层，然后浇筑钢筋混凝土底板，必要时在井底设置集水井排水；采用湿封底时，待水下混凝土达到强度，抽干井水后再浇筑钢筋混凝土底板。

二、沉井的施工

沉井的施工工艺大致可分为：沉井制作→沉井下沉→沉井封底、填充和浇筑顶盖板。

(一)沉井制作

沉井位于浅水或可能被水淹没的岸滩上时，宜采用就地筑岛进行制作；沉井在制作至下沉过程中位于没有被水淹没的岸滩时，如地基承载能力满足设计要求，可采用就地整平夯实进行制作，如地基承载力不够时，应采取加固措施。在地下水位较低的岸滩，若土质较好时，可开挖基坑制作沉井。

1. 清理和平整场地

就地浇筑沉井要在围堰筑岛前清除井位及附近场地的孤石、树根、淤泥及其它杂物。对软硬不均的地表应予以换土或作加固处理。

浮运浮式沉井之前应对河床标高进行详细检测和处理。浮运宜在能保证浮运顺利通过的低水位或水流平稳、风力较小时进行。落床过程中要随时观测由于沉井的阻力和断面压缩而引起的流速增大以及由此造成的河床局部冲刷，必要时可在沉井位置处填卵石或碎石。

在岸滩上或筑岛制作沉井，要先将场地平整夯实，以免在灌注沉井过程中和拆除支垫时，发生不均匀沉陷。按沉井位置放出准确的十字中线并整平。为了使垫木铺设平顺，受力均匀，垫木下要加铺一层厚为 50mm 的砂垫层，如图 11-29 所示。垫木应采用质量好的普通枕木及短方木。垫木的铺设方向保证刃脚在直线段应垂直布置，圆弧部分应径向布置。垫木铺设的顺序是先从定位垫木开始向两边延伸。垫木的间隙采用填砂捣实。要求铺垫顶面的最大高差不大于 30mm，相邻两块垫木高差不大于 5mm。

图 11-29 沉井砂垫层

2. 底节沉井的制作

(1) 沉井模板与支撑 沉井模板与支撑应具有足够的强度和较好的刚度。刃脚下的底模应按拆除顺序分段布设，预先断开。带踏面的刃脚可直接置于垫木上。带钢刃尖的沉井，应沿刃尖周围在垫木上铺设不小于 10mm 厚的钢垫板。钢刃脚焊接时应对称进行，尽量减少焊接变形。

刃脚与隔墙下应设屋架式支撑，使其两端与刃脚下的垫木连成一体，防止浇筑混凝土时发生不均匀沉落造成裂纹。

模板安装顺序：刃脚斜面及隔墙底面模板→井孔模板→绑扎钢筋→设内外模间支撑→支立外侧模板→设内外模板间拉杆→调整各部分尺寸→全面紧固支顶、拉杆、拉箍→固定撑杆和拉缆。

(2) 钢筋绑扎 钢筋绑扎是在内模（井孔）已支立完毕、外模尚未扣合时进行。先将制好的焊有锚固筋的刃脚踏面摆放在垫木上刃脚的画线位置上，进行焊接后再布设刃脚配筋、内壁纵横筋、外壁纵横筋。为了加快进度可以组成大片，利用吊机移动定位焊接组成整体。内、外侧箍筋还要设好保护层垫块。

(3) 混凝土浇筑　沉井混凝土应沿井壁四周对称浇筑，避免混凝土面高低相差悬殊，以防产生不均匀下沉造成裂缝。每节沉井的混凝土都应分层、均匀、连续地浇筑直至完毕。高度较高可设缓降器，缓降器下的工作高度不得高于1m。

(4) 拆模板和抽除垫木　混凝土强度达到设计强度的70%时，方可拆除模板。拆模后，混凝土达到设计强度后，才能抽除垫木。抽除垫木时，应分区、依次、对称、同步地向沉井外抽出，随抽随用砂土（一般采用粗、中砂）回填振实。抽垫时应防止沉井偏斜。不论沉井大小，垫木一般均要求在数小时（2～4h）内全部抽除。

(二)沉井下沉

沉井下沉主要是通过从井孔中用机械或人工方法均匀除土，削弱基底土对刃脚的正面阻力和沉井壁与土之间的摩阻力，使沉井依靠自重克服上述阻力而下沉。底节沉井混凝土强度必须达到100%，其余各节强度允许达到70%时，方可进行下沉。当底节沉井顶面下沉距地面还剩1～2m时，可进行接高，接高前不得将刃脚掏空，避免沉井倾斜。接高加重应均匀对称地进行，接高各节竖向中轴线应与前一节的中轴线相重合，顶面凿毛，立模，浇筑混凝土，待达到设计强度后，拆模，继续除土下沉。

从井孔中除土下沉的方式有排水除土下沉和不排水除土下沉两种。沉井下沉通常多采用不排水除土方式，只有在稳定的土层中，且渗水量小（每平方米沉井面积渗水量不大于$1m^3/h$）时，才采用排水除土方式。

1. 排水挖土下沉

在稳定的土层中，如渗水量不大，或者虽然土层透水性较强，渗水量较大，但排水不致产生流砂现象时，可采用排水挖土下沉的方法。

排水下沉时，用人力或风动工具开挖，必须对称地进行，保证均匀下沉。从地面或筑岛面开始开挖下沉时，应先将刃脚内侧的回填土分层挖除，挖土顺序同抽除垫木的顺序。4个定位垫木处的土最后挖除。在一层全部挖完后，再开始挖第二层。

2. 不排水挖土下沉

不排水挖土下沉常用的方法有抓土下沉和吸泥下沉两种。

抓土下沉是采用抓土斗在井孔内抓土，从而减少刃脚处阻力，使沉井逐渐下沉的方法。抓土斗以起重机或双筒卷扬机操作，在抓土时逐渐使井底形成锅底状。在砂或砾石类土中，一般当锅底比刃脚低1～1.5m时，沉井可靠自重下沉，并将刃脚下的土挤向中央锅底，再从井孔中继续抓土，沉井即可继续下沉。在黏性土中，四周的土不易向锅底坍落，应辅以高压射水松土。

吸泥机适用于砂、砂夹卵石、黏砂土等土层。在黏土、胶结层及风化岩层中，当用高压射水冲碎土层后，亦可用吸泥机吸出碎块。沉井内使用吸泥机除土时，通常用起重机或吊架等维持在悬吊状态管身垂直，并能在井内移动。吸泥时，吸泥管口离泥面的高度可以上下调整，一般情况下为0.15～0.50m，以保持最佳吸泥效果。吸泥时应经常变换位置，增加吸泥效果，并使井底泥面均匀下降，防止沉井偏斜。靠近刃脚及隔墙下的土层，如不能向中间锅底自行坍落时，可用高压射水赶向中间后再吸出，如图11-30所示。

图11-30　沉井吸泥下沉施工

(三)沉井封底、填充和浇筑顶盖板

1. 沉井封底

沉井下沉至设计标高，应检验基底的地质情况是否与设计相符，排水下沉时，可直接检验、处理；不排水下沉时，应进行水下检查、处理，必要时取样鉴定。不排水下沉的沉井基底应整平，且无浮泥。排水下沉的沉井，应满足基底面平整的要求。还应进行沉降观测，经过观测在8h内累计下沉量不大于10mm或沉降量在允许范围内，沉井下沉已稳定时，即可进行沉井封底。

沉井封底可分为排水封底和不排水封底两种，当沉井基底无渗水或少量渗水时可用排水封底；当沉井基底有较大量渗水时需采用不排水封底。沉井封底层一般采用平顶圆锥形式，沉井封底混凝土厚度应根据基底的水压力和地基土的向上反力经计算确定，且封底混凝土的顶面高度应高出刃脚根部0.5m及以上，一般为1.5～3.0m。封底混凝土的强度等级不应低于C25。

(1) 排水封底　在基底岩面平整，沉井刃脚周围已经用黏土或水泥砂浆封堵后井内无渗水时，可在基底无水的情况下灌注封底混凝土。

(2) 不排水封底　对无法抽干井内积水的沉井，可用导管法灌注水下混凝土封底。导管法灌注水下混凝土与钻孔灌注桩的工艺原理基本相同，所不同的是沉井面积较大，可用多根导管同时或依次灌注。

2. 填充和浇筑顶盖板

沉井井孔填充与否是根据设计要求而定的。井孔填充可以减小混凝土的合力偏心距；不填充可以减小对基底的压力，更能节省填充工序和材料。

对于需要填充井孔的沉井，应在封底混凝土养护达到设计强度后才允许抽净井孔内的水，刷洗清除混凝土表面的淤泥、浮浆等杂物，按设计要求进行分层夯实填充。

填充井孔的沉井顶盖板可直接在填充料面上接好钢筋，浇筑混凝土。不需填充井孔的沉井，其顶部的内侧须设支撑顶盖板底模板的牛腿、底梁，以便在其上铺底模、绑钢筋、浇筑顶盖板混凝土。

(四)浮运沉井施工

浮式沉井制作时，沉井的底节应做水压试验，其它各节应经水密试验，合格后方可入水。沉井的临时性井底，除应做水密试验确认合格外，还应满足在水下拆除方便的要求。

沉井在浮运前，应对所经水域和沉井位置处河床进行探查，确认水域无障碍物，沉井位置的河床平整；应掌握水文、气象及航运等情况；应检查拖运、定位、导向、锚锭等设施状况，确认合格。浮式沉井底节入水后的初定位置，宜设在墩位上游适当位置。

浮式沉井在悬浮状态下接高，应随时验算沉井的稳定性，接高时，必须均匀对称加载，沉井顶面宜高出水面1.5m以上。

浮式沉井着床宜安排在枯水时期、低潮水位和流速平稳时进行。

三、沉井下沉中常见问题及处理方法

(一)沉井下沉困难的处理

由于井壁摩阻力过大，或沉井下沉过程中遇到障碍物时，常使沉井难以下沉。通常可采用下列方法处理。

沉井下沉的辅助措施有：高压射水下沉、压重下沉、抽水下沉、炮振下沉、泥浆润滑下沉或空气幕下沉等。各种方法可视工程情况，单独或联合采用。

(1) 高压射水下沉　当沉井下沉土层坚硬、抓土下沉或吸泥下沉沉井较困难时，可采用高压射水将土层松动，以便于抓（吸）。

射水水压力与土层情况、沉井入土深度等因素有关，一般为1～2.5MPa。

(2) 压重下沉　在沉井壁尚未接筑完毕时可利用接筑圬工加压。当沉井不再接高时，可在井顶均匀对称放置钢轨、型钢或其它重物加压。

(3) 抽水下沉 不排水下沉的沉井，在刃脚下已掏空不下沉时，可在井内抽水减小浮力使其下沉。但对于易引起翻砂涌水的土层，则不宜采用这种方法。当用空气吸泥机除土时，可顺便利用空气吸泥机抽水。

(4) 炮振下沉 当刃脚下土层已掏空，沉井仍不下沉时，可在井孔中央的泥面上放置炸药起爆，使刃脚已悬空的沉井受振下沉。炮振用药量可视沉井大小、井壁厚度及炸药性能而定。同一沉井一次只能起爆一次，并应根据具体情况，适当控制炮振次数。同一沉井在同一土层中，炮振次数不宜多于4次。

(5) 泥浆润滑或空气幕下沉 采用泥浆润滑或空气幕下沉，是在沉井外壁与土层之间人为地制造一层液化或润滑薄膜层，减小沉井壁与土层的摩阻力，利于沉井下沉。

泥浆润滑套是在沉井外壁周围与土层之间设置泥浆隔离层，减少土层与井壁间的摩阻力，以利沉井下沉。

空气幕是通过预埋在井壁中管路上的小孔向外喷射压缩空气，气流沿沉井外壁上升带动土体液化（或形成泥浆），从而减少沉井外壁的摩阻力。

(二)沉井倾斜、偏移的纠偏处理

沉井由于刃脚与井壁施工质量差、工作面破土不当、下沉不稳、减阻局部失效、防偏纠偏不力等原因造成沉井偏斜，应及时进行纠偏处理。其方法主要采用液压千斤顶、木或钢管柱按一定角度予以顶住沉井偏低的一侧，然后用特殊机械或人工挖除沉井底部偏高侧的偏土台，这是纠正沉井偏斜比较有效的方法。也可采用在刃脚高的一侧加强挖土，低的一侧少挖或不挖土，待正位后再均匀分层取土；在刃脚较低的一侧适当回填砂石或石块，延缓下沉速度。也可不排水下沉，在靠近刃脚低的一侧适当回填砂石、在井外射水或开挖、增加偏心压载以及施加水平外力等。

(三)遇流砂的处理

在穿过少量夹层流砂时，常采用草（麻、塑料）袋装砂土堵漏的办法穿过夹层。但施工中要谨慎仔细。

当沉井穿过较深的流砂层时，采用不排水形成沉井，确保井内水位高于井外水位，以免涌入流砂。

(四)井外土壤流入井内的处理

当沉井下沉除土时，遇黏性土处于饱和状态，则易失稳发生液化或塑流，此时下沉除土时常发生涌流，如再大量掏挖，不均匀涌流会造成沉井的偏斜或井口部位的坍塌。遇到这种液化或塑流土层时，宜采用少切挖、多压重的措施。

(五)沉井裂缝、断裂的处理

裂缝可采用膨胀水泥浆堵塞。断裂处要先将裸露的钢筋焊接好，处理好原混凝土断裂面后可采用混凝土（或砂浆）填筑。实际处理方法视具体情况而定。

(六)硬质土层处理

沉井穿过硬质土层时，如胶结黏土、砂浆石层等抓斗无法使用时，可按下面方法处理：

排水下沉时，以人力用铁钎或尖镐等撬镢硬质土层，必要时可采取爆破方法。

不排水下沉时，用重型抓斗、射水管和水中爆破联合作业。

四、施工案例

南京长江第四大桥沉井基础施工

(一)简介

南京长江第四大桥为双塔三跨钢箱梁悬索桥，主跨跨径为1418m。其北锚碇采用大型深沉井基础方案，平面尺寸为69m×58m，下沉深度为52.8m，其平面规模为目前世界桥梁陆地沉井之首。

沉井所处位置濒临长江大堤不足百米，地质条件极为复杂，沉井基础底部支撑在层厚很薄的圆砾石层上，这都给北锚碇沉井的下沉施工带来诸多不确定因素，在沉井下沉施工中存在以下诸多难点：

(1) 沉井基础的平面尺寸庞大，下沉规模居世界前列，现场施工组织难度大；

(2) 沉井所处位置地质以砂层为主，且粉砂和细砂层较厚，易出现涌砂等不利状况；

(3) 在沉井下沉后期，须穿过较厚的密实砂层，地基承载力较大，最终沉井支撑在密实的圆砾石层，仅靠自重下沉困难；

(4) 在沉井接高施工过程中，每次浇注的混凝土方量较大，对浇注设备及工艺的要求较高，且浇注过程中不能产生过大的下沉和偏斜；

(5) 沉井下沉施工过程不可见，下沉过程中降排水对长江大堤及附近结构物有不同程度的影响，必须采用先进的监控措施和施工控制手段。

(二)工程概况

北锚碇沉井为矩形结构，共分20个井孔，总高度为52.8m，共分为11节，其分节高度为6m+9×5m+1.8m=52.8m，除第1节为钢壳混凝土沉井外，其余10节均为钢筋混凝土沉井，其结构如图11-31所示。

北锚碇所属区域属于漫滩地貌，地势平坦，地面标高+3.93m～+4.32m，地下水位埋深0.70～1.20m。地表岩性为第四纪全新世黏性土，近长江水域地表岩性为砂类土，地形微向长江倾斜。

由于基底下部为圆砾石、砾砂层，渗透系数大，透水条件好，水量大（根据抽水试验报告，基坑涌水量达39230.93m^3/d)，且其与长江相连通，施工时易产生涌水、涌砂等现象。

沉井基础采用砂桩复合地基处理方式，在满足接高稳定性的情况下，采取多次接高一次下沉的方法：前4节（6m+3×5m）采用一次性降排水下沉，后7节采用分3次不排水下沉。

(三)临时地基加固施工

沉井规模庞大，浅表地基承载能力差，为确保下沉稳定，需对沉井处地基进行加固，采用砂桩复合地基加固方法。

地基加固后，50%粉砂+50%石屑换填地表软弱土层，并设置满足前4节沉井浇筑的土模。

地基加固处理施工顺序：基坑2.0m深首次开挖（轻型井点降水）→试验砂桩平板载荷试验→砂桩施工→基坑2.5m深二次开挖并换填1.4m厚砂垫层（同步进行垫层平板载荷试验）→土模制作。

1. 砂桩施工

沉井基础原地面标高为+4.3m，首次放坡开挖2.0m深，在开挖后的地面上进行砂桩打设施工。

砂桩布置在沉井刃脚及隔墙下土层，梅花形设置，通过前期砂桩试验确定砂桩桩径50cm，砂桩底标高为-12.0m，桩距为1.2m。砂桩数量为2885根，用砂量约8751m^3（考虑1.12的松方系数）。

投入 4 台 JGZ-90Y 型沉管桩机，每天每台机器约完成 30 根桩。

2. 基坑开挖及砂垫层施工

基坑开挖分两次进行，首次开挖深度 2.0m，根据砂桩试验确定的地基处理参数，在整平的坑底上打设砂桩，砂桩施工完成后二次开挖地基 2.5m 深，最后进行 1.4m 厚 50%粉砂＋50%石屑垫层施工。

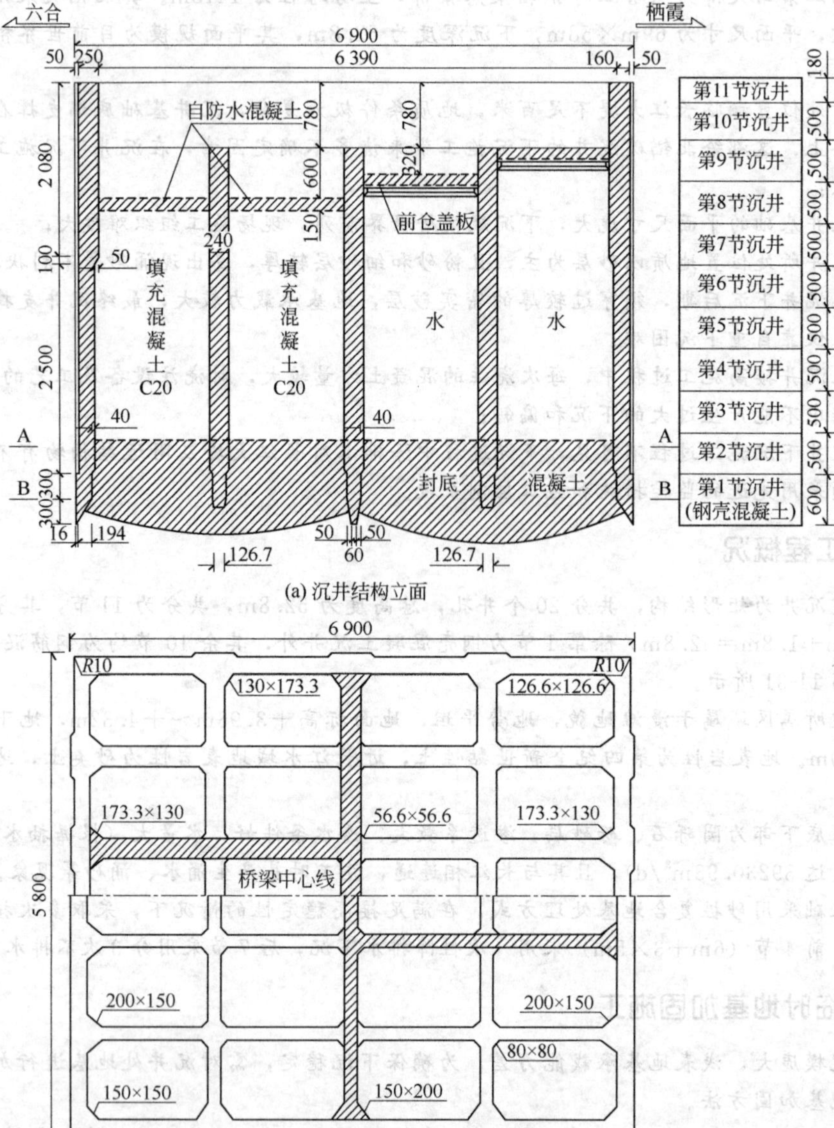

图 11-31　北锚碇沉井基础结构布置（单位：cm）

因基坑开挖面积大，地下水位高，开挖换填期间采取了轻型井点降水措施，降水深度 5～6m。换填的 50%粉砂＋50%石屑分层进行压实，通过平板载荷试验，井壁及隔墙下地基承载力均满足设计要求，沉井受力均匀，满足制作、下沉施工的工艺要求。

(四)沉井钢壳拼装及混凝土浇筑接高

1. 沉井钢壳制作与拼装

沉井底节为钢壳填充混凝土结构，平面周边为井壁，中间为四纵三横的隔墙，采取平面分块制造安装，即分为9类，共103个节段，钢沉井最大块段尺寸为7.88m（长）×5.4m（高）×1.6m（宽），单块段重量最大为10.9t。

为确保钢壳加工质量及进度，委托附近专业造船厂进行钢壳节段制作与拼装，通过长江水运至工地，采用50t履带吊进行拼装。首先吊装西北角的A2节段，以此节段作为定位基准段，再在其四周吊装焊接，依次拼装完成。

拼装过程中，进行钢沉井几何尺寸的检查和纠正，调整正确后进行拼缝焊接。确保沉井安装的几何尺寸、结构轴线、对角线、倾斜度以及平面扭转角度等参数的偏差满足设计和规范要求。

2. 沉井接高混凝土浇筑

模板采用组合钢模板，设计高度为5.5m，分3层按0.5m+4.5m+0.5m进行接高。沉井纵桥向两侧沿桥轴线各布置1台移动式175t·m塔吊，另外再配2台50t履带吊，进行钢筋、模板等吊装作业。

混凝土采用2台120m^3/h混凝土搅拌站生产供应，6台8m^3混凝土运输车，采用4台拖泵接泵管配4套布料杆进行混凝土浇筑。

为防止沉井在混凝土浇筑过程中出现倾斜，填充混凝土时分仓分层，每层厚度不超过50cm，自中间向四周、先隔墙后井壁的顺序，对称均匀地浇筑，确保对沉井均衡加载。

首节钢沉井混凝土采用全断面浇筑，钢筋混凝土沉井采用“跳仓法”对角对称分区浇筑施工，混凝土沉井在平面上分4个区，对角区域同时对称进行浇筑，以减少井壁及隔墙混凝土单次浇筑最大长度，满足设计对大体积混凝土施工的要求。

3. 沉井垫块抽除

在首节钢壳沉井拼装时，为了支垫和调平，在钢壳沉井井壁和隔墙底部铺设了25cm厚的混凝土垫块，以防止钢壳沉井土模变形变位。根据钢壳节段结构的差异，混凝土垫块在平面尺寸上分为3种，共计186块。垫块抽取过程中进行跟踪测量监控，共分两阶段进行：

(1) 钢壳拼装完成后，即开始分区、对称同步抽取刃脚及分区隔墙下的混凝土垫块，垫块抽出时，及时用砂回填并用水冲实；

(2) 前4节接高完成后，首次降排水下沉时，在高压水枪冲土的过程中，再对称抽取一般隔墙下垫块。

(五)沉井出土下沉

沉井平面尺寸大，下沉深度深，偏差、高差、倾斜度、平面扭转角均要控制在允许范围内，难度非常大，下沉是沉井工程的最大施工难点。沉井下沉分排水下沉和不排水下沉，其中排水下沉深度19.6m，不排水下沉深度33.2m。

1. 排水下沉

沉井接高前4节，总高度为21m，重量7.0万吨，首次排水下沉19.6m，全刃脚支撑条件下，下沉系数为2.16。

(1) 深水井降水　沉井中心南距长江大堤约为120m，沉井降排水下沉施工期定时对长江大堤的沉降进行观测，并制定了防水帷幕的长江大堤防护预案，确保了长江大堤安全。

1) 深井降水计算。为最大限度地发挥降水井的降水效能，在距离沉井四周井壁外侧17m和22m处交错布置2排降水井。

依据抽水试验得到的土层渗透系数及分次下沉的降水深度，对基坑涌水量进行估算，再根据单井出水能力确定降水井数量。

2）降水井施工布置。根据现场抽水试验情况及沉井计划降排水下沉深度，抽水井井深为35m，滤管长20m，成井管径ϕ325mm和ϕ273mm两种，共打设32口，ϕ325和ϕ273各16口。另外，在沉井大堤侧间隔布置了3口观测井，用于监测降水情况。

管径ϕ325和ϕ273两种抽水井分别采用125m^3/h和85m^3/h水泵。

深井降水是配合沉井内开挖下沉，开挖面要高于降水面0.5～1.0m，防止沉井内产生涌水涌砂。

首次降水时，首先开启周边8口，随着下沉深度不断加深，加大降水力度，最终开启28口管井抽水，抽水量达4×10^4～$4.5\times10^4m^3/h$。

(2) 沉井下沉　沉井下沉施工组织主要包括指挥系统、供电系统、供水射水系统、抽吸排渣系统和监控监测系统。

排水下沉开挖原理：用高压射水对沉井内基坑土体进行冲刷、切割、搅拌，使之形成泥浆并汇集到集水坑内，再由泥浆泵将泥浆抽吸排放至泥浆沉淀池。泵吸由中间向四周，均匀对称，分层进行，循序渐进；先将中间6个井孔挖成一个较大的锅底，然后在下沉过程中逐渐开挖形成大锅底，最后形成全刃脚支撑的大锅底。

20个井孔配20台NL100-28型泥浆泵，配套布置40套3B-57高压射水设备。为提高工效，每套泥浆泵配一套功率为22kW的加力泵，辅助往外吸泥。

下沉过程中采取了以下防止出现涌水涌砂措施预案：备用发电机及双电源系统，确保正常供电；备用潜水泵，确保深井降水正常运行；沉井外降水与沉井内开挖应保持同步进行。

2. 不排水下沉

不排水下沉采用空气吸泥机吸泥下沉，穿越粉砂层、中砂层、细砂层，最终支撑在密实圆砾层上。

(1) 空气吸泥设备　沉井20个隔仓，布置20套空气吸泥设备。空气吸泥设备包括：进气管路、空气吸泥器、排泥管路、高压射水装置等。不排水下沉共投入16台功率为22m^3/min空压机、20台高压水泵、12台泥浆泵、10台龙门吊，是沉井施工过程中投入设备最大的项目。

在不排水下沉过程采用d325mm空气吸泥机。具体装置如图11-32所示。

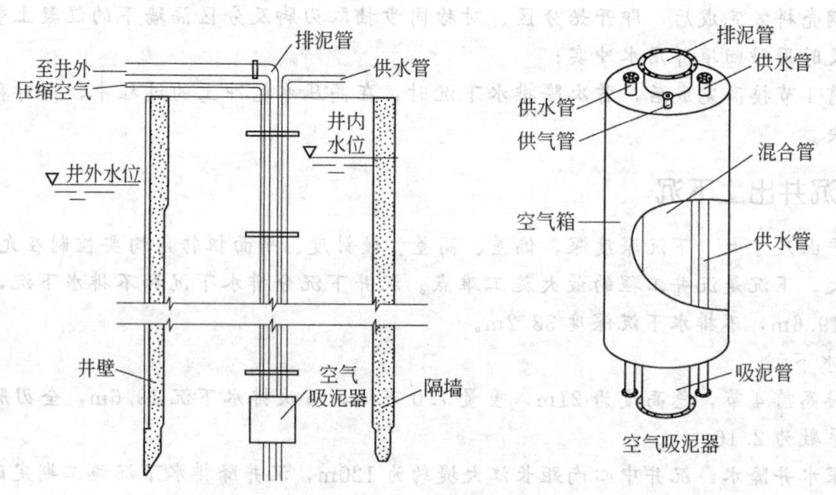

图11-32　空气吸泥装置

起重设备为净高6.56m，宽9.82m，起吊重量10t的龙门吊。龙门吊在南北方向行走，电动牵引。

(2) 吸泥原理　当空气吸泥装置工作时，压缩空气沿进气管进入空气箱以后，通过内管壁上的一排排小孔眼进入混合管，在混合管内与水混合，形成容重小于1的气、水混合物。当送入压缩空气足够充足，空气箱在水面以下又有相当的深度，混合管中的混合物在管外水头压力的作用下，便顺着排泥管上升而排出井外。压缩空气不断地被送入空气箱、混合管，混合后的泥浆空气混合物不断地排到井外，沉井便慢慢地切土下沉。由此可知，供气量越大，气、水、土混合物的容量越小，压差越大，吸泥效果越好；水深越大，吸泥效果也越好。但是过大的供气量将使每单位体积空气的有效除土量降低，效果反而不好，并容易造成浪费。

(3) 空气吸泥机工艺

1) 施工工艺流程。首先由低压水泵向沉井内供水，以保持沉井内的水头压力，然后由附设在空气吸泥管上的高压水枪冲泥，启动空气吸泥机将泥浆排放至泥浆沉淀池沉淀。

2) 空气吸泥机取土下沉。沉井下沉按照“定位准确、先中后边、对称取土、深度适当”的原则进行。

在深井位置共安装20套空气吸泥机，布置于20个隔仓。吸泥顺序从中间6个隔仓开始，对称同步向四周扩散形成大锅底吸泥。

3. 沉井下沉监测监控

沉井下沉过程中，尤其下沉初期，需要实时对沉井进行测量和监控，以掌握沉井下沉过程中的几何姿态和结构受力是否安全。

主要监控措施有：

(1) 通过光学仪器对下沉量、四角高差、偏位进行测量，及时了解下沉速度，并进行纠偏，确保沉井下沉过程中姿态满足设计及规范要求；

(2) 通过预先埋设在首节沉井钢壳内的钢筋计及钢板计，获得基底反力以及沉井混凝土的应力应变数据，并在进行分析后，及时消除应力集中现象，确保沉井结构受力安全；

(3) 通过预先埋设在井壁凹凸齿坎位置的土压力计，对沉井侧壁摩阻力进行监测，用于指导施工，配合下沉；

(4) 对大堤、施工便道及附近建筑物等布点监测，随时掌握由于降水引起的沉降情况。

4. 沉井最后一次下沉时的助沉措施

北锚碇沉井在不排水下沉后期，由于圆砾石清除困难，使得沉井刃脚处的支撑力较大，沉井下沉变得困难。根据北锚碇的特点，以及国内类似大型沉井施工经验，采用了“预先增大重度系数”、“砂套结合空气幕”的助沉措施。

(六)沉井封底

设计封底厚度为10.5m，混凝土总方量为30662m^3，根据分区隔墙布置分4个大区先后进行分区浇筑。沉井下沉接近设计标高时，加强观测，待12h沉降量小于10mm时，进行封底施工。

灌注封底水下混凝土时，Ⅰ、Ⅱ两个分区封底各需导管12套，Ⅲ、Ⅳ两个区域各需导管18套。用4台拖泵+2辆汽车泵连续浇筑，一次到设计标高。导管安装前逐根进行压水试验，在0.6MPa的压力下不漏水的导管方可使用。

封底混凝土尽管是分区进行浇筑的，但每个区的混凝土方量都相当大，采用分批开管连续浇筑的方案。沉井底面高低不平，混凝土流动量大，另外，水深达50m，在这种条件下要保证封底的质量，首灌量是非常重要的一个因素。为了保证首灌时的混凝土供应，采用3台泵车开灌，连续浇筑28m^3 混凝土。

复习思考题

1. 明挖基础的施工工艺流程是怎样的？
2. 围堰的基本要求有哪些？
3. 有哪些常用的坑壁加固方法？
4. 基底检验的内容和方法是什么？
5. 简述锤击沉桩的施工要点和注意事项。
6. 钻孔灌注桩的施工工艺流程是怎样的？
7. 简述埋设护筒的一般要求。
8. 钻孔灌注桩护筒和泥浆的作用分别是什么？
9. 有哪几种常用的成孔方法？
10. 简述常见的钻孔事故及处理方法。
11. 有哪几种常用的清孔方法？
12. 如何采用导管法灌注水下混凝土？
13. 某钻孔灌注桩桩径1.0m，无扩孔，导管直径250mm，泥浆重度为11kN/m^3，混凝土重度为24kN/m^3，钻孔深度为孔内水面以下35m，孔底有沉淀0.1m，导管初次埋置深度1.0m，求首批混凝土数量。
14. 沉井由哪些部分组成？沉井的施工流程是什么？
15. 沉井的助沉措施有哪些？

第十二章 桥梁墩台施工

学习要点： 墩台施工程序及主要施工内容；墩台模板、支架、混凝土施工要点及要求；高桥墩滑模施工原理及方法，墩台附属设施施工方法及要求。

第一节 桥梁墩台施工

桥梁墩台施工是桥梁施工的重要组成部分，施工质量对上部结构的制作、安装及桥梁建成后的使用有较大影响。在施工过程中要求准确测定墩台位置，精确放样，对材料进行检验和试验，模板支架制作安装正确，严格施工操作规范，确保工程质量。

一、施工准备工作

(1) 组织准备　组建墩台施工班组，明确工作任务和责任，落实各项管理制度。

(2) 技术准备　熟悉施工图纸，明确技术要求、施工程序、施工技术规范。详尽地向技术人员和施工班组进行交底。复核墩台中心位置、墩台底截面设计标高，设置控制桩，便于随时检查墩台位置和标高。

(3) 物质准备　准备施工所需的各种材料和机械设备，对材料进行适当的检验，布置合理的堆放地点，有相应的保管措施。检查施工机械的完好状态，及时进行保养和维修，确保机械工作状态处于正常。

(4) 现场准备　墩台施工是在基础施工结束后开始的，施工中用于旱地开挖的基坑放坡或水中围堰依然有效。清理施工现场周围有碍施工的杂物，确保现场边坡稳定，围堰四周密实不漏水，工作平台处于安全状态。

二、施工程序

桥梁墩台施工方法一般为就地浇筑施工，墩台身施工程序包括：墩台施工放样、绑扎钢筋骨架、模板、混凝土浇筑、养护、拆除模板支架。

墩台帽（盖梁）施工程序包括：处理支架处地基、设立支架、预压支架、底模安装、绑扎钢筋骨架、预应力钢筋孔道预埋、支设侧模板、混凝土浇筑、养护、拆除模板支架、张拉预应力钢筋、孔道压浆、封锚混凝土。其中预应力钢筋孔道预埋、穿束、张拉、压浆、封锚为预应力混凝土盖梁施工程序。

对于施工场地狭窄、干旱缺水地区、紧急抢修等工程，可采用混凝土砌块、钢筋混凝土或预应力混凝土构件等拼装式构件建造。

三、墩台施工

1. 清理基础顶面

施工前应对其施工范围内的基础顶面（承台顶面）的混凝土进行凿毛、整平、清理，用清水冲洗干净，将表面松散层石屑清理干净，以利于新旧混凝土的接合（图 12-1、图 12-2）。

图 12-1　承台预留插筋

图 12-2　承台表面清理

2. 墩台底面放样

按照基础施工布设的控制点复核墩台中心坐标，在基础或承台顶面上放出墩台身底面外边线，用墨线标示。实体墩台为平面四角点坐标定位放样，柱式墩台为桥梁轴线上垂直方向上的四点坐标定位放样。

3. 钢筋工程

① 钢筋检查。钢筋进场后应检查出厂质量证明书和实验报告单，现场检查外观（表 12-1）和标志，同时对不同厂家和种类的钢筋进行力学性能试验。

表 12-1　钢筋外观质量

类别	项目	公称直径/mm	允许误差/mm	外观质量要求
钢筋	Q235	$\phi12\sim\phi20$	±0.4	无裂纹、结疤、折叠、油污；凸凹及损缺的深度和高度不大于所在部位偏差
	HRB335	$\phi6\sim\phi25$	—	不得有裂纹、结疤、折叠、油污，表面允许有凸块，但不得超过横肋高度
	热轧圆盘条（Q235）	$\phi6.5\sim\phi10$	±0.4	应光滑无裂纹、结疤、折叠及油污、夹杂、分层及其它缺陷，对有害缺陷的头尾部分应切除

同一批次不超过 60t 为一组，取试件 9 根，分别进行拉伸、弯曲和电弧焊接工艺试验。每增加 40t，增加一组试件。

② 钢筋存放。钢筋进场后按不同品种和规格分别堆放并设立识别标志。存放时间不超过 6 个月。堆放场地宜选择在地势较高的地方，有较完善的防排水设施料棚内。钢筋不能直接置于地面，应设垫块或台座，离地不少于 0.2m，防止受潮生锈，必要时可采取包裹、涂刷防锈材料或其它保护措施。

③ 钢筋加工。直径 10mm 以下的钢筋需用绞车或卷扬机整直。

整直后的钢筋应以设计图纸和库存材料规格为依据填写配料单，交给钢筋工配料。钢筋弯制或末端弯钩形状一般为180°、135°、90°，其弯钩增加长度分别为6.25d、4.9d、3.5d（d为钢筋直径）。箍筋末端弯钩直径不大于受力主钢筋直径，且不大于箍筋直径的2.5倍。弯钩平直部分长度不小于箍筋直径的5倍，有抗震要求时为10倍。钢筋弯曲后有所伸长（表12-2），在剪断时应将伸长部分扣除。

表12-2　不同弯起角度的钢筋弯曲伸长值

弯起角度	30	45	60	90	135	180
弯曲伸长值	0.35d	0.5d	0.85d	1.0d	1.25d	1.5d

钢筋的下料长度等于钢筋原长度（图纸直线段长度）加弯钩长度（弯钩及弯钩平直部分）和搭接长度，扣除弯曲增长。墩台竖向受力钢筋下料应有不同长度，以保证同一搭接长度内钢筋接头数量符合有关接头数量和面积的规定。

钢筋加工的质量标准应符合规定（表12-3）。

表12-3　钢筋加工的质量标准

项　　目	允许偏差/mm
受力钢筋顺长度方向加工后的全长	±10
弯起钢筋的各部分尺寸	±20
箍筋、螺旋筋各部分尺寸	±5

④ 钢筋接头。钢筋连接宜采用焊接接头或机械连接接头。绑扎接头仅当钢筋构造复杂、施工困难时方可采用。绑扎接头的钢筋直径不宜大于28mm，对轴心受压和偏心受压构件的受压钢筋可不大于32mm。施工中为保险起见常常在绑扎部分的两端辅以电弧焊，对焊缝长度和质量无要求，实际施工规范无此项规定。

受力钢筋的连接接头应设置在内力较小处，同一搭接长度范围，主钢筋采用绑扎接头时，其接头截面积在受拉区不超过受力钢筋总面积的25%，受压区为50%；采用焊接接头时受拉区不超过受力钢筋总面积的50%。

钢筋焊接宜采用电弧焊、闪光接触对焊、竖向钢筋电渣压力焊、气压焊等。

电弧焊焊缝可以是单面或双面，一般用于水平筋，其缺点是费工、费电、工期长。现场闪光对焊，主要用于面积大、用钢量多的承台钢筋混凝土底板，连接成本较低。水平钢筋窄间隙焊，将两根被连接钢筋的端部放到一个U形铜模中，留有一定间隙，用电弧焊方法填满，拆模后形成一鼓形接头。焊接质量可靠，与电渣压力焊可以互补。竖向钢筋电渣压力焊是使钢筋两端通电，在上下钢筋断面引燃电弧，电弧周围的焊剂熔化而形成空气间隙，随后在一定的焊接压力作用下进行电弧过程的延时，焊剂不断熔化而形成必要深度的渣池，接着使上钢筋端部插入渣池，电弧熄灭，再进行电渣过程的延时，使钢筋全断面加速熔化，最后进行顶压。电渣压力焊的优点是成本低，但需要足够的电源和设备，操作工人须经过严格培训，钢筋很密时操作困难。钢筋气压焊是利用氧—乙炔火焰把两根钢筋端头的结合面及其附近的金属加热至塑化状态，同时施加适当压力使其结合的固相焊接法。该工艺的热影响区小，组织良好，结合牢固，使用性能可靠。由于接头没有熔敷材料，几乎不存在降低接头机械性能的缩径、裂痕、杂质等有害缺陷。对母材金属的力学性能和物理性能影响小，容易保证焊接质量，焊接成本较电渣压力焊高。

钢筋的机械连接宜采用套筒挤压连接、镦粗（或滚轧）直螺纹连接。

套筒挤压连接分为轴向和径向，一般均为径向挤压。连接时将两根待连接的钢筋端部插入钢套筒内，用手提千斤顶沿径向挤压钢套筒，使其产生塑性变形，依靠变形后的钢套筒与被连接钢筋的紧密结合成为整体。该方法是钢套筒挤压变形后与钢筋的纵横肋相互紧密咬合而形成的接头。轴向挤压连接时采用挤压机和压模，沿钢筋的轴线挤压金属套筒，把插入套筒里的钢筋与套筒紧固成一体。其优点是操作简单，质量好，技术容易掌握，缺点是连接成本较高。螺纹连接是用一个带丝扣的钢套筒将两根两端均套有丝扣的钢筋连接起来，套筒由工厂加工，钢筋端头的丝扣在现场用特制的钢筋套丝机进行加工，加工完毕后要用塑料套保护丝扣。其优点是可以连接各种钢筋，操作简单，施工技术容易掌握，钢筋连接质量好。

⑤ 钢筋骨架。墩台钢筋一般应事先在平地上预制成钢筋骨架，然后整体安装就位，与基础预留搭接钢筋做好接头连接，检查钢筋定位、钢筋与侧模板保护层厚度，然后吊装模板。墩台钢筋与基础或承台预留插筋应连接牢固。

⑥ 钢筋骨架制作要求。墩台钢筋位置的允许偏差应符合表 12-4 规定。

表 12-4 墩台钢筋位置允许偏差

项次	项目		允许偏差/mm
受力钢筋间距	两排以上受力钢筋排距		±5
	同一排受力钢筋间距	梁、板、拱肋	±10
		基础、墩、台、柱	±20
箍筋、横向水平钢筋、螺旋筋间距			±10
钢筋骨架尺寸		长	±10
		宽、高或直径	±5
绑扎钢筋尺寸		长宽	±10
		网眼尺寸	±20
钢筋弯起点位置			±20
保护层厚度 焊接预埋件		柱、梁、拱肋	±5
		基础、锚定、墩、台	±10
		板	±5

图 12-3～图 12-5 为制作完成的柱式墩身及盖梁钢筋骨架。

图 12-3 绑扎好的墩身钢筋骨架

图 12-4 承台顶面吊装就位的墩身钢筋骨架

4. 支架、模板工程

模板是混凝土浇筑的临时结构物，使墩台结构满足规定的形状和质量要求。支架是当现浇墩台结构与地面之间有高差时作为模板和钢筋混凝土结构的临时支撑体系。

模板和支架应具有足够的刚度、强度和稳定性，能承受施工过程中的所有荷载。应做到构造简单合理、受力明确、安装拆除方便。

图 12-5　绑扎好的盖梁钢筋骨架

(1) 支架　支架应稳定坚固，能抵抗施工中可能发生的振动和偶然撞击。支架应支撑在坚实的地面上或桩基承台上。当地面土质松软，单纯压实不能满足要求，应铺设垫层以防止支架在施工中发生沉陷。支架宜采用标准化、系列化、通用化的钢构件制作拼装。当局部采用木支架时，立柱应尽量减少接头，相邻两柱的连接接头应分设在不同高度，立柱接头采用对接法，用木夹板或铁夹板夹紧固定，其它方向杆件可以采用搭接方式连接。

支架的总体构造和细部构造均应设置成几何不变体系。支架立杆之间应根据受力要求设置水平和斜向连接杆件，增强稳定性和刚度。

采用定型碗扣式钢管脚手架应符合以下构造要求：根据支架实际荷载选择立杆间距和步距，立杆底部设固定底座或可调底座。支架高度＞4.8m 时在顶部和底部设置水平剪力撑，中间每隔 4.8m 设一道剪力撑。立杆间距≤1.5m 时，应在支架四周及中间的纵横向，由底至顶连续设置间距不大于 4.5m 的竖向剪力撑；立杆间距＞1.5m 时，在转角处设置同高的专用斜撑，中间设置八字形斜杆或剪力撑。支架高宽比宜≤2，当高宽比＞2 时应扩大下部架体尺寸或采取其它构造措施。

支架搭设高度应考虑承担所有荷载之后的挠度，支架需预压消除地基不均匀沉降和支架的非弹性变形，防止产生较大挠度变形影响结构尺寸和形状，同时可检验支架的安全性。预压荷载为支架需承受全部荷载的 1.05～1.10 倍，预压荷载的分布应模拟需承受的结构荷载和施工荷载。

盖梁模板支架的挠度最大为构件跨度的 1/400。埋于地面以下的系梁可不设支架，其挠度最大为构件跨度的 1/250。钢模板的变形为 1.5mm，钢棱和柱箍的变形为 $L/500$ 或 $B/500$（L 为计算跨径，B 为柱宽）。

支架应在适当部位设置相应的木楔、木马、砂筒或千斤顶等卸落模板的装置，卸落量根据结构形式和承受荷载的大小确定。

图 12-6　盖梁支架施工安装过程一

支架安装完成后，应对其平面位置、顶部高程、节点连接及纵横向稳定进行全面检查，符合要求后方可进行下一工序。

图 12-6～图 12-8 为盖梁支架施工安装过程。

(2) 模板

① 墩柱模板。墩柱模板一般采用钢模板，胶合板或其它适宜材料制作。

模板应能与混凝土结构或构件的特征、施工条件和浇筑方法相适应，保证结构各部位形状尺寸和相互位置的准确（图 12-9）。模板的板面应平整，接缝处严密且不漏浆；模板与混凝土的接触面应涂刷隔离剂，但不得使用废机油，也不得污染施工缝。墩柱模板在使用前应进行校正。

图 12-7　盖梁支架施工安装过程二

图 12-8　盖梁支架施工安装过程三

墩柱模板必须用缆绳校正固定（图 12-10），并搭设支架稳固模板和搭建操作平台。

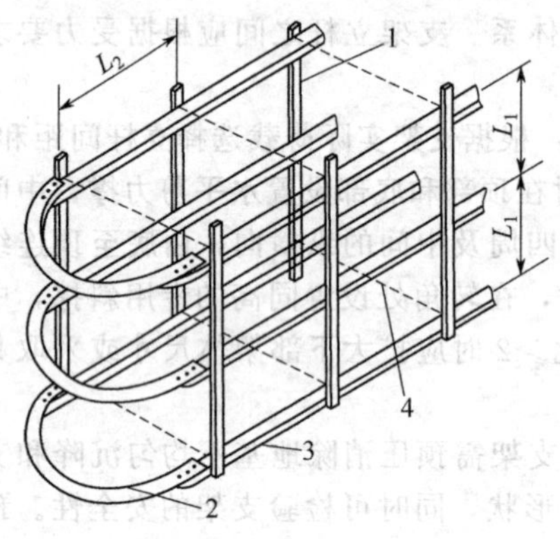

图 12-9　桥墩模板骨架

1—力柱；2—拱肋木；3—肋木；4—拉杆

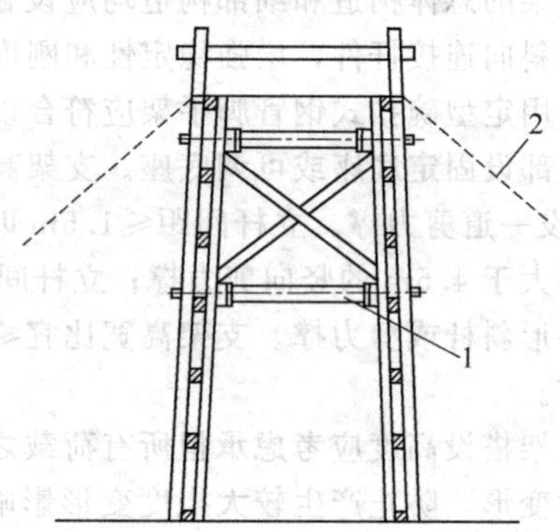

图 12-10　桥墩模板的稳定措施

1—临时撑木；2—拉索

a. 整体吊装模板：

整体吊装模板一般有大型钢模板或小钢板模。大型钢模板即大块拼装模板，由若干块标准小钢模板拼装而成，施工较为方便，每节高度宜在 2～4m。小钢模是在钢框架上贴以薄钢板或人造板材构成。整体吊装模板的优点是安装时间短，不需要设置施工缝，可加快施工进度，提高施工质量；将模板的高空拼装作业改为平地操作，有利于施工安全；模板刚性较强，可少设或不设拉筋，节约钢材；不需搭设脚手架，结构简单，装拆方便。施工时在平台上或地面上拼成标准尺寸，然后由塔吊或附壁吊机吊放到安装部位。如图 12-11 所示。

图 12-12～图 12-15 为圆形桥墩整体式模板。

b. 拼装式模板：

拼装式模板采用各种尺寸的标准模板，利用销钉、拉杆、加劲构件拼装组合成墩台所需形状，主要用于桥台模板。施工时将桥台表面划分成若干小块，尽量使每一部分尺寸相等，以便于周转使用。每块模板高度通常与桥台分节灌注高度相同，一般为 3～6m，宽度为 1～2m。拼装式模板板面平整、尺寸准确；体积和质量小，吊装组合快速方便，如图 12-15 所示。

滑动模板、爬升模板和翻升模板指随着混凝土的浇筑逐步提升模板，可以用于各种高桥墩。

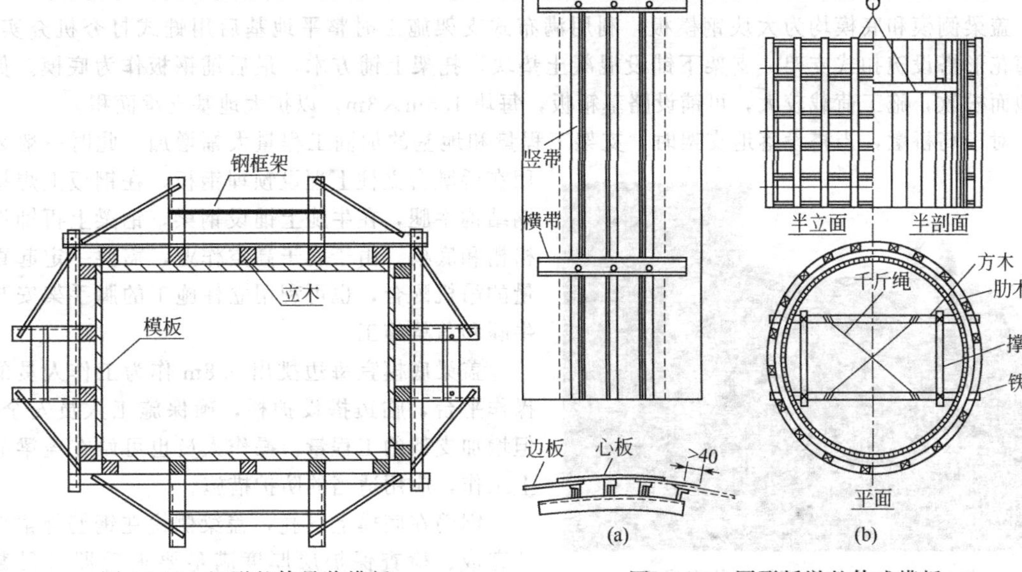

图 12-11　矩形整体吊装模板

图 12-12　圆形桥墩整体式模板

图 12-13　圆形桥墩模板吊装

图 12-14　安装完成后的圆形桥墩模板

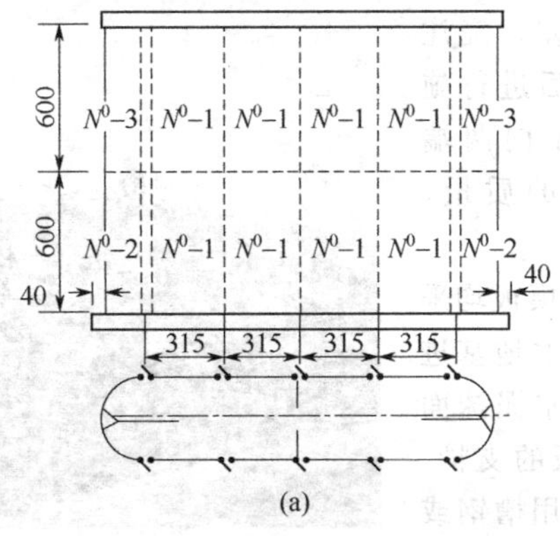

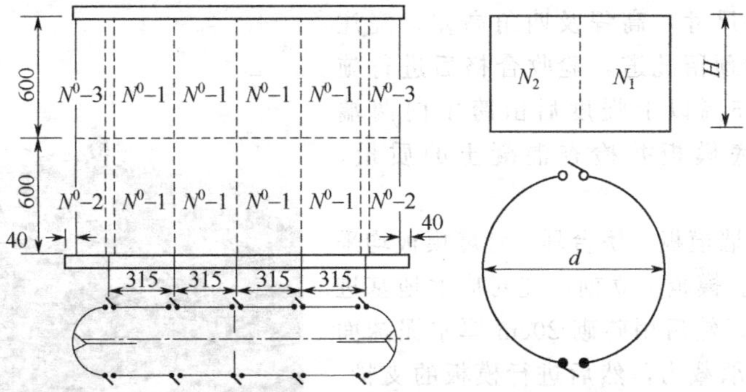

图 12-15　圆形桥墩拼装式模板

② 盖梁模板。墩柱施工完毕、支架预压后即可开始盖梁施工，应首先恢复桩基中心，弹拉墨线，测出盖梁的横坡度，局部调整支架上底模的高度，使其标高和横坡度达到设计要求。

盖梁侧模和底模均为大块钢模板，利用满布式支架施工时整平地基后用蛙式打夯机夯实，按梅花形搭设碗扣式支架，支架下铺设混凝土垫块，托架上铺方木，最后铺钢板作为底模。如果地面松软，施工荷载较大，可铺设路基箱板，每块 1.5m×3m，以扩大地基支承面积。

对于高桥墩，当搭设落地支架时，支架工程量和地基的加固工程量大幅增加，此时一般采用在桥墩台立柱上埋设预埋钢板，在钢板上焊接钢结构牛腿，在牛腿上铺设钢梁，钢梁上再铺设格栅和底模。由于属于高空作业，需要一定起重量的吊机配合，也可利用立柱施工的脚手架安装牛腿和盖梁施工。

图 12-16　底模和钢筋绑扎完成后、侧模安装前的盖梁

盖梁底模宜每边挑出 0.8m 作为工作人员的操作平台，临边搭设护栏，确保施工人员安全，但增加支架的工程量。操作人员也可站在盖梁面上工作，应用适当的防护措施。

钢筋在底模上绑扎，盖梁侧模在钢筋骨架绑扎完成、检查保护层厚度满足要求后即可吊装（图 12-16 为底模和钢筋绑扎完成后、侧模安装前的盖梁），一般为人工配合汽车起吊安装侧模板，通过侧向三角桁架式肋与底部方木横梁连接及顶部拉筋形成支撑，如图 12-17 所示。

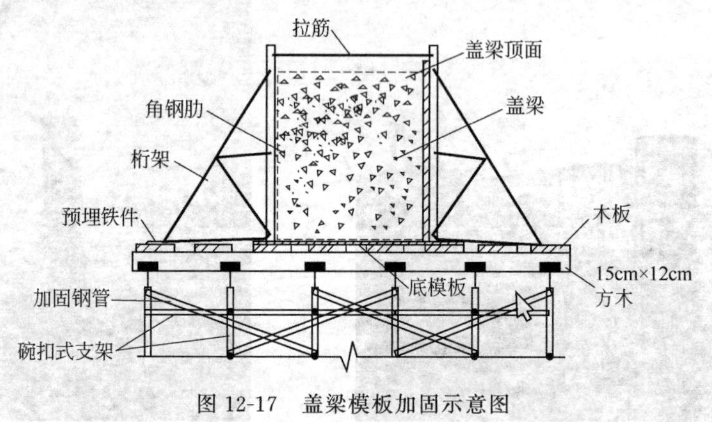

图 12-17　盖梁模板加固示意图

支座垫石与盖梁一同浇注，要严格控制垫石的平面位置、结构尺寸，高程及四角高差。浇注前检查钢筋模板和预留孔道，验收合格后进行施工，盖梁养护到 75%以上强度后由跨中向两端对称拆除支架和底模板并检查混凝土的质量，如图 12-18 所示。

③ 桥台耳、背墙模板。桥台耳、背墙模板均采用特制定型钢模板。模板支立前，先对底面地基进行整平、压实处理，然后用砖砌 20cm 厚水泥抹面压光，以增加地基承载力，然后进行模板的支护，模板采用内拉外撑方法固定，并在模板外用槽钢或方木固定连接，保证其整体性能。

图 12-18　拆除模板后混凝土浇筑质量的检查

④ 支架、模板设计。支架、模板设计应考虑的荷载包括模板支架自重，钢筋混凝土结构重力，施工人员、设备、材料等荷载，振捣混凝土的振动荷载，新浇混凝土对模板侧面的压力，混凝土入模时水平方向的冲击力，架立在水中的支架应考虑的水压力。

⑤ 模板、支架制作、安装质量标准，见表 12-5 和表 12-6。

表 12-5 模板、支架制作质量标准

<table>
<tr><th colspan="3">项 目</th><th>允许偏差/mm</th></tr>
<tr><td rowspan="8">木模板制作</td><td colspan="2">模板的长度和宽度</td><td>±5</td></tr>
<tr><td colspan="2">不抛光模板相邻两板表面高低差</td><td>3</td></tr>
<tr><td colspan="2">抛光模板相邻两板表面高低差</td><td>1</td></tr>
<tr><td rowspan="2">木板模板表面最大的局部不平</td><td>抛光模板</td><td>3</td></tr>
<tr><td>不抛光模板</td><td>5</td></tr>
<tr><td colspan="2">拼合板中木板间的缝隙宽度</td><td>2</td></tr>
<tr><td colspan="2">支架尺寸</td><td>±5</td></tr>
<tr><td colspan="2">隼槽嵌接紧密度</td><td>2</td></tr>
<tr><td rowspan="8">钢模板制作</td><td rowspan="2">外形尺寸</td><td>长和宽</td><td>+0，−1</td></tr>
<tr><td>肋高</td><td>±5</td></tr>
<tr><td colspan="2">面板端偏斜</td><td>0.5</td></tr>
<tr><td rowspan="3">连接配件（螺栓、卡子等）的孔眼位置</td><td>孔中心与板面的间距</td><td>±0.3</td></tr>
<tr><td>板端中心与板端的间距</td><td>+0，−0.5</td></tr>
<tr><td>沿板长宽方向的孔</td><td>±0.6</td></tr>
<tr><td colspan="2">板面局部不平</td><td>1</td></tr>
<tr><td colspan="2">板面和板侧挠度</td><td>±1</td></tr>
</table>

注：板面局部不平用 2m 靠尺、塞尺检测。

表 12-6 模板、支架安装质量标准

<table>
<tr><th colspan="2">项 目</th><th>允许偏差/mm</th></tr>
<tr><td rowspan="3">模板高程</td><td>基础</td><td>±15</td></tr>
<tr><td>柱、梁</td><td>±10</td></tr>
<tr><td>墩台</td><td>±10</td></tr>
<tr><td rowspan="3">模板尺寸</td><td>上部构造的所有构件</td><td>+5，−0</td></tr>
<tr><td>基础</td><td>±30</td></tr>
<tr><td>墩台</td><td>±20</td></tr>
<tr><td rowspan="4">轴线偏位</td><td>基础</td><td>15</td></tr>
<tr><td>柱</td><td>8</td></tr>
<tr><td>梁</td><td>10</td></tr>
<tr><td>墩台</td><td>10</td></tr>
<tr><td colspan="2">装配式构件支撑面高程</td><td>+2，−5</td></tr>
</table>

续表

项　目		允许偏差/mm
模板相邻两板面高差		2
模板表面平整		5
预埋件中心线位置		3
预留孔洞中心线位置		10
预留孔洞截面内部尺寸		+10，−0
支架	纵轴的平面位置	

5. 混凝土浇筑与养护

混凝土在浇筑前应根据现场的实际情况确定施工方案、运输方式、浇筑顺序和速度、施工缝设置、振捣方式和顺序、振捣器型号和数量、保护层的控制及相应的劳动力组织。

混凝土的材料检查、配合比试验及搅拌在拌和厂完成。

混凝土运输一般采用搅拌运输车，其它运输方式运距不超过100m，且不得使混凝土产生离析。运输能力应与凝结速度、浇筑速度相适应，确保浇筑工作不间断，到达施工现场的混凝土应满足规定坍落度要求。

现场浇筑的泵送方式应保证连续工作，料斗内应有足够的混凝土防止吸入空气产生阻塞。输送管应顺直、转弯处圆缓、接头严密不漏气。向低处浇筑时应防止离析和阻塞。

混凝土浇筑前应检查支架、模板、钢筋和预埋件，清除杂物，堵塞缝隙和孔洞以防止漏浆。浇筑一般应对称进行使模板受力均匀，防止模板出现倾斜。自高处倾倒时要防止降落过程中产生离析，直接倾倒时高度不超过2m，否则应通过串筒、流管（槽）或振动流管（槽）等设施下落。超过10m的高墩台应设减速装置。

高度较大的盖梁和体积较大的墩台应分层浇筑，每层厚度符合规定。在下层混凝土初凝或能重塑前完成上层浇筑，上下层水平浇筑距离在1.5m以上，倾斜面上从低处开始分层浇筑并保持水平分层。

混凝土振捣是利用振捣器将混凝土内部的空气和游离水分排挤出来，使砂浆充满空隙，达到内部密实，表面平整。常用的振捣器有平板式、附着式、插入式和振捣台。

混凝土浇筑因故中断，其间隙时间应小于前层混凝土的初凝时间或重塑时间。混凝土运输、浇筑、间隙的全部时间不超过规定值，否则应留置施工缝，并做好记录。

混凝土的养护应满足温度、湿度和时间要求，根据施工情况制定具体的养护方案，保证内部充分水化，促进强度不断增长。混凝浇筑完成，在其收浆时尽快予以覆盖养护。采用塑料薄膜养护应注意喷洒全面，不得漏喷，此法可不洒水，但要注意保护薄膜，防止过早脱落。

当结构物与流动的地表水或地下水接触时，应采取防水措施，保证混凝土浇筑7d内不受水的冲刷侵蚀。当气温低于5°时不得洒水养护。

6. 支架、模板的拆除

支架、模板的拆除期限和拆除程序应严格按照施工图纸设计要求，设计未作要求的应根据结构物的特点、模板部位和混凝土所应达到的强度确定。浇注混凝土时应同时作混凝土试块强度测定，混凝土强度达到2.5MPa时可满足拆模时各项强度要求。具体时间与气温、养护条件、是否有外加剂有关。

支架、模板的拆除应遵循由变形最大处向变形最小处的原则，应横向同时、纵向对称均衡分次卸落，使结构逐步承担荷载。

7. 高桥墩施工

对于跨越深沟峡谷或城市多层立交桥桥梁的建造，多数桥墩设计高度较高（图12-19），墩身模板一般不能一次吊装完成，同时过高的墩身模板也不利于混凝土浇筑，此时可采用滑动模板、液压爬升模板或翻模施工。其施工的主要特点是模板随墩身混凝土的浇筑而逐步向上升高。

图 12-19　高桥墩

(1) 滑动模板　当墩身有一定高度且桥墩上下断面变化不大时可采用滑动模板施工。滑动模板是按墩身外形（实体墩）或断面（空心墩）轮廓制成的钢质模板节段，悬挂在由顶架支撑的工作平台上，随着混凝土的浇筑由顶架上分布的千斤顶向上提升。千斤顶为穿心式或旋转式时，中心通过芯孔支承在螺杆上，并随浇筑高度而接长，如图 12-20 所示。

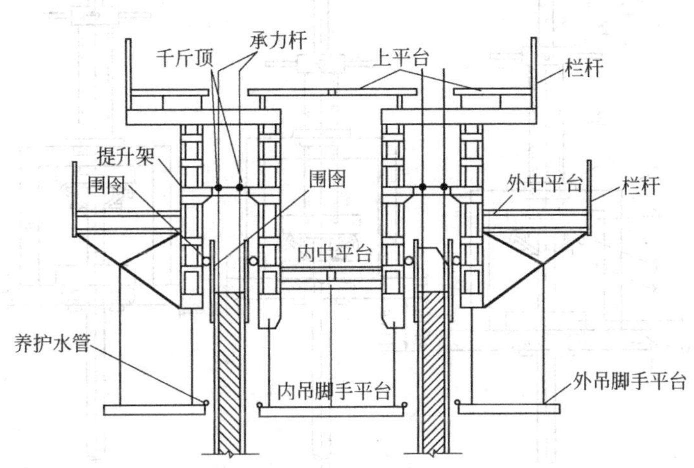

图 12-20　滑动模板施工示意图

① 滑动模板系统　滑动模板系统一般由工作平台、施工平台、模板、工作吊篮和提升设备组成。工作平台是滑模的受力系统，也称为顶架，由环绕墩台身的提升梁组成，提升梁在顶面辐射布置，根数由要求的提升点决定。如图 12-21 所示，各提升梁在辐射中心由圆形拼接板（圆形墩身）或腰圆形内环梁（圆端形墩身）连接。施工平台搭设在顶架上，是浇筑混凝土的操作平台，外侧设栏杆确保施工安全。模板通过顶架外侧的挂杆悬吊固定在立柱上，当墩身截面有侧坡时，通过滚轴悬挂，利用收坡丝杆沿辐射方向调节立柱架和模板的位置，当墩身为空心薄壁墩时，也可在模板和立柱间安装收坡丝杆，满足内外坡坡度不一致的要求。工作吊篮是悬挂在顶架辐射梁和内外侧模板的立柱上，供施工人员对脱模的混凝土检查、表面修饰和养护等施工操作。提升设备主要由千斤顶、顶杆、顶杆导管组成，对顶架整体提升使滑模提升完成施工操作。

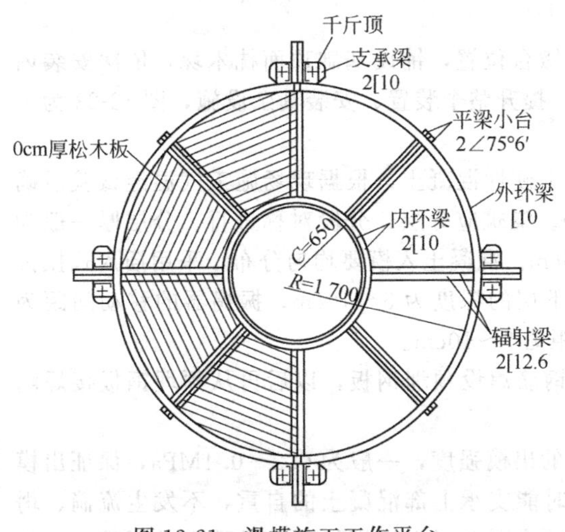

图 12-21　滑模施工工作平台

② 工作原理　模板最薄可用有加劲肋的

2mm 薄钢板，如受力较大且无加劲肋时可采用为墩身竖向钢筋的一部分，也可以处于提升架的套筒内，留下孔道，顶到需要高度后能抽出收回。每个提升架由两根直径为 25mm 的圆钢顶棒承托。提升架与模板组成单元，共同拼焊成整体构架。顶棒的上节为直径为 40mm 的丝杆，长约 70cm，丝杆顶端有方形拧头；旋转丝杆构架内的丝套将迫使构架随之升降；丝杆上附有承托可以支承上顶梁。顶棒下节为直径 38mm 的圆钢，两端车有正反丝扣以利于拼接；上端附有支承托可以支承上顶梁。顶棒上下节之间有球形支座衔接。每次提升前先旋动下支承使之受力，此时可以提升上节丝杆，拼接下节圆钢，等于一次提升约 30cm 的高度。然后落低上丝杆使球形支承受力，再拧动上节丝杆，上顶梁将沿上节丝杆上升，达到预定高度后旋紧上支承，然后浇筑墩身滑动模板内混凝土。当墩身设有钢筋需增设一层工作平台，提高构架以利于接长钢筋操作，图 12-22 为螺旋千斤顶提升示意图。

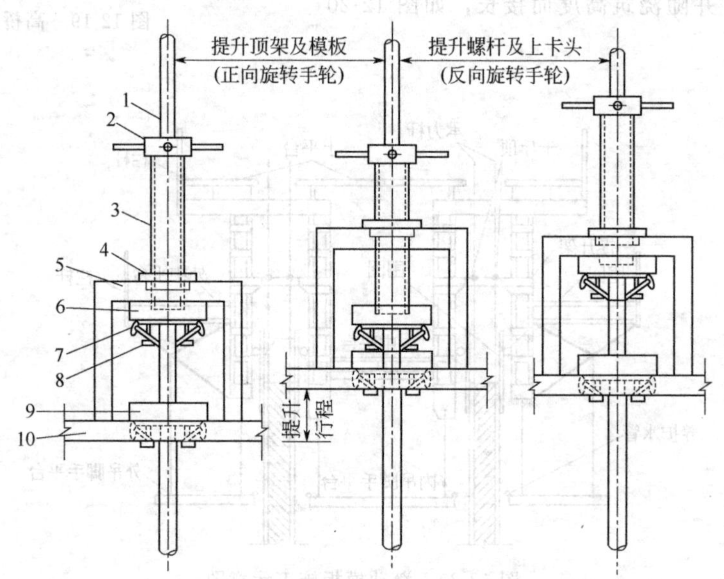

图 12-22　螺旋千斤顶提升示意图

1—顶杆；2—手轮；3—螺杆；4—顶座；5—顶架上的横梁；6—上卡头；7—卡瓦；8—卡板；9—下卡头；10—顶梁下横梁

基本施工程序包括滑模系统组装、混凝土浇筑、模板提升与收坡、接长顶杆和钢筋、混凝土检查与养护。

③ 滑模系统组装　滑模系统组装步骤有测定墩台位置，铺设基础顶面枕木垛，依次安装内钢环、辐射梁、外钢环、立柱、千斤顶、模板等，提升整个装置、安装其余设施，图 12-23 为滑模施工内外模板单块及组拼单元。

④ 混凝土浇筑　混凝土宜采用低流动性或半干硬性混凝土，根据现场施工气温经试验后确定早强剂的掺入量，混凝土坍落度控制在 3～5cm。浇筑应分层、分段对称进行。分层厚一般为 30cm。浇筑后混凝土距模板上边缘应小于 10～15cm。混凝土入模要均匀分布，采用插入式振捣器，振捣时应避免触及钢筋和模板，振捣器插入下层的深度为 5～10cm，振捣器的移动间距为振捣器作用半径的 1.5 倍，振捣器与侧模板的间距为 5～10cm。

当空心墩身设有中间水平隔板时，可在墩壁钢筋焊设预埋钢板，以后再从预埋钢板接焊隔板主筋，绑扎骨架，浇注隔板混凝土。

⑤ 滑模提升　滑模提升的速度取决于混凝土的出模强度，一般为 0.2～0.4MPa，保证出模后的混凝土易于抹光表面，不致拉裂或带起，同时能支承上部混凝土的自重，不发生流淌、坍落或变形。提升过早混凝土强度未达到易坍塌，过晚则混凝土与模板粘接导致提升困难。一般

每昼夜滑升 2.4～6m。

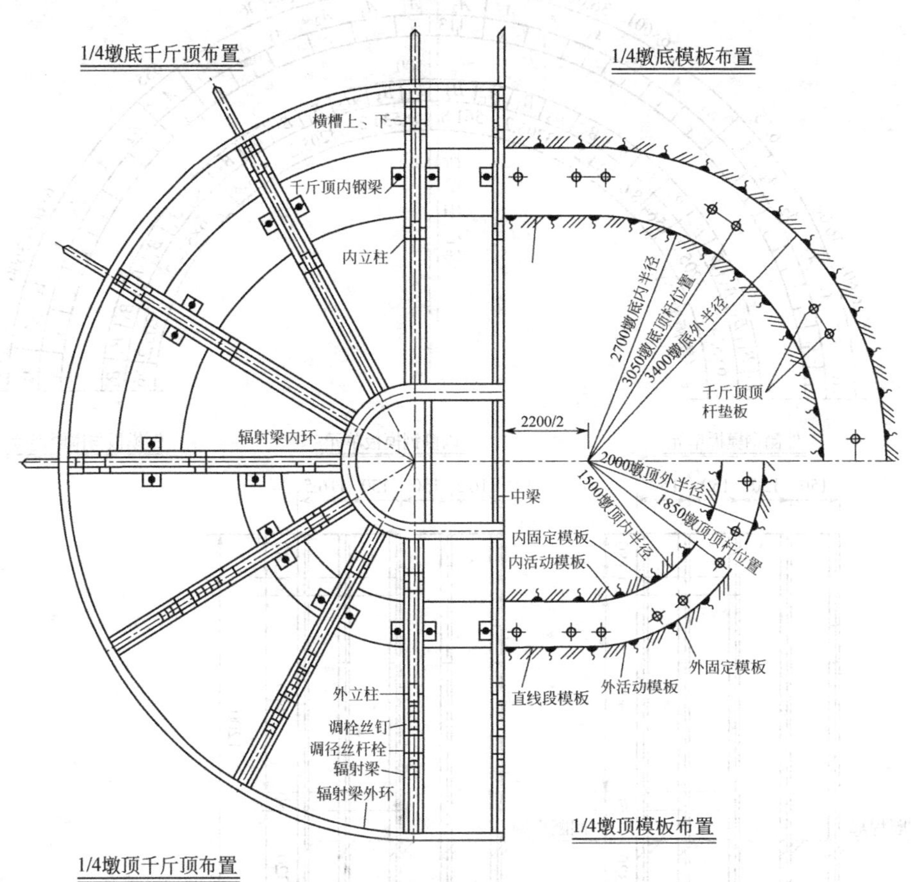

图 12-23　滑模施工内外模板单块及组拼单元

整个桥墩浇筑提升过程可分为初次提升、正常提升和最后提升三个阶段。从开始浇筑混凝土到首次试升为初次滑升阶段，初次浇筑混凝土一般为 60～70cm，分三次浇筑。每次浇筑混凝土高度一般为 20～30cm，半小时浇第二层，之后间隔半小时浇第三层，随即抽提模板 3～5cm 以防粘接，到总计约 3.5h 后（混凝土强度达到 0.2～0.4MPa），接长顶棒，提升顶架和模板，正式提升模板约 30cm。初次提升后，全面检查设备即可进入正常提升阶段，每次提升高度与浇筑厚度基本一致，提升过程中应随时清理模板上的砂浆或混凝土，以免增加滑行阻力，影响表面光滑，造成质量事故。最后提升阶段是混凝土已经浇筑到设计高度，不再继续灌注，但模板尚需继续滑升。浇筑完成后每隔 1～2h 提升 5～10cm，滑动 2～3 次以防混凝土与模板粘接。模板提升后施工人员应刷抹脱模的混凝土表面，将表面留有的横向缝隙弥合。提升高差控制在 5mm 以内。

空心钢筋混凝土桥墩的墩壁须有内外模板，构造较复杂。墩壁有内外层钢筋，提升支撑点可结合受力钢筋布置。

⑥ 滑模收坡　为了适应高墩的稳定、应力、经济、截面和建筑艺术要求，墩壁外侧宜有一定斜坡，有时墩壁厚度也需要改变，此时采用滑动收坡模板。

当墩身有侧坡时连续提升高度不超过 30cm 收坡一次，收坡时转动收坡丝杆使整个模板收坡。累计升高 1m 时应按收坡表调整收坡值，防止产生累计误差。抽动模板和错动模板相互搭接面重叠顶紧时及时抽出抽动模板。图 12-24 为滑动模板顶视图及收坡示意图。

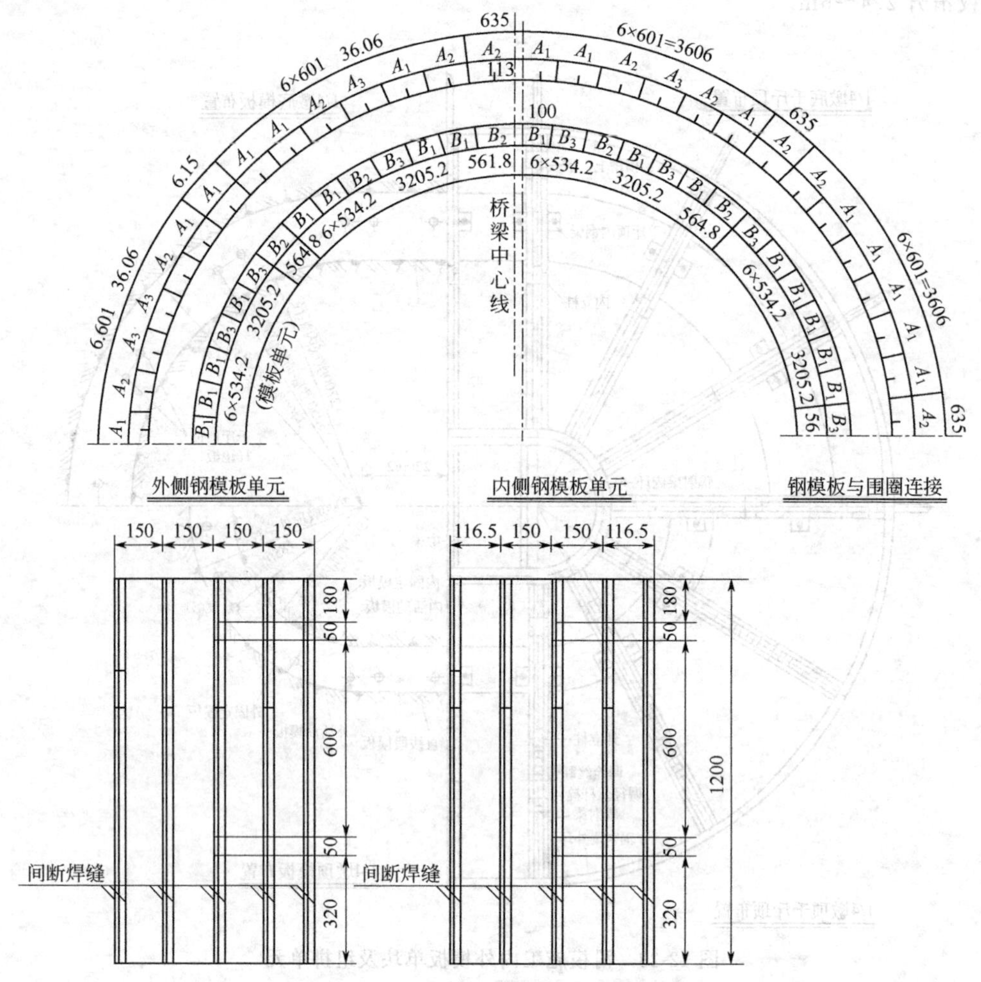

图 12-24　滑动模板顶视图及收坡示意图

⑦ 接长顶杆和钢筋　模板提升至一定高度后，及时接长顶杆和钢筋，注意保持顶杆和钢筋的位置。预埋件及预埋钢筋接头应及时清理使之外露。图 12-25 为顶架的提升收坡装置。

⑧ 混凝土检查与养护　脱模后 12h 内用安装在模板骨架上的环形带眼水管喷水养护。

⑨ 滑模施工的质量控制　施工平台上的堆料要均匀，防止平台发生倾斜导致墩台扭转和滑升困难，检查顶棒的位置是否正确，确保墩台身的垂直度，模板安装前要进行校正。

⑩ 滑模施工的优点　能保证连续施工，可以避免或减少施工缝；混凝土下落高度小，不会产生离析，减少防止离析的措施和外加剂；混凝土浇筑层薄，浇注和振捣质量容易保证；施工速度快、工期短；能利用各种施工机械，减轻工人劳动强度；当相同截面桥墩较多时可以组织流水施工。

(2) 液压整体提升模板　液压整体提升模板与滑动模板的区别在于一次浇筑的高度可大于滑升模板，根据不同的工程，高度可达 4～5m。当一节混凝土浇筑完成达到一定强度后即可拆模，之后接高钢筋，提升模板至新的一节高度，周而复始，完成桥塔施工。适用于截面形状较复杂的墩台塔柱。

液压整体提升模板由承力提升架、钢平台主次梁、钢平台板、悬挂系统、钢框金属网外围护板、钢框木胶合板、大模板等组成。钢平台的提升设备采用穿芯液压千斤顶，承力提升架采

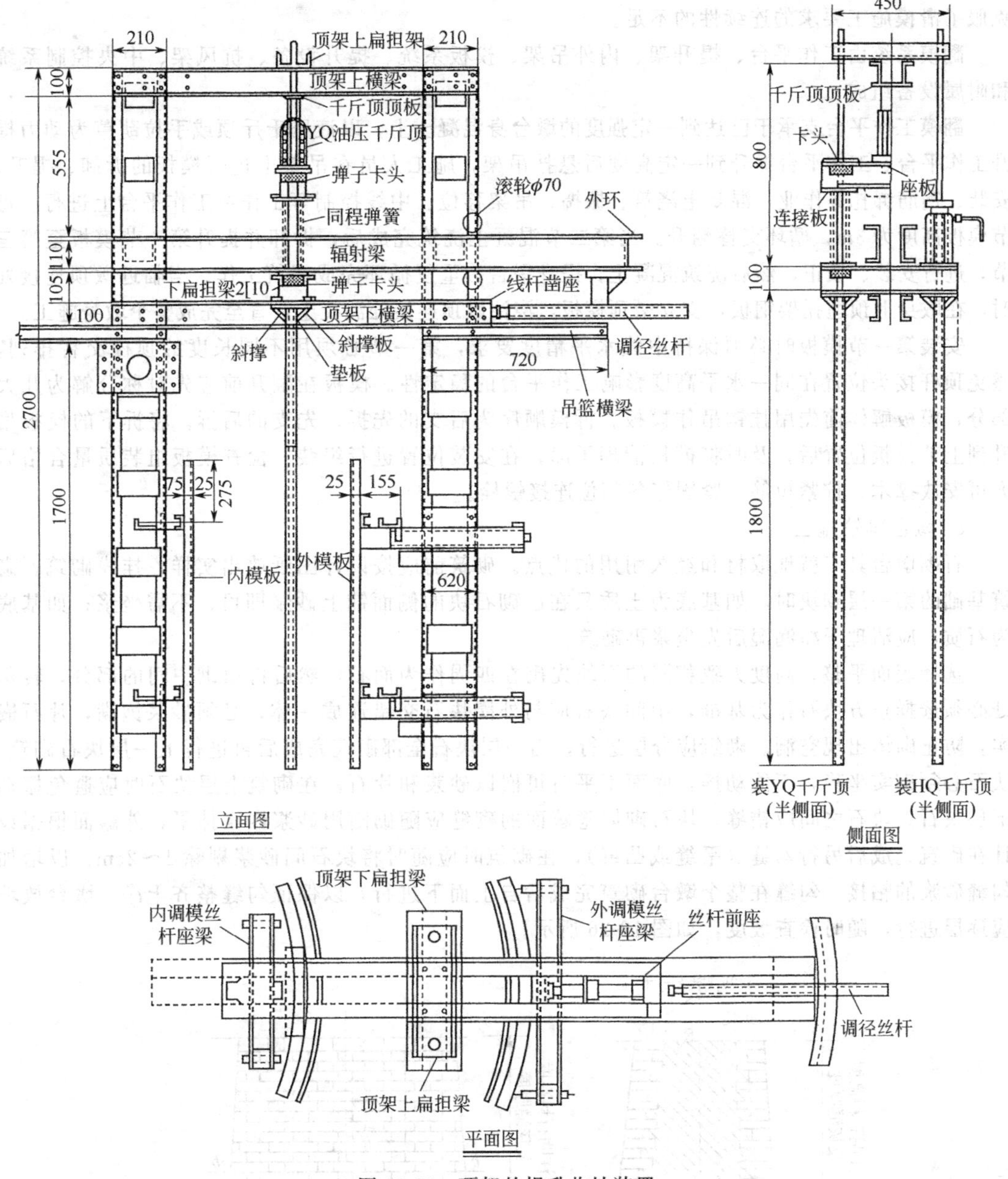

图 12-25　顶架的提升收坡装置

用型钢焊接成格构式，提升用手动葫芦操作。主梁一般采用 H 型钢或工字钢。

工作原理：整体钢平台的自重及施工荷载通过钢平台板传递至次梁和主梁，由主梁经承力钢销传递至承力提升架，再经承力提升架底的横梁将力传递至下部的混凝土上。由安装在大梁上的液压千斤顶经安置在承力提升架上的顶杆将整个钢平台提升至节段的上方标高，然后插入钢销锁定。混凝土浇筑完成达到一定强度后，整个钢平台通过平台大梁和钢座传力作用（中间搁置转换：提升钢平台，使承重钢销卸载，在钢平台大梁下相应位置垫入钢凳或枕木垫，使整个钢平台填紧坐落在混凝土墩身顶部）落在混凝土墩身上，随后用手动葫芦提升承力架。承力提升架的下端与墩身之间采用螺栓连接，确保承力提升架承受风荷载、上部垂直荷载传力产生的水平力。

（3）翻模施工　翻模施工吸取了滑模和爬模的优点，把平台和模板分成两个独立的体系，克服了滑模施工要求的连续性的不足。

翻模系统由工作平台、提升架、内外吊架、模板系统、提升设备、抗风架、中央控制系统和附属设备组成。

翻模工作平台支承于已达到一定强度的墩台身混凝土上，以液压千斤顶或手拉葫芦为动力提升工作平台。工作平台提升到一定高度后悬挂吊架，施工人员在吊架上进行模板的拆卸、提升、安装、钢筋绑扎等作业，混凝土浇筑、振捣、吊架移位、中线控制等工作在工作平台上进行。每节模板高度为3m，循环交替翻升。当第二节混凝土浇筑完成后，拆卸并提升第一节模板至第三节，进行安装、校正，然后浇筑混凝土，提升平台，重复循环完成浇筑工作。当临近墩顶连接处时，在墩身上预埋托架钢板，支立墩顶模板，浇注墩顶连接处混凝土，直至完成整个墩身施工。

安装第一节模板时必须保持中线水平精度要求，第一节必须用不同长度的顶杆交替排列，避免顶杆接头位置在同一水平高度影响工作平台的稳定性。模板在翻升前应先对称分解为几大部分，模板解体前先用挂钩吊住模板。拆模顺序为后支的先拆、先支的后拆。将拆下的模板吊升到上节模板位置后，及时将模板清理干净，在安装位置进行组装。检查模板组装质量合格后方可安放撑木、拧紧拉筋，紧固好各部位连接螺栓。

8. 墩台砌筑施工

石砌墩台具有就地取材和经久耐用的优点。砌筑前应按设计图纸放出实样，挂线砌筑。砌筑基础的第一层砌块时，如基底为土质只在已砌石块的侧面铺上砂浆即可，不需坐浆；如基底为石质，应清理干净润湿后先坐浆再砌筑。

选择表面平整，高度大致相同的石块先砌在四周作为面石，然后再填砌中间的部分，转角处必须选择正方块石作为基准，中间块石应与外圈块石交错连成一体，必须砂浆饱满，片石嵌实，防止砌体出现空洞。砌筑应分层进行，当一层块石全部砌筑完成后再进行上一层块石砌筑，块石必须砌实坐稳，不能动摇，底面不平时可嵌以砂浆和片石，在砌筑上层块石时应避免振动下层块石。块石之间应错缝，块石砌体隐蔽面的砌缝应随砌随用砂浆嵌实抹平，外露面根据设计在砌筑完成后另行勾缝（平缝或凸缝），在砌筑时应随时将块石间砂浆剔除1～2cm，以增加勾缝砂浆的粘接。勾缝在整个墩台砌筑完成后自上而下进行，以保证勾缝整齐干净。墩台放坡应逐层进行，随时检查坡度，如图12-26所示。

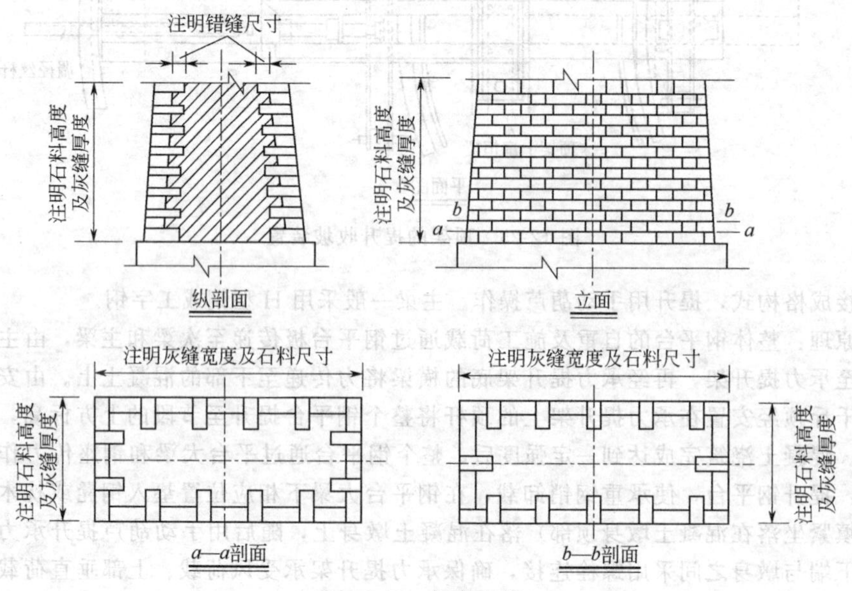

图12-26　桥墩砌筑

9. 墩台检验

拆模后应检查墩台、墩台帽及盖梁质量。见表 12-7～表 12-9 各项质量标准。

表 12-7　墩台施工质量标准

<table>
<tr><th>项　目</th><th colspan="2">规定值或允许偏差</th><th>项　目</th><th>规定值或允许偏差</th></tr>
<tr><td>混凝土强度/MPa</td><td colspan="2">在合格标准内</td><td>断面尺寸/mm</td><td>±20</td></tr>
<tr><td rowspan="2">竖直度/mm</td><td>H≤30m</td><td>H/1500，且不大于 20</td><td rowspan="2">顶面高程/mm</td><td rowspan="2">±10</td></tr>
<tr><td>H>30m</td><td>H/3000，且不大于 30</td></tr>
<tr><td>节段间错台/mm</td><td colspan="2">5</td><td>轴线偏位/mm</td><td>10</td></tr>
<tr><td>预埋件位置/mm</td><td colspan="2">10</td><td>大面积平整度/mm</td><td>5</td></tr>
</table>

表 12-8　墩台帽及盖梁质量标准

项　目	规定值或允许偏差	项　目	规定值或允许偏差
混凝土强度/MPa	在合格标准内	断面尺寸/mm	±20
轴线偏位/mm	10	顶面高程/mm	±10
预埋件位置/mm	10	大面积平整度/mm	5

表 12-9　墩台砌体施工质量标准

<table>
<tr><th colspan="2">项　目</th><th>规定值或允许偏差</th></tr>
<tr><td colspan="2">混凝土强度/MPa</td><td>在合格标准内</td></tr>
<tr><td colspan="2">轴线偏位/mm</td><td>20</td></tr>
<tr><td rowspan="3">墩台长、宽/mm</td><td>片石</td><td>+40，−10</td></tr>
<tr><td>块石</td><td>+30，−10</td></tr>
<tr><td>粗料石</td><td>+20，−10</td></tr>
<tr><td rowspan="3">大面积平整度/mm</td><td>片石</td><td>30</td></tr>
<tr><td>块石</td><td>20</td></tr>
<tr><td>粗料石</td><td>10</td></tr>
<tr><td rowspan="2">竖直度/mm 或坡度/%</td><td>片石</td><td>0.5</td></tr>
<tr><td>块石、粗料石</td><td>0.3</td></tr>
<tr><td>顶面高程/mm</td><td></td><td>±10</td></tr>
</table>

第二节　桥台附属工程施工

桥台附属结构主要包括锥形护坡、护岸等。锥形护坡的作用是保证路堤迎水部分边坡稳定，防止路堤填土向河中坍塌；护岸的作用抵御水流的冲刷。

锥坡施工一般在桥台完工后进行。先须将坡脚椭圆曲线放出，然后在锥坡顶的交点处钉一根木桩，系上可伸缩的长木条或铁丝，使其与锥坡曲线各点相连，长木条或铁丝沿锥坡曲线运动的轨迹就是浆砌或干砌石料时的曲面。砌筑时随时转动长木条或铁丝来校核曲面。

石砌锥坡、护坡和河床铺砌等工程必须在坡面或基面夯实整平后方可开始铺砌。

一、锥坡放样

桥（涵）台的锥形护坡一般在平面上呈1/4椭圆，立面成锥体，其边坡根据路堤土高低取两种或一种坡度。通常路堤高度小于6m时采用单一坡度，大于6m时采用下部较缓、上部较陡的坡度。

先根据锥体高度H，桥头道路边坡坡率m，桥台河坡边坡率n，计算出锥坡底椭圆曲线的平面坐标。锥坡放样的方法有双圆曲线等分垂直投影法（简易法）、锥坡支距法、纵横等分法、椭圆曲线内、外侧量距法、对角线上测设曲线坐标法。

1. 双圆曲线等分垂直投影法（简易法）

当桥头锥坡处无堆积物且处于干燥地段，可采用简易法，确定了锥坡中心后不需要现场计算，仅需量取长短轴长度即可直接定点。

（1）作同心圆　以桥台侧墙后端点为圆心，以椭圆长轴a、短轴b为半径分别作圆。

（2）等分同心圆　将所绘制的同心圆按圆心角等分得到大圆等分点1、2、3、4、5、6、7、8、9、10和小圆等分点1′、2′、3′、4′、5′、6′、7′、8′、9′、10′。

（3）作平行线　过大圆等分点作平行于短轴的平行线，过小圆等分点作平行于长轴的平行线大圆，两平行线相交得交点Ⅰ、Ⅱ、Ⅲ、Ⅳ、Ⅴ、Ⅵ、Ⅶ、Ⅷ、Ⅸ、Ⅹ。

（4）连接各交点　将交点用光滑的曲线相连即为锥坡坡脚椭圆，如图12-27所示。

2. 锥坡支距法（图12-28）

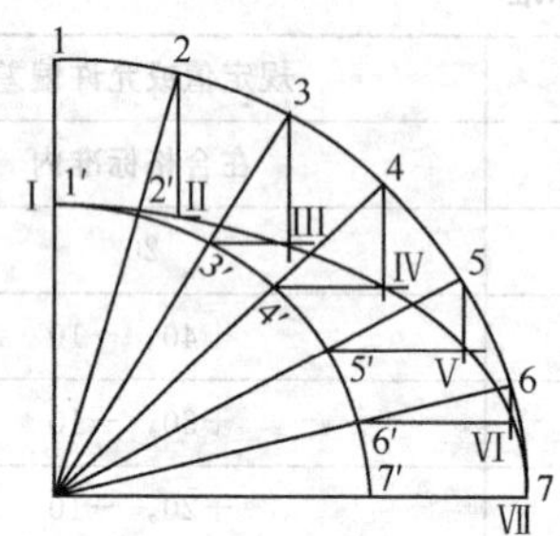

图12-27　双圆曲线等分垂直投影图解法

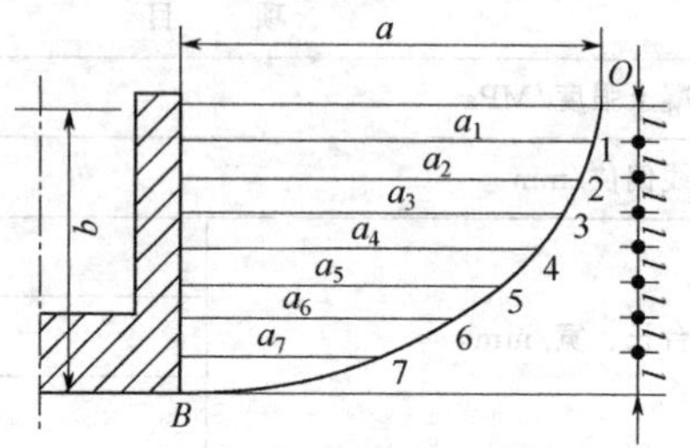

图12-28　锥坡支距法

适用于桥（涵）不高，干地坡脚，地势平坦，桥位中线与水流正交的场合。

1）$H \leqslant 6\text{m}$时，$b=H$；$H=6\sim12\text{m}$时，$b=1.25-1.5H$。

2）可采用8等分或10等分。

3）用于斜交桥、涵锥坡时，其a轴线仍应平行于a轴所示方向。

3. 纵横等分法

主要适用于斜交桥台，也适用于正交桥台。步骤如下：

① 以a、b为长度作平行四边形。

② 将a'、b'分为十等分。

③ 连接b'上的0和a'上的1、b'上的1和a'上的2、……依次类推。

④ 作与连线相切的曲线即为坡脚曲线，见图12-29。

4. 椭圆曲线内、外侧量距法（图12-30及图12-31）

1）根据锥坡任意高度H和坡率m、n计算出锥坡地面椭圆长、短轴长度：

$$\text{长轴 } a=mH\text{，短轴 } b=nH$$

2）将长轴a分为n等分，相应于n等分的坐标y值可按下式计算：

$$y=\pm b\times\sqrt{1-n^2}$$

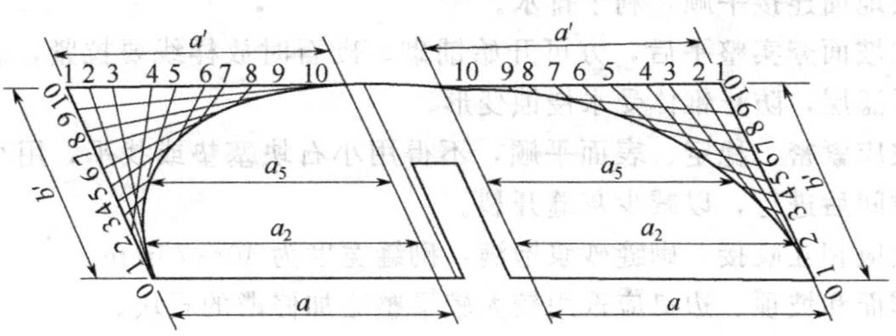

图 12-29　锥坡纵横等分图解法

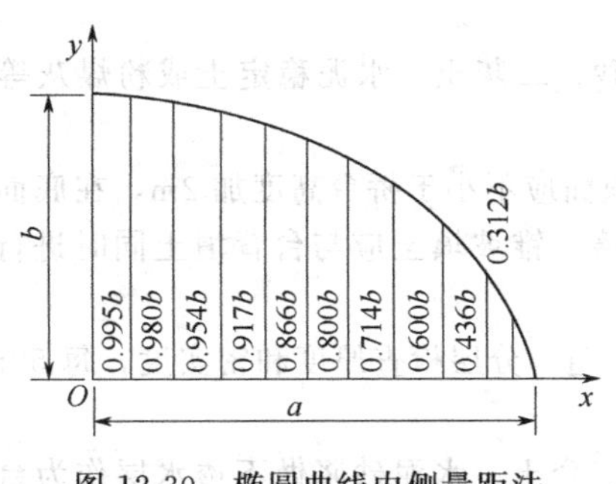

图 12-30　椭圆曲线内侧量距法

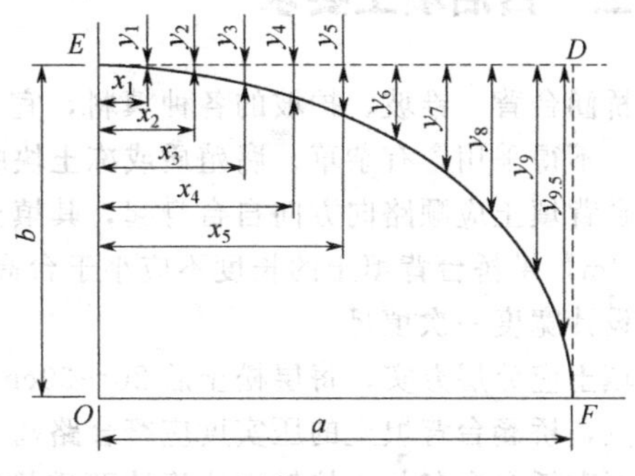

图 12-31　椭圆曲线外侧量距法

3）当锥坡底面由于施工掘土堆弃，曲线内侧难以量距时，可采用外侧量距法由曲线外侧放样，定出椭圆曲线上各点的位置。

5. 对角线上测设曲线坐标法

当 E、F 两点无障碍可直接通视时，可连接 EF 作为对角向量取曲线坐标，定出椭圆。

1）将 EF 分为 10 等分。

2）对应每一等分点分别量取 y_n（对角线外侧距曲线纵距），如图 12-32 所示。

当对角线法放样用于斜桥时，不能使用上述直角坐标，而应用不同的斜交角 α 相应的角度系数 c 乘以 a 确定点位，然后量取对角线上的长度，纵向 y_n 不变，如图 12-33 所示。

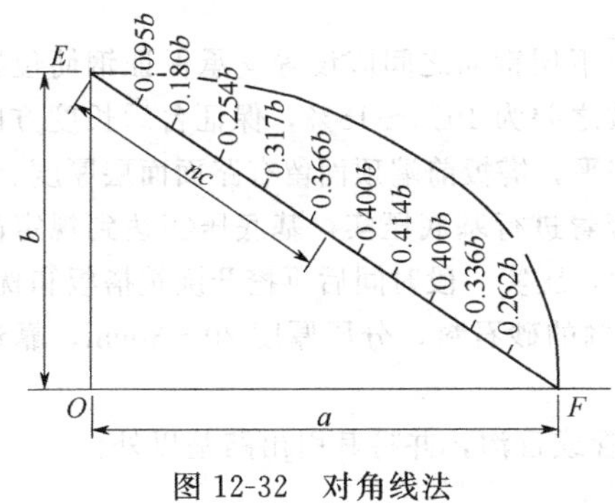

图 12-32　对角线法

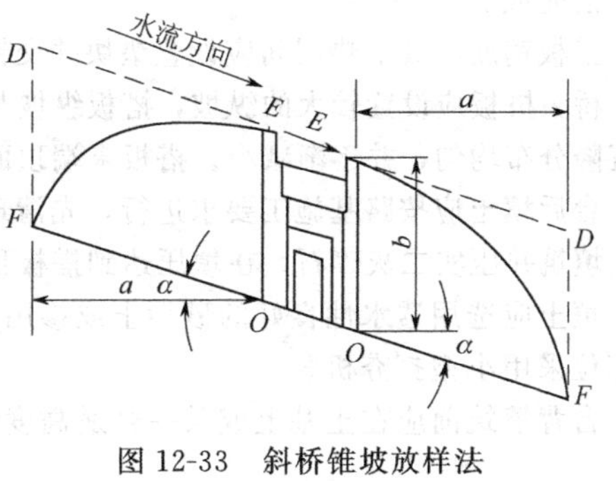

图 12-33　斜桥锥坡放样法

二、锥坡填土、砌筑施工要点

锥坡填土应符合路基土填土要求，锥体填土应分层夯实，填料以黏土为宜，与台后填土同时进行。

按设计高程及坡度填足，砌筑片石厚度不够时再将土挖去，不允许填土不足边砌石边填土。锥坡拉线放样时，坡顶应预先放高 2～4cm，使锥坡同锥体填土沉降后符合设计要求。

锥坡与路肩及地面连接平顺，利于排水。

石砌护坡应在坡面夯实整平后，方可开始铺砌。砌石时放样线要拉紧，表面平顺，片石背后按规定做碎石反滤层，防止锥体受水侵蚀变形。

干砌片石锥坡应紧密、稳定、表面平顺，不得用小石块塞垫或找平，用小石子砂浆勾缝应在砌筑完成一定时间后进行，以减少灰缝开裂。

浆砌片石护坡应相互咬接，砌缝砂浆饱满，砌缝宽度为40～70mm。

片石护坡外露面和坡顶、边口应选用较大较平整略加修凿的石块。

三、台后填土要求

桥涵台背、锥坡、护坡的各种填料，宜采用天然砂、二灰土、水泥稳定土或粉煤灰等轻质材料，不得采用含有杂草、腐殖质或冻土块的土。

台背填土应顺路向方向自台身起，其填土长度在顶面应不小于桥台高度加2m，在底面应不小于2m，拱桥台背填土的长度不应小于台高的3～4倍。锥坡填土应与台背填土同时进行，并应按设计宽度一次填足。

填土应分层夯实，每层松土后20～30cm，夯2～3遍，分层检查厚度和密实度，每$50m^2$检测一点，桥涵台背填土的压实度应符合路基规范。

石砌桥台台背与土接触面应涂抹两道热沥青或用三合土、水泥砂浆做不透水层作为台后防水处理。

梁式桥的轻型桥台台后填土应在梁体安装完成后两侧平衡地进行；埋置式桥台台背填土宜在柱侧对称平衡进行；拱桥桥台台背填土应在主拱圈安装或砌筑以前完成。

四、台后搭板施工要点

设置搭板是解决台后错台跳车问题的主要措施，其效果与搭板之下路堤压缩程度及搭板长度有密切关系。

台后地基如为软土，应按设计要求对地基进行处理并对台后填土进行预压，预压应在搭板施工前完成。

搭板钢筋与其下垫层间应设置垫块并交错布置，上下层钢筋之间应设置支承保证钢筋位置准确。桥头搭板应设置较大的纵坡，搭板纵坡与道路纵坡之差为10%～15%，保证台后长度方向上的沉降分布均匀，并逐渐减小。搭板末端顶面与路基齐平，搭板前端顶面留有路面面层厚度。

台后填土应按路基施工要求进行，先清理基坑，接着进行基底压实，基底压实达到规定高程后，填筑并压实二灰碎石。在填压达到搭板顶部高程后，压实一段时间后再挖开浇筑搭板和枕梁。

填土应选用透水性良好的砂性土或掺用40%～70%的砂石料，分层厚度20～30cm，靠近后墙部位采用小型打夯机。

台背填筑前应在土基上或某一合适高度设置泄水管或盲沟，并将其引出路基以外。

五、台后泄水盲沟施工

地下水较多时，泄水盲沟以片石、碎石等透水材料砌筑，按坡度设置，沟底用黏土夯实，盲沟应建在下游方向，出口处高出一般水位0.2m。

如桥台在挖方内，横向无法排出时，在平面上可在下游方向锥体内折向桥台前端排水，在平面上呈L形。

盲沟施工注意事项：所用填料洁净无杂质，含泥量小于2%；各层填料层次分明，填筑密实；盲沟滤管一般采用无砂混凝土管或有孔混凝土管，也可用短节混凝土管，但应在接头处留2～3cm间隙供地下水渗入。盲沟管基底应用混凝土浇筑，并与滤管密贴，纵坡应均匀，无反向坡；管道安装完毕应将管内砂浆残渣、杂物清除干净。盲沟一般构造如图12-34所示。

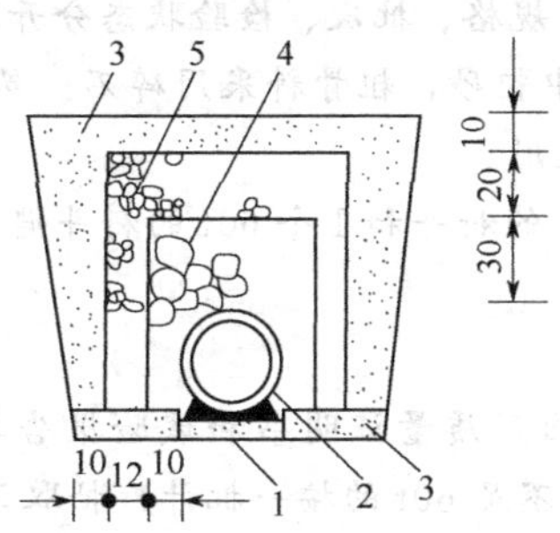

图12-34 盲沟一般构造

1—渗水管基座；2—渗水管；3—粗砂层；4—粒径2～3cm的卵石；5—粒径小于2cm的卵石

第三节 墩台施工实例

一、工程概况

某大桥一合同段主线上共有大、中桥17座，折合为整体式桥长3605.5m，该合同段桥梁结构形式为30m、40m和50m跨径的预应力混凝土简支T形梁桥，以及20m跨径的预应力混凝土小箱梁，互通式内部分采用现浇箱梁。

本合同段墩柱分为普通圆墩柱和方墩柱两种，其中方墩柱又分为薄壁空心墩和实心方墩两种形式。桥台采用重力式、柱式、肋板式桥台，桥台基础一般采用明挖扩大基础或桩基础。桥梁的盖梁分普通盖梁和大悬臂预应力盖梁两种形式。其中方墩柱又分为薄壁空心墩和实心方墩。

二、施工准备

(1) 施工技术准备

① 复核施工图纸，发现问题及时同设计沟通解决。编制施工、安全技术交底和施工方案，对现场所有负责人、技术员、工班长、操作人员进行逐级交底，将施工要点注意事项及安全文明施工交代清楚。

② 复核导线点、水准点，必要时进行加密控制；做好测量仪器的检修和校准工作。

③ 试验室做好相关原材的检验报批工作。

(2) 材料

① 所用材料必须符合有关技术标准规定，使用前必须严格审核所选用材料的出厂合格证和试验报告，并送往试验室进行验证合格后方可使用，不合格的材料一律清除出场。

② 设备：吊车1台（根据实际施工需要，可按需求增加）；圆墩模板：ϕ1.4m：124m；ϕ1.6m：30m；ϕ1.8m：33m；ϕ1.2m：33m。输送泵，振动棒若干套，混凝土运输罐车9辆，钢管及扣件（视实际工程需要配置），挖机，装载机。

③ 人员：项目经理部由项目经理、总工程师、质检工程师、生产副经理等领导和工程部、经营部、材料机械部、人财部和安保综合办等业务部门组成。

(3) 原材料进场堆放要求

1) 堆放要求

① 钢筋：钢筋场地必须硬化、平整、干燥，钢筋堆放时下垫上盖，做到防雨防潮，避免锈蚀或油污。钢筋应按到场的时间、规格、批次、检验状态分开码放，便于识别，抽检，管理。

② 粗、细骨料：细骨料选用中粗砂，粗骨料采用碎石。然后用砖砌围墙分仓堆放，防止混料，并插上标牌，以方便施工时选用。

③ 水泥和粉煤灰：用 2 个 80t 的料斗和 1 个 60t 的料斗储存。

④ 外加剂：仓库储存。

2) 钢筋原材料进场检验要求

① 钢筋进场前应由厂家提供出厂质量证明书和试验报告单，进场后以同牌号、同炉罐号、同交货状态的钢筋每 60t 为一批（不足 60t 的按一批计）抽取试件做屈服强度、抗拉强度、伸长率和冷弯试验，其质量应符合现行国家标准的规定和设计要求。另外 HRB335 钢筋含碳量不得大于 0.06%，钢筋外观质量符合表 12-1 规定。

② 水泥。选用配合比设计所用的水泥，进场必须有出厂合格证，并经检验合格后方可使用。水泥为 P·O42.5 普通硅酸盐水泥。

③ 粗骨料。选用配合比设计所用的粗骨料，粗骨料采用碎石，分仓储存在料棚内。

④ 细骨料。选用配合比设计所用的细骨料。细骨料采用中砂。

⑤ 外加剂及掺合料。外加剂及掺合料均按照批准的配合比中的厂家和规格进料。外加剂采用高效减水剂，掺合料为粉煤灰，进场验收合格后泵入储存罐中。

⑥ 生产配合比。根据批复的设计配合比来调整施工配合比，主要通过砂石的含水率、砂率筛分试验的测定进行调整，保证混凝土具有良好的和易性，坍落度控制在要求范围之内。

三、圆墩施工方案

1. 施工工艺（图 12-35）

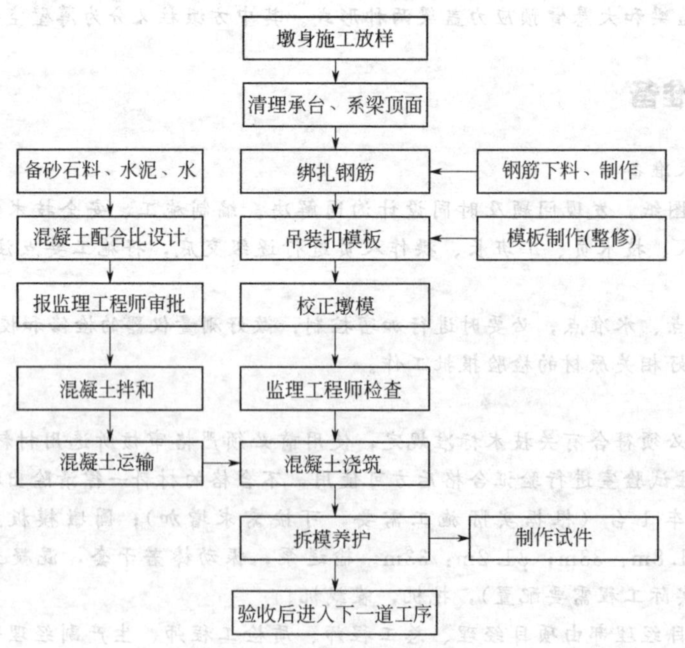

图 12-35　墩柱施工工艺框图

2. 施工缝处理

在墩身施工前先将系梁或承台墩身接合处的施工缝用人工将其凿毛、整平、清理，用清水冲洗干净，以利于新旧混凝土的接合。

3. 测量放线

用全站仪将墩身的中心坐标施测至已凿毛的承台上，并用墨线将墩身的外边线标示在系梁或承台上。

4. 钢筋绑扎安装

5. 立柱模板安装

(1) 模板拼装要求

① 模板严格根据图纸线型变化加工制作。

② 定型钢模的加工要保证其平整度、顺直度、刚度、拼缝接口等技术质量满足设计图纸的要求。

③ 模板必须保持清洁，然后在模板面层上均匀涂刷脱模剂，注意脱模剂不允许沾染到钢筋上。

④ 模板拆除时禁止敲打，对变形模板要及时整修保养。

(2) 模板安装　圆形立柱模板采用大块平面钢模，模板面板为5mm钢板，钢板背面用带铁或角钢加固，均由专业厂家生产。在使用前对模板的平整度、顺直度、刚度、模板的接口板面高差等进行检查，合格后，用汽车吊整体吊装到位。立柱模板安装时要严格控制其垂直度，模板的垂直偏差不大于墩柱长度的0.3%H。模板上部外侧四个方向均用缆风绳对称拉紧，确保在浇注混凝土时，模板能可靠地承受施工中混凝土的侧压力。模板安装时，严格按照测量人员施放的墨线对中，并清除模内杂物，模板对接处加垫2cm宽的海绵条，平整度保证不超过2mm。墩柱模板支设示意图如图12-36所示。

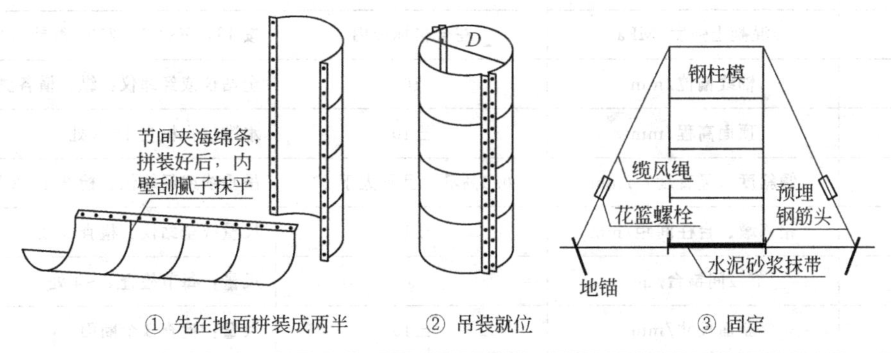

图12-36　墩柱模板支设示意图

6. 混凝土浇筑

(1) 要求

① 水泥必须同一厂家的同一种水泥，进场原材料必须附有质保书或质量合格说明，并经过验收检查砂石的含泥量不得超过规范的规定，尤其不得含有块状黏土和大小不一的石子。

② 严格控制混凝土的配合比，确保配料准确，并保证足够的搅拌时间，选用正确运输方法，控制混凝土运输时间，控制混凝土的坍落度。

③ 严格按照规定的浇筑顺序进行布料，控制混凝土自由下落高度不超过2m，分层浇筑的厚度不大于30cm，混凝土振捣方式采取先用周边后中间，增加振捣点，控制振捣时间，快插慢拔，将模板周边的气泡引至中间，然后引出混凝土面。

④ 混凝土施工完毕后及时用塑料薄膜及土工布进行覆盖养护。

(2) 浇筑　为减少混凝土表面接缝，保证混凝土表面光滑，墩台混凝土均采取一次性浇筑方案。混凝土浇筑采用漏斗、吊车配吊斗进行。混凝土浇筑过程中用经纬仪标定模板的稳定性，若发现浇筑过程中模板移动，应及时进行纠正。混凝土自高处向模内倾卸时，其自由倾落高度不宜超过2m，当倾落高度超过2m时，应通过串筒、溜管等设施下落，在串筒出料口下面，混凝土堆积高度不宜超过1m。

混凝土振捣采用插入式振动器，移动间距不应超过振动器作用半径的1.5倍，与侧模应保持5～10cm的距离，插入下层混凝土5～10cm，对每一振动部位，振动至混凝土停止下沉，不再冒出气泡，表面呈现平坦泛浆为止，每一处振动完毕后，应边振动边徐徐提出振动棒，应避免振动棒碰撞模板、钢筋。混凝土应按一定厚度分层浇筑，分层浇筑厚度不宜超过30cm，应在下层混凝土初凝或能重塑前浇筑完成上层混凝土。混凝土浇至预定标高后，用木搓板抹平、拉毛。同时按规定制作试件并填写混凝土检验表。

7. 模板拆除

模板应在混凝土强度能保证混凝土表面及棱角不损坏的情况下方可拆除，一般在浇筑完成后30h左右，混凝土抗压强度达到2.5MPa时进行拆除。

8. 混凝土养护

混凝土浇筑完成后，待表面收浆后尽快对混凝土进行覆盖和洒水养护，避免阳光暴晒混凝土表面产生裂纹，墩柱养护采用套塑料薄膜使墩柱自身水化热不被蒸发来养护，同时辅以人工浇水。混凝土养护必须有专人进行，养护最少保持7d或监理工程师指示的天数。

9. 墩柱施工质量检测（表12-10）

表12-10　墩柱实测项目

项　次	检 查 项 目	规定值或允许偏差	检查方法和频率
1	混凝土强度/MPa	在合格标准内	按JTG F80/1—2004附录D检查
2	轴线偏位/mm	10	全站仪或经纬仪：纵、横各测量2点
3	顶面高程/mm	±10	水准仪：检查4～8处
4	倾斜度（竖直度）/mm	0.3%墩、且不大于20	吊垂线或经纬仪：检查4～8处
5	相邻墩、台柱间距/mm	±10	尺量或全站仪：检查3处
6	节段间错台/mm	3	尺量：每节检查2～4处
7	断面尺寸/mm	±15	尺量：检查3个断面

10. 立柱施工质量保证措施

① 项目技术负责人和项目质检员每旬对各项工程质量进行检查考评。

② 每道工序施工前应由项目技术负责人向施工队及有关人员进行技术交底，由质检员对工程质量要求进行技术交底。

③ 每道隐蔽工程或浇筑混凝土以前由质检员进行自检合格后，再通知监理进行验收检查，方可继续施工。

④ 采取施工队之间进行质量互检、自检与专检相结合的检查方法，严格把好质量关，不放过每一个隐患。

⑤ 质量检测仪器应定期到计量部门进行标定，并专人负责质检仪器。

⑥ 对工程材料在进场时要严格把关，钢材、水泥、砂石料应有质保书，并应按规范要求进行级配分析。

复习思考题

1. 钢筋检测批次及项目如何规定？
2. 钢筋的下料长度如何计算？
3. 钢筋存放注意事项有哪些？
4. 支架架设的基本要求是什么？
5. 支架、模板承担的荷载如何考虑？
6. 支设模板注意事项有哪些？
7. 模板拆除的一般顺序是什么？
8. 高桥墩滑模施工原理是什么？混凝土浇筑注意事项有哪些？
9. 翻模施工拆模顺序是什么？
10. 双圆曲线等分垂直投影法、外支距法锥坡放样步骤分别是什么？
11. 现场施工质量管理措施有哪些？
12. 现场施工安全保证、环境保护措施有哪些？

第十三章　混凝土梁桥上部结构施工

学习要点： 支架现浇法、预制法、悬臂法及顶推法的特点和适用条件；支架的类型、要求和预拱度的设置；悬臂施工法的施工程序及注意事项；挂篮的构造；顶推法施工的特点以及预制梁的安装方法。

第一节　概述

混凝土梁桥上部结构常用的施工方法有支架现浇法、预制装配法、悬臂施工法和顶推施工法，施工方法的选择应根据桥梁的设计、施工现场的环境、设备、经验并综合考虑工程的造价、施工质量及工期等因素确定。

1. 支架现浇法

分为满堂支架和移动支架法。支架现浇法在制梁时需在桥位处搭设支架和模板，然后在支架上浇筑混凝土，达到强度后拆除模板和支架，最终形成混凝土梁。其主要特点如下：

(1) 占用场地少，直接现场浇筑成型；

(2) 无需大型起吊、运输设备；

(3) 桥梁整体性好；

(4) 工期长，施工质量不易控制；

(5) 施工中的支架、模板耗用量大，施工费用高；

(6) 对预应力混凝土梁而言，由于混凝土的收缩、徐变引起的应力损失大；

(7) 在施工过程中，搭设支架会影响到排洪、通航。

2. 预制装配法

预制装配法是把提前预制好的梁段运输到施工现场，采用一定的架设方法进行安装、搭设，其施工过程包括梁的预制、运输和安装搭设三部分，其中搭设是关键部分。其主要特点如下：

(1) 由于是预制场生产制作，构件质量好，有利于保证构件的质量和尺寸精度，并尽可能多的采用机械化施工；

(2) 上下部结构可以平行施工，因而可缩短工期；

(3) 能有效地利用劳动力，因此可降低工程造价；

(4) 施工速度快，适用于紧急施工工程；

(5) 构件预制后需放置一段时间，在安装时已有一定龄期，可减少混凝土收缩、徐变引起的变形；

(6) 需大型起吊、运输设备和预制场地；

(7) 梁体的整体工作性能不如就地浇筑法。

3. 逐孔施工法

即使用一套设备从桥梁的一端逐孔施工，直到对岸。

4. 悬臂施工法

也称分段施工，是以桥墩为中心向两岸对称的、逐节悬臂接长的施工方法，分为悬臂浇筑法和悬臂拼装法两种。

(1) 悬臂拼装法。悬臂拼装法是利用移动式悬拼吊机将预制梁段起吊至桥位，然后采用环氧树脂及钢丝束预施应力连成整体，采用逐段拼装，一个节段张拉锚固后，再拼装下一节段。悬臂拼装施工包括块件的预制、运输、拼装及合拢几个部分。

(2) 悬臂浇筑法。悬臂浇筑采用移动式挂篮作为主要施工设备，以桥墩为中心，对称向两岸逐段浇筑梁段混凝土，待混凝土达到要求强度后，张拉预应力束，再移动挂篮，进行下一节段的施工。

5. 顶推施工法

顶推施工是沿桥轴方向，在台后开辟预制场地，分节段预制梁身并用纵向预应力筋将各节段连成整体，然后通过水平液压千斤顶施力，借助滑动装置，将梁段向对岸推进。这样分段预制，逐段顶推，待全部顶推就位后，落梁、更换正式支座，完成桥梁施工。其适用于中等跨径、等截面的直线或曲线桥梁。

第二节　混凝土简支梁桥上部结构的施工

混凝土简支梁桥上部结构可采用预制装配法和支架现浇法施工，目前，我国新建公路、铁路中小跨径普通钢筋混凝土和预应力混凝土简支梁桥多采用预制装配法施工。装配式梁桥的预制装配法施工包括分片或分段构件的预制、运输、安装三个阶段。桥梁的预制构件一般在预制场或预制工厂内进行，再由运输工具运至桥位，横向分片预制件可采用吊机或架桥机架设；纵向分段在桥头串联张拉后，用吊机或架桥机架设。整体式简支梁桥的支架现浇法施工的主要工作内容与预应力连续梁桥基本相同，请见本章第三节。本节只介绍装配式简支梁桥的预制装配法施工。

一、装配式梁桥的特点

采用预制安装法施工的装配式梁桥与就地浇筑的整体式梁桥相比较，有下列特点：

(1) 加速施工进度。由于装配式梁桥的梁片预制可与桥梁下部结构同时实施，对加速施工进度，缩短施工工期，效果明显。

(2) 节省支架、模板。装配式梁桥常采用无支架或少支架施工，预制场采用钢模板浇筑预制件，模板反复使用，达到节约木材的目的。高桥采用无支架安装可省去大量现场支架，节省工程投资。

(3) 提高工程质量。装配式梁桥的预制梁片可以标准化，采取钢模板使梁体表面光洁美观，生产流程可以达到自动化，机械化、梁体混凝土计量自动化、振捣及养护均能达到理想要求，对梁体质量有较高保证率。

(4) 需要吊装设备。预制梁片一般采用汽车吊、履带吊机、浮吊进行吊装架设，桥梁较长可采用架桥机架设。

(5) 结构用钢量略为增大。装配式梁桥的造价与整体浇筑梁桥造价相比孰高孰低，不能一概而论，要对具体桥位进行具体分析。当桥址地形条件不可能设立支架，或者桥较高，支架施工时支架工程量大，施工单位有足够架梁设备时，采用装配式施工将是经济合理的。

二、装配式构件的预制工艺

(一)预制基本作业

构件是在预制场内预制的，预制场地和各种车间的布置必须合理。预制场内布置的原则是使各工序能密切配合，便于流水作业，缩短运输距离和占地面积尽量少。

1. 模板工作

根据工程规模和预制工作量大小，模板可采用钢制、木制或钢木结合的。在较小的工程中，截面较小构件的制作，也可采用砖模或土木结合模。

制作T梁的模板，包括底模、侧模和端模，底模支承在底座上。底座有木底座和混凝土底座两种。制作空心板构件，尚需用芯模。制作箱梁节段，则另需内模。

2. 钢筋工作

钢筋工作包括钢筋整直、切断、除锈、弯钩、焊接和绑扎成型等工作。

工作的要求和内容与就地浇筑施工的钢筋混凝土梁桥基本相同。但对预制装配式桥梁来说，在构件预制时还需设置各种预埋件，包括构件的接缝和接头部位的预埋角钢、预埋钢板、预埋钢筋（伸出钢筋）等和吊点的吊环、预埋零件等。预埋件须与钢筋骨架牢固地连接。

3. 混凝土工作

混凝土工作包括混凝土的拌制、运输、浇筑、振捣和养护等工序。

要求和方法也与就地施工梁桥基本相同。然而由于预制场或预制工厂的设备和技术条件比现场为好，混凝土工作就有可能组织得更为合理有效，达到更高的质量要求。

模板、钢筋、混凝土工作具体工作内容请见本章第三节。

(二)装配式构件的制造工艺

以下以预应力简支梁桥为例，说明装配式构件的制造工艺。

1. 先张法预制工艺

先张法是在预制混凝土构件时，先在台座上张拉力筋，然后支模板浇筑混凝土，待混凝土达到一定的强度后，放松钢筋，一般适用于预制小型构件。先张法的基本工序主要有：张拉台座（台车）布置、力筋制作、力筋张拉、灌注混凝土等，其工艺流程如图13-1所示。

先张法生产可采用台座法或流水机组法。采用台座法时，构件施工的各道工序全部在固定台座上进行，台座布置如图13-2所示。采用流水机组法时，构件在移动式的钢模中生产，钢模按流水方式通过张拉、浇筑、养护等各个固定机组完成每道工序。流水机组法可加快生产速度，但需要大量钢模和较高的机械化程度，且需配合蒸汽养护，因此适用于工厂内预制定型构件。

(1) 台座法预制　台座是先张法生产中的主要设备之一，要求有足够的强度和稳定性。台座按构造型式不同，可分为墩式和槽式两类。

1）墩式台座。墩式台座是靠自重和土压力来平衡张拉力所产生的倾覆力矩，并靠土壤的反力和摩擦力抵抗水平位移。在地质条件良好、台座张拉线较长的情况下，采用墩式台座可节约大量混凝土。图13-3（a）为具有钢丝束定位设备的台座。先张法的墩式台座结构应符合《公路桥涵施工技术规范》（JTG/T F50—2011）中7.7.1项条款的规定。

2）槽式台座。当现场地质条件较差、台座又不很长时，可采用槽式台座。槽式台座与墩式台座不同之处在于预应力筋张拉力是由承力框架承受而得到平衡。此承力框架可以是钢筋混凝土［图13-3（b）］或是由横梁和压杆组成的钢结构。

(2) 预应力筋的制备　先张法预应力混凝土梁可用冷拉Ⅲ、Ⅳ级螺纹粗钢筋、高强钢丝、钢绞线和冷拔低碳钢丝作为预应力筋。粗钢筋（直径为12～28mm）的制备工作，包括下料、对焊、冷拉、时效、镦粗和轧丝等工序。

冷拉就是对钢筋施加一个大于屈服强度而小于抗拉强度的拉力，使钢材屈服并产生塑性变形，从而提高钢材的屈服强度。经过冷拉的钢筋余料，可在对焊后再次冷拉使用，但冷拉次数不得超过二次。同时在计算伸长值时，应扣除第一次冷拉的伸长值。冷拉后的钢筋，若在一定的温度下给予适当时间的“休息”而不立即加载使用，那么由冷拉引起的钢材晶格的歪曲便可得到一定程度的恢复。这样就使钢筋的内应力得以消除，从而使钢筋的屈服强度、抗拉强度都比冷拉完成时更有所提高，并逐渐趋于稳定，钢筋冷拉时所降低的弹性模量也得到恢复，钢材的这种性质称为冷拉时效。

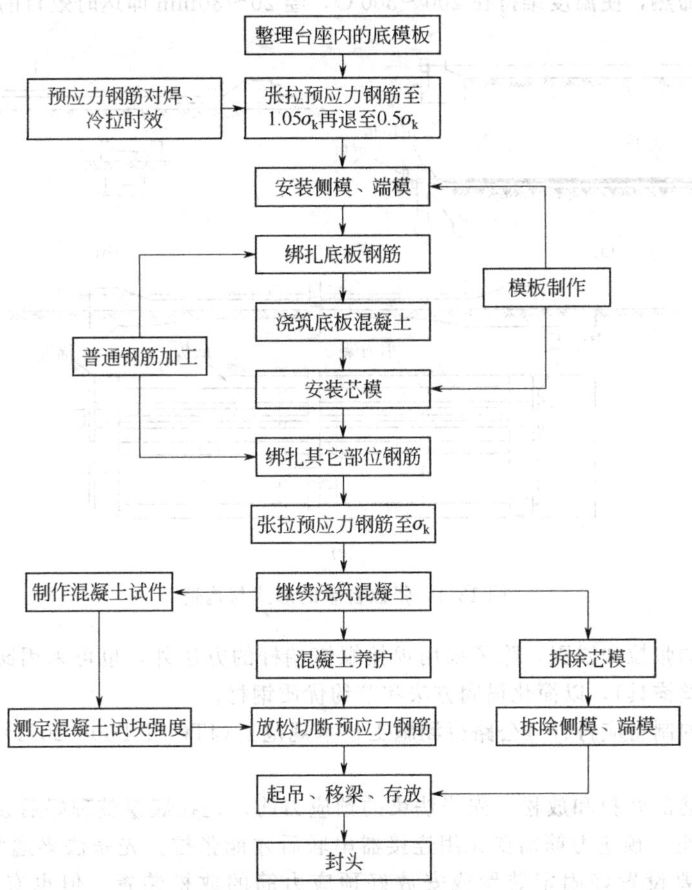

图 13-1　先张法施工工艺流程

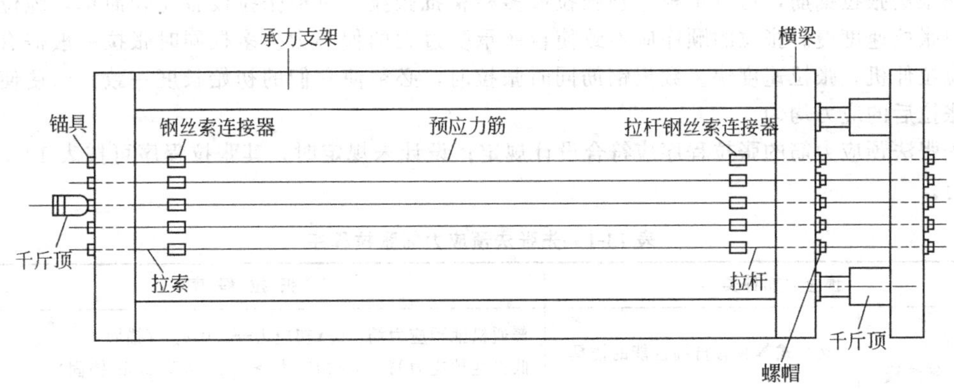

图 13-2　先张法张拉台座布置图

时效有自然时效和人工时效两种。将冷拉后的钢筋在自然温度下（25～30℃）放置一个较长的时间（20～30d）后使用，叫做自然时效。自然时效的效应较缓而费时较长，特别是有些钢种如 44Mn2Si 等，冷拉后在自然条件下其强度的提高和弹性模量的恢复更为缓慢。因此，在有条件的情况下，应尽可能地使用人工时效。人工时效就是用加热的办法，使冷拉后的钢筋在

100℃的恒温下保持 2h 左右。经过人工时效的冷拉钢筋，其屈服强度可较时效前提高 10%～20%，甚至更大，其弹性模量基本上能恢复到冷拉前的数值。工程中常采用电热时效，即将冷拉后的钢筋通电加热，使温度维持在 200～300℃，经 20～30min 即达时效目的。

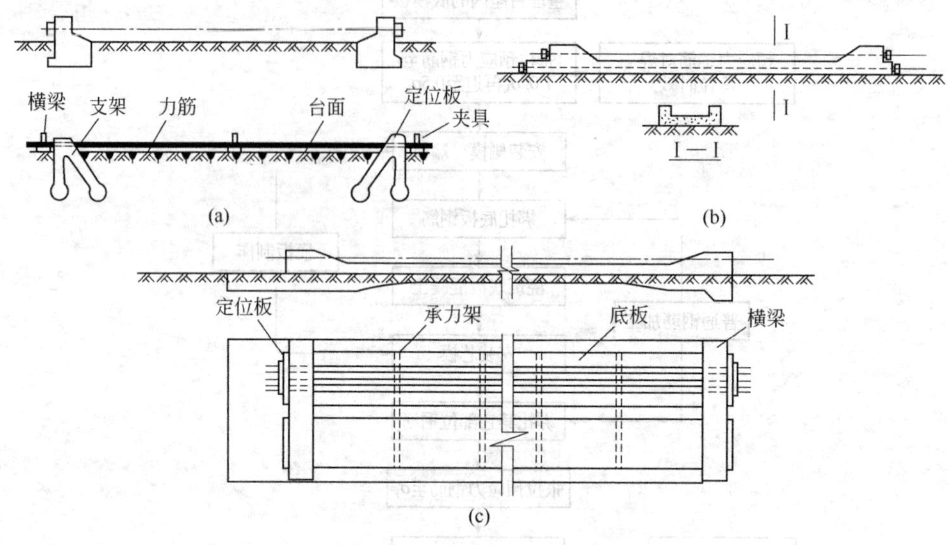

图 13-3　张拉台座的形式与构造

为了钢筋端的张拉和锚固，除了采用焊接螺钉端杆的方法外，也可采用镦头锚具或轧制螺纹锚具（或称轧丝锚具），以简化锚固方法和节约优质钢材。

预应力钢筋的制备应符合《公路桥涵施工技术规范》（JTG/T F50—2011）中 7.2 项条款的规定。

（3）预应力筋的张拉和放松　先张法梁的预应力筋，是在底模整理好后在台座上进行张拉的。对于长线台座，预应力筋需要先用连接器串联后才能张拉。先张法梁通常采用一端张拉，另一端在张拉前要设置好固定装置或安放好预应力筋的放松装置。但也有采用两端张拉的方法。

先张法张拉钢筋，可以单根分别张拉或多根整批张拉。单根张拉设备比较简单，吨位要求小，但张拉速度慢。张拉的顺序应不致使台座承受过大的偏心力。多根同时张拉一般需有两个大吨位拉伸机，张拉速度快。数根钢筋同时张拉时，必须使它们的初始长度一致，以便使每根钢筋张拉后的应力均匀。

先张法预应力筋的张拉程序应符合设计规定；设计未规定时，其张拉程序可按表 13-1 的规定进行。

表 13-1　先张法预应力筋张拉程序

预应力筋种类		张 拉 程 序
钢丝、钢绞线	夹片式等具有自锚性能的锚具	普通松弛预应力筋：0→初应力→1.03σ_{con}（锚固） 低松弛预应力筋：0→初应力→σ_{con}（持荷 5min 锚固）
	其它锚具	0→初应力→1.05σ_{con}（持荷 5min）→0→σ_{con}（锚固）
螺纹钢筋		0→初应力→1.05σ_{con}（持荷 5min）→0.9σ_{con}→σ_{con}（锚固）

σ_{con} 为张拉时的控制应力值（包括预应力损失值），初应力应采用同一数值，施工时采用油压表应力值与预应力束（筋）的延伸量量测，进行双控。目前广泛采用于钢绞线的 OVM 锚具，一旦张拉至 1.05σ_{con} 后回油就自行锚固，所以施工中一般采用张拉至 1.03σ_{con} 锚固。

钢筋在超张拉时，其张拉值不得大于钢筋的屈服强度，或高强钢丝、钢绞线抗拉强度的75%。为施工安全，应在超张拉后放松至90%的控制应力，进行安装预埋件、模板和钢筋等工作。

当混凝土强度达到设计要求后，可在台座上放松受拉预应力筋（称为“放张”），对预制梁施加预应力。当设计无规定时，一般应在混凝土强度大于设计标号的70%时进行。放松之后，切割梁外钢筋，即可移位准备再生产。

放松预应力钢筋的方法有：用千斤顶先拉后松、砂筒放松（图13-4）、滑楔放松（图13-5）和螺杆放松（图13-6）等方法。

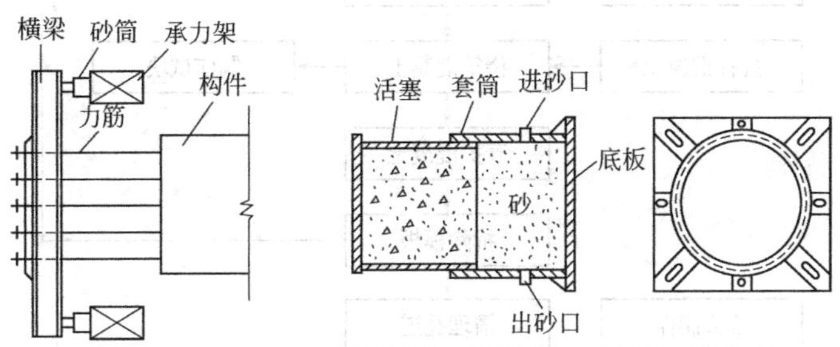

图13-4 砂筒放松示意图

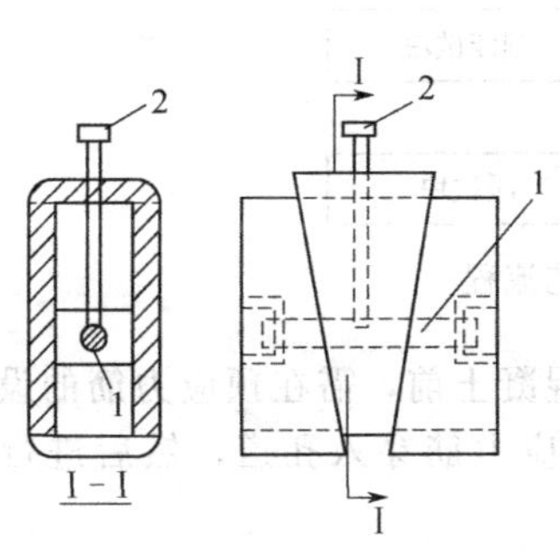

图13-5 滑楔放松示意图

1—螺杆；2—螺栓

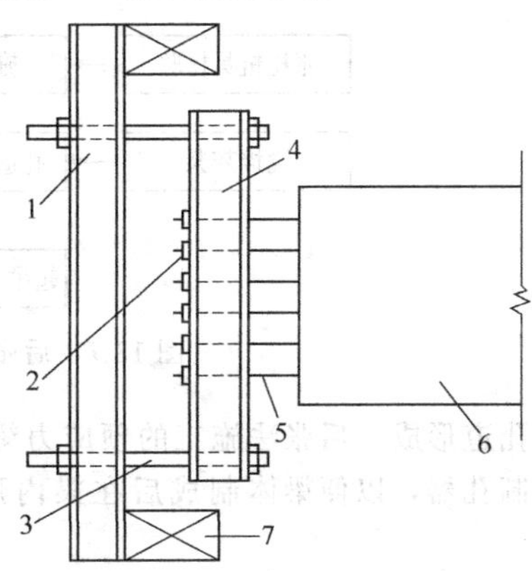

图13-6 螺杆放松示意图

1—横梁；2—夹具；3—螺杆；4—张拉架；5—预应力筋；6—构件；7—承力架

(4) 流水机组法预制 所谓“流水机组法”是将若干个备有加力架的台车连在一起，顺生产线移动，在每一段上完成一道工序，最后一道工序完成后，台车转回至第一个位置，然后进行下一片梁的预制。

使用流水机组法的制梁工艺，台车及加力架必须有足够的刚度；机组的走行路线必须平直，否则易使构件产生裂缝。

2. 后张法预制工艺

后张法工序较先张法复杂，需要预留孔道、穿筋、灌浆等工序，以及耗用大量的锚具和埋设件等，增加了用钢量和投资成本。后张法不需要强大的张拉台座，便于在现场施工，而且又适宜于配置曲线形预应力束（筋）的大型和重型构件制作，因此目前在铁路、公路桥梁上得到广泛的应用。后张法预应力混凝土桥梁常用高强碳素钢丝束、钢绞线和冷拉Ⅲ、Ⅳ级粗钢筋作为预应力筋。对于跨径较小的T梁桥，也可采用冷拔低碳钢丝作为预应力筋。后张法预应力施工工艺流程如图13-7所示。下面主要介绍孔道的形成、预应力钢筋的张拉以及孔道压浆封锚等几个主要工序。

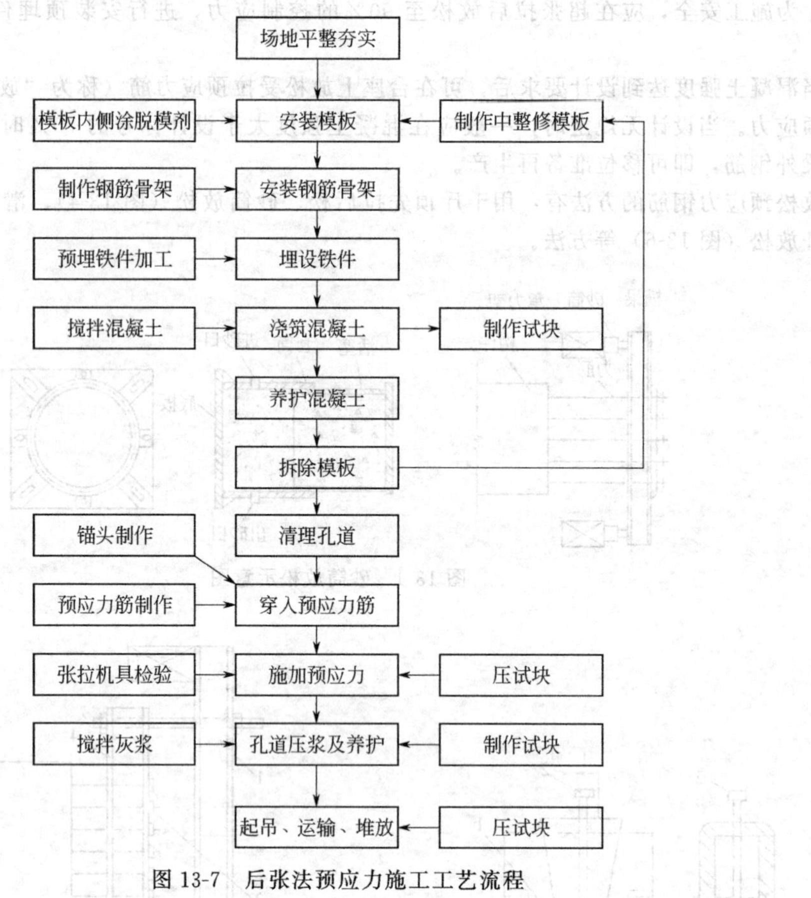

图 13-7　后张法预应力施工工艺流程

(1) 孔道形成　后张法施工的预应力梁，在浇筑梁体混凝土前，需在预应力筋的设计位置预先安放制孔器，以便梁体制成后在梁内形成孔道，将预应力筋穿入孔道，然后进行张拉和锚固。

孔道形成包括制孔器的选择、安装和抽拔以及通孔检查等工作。

1) 制孔器的种类。制孔器分为埋置式和抽拔式两类。

埋置式制孔器主要有铁皮管和铝合金波纹管。埋置式制孔器在梁体制成后将留在梁内，形成的孔道壁对预应力筋的摩阻力小，但加工成本高，使用后也不能回收，金属材料耗用量大。铁皮管用薄铁皮制作，安放时分段连接。这种制孔器制作时费人工，速度慢，在接缝和接头处容易漏浆，造成以后穿束和张拉的困难。波纹管由铝合金片材用制管机卷制而成，横向刚度大，不易变形，不会漏浆，纵向也便于弯成各种线形，与构件混凝土的粘接也较好，故比较适用。

抽拔式制孔是利用制孔器预先安放在预应力束的设计位置上，待混凝土终凝后将它拔出，构件内即具有孔道。这种方法制孔的最大优点是制孔器能够周转使用，省钢而经济，应用较广。

常用的抽拔式制孔器（俗称抽拔管）有以下三种：

① 橡胶管制孔器。分夹布胶管和钢丝网胶管两种。通常选用具有 5～7 层夹布的高压输水(气) 管作为制孔器，要求管壁牢固，耐磨性能好，能承受 5kN 以上的工作拉力，并且弹性恢复性能好，有良好的挠曲适应性。

预应力混凝土 T 梁的预留孔道长度一般在 25m 以上，而胶管的出厂长度却不到 25m，并且考虑到制孔器安装和抽拔的方便，故常采用专门的接头。接头要牢固严密，防止灌筑混凝土时脱节或进浆堵塞。胶管内如利用充气或充水来增加刚度，管内压力不得低于500kPa，充气（水）后胶管的外径应符合要求的孔道直径。

② 金属伸缩管制孔器。它是一种用金属丝编织成的可伸缩网套，具有压缩时直径增大而拉伸时直径减小的特性。为了防止漏浆和增强刚度，网套内可衬以普通橡胶衬管和插入圆钢或5mm钢丝束芯棒。

③ 钢管制孔器。它是用表面平整光滑的钢管焊接制成。焊接接头应磨平。钢管制孔器抽拔力大，但不能弯曲，仅适用于短而直的孔道。混凝土浇筑完毕后要定时转动钢管。

无论采用何种制孔器，都应按设计规定或施工需要预留排气排水和灌浆用的孔眼。

2）制孔器的抽拔。制孔器可由人工逐根地或用机械（电动卷扬机或手摇绞车）分批地进行抽拔。抽拔时先抽芯棒，后拔胶管；先拔下层胶管，后拔上层胶管。

混凝土浇筑后合适的抽拔时间，是能否顺利抽拔和保证成孔质量的关键。如抽拔过早，混凝土容易塌陷而堵塞孔道；如抽拔过迟，则可能拔断胶管。因此，制孔器的抽拔要在混凝土初凝之后与终凝之前，待其抗压强度达4～8MPa时为宜。根据经验，制孔器的抽拔时间可参考表13-2或按下式估计：

$$H=\frac{100}{T}$$

式中　H ——指混凝土灌注完毕至抽拔制孔器的时间，h；

　　　T ——预制梁桥所处的环境温度，或蒸汽养护的平均温度。

表13-2　抽拔制孔器的时间

环境温度/℃	>30	30～20	20～10	<10
抽拔时间/h	3	3～5	6～8	8～12

由于确定抽拔时间的幅度较大，施工中也可通过试验来掌握其规律。

（2）穿钢丝束　当梁体混凝土的强度达到设计强度的70%以上时，才可进行穿束张拉。穿束前，可用空压机吹风等方法清理孔道内的污物和积水，以确保孔道畅通。穿束工作一般采用人工直接穿束，工地上也有借助一根$\phi 5$长钢丝作为引线，用卷扬机牵引较长的束筋进行穿束。穿束时钢丝束从一端穿入孔道。钢丝束在孔道两头伸出的长度要大致相等。

目前新的穿钢绞线束的方法是用专门的穿束机，将钢绞线从盘架上拉出后从孔道的一端快速地（速度为3～5m/s）推送入孔道，当戴有护头的束前端穿出孔道另一端时按规定伸出长度截断（用电动切线轮），再将新的端头戴上护头穿第二根，直穿到达到一束规定的根数。

（3）张拉工艺　张拉前需做好千斤顶和压力表的校验，与张拉吨位相应的油压表读数和钢丝伸长量的计算、张拉顺序的确定和清孔、穿束等工作。应对千斤顶和油泵进行仔细检查，以保证各部分不漏油并能正常工作。应画出油压表读数和实际拉力的标定曲线，确定预应力筋（束）中应力值和油压表读数间的直接关系。

后张式构件，长度等于或大于25m时及曲线预应力束宜用两端同时张拉的工艺。只有短的构件可用单端张拉，非张拉端采用永久性锚固。

各钢丝束的张拉顺序，应对称于构件截面的竖直轴线，同时考虑不使构件的上下缘混凝土应力超过容许值。张拉时钢筋或钢丝应力用油压表读数来控制，同时以伸长量作校核。根据应力与伸长的比例关系，实测的伸长量与计算的伸长量相差不应大于6%。

为使油压表读数正确反映千斤顶拉力，应规定千斤顶、油压表标定制度，例如千斤顶每月或张拉超过100次或多次出现断丝现象时要进行校验。换油压表后也要重新标定。

后张法预应力筋的张拉程序应符合设计规定；设计未规定时可按表13-3的规定进行。

表 13-3　后张法预应力筋张拉程序

锚具和预应力筋类别		张拉程序
夹片式等具有自锚性能的锚具	钢绞线束、钢丝束	普通松弛预应力筋：0→初应力→1.03σ_{con}（锚固）
		低松弛预应力筋：0→初应力→σ_{con}（持荷 5min 锚固）
其它锚具	钢绞线束、钢丝束	0→初应力→1.05σ_{con}（持荷 5min）→σ_{con}（锚固）
		0→初应力→1.05σ_{con}（持荷 5min）→0→σ_{con}（锚固）
螺母锚固锚具	螺纹钢筋	0→初应力→σ_{con}（持荷 5min）→0→σ_{con}（锚固）

（4）孔道压浆和封锚　压浆的目的是防护构件内的预应力筋（束）免于锈蚀，并使它们与构件相粘接而形成整体。压浆是用压浆机（拌和机加水泥泵）将水泥浆压入孔道，使孔道从一端到另一端充满水泥浆，并且不使水泥浆在凝结前漏掉。为此需在两端锚头上或锚头附近的构件上设置连接带阀压浆嘴的接口和排气孔。水泥浆内往往使用塑化剂（或掺铝粉），以增加水泥浆的流动性。使用铝粉能使水泥浆凝固时的膨胀稍大于体积收缩，因而使孔道能充分填满。

压浆前先压水冲洗孔道，然后从压浆嘴慢慢压入水泥浆，这时另一端的排气孔有空气排出，直至有水泥浆流出为止，关闭压浆和出浆口的阀门。施锚后压浆前需将预应力筋（束）露于锚头外的部分（张拉时的工作长度）截除。压浆后将所有锚头用混凝土封闭，最后完成梁的预制工作。

孔道压浆和封锚的要求应满足《公路桥涵施工技术规范》（JTG/T F50—2011）中 7.9 项条款的规定。

三、装配式梁桥的安装

（一）预制梁的出坑和运输

1. 出坑

预制构件从预制场的底座上移出来，称为“出坑”。钢筋混凝土构件在混凝土强度达到设计强度 70％以上，预应力混凝土构件在预应力筋张拉以后才可出坑。

构件出坑方法，一般采用龙门吊机将预制梁起吊出坑后移到存梁处或转运至现场，如简易预制场无龙门吊机时，可采用吊机起吊出坑，也可用横向滚移出坑。

2. 运输

预制梁从预制场至施工现场的运输称为场外运输，常用大型平板车、驳船或火车运至桥位现场。预制梁在施工现场内运输称为场内运输，常用龙门轨道运输、平车轨道运输、平板汽车运输，也可采用纵向滚移法运输。

预制梁的场内运输应满足《公路桥涵施工技术规范》（JTG/T F50—2011）中 16.4.6 项条款的规定。预制梁的场外运输应满足《公路桥涵施工技术规范》（JTG/T F50—2011）中 16.4.8 项条款的规定。

（二）预制梁的安装

在岸上或浅水区预制梁的安装可采用龙门吊机、汽车吊机及履带吊机安装；水中梁跨常采用穿巷吊机安装、浮吊安装及架桥机安装等方法。

预制梁的安装应满足《公路桥涵施工技术规范》（JTG/T F50—2011）中 16.4.9 项条款的规定。

1. 跨墩龙门吊机架设法（图 13-8）

跨墩龙门吊机安装适用于岸上和浅水滩以及不通航浅水区域安装预制梁。两台跨墩龙门吊机分别设于待安装孔的前、后墩位置。预制梁由平车顺桥向运至安装孔的一侧，移动跨墩龙门吊机上的吊梁平车，对准梁的吊点放下吊架，将梁吊起。当梁底超过桥墩顶面后，停止提升，用卷扬机牵引吊梁平车慢慢横移，使梁对准桥墩上的支座，然后落梁就位。接着准备架设下一根梁。

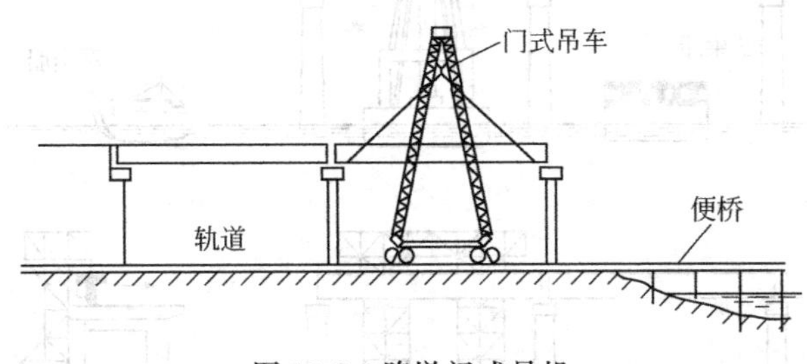

图 13-8　跨墩门式吊机

在水深不超过 5m、水流平缓、不通航的中小河流上的小桥孔，也可采用跨墩龙门吊机架梁。这时必须在水上桥墩的两侧架设龙门吊机轨道便桥，便桥基础可用木桩或钢筋混凝土桩。在水浅流动缓慢而无冲刷的河上，也可用木笼或草袋筑岛作便桥的基础。便桥的梁可用贝雷梁组拼。

2. 穿巷式架桥机架设法

穿巷式架桥机可支承在桥墩和已架设的桥面上，不需要在岸滩或水中另搭脚手与铺设轨道，因此，它适用于在水深流急的大河上架设水上桥孔。根据穿巷吊机的导梁主桁架间净距的大小，可分为宽、窄两种。

宽穿巷式架桥机可以进行边梁的吊起并横移就位；窄穿巷式架桥机的导梁主桁净距小于两边 T 梁梁肋之间的距离，因此，边梁要先吊放在墩顶托板上，然后再横移就位。

宽穿巷式架桥机见图 13-9，宽穿巷式架桥机可以进行梁体的垂直提升、顺桥向移动、横桥向移动和吊机纵向移动四种作业。吊机构造虽然较复杂，但工效却较高，且横移就位也较安全。

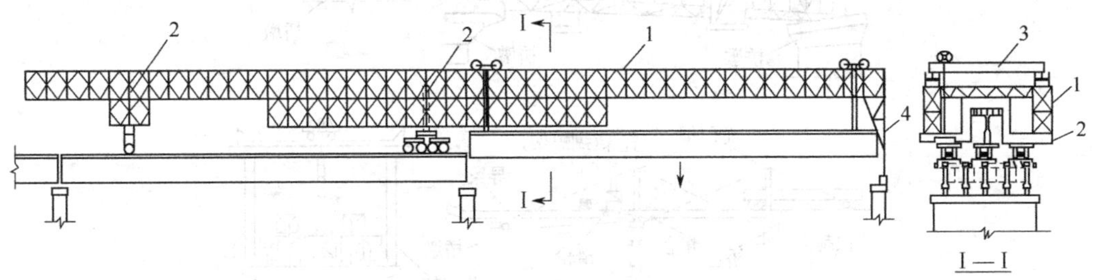

图 13-9　宽穿巷式架桥机

1—安装梁；2—支承横梁；3—起重横梁；4—可伸缩支腿

3. 自行式吊车架设法（图 13-10）

陆地桥梁、城市高架桥预制梁安装常采用自行吊车安装。一般先将梁运到桥位处，采用一台或两台自行式汽车吊机或履带吊机直接将梁片吊起就位，方法便捷，履带吊机的最大起吊能力达 3×10^3kN。

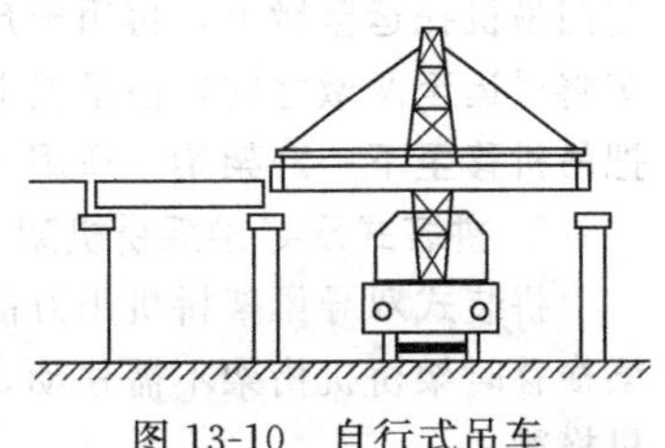

图 13-10　自行式吊车

4. 浮吊架设法（图 13-11）

预制梁由码头或预制厂直接由运梁驳船运到桥位，浮吊船宜逆流而上，先远后近安装。浮吊船吊装前应下锚定位，航道要临时封锁。

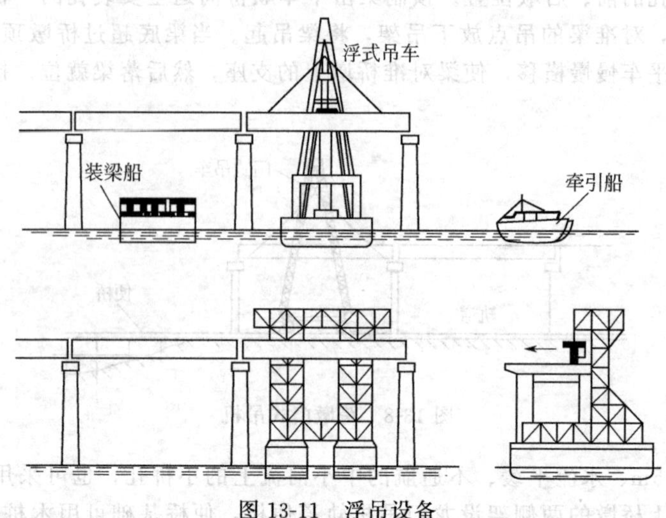

图 13-11　浮吊设备

采用浮吊安装预制梁，施工速度快，高空作业较少，是航运河道上架梁常用的办法。广东省在使用浮吊安装时，其最大起重能力达 5×10^3 kN。

5. 联合架桥机架设法

联合架桥机架设法是以联合架桥机为主，并配备若干滑车、千斤顶绞车等辅助设备架设安装预制梁（见图 13-12）。

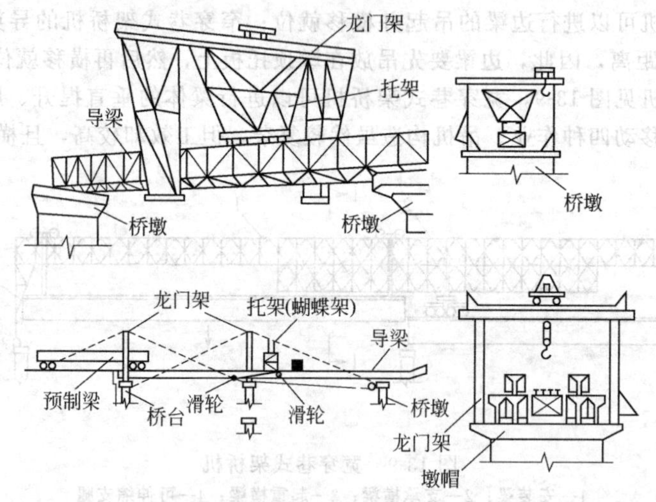

图 13-12　联合架桥机

架梁时，先设导梁和轨道，用绞车将导梁拖移就位后，把蝴蝶架用平板小车推上轨道，将龙门吊机托运至墩上，再用千斤顶将吊机降落在墩顶，并用螺栓固定在墩的支承垫块上，用平车将梁运至两墩之间，由吊机起吊、横移、下落就位。待全跨梁就位后，铺设轨道，用蝴蝶架把吊机移至下一跨架梁。适用于多孔 30m 以下孔径的装配式桥。

6. 拼装式双导梁架桥机架设法

拼装式双导梁架桥机用万能杆件拼装而成（图 13-13），三个支点下面均设有铰支座。预制梁横移时架桥机桁架不需移动，故安装大梁较迅速、方便。但桥墩应较桥面稍宽以便搁置架桥机横梁。

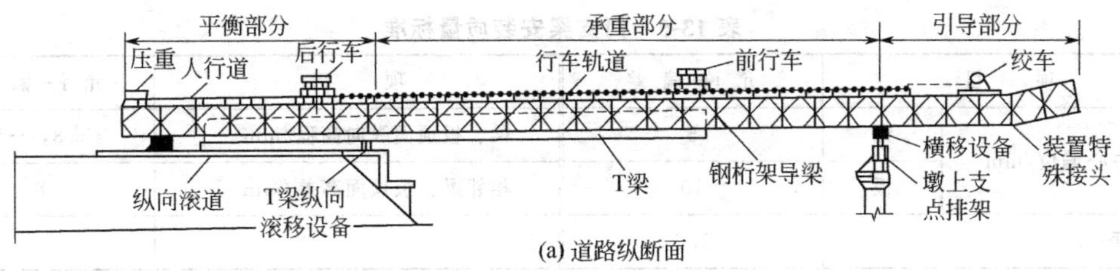

(a) 道路纵断面

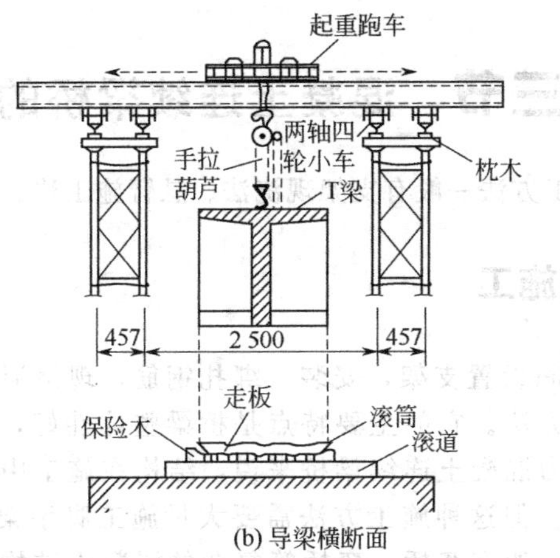

(b) 导梁横断面

图 13 13　拼装式双导梁架桥机

装配式预制梁的施工质量应符合表 13-4 的规定；安装质量应符合表 13-5 的规定。

表 13-4　装配式预制梁施工质量标准

项　　目			规定值或允许偏差
混凝土强度/MPa			在合格标准内
梁（板）长度/mm			+5，−10
宽度/mm	干接缝（梁翼缘、板）		±10
	湿接缝（梁翼缘、板）		±20
	箱梁	顶宽	±30
		底宽	±20
	腹板或梁肋		+10，−0
高度/mm	梁、板		±5
	箱梁		+0，−5
断面尺寸/mm	顶板厚		+5，−0
	底板厚		
	腹板或梁肋		
跨径（支座中心至支座中心）/mm			±20
支座平面平整度/mm			2
平整度/mm			5
横系梁及预埋件位置/mm			5

表 13-5　简支梁安装质量标准

项　　目		允许偏差	项　　目	允许偏差
支座中心偏位/mm	梁	5	梁、板顶面纵向高程/mm	+8，-5
	板	10	相邻梁、板顶面高差/mm	8
竖直度/%		1.2		

第三节　混凝土连续梁桥的施工

混凝土连续梁桥的施工方法一般有支架现浇法、悬臂施工法、顶推施工法、逐孔施工法等。

一、支架现浇法施工

支架现浇法是在桥跨间设置支架，安装、绑扎钢筋，现浇混凝土的施工方法，是桥梁施工中应用较早的一种施工方法。它的主要特点是桥梁整体性好，施工简便可靠，对机具和起重能力要求不高。对预应力混凝土连续梁桥来说，结构在施工中不出现体系转换的问题，不引起永久作用徐变次内力。但这种施工方法需要大量施工脚手架，施工工期长。近年来，随着桥梁结构的多样化发展，如变宽桥、弯桥等复杂的混凝土结构，加之钢脚手架的应用和支架构件趋于常态化，在其它施工方法都难实施时，或经过比较，采用支架就地浇筑施工比较方便、经济的情况下，也常用在中、大跨径的桥梁施工中。支架现浇法制梁的工艺流程如图 13-14 所示。

(一)支架和模板工作

1. 支架的类型与构造

支架按其构造分为立柱式、梁式和梁-柱式支架。按材料可分为木支架、钢支架、钢木混合支架和由万能杆件支架拼装而成的支架等。工程应用上常见的分类主要是按构造来划分的。

(1) 立柱式支架［图 13-15 (a)］。立柱式支架构造简单，常用于陆地或不通航河道以及桥墩不高的小跨径桥梁施工。支架通常由排架和纵梁等构件组成。排架由枕木或桩、立柱和盖梁组成。一般排架间距 4m，桩的入土深度按施工要求设置，最小不得少于 3m。当水深＞3m 时，柱要用拉杆加强，一般需在纵梁下布置卸落设备。

立柱式支架也可采用 ϕ48mm、壁厚 3.5mm 的钢管搭设，水中支架需先设基础、排架桩，钢管支架在排架上设置。陆地现浇桥梁，可在整平的地基上铺设碎石层或砾石层，在其上浇筑混凝土作为支架的基础，钢管排架纵横向密排，下设槽钢支撑钢管，钢管间距依桥高及现浇梁自重、施工荷载的大小而定，通常为 0.4～0.8m。钢管由扣件接长或搭接，上端用可调节的槽型顶托固定纵、横木龙骨，形成立柱式支架。搭设钢管支架要设置纵横向水平杆加劲，桥较高时还需加剪力撑，水平加劲与剪力撑均需扣件与立柱钢管连成整体。排架顶高程应考虑设置预拱度。

(2) 梁式支架［图 13-15 (b)］。梁式支架由承重梁、立柱等组成。承重梁承受模板传来的荷载，承重梁将荷载传给立柱，最后传至基础。当跨径＜10m 时，可采用工字钢梁；当跨径＞20m 时，一般采用钢桁架。梁可支撑在墩旁支柱上，也可支撑在桥墩预留托架或桥墩处临时设置的横梁上。

(3) 梁-柱式支架［图 13-15 (c)］。当梁式支架跨度比较大时，在跨的中间再设置几个立柱，它可在大跨径的桥上使用，梁支撑在多个立柱或临时墩上形成多跨梁-柱式支架。

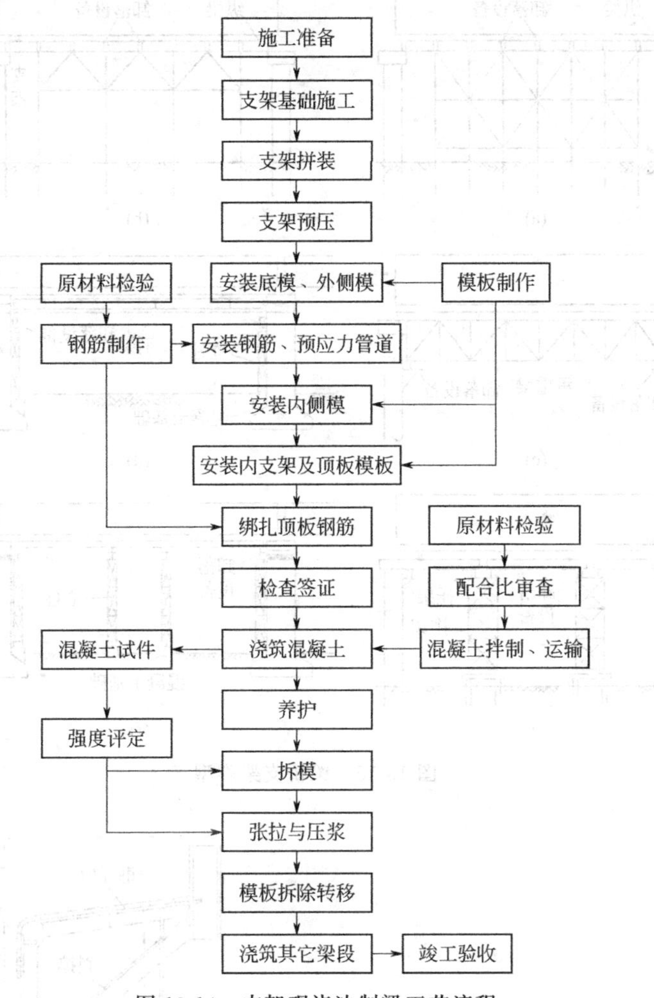

图 13-14　支架现浇法制梁工艺流程

支架的构造要求应满足《公路桥涵施工技术规范》（JTG/T F50—2011）中 5.2.5 项条款的规定。

2. 模板的类型与构造

桥梁施工中常见的模板有木模和钢模。对于木模板而言，考虑到环境保护问题等，应尽量减少使用。对于钢模板来说，可广泛使用。鉴于不同的桥梁结构，也可采用钢木结构模板、土模和钢筋混凝土模板等。模板类型的选择主要取决于同类桥跨结构的数量和模板材料的供应。

(1) 木模（图 13-16）。其优点是散装散拆模板，也有的加工成基本组件（拼板），在现场进行拼装，拆除后亦可反复使用。钢筋混凝土肋式桥梁结构的模板主要由横向内框架、外框架和模板组成。框架由竖向的和水平的以及斜向的方木或木条用钉或螺栓结合而成。框架间距一般为 0.7～1m，模板厚度一般为 40～50mm。在梁肋的模板之间设置穿过混凝土撑块的螺栓，以减少模板及框架的变形，保证梁体的施工尺寸符合设计要求。

为保证模板形状的准确和尺寸的精度，采用机械化加工。模板制作尺寸与设计要求的偏差、表面局部不平整度、板间缝隙宽度和安装偏差均应满足相关规范的要求。

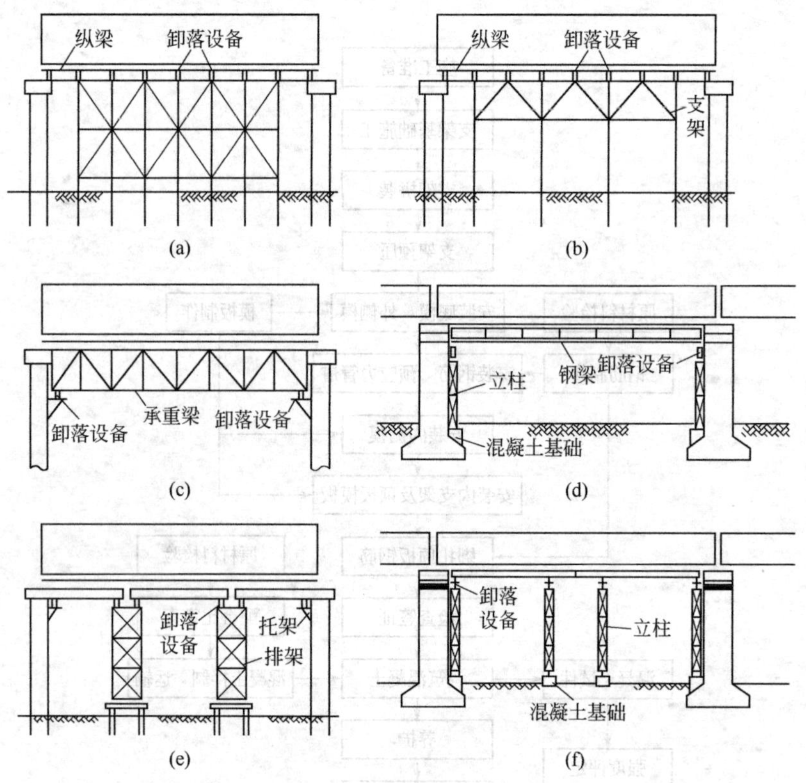

图 13-15　梁桥支架类型

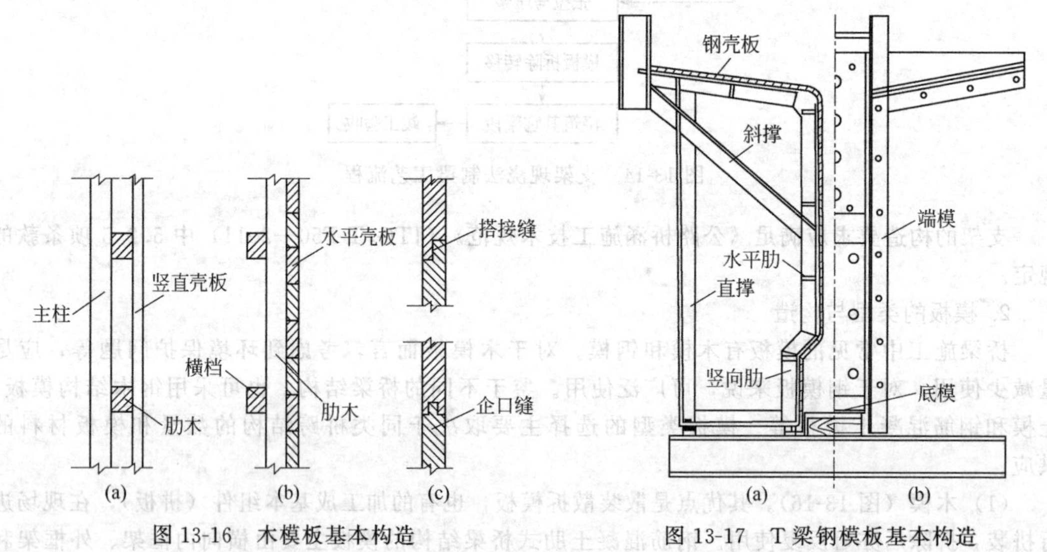

图 13-16　木模板基本构造

图 13-17　T 梁钢模板基本构造

(2) 钢模板（图 13-17）。钢模板一般都做成大型组件，一般长约 3～8m，由钢板和劲性骨架焊接而成，钢板厚度为 4～8mm。骨架由水平肋和竖向肋组成，肋由钢板或角钢做成，肋间距为 0.5～0.8m。大型钢模板组件之间采用螺栓或销连接。在梁的下部，常由于密布受力钢筋或预应力钢筋，使得混凝土浇筑比较困难。因此，一般在钢模板上开设天窗，以便混凝土的浇筑和振捣。

模板的构造要求应满足《公路桥涵施工技术规范》（JTG/T F50—2011）中 5.2.4 项条款的规定。

3. 支架及模板施工的技术要求

支架的技术要求：

（1）支架应进行设计和计算，经审批后方可施工。

（2）支架的强度、刚度和稳定性等要求应符合《公路桥涵施工技术规范》（JTG/T F50—2011）有关条款的规定。

（3）支架的弹性、非弹性变形及基础的允许下沉量应满足施工后梁体设计高程的要求。

（4）整体浇筑时应采取措施，防止梁体不均匀下沉产生裂缝。若地基下沉可能造成梁体混凝土产生裂缝时，应分段浇筑。

（5）当在软弱地基上设置满布现浇支架时，应对地基进行处理，使地基的承载能力满足现浇混凝土的施工荷载要求，浇筑混凝土时地基的沉降量不宜大于 5mm。无法确定地基承载力时，应对地基进行预压，并进行部分荷载试验。

（6）高度超过 8mm 的支架，应对其稳定性进行安全论证，确认无误后方可施工。

施工时应对支架的变形、位移、节点和卸架设备的压缩及支架基础的沉降等进行观测，如发现超过允许值的变形、变位，应及时采取措施予以调整。

模板和支架应符合《公路桥涵施工技术规范》（JTG/T F50—2011）中 5.1.2 项条款的规定：

（1）模板和支架应具有足够的强度、刚度和稳定性，应能承受施工过程中所产生的各种荷载。

（2）模板、支架的构造应简单、合理，结构受力应明确，安装、拆除应方便。

（3）模板应能与混凝土结构或构件的特征、施工条件和浇筑方法相适应，应保证结构各部位形状尺寸和相互位置的准确。

（4）模板的板面应平整，接缝处应严密且不漏浆；模板与混凝土的接触面应涂刷隔离剂，但不得采用废机油等油料，且不得污染钢筋及混凝土的施工缝。

（5）支架应稳定、坚固，应能抵抗在施工过程中可能发生的振动和偶然撞击。

4. 预拱度的设置

桥梁支架受荷后将产生弹性变形和非弹性变形，因此为了保证桥梁竣工后尺寸准确，桥梁施工所用支架应设置合理的预拱度。

（1）预拱度的设置。对恒、活载设置预拱度，其值等于永久作用和 1/2 可变作用所产生的竖向挠度。当永久作用和可变作用产生的挠度不超过跨径的 1/1600 时，可不设预拱度。

（2）支架承受施工荷载引起的弹性变形 δ_1。

$$\delta_1 = \sigma h / E$$

式中　σ ——立柱内的压应力；

h ——立柱的高度；

E ——立柱材料的弹性模量。

（3）受荷载后由于杆件接头的挤压和卸落设备压缩而产生的非弹性变形 δ_2。

$$\delta_2 = \delta_{21} + \delta_{22}$$

式中，δ_{21} 为杆件接头由于局部挤压而产生的变形，mm，可按下式计算：

$$\delta_{21} = 2k_1 + 3k_2 + 2k_3$$

式中　k_1——顺纹木料接头数；

k_2 ——横纹木料接头数；

k_3 ——木料与钢或木料与圬工接头数。

δ_{22} 为卸架设备的压缩变形，一般 20t 压力砂筒为 4mm，40t 压力砂筒为 6mm，未预先压实的为10mm。

(4) 支架基础在受荷后产生的非弹性压缩 δ_3，其值可参考桥涵施工规范和手册的有关规定。

(5) 由混凝土收缩徐变及温度变化而引起的拱度。

综合考虑以上几项变形计算的预拱度最大值，应设置在跨中；其它位置的预拱度，应以中点为最大值，以梁的两端为零，按直线或二次抛物线分布确定。

(二)钢筋工作

在桥梁施工中，钢筋工程主要包括钢筋进场检验、钢筋加工、钢筋连接以及钢筋工程质量检查等内容。

1. 钢筋加工

(1) 普通钢筋加工　目前桥梁施工中使用的普通钢筋，主要有HPB300、HRB335、HRB400和RRB400。

普通钢筋的加工，一般包括冷拉、冷拔、调直、剪切、弯曲、下料等。

1) 钢筋冷拉（图13-18）。钢筋冷拉是在常温下对热轧钢筋施加超过其屈服强度的拉应力，使其产生塑性变形，以达到调直钢筋、提高强度以及节约钢材的目的。冷拉钢筋一般不作受压钢筋使用，并且在受冲击荷载的构件中、负温度条件下或者非预应力的水工混凝土中，都不得使用冷拉钢筋。

图13-18　钢筋冷拉机

冷拉时，应保证冷拉后的钢筋应仍然具有一定的塑性，防止结构出现脆性破坏。

冷拉控制方式有两个，分别为单控和双控。前者是冷拉时只用冷拉率或者冷拉应力控制，施工简单方便，缺点是对于材质不均匀的钢筋，不可能逐根试验，冷拉质量得不到保证。后者是指在冷拉时冷拉率和冷拉应力同时应用，称为双控，双控方法可以避免上述问题，预应力钢筋必须采用双控方法。冷拉时，对于控制应力已经达到，冷拉率没有超过允许值的，可以认为合格。但是，如果冷拉率已经达到，而冷拉应力还达不到控制应力，这种钢筋要降低强度使用。

冷拉后，应对钢筋质量作检查，是否在钢筋表面出现裂纹，或局部有颈缩现象。并且应针对其性能指针做拉力和冷弯试验。

2) 钢筋冷拔（图13-19）。钢筋冷拔是用热轧钢筋（直径低于8mm以下）通过钨合金的拔丝模进行强力冷拔。与冷拉时受纯拉伸应力对比，冷拔是同时受纵向拉伸和横向压缩作用，通过改变其物理力学性能以提高强度，可达到40%～90%，但冷拔后塑性大大降低，应力应变的屈服阶段基本不存在。

冷拔的工艺过程是：扎头（固定钢筋端部）⟶剥皮（清除钢筋表层硬渣壳）⟶润滑（减少拔丝过程摩阻力）⟶拔丝（将钢筋通过特制的钨合金拔丝模孔强力拉拔成小直径钢丝）。

图13-19　钢筋冷拔机

由钢筋拔成钢丝一般要经过多次冷拔，冷拔次数对钢丝强度影响不大，但却影响生产率。因为，次数过少，一次压缩率大，对拔丝机具要求高（功率要大），对拔丝模具损耗严重，还容易断丝；次数过多，钢丝的塑性降低也多，并且拔成的钢丝脆性大，容易断，生产率就会降低。次数的控制是控制每一次拉拔前后的直径比，一般合适的直径比为1.15。

3）钢筋调直（图13-20）。钢筋调直的方法分人工调直和机械调直。人工调直是指人工在钢板上用锤子敲打。机械调直是采用调直机。也可采用冷拉的方法调直，采用冷拉方法调直钢筋时，HPB300级钢筋的冷拉率不宜大于2%，HRB335级、HRB400级钢筋的冷拉率不宜大于1%。

4）钢筋除锈（图13-20）。一般情况下，钢筋无需除锈，因为不严重的锈蚀对连接性并无影响，锈在冷拉、调直等加工工序中，锈会自动脱落。但是，对于生锈严重的钢筋仍需清理。除锈常用方法有：钢丝刷擦刷，机动钢丝轮擦磨，机动钢丝刷磨刷，喷砂枪喷砂；生锈很严重且有特殊要求的，可在硫酸或者盐酸池中进行酸洗除锈。

5）钢筋剪切。剪切是指钢筋的下料切断。根据不同的钢筋类型选择不同的剪切方法。常见的剪切机具有电动剪切机或液压剪切机（剪切40mm以下的）、手动剪切器（剪切12mm以下的）、氧炔焰切割、电弧切割（切割特粗钢筋）。

6）钢筋弯曲成形（图13-21）。40mm以下的钢筋一般用专门的钢筋弯曲机弯曲成型，无弯曲机的也可以在工作台上手工弯制。不论采取什么方法，弯曲成型都应符合设计图纸的要求。

图13-20　钢筋调直除锈机

图13-21　钢筋弯曲机

7）钢筋下料。钢筋的计算长度和实际施工所需要的长度是不一样的。因此，在施工前，应先做好钢筋下料表。钢筋下料主要包括两项工作：一是按设计图纸计算好各种钢筋的下料长度；二是选择适当的代换钢筋。

① 下料长度计算：

直钢筋下料长度＝外包线长度＋弯钩加长值；

弯起钢筋（包括箍筋）的下料长度＝外包线总长度－弯曲调整值＋弯钩加长值。

② 钢筋的代换：

当施工中缺少设计图纸中所要求的钢筋的品种或者规格，以现有的钢筋品种或者规格代替设计所要求的钢筋的品种或者规格，以促使施工按计划进度进行。

在钢筋代换中，应根据不同的情况采用不同的代换方法，总而言之，应遵循以下原则：

a. 等强度代换：按钢筋承担的拉、压能力相等原则进行代换；

b. 等面积代换：按钢筋面积相等的原则进行代换；

c. 等弯矩代换：按抗弯能力相等的原则进行代换；

d. 进行抗裂验算：对构件裂缝开展宽度有控制要求的，需要验算其抗裂要求；

e. 满足构造要求：钢筋间距、最小直径、钢筋根数、锚固长度等。

(2) 预应力钢筋加工 目前预应力钢筋主要有高强钢丝、钢绞线、冷拉Ⅳ、热处理钢筋、冷拉低碳钢丝以及精轧螺纹钢筋等几种。

1) 高强钢丝束的制备。钢丝束的制作包括下料和编束工作。高强碳素钢丝都是盘圆，若盘径小于1.5m，则下料前应先在钢丝调直机上调直。对于在厂内先经矫直回火处理且盘径为1.7m的高强钢丝，则一般不必调直就下料。如发现局部存在波弯现象，可先在木质台座上用木锤调直后下料。下料前除要抽样试验钢丝的力学性能外，还有测量钢丝的圆度，对于直径为5mm的钢丝，其正负容许偏差为+0.8mm和−0.4mm。

① 钢丝调直。将钢丝从盘架上引出，经过调直机，用绞车牵引前进。钢丝调直机开动旋转时，在其内通过的钢丝受到反复的超过其弹性极限的弯曲变形而被调直。调直后将钢丝成直线存放，如果须将钢丝盘起来存放时，其盘架的直径应不小于钢丝直径的400倍，否则钢丝将发生塑性变形而又弯曲。

② 钢丝下料。钢丝的下料长度 L 应为：

$$L=L_0+L_1$$

式中 L_0——构件混凝土预留孔道长度；

L_1——固定端和张拉端（或两个张拉端）所需要的钢丝工作长度。

当构件的两端均采用锥形锚具、双作用或三作用千斤顶张拉钢丝时，其工作长度一般可取140～160mm。当采用其它类型锚具及张拉设备时，应根据实际需要计算钢丝的工作长度。

对于采用锥形螺杆锚具和墩头锚具的钢丝束，应保证每根钢丝下料长度相等，这就要求钢丝在控制应力状态下切断下料，控制应力为300MPa。因此，直径为5mm的钢丝都在6.0kN拉力下切断。

③ 编束。将钢丝对齐后穿入特制的疏丝板，边疏理钢丝边每隔1～1.5m衬以长3～4m的螺旋衬圈或短钢管，并在设衬圈处用2号铁丝缠绕20～30道捆扎成束。这种制束工艺对钢丝防扭结、防锈、压浆有利，但操作较麻烦。

另一种编束方式是每隔1～1.5m先用18～20号铅丝将钢丝编成帘子状，然后每隔1.5m设置一个螺旋衬圈并将编好的帘子绕衬圈围成圆束。

绑扎好的钢丝束，应挂牌标出其长度和设计编号，并按编号分批堆放，以防错乱。

当采用环销锚具时，钢丝宜先绑扎成小束而后绑扎成大束。绑扎完毕后，在钢丝束的两端按分丝的要求，将钢丝束分成内外两层，并分别用铅丝编结成帘状或做出明显的标志，以防两端内外层钢丝交错张拉。

2) 钢绞线的制备。钢绞线是用若干根钢丝围绕一根中心芯丝绞捻而成。如7ϕ5.0钢绞线系由六根直径为5mm的钢丝围绕一根直径为5.15～5.20mm的钢丝扭结后，经低温回火处理而成。出厂时缠于侧盘上。使用时按需要长度下料（下料长度由孔道长度和工作长度决定）。

钢绞线的下料方法有氧气-乙炔切割法、电弧熔割法和机械切割法。此外，线轮是一种新的较为快速方便的方法，在国外的预应力体系中采用，国内也有采用。

图13-22 钢筋绑扎连接

钢绞线在编束前应进行预拉，或在梁上张拉前进行。钢绞线的成束也可采用与钢丝束编扎相同的方法，即用18～20号铅丝每隔1～1.5m绑扎一道。当采用专门穿束机时，钢绞线不需预拉和编束。

2. 钢筋连接

钢筋连接有三种常见的连接方法：绑扎连接、焊接连接和机械连接。

(1) 绑扎连接（图13-22） 绑扎连接目前仍是钢筋连接的主要手段之一。钢筋绑扎时，钢筋交叉点用铁丝扎牢；板和墙的钢筋网，除外围两行钢筋的相交点全部扎拉外，中间部分交叉点可相隔交错扎牢，保证受力钢筋外置不产生偏移；梁和柱的箍筋应与受力钢筋垂直设置，弯钩叠合处应沿受力钢筋方向错开设置。受拉钢筋和受压钢筋接头的搭接位置和搭接长度，应符合施工及验收规范的规定。

钢筋的绑扎接头应符合《公路桥涵施工技术规范》（JTG/T F50—2011）中4.3.7项条款的规定：

1）绑扎接头的末端距钢筋弯折处的距离，不应小于钢筋直径的10倍，接头不宜位于构件的最大弯矩处。

2）受拉钢筋绑扎接头的搭接长度，应符合表13-6的规定；受压钢筋绑扎接头的搭接长度，应取受拉钢筋绑扎接头搭接长度的0.7倍。

表13-6　受拉钢筋绑扎接头的搭接长度

钢筋类型	混凝土强度等级		
	C20	C25	＞C25
HPB300	35 d	30 d	25 d
HRB335	45 d	40 d	35 d
HRB400、RRB400		50 d	45 d

注：1. 当带肋钢筋直径 d 大于25mm时，其受拉钢筋的搭接长度应按表中值增加 $5d$ 采用；当带肋钢筋直径 d 小于或等于25mm时，其受拉钢筋的搭接长度应按表中值减少 $5d$ 采用。

2. 当混凝土在凝固过程中受力钢筋易受扰动时，其搭接长度应增加 $5d$ 。

3. 在任何情况下，纵向受拉钢筋的搭接长度均不应小于300mm，受压钢筋的搭接长度均不应小于200mm。

4. 环氧树脂涂层钢筋的绑扎接头搭接长度，受拉钢筋按表值的1.5倍采用。

5. 两根不同直径的钢筋的搭接长度，以较细钢筋直径计算。

3）受拉区内HPB300钢筋绑扎接头的末端应做弯钩；HRB335、HRB400、RRB400钢筋的绑扎接头末端可以不做弯钩；直径不大于12mm的受压HPB300钢筋的末端可不做弯钩，但搭接长度应不小于钢筋直径的30倍。钢筋搭接处，应在其中心和两端用铁丝扎牢。

（2）焊接连接（图13-23）　钢筋焊接有以下6种焊接方法。

图13-23　钢筋焊接连接

1）电阻点焊。电阻点焊是将两钢筋安放成交叉叠接形式，压紧于两电极之间，利用电阻热熔化母材金属，加压形成焊点的一种压焊方法。

钢筋混凝土结构中的钢筋焊接骨架和焊接网，宜采用电阻点焊制作。以电阻点焊代替绑扎，可提高劳动生产率、骨架和网的刚度以及钢筋（钢丝）的设计计算强度，宜积极推广应用。

2）闪光对焊。闪光对焊又分预热闪光对焊和不加预热的连续闪光对焊，是将两钢筋安放成对接形式，利用焊接电流通过两钢筋接触点产生塑性区及均匀的液体金属层，迅速施加顶锻力完成的一种压焊方法。

这种方法具有生产效率高、操作方便、节约能源、节约钢材、接头受力性能好、焊接质量高等很多优点，故钢筋的对接连接宜优先采用闪光对焊。钢筋对焊完毕，应对接头进行外观检查，并按批切取部分接头进行机械性能试验。

3）电弧焊。将一根导线接在被焊钢筋上，另一根导线接在夹有焊条的焊钳上。将接触焊件接通电流，立即将焊条提起2～3mm，产生电弧，电弧温度高达4000℃，将焊条和钢筋熔化并汇合成一条焊缝接头。

这种方法具有轻便、灵活的特点，可用于平、立、横、仰全位置焊接，适用于构件厂内，也适用于施工现场；可用于钢筋与钢筋、钢筋与钢板、钢筋与型钢等的焊接。焊接完后，需要对接头做外观检查和机械性能试验，以保证施工搭接质量。

4）电渣压力焊。电渣压力焊是将两钢筋安放成竖向对接形式，利用焊接电流通过两钢筋端面间隙时，产生的电弧热和电阻热熔化钢筋并加压完成的一种焊接方法。这种方法操作简单、效率高。焊接完后，需要对接头外观检查或拉伸试验。

图 13-24　钢筋机械连接

钢筋的焊接接头应符合《公路桥涵施工技术规范》（JTG/T F50—2011）中 4.3.3 项条款的规定。

（3）机械连接（图 13-24）

1）套筒挤压连接。套筒挤压连接方法是通过挤压力使钢套筒塑性变形，从而与带肋钢筋紧密咬合连接在一起。主要有径向挤压连接和轴向挤压连接两种形式。轴向挤压连接因其现场施工不方便，接头质量不稳定，没有得到推广；径向加压连接则因其接头质量稳定被广泛推广。

对于挤压接头，应提供有效的检验报告，并做工艺检查，以及相关的质量检查与检验。

2）锥螺纹连接。通过钢筋端头特制的锥形螺纹和钢筋连接螺套内锥形螺纹咬合而成钢筋连接的方法叫锥螺纹连接。其优点是克服了套筒挤压连接技术存在的不足，占用工期短，无需大的连接机具；其缺点是由于加工螺纹而削弱了母材的横截面积，降低了接头强度，一般只能达到母材实际抗拉强度的 85%～95%，使得质量不够稳定。

对于连接时，使用的力矩值，应符合有关要求。对于质量检验和施工安装的力矩值应分开使用，不得混用。在连接后，需对连接处做质量检验，对于不合格的接头应进行补强。

3）直螺纹连接。等强度直螺纹连接方式具有质量稳定可靠，连接强度高、接头施工方便、速度快的特点，因此，直螺纹连接技术在桥梁工程中得到了广泛应用。

钢筋的机械连接接头应符合《公路桥涵施工技术规范》（JTG/T F50—2011）中 4.3.4 项条款的规定。

（三）混凝土工作

1. 混凝土的运输

对混凝土拌合物运输的基本要求是：不产生离析现象、保证浇筑时规定的坍落度和在混凝土初凝之前能有充分时间进行浇筑和捣实。

此外，运输混凝土的工具要不吸水、不漏浆，且运输时间有一定限制。普通混凝土从搅拌机中卸出后到浇筑完毕的延续时间不宜超过表 13-7 的规定。

表 13-7　混凝土从搅拌机中卸出到浇筑完毕的延续时间　　单位：min

混凝土强度等级	气温	
	≤25℃	＞25℃
≤C30	120	90
＞C30	90	60

混凝土运输分为地面水平运输、垂直运输和高空水平运输三种情况。

(1) 混凝土地面水平运输。如采用预拌（商品）混凝土且运输距离较远时，多用混凝土搅拌运输车。混凝土如来自工地搅拌站，则多用小型翻斗车，有时还用皮带运输机和窄轨翻斗车，近距离亦可用双轮手推车。

(2) 混凝土垂直运输。多采用塔式起重机、混凝土泵、快速提升斗和井架。用塔式起重机时，混凝土多放在吊斗中，这样可直接进行浇筑。

(3) 混凝土高空水平运输。如垂直运输采用塔式起重机，一般可将料斗中混凝土直接卸在浇筑点；如用混凝土泵则用布料机布料；如用井架等，则以双轮手推车为主。

混凝土搅拌运输车为长距离运输混凝土的有效工具，它有一搅拌筒斜放在汽车底盘上。在混凝土搅拌站装入混凝土后，由于搅拌筒内有两条螺旋状叶片，在运输过程中搅拌筒可进行慢速转动进行拌和，以防止混凝土离析，运至浇筑地点，搅拌筒反转即可迅速卸出混凝土。搅拌筒的容量一般为 $2\sim10m^3$。

混凝土泵是一种有效的混凝土运输和浇筑工具，它以泵为动力，沿管道输送混凝土，可以一次完成水平及垂直运输，将混凝土直接输送到浇筑地点，是一种高效的混凝土运输方法。道路工程、桥梁工程、地下工程、工业与民用建筑施工皆可应用，在我国已大力推广。不同泵送高度混凝土入泵时坍落度参考值如表 13-8 所示。

表 13-8　不同泵送高度入泵时混凝土坍落度选用值

泵送高度/m	30 以下	30～60	60～100	100 以上
坍落度/mm	100～140	140～160	160～180	180～200

2. 混凝土的浇筑

(1) 混凝土的浇筑速度　为了保证浇筑混凝土的整体性，防止在浇筑上层混凝土时破坏下层，要求浇筑下层混凝土时须有一定的速度，使上层浇筑的混凝土能在先浇混凝土初凝之前完成。其最小增长速度可由下式计算：

$$h \geqslant \frac{S}{t}$$

式中　h ——浇筑时混凝土面上升速度的最小允许值，m/s；

S ——浇筑混凝土的扰动深度，在无具体规定值时，可取 $S=0.25\sim0.5m$；

t ——混凝土的实际初凝时间，s。

(2) 混凝土的浇筑顺序　无论对任何一种型式的梁式桥，在考虑主梁混凝土浇筑顺序时，不应使模板和支架产生有害的下沉。为了对浇筑的混凝土进行振捣，浇筑混凝土应采用相应的分层厚度；当在斜面或曲面上浇筑混凝土时，一般从低处开始。主梁混凝土的浇筑顺序主要有水平分层浇筑、斜层浇筑以及单元浇筑法。如图 13-25 所示。

① 水平分层浇筑。对于跨径不大的简支梁桥，可在一跨全长内分层浇筑，在跨中合拢。

分层的厚度视振捣器的能力而定，一般选用 15～30cm。当采用人工捣实时，可选取 15～20cm。为避免支架不均匀沉陷的影响，浇筑速度应尽量快，以便在混凝土失去塑性之前完成。

② 斜层浇筑。简支梁桥的混凝土浇筑应从主梁的两端用斜层法向跨中浇筑，在跨中合拢。T 梁和箱梁采用斜层浇筑的顺序如图 13-25 (a) 所示。当采用梁式支架，支点不设在跨中时，则应在支架下沉量大的位置先浇混凝土，使应该发生的支架变形及早完成，其浇筑顺序如图 13-25 (b) 所示。采用斜层浇筑时，混凝土的倾斜角与混凝土的稠度有关，一般可用 $20°\sim25°$。

当桥梁跨径较大时，可先浇筑纵横梁，待纵横梁完成浇筑后，再沿桥的全宽浇筑桥面混凝土，在桥面与纵横梁间应按设置工作缝处理。

对于中大跨径预应力混凝土简支箱梁，可分两次浇筑，第一次浇至腹板顶部，第二次浇顶板及翼缘板，这样施工便于布索及绑扎钢筋。

③ 单元浇筑法。当桥面较宽且混凝土数量较大时，可分成若干纵向单元分别浇筑。每个单元可沿其长度分层浇筑，在纵梁间的横梁上设置连接缝，并在纵横梁浇筑完成后填缝连接。之后桥面板可沿桥全宽一次浇筑完成。桥面与纵横梁间设置水平工作缝。

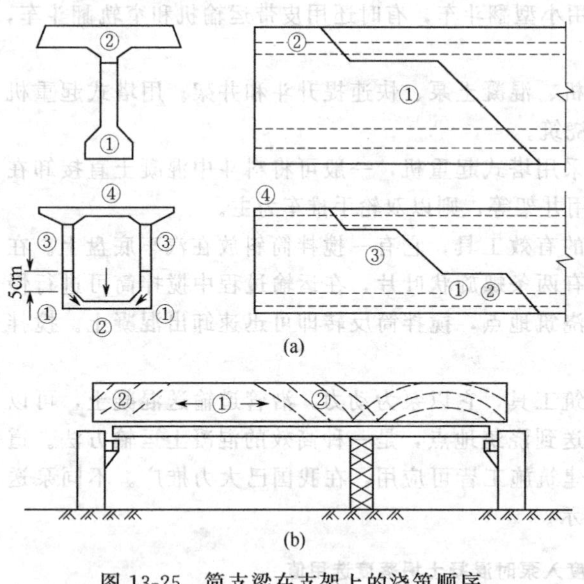

图 13-25　简支梁在支架上的浇筑顺序

(3) 混凝土的振捣　采用振动器振捣混凝土时，应符合下列规定：

① 插入式振动器的移位间距应不超过振动器作用半径的 1.5 倍，与侧模应保持 50～100mm 的距离，且插入下层混凝土中的深度宜为 50～100mm。

② 表面振动器的移位间距应使振动器平板能覆盖已振实部分不小于 100mm。

③ 附着式振动器的布置距离，应根据结构形状和振动器的性能通过试验确定。

④ 每一振点的振捣延续时间宜为 20～30s，以混凝土停止下沉、不出现气泡、表面呈现浮浆为度。

(4) 施工缝处理　施工缝的位置应在混凝土浇筑之前确定，且宜留在结构受剪力和弯矩较小并便于施工的部位，施工缝宜设置成水平面或垂直面。对施工缝的处理应符合下列规定：

① 处理层混凝土表面的松弱层应予以凿除。对处理层混凝土的强度，当采用水冲洗凿毛时，应达到 0.5MPa；人工凿毛时，应达到 2.5MPa；采用风动机凿毛时，应达到 10MPa。

② 经凿毛处理后的混凝土面，应采用洁净水冲洗干净。

③ 重要部位及有抗震要求的混凝土结构或钢筋稀疏的钢筋混凝土结构，宜在施工缝处补插锚固钢筋；有抗渗要求的混凝土，其施工缝宜做成凹形、凸形或设置止水带；施工缝为斜面时宜浇筑或凿成台阶状。

3. 混凝土的养护

混凝土浇筑完成后进行养护，能促使混凝土硬化，并在获得规定强度的同时，防止混凝土干缩引起的裂缝，防止混凝土受雨淋、日晒、受冻及受荷载的振动、冲击。

由于混凝土在硬化过程中发热，在夏季和干燥的气候下应进行湿润养护，寒冷季节，混凝土一般养护方法有蓄热法、暖棚养护和蒸汽养护。蒸汽养护通常从混凝土浇筑完成后约 2h 开始加温，升温速度不得超过 15℃/h，养护的时间约 8～12h，最高温度以不超过 65℃为宜。

4. 北方地区混凝土的冬期施工

根据国家标准规定，我国北方地区，自室外平均气温连续五天低于 5℃的时间起，至次年最后一阶段室外日平均气温连续五天低于 5℃的期间内，作为冬期施工的时间。在此期间的混凝土施工，需要在用料和施工工艺方面采取一定措施，保护混凝土不受冻。冬季施工期间，在混凝土硬化过程和抗压强度未达到设计标号的 40%～50%时不得受冻，需要采取保温措施。

混凝土冬期施工的常用措施有以下几个方面：

(1) 浇筑时间安排。一般安排在温度和湿度有利的条件下浇筑混凝土，争取在寒潮到达之前使混凝土的强度达到设计强度的 50%，并且强度不低于 5～10MPa。

(2) 创造强度快速增长条件。在冬季采用高热或者快凝水泥，减小水灰比，掺加速凝剂和塑化剂，加快混凝土的凝固，增加发热量，提高早期强度。一般当气温在 5～－5℃之间时，可掺一定的氯化钙、硫酸钠、氯化钠等，但是氯化钠等氯盐对钢筋有腐蚀作用，掺入量受限，一般不超过 2%～3%。

(3) 增加拌和时间。冬季混凝土拌和时间通常为常温拌和时间的1.5倍，并且对拌和机进行预热，要求拌和温度：大体积混凝土一般不大于12℃，薄壁结构不大于17～25℃。同时控制在各种情况下拌和温度应保证使入仓浇筑温度不低于5℃。

(4) 控制热量损失。在混凝土拌和、运输、浇筑中，应采取措施减少热量损失。例如，尽量缩短运输时间，减少转运次数，装料设备口部加盖，侧壁保温等。在配料、卸运、转运站和皮带机廊道等处增加保温设施。此外，应使混凝土面和模板在混凝土浇筑前加热到5～10℃，一般混凝土加热深度应大于10cm。

(5) 对材料进行加热。对混凝土原材料进行加热也是常用措施。当气温在3～5℃以下时，可以加热水，但水温不宜高于60～80℃，否则会使混凝土产生假凝。如果水按以上要求加热后，所需热量仍然不够，再加热干砂和石子。加热后的温度：砂不能超过60℃，石子不能超过40℃。水泥只能使用前一两天置于暖房内预热，升温不宜过高。集料一般采用蒸汽加热，蒸汽所含的水量应从拌和加水量中扣除。

对于寒冷地区宜选用早期强度较高的水泥，使其能较早达到耐冻的强度。使用矿渣水泥时，因其后期强度不降低，宜优先考虑采用蒸汽养护。使用其它品种水泥时，为节约水泥并增强混凝土的和易性，可掺入适量的塑化剂用以提高混凝土的抗冻性。冬期施工混凝土的骨料和水可采用加热拌制，所规定的加热温度与使用的水泥种类有关，可按施工规定处理。

保温养护终止后拆除模板时，必须使混凝土温度逐步降低。如混凝土表面温度急骤下降，则由于混凝土内外温差影响，将在混凝土表面产生拉应力，并可能出现收缩裂缝。

(四)预应力筋张拉及模板拆除

1. 预应力筋张拉

后张法预应力混凝土梁，须待混凝土强度达到设计要求后才能进行张拉，设计无规定时一般要在混凝土强度达到设计标号的70%以上才能进行。

2. 模板拆除及卸架

当混凝土达到设计标号25%以后，可拆除侧模，当混凝土强度不小于设计标号的70%以后，方可拆除各种梁的模板。对于预应力梁，应在预应力筋张拉完毕或张拉到一定数量后再拆除模板，以免梁体混凝土受拉。

梁的落架程序应从梁挠度最大处的支架节点开始，逐步卸落相邻两侧的节点，并要求对称、均匀、有顺序地进行，同时要求各节点应分多次进行卸落，以使梁的沉落曲线逐步加大。通常简支梁和连续梁可从跨中向两端进行，悬臂梁则应先卸落挂梁及悬臂部分，然后卸落主跨部分。

支架上现浇梁的施工质量应符合表13-9的规定。

表13-9　支架上现浇梁施工质量标准

项　目		规定值或允许偏差
混凝土强度/MPa		在合格标准内
轴线偏位/mm		10
梁（板）顶面高程/mm		±10
断面尺寸/mm	高度	+5，－10
	顶宽	±30
	箱梁底宽	±20
	顶、底、腹板或梁肋厚	+10，－0
长度/mm		+5，－10
横坡/%		±0.15
平整度/mm		8

(五)支架现浇法施工实例

1. 工程概况

某天桥为四跨4×20m预应力变截面钢筋混凝土连续箱梁桥，梁宽5.5m，梁体为C30混凝土。

2. 施工准备

天桥施工之前，首先将临时便道修通，以便不影响原道路行车。同时做好征地拆迁等一切准备工作。

3. 变截面钢筋混凝土连续箱形梁现浇施工方案

(1) 地基处理　天桥位于挖方区，路基为原装土，地基承载能力满足支架搭设要求，根据支架设计间距放出支架基础位置，横桥向铺设枕木20cm×20cm作为支架条形基础，搭设支架，在中间跨度部位预留3.0m宽、4m高的行车道，此处脚手架采用工字钢作横梁支撑，以满足支架受力平衡。

(2) 支架　变截面钢筋混凝土连续箱形梁采用满堂支架现浇法施工。支架拼装方案应充分考虑各种因素，进行设计和验算。

① 满堂式支架安装。满堂式支架采用钢管脚手架。在顺桥向按照支架间距铺设枕木，然后搭设碗扣式脚手架，支架纵向间距90cm，横向间距90cm，支架上设顶托，横向每三道设置一道剪力撑，纵向两外侧设置剪力撑。底板部位沿横桥向铺设一层15cm×15cm方木，上铺底模；翼缘板部位沿顺桥向铺设一层15cm×15cm方木，上铺侧模。

② 预压。支架安装完毕，铺好底模后必须进行支架预压，加载预压在整桥进行，测出有关数据后，在各孔使用，不再重复预压。预压方式采用编织袋装砂，堆码在底模上，重量按该梁体自重的1.2倍考虑。24h后卸载进行标高测量，然后通过预压前后的标高差值，给出支架的弹性和非弹性变形曲线，并作为施工预拱度的参考。通过U形可调托撑调整底模标高，预拱度最高值设在梁的跨中，其它各点的预拱度，由跨中最高值向两端零值按二次抛物线进行过渡。其沉降量在搭设支架时可预先考虑。

(3) 梁体施工

① 模板。模板采用竹胶板，并按1.2m间距用肋木及拉筋加固。

② 箱梁钢筋。所有钢筋及接头的施工严格按有关施工规范和图纸要求操作，在加工前必须作清污、除锈和调直处理。钢筋骨架在钢筋棚内加工后现场安装成型。

钢筋安装，先底板和腹板，然后将内模块拼装固定，最后施工顶板钢筋。

③ 预留工作缝。在连续梁的对应桥墩处预留长度为墩柱厚度的梁段暂不浇注混凝土而作为临时工作缝，待梁体混凝土全部浇注完毕，混凝土强度达到设计强度的90%后，拆除内模，再浇注工作缝梁体混凝土完成整个梁体的浇注。桥跨结构合拢温度应符合图纸及规范要求。

④ 箱梁混凝土施工。混凝土采用现场搅拌，吊车辅助浇注，插入式振捣器振捣。梁体混凝土浇注顺序：底板、腹板，然后顶板。浇筑梁体混凝土时，一般应由墩、台两端开始向跨中方向同时进行。如果采用分层浇筑，可从一端开始，一般宜按梁的全部横断面斜向分段、水平分层地连续浇筑。上层与下层前后浇筑距离应不小于1.5m，每层浇筑厚度不超过30cm。若箱梁体不能一次浇筑完成，而需分二次浇筑时，第一次浇筑到梁的底板的承托顶部以上30cm。第一次和第二次浇筑的时间应间隔至少24h。在第二次浇筑前，应检查脚手架有无收缩和下沉，并打紧各楔块，以保证最小的压缩和沉降。悬出的承托及悬板的底面，一般应在离外缘不大于15cm处设一1cm深V形滴水槽以阻止水流污染混凝土表面。

⑤ 拆除模板和支架。模板、支架的拆除时间根据模板部位和混凝土所达到的强度而定。箱室内顶模应在同步养护的试块强度达到设计强度70%时，方可拆除；对于箱梁底板、翼板及支

架，必须在混凝土强度达到设计强度的90%时，方能卸架。支架的卸落应按程序进行。卸落量开始宜小，逐次增大，每次卸落均由跨中开始，纵向应对称、均衡，横向应同步平行，遵循先翼板后底板的原则。碗扣式支架自上而下依次卸落。

二、悬臂施工法

(一)概述

悬臂施工法也称为分段施工法。悬臂施工法是以桥墩为中心向两岸对称的、逐节悬臂接长的施工方法。预应力混凝土梁桥采用悬臂法施工是从钢桥悬臂拼装发展而来。

悬臂法施工最早主要用于修建预应力T形刚构桥，由于悬臂施工方法的优越性，后来被推广用于预应力混凝土悬臂梁桥、连续梁桥、斜腿刚构桥、桁架桥、拱桥及斜拉桥等。

随着桥梁事业的发展，尤其近年来采用悬臂法施工在国内外大跨径预应力混凝土桥梁中得到广泛采用，以下主要介绍预应力混凝土连续梁桥的悬臂施工法。

悬臂施工法特点主要有以下几点：

(1) 预应力混凝土连续梁及悬臂梁桥采用悬臂法施工时需进行体系转换，即在悬臂施工时，梁墩采取临时固结，结构为T形刚构，合拢前，撤销梁墩临时固结，结构呈悬臂梁受力状态，待结构合拢后形成连续梁体系。设计时应对施工状态进行配束验算。

(2) 桥跨间不需搭设支架，施工不影响桥下通航或行车。施工过程中，施工机具和人员等重力均全部由已建梁段承受，随着施工的进展，悬臂逐渐延伸，机具设备也逐步移至梁端，无需用支架作支撑。所以悬臂施工法可应用于通航河流及跨线立交大跨径桥梁。

(3) 多孔桥跨结构可同时施工，加快施工进度。

(4) 悬臂施工法充分利用预应力混凝土承受负弯矩能力强的特点，将跨中正弯矩转移为支点负弯矩，使桥梁跨越能力提高，并适合变截面桥梁的施工。

(5) 悬臂施工用的悬拼吊机或挂篮设备可重复使用，施工费用较省，可降低工程造价。

悬臂施工法主要有悬臂拼装法及悬臂浇筑法两种。

1. 悬臂拼装法

悬臂拼装法利用移动式悬拼吊机将预制梁段起吊至桥位，然后采用环氧树脂胶及钢丝束预施应力连接成整体。采用逐段拼装，一个节段张拉锚固后，再拼装下一节段。

悬臂拼装的分段，主要决定于悬拼吊机的起重能力，一般节段长2～5m。节段过长则自重大，需要悬拼吊机起重能力大，节段过短则拼装接缝多，工期也延长。一般在悬臂根部，因截面积较大，采用长度较短的节段，以后向端部逐渐增长。

2. 悬臂浇筑法

悬臂浇筑采用移动式挂篮作为主要施工设备，以桥墩为中心，对称向两岸利用挂篮逐段浇筑梁段混凝土，待混凝土达到要求强度后，张拉预应力束，再移动挂篮，进行下一节段的施工。悬臂浇筑每个节段长度一般2～6m，节段过长，将增加混凝土自重及挂篮结构重力，而且要增加平衡重及挂篮后锚设施；节段过短，影响施工进度。所以施工时应根据设备情况及工期，选择合适的节段长度。

3. 悬臂浇筑法与悬臂拼装法的比较

悬臂拼装法与悬臂浇筑法相比，悬臂拼装法施工进度较快，施工质量受外界气候温度影响较小，悬臂浇筑法具有结构整体性好，不受桥下地形条件限制，施工变形易控制等诸多优点，所以大部分大跨径预应力混凝土桥梁采用悬臂浇筑法施工。

(二)悬臂拼装法施工

悬臂拼装施工包括块件的预制、运输、拼装及合拢。

1. 块件预制

(1) 预制方法 箱梁块件通常采用长线浇筑法或短线浇筑的立式预制方法。桁架梁段采用卧式预制方法。

1) 长线预制。长线预制是在预制厂或施工现场按桥梁底缘曲线制作固定的底座，在底座上安装底模进行块件预制工作（如图 13-26 所示）。

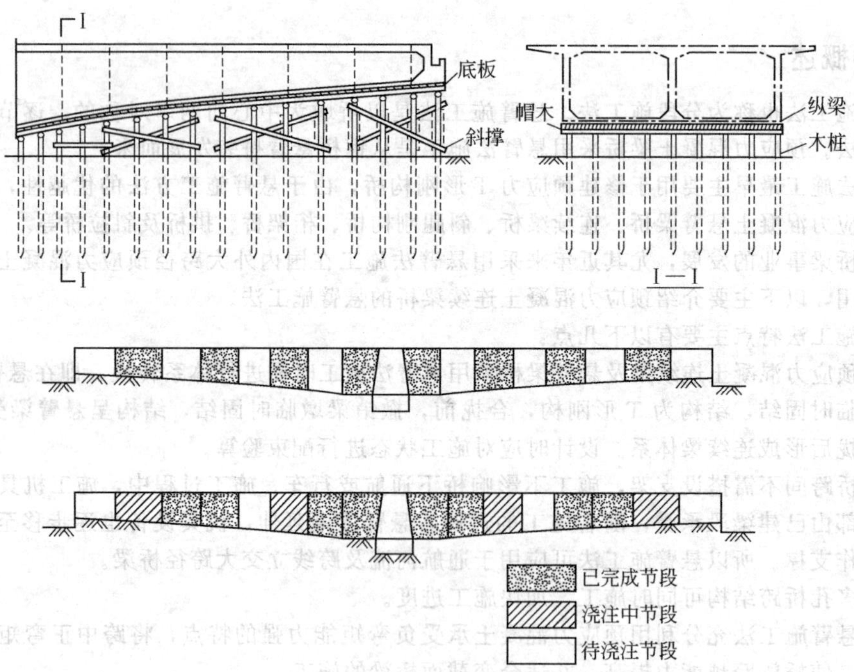

图 13-26 长线预制施工方法

箱梁节段的预制在底板上进行。模板常采用钢模，每段一块，以便于装拆使用。为加快施工进度，保证节段之间密贴，常采用先浇筑奇数节段，然后利用奇数节段混凝土的端面弥合浇筑偶数节段。也可以采用分阶段的预制方法。当节段混凝土强度达到设计强度 70%以上后，可吊出预制场地。

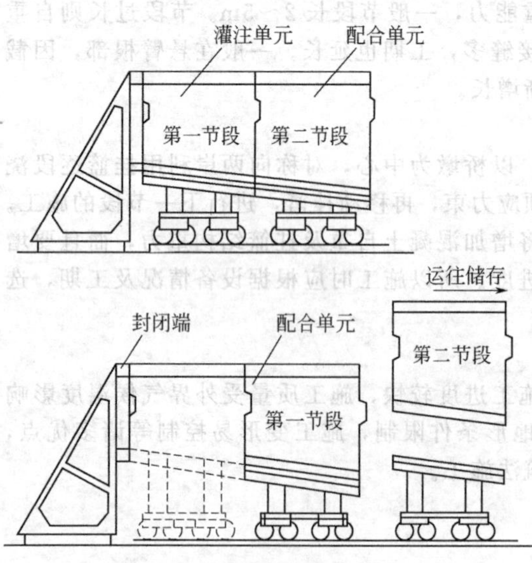

图 13-27 短线预制施工方法

2) 短线预制。短线预制箱梁块件的施工，是由可调整外部及内部模板的台车与端模架来完成。第一节段混凝土浇筑完成后，在其相对位置上安装下一层模板，并利用第一节段的端面作为第二节段的端模完成混凝土的浇筑工作。如图 13-27 所示。

短线预制适合工厂节段预制，设备可周转使用，每条生产线平均五天可生产四块，但节段的尺寸和相对位置的调整要复杂一些。此法亦称活动底座法。

3) 卧式预制。桁架梁的预制节段，常采用卧式预制。卧式预制，要有一个较大的地坪。地坪的高低要经过测量，并有足够的强度，不致产生不均匀沉陷。对相同的节段还可以在已预制完成的节段上安装模板进行叠制，两层构件间常用塑料布或涂机油等方法分隔。桁架梁预制节段的起吊、翻身工作要求操作细致，并注意选择吊点和吊装机具。

无论是箱梁或桁架构件的预制，都要求相邻构件之间接触密贴，故必须以前面浇筑块件的端面作为后来浇筑构件的端模，同时必须采用隔离剂使块件出坑时相互容易从接缝处脱离。

节段预制施工质量标准应满足《公路桥涵施工技术规范》（JTG/T F50—2011）中16.6.9项条款的规定。

（2）定位器和孔道形成器的设置　设置定位器的目的是使预制梁块在拼装时能准确而迅速地安装就位。有的定位器不仅能起到固定位置的作用，而且能承受剪力。这种定位装置称抗剪楔或防滑楔。

块件预制时，除注意预埋定位器装置外，尚须注意按正确位置预埋孔道形成器和吊点装置（吊环或竖向预应力粗钢筋）等。

2. 块件运输

箱梁块件自预制底座上出坑后，一般先存放于存梁场，拼装时块件由存梁场运至桥位处。

3. 悬臂拼装

（1）悬拼方法　预制块件的悬臂拼装可根据现场布置和设备条件采用不同的方法来实现。当靠岸边的桥跨不高且可在陆地或便桥上施工时，可采用自行式吊车、门式吊车来拼装。对于河中桥孔，也可采用水上浮吊进行安装。如果桥墩很高，或水流湍急而不便在陆上、水上施工时，就可利用各种吊机进行高空悬拼施工。

1）悬臂吊机拼装法。悬臂吊机由纵向主桁架、横向起重桁架、锚固装置、平衡重、起重系、行走系和工作吊篮等部分组成，如图13-28所示。

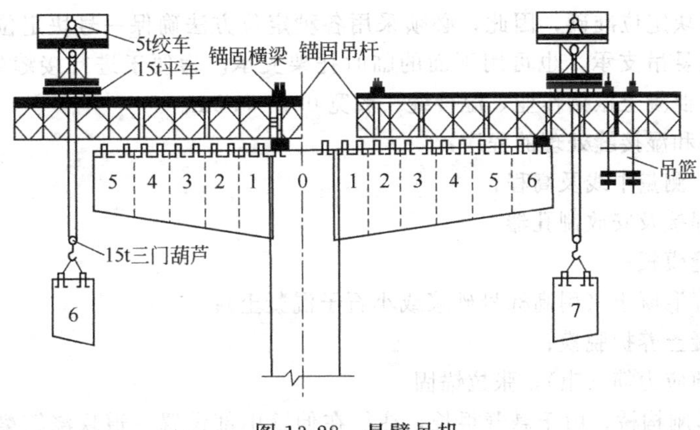

图13-28　悬臂吊机

纵向主桁为吊机的主要承重结构，可由贝雷片、万能杆件、大型型钢等拼制。一般由若干桁片构成两组，用横向联结系联成整体，前后用两根横梁支承。

2）连续桁架（闸式吊机）拼装法。连续桁架悬拼施工可分移动式和固定式两类。

移动式连续桁架的长度大于桥的最大跨径，桁架支承在已拼装完成的梁段和待拼墩顶上，由吊车在桁架上移运块件进行悬臂拼装。固定式连续桁架的支点均设在桥墩上，而不增加梁段的施工荷载。

图13-29表示移动式连续桁架，其长度大于两个跨度，有三个支点。这种吊机每移动一次可以同时拼装两孔桥跨结构。

3）起重机拼装法。尚可采用伸臂吊机、缆索吊机、龙门吊机、人字扒杆、汽车吊、履带吊、浮吊等起重机进行悬臂拼装。根据吊机的类型和桥孔处具体条件的不同，吊机可以支承在墩柱上、已拼好的梁段上或处在栈桥上、桥孔下。

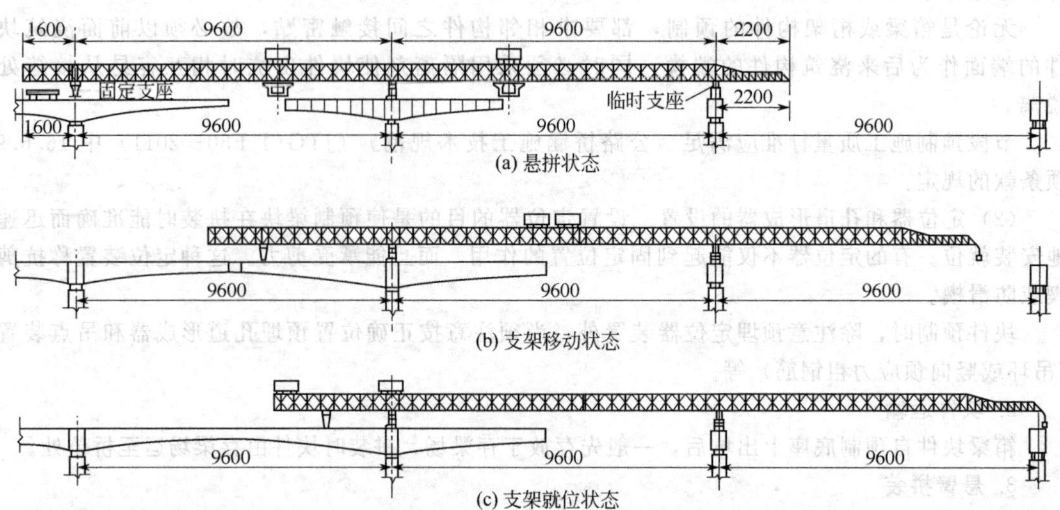

图 13-29　移动式连续桁架

(2) 接缝处理及拼装程序　梁段拼装过程中的接缝有湿接缝、干接缝和胶接缝等几种。不同的施工阶段和不同的部位，将采用不同的接缝形式。

1) 一号块和调整块用湿接缝拼装。一号块件即墩柱两侧的第一块，一般与墩柱上的零号块以湿接缝相接。一号块是T形刚构两侧悬臂箱梁的基准块件。T构悬拼施工时，防止上翘和下挠的关键在于一号块定位准确，因此，必须采用各种定位方法确保一号块定位的精度。定位后的一号块可由吊机悬吊支承，也可用下面的临时托架支承。为便于进行接缝处管道接头操作、接头钢筋的焊接和混凝土振捣作业，湿接缝一般宽 0.1～0.2m。

一号块件拼装和湿接缝处理的程序：

① 块件定位，测量中线及高程；

② 接头钢筋焊接及安放制孔器；

③ 安放湿接缝模板；

④ 浇筑湿接缝混凝土（用高标号砂浆或小石子混凝土）；

⑤ 湿接缝混凝土养护脱模；

⑥ 穿一号块预应力筋（束），张拉锚固。

跨度大的T形刚构桥，由于悬臂很长，往往在伸臂中部设置一道现浇箱梁横隔板，同时设置一道湿接缝。这道湿接缝除了能增加箱梁的结构刚度外，也可以调整拼装位置。在拼装过程中，如拼装上翘的误差很大，难以用其它办法补救时，也可以增设一道湿接缝来调整。但应注意，增设的湿接缝宽度必须用凿打块件端面的办法来提供。

2) 其它块件用胶接缝或干接缝拼装。其它块件的拼装程序：

① 利用悬拼吊机将块件提升，内移就位进行试拼；

② 移开块件，与已拼块件保持约 0.4m 的间距；

③ 穿束；

④ 涂胶（双面涂胶）；

⑤ 块件合拢定位（利用定位器并施加压力），测量中线及高程，检查块件与出坑前所作跨缝弹线是否吻合；

⑥ 张拉预应力筋（束），观察块件是否滑移，然后锚固。

(3) 穿束及张拉

1) 穿束。T形刚构桥纵向预应力钢筋的布置有两个特点:

一是较多集中于顶板部位，二是钢束布置对称于桥墩。因此拼装每一对对称于桥墩块件用的预应力钢丝束须按锚固这一对块件所需长度下料。

明槽钢丝束通常为等间距排列，锚固在顶板加厚的部分（这种板俗称“锯齿板”）。加厚部分预制时留有管道。穿束时先将钢丝束在明槽内摆放平顺，然后再分别将钢丝束穿入两端管道之内。钢丝束在管道两头伸出长度要相等。暗管穿束比明槽难度大。经验表明，60m以下的钢丝束穿束一般均可采用人工推送。较长钢丝束穿入端，可点焊成箭头状缠裹黑胶布。60m以上的长束穿束时可先从孔道中插入一根钢丝与钢丝束引丝连接，然后一端以卷扬机牵引，一端以人工送入。

2) 张拉。钢丝束张拉前要首先确定合理的张拉次序，以保证箱梁在张拉过程中每批张拉合力都接近于该断面钢丝束总拉力重心处。钢丝束张拉次序的确定与箱梁横断面形式、同时工作的千斤顶数量、是否设置临时张拉系统等因素关系很大。在一般情况下，纵向预应力钢丝束的张拉次序按以下原则确定:

① 对称于箱梁中轴线，钢束两端同时成对张拉;

② 先张拉肋束，后张拉板束;

③ 肋束的张拉次序是先张拉边肋，后张拉中肋（若横断面为三根肋，仅有两对千斤顶时）;

④ 同一肋上的钢丝束先张拉下边的，后张拉上边的;

⑤ 板束的次序是先张拉顶板中部的，后张拉边部的。

4. 安装误差的控制和纠正

在悬臂拼装阶段，影响挠度的因素主要是预应力、自重力和在接缝上引起的弹性和非弹性变形，还有块件拼装的几何尺寸误差。为控制和纠正过大上翘，可采取如下措施:

(1) 一号块定位时按计算的悬臂挠度及需设的预拱度确定正确的定位位置，并仔细准确地进行定位。

(2) 其它块件胶接缝的涂层尽量减薄，并使在临时的均匀压力下固化。

(3) 悬拼过程中发现实际悬拼挠度过大时，需认真分析原因，及时采取措施。可采取的措施按上翘程度不同大体上有:

① 通过多次涂胶将胶接缝做成上厚下薄的胶接层，以调整上翘度;

② 在接缝上缘的胶层内加垫钢板，增加接缝厚度;

③ 凿打端面，将块件端面凿去一层混凝土，凿去的厚度沿截面的上、下方向按需要变化，然后涂胶拼接;

④ 增加一个湿接缝，即改胶接缝（或干接缝）为湿接缝，将块件调整到要求的位置。

5. 合拢段施工

箱梁T构和桁架T构的跨中多用挂梁连接。预制挂梁的吊装方法与装配式简支梁的安装相同。但需注意安装过程中对两边悬臂加荷的均衡性问题，以免墩柱受到过大的不均衡力矩。有两种方法:

(1) 采用平衡量;

(2) 采用两悬臂端部分批交替架梁，以尽量减少墩柱所受的不平衡力矩。

用悬臂施工法建造的连续刚构桥、连续梁桥和悬臂桁架拱，则需在跨中将悬臂端刚性连接、整体合拢。这时合拢段的施工常采用现浇和拼装两种方法。现浇合拢段预留1.5～2m，在主梁标高调整后，现场浇筑混凝土合拢，再张拉预应力索筋，将梁连成整体。

(三)悬臂浇筑法施工

悬臂浇筑法施工是桥梁施工中难度较大的施工工艺，需要一定的施工设备及一支熟悉悬臂浇筑工艺的技术队伍。下面按悬浇施工程序、0 号块施工、梁墩临时固结、施工挂篮、浇筑梁段混凝土、结构体系转换、合拢段施工及施工控制几个方面进行介绍。

1. 悬臂浇筑施工程序

连续梁桥采用悬臂浇筑施工时，因施工程序不同，有以下三种基本方法。逐跨连续悬臂施工法、T 构—单悬臂梁—连续梁施工法、T 构—双悬臂梁—连续梁施工法。

(1) 逐跨连续悬臂施工法（如图 13-30 所示）

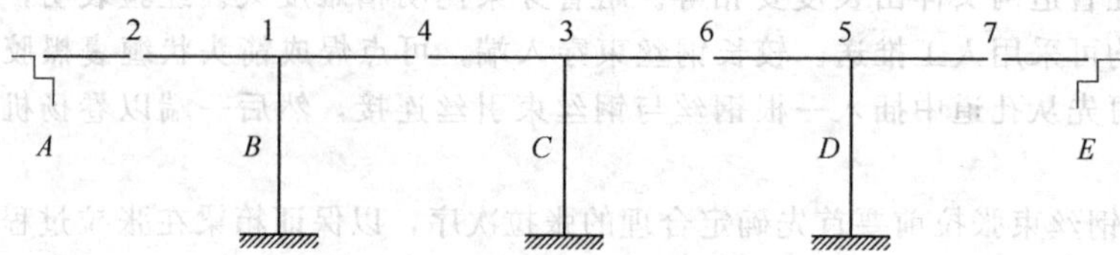

图 13-30 逐跨连续悬臂施工法

1) 首先从 B 墩开始将梁墩临时固结，进行悬臂施工。

2) 岸跨边段合拢，B 墩临时固结释放后形成单悬臂梁。

3) 从 C 墩开始，梁端临时固结，进行悬臂浇筑施工。

4) BC 跨中间合拢，释放 C 墩临时固结，形成带悬臂的两跨连续梁。

5) 从 D 墩开始，D 墩进行梁墩固结进行悬臂施工。

6) CD 跨中间合拢，释放 D 墩临时固结，形成带悬臂的三跨连续梁。

7) 按上述方法以此类推进行。

8) 最后岸跨边段合拢，完成多跨一联的连续梁施工。

上述逐跨连续悬臂法施工，从一端向另一端逐跨进行，逐跨经历了悬臂施工阶段，施工过程中进行了体系转换。逐跨连续悬臂法施工可以利用已建成的桥面上进行机具设备、材料、混凝土运输，方便了施工。该法每完成一个新的悬臂并在跨中合拢后，结构稳定性、刚度不断加强，所以逐跨连续悬臂法常在多跨连续梁及大跨长桥上采用。

(2) T 构—单悬臂梁—连续梁施工法（如图 13-31 所示）

1) 首先从 B 墩开始，梁墩固结，进行悬臂施工。

2) 岸跨边段合拢，释放 B 墩临时固结，形成单悬臂梁。

3) C 墩进行施工，梁墩固结，进行悬臂施工。

4) 岸跨边段合拢，释放 C 墩临时固结，形成单悬臂梁。

5) BC 跨中段合拢，形成三跨连续梁结构。

本法也可以采用多增设两套挂篮设备，先 BC 墩同时悬臂浇筑施工，再两岸跨边段合拢，释放 B、C 墩临时固结，最后中间合拢，成三跨连续梁，以加速施工进度，达到缩短工期目的。

多跨连续梁施工时可以采取几个合拢段同时施工，以加速施工进度。也可以逐个进行。本法在 3～5 跨连续梁施工中是常用的施工方法。

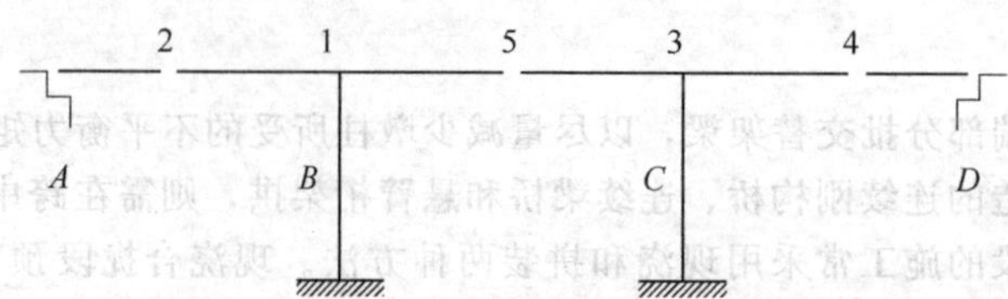

图 13-31 T 构—单悬臂梁—连续梁施工法

(3) T 构—双悬臂梁—连续梁施工法（如图 13-32 所示）

1) 首先从 B 墩开始，梁墩固结后，进行悬臂施工。

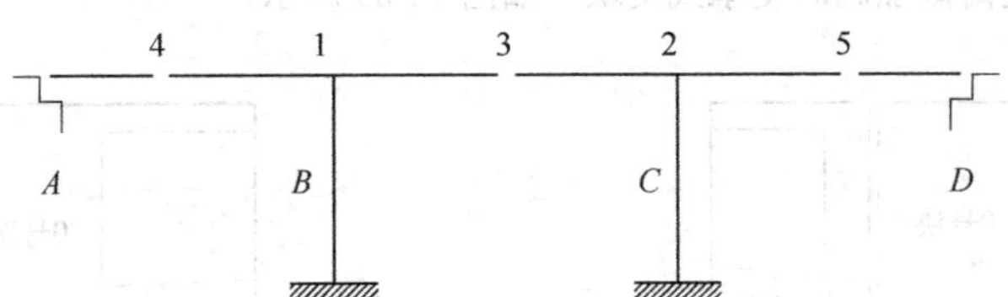

图 13-32　T 构—双悬臂梁—连续梁施工法

2）再从 C 墩开始，梁墩固结后，进行悬臂施工。

3）BC 跨中间合拢，释放 B、C 墩的临时固结，形成双悬臂梁。

4）A 端岸跨边段合拢。

5）D 端岸跨边段合拢，完成三跨连续梁施工。

本方法当结构呈双悬臂梁状态时，结构稳定性较差，所以一般遇大跨径或多跨连续梁时不采用上述方法。

上述连续梁采用的三种悬臂施工方法是悬臂施工的基本方法，遇到具体桥梁施工时，可选择合适的一种方法，也可综合各种方法优点选用合适的施工程序。

2. 悬臂梁段 0 号块施工

采用悬臂浇注法施工时，墩顶 0 号块梁段采用在托架上立模现浇，并在施工过程中设置临时梁墩锚固，使 0 号块梁段能承受两侧悬臂施工时产生的不平衡力矩。

施工托架有扇形、门式等形式，托架可采用万能杆件、贝雷梁、型钢等构件拼装，也可采用钢筋混凝土构件作临时支撑。托架总长度视拼装挂篮的需要而决定。横桥自托架宽度要考虑箱梁外侧主模的要求。托架顶面应与箱梁底面纵向线形一致。

扇形施工托架与门式施工托架形式如图 13-33 所示。

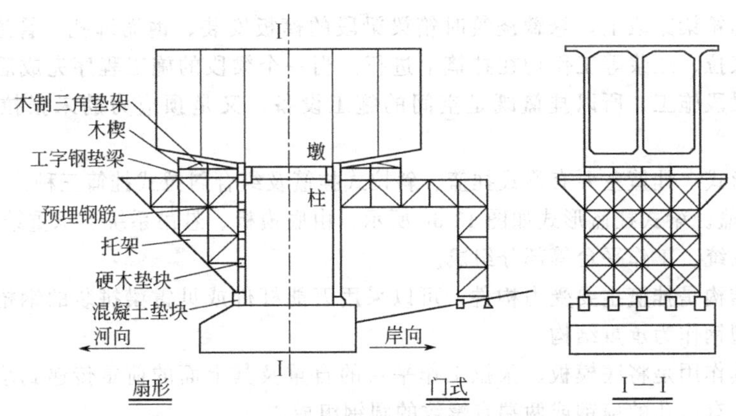

图 13-33　扇形施工托架与门式施工托架

由于考虑到在托架上浇筑梁段 0 号块混凝土，托架变形对梁体质量影响很大，在作托架设计时，除考虑托架强度要求外，还应考虑托架的刚度和整体性；采用万能杆件、贝雷梁、板梁、型钢等做托架时，可采取预压、抛高或调整等措施，以减少托架变形。

3. 梁墩临时固结措施

大跨径预应力混凝土桥梁采用悬臂施工法施工，如结构采用 T 形刚构，因墩身与梁本身采用刚性连接，所以不存在梁墩临时固结问题。悬臂梁桥及连续梁桥采用悬臂施工法，为保证施工过程中结构的稳定可靠，必须采取 0 号块梁段与桥墩间临时固结或支承措施。

临时固结措施或支承措施有下列几种形式：

(1) 将 0 号块梁段与桥墩钢筋或预应力筋临时固结，待需要解除固结时切断，如图 13-34 所示。

(2) 在桥墩一侧或两侧加临时支承或支墩，如图 13-35 所示。

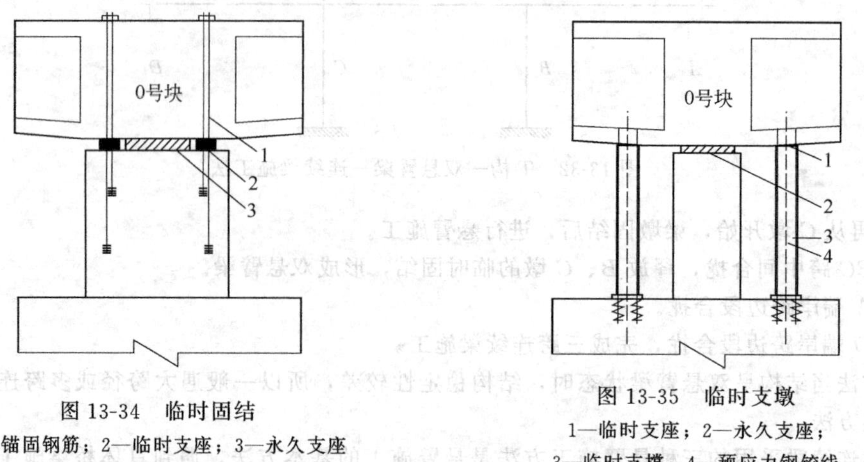

图 13-34　临时固结

1—锚固钢筋；2—临时支座；3—永久支座

图 13-35　临时支墩

1—临时支座；2—永久支座；3—临时支撑；4—预应力钢铰线

(3) 将 0 号块梁段临时支承在扇形或门式托架的两侧。

(4) 临时支承可用硫黄水泥砂浆块，砂筒或混凝土块等卸落设备，以使体系转换时，较方便地拆除临时支承。

临时梁墩固结要考虑两侧对称，施工时有一个梁段超前的不平衡力矩，应验算其稳定性，稳定性系数不小于 1.5。当采用硫黄水泥砂浆块作临时支承的卸落设备，要采取高温熔化拆除支承时，必须在支承块之间设置隔热措施，以免损坏支座部件。

4. 施工挂篮

挂篮是悬臂浇筑施工的主要机具。挂篮是一个能沿着轨道行走的活动脚手架，挂篮悬挂在已经张拉锚固的箱梁梁段上，悬臂浇筑时箱梁梁段的模板安装、钢筋绑扎、管道安装、混凝土浇筑、预应力张拉、压浆等工作均在挂篮上进行。当一个梁段的施工程序完成后，挂篮解除后锚，移向下一梁段施工。所以挂篮既是空间的施工设备，又是预应力筋未张拉前梁段的承重结构。

(1) 挂篮形式　挂篮主要有梁式挂篮、斜拉式挂篮及组合斜拉式挂篮三种。

1) 梁式挂篮。梁式挂篮形式如图 13-36 所示，由底模板、悬吊系统、承重结构、行走系统、平衡重、锚固系统、工作平台等部分组成。

挂篮承重结构是挂篮主要受力构件，可以采用万能杆件或贝雷梁拼装的钢桁架，也可采用钢板梁或大号型钢作为承重结构。

悬吊系统其作用是将底模板、张拉工作平台的自重及其上面的荷重传递到承重结构上，悬吊系统可采用钻有销孔的扁钢或两端有螺纹的圆钢组成。

设置锚固系统装置及平衡重目的是防止挂篮在行走状态及浇筑混凝土梁段时倾覆失稳。在挂篮行走状态时解除锚固系统，依靠平衡重作用防止行走时挂篮失稳。在进行检算时，稳定系数不应小于 1.5。

挂篮整体纵移采用电动卷扬机牵引，挂篮上设上滑道，梁上铺设下滑道，中间可用滚轴，也可采用聚四氟乙烯板做滑道。目前现场常采用上滑道覆一层不锈钢薄板，下滑道采用槽钢，槽钢内放聚四氟乙烯板，行走方便、安全，稳定性较好。工作平台设于挂篮承重结构的前端，用于张拉预应力束、压浆等操作用的脚手架。底模板供立模板、绑扎钢筋、浇筑混凝土、养护等工序用。用梁式挂篮施工初始几对梁段时，由于墩顶位置限制，施工中常将两侧挂篮的承重结构临时联结在一起，待梁段浇筑到一定长度后，再将两侧承重结构分开。

梁式挂篮在悬臂浇筑刚开始应用时采用较多，其特点可以充分利用施工单位备有的万能杆件或贝雷梁作挂篮的承重结构，所以挂篮本身的投资较少，挂篮设计时受力明确，施工时装拆较方便。

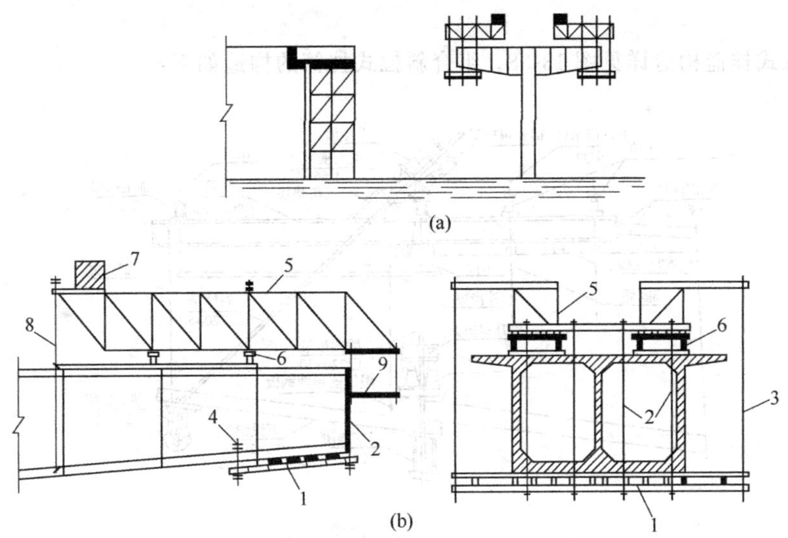

图 13-36　梁式挂篮

1—底模板；2、3、4—悬吊系统；5—承重结构；6—行走系统；7—平衡重；8—锚固系统；9—工作平台

2）斜拉式挂篮。斜拉式挂篮也称为轻型挂篮。随着桥梁跨径越来越大，为了减轻挂篮自重，以达到减少施工阶段增加的临时钢丝束，在梁式挂篮的基础上研制了斜拉式挂篮。斜拉式挂篮承重结构采用纵梁、立柱、前后斜拉杆组成，杆件少，结构简单，受力明确，承重结构轻巧。其它构造系统与梁式挂篮相似。

斜拉式挂篮构造见图 13-37。

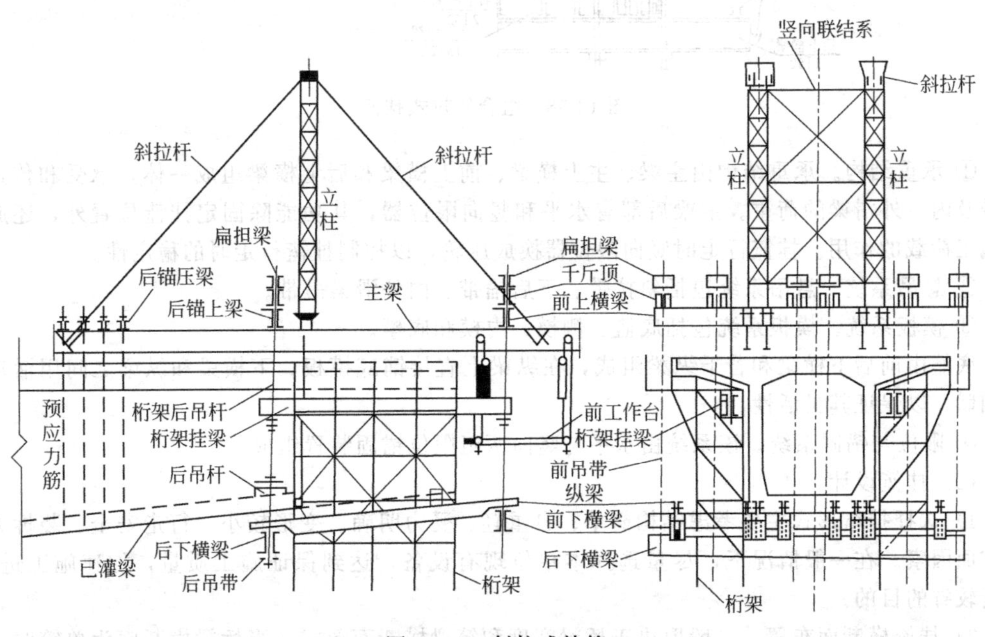

图 13-37　斜拉式挂篮

国内大跨径预应力混凝土连续梁桥多采用斜拉式挂篮进行悬臂浇筑施工。

3）组合斜拉式挂篮。组合斜拉式挂篮是在斜拉式挂篮的基础上加以改进的一种新的结构形式。挂篮自重更轻，其承重比不大于0.4，最大变形量不大于20mm，走行方便，箱梁段施工周期更短。

组合斜拉式挂篮构造详见图13-38。组合斜拉式挂篮的构造如下：

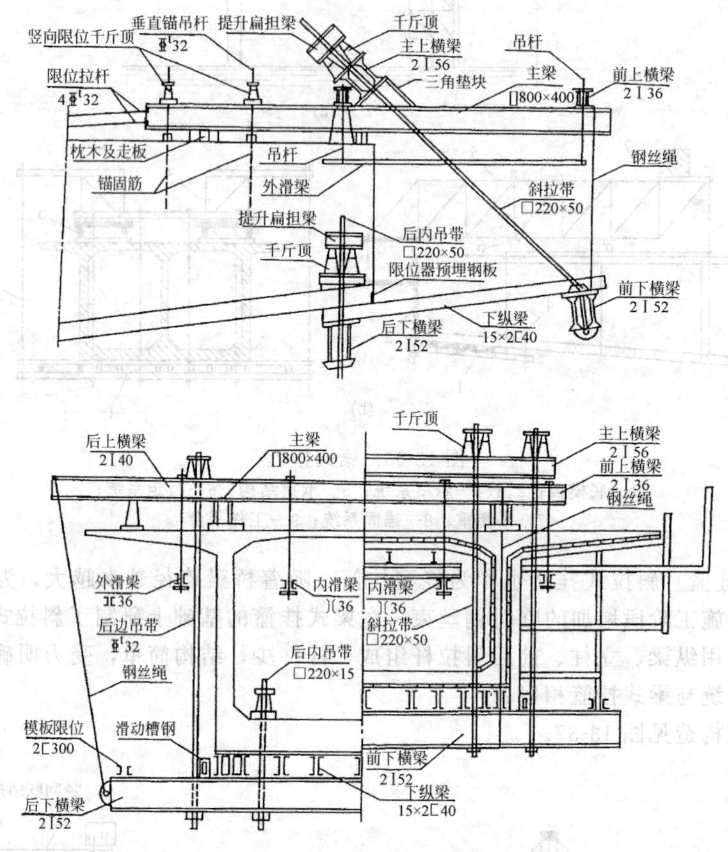

图13-38　组合斜拉式挂篮

① 承重结构。承重结构由主梁、主上横梁、前上横梁和后上横梁组成一体，承受和传递斜拉带及内、外滑梁的荷重。主梁后部有水平和竖向限位器，其功能除固定挂篮位置外，还起传递施工荷载的作用。挂篮行走时竖向限位器换成压轮，以控制挂篮行走时的稳定性。

② 悬吊系统。悬吊系统包括斜拉带、下后锚带、内外滑梁吊带。

③ 模板系统。模板系统包括底篮、侧模、内模和底模。

底篮由前后下横梁和若干纵梁组成，在纵梁上直接铺底模板。下横梁和纵梁之间用活动铰链相联，以保证其灵活性。

④ 限位与锚固系统。该系统由水平与竖向两组限位锚固装置组成。

（2）挂篮设计

1）选择挂篮形式主要考虑结构简单、自重轻、受力明确、变形较小、行走安全、装拆方便等方面因素。在一般情况下，尽量选择本单位现有设备，达到保证施工质量，加速施工进度，投资较省的目的。

2）挂篮横断面布置，一般取决于桥梁宽度和箱梁横断面形式，当桥梁横断面为单箱时，全断面用一个挂篮施工；当桥梁横断面为双箱时，一般采用两个挂篮分别施工，最后在桥面板处用现浇混凝土连接。

3）设计荷载

① 模板重力：包括侧模、内模、底模和端模等各部件重力，平均重力可按 800～1000N/m² 估算，待模板设计后再进行详细验算。

② 箱梁梁段重力按最重梁段控制挂篮设计。

③ 挂篮自重。

④ 平衡重重力。

⑤ 振捣器重力及振动力。振动力近似可按振捣器重力的 4 倍估算。

⑥ 千斤顶及油泵重力。

⑦ 施工人员重力，可近似按 2000N/m² 估算。

4）挂篮行走及灌筑梁段混凝土时的稳定系数，均不应小于 1.5。

5）挂篮重力应和设计时作施工阶段验算中估算的挂篮重力相似，施工前应将实际采用的挂篮重力和有关数据及时回馈给设计部门，以便进行施工阶段验算。必要时，还应对施工阶段所需钢束作适当调整。

(3) 挂篮的安装

1）挂篮组拼后，应全面检查安装质量，并做载重试验，以测定其各部位的变形量，并设法消除其永久变形。

2）在起步长度内梁段浇筑完成并获得要求的强度后，在墩顶拼装挂篮。有条件时，应在地面上先进行试拼装，以便在墩顶熟练有序地开展拼装挂篮工作。拼装时应对称进行。

3）挂篮的操作平台下应设置安全网，防止对象坠落，以确保施工安全。挂篮应呈全封闭，四周设围护，上下应有专用扶梯，方便施工人员上下挂篮。

4）挂篮行走时，须在挂篮尾部压平衡重，以防倾覆。浇筑混凝土梁段时，必须在挂篮尾部将挂篮与梁进行锚固。

5. 悬臂浇筑梁段混凝土

悬臂浇筑梁段混凝土时需注意以下几点：

(1) 模板安装应核准中心位置及标高，模板与前一段混凝土面应平整密贴。如上一节段施工后出现中线或高程误差需要调整时，应在模板安装时予以调整。

(2) 安装预应力预留管道时，应与前一段预留管道接头严密对准，并用胶布包贴，防止灰浆渗入管道。管道四周应布置足够定位钢筋，确保预留管道位置正确，线形平顺。

(3) 梁段拆模后，应对梁端的混凝土表面进行凿毛处理，以加强接头混凝土的连接。

(4) 箱梁梁段混凝土浇筑，一般采用一次浇筑法，在箱梁顶板中部留一窗口，混凝土由窗口注入箱内，再分布到底模上。当箱梁断面较大时，考虑梁段混凝土数量较多，每个节段可分二次浇筑，先浇筑底板到肋板倒角以上，待底板混凝土达一定强度后，再支内模，浇筑肋板上段和顶板。其接缝按施工缝要求进行处理。

(5) 箱梁梁段分次浇筑混凝土时，为了不使后浇混凝土的重力引起挂篮变形，导致先浇混凝土开裂，要有消除后浇混凝土引起挂篮变形的措施。一般可采取下列方法：

① 水箱法：浇筑混凝土前先在水箱中注入相当于混凝土重量的水，在混凝土浇筑中逐渐放水，使挂篮负荷和挠度基本不变。

② 浇筑混凝土时根据混凝土重量变化，随时调整吊带高度。

③ 将底模梁支承在千斤顶上，浇筑混凝土时，随混凝土重量的变化，随时调整底模梁下的千斤顶，抵消挠度变形。

当挂篮就位后，即可在上面进行梁段悬臂浇筑施工的各项作业，其施工工艺流程如图 13-39 所示。

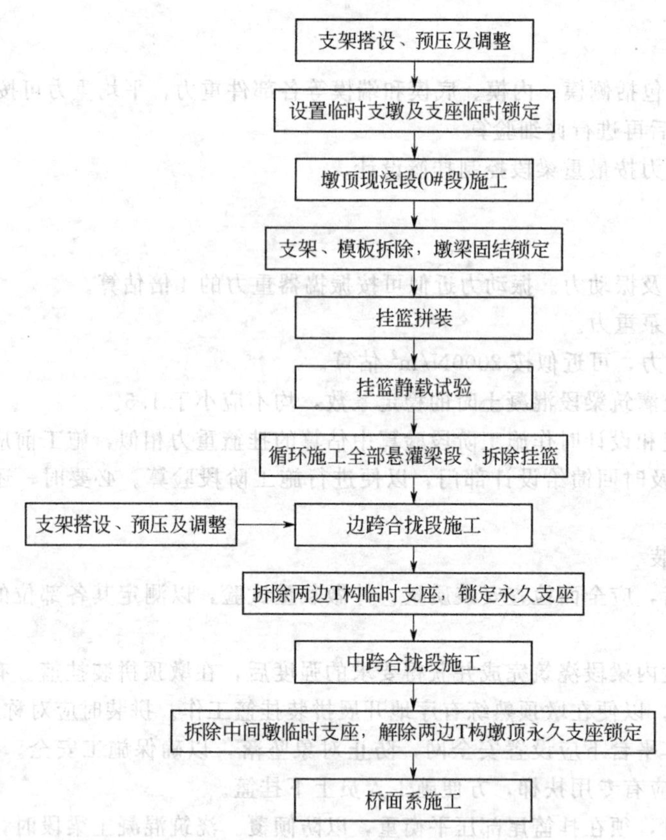

图 13-39　悬臂浇筑法施工工艺流程

6. 结构体系转换

悬臂梁桥及连续梁桥采用悬臂施工法，在结构体系转换时，为保证施工阶段的稳定，一般边跨先合拢，释放梁墩锚固，结构由双悬臂状态变成单悬臂状态，最后跨中合拢，成连续梁受力状态。这中间就存在体系转换。施工时梁墩临时锚固的放松，应均衡对称进行，确保逐渐均匀地释放。在放松前应测量各梁段高程，在放松过程中，注意各梁段的高程变化，如有异常情况，应立即停止作业，找出原因，以确保施工安全。

7. 合拢段施工

合拢段施工时通常由两个挂篮向一个挂篮过渡，所以先拆除一个挂篮，用另一个挂篮走行跨过合拢段至另一端悬臂施工梁段上，形成合拢段施工支架。也可采用吊架的形式形成支架。

在合拢段施工过程中，由于昼夜温差影响，现浇混凝土的早期收缩、水化热影响，已完成梁段混凝土的收缩、徐变影响，结构体系的转换及施工荷载等因素影响，因此，需采取必要措施，以保证合拢段的质量。

(1) 合拢段长度选择。合拢段长度在满足施工操作要求的前提下，应尽量缩短，一般采用1.5～2.0m。

(2) 合拢温度选择。一般宜在低温合拢，遇夏季应在晚上合拢，并用草袋等覆盖，并加强接头混凝土养护，使混凝土早期结硬过程中处于升温受压状态。

(3) 合拢段混凝土选择。混凝土中宜加入减水剂、早强剂，以便及早达到设计要求强度，及时张拉预应力束筋，防止合拢段混凝土出现裂缝。

(4) 合拢段采用临时锁定措施，采用劲性型钢或预制的混凝土柱安装在合拢段上下部作支撑，然后张拉部分预应力束筋，待合拢段混凝土达到要求强度后，张拉其余预应力束筋，最后再拆除临时锁定装置。

(5) 为保证合拢段施工时混凝土始终处于稳定状态，在浇筑之前各悬臂端应附加与混凝土质量相等的配重（或称压重），加配重量依桥轴线对称加载，按浇筑重量分级卸载。

8. 施工控制

悬臂浇筑施工控制是桥梁施工中的一个难点，控制不好，两端悬臂浇注至合拢时，梁底高程误差会大大超出允许范围对结构受力不利，且因梁底曲线产生转折点而影响美观，形成永久性缺陷。悬臂浇筑大跨径桥梁施工过程中，由于有许多因素的影响，施工中的实际结构状态将偏离预定的目标，这种偏差严重的将影响结构的使用。为了使悬臂浇筑状态尽可能达到预定的目标，必须在施工过程中逐段进行跟踪控制和调整。采用计算机程序控制，可提高控制速度和精度。

(四)某大桥悬臂浇筑法施工实例

1. 工程概况

本连续梁段为跨越某河的特大桥，连续梁梁体设计为单箱单室、变高度、斜腹板箱形截面，主墩墩顶 3.0m 范围内梁高相等，截面中心梁高 4.05m，跨中合拢段及边跨现浇段截面中心高 3.05m，梁底曲线为二次抛物线，箱梁顶宽 12.0m，中支点处底宽 6.7m；跨中及边墩支点处底宽 5.74m，单侧悬臂长 2.65m，悬臂端部厚 26cm，悬臂根部厚 65cm，箱梁腹板厚度由主墩墩顶根部的 70cm 变至跨中及边墩支点附近的 40cm，底板厚度由主墩墩顶的 60cm 变至跨中及边跨直线段的 40cm，顶板厚 35cm，在墩顶根部加厚至 60cm。

2. 托架法施工 0 号块

32m＋48m＋32m 三跨连续梁主梁 0 号块采用支撑在承台顶面的钢管立柱托架现浇施工。0 号块长度 8.0m，箱梁根部高度 4.05m，底宽 6.7m，顶宽 12.0m，腹板竖直。0 号块混凝土方量为 144.7m^3，采用一次浇筑完成。

3. 挂篮悬臂浇注施工

主梁施工采用挂篮对称悬臂浇注，2 个“T”构各划分为 7 对梁段，累计悬臂总长为 50.0m，边跨设一个 7.65m 长现浇段。“T”构悬浇节段划分图见图 13-40。

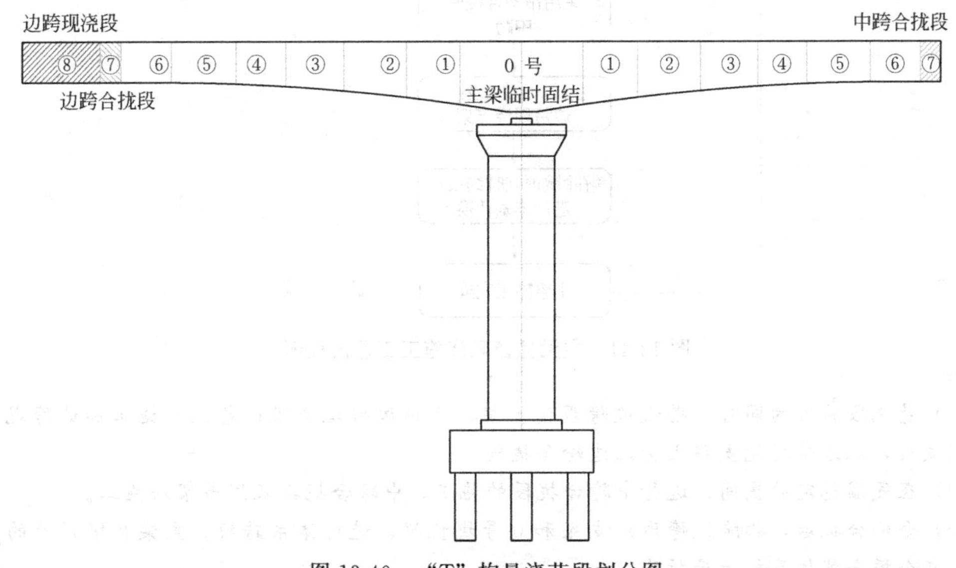

图 13-40　“T”构悬浇节段划分图

1～6 号梁段均为挂篮施工。在挂篮上进行节段的模板、钢筋、管道布置和混凝土浇注及预应力张拉、管道压浆等作业。两桥拟投入两对挂篮同步施工。

主梁总体施工工艺为：

(1) 桩基和承台施工完成后，墩柱施工时，即可开始搭设0号块托架，准备0号块现浇施工。0号块支架搭设完毕后，应按照设计荷载进行预压，以消除非弹性变形。支架顶标高应严格按照设计和监控要求确定，然后在支架顶部立模浇注主梁混凝土，同时0号块在墩顶临时固结。

(2) 在0号块上拼装挂篮，并进行测试，根据设计图纸要求，挂篮及施工荷载应按节段混凝土最大重量等设计参数控制。连续梁拟投入两对挂篮同步施工，采用挂篮对称悬浇连续梁节段。连续梁主梁挂篮悬浇施工工艺流程图如图13-41所示。

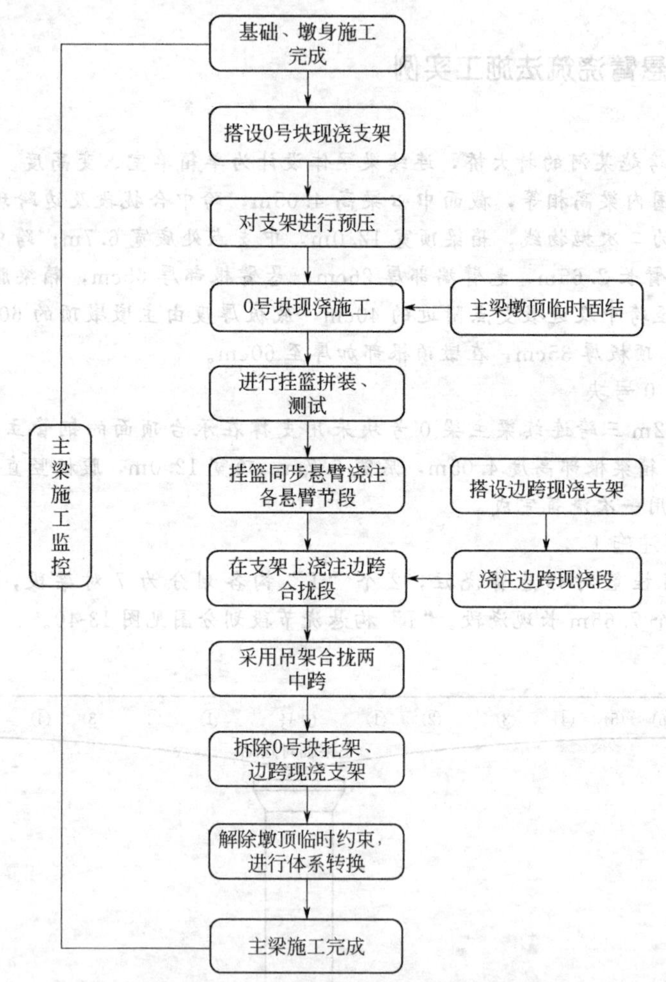

图13-41　主梁挂篮悬浇施工工艺流程图

(3) 悬浇段施工的同时，搭设边跨现浇支架，浇筑边跨现浇段；悬浇段施工和边跨现浇段施工完成后，在边跨现浇支架上浇注边跨合拢段。

(4) 在气温稳定的夜间，进行中跨合拢段的施工，中跨合拢段采用吊架法施工。

(5) 全桥合拢后，拆除边跨现浇支架和0号块托架，进行体系转换，主梁在墩顶处的临时固结，在全桥合拢体系转换后拆除。

4. 连续梁线形控制

连续箱梁线形控制采取施工→量测→识别→修正→预告→施工的循环过程。施工控制的核心任务就是对各种误差进行分析、识别、调整，对结构未来状态作出预测。

预应力连续箱梁悬浇法施工时，由于梁体每段混凝土的重量、龄期、弹性模量、结构特性、预加应力、施工荷载等都在不断变化，并受到温度变化、材料收缩、徐变产生的次内力影响，使梁体各个截面的内力和位移都不断发生变化。

施工中，为确保主桥一次达到合拢精度和全桥设计精度，采用“预应力混凝土梁桥施工动态跟踪控制系统程序 PCCP”和现场实际观测的方法，对主梁施工的每个阶段进行应力和挠度的动态监测和控制。通过施工过程对影响应力和变形的数据输入，对预应力混凝土结构进行弹性分析和时效分析，对悬浇法施工的结构从开始到合拢整个过程中任一施工段的结构内力变形情况进行计算，从而实现对结构施工过程的跟踪分析。并在施工过程中根据实际监测情况及时识别修正计算模型参数，重新计算各施工阶段节段的理想状态，对下一施工段作出更准确的预测，确保结构物高程和中线的偏差在允许范围之内，使大桥顺利合拢。

连续箱梁施工控制流程见图 13-42。

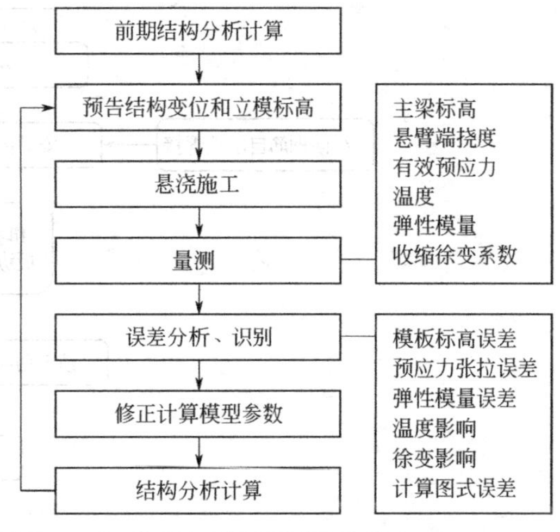

图 13-42　连续箱梁施工控制流程

5. 中跨合拢段施工

中跨合拢段采用吊架法施工。吊架底篮经测量调整好后安装底模，用三角楔块将底模与现浇段箱梁梁底紧密接触，在底篮的另一端用千斤顶收紧各吊带，同样使底模与梁底紧密接触，避免箱梁合拢段与已浇注块段产生错台。模板均为钢模。模板安装、钢筋绑扎、预应力管道安装、混凝土浇注、养护、预应力张拉、压浆等与挂篮施工类似。

（1）中跨合拢段施工流程　合拢施工工艺流程见图 13-43。

（2）合拢关键技术及主要控制指标　合拢段施工是箱梁施工中的一个重要环节。合拢段施工得好坏将直接影响到整个桥梁的标高、线型和混凝土的内力状态。在合拢段施工过程中，由于温差、混凝土收缩、徐变、施工荷载和结构体系转换等因素的影响给合拢段施工带来许多困难，必须制定合理有效的合拢段施工方案，采取必要的措施，保证合拢段混凝土浇注后未达到强度前尽量不受到拉伸和挤压。

1）合拢温度。合拢温度的选择对箱梁合拢有着重大影响，因此必须选择合适的温度进行合拢段劲性骨架的锁定和混凝土的浇注。为确定合理的合拢温度需连续多天对气温的变化和混凝土浇注后的温度变化进行跟踪测量，并将测量结果进行分析整理，绘制成温度曲线。

2）合拢段劲性骨架锁定温度和浇注温度确定。必须连续多天对气温及混凝土浇注后的温度观测分析，得出气温相对稳定的时段，根据观测结果确定合拢温度，实际合拢温度将按照合拢前实测温度报施工监控和设计部门后最终确定，劲性骨架锁定时间及浇注混凝土安排在温度变化相对稳定的时段进行。

3）内、外劲性骨架。内劲性骨架主要抵抗因箱梁升温而产生的轴向水平压力，结构示意图见图 13-44。为了确保合拢段施工的质量，特别设计了抵抗箱梁因上翘和下挠而产生的弯矩的外劲性骨架，布置于腹板顶部。

4）合拢段平衡配重。为了保证合拢段施工时混凝土始终处于稳定状态，在浇注之前各悬臂端需附加合适的配重。配重重量由监控单位提供，经过施工监控单位的计算，配重采用水箱作为配重，浇注混凝土过程中作分级卸载。

5）合拢段混凝土配合比。合拢段混凝土配合比要求有一定的早强性、抗裂性能和较高的抗压性能。掺加早强剂缩短等强时间；掺加聚丙烯纤维提高抗裂性能，同时将合拢段混凝土标高提高 0.5～1 个等级，增加其抗压性。

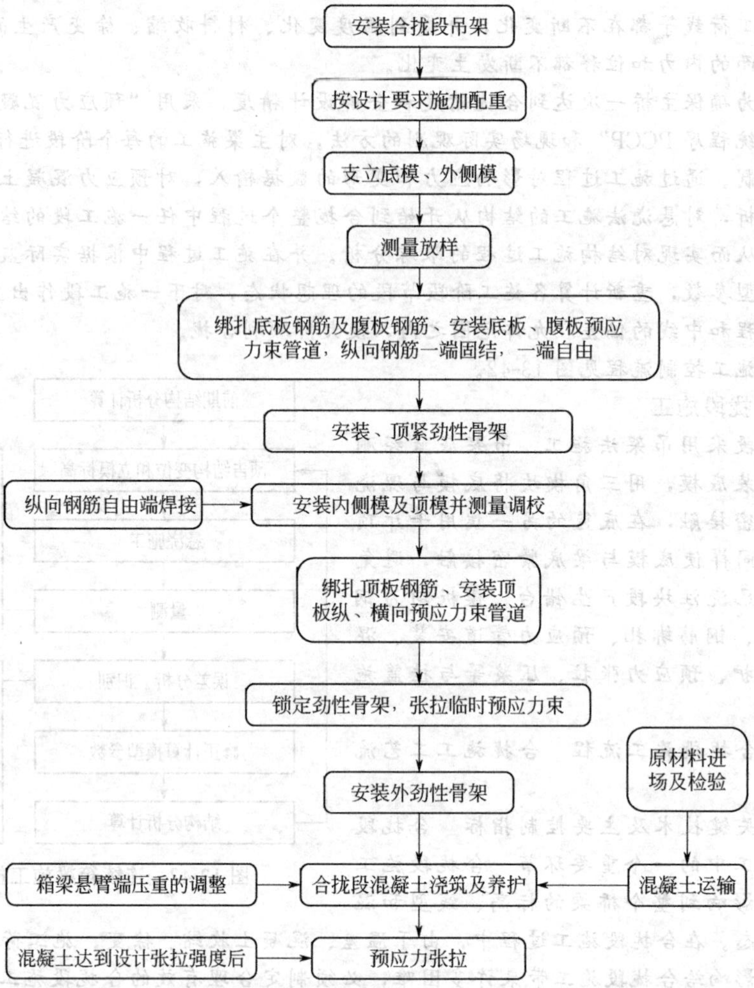

安装合拢段吊架
按设计要求施加配重
支立底模、外侧模
测量放样
绑扎底板钢筋及腹板钢筋、安装底板、腹板预应力束管道，纵向钢筋一端固结，一端自由
安装、顶紧劲性骨架
纵向钢筋自由端焊接
安装内侧模及顶模并测量调校
绑扎顶板钢筋、安装顶板纵、横向预应力束管道
锁定劲性骨架，张拉临时预应力束
原材料进场及检验
安装外劲性骨架
箱梁悬臂端压重的调整
合拢段混凝土浇筑及养护
混凝土运输
混凝土达到设计张拉强度后
预应力张拉

图 13-43　合拢段施工工艺流程

B
I
II
劲性骨架
II
I
B
A—A
A
箱梁
箱梁
A
B—B

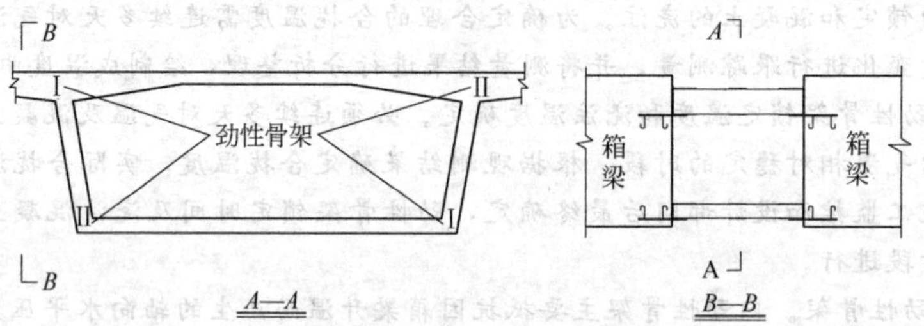

图 13-44　内劲性骨架示意图

三、顶推施工法

在我国 20 世纪 70 年代以后，随着交通事业的发展，预应力混凝土连续梁桥得到广泛应用，而顶推施工法由此获得了推广和发展。

顶推施工法是沿桥轴方向，在台后开辟预制场地，分节段预制梁身并用纵向预应力筋将各节段连成整体，然后通过水平液压千斤顶施力，借助不锈钢板与聚四氟乙烯模压板组成的滑动装置，将梁段向对岸推进，这样分段预制，逐段顶推，待全部顶推就位后，落梁、更换正式支座，完成桥梁施工。在水深、桥高以及高架道路等情况下，可省去大量施工脚手架，不中断桥下现有交通，可集中管理和指挥，高空作业少，施工安全可靠，同时可以使用简单的设备建造多跨长桥。

连续梁桥的主梁采用顶推施工法的概貌见图 13-45。顶推施工法的程序见图 13-46。

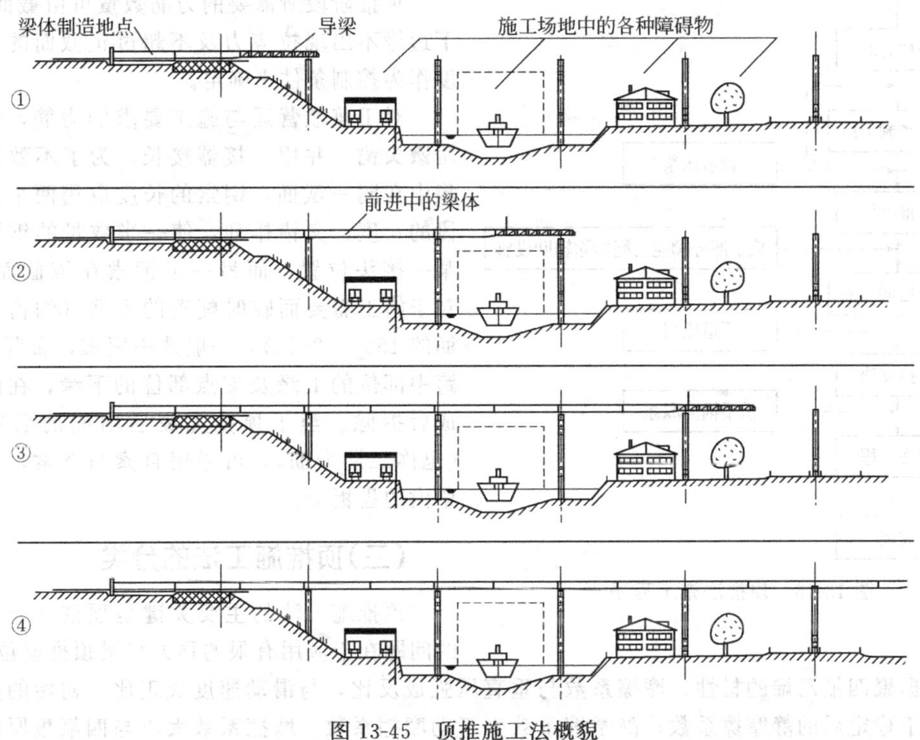

图 13-45　顶推施工法概貌

顶推施工法不仅用于连续梁桥（包括钢桥），同时也可用于其它桥型，如结合梁桥。其预制桥面板可在钢梁架设后，采用纵向顶推就位。此外如简支梁桥，也可先连续顶推施工，就位后解除梁跨间的连接，拱桥的拱上纵梁，可在立柱间顶推施工；斜拉桥的主梁采用顶推施工等。顶推法还可在立交箱涵、地道桥和房屋建筑中使用。

(一)顶推施工时梁的内力

预应力混凝土连续梁桥在营运状态下的内力为支点截面有一个最大的负弯矩峰值，在跨中附近出现最大正弯矩；而在顶推施工中，由于梁的内力控制截面的位置在不断地变化，因此梁的每一个截面内力也在不断地变化。虽然在施工时的荷载仅为梁的自重和施工荷载，其内力峰值没有桥梁在营运状态时的峰值大，但每一截面的内力为正、负弯矩交叉出现，其中在第一孔出现较大的正、负弯矩峰值，之后各孔的正负弯矩值较稳定，而到顶推的末尾几孔的弯矩值较小。由于梁的施工内力与营运状态下的内力有差异，因此在梁的力筋配置上要同时满足施工阶段和营运阶段的需要。

(二)力筋布置

预应力混凝土连续梁桥的纵向力筋可分三种类型：一种是兼顾营运与施工要求所需的力筋；

第二种是为施工阶段要求配置的力筋；第三种是在施工完成之后，为满足营运阶段需要而增加的力筋。

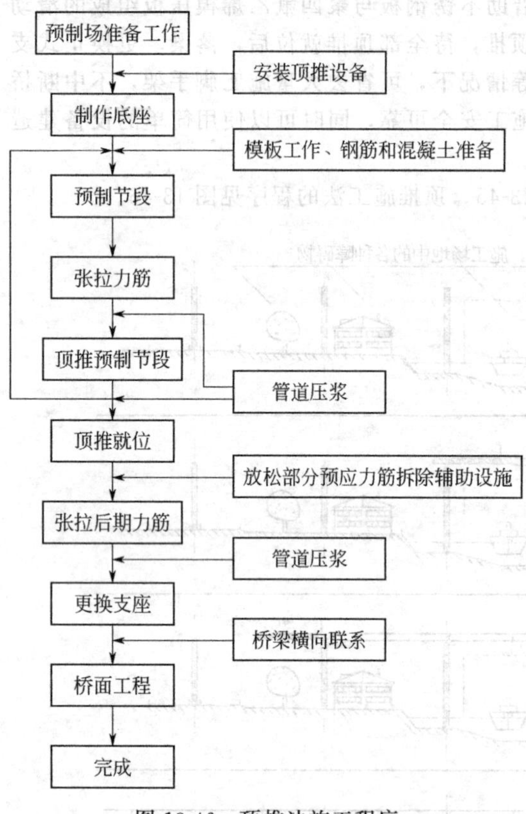

图 13-46　顶推法施工程序

第一、二种力筋需要在施工时张拉，因此也称前期力筋，要求它构造简单、便于施工，这样对加快施工速度是有利的，所以常采用直索，布置在截面的上下缘，对梁施加一个近于中心受压的预应力。

顶推阶段所需要的力筋数量可由截面的上、下边缘不出现拉应力及不超过正截面的抗弯强度作为控制条件来确定。

对于兼顾营运与施工要求的力筋，通常采用镦头锚，并用连接器接长。为了不致使接头集中在同一截面，钢索的长度取用两个主梁节段的长度，交错排列，使一半数量的钢索通过某一接头位置，而另一半钢索在该截面接头。对于施工需要而临时配置的力筋（约占永久力筋的 15%～20%），一般选用短索，布置在梁的跨中部位的上缘及支点部位的下缘，在施工完成后拆除。至于顶推完成后增配的后期力筋（也称二期力筋），可采用直索与弯索，锚在箱梁内的齿板上。

(三)顶推施工法的分类

顶推施工法的主要关键是顶推作业，核心的问题在于应用有限的顶力将梁顶推就位。

根据聚四氟乙烯的材性，摩擦系数与垂直压强成反比，与滑动速度成正比。初始的静摩擦系数大于稳定后的静摩擦系数，静摩擦系数大于动摩擦系数。摩擦系数大小与四氟板厚度及不锈钢板的光洁度有关。顶推施工中所用的滑移设备与在转体施工采用聚四氟乙烯转动设备相似。

顶推的施工方法多种多样，主要依照顶推方式分类，同时也可由支承系统和顶推的方向来区分顶推的施工方法。

1. 按顶推方式分类

(1) 单点顶推　顶推的装置集中在主梁预制场附近的桥台或桥墩上，前方墩各支点上设置滑动支承。顶推装置又可分为两种：

一种是由水平千斤顶通过沿箱梁两侧的牵动钢杆给预制梁一个顶推力；

另一种是由水平千斤顶与竖直千斤顶联合使用，顶推预制梁前进，如图 13-47 所示。它的施工程序为顶梁、推移、落下竖直千斤顶和收回水平千斤顶的活塞杆。

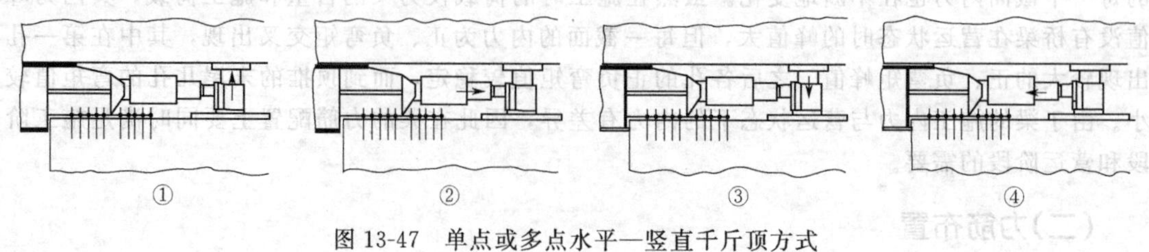

图 13-47　单点或多点水平—竖直千斤顶方式

滑道支承设置在墩上的混凝土临时垫块上，它由光滑的不锈钢板与组合的聚四氟乙烯滑块组成，其中的滑块由四氟板与具有加劲钢板的橡胶块构成，外形尺寸有 420mm×420mm、200m×400mm、500mm×200mm 等数种，厚度也有 40mm、31mm、21mm 之分。

顶推时，组合的聚四氟乙烯滑块在不锈钢板上滑动，并在前方滑出，通过在滑道后方不断喂入滑块，带动梁身前进，如图 13-48 所示。

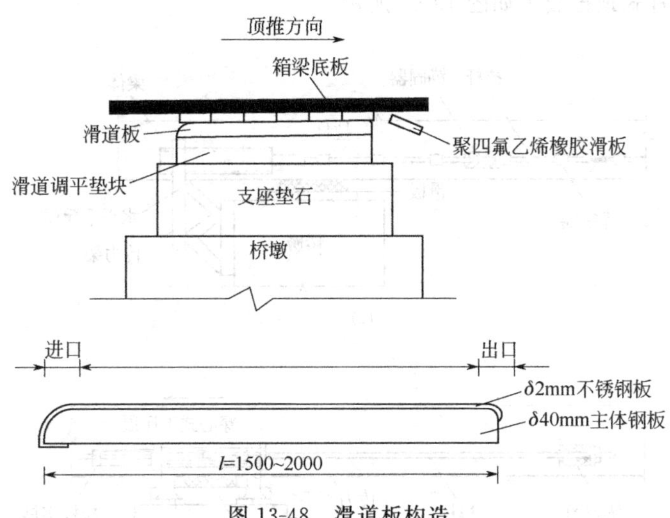

图 13-48　滑道板构造

顶推时，升起竖直顶活塞，使临时支承卸载，开动水平千斤顶去顶推竖直顶，由于竖直顶下面设有滑道，顶的上端装有一块橡胶板，即竖直千斤顶在前进过程中带动梁体向前移动。当水平千斤顶达到最大行程时，降下竖直顶活塞，使梁体落在临时支承上，收回水平顶活塞，带动竖直顶后移，回到原来位置，如此反复不断地将梁顶推到设计位置。

顶推设备采用四台大行程水平穿心式千斤顶，设置在牵引墩的前侧托架上，顶推是通过梁体顶、底板预留孔内插入强劲的钢锚柱，由钢横梁锚住四根拉杆，牵引梁体前进，如图 13-49 所示。

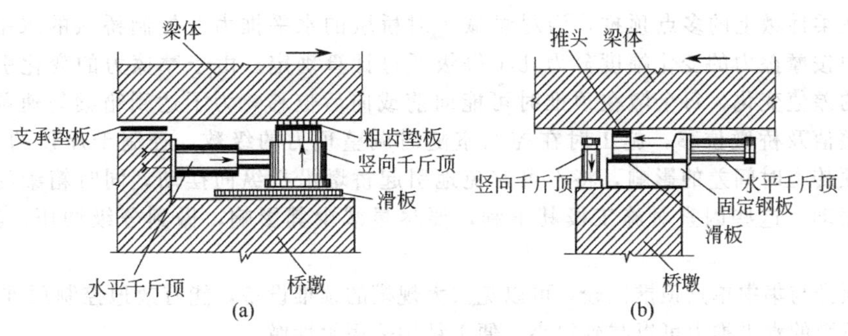

图 13-49　推头式顶推装置

当千斤顶回油时，需拧紧拉杆上的止退螺母，为保证施工安全，在牵引墩的后侧安装两个专供防止梁体滑移的制动架。

(2) 多点顶推　在每个墩台上设置一对小吨位（400～800kN）的水平千斤顶，将集中的顶推力分散到各墩上。由于利用水平千斤顶传给墩台的反力来平衡梁体滑移时在桥墩上产生的摩阻力，从而使桥墩在顶推过程中承受较小的水平力，因此可以在柔性墩上采用多点顶推施工。

多点顶推所需的顶推设备吨位小，容易获得，所以我国在近年来用顶推法施工的预应力混凝土连续梁桥，较多地采用了多点顶推法。

在顶推设备方面，国内一般较多采用拉杆式顶推方案，每个墩位上设置一对液压穿心式水平千斤顶，每侧的拉杆使用一根或两根 ϕ25mm 高强螺纹钢筋，它的前端通过锥形楔块固定在水平顶活塞杆的头部，另一端使用特制的拉锚器、锚碇板等连接器与箱梁连接，水平千斤顶固定在墩身特制的台座上，同时在梁位下设置滑板和滑块。当水平千斤顶施顶时，带动箱梁在滑道上向前滑动，拉杆式顶推装置如图 13-50 所示。

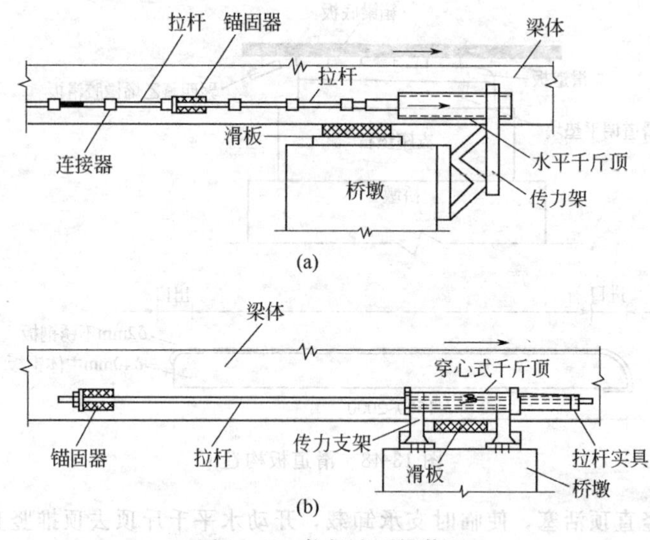

图 13-50　拉杆式顶推装置

多点顶推在国外称 SSY 顶推施工法，顶推装置由竖向千斤顶、水平千斤顶和滑移支承组成。施工程序为落梁、顶推、升梁和收回水平千斤顶的活塞，拉回支承块，如此反复作业。

多点顶推施工的关键在于同步。因为顶推水平力是分散在各桥墩上，一般均需通过中心控制室控制各千斤顶的出力等级，保证同时启动，同步前进，同时停止和同时换向。为保证在意外情况下能及时改变全桥的运动状态，各机组和观测点上需装置急停按钮。

对于在柔性墩上的多点顶推，为尽量减小对桥墩的水平推力及控制桥墩的水平位移，千斤顶的出力按摩擦力的变化幅度分为几个等级通过计算确定。由于摩擦力的变化引起顶推力与摩擦力的差值变化，每个墩在顶推时可能向前或向后位移，为了达到箱梁匀速前进，应控制水平力差值及桥墩位移，施工时在控制室随时调整顶力的级数，控制千斤顶的出力大小。由于千斤顶传力时间差的影响，将不可避免地引起桥墩沿桥纵向摆动，同时箱梁的悬出部分可能上下振动，这些因素对施工极其不利，要尽量减少其影响，做到分级调压，集中控制，差值限定。

多点顶推与集中单点顶推比较，可以免去大规模的顶推设备，能有效地控制顶推梁的偏离，顶推时对桥墩的水平推力可以减到很小，便于结构采用柔性墩。

在弯桥采用多点顶推时，由各墩均匀施加顶力，同样能顺利施工。

采用拉杆式顶推系统，免去在每一循环顶推过程中用竖向千斤顶将梁顶起使水平千斤顶复位，简化了工艺流程，加快顶推速度。但多点顶推需要较多的设备，操作要求也比较高。

多联桥的顶推，可以分联顶推，通联就位，也可联在一起顶推。两联间的结合面可用牛皮纸或塑料布隔离层隔开，也可采用隔离剂隔开。对于多联一并顶推时，多联顶推就位后，可根据具体情况设计解联、落梁及形成伸缩缝的施工方案，如两联顶推，第二联就位后解联，然后第一联再向前顶推就位，形成两联间的伸缩缝。

2. 按支承系统分类

1）设置临时滑动支承顶推施工。顶推施工的滑道是在墩上临时设置的，待主梁顶推就位后，更换正式支座。在安放支座之前，应根据设计要求检查支反力和支座的高度，同时对同一墩位的各支座反力按横向分布要求进行调整。

安放支座也称落梁，对于多联梁可按联落梁，如一联梁跨较多时也可分阶段落梁，这样施工简便，又可减少所需千斤顶数量。更换支座是一项细致而复杂的工作，往往一个支座高度变动1mm，其它支座反应相当敏感。

2）使用与永久支座兼用的滑动支承顶推施工。这是一种使用施工时为临时滑动支承与竣工后为永久支座兼用的支承进行顶推施工的方法。它将竣工后的永久支座安置在桥墩的设计位置上，施工时通过改造作为顶推施工时的滑道，主梁就位后不需要进行临时滑动支座的拆除作业，也不需要用大吨位千斤顶将梁顶起。

此外，顶推法施工还可分为单向顶推和双向顶推施工。

双向顶推需要从两岸同时预制，因此要有两个预制场，两套设备，施工费用要高。同时，边跨顶推数段后，主梁的倾覆稳定需要得到保证，常采用临时支柱、梁后压重、加临时支点等措施解决。双向顶推常用于连续梁中孔跨径较大而不宜设置临时墩的三跨桥梁。

在 $l>600$m 时，为缩短工期，也可采用双向顶推施工。

四、 逐孔施工法

逐孔施工法是从桥梁一端开始，采用一套施工设备或一、二孔施工支架逐孔施工，周期循环，直到全部完成。逐孔施工法常用在对桥梁跨径无特殊要求的中小跨桥的长桥，如高架道路、跨越海湾和跨越湖泊的桥梁等。有的桥梁总长达数十公里。逐孔施工法体现了造桥施工的省和快，可使施工单一标准化，工作周期化，最大限度地减少施工部分的费用，降低造价。

逐孔施工法从20世纪50年代末期以来得到了广泛应用和发展，首先在欧洲国家大量采用，尤其是前联邦德国、奥地利、瑞士和法国使用最多。先进的施工方法也促进了桥梁结构的发展，使用新技术改进桥梁结构，带来了节省材料用量的好处。

逐孔施工法从施工技术方面可分为三种类型：

(1) 用临时支承组拼预制节段逐孔施工。

它是将每一桥跨分成若干节段，预制完成后在临时支承上逐孔组拼施工。

(2) 使用移动支架逐孔现浇施工。

此法亦称移动模架法，它是在可移动的支架、模板上完成一孔桥梁的全部工序，即从模板工程、钢筋工程、浇筑混凝土和张拉预应力筋等工序，待混凝土有足够强度后，张拉预应力筋，移动支架、模板，进行下一孔梁的施工。由于此法是在桥位上现浇施工，可免去大型运输和吊装设备，桥梁整体性好；同时它又具有在桥梁预制厂生产的特点，可提高机械设备的利用率和生产效率。

(3) 采用整孔吊装或分段吊装逐孔施工。

这种施工方法是早期连续梁桥采用逐孔施工的唯一方法。近年来，由于起重能力增强，使桥梁的预制构件向大型化方向发展，从而更能体现逐孔施工速度快的特点，可用于混凝土连续梁和钢连续梁桥的施工中。

(一)用移动支架逐孔现浇施工（移动模架法）

逐孔现浇施工与在支架上现场浇筑施工的不同点在于逐孔现浇施工仅在一跨梁上设置支架，当预应力筋张拉结束后移动支架，再进行下一跨逐孔施工，而在支架上现浇施工通常需在连续梁的一联桥跨上布设支架连续施工，因此前者在施工过程中有结构的体系转换问题，混凝土徐变对结构产生次内力。

对中小跨径连续梁桥或建造在陆地上的桥跨结构，可以使用落地式或梁式移动支架，如图 13-51 所示。梁式支架的承重梁支承在锚固于桥墩的横梁上，也可支承在已施工完成的梁体上，现浇施工的接头最好设在弯矩较小的部位，常取离桥墩 1/5 处。

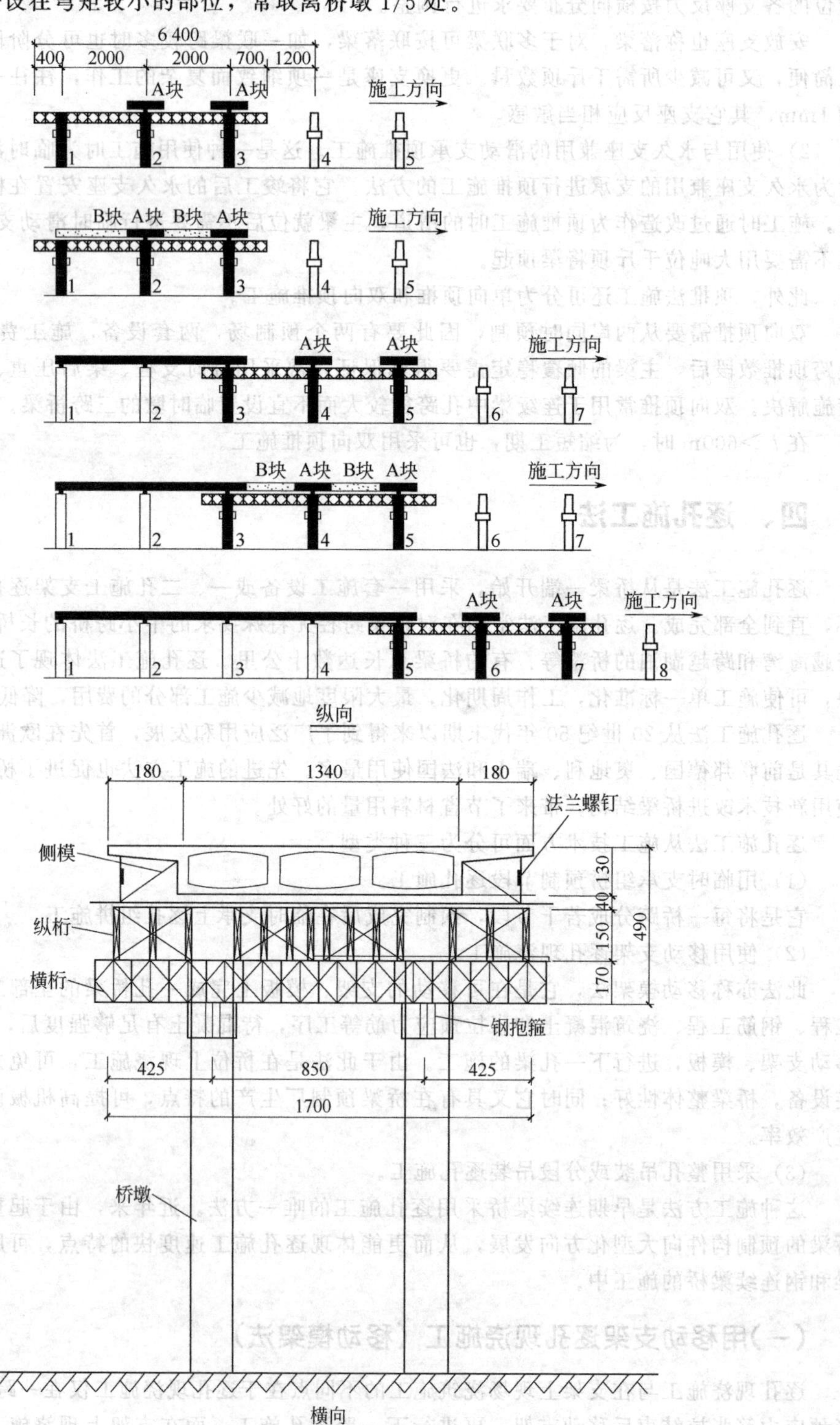

图 13-51　梁式移动支架

逐孔就地浇筑施工需要一定数量的支架，但比起在支架上现场浇筑施工所需的支架数量要少得多，而且周转次数多，利用效率高。逐孔现浇的施工速度也比在支架上现浇快，但相对预制梁段组拼逐孔施工要长些，同时后支点位于桥梁的悬臂端处，现浇孔施工重量对已完成桥跨将产生较大的施工弯矩，特别是在已完成桥跨的混凝土龄期还很短的情况下。

采用落地式或轨道移动式支架逐孔施工，可用于预应力混凝土连续梁桥，也可在钢筋混凝土连续梁桥上使用，每跨梁施工周期约两周，支架的移动较方便，但在河中架设较为困难。

当桥墩较高，桥跨较长或桥下净空受到约束时，可以采用非落地支承的移动模架逐孔现浇施工，称为移动模架法。这种施工方法近年来发展较快，由于它的机械化、自动化程度较高，给施工带来较好的经济效益。移动模架法适用于多跨长桥，桥梁跨径可达 30～50m，使用一套设备可多次移动周转使用。为适应这类桥梁的快速施工，要求有严密的施工组织和管理。

常用的移动模架可分为移动悬吊模架与支承式活动模架两种类型。

1. 移动悬吊模架施工

移动悬吊模架的型式很多，各有差异，其基本结构包括三部分：承重梁、从承重梁上伸出的肋骨状的横梁、吊杆和承重梁的固定及活动支承，如图 13-52 所示。

图 13-52　移动悬吊模架

承重梁也称支承梁，通常采用钢梁，采用单梁或双梁依桥宽而定。承重梁的前段作为前移的导梁，总长度要大于桥梁跨径的两倍。承重梁是承受施工设备自重、模板和悬吊脚手架系统的重力和现浇混凝土重力的主要构件。承重梁的后段通过可移式支承落在已完成的梁段上，它将重力传给桥墩或直接座落在墩顶。承重梁的前端支承在前方墩上，导梁部分悬出，因此其工作状态呈单悬臂状态。

移动悬吊模架也称为上行式移动模架、吊杆式或挂模式移动模架。

承重梁除起承重作用外，在一孔梁施工完成后，作为导梁带动悬吊模架纵移至下一施工跨。承重梁的移位以及内部运输由数组千斤顶或起重机完成，并通过中心控制室操作。承重梁的设计挠度一般控制在 1/800～1/500 范围内。钢承重梁制作时要设置预拱度，并在施工中加强观测。从承重梁两侧悬出的许多横梁覆盖桥梁全宽，横梁由承重梁上左右各 2～3 组钢束拉住，以增加其刚度。横梁的两端悬挂吊杆，下端吊住呈水平状态的模板，形成下端开口的框架并将主梁（待浇制的）包在内部。

当模板支架处于浇混凝土的状态时，模板依靠下端的悬臂梁和锚固在横梁上的吊杆定位，并用千斤顶固定模板。当模板需要向前运送时，放松千斤顶和吊杆，模板固定在下端悬臂梁上，并转动该梁，使在运送时的模架可顺利地通过桥墩。

2. 支承式活动模架施工

支承式活动模架的构造型式较多，其中一种构造型式由承重梁、导梁、台车和桥墩托架等构件组成。

在混凝土箱形梁的两侧各设置一根承重梁，支撑模板和承受施工重力。承重梁的长度要大于桥梁跨径，浇筑混凝土时承重梁支承在桥墩托架上。导梁主要用于运送承重梁和活动模架，因此需要有大于两倍桥梁跨径的长度。当一孔梁施工完成后进行脱模卸架，由前方台车（在导梁上移动）和后方台车（在已完成的梁上移动）沿桥纵向将承重梁和活动模架运送至下一孔，承重梁就位后导梁再向前移动，如图 13-53 所示。

支撑式活动模架的另一种构造是采用两根长度大于两倍跨径的承重梁分设在箱梁截面的翼缘板下方，兼有支承和移运模架的功能，因此不需要再设导梁。两根承重梁置于墩顶的临时横梁上，两根承重梁间用支承上部结构模板的钢螺栓框架连接起来，移动时为了跨越桥墩前进，需先解除连接杆件，承重梁逐根向前移动。

图 13-53　支撑式活动模架

施工中的体系转换包括固定支座与活动支座的转换。如跨中为固定支座，但施工时为活动支座，施工完成后转为固定式。每个支座安装时所留的提前量按施工时的气温、混凝土的收缩、徐变、混凝土的水化热等因素仔细计算，并在施工中加强观测。

必须强调的是：移动模架需要一整套机械动力设备、自动装置和大量钢材，一次投资是相当可观的，为了提高使用效率，必须解决装配化和科学管理的问题。装配化就是设备的主要构件能适用不同的桥梁跨径、不同的桥宽和不同形状的桥梁，扩大设备的使用面，降低施工成本，科学管理的目的在于充分发挥设备的使用能力，注意设备的配套和维修养护，如果备有专业队伍固定操作，并能持久地使用到它所适用的桥梁施工上，必将取得较好的效益。

(二)整孔吊装或分段吊装逐孔施工

整孔吊装和分段吊装需要先在工厂或现场预制整孔梁或分段梁，再进行逐孔架设施工。

由于预制梁或预制段较长，需要在预制时先进行第一次预应力索的张拉，拼装就位后进行二次张拉，因此，在施工过程中需要进行体系转换。

吊装的机具有桁式吊、浮吊、龙门起重机、汽车吊等多种，可根据起吊物重力、桥梁所在的位置以及现有设备和掌握机具的熟练程度等因素决定。整孔吊装和分段吊装施工与装配式桥的预制与安装相同。

复习思考题

1. 混凝土梁桥常用的施工方法有哪几种？各自的特点是什么？
2. 支架现浇法施工中常用的支架类型有哪几种？各自的构造特点是什么？
3. 支架与模板施工的技术要求有哪些？
4. 钢筋连接主要有哪几种方式？各自的特点是什么？
5. 支架现浇法施工中混凝土浇筑的顺序有哪几种？
6. 混凝土的冬季施工应采取哪些措施保证混凝土工程的施工质量？
7. 请描述先张法与后张法预应力构件施工工艺流程。
8. 装配式梁桥的架设方法有哪些？各自的适用范围是什么？
9. 悬臂浇筑法与悬臂拼装法施工的特点分别是什么？
10. 悬臂浇筑的施工程序有哪几种？
11. 墩梁临时固结的措施有哪些？
12. 简述预应力混凝土连续梁桥顶推法施工的关键技术。
13. 逐孔施工法从施工技术方面可分为哪几类？各自的施工要点是什么？

第十四章　拱桥施工

学习要点：拱桥有支架施工方法及技术要求，拱桥无支架缆索吊装施工、转体施工、劲性骨架施工、悬臂施工的方法、施工程序、施工要点及技术要求。

第一节　概　　述

拱桥是我国采用很广泛的一种桥梁体系，是桥梁的基本结构形式之一。拱桥之所以在我国的桥梁建筑史上有着悠久的历史，与它拱式体系合理的受力是分不开的。拱桥与梁桥相比，在受力性能上有较大的差别，拱式结构在竖向荷载作用下，支撑处不仅产生竖向反力外，而且产生水平推力，由于水平力的存在，拱的弯矩比相同跨径的梁的弯矩小得多，拱圈内主要承受压力，使主拱截面的材料强度得到充分发挥，见图 14-1、图 14-2。根据拱桥的受力特点一般选取抗拉性能较好的材料，如小跨径拱桥采用圬工材料修建，大跨径桥梁采用钢筋混凝土、钢材修建。由于拱桥的受力合理，跨越能力大，能充分做到就地取材，耐久性好，养护、维修费用小，造型美观，构造较简单，与环境协调性较好，因此常被选用。

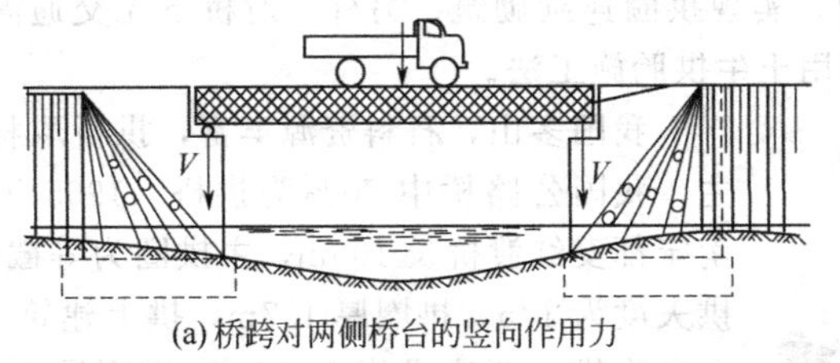

(a) 桥跨对两侧桥台的竖向作用力

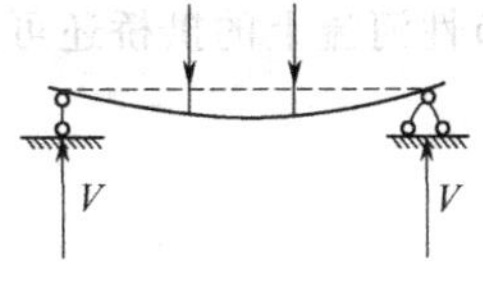

(b) 移动荷载作用下的计算简图

图 14-1　梁式桥受力示意图

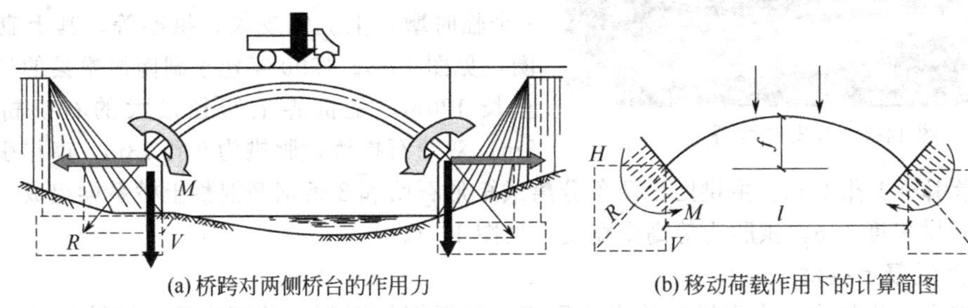

(a) 桥跨对两侧桥台的作用力

(b) 移动荷载作用下的计算简图

图 14-2　拱桥受力示意图

另一方面，由于水平推力较大，增加了下部结构的工程量，对地基要求也高；在连续多孔的大、中桥中，为防止一孔破坏而影响全桥的安全，需要采取较复杂的措施，或设置单向推力墩，增加了造价。

拱桥的施工方法与拱桥的结构形式密切相关，它随着拱桥各阶段的发展水平而变化。

在建国初期，主要建造石拱桥和混凝土拱桥，施工一般采用在木拱架和钢木拱架上砌筑石料拱圈或浇筑混凝土拱圈，要求支架为有足够强度和刚度及稳定性的拱架，施工期很长，施工场地很大，石料的运输和加工需很多人力。

20 世纪 60 年代后，双曲拱桥成为主要的拱桥结构形式。用少量钢筋预制的拱肋不仅作为拱圈的一部分承担荷载，还能代替拱架。双曲拱桥的建造，使拱桥走出满堂支架和钢木拱架施工的落后状态，使构件向轻型化和结构装配化迈出一大步。但双曲拱桥的构件数量太多，虽然施工期比石拱桥大大缩短，仍感工序繁多，影响施工质量和工期。以后桁架拱桥和刚架拱桥的推出，将拱桥的构件数量减至很少，施工只要简单几个排架或无支架缆索吊装，这就使拱桥施工进一步简化。

在上述情况下，中小跨径桥梁，主要采用梁桥，拱桥用于大跨径桥梁。20 世纪 80 年代以来拱桥主要结构形式为钢筋混凝土箱形拱桥、肋拱桥、预应力混凝土桁式组合拱桥、钢管混凝土拱桥。以上这四种形式的拱桥可以在跨径 100～500m 范围内与其它形式的桥梁进行竞争。在施工上，这四种拱桥均可以采用缆索吊装、转体施工、劲性骨架、悬臂浇筑和悬臂安装等方法。

当拱桥的跨径不是很大，拱圈净高较小或孔数不多时，可以采用就地浇注方法来进行拱圈施工。就地浇注方法可以分为两种：拱架浇注法和悬臂浇注法。

石拱桥、混凝土预制块砌筑的拱桥以及现浇混凝土拱桥，都采用有支架的施工方法修建，其主要施工工序有：材料准备、拱圈放样、拱架制作与安装、拱圈及拱上建筑施工、拱架卸落等。

拱桥的类型多样，构造各异，根据其结构形式、跨径大小、建桥材料、桥址环境的具体情况以及方便、经济、快速的原则而定。

1. 圬工拱桥

圬工拱桥根据其用料不同可以分为砖、石拱桥以及拱圈不配钢筋的混凝土拱桥；根据其布置形式又可分为实腹式板拱或空腹式板拱和肋拱。圬工拱桥跨越能力较小，目前主要采用拱架施工法。拱架种类很多，包括竹木拱架、钢拱架和钢木组合拱架、扣件式钢管拱架以及斜拉式贝雷平梁拱架等。在采用钢拱架时，为了减小拱架尺寸并减少用材，还可以采用斜拉钢拱架施工法，即利用斜拉索适时调整拱架受力，实现拱圈连续砌筑。另外，对桥下无交通需要的小跨径旱桥或季节性河流上的拱桥还可以采用土牛拱胎施工法。

图 14-3　都安红渡桥

我国多山，石料资源丰富，拱桥取材以石料为主。我国公路桥中 70％为拱桥。1965 年建于广西南宁都安红渡桥长 100m，主拱圈为等截面悬链线。拱矢度为 1/5，拱圈厚 1.7m，拱上建筑对称布置 5 个空腹拱，两边设岸孔 37m，拱圈厚 1.1m。下部结构为重力式石砌墩台。该桥施工在主孔范围内设 3 个临时墩，上立钢支架、拱架等，其上砌筑主拱圈，见图 14-3。1990 年建于湖南凤凰县的乌巢河桥全长 120m，是世界上跨径最大的石拱桥。桥宽 8m，双肋石拱桥，腹拱为 9 孔 13m，南岸引桥 3 孔 13m，北岸引桥 1 孔 15m。主拱圈由两条分离式矩形石肋和 8 条钢筋混凝土横系梁组成。拱轴线为悬链线，拱矢度 1/5，拱肋为等高变宽度，见图 14-4。

2. 钢筋混凝土拱桥

钢筋混凝土拱桥中、大型拱桥的主要形式，包括钢筋混凝土箱板拱桥、箱肋拱桥、钢管混凝土拱桥等。拱桥从结构立面上可分为上承式桥、下承式桥和中承式桥。根据不同情况，有多种施工方法可供选择。在允许设置拱架或无足够吊装能力的情况下，各种钢筋混凝土拱桥均可采用在拱架上现浇或组拼拱圈的拱架施工法。

为了节省拱架用材，使上、下部结构同时施工，缩短工期，可采用预制装配施工。无支架缆索吊装是常用的方法，即通过设置吊运天线来完成预制拱圈节段的纵向与竖向运输，从而完成拱圈拼装。无支架缆索吊装根据桥跨的多少，可采用单跨法或双跨法。

根据两岸地形及施工现场的具体情况还可采用转体施工法。劲性骨架施工方法是特大跨径拱桥施工方法之一，一般用于跨径大于 200m 的拱桥。采用钢管混凝土修建大跨径拱桥可以进一步简化施工。该法首先采用无支架缆索吊装钢管拱圈，然后在钢管内填充混凝土，待混凝土达到设计强度后即形成最终结构，避免了大量的高空施工作业，目前其施工跨径已达到 420m。悬臂施工法也是一种特大跨径拱桥的施工方法，它在我国使用还比较少，国外采用该施工法的拱桥跨径已达到 390m。修建于 1997 年的万县长江大桥主跨 420m，是劲性骨架钢筋混凝土箱形拱桥，采用转体施工法，见图 14-5。巫山龙门桥是中国第一座采用无平衡重转体法施工的拱桥，见图 14-6。主桥为 1 孔 122m 钢筋混凝土箱形拱，右岸半跨是全宽一次预制，左岸半跨分成单箱分别在上、下游预制，不对称转体到对称转体再合拢。

图 14-4　乌巢河桥

图 14-5　四川万县长江大桥

图 14-6　巫山龙门桥

3. 桁架拱桥、桁式组合拱桥

桁架拱桥、桁式组合拱桥一般采用预制拼装施工。对小跨径桁架拱桥可采用有支架安装，对不能采用支架安装的大跨径桁架拱桥则采用无支架安装，其安装方法包括缆索吊装、悬拼安装及转体安装等；对桁式组合拱桥主要采用人字桅杆悬臂吊装。

1971 年建于浙江余杭的里仁桥长 50m，见图 14-7，是采用钢筋混凝土斜拉杆式桁架的拱桥。拱圈矢跨比为 1/8。全桥布置 4 片拱片，在上弦杆覆盖微弯板混凝土桥面。预制拱片卧置叠浇，分段用浮吊起吊、翻身和吊装，在三分点处设临时支托，浇筑湿接头混凝土。

桁式组合拱桥为中国首创的一种桥型，它除保持桁式拱结构用料省、竖向刚度大等特点外，更具有桁梁的特性和可以采用悬臂法施工、施工阶段和运营阶段的受力趋于一致等优点。1990 年在四川自贡建造的牛佛沱桥全长 160m，采用桁式组合拱为三室箱形截面，桁架片按节段分件预制，采用人字扒杆悬拼安装，见图 14-8。

4. 刚架拱桥

刚架拱桥可以采用有支架施工、少支架施工或无支架施工。1989 年江苏无锡下甸桥长 100m，见图 14-9，采用变截面，四分点附近截面高度最大，分别向拱脚、跨中减小，取消斜撑，拱上建筑采用 23m 预应力混凝土简支梁过渡。1993 年德兴太白桥位于江西省德兴铜矿区，跨越乐安江，见图 14-10，是一座跨径为 130m 的刚架拱公路桥，采用转体施工。

图 14-7　里仁桥

图 14-8　牛佛沱桥

图 14-9　下甸桥

图 14-10　太白桥

5. 钢拱桥和预应力拱桥

悉尼海港桥（Sydney Harbour Bridge）是位于澳大利亚悉尼港的钢拱桥，见图 14-11，建成于 1932 年。主桥为单跨 503m 的中承钢桁两铰拱公铁两用桥。该拱在下弦是铰支承，上下弦杆由竖杆和下斜杆连接，现仍为该类结构中规模最大者。

预应力混凝土桁式组合拱桥是中国首创的一种新桥型，它除保持桁式拱结构用料省、竖向刚度大等特点外，更具有桁梁的特性和可以采用悬臂法施工、施工阶段和运营阶段的受力趋于一致等优点。贵州道真长岩桥地处贵州省道真县乌江主要支流芙蓉江中游的峡谷上，见图 14-12，

图 14-11　悉尼海港桥（Sydney Harbour Bridge）

图 14-12　道真长岩桥

两岸陡壁几近垂直，被选作预应力混凝土桁式组合拱桥这一桥型的试点工程，于 1981 年建成。该桥主跨 75m，桥面净宽 4.5m，桥面高出常水位 73m，采用一副起重量为 400kN 的人字扒杆和用 ϕ25mm 40Si2MnV Ⅳ级钢轧丝锚碇体系完成全桥的悬拼施工和体系转换工序。

总的来说，拱桥的施工方法一般可以概括如下，见图 14-13。

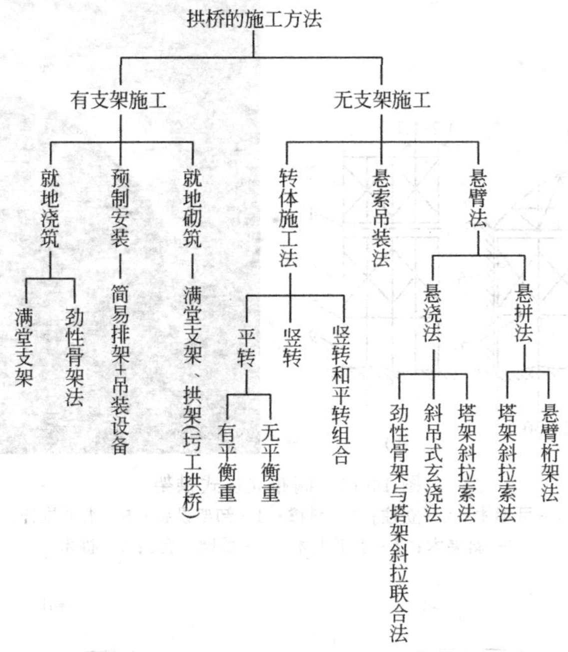

图 14-13　拱桥的常用施工方法

第二节　拱桥有支架就地浇筑、砌筑施工

一、拱架

拱架的种类很多，按其使用材料可分为木拱架、钢拱架、扣件式钢管拱架、斜拉式贝雷平梁拱架、竹拱架、竹木混合拱架、钢木组合拱架以及土牛胎拱架等多种形式；按其结构形式可分为排架式、撑架式、扇形式、桁架式、组合式、叠桁式、斜拉式等形式。拱架是拱桥有支架施工必不可少的辅助结构，在整个施工期间，用以支撑全部或部分拱圈和拱上建筑的重量，并保证拱圈的形状符合设计要求。因此，要求拱架具有足够的强度、刚度和稳定性。

1. 满布立柱式拱架

满布立柱式拱架一般采用木材制作，可分为上下两部分，下部为支架，上部为拱架，见图 14-14。在纵横方向均设置水平撑和斜撑，以使排架稳定。拱架的弧形木，一般跨度为 2～3m，弧形木上缘应按拱圈或拱肋的内侧制成弧形，见图 14-15。当拱度不大、矢高不超过立柱或斜撑木料的长度时，拱架的水平拉杆可设置在起拱线水平位置上；当拱跨较大和拱矢较高时，可提高拉杆的位置。拱架的卸落设备，一般设置在拱架水平拉杆与支架帽木之间上下立柱相对应处。跨径较大时，可设于弧形木下支点处。这种支架的基本特点主要是用于石、混凝土板拱，木或钢拱架施工承重，拱架预制现场组装或现场搭设，拱圈现场砌筑或浇筑，桥下空间较难保证。

2. 支撑式拱架

这种拱架的上部与满布立柱式拱架相同，其下部是用少数框架式支架加斜撑来代替众多数目的立柱，因此木材用量相对较少，见图 14-16。这种拱架构造上并不复杂，而且能在桥孔下留出适当的空间，减小洪水及漂流物的威胁，并在一定程度上满足通航的要求。因此，它是实际中采用较多的一种拱架形式。

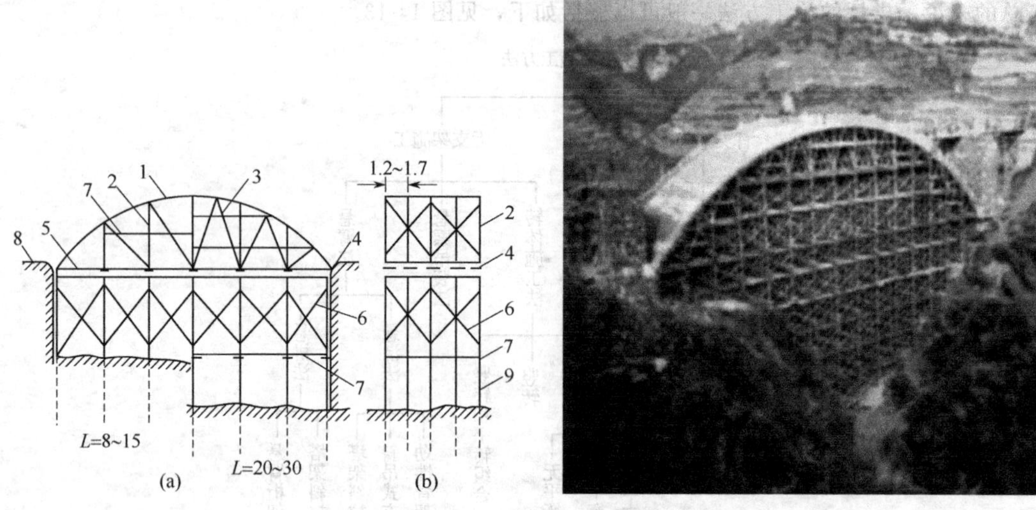

图 14-14 满布立柱式拱架

1—弓形木；2—立柱；3—斜撑；4—卸架设备；5—水平拉杆；6—斜夹木；7—水平夹木；8—桥墩（台）；9—桩木

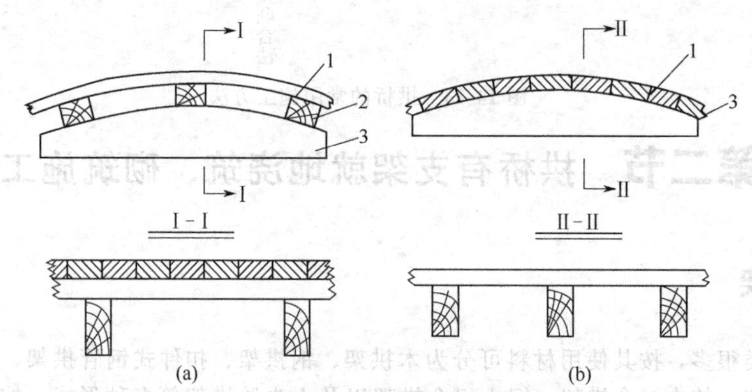

图 14-15 弧形木构造

1—模板；2—横木；3—弓形木

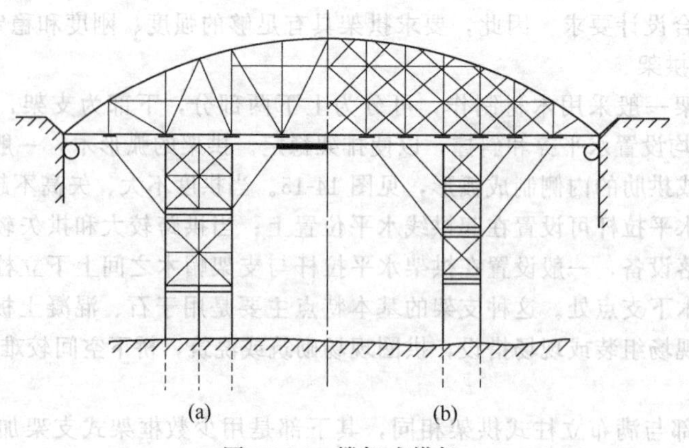

图 14-16 撑架式拱架

3. 三铰桁式木拱架

三铰桁式木拱架是由两片对称弓形桁架在拱顶处拼装而成，其两端直接支撑在墩台所挑出的牛腿上或者紧贴墩台的临时排架上，跨中一般不另设支架，见图 14-17。这种拱架不受洪水、漂流物的影响，在施工期间能维持通航。适用于墩高、水深、流急或要求通航的河流。与满布立柱式拱架相比，木材用量少，可重复使用，损耗率低。但对木材规格和质量要求较高，同时要求有较高的制作水平和架设能力。由于在拱铰处结合较弱，因此，除在结构构造上须加强纵横向联系外，还需要设置抗风缆索，以加强拱架的整体稳定性。在施工中应注意对称均匀浇筑混凝土，并加强观测。

4. 钢拱架

钢拱架可采用两种形式：一种是工字梁钢拱架，一种是钢桁架拱架。工字梁式钢拱架，构造简单，拼装方便，且可重复使用，其构造形式见图 14-18。它适用于施工期间需保持通航、墩台较高、河水较深或地质条件较差的桥孔。钢桁架拱架的结构类型通常有常备拼装式桁架形拱架、装配式公路钢桁架节段拼装式拱架、万能杆件拼装式拱架等见图 14-19。

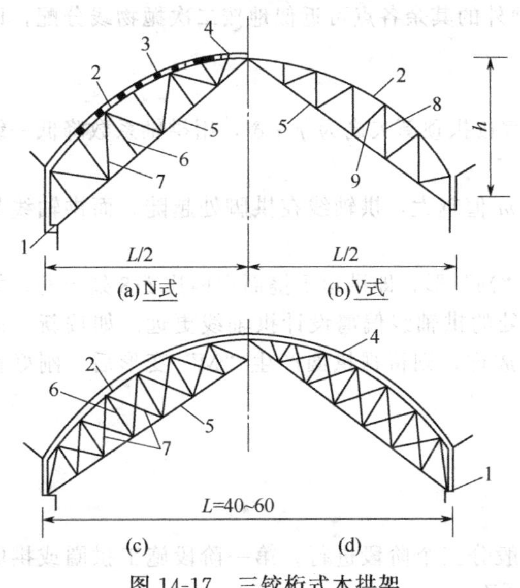

图 14-17　三铰桁式木拱架

1—卸架设备；2—上弦；3—横梁；4—模板；5—下弦；6—竖杆；7—斜杆；8—腹杆（压）；9—腹杆（拉）

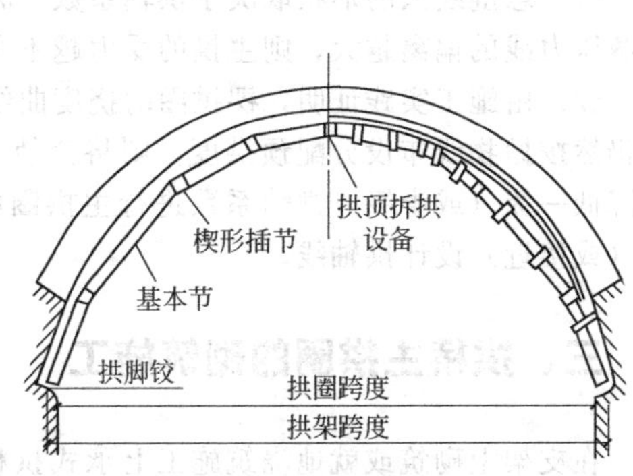

图 14-18　工字梁式钢拱架

5. 土牛拱胎

该法用于缺乏钢木的地区，即先在桥下用土或砂、卵石填筑一个土胎（俗称土牛），然后在上面砌筑拱圈，待拱圈完成后将填土清除，形成受力拱圈，见图 14-20。

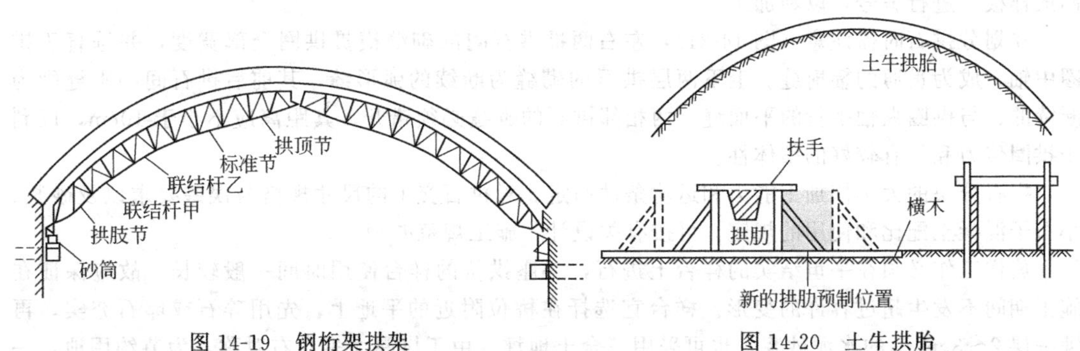

图 14-19　钢桁架拱架

图 14-20　土牛拱胎

二、预拱度

对于拱式结构，预拱度的设置显得比梁式桥更为重要。这是由于拱桥的拱轴线变化将大大影响到结构的受力性能，故需格外加以重视。

拱桥施工时，拱桥的预拱度主要考虑以下几个方面：

(1) 拱圈自重及车辆荷载（不计冲击力）产生的拱顶弹性下沉；

(2) 拱圈由于温度变化与混凝土收缩产生的拱顶弹性下沉；

(3) 墩台水平位移产生的拱顶下沉；

(4) 拱架在承重后的弹性和非弹性变形及拱架的跨中挠度；

(5) 拱架基础受载后的非弹性压缩。

拱架在拱顶处的总预拱度，可根据实际情况进行组合计算。在一般情况下，拱顶预拱度在 $L/800 \sim L/400$ 的范围内。预拱度的设置，在拱顶外的其余各点可近似地按二次抛物线分配，即 $\delta_x = \delta\left(1 - \frac{4x^2}{l^2}\right)$。

对无支架施工或早期脱架施工的悬链线拱，宜按拱顶新矢高为 $f+\delta$，用拱轴系数降低一级或半级的方式设置预拱度。这可从两方面解释：

(1) 悬链线拱的形状取决于拱轴系数“m”，m 值越大，拱轴线在拱脚处越陡。而拱轴线与荷载压力线的偏离越大，则主拱的受力越不利。

(2) 由施工实践证明，裸拱圈的挠度曲线呈“M”形，即拱顶下挠而在两边 $l/8$ 处上升。如果仍然按抛物线布设分配预拱度，则将会使 $l/8$ 处的拱轴线偏离设计拱轴线更远。如按新矢高和降低一级（或半级）拱轴系数进行主拱圈施工放样，则待裸拱圈产生“M”变形后，刚好符合（或接近）设计拱轴线。

三、拱桥主拱圈的砌筑施工

在支架上砌筑或就地浇筑施工上承式拱桥一般分三个阶段进行。第一阶段施工拱圈或拱肋混凝土；第二阶段施工拱上建筑；第三阶段施工桥面系。

在拱架上砌筑的拱桥主要是石拱桥和混凝土预制块拱桥。石拱桥按其材料规格分有粗料石拱、块石拱和浆砌片石拱等。

1. 拱圈放样与备料

拱桥的拱石要按照拱圈的设计尺寸进行加工。为了能合理划分拱石，保证结构尺寸准确，通常需要在样台上将拱圈按 1∶1 的比例放出大样，然后，用木板或锌铁皮在样台上按分块大小制成样板，进行编号，以利加工。

在划分拱石时需注意（图 14-21)：左右两批拱石间的砌缝横贯拱圈全部宽度，并垂直于拱圈中轴，成为贯通的辐射缝。上下两层拱石的砌缝为断续的弧形缝，其前后拱石间的砌缝则为断续的、与拱圈纵轴平行的平面缝。两相邻拱石的砌缝必须错开，其距离应不小于 10cm，以利于拱圈传力和具有较好的整体性。

拱石分块的大小依加工能力和运输条件而定。对拱石交工的尺寸规格与误差要求以及砂浆、小石子混凝土配比和使用的规定，可按有关设计、施工规范办理。

放样工作必须在平坦结实的样台上进行，一座拱桥的样台使用时间一般较长，故应保证在施工期间不发生超过容许的变形。样台宜选择在桥位附近的平地上，先用碎石或卵石夯实，再铺一层 2～3cm 厚的水泥砂浆，也可采用三合土地坪。由于拱圈大多左右对称，为节约用地，一般只需准备能放出半跨的地坪即可。

放样方法有两种：

(1) 圆弧拱放样。常用的方法有圆心推磨法和直角坐标法。此处仅介绍圆心推磨法，见图14-22。

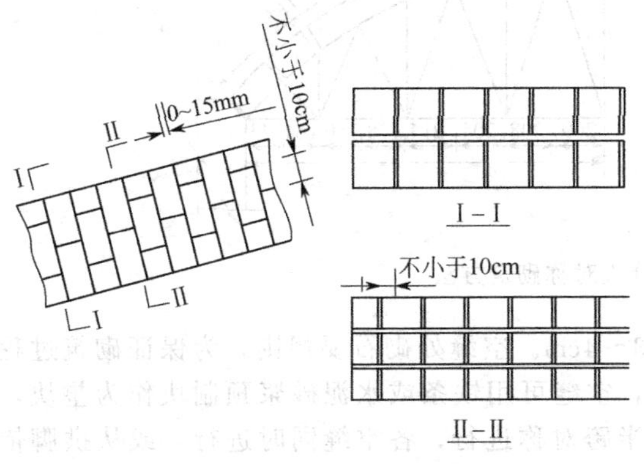

图 14-21　石砌拱圈的拱石划分

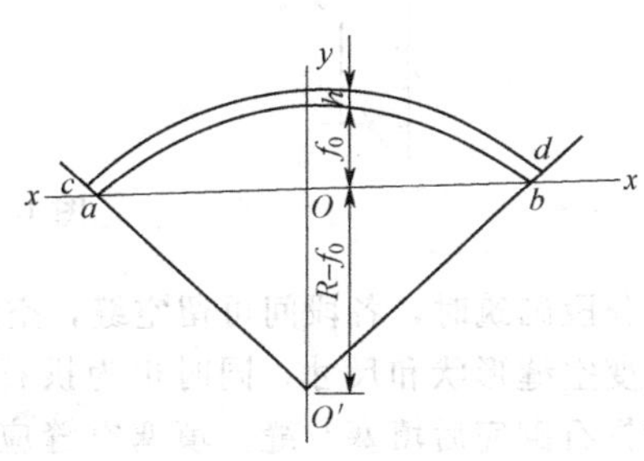

图 14-22　圆心推磨法

① 在样台上用经纬仪放出 $x-x$、$y-y$ 坐标；

② 用校正好的钢尺在 y 轴上方量出 f_0，在 y 轴下方量出 $(R-f_0)$ 得 O'；

③ 以 O' 点为圆心，即 R 为半径画弧交 $x-x$ 轴于两 a、b 点，则圆弧即为圆弧拱的拱腹线，并用钢尺校核圆弧 ab 是否与 L_0 值相等；

④ 以 O' 点为圆心、即 $R+h$ 为半径画弧交 $O'a$ 、$O'b$ 延长线于 c、d 两点，h 为圆拱厚度，则圆弧 cd 即为圆弧拱的拱背线。弧的圆心可在样台之外，但必须与样台在同一平面上。拉尺画弧时，应使尺身均匀移动，不能弯扭。

(2) 悬链线拱圈放样。常用的方法有圆心法和直角坐标法。此处仅介绍直角坐标法，见图 14-23。

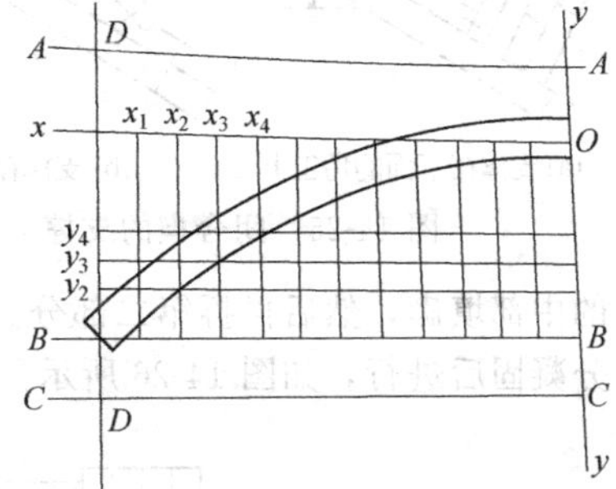

图 14-23　直角坐标法

① 在样台上，以拱顶坐标为圆点，用经纬仪放出 $x-x$ 和 $y-y$ 两轴线，并以 $A-A$ 、$B-B$ 、$C-C$ 、$D-D$ 为辅助线，还应核对四边形对角线是否相等；

② 沿 x 轴方向将半跨分成 n 等份，划出 n 个大小一致的矩形，n 越大放出的拱圈尺寸越精确；

③ 在矩形 y 轴方向，量出拱腹、拱轴、拱背坐标，用铁钉或油漆标出；

④ 用钢筋将拱腹、拱轴、拱背各点圆滑地连成弧线。

2. 拱圈的砌筑

1) 连续砌筑　跨径小于 16m，当采用满布式拱架施工时，可以从两拱脚同时向拱顶以此按顺序砌筑，在拱顶合拢；跨径小于 10m，当采用拱式拱架时，应在砌筑拱脚时，预压拱顶及拱跨的 1/4 部位。预加压力砌筑是在砌筑前在拱架上预压一定重量，以防止或减少拱架弹性和非弹性下沉的砌筑方法。它能有效地预防拱圈产生不正常的变形和开裂。预压物可采用拱石，随撤随砌，也可采用砂袋等其它材料。

拱圈砌筑时，常在拱顶预留一拢口，最后在拱顶合拢。为防止拱圈因温度变化而产生过大的附加应力，拱圈合拢应在设计要求的温度范围内进行。设计无明确规定时，宜选择气温在 10～15℃时进行。封顶应在拱圈砌缝砂浆强度达到设计规定强度后进行。

2) 分段砌筑　对跨径为 16～25m 的拱桥采用满布式拱架施工，或跨径为 10～25m 的拱桥采用拱式拱架施工时，可采用半跨分成三段的分段对称砌筑方法，如图 14-24 所示。

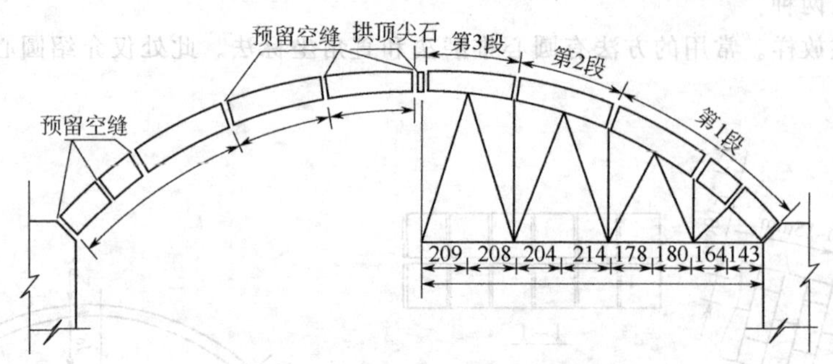

图 14-24　分段对称砌筑方法

分段砌筑时，各段间可留空缝，空缝宽 3～4cm。空缝处砌石要规则，为保证砌筑过程中不改变空缝形状和尺寸，同时也为拱石传力，空缝可用铁条或水泥砂浆预制块作为垫块，待各段拱石砌完后填塞空缝。填塞空缝应在两半跨对称进行，各空缝同时进行，或从拱脚依次向拱顶填塞。因用力夯填空缝会使拱圈拱起，故此法仅在小跨径使用。当采用填塞空缝砂浆使拱合拢时，应注意选择最后填塞空缝的合拢温度。为加快施工，并使拱架受力均匀，各段也可交叉、平行砌筑。

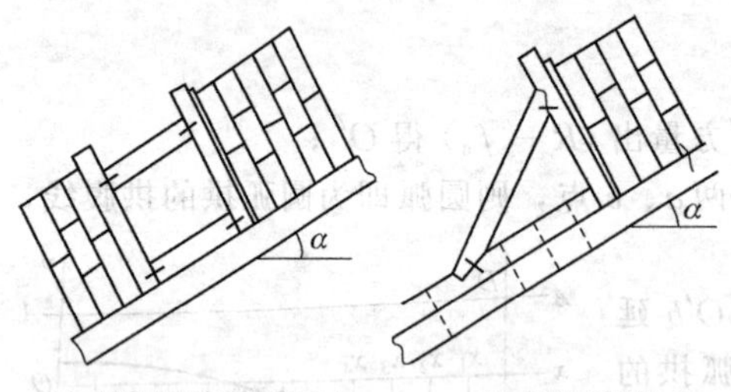

(a) 支撑在下面的圬工上　(b) 支撑在拱架上

图 14-25　闭合楔的支撑

砌筑大跨径拱圈时，在拱脚 $L/4$ 段，当其倾角大于拱石与模板间的摩擦角时，拱段下端必须设置端模板并用撑木（称为闭合楔）支撑。闭合楔应设置在拱架挠度转折点处，宽约 1.0m，撑木的设置见图 14-25。砌筑闭合楔时，必须拆除三脚架，可分 2～3 次进行，先拆一部分，随即用拱石填砌，一般先在桥宽的中部填砌，然后再拆第二部分。每次所拆闭合楔支撑必须在前一部分填砌的圬工砌缝砂浆充分凝固后进行，如图 14-26 所示。

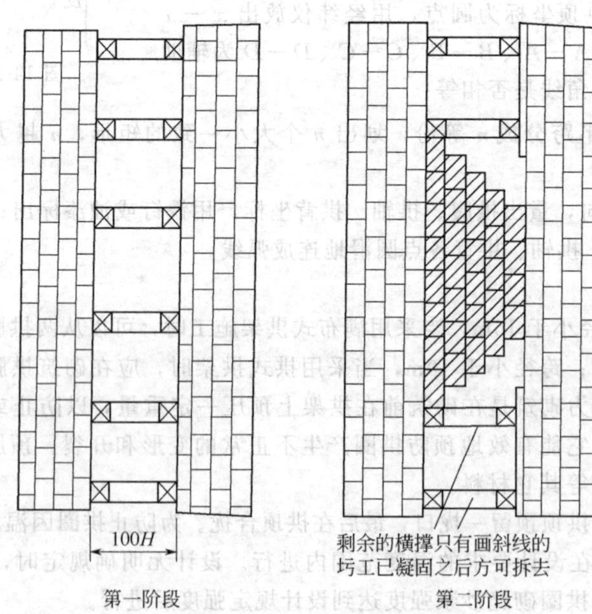

图 14-26　闭合楔的填砌顺序图

3）分环分段砌筑　较大跨径的拱桥，当拱圈设计尺寸较厚，由三层以上拱石组成时，可将拱圈分成几环砌筑，砌一环合拢一环。当下环砌筑完成并养护数日后，其缝砂浆达到一定强度时，再砌筑上环。

上、下环间拱石应犬牙交错，每环可分段砌筑。当跨径大于 25m 时，每段长度一般不超过 8m，段间可设置空缝或闭合楔。在分段较多和分环砌筑的拱圈，为使拱架受力对称、均匀，可在拱跨的两个 1/4 处或在几处同时砌筑合拢。

4）多跨连拱的砌筑　多跨连拱的拱圈砌筑时，重点要考虑与临孔的对称均匀，以避免桥墩承受过大的单项推力。因此，当为拱式拱架时，应适当安排各孔的砌筑程序；当采用满布式支架时，应适当安排各孔拱架的卸落程序。

四、拱桥主拱圈的就地浇筑施工

在支架上就地浇筑拱桥的施工同在拱架上砌筑施工基本相同，即浇筑主拱圈或拱肋混凝土，浇筑拱上立柱、联系梁及横梁等，浇筑桥面系。

施工时应注意的是，后一阶段混凝土浇筑应在前一阶段混凝土强度达到设计要求后进行。拱圈或拱肋的施工拱架，应在拱圈混凝土强度达到设计强度的以上，拱上建筑施工前方可拆除。但应对拆架后的拱圈稳定性进行验算。

浇筑主拱圈混凝土时，立柱的底座应与拱圈或拱肋同时浇筑，钢筋混凝土拱桥应预留与立柱的联系钢筋。

主拱圈混凝土的浇筑方法同砌筑施工，可分为连续浇筑法、分段浇筑法和分环、分段浇筑法。主要根据桥梁跨径选定合适的施工方案。

1. 连续浇筑法

跨径在 16m 以下的混凝土拱圈或拱肋，主拱高度比较小，全桥的混凝土数量也比较少，故主拱可以从两拱脚开始对称向拱顶方向浇筑混凝土。其间最先浇筑的混凝土虽然部分可能因本身荷载使拱架下沉而下沉，但仍具有可塑性，不致使拱圈或拱肋开裂。如果预计因混凝土数量多而不能在限定时间内完成，则需在两拱脚处留出隔缝，于最后浇筑成拱。

2. 分段浇筑法

跨径在 16m 以上的混凝土拱圈或拱肋，为避免先浇筑的混凝土因拱架下沉而开裂，并为减小混凝土的收缩力而沿拱跨方向分段浇筑，各段之间留有间隔槽。这样在拱架下沉时，拱圈各节段有相对活动的余地，从而避免拱圈开裂。

拱段的长度一般取 6～15m，划分拱段时应使拱顶两侧保持对称、均匀。间隔槽为 0.5～1.0m，一般应设在拱架受力的反弯点、拱架节点、拱顶或拱脚处。如在间隔槽内需要钢筋接头，其宽度还应满足钢筋接头的需要。拱段的浇筑程序应符合设计规定，在拱顶两侧对称进行，以使拱架变形保持均匀和最小。图 14-27 为不同跨度的拱圈分段浇筑的施工程序，供参考选用。

间隔槽应在拱圈各段混凝土浇筑完成，且强度达到设计强度等级的 70%以上后方可浇筑，浇筑的顺序可从拱脚向拱顶对称进行，在拱顶浇筑间隔槽使其合拢。拱的合拢温度应符合设计要求，一般应接近当地的年平均温度或在 5～15℃为宜。为加速施工进度，间隔槽混凝土可采用比拱圈混凝土高一级的半干硬性微膨混凝土。

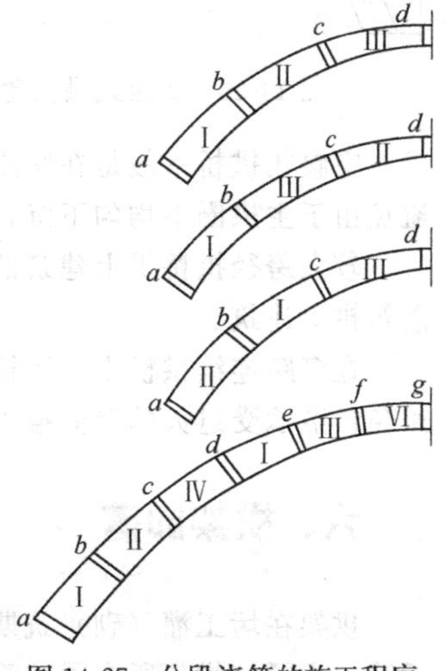

图 14-27　分段浇筑的施工程序

3. 分环、分段浇筑法

大跨径钢筋混凝土拱圈，为减轻拱圈负荷，通过计算可采用分环、分段浇筑混凝土，即将拱圈高度分成两环或三环，先分段浇筑下环混凝土，分环合拢，再浇筑上环混凝土。分环浇筑的施工时间较长，但下环混凝土在达到设计强度后，能与拱圈共同承担上环浇筑混凝土的重量，可节省拱架材料，加快施工进度。分环、分段浇筑也可以采用先分环、分段浇筑，最后一次合拢。上、下环间隔槽互相对应、贯通，一般跨度采用2.0m左右，有钢筋接头的槽宽可取4.0m左右。按这样的浇筑程序，仅减少每次浇筑的混凝土数量，而拱架则必须按全部主拱圈自重设计。

图14-28为箱形拱主拱圈分环、分段浇筑的程序。分两环浇筑时，先分段浇筑底板，然后分段浇筑肋墙、隔墙与顶板。分三环浇筑时，先分段浇筑底板，然后分段浇筑肋墙、隔墙，最后分段浇筑顶板。

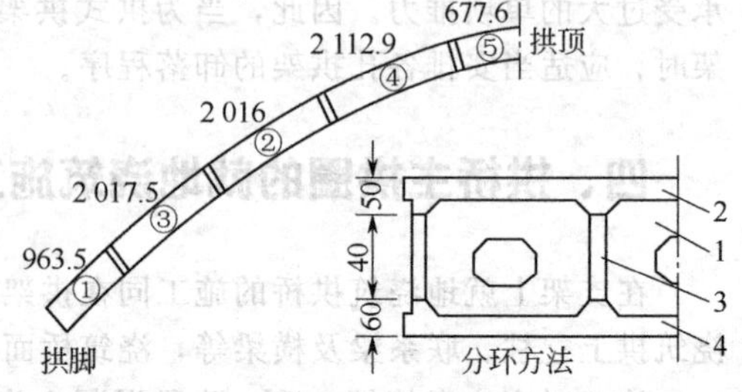

图14-28 箱形拱主拱圈分环、分段浇筑的程序

1—隔墙；2—顶板；3—肋墙；4—底板

分环浇筑会造成各环混凝土的龄期不同，混凝土的收缩和温差影响在环面间产生剪力和结构的内应力，容易造成环间裂缝。因此，其浇筑程序、养护时间和各环间的结合必须按设计确定。

五、拱上建筑施工

拱上建筑的砌筑，在拱架未拆除时，必须在拱圈合拢和空缝填塞完成，并经数日养护，待砌缝砂浆强度达到设计强度的30%时才能进行。当拱架先松离拱圈，后进行拱上建筑施工时，则必须在上述圬工全部达到设计强度70%后进行。

拱圈采用预施压力封顶时，应待封拱砂浆强度达到设计规定后才能砌筑拱上建筑。

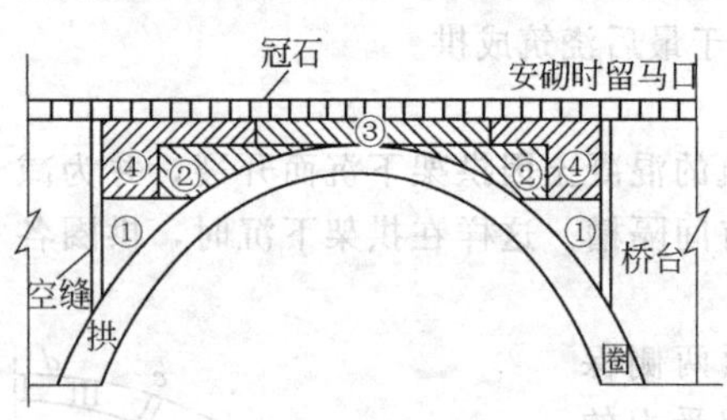

图14-29 实腹式拱上建筑

拱上建筑的砌筑，宜由拱脚至拱顶对称均衡地进行，避免使主拱圈产生过大的不均匀变形。实腹式拱上建筑，则应按图14-29所示，将侧墙等拱上建筑分成几部分，由拱脚向拱顶对称的按台阶式砌筑。拱腹填料可随侧墙砌筑顺序及进度进行砌筑。填料数量较大时，宜在侧墙砌完后再分步进行填筑。侧墙与桥台间应设伸缩缝使二者分开。多跨实腹式拱桥，应在桥墩顶部设伸缩缝使两侧侧墙分开。

空腹式拱桥一般是在腹拱墩灌筑完后就卸落拱架，然后再对称均衡的砌（灌）腹拱圈，以避免由于主拱圈不均匀下沉，而使腹拱圈开裂。腹拱上的侧墙，应在腹拱拱脚处设置变形缝。

较大跨径拱桥拱上建筑的砌筑程序，一般在设计文件中均有规定，应严格按设计规定顺序砌筑拱上建筑。

在多跨连续拱桥中，当桥墩不是按单项受力墩设计时，仍应注意相邻孔间的对称均衡施工，避免桥墩承受过大的单向推力。

六、拱架卸落

拱架在圬工灌（砌）筑期间，支撑拱圈的全部重量，必须待圬工达到一定强度后方可将其拆除。为了使拱架所支承的重量逐渐转移到由主拱自己来承受，切忌将拱架突然拆除，或仅将其一部分拆除。

1. 卸架时间

石拱桥的拱架卸落时间，应符合下列要求：

浆砌石拱桥须待砂浆强度达到设计要求，无设计要求则应达到砂浆强度 70%；跨径小于 10m 的拱桥，宜在拱上建筑全部完工后卸架；中等跨度实腹式拱，宜在护拱砌完后卸架；大跨径空腹式拱，宜在拱上腹孔墩砌完后卸架。

在正常情况下，用水泥砂浆砌筑的拱圈，从拱圈砌筑完成到卸架所需的时间，对于跨径不大于 20m，约需 20d；对于跨径大于 20m 的，约需 20d。养护期间温度低于 5℃时，还要酌量延长。如考虑在拱上建筑砌筑完成后卸架，则须待拱上建筑砌筑完成后才能进行。

2. 落架程序

为了保证拱在落架时不受损伤，拱架应逐渐均匀地脱离拱圈，以使原由拱架所支承的重量逐步转移给拱来承担，因此要详细研究拟定落架程序，分几个循环完成，卸落量开始宜小，以后逐步加大，否则拱圈突然受力，极可能发生裂缝。

满布式拱架卸落一般从拱顶开始（拱顶处总降落高度最大），无铰拱和两铰拱从拱顶向拱脚对称地、逐步地将卸架设备按一定数值降落完毕后，再从拱顶开始第二次降落，直至拱架完全与拱圈脱离为止。拱式拱架可在两支座处同时均匀卸落。沿桥跨方向的各片拱架应当按同一程序进行。

多孔拱桥落架时，如果桥墩允许承受单孔施工荷载，可单孔落架，否则应多孔同时落架，或各连续孔分阶段落架。

第三节　拱桥的无支架施工

在峡谷或水深流急的河段上，或在通航河流上，或在施工期间的多雨季节可能受到洪水漂流物的撞击威胁等条件下修建拱桥，采用有支架法施工将会遇到很大困难，且跨径较大时又非常不经济，此时就宜考虑采用无支架施工方法。拱桥无支架施工的主要方法有：缆索吊装施工、悬臂施工、劲性骨架施工和转体施工等。

一、缆索吊装施工法

缆索吊装具有跨越能力大、水平和垂直运输机动灵活、适应性广、施工稳妥方便等优点，尤其是修建大跨径和连续多孔拱桥时更能体现其优越性。缆索吊装施工主要用于预制安装的钢筋混凝土拱桥，同时在劲性骨架施工拱桥的骨架安装、拱上结构安装、桁架和刚架拱桥施工甚至一般跨径的悬索桥加劲梁安装中得到广泛应用。目前，缆索（吊装）跨度可达 500m 以上，并由单跨缆索发展到双跨连续缆索，最大连续跨径已达 2×400m。最大吊装重量已超过 100t，能够顺利地吊装跨径达 160m 的分段预制箱形拱桥以及跨径更大的其它形式拱桥。

拱桥缆索吊装工序大致为：拱箱（肋）的预制、拱箱（肋）的移运和吊装、主拱圈安装、拱上建筑施工和桥面结构施工等。

1. 拱箱（肋）的分段预制

拱箱（肋）应在预制厂或工厂内分段预制，分段原则是根据预制或制造、运输条件、吊装能力，尤其是跨径大小确定。跨径在 30m 以内的拱箱（肋）可不分段或分为 2 段；跨径在 30～80m 范围的可分为 3 段；跨径大于 80m 时，一般分为 5 段。拱箱（肋）的分段点应选择在拱箱（肋）自重最小的位置或其附近。

装配式钢筋混凝土肋拱桥的拱肋应在桥梁建设工地就地预制，其方法有立式预制和卧式预制两种。立式预制的特点是：起吊安全、方便；底模可采用土牛胎膜，节省模板和木料；当采用密排浇筑时，占用场地也较少。卧式预制的特点是：可较多节省模板和木料，拱肋的形状和尺寸较易控制，混凝土浇筑作业也方便，但拱肋调运时易损坏。卧式预制又分单片预制和多片叠制两种。

钢管混凝土拱桥的钢拱圈则应在工厂分段制造完成，而后运往桥位吊装。

2. 缆索吊装设备

缆索吊装设备适用于高差较大的垂直吊装和架空水平运输，调运量从几吨、几十吨到上百吨范围内变化，水平运距从几十米、几百米甚至到上千米，用于拱桥无支架施工时主要运送预制拱箱（肋）段和其它拱上建筑材料。其设备可自行设计，利用配套钢件拼装制成，也可购置成套的缆索吊装设备运往工地安装。

吊装梁式桥的缆索吊装系统由主索、起重索、牵引索、结索、轨索、运行小车、电动或手摇卷扬机及滑轮组、塔架（包括索鞍）、地锚和风缆等组成。吊装拱桥的缆索吊装系统除了上述部件之外，还有扣索、扣索排架、扣索地锚、扣索绞车等部件。其布置形式见图 14-30。

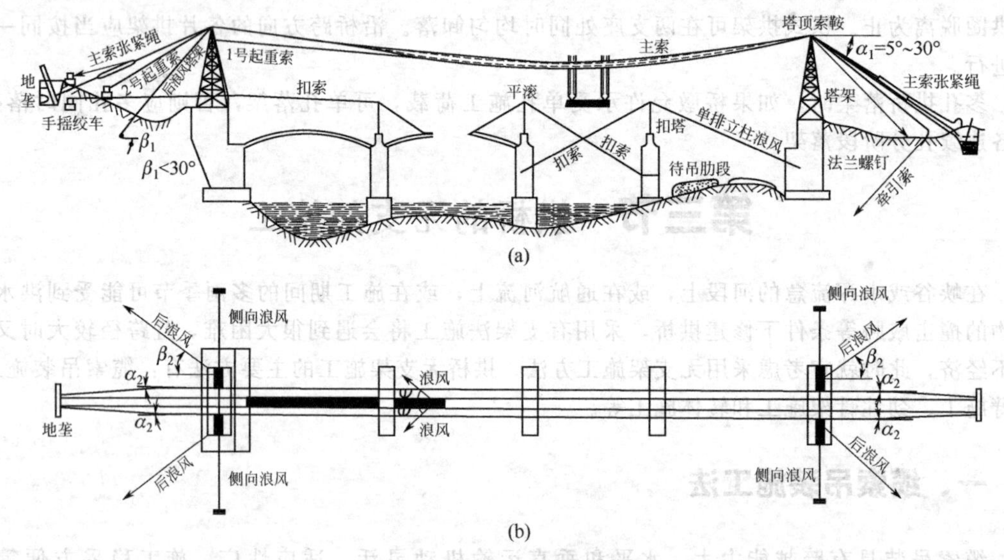

图 14-30　缆索吊装布置形式

1）主索。主索也称为承重索或运输天线，支承于两侧塔架索鞍上，两端锚固于地锚，调运拱箱（肋）段的天线滑车支承其上。主索的组数一般选 1～2 组，每组主索由 2～4 根钢丝绳组成。其材料多为纤维芯钢丝绳，直径、型号一般根据索塔距离（主索跨度）、起吊重量、设计垂度计算出的主索所能承受的拉力选定。

架设主索的方法很多，较常用的办法是用事先架好的工作索来安装。缆索的安装垂度应符合设计要求，因为当小于设计值时，塔架、地锚和主索自身都将超载或严重超载，这是十分危险的。而当大于设计值时，则主索工作垂度过大，增大了天线滑车的运行坡度，势必造成牵引索和绞车型号选择过大而造成浪费。

2）起重索。起重索一端与卷扬机滚筒相连，另一端固定于对岸的地锚上，套绕于天线滑轮组。通过卷扬机和滑轮组来起吊、下放构件。起重索承受吊重拉力，应选用柔软耐磨、不易打结的钢丝绳。

3）牵引索。牵引索一端固定于轨索运行小车一侧，通过定向滑轮导向并套绕过卷扬机固定于天线滑车另一侧。卷扬机滚筒转动使牵引索带动天线滑车在主索上沿桥跨方向往复移动。

4）结索。结索用于悬挂分索器，使主索、起重索、牵引索不致相互干扰。它仅承受分索器重量和自重。

5）扣索。当拱肋分段吊装时，需用扣索悬挂端肋及调整端肋接头处高程。扣索一端系在拱肋接头附近的扣环上，另一端通过扣索排架或塔架固定于地锚上。为了便于调整扣索的长度可设手摇卷扬机及张紧器，如图 14-31 所示。扣索分墩扣、塔扣、天扣、通扣等形式。

6）风缆。风缆又称缆风索、浪风索，用来保证塔架、扣索排架等的纵、横向稳定，调整和固定拱肋的位置。风缆采用的钢丝绳类型与牵引、扣索相同，直径大小按计算的拉力大小确定。

7）天线滑车。在主索上起吊重物和运行的装置，可采用天线滑车，也可根据吊重的实际情况自行设计加工。天线滑车一般都由车架、跑车轮、起重滑轮和牵引系统组成。

8）塔架。塔架是用来提高主索的临空高度及支承各种受力钢索的重要结构，由塔身、塔底、塔顶和索鞍几部分组成。

9）索鞍。塔架顶应设置主索、起重索、扣索等用的索鞍，如图 14-32 所示。它可以减少钢丝绳与塔架的摩阻力，使塔架承受较少的水平力，并减少钢丝绳的磨损。

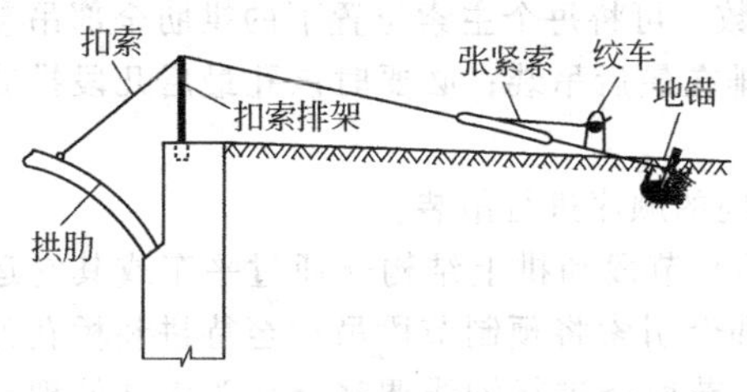

图 14-31　扣索的布置图

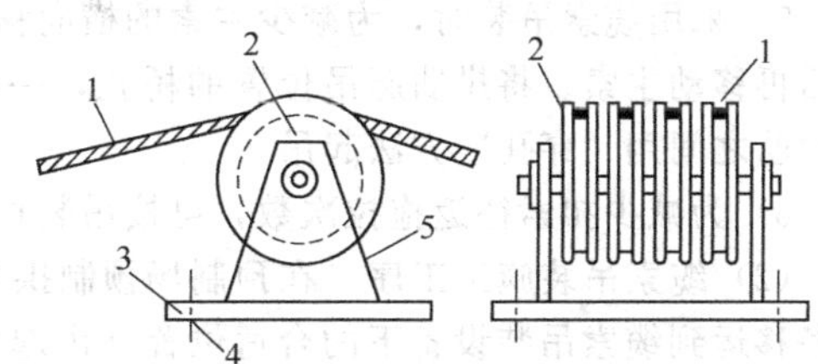

图 14-32　索鞍构造图

1—主索；2—滑轮；3—垫板；4—联结螺栓（固定于塔架上）；5—支撑板

10）塔架基础。塔架基础一般采用浆砌片或片石混凝土。塔底有铰接和固接两种形式。底座设铰的塔架必须由风缆维持稳定。施工中，也可在塔架下端设置与垫木接触的球面或平面自由铰。缆索架桥设备的塔底是在分片拼装的锥形塔脚节下设筒型铰支座。简易塔脚铰构造见图 14-33。也有些塔架脚底固定在基础混凝土中，或预埋螺栓与塔固接，这种形式的塔底可以承受弯矩。但塔架的稳定仍需用风缆帮助。

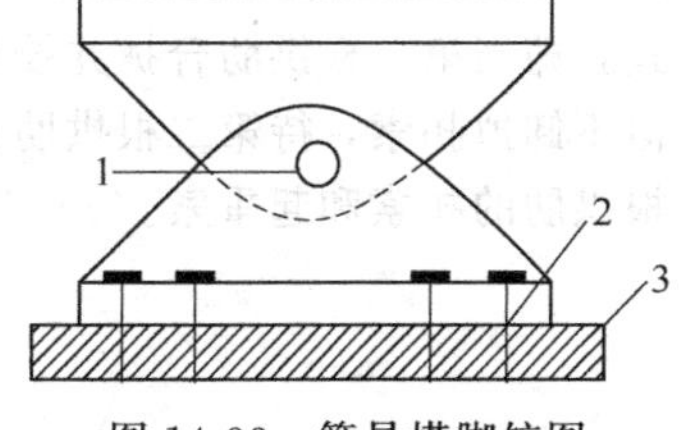

图 14-33　简易塔脚铰图

1—钢铰；2—预埋螺栓；3—基础混凝土

11）地锚。地锚也称锚碇或地垄，是用于锚固主索、起重索、扣索、铰磨、绞车、风缆、溜绳、导向滑车、各式扒杆、卷扬机和绳索吊机必不可少的设备。重要的地锚要进行专门的设计计算，并在正式使用前进行试拉。地锚的种类按构造形式不同，可分为地垄、钢筋锚环、水中锚旋和其它锚固点等。图 14-34 为一种简易地垄构造。

12）电动卷扬机及手摇绞车。电动卷扬机及手摇绞车为牵引、起吊的动力装置。电动卷扬机速度快，但不易控制，一般多用于起重索和牵引索。对于要求精细调整钢索的部位，则多采用手摇绞车，以便于操纵。

13）其它附属设备。其它附属设备如各种倒链葫芦、花篮螺栓、钢丝卡子（钢丝轧头）、千斤绳等。缆索吊装设备的形式及规格品种非常多，必须按照因地制宜的原则，结合各工程的具体情况合理选用，才能取得良好的效果。

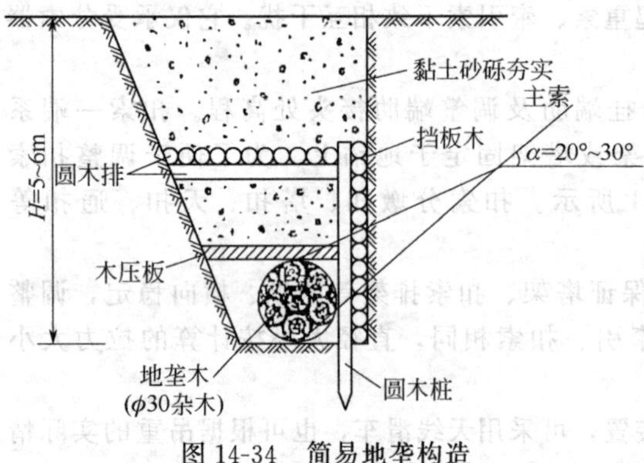

图 14-34　简易地垄构造

3. 拱肋吊装施工

根据拱桥的吊装特点，通常吊装程序为：边段拱肋吊装及悬挂→次边段拱肋吊装及悬挂（对五段施工）→中段拱肋吊装及拱肋合拢→拱上构件的吊装或砌筑安装等。

（1）全桥拱肋的合理吊装原则

1）单孔桥的拱肋吊装顺序常由拱肋合拢的横向稳定方案决定。

2）多孔桥跨，应尽可能在每孔内多合拢几片拱肋后再推进，一般不少于两片拱肋。对于拱桥，在吊装拱肋时应尽早安装横系梁，为加强拱肋的稳定性，需设横向临时连接系，加快施工进度。但合拢的拱肋片所产生的单项推力不能超过桥墩的承受能力。

3）对于高桥墩，应以桥墩的墩顶位移值控制单项推力，位移值应小于$L/600 \sim L/400$。

4）设有制动墩的桥跨，应以制动墩为界分孔吊装，先合拢的拱肋可提前进行拱肋接头、横系梁及拱波等的安装工作。

5）采用缆索吊装时，为减少主索的横向移动次数，可将每个主索位置下的拱肋全部吊装完毕后再移动主索。将拱肋起吊位置的桥孔，一般安排在最后吊装；必要时该孔最后几段拱肋可在两肋之间用“穿孔”方法起吊。

6）为减少扣索往返拖拉次数，可按吊装推进方向的顺序进行吊装。

（2）缆索吊装施工工序　在预制场预制拱肋（箱）节段和拱上结构→通过平车或其它运输设备移运到缆索吊装设备下的合适位置→由起重索和牵引索将预制节段吊运至待拼装桥孔处安装就位→用扣索临时固定→吊装合拢段的拱肋（箱）节段→进行轴线调整→接头固结处理→所有拱肋（箱）安装完毕→横系梁或纵向裂缝处理→拱上结构安装。

（3）拱肋的合拢　拱肋的合拢方式有单基合拢、悬挂多段边段或次边段拱肋后单肋合拢、双基肋合拢、留索单肋合拢等。图 14-35 为 3 段吊装单肋合拢［图 14-35（a）］与双肋合拢［图 14-35（b）］。当拱肋跨度大于 80m 或横向稳定系数小于 4 时，应采用双基肋合拢松索成拱方式，即当第一根拱肋合拢并校正拱轴线，楔紧拱肋接头缝后，稍松扣索和起重索，压紧接头缝，但不卸掉扣索，待第二根拱肋合拢并将 2 根拱肋横向连接、固定和拉好风缆后，再同时松卸两根拱肋的扣索和起重索。

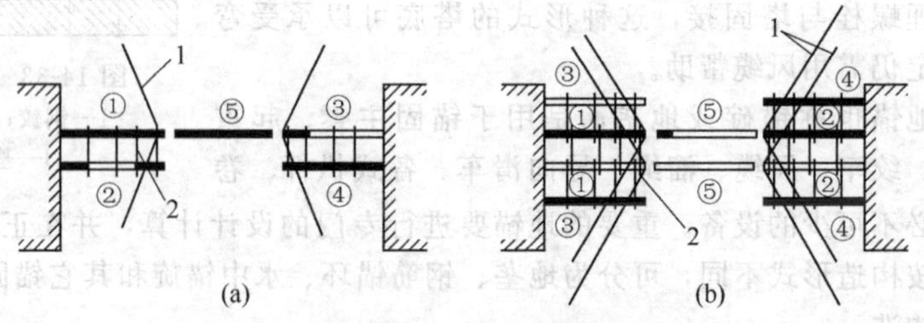

图 14-35　无支架施工中的单肋合拢与双肋合拢

1—缆风索；2—横夹木

拱肋合拢后的松索过程必须注意下列事项：

1）松索前应校正拱轴线几个接头高程，应全部符合要求。

2）每次松索均应采用仪器观测，控制各接头高程，防止拱肋各接头高程发生非对称变形而导致拱肋失稳或开裂。

3）松索应按照拱脚段扣索、次段扣索、起重索的先后次序进行，并按比例定长、对称、均匀松卸。

4）每次松索量宜小，各接头高程变化不宜超过1cm。松索至扣索和起重索不受力时，用钢板嵌塞接头缝隙，压紧接头缝，拧紧接头螺栓，同时用风缆调整拱肋轴线。调整拱肋轴线时，除应观测各接头高程外，还应兼测拱顶及跨点处高程，使其在允许偏差范围之内。

5）接头处部件电焊后，方可松索成拱。

4. 稳定措施

拱桥用缆索吊装法施工时，为保证拱肋有足够的纵、横向稳定性，除要满足计算要求外，在构造、施工上都必须采取一些措施。

一般的横向稳定措施为设置风缆和在拱肋之间设置横向联系装置。

横向稳定风缆（图14-36），在边段拱肋就位时可用于调整和固定拱肋中线；在拱肋合拢时可用于约束接头的横向偏移；在拱肋成拱以后相当于一个弹性支承。可减小拱肋自由长度，增加拱肋的横向稳定；当拱肋在外力作用下产生位移时，也可起到约束作用。

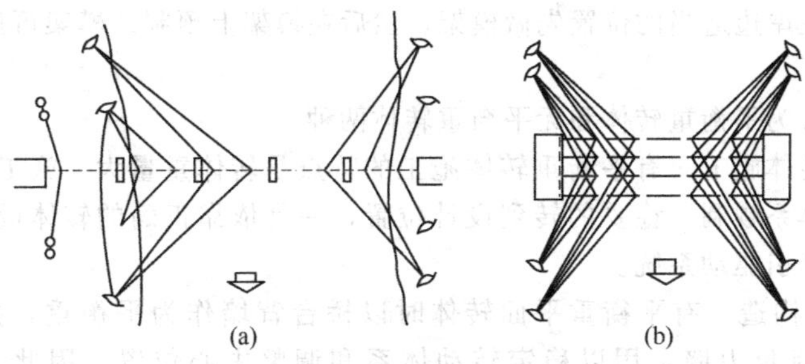

图14-36　横向稳定风缆

当设计选择的拱肋宽度小于单肋合拢所需要的最小宽度时，为满足拱肋横向稳定的要求，可采用双基肋合拢或多肋合拢的形式。

对较大跨径的拱桥，尤宜采用双基肋或多肋合拢，基肋和基肋之间必须紧随拱肋的拼装给予及时联系（或临时连接）。拱肋横向联系方式通常有木夹板、木剪刀撑和钢筋拉杆等，如图14-37所示。

在拱轴系数过大、拱肋截面尺寸太小、刚度不足等个别情况下，有时需采用加强拱肋纵向稳定的施工措施。如当拱肋接头处可能发生上冒变形时，可在其下方设置下拉索以控制变形；当拱肋截面尺寸太小、刚度不足时，可在拱肋等分点上用钢丝绳进行多点张拉，如图14-38所示。

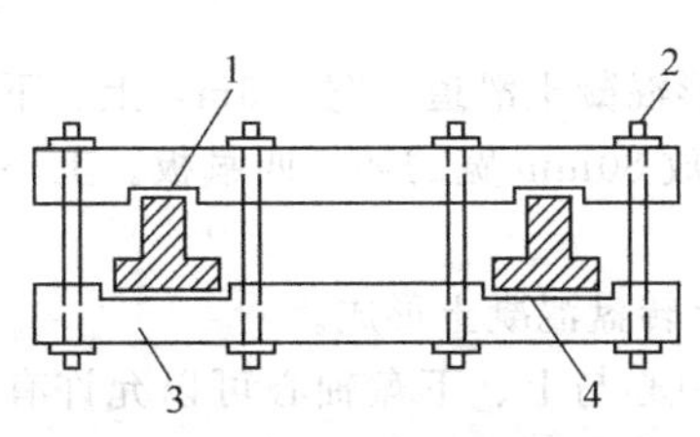

图14-37　拱肋间的横夹木构造

1—拱肋；2—螺栓；3—横夹木；4—砍口凹槽

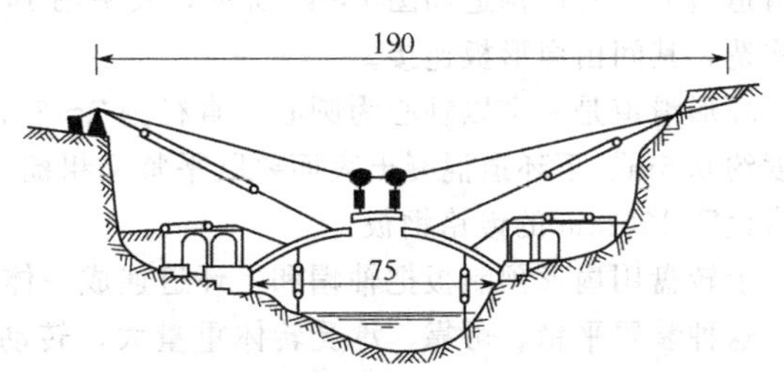

图14-38　拱肋纵向稳定措施

二、转体施工法

桥梁的转体施工法，最早仅用于拱桥的施工，现在已推广应用到梁桥、斜拉桥、斜腿刚构桥等各种不同桥型的桥梁施工中，成为桥梁施工较常采用的方法之一。拱桥的转体施工法一般适用于单孔拱桥的施工，其基本原理是：将主拱圈或整个桥跨分成两半，分别在河流的两岸或适当位置，利用地形配合简单的支架等，现浇或预制装配半拱，然后以半孔拱桥结构为转动体，借助转盘装置和液压千斤顶或其它动力装置驱动，将两半跨拱桥结构转动到桥轴线位置（或设计高程）合拢成桥。

用转体施工法修建大跨径桥，可不搭设费用昂贵的支架，减少架设安装工序，将复杂的、技术性强的高空作业和水上作业变为在岸边的陆上作业，施工安全、质量可靠，同时不影响桥下的通航、泄洪及行车，具有良好的技术经济效益和社会效益。

拱桥转体施工法根据其转动方位的不同，分为平面转体、竖向转体或平、竖结合转体。

1. 平面转体施工

按照拱桥的设计高程先在两岸边预制半拱，当结构混凝土达到设计强度后，借助转动设备和动力装置在水平面内将其转动至桥位中线处合拢成拱。由于是平面转动，故半拱的预制标高要准确，通常需要在岸边适当的位置先做模架，然后在模架上预制。模架可以采用简单的支架，也可做成土牛胎膜。

平面转体施工分为平衡重转体和无平衡重转体两种。

(1) 有平衡重转体施工　有平衡重转体施工的特点是转体重量大，施工的关键是转体。要把数百吨重的转动体系顺利、稳妥的转到设计位置，一是依靠正确的转体设计，二是需要灵活可靠的转动装置及牵引驱动系统。

1) 转动体系的构造。有平衡重平面转体时以桥台背墙作为平衡重，并作为拱体转体拉杆（或拉索）的锚碇反力墙，用以稳定转动体系和调整中心位置。因此，平衡重部分不仅在拱体转动时作为平衡重，而且要承受拱跨转体重量的锚固力。平衡重大小取决于拱跨转动体重力的大小，过大的平衡重不经济，也增加转体的难度，一般适用于跨径在100m以内的拱桥。

如图14-39所示，转动体系主要由底盘、上转盘、锚扣系统、背墙、拱体结构、拉杆（拉索）组成。底盘和上盘都是桥台基础的一部分，底盘和上盘之间设有能使其相互间灵活转动的转体装置。背墙一般是桥台的前墙，拉杆一般是拱桥的上弦杆（桁架拱、刚架拱），或临时设置在体外的拉杆钢筋（或扣索钢丝绳）。

2) 转体装置。目前国内使用的转体装置有两种，一是用聚四氟乙烯作为滑板的环道平面承重体系；二是球面转轴支承辅以滚轮的轴心承重转体。

① 聚四氟乙烯滑板环道。这是一种平面承重转体装置，它由设在底盘和上盘间的轴心和环形滑道组成，具体构造如图14-40所示，其中图14-40 (a) 为环形滑道构造，图14-40 (b) 为轴心构造，其间由扇形板连接。

环形滑道是一个以轴心为圆心、直径为7～8m的圆环形混凝土滑道，宽0.5m，上、下滑道高度约0.5m。下环道混凝土表面要既平整又粗糙，以利铺放80mm宽的环形四氟板。上环道底面嵌设宽100mm的镀铬钢板。

上转盘用扇形预制板把轴帽和上环道连成一体，并浇上转盘混凝土形成。

这种装置平稳、可靠、承受转体重量大，转动体系的中心与上、下盘轴心可以允许有一定数量的偏心值。

转盘轴心由轴座、钢轴心和轴帽组成。轴座是一个直径1.0m左右的C25钢筋混凝土矮墩，它不但对固定钢轴心起着定位作用，而且支承上转盘部分重量。合金钢轴心直径为

0.1m，长0.8m，下端0.6m固定在混凝土轴座内，上端露出0.2m车光镀铬，外套10mm厚的聚四氟乙烯管，然后在轴座顶面铺四氟板，在四氟板上放置厚度为0.5m的不锈钢板，再套上外钢套。钢套顶端封固，下缘与钢板焊牢，浇注混凝土轴帽，凝固脱模后轴帽即可绕钢轴心旋转自如。

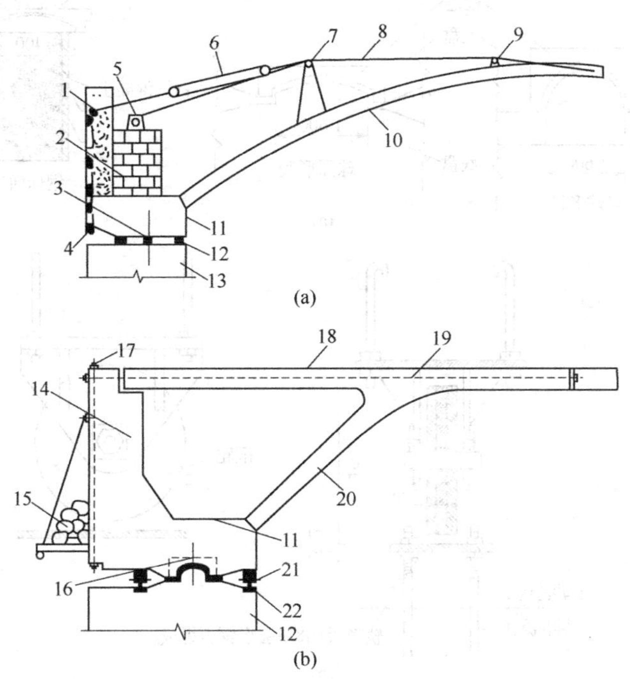

图 14-39　有平衡重的平面转动体系一般构造

1—尾铰；2—平衡重；3—轴心；4—锚梁；5—绞车；6—滑轮组；7—支点 2；8—扣索；9—支点 1；10—拱肋；11—上盘；12—上下环道；13—底盘；14—背墙；15—平衡重；16—球面铰轴心；17—竖向预应力筋；18—舡槽梁；19—拉杆；20—斜腿；21—滚轮；22—轨道板

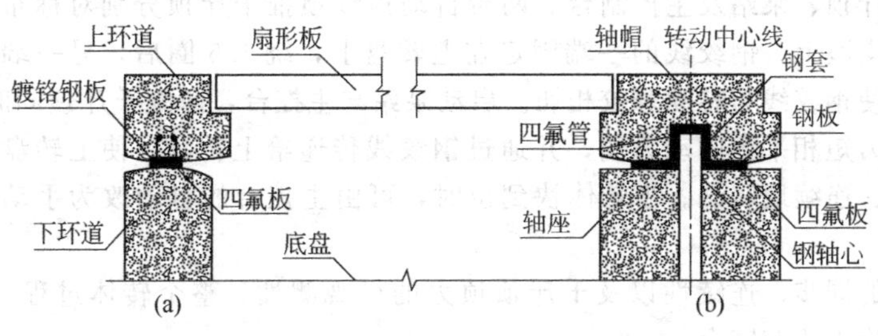

图 14-40　聚四氟乙烯滑板环道的构造

② 球面铰铺以轨道板和钢滚轮。这是一种以铰为轴心承重的转动装置。它的特点是整个转动体系的重心必须落在轴心铰上，球面铰既起定位作用，又承受全部转体重力，钢滚轮只起稳定保险作用。

球面铰可以分为半球形钢筋混凝土铰、球缺形钢筋混凝土铰、球缺形钢铰。前两种由于直径较大，故能承受较大的转体重力。

各种球面铰、轨道板及滚轮的构造如图 14-41 所示。

3）转体牵引驱动系统。牵引驱动系统也是完成转体的关键。在桥梁采用转体施工以来，转体牵引驱动系统都由卷扬机（绞车）、倒链、滑轮组、普通千斤顶组成，如图 14-42（a）所示，即通过闭合的牵引主索由滑轮组牵引，在上转盘产生一对牵引力偶克服阻力偶而使桥体转动。此种驱动系统的布设占地较大，常受到场地的限制，并有转体时牵引力的大小无法准确测量控制、作用力不易保持平衡、加载难以同步进行等缺点。

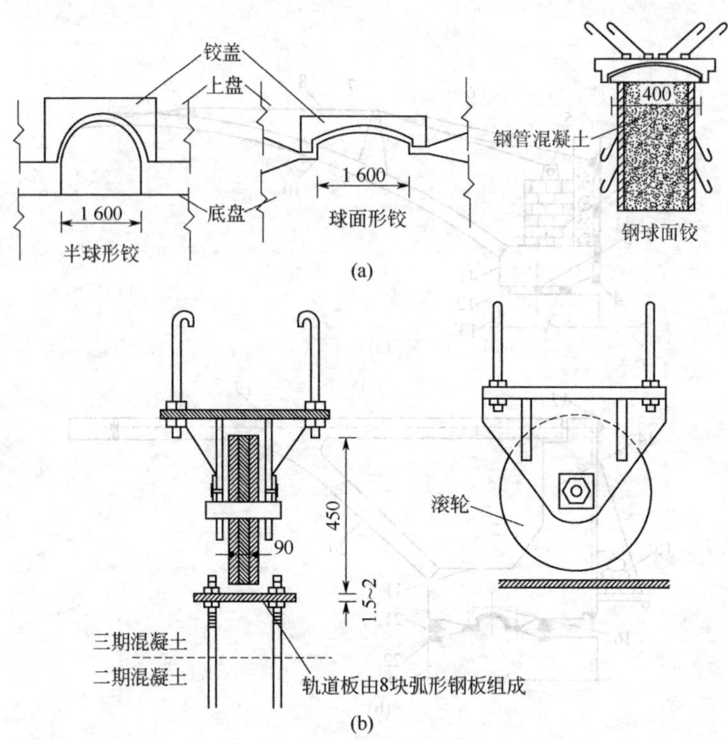

图 14-41　球面铰、轨道板及滚轮的构造（尺寸单位：mm）

近年来出现了采用能连续同步、均匀、平衡、一次到位、结构紧凑、占地面积小，施工方便的自动连续顶推系统提供转动动力的实例，如图 14-42（b）所示。自动连续顶推系统由三个部分组成，即千斤顶、泵站及主控制台。两台自动连续顶推千斤顶分别对称布置在下转盘的两侧，固定在固定支座上。钢绞线的一端固定在上转盘上，绕 1.5 圈后，另一端穿过千斤顶，要求千斤顶的位置使钢绞线与转动球铰相切。启动泵站与主控台，两侧千斤顶同时等速等荷加载，形成一个与摩擦力矩相平衡的动力偶，并通过钢绞线传递给上转盘，使上转盘围绕转动球铰缓慢、平稳、匀速、连续地转动。当转体快到位时，可由主控台的自动改为手动，缓慢调整直到转体到位为止。

由于本系统的同步、连续性以及千斤顶顶力的可观测性，整个转体过程可做到一次完成，无须人工干预，施工比较安全。

4）有平衡重转体施工的主要程序

① 制作底盘；

② 制作上转盘；

③ 试转上转盘到预制轴线位置；

④ 浇筑背墙；

⑤ 浇筑主拱圈；

⑥ 张拉拉杆，使主拱圈脱离支架，并和上转盘、背墙形成转动体系，调整配重将重心落在磨心处；

⑦ 牵引转动体系，使半拱平面转动合拢；

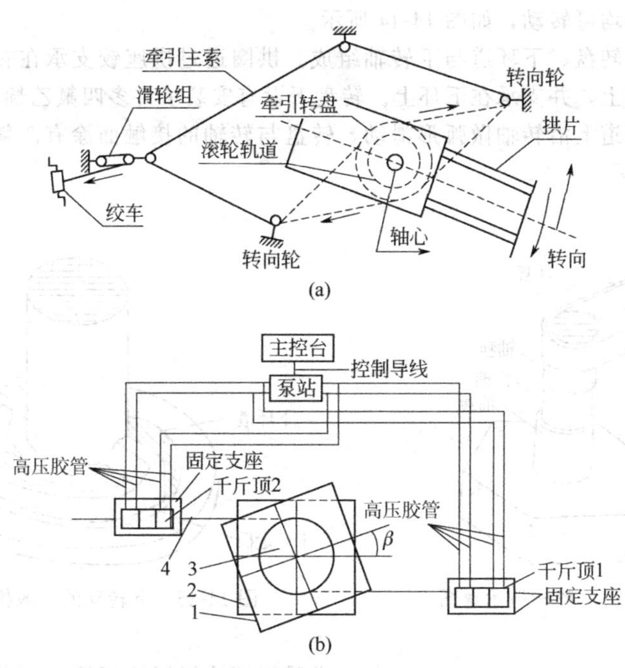

图 14-42　转动牵引驱动系统

1—上转盘；2—底盘；3—球铰；4—钢绞线

⑧ 封上下盘，台背回填，封拱顶，松拉杆，完成体系转换。

(2) 无平衡重转体施工　无平衡重转体施工不需要平衡重结构，而是以两岸山体岩土作为锚固装置，用以锚固半个拱跨悬臂状态时产生的拉力，并在拱脚处立柱的上端作转轴，下端作转盘，通过转动体系进行平面转体，如图 14-43 所示。由于不需要平衡重结构，大大减轻了转动体系重量，减少了圬工数量，为拱桥转动施工向大跨径发展开辟了新途径。

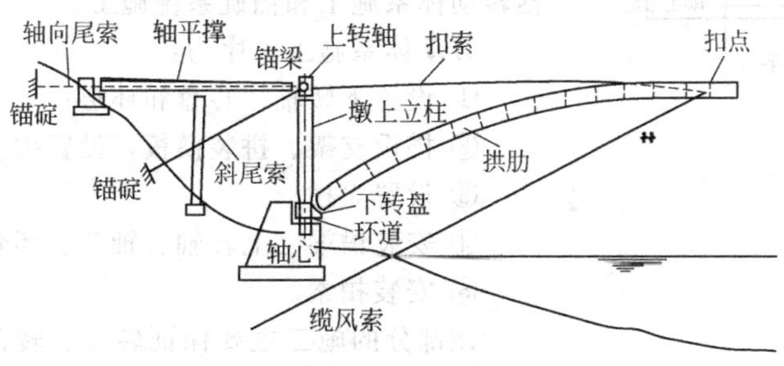

图 14-43　无平衡重平面转体一般构造

根据桥位两岸的地形，无平衡重转体施工可以把半跨拱圈分为上、下游两个部件，同步对称转体；或在上、下游分别在不对称的位置上预制，转体时先转到对称位置，再对称同步转体，以使扣索产生的横向力相互平衡；或直接做成半跨拱体，一次转体合拢。

无平衡重转体施工包括锚固、转动、位控三大体系。

1) 锚固体系。锚固体系由锚碇、尾索、平撑（或锚块）及立柱组成。锚碇设在引道或边坡岩石中，锚梁（或锚块）支承于立柱上，两个方向的平撑及尾索形成三角形稳定体，使锚块和上转轴为一确定的固定点。拱圈转至任意角度，由锚固体系平衡拱圈扣索力。

2) 转动体系。转动体系由上转动构造、下转动构造、拱圈及扣索组成。上转动构造由埋入锚梁（或锚块）中的轴套、转轴和环套组成，扣索一端与环套连接，另一端与拱圈顶端连接，转轴在轴套与环套间均可转动，如图 14-44 所示。

下转动构造由下转盘、下环道与下转轴组成。拱圈通过拱座铰支承在转盘上，马蹄形的转盘中部卡套在下转轴上，并支承在下环上。转盘下设有安装了许多四氟乙烯小板块的千岛走板，转盘的走板可在下环道上沿转轴做弧形滑动，转盘与转轴的接触面涂有四氟粉黄油，以使拱圈转动，如图 14-45 所示。

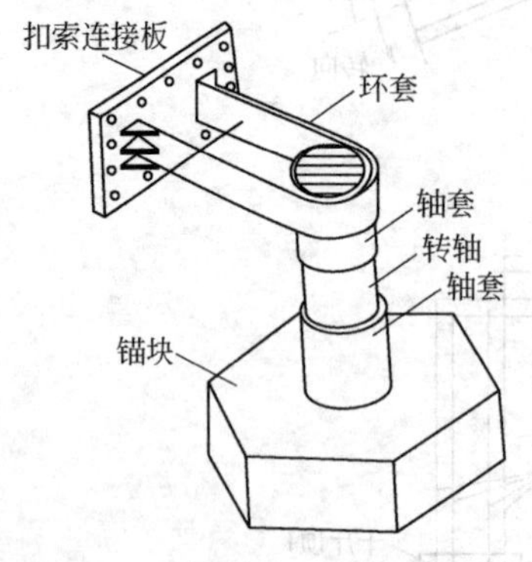

图 14-44 上转动的一般构造示意图

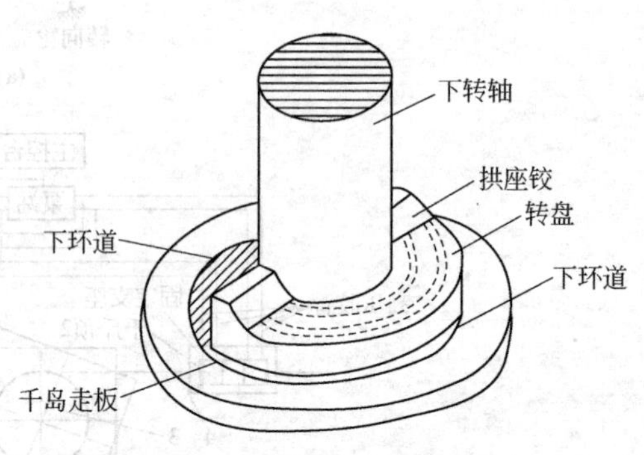

图 14-45 下转动的一般构造示意图

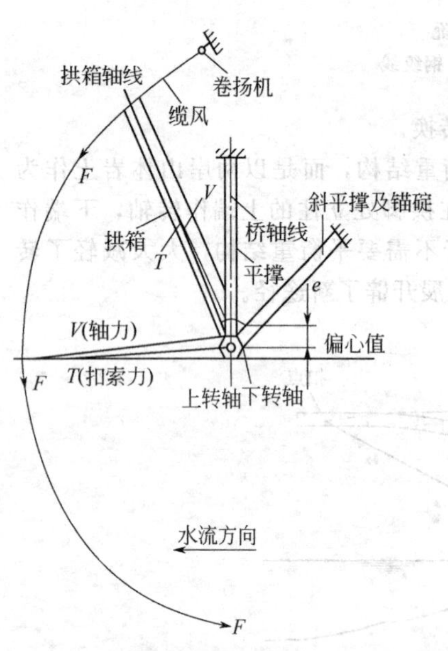

图 14-46 位控体系

扣索常采用精轧粗螺纹钢筋，扣索将拱圈顶部与上转轴连接，从而构成转动体系。在拱圈顶端张拉扣索，拱圈即可离架转动。

3）位控体系。位控体系由系在拱圈顶端扣点的缆风索与无级调速自控卷扬机、光电测角装置、控制台组成。用以控制在转动过程中转动体的转动速度和位置，如图 14-46 所示。

4）无平衡重转体施工工序。无平衡重转体施工主要包括转动体系施工和锚碇系统施工。

转动体系施工工序为：

① 设置下转轴，转盘和环道；

② 搭设支架、拼装模板，设置拱座和预制拱圈；

③ 设置立柱；

④ 安装锚梁、上转轴、轴套、环套；

⑤ 安装扣索。

该部分的施工主要保证转轴、转盘、轴套、环套的制作安装精度及环道的水平高差的精度，并要做好安装完毕到转体前的防护工作。

锚碇系统施工工序为：

① 制作桥轴线的开口地锚；

② 设置斜向锚洞；

③ 安装轴向、斜向平撑；

④ 尾索张拉；

⑤ 扣索张拉。

该部分的施工对锚碇部分应绝对可靠，以确保安全。尾索张拉是在锚块端进行，扣索张拉在拱顶段拱圈内进行。张拉时按设计张拉力分级、对称、均衡张拉，同时密切关注锚碇和拱圈的变形、位移和裂缝，发现异常情况立即仔细分析研究，采取相应措施后再转入下一工序。

(3) 转体施工 正式转体前再次对桥体各部分进行系统、全面的检查，检查通过后方可转体。

(4) 合拢卸扣施工 拱顶合拢后的高差，通过张紧扣索提升拱顶、放松扣索降低拱顶来调整到设计高程。封拱应选择低温合拢。一般做法是先用钢楔楔紧拱顶，焊接主筋、预埋钢件，然后先封桥台拱座混凝土，再浇筑拱顶接头混凝土。当混凝土强度达到设计强度等级的70%后，即可卸扣索，卸索应对称、均衡、分级进行。

2. 竖向转体施工

竖向转体施工就是在桥台处先竖向或在桥台前俯卧预制半拱，然后在桥位平面内绕拱脚将其转动成拱。

竖向转体施工可根据河道情况、桥位地形和自然环境等方面的条件和要求，可以采用竖直向上预制半拱、向下转动成拱的方法。其优点是可以利用地形，施工场地小，预制可采用滑模施工，工期短，造价低。但在预制过程中应尽量保持位置垂直，以减少新浇混凝土重量对尚未硬结混凝土产生的弯矩，并在浇注一定高度后加设水平拉杆，以避免拱形曲率的影响，产生较大的弯矩和变形。当可以选择按地形预制时，可以根据地形降低支架高度，预制完成后向上转动成拱，如图 14-47 所示。

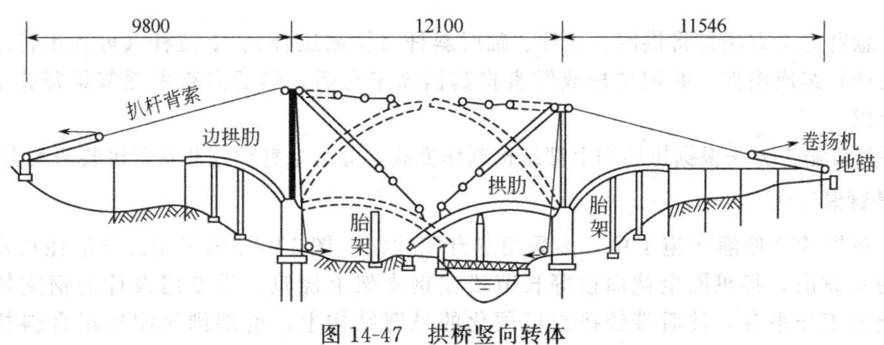

图 14-47 拱桥竖向转体

3. 平、竖结合转体施工

由于受到河岸地形条件的限制，拱桥采用转体施工时，可能遇到既不能在设计高程处预制半拱，也不可能在桥位竖平面内预制半拱的情况（如在平原的中承式拱桥）。此时，拱体只能在适当位置预制后既需平转又需竖转才能就位。这种平竖结合转体基本方法与前述相似，但其转轴构造较为复杂。

三、劲性骨架施工法

劲性骨架施工法就是采用劲性材料（如角钢、钢管等）拼装成拱式钢骨架，作为施工时的钢拱架使用，然后在钢拱架上浇筑主拱圈混凝土，并将这些钢骨架作为受力钢筋的一部分埋入拱肋（拱圈）混凝土中，形成钢筋混凝土拱。

劲性骨架法的优点是可以减少施工中设备的用钢量，结构整体性好，方便控制拱轴线，施工进度快。缺点是本身用钢量大，且多数为型钢，造价较高，目前较少采用。但随着钢管混凝土拱桥的出现，钢管混凝土作为主拱圈或劲性骨架在大跨径拱桥施工中却得到普遍应用。

劲性骨架法的主要施工步骤为：劲性钢骨架制作、劲性钢骨架安装、拱肋混凝土浇筑、横梁和吊杆安装。

1. 劲性钢骨架制作

劲性钢骨架采用型钢焊接制成，按照1：1大样分段冷弯成型，在大样架上拼焊加工。焊成的钢骨架应进行探伤检测。如果是用钢管作为劲性骨架，则应有下列工序：先对钢板进行切割、卷制；然后对通长8～12m的直管根据施工详图进行接头、弯制、组装，形成拱肋；最后在放样台上焊接。

2. 劲性钢骨架安装

劲性钢骨架安装时需根据计算要求，设置横向联系，每段骨架都应采用八字风缆固定。施工的关键是在整个过程中怎样保证钢骨架的竖向和横向稳定。

3. 拱肋混凝土浇筑

拱肋混凝土的浇筑大多采用泵送混凝土完成。为了保证钢骨架在整个浇注过程中不发生超过规范规定值的变形，要通过计算布置足够的横向联系和横向风缆。

对于钢骨架随混凝土浇筑位置所发生的轴线变形，可采用水箱压载法进行调整。

为适应钢骨架变形，避免混凝土开裂，应适当设置变形缝，待混凝土浇筑完成后，再采用高强度混凝土填缝。

四、悬臂施工法

拱桥悬臂施工方法是将拱圈、立柱、临时斜杆（拉或压杆）、上拉杆（可利用行车道梁或临时上拉杆）组成桁架，并用拉杆或缆索将其锚固于台后，然后向跨中逐节悬臂施工，最后于拱顶合拢。

拱桥悬臂施工方法根据拱肋和上部结构制作方式，分为悬臂灌注和悬臂拼装两大类。

1. 悬臂灌注法

国外在拱桥就地灌注施工中，多采用悬臂灌注法。图14-48为采用悬臂灌注法浇筑箱形主拱圈的示意图，将拱圈全截面按等长节段在钢支架上浇筑。用专门设计的钢支架作为现浇混凝土的工作平台，其后端铰接在已硬化的悬臂结构上，前端则用刚性组合斜拉杆经过临时支柱和塔架，由尾索锚固在岸边岩石上。由于钢支架本身较重，故它的移动必须借助其重量较大的浮吊船，而钢筋骨架和混凝土的运输则借助缆索吊装设备完成。拱圈浇筑后，可在拱顶安装用于调整应力的液压千斤顶，然后放松斜拉杆，浇筑拱上立柱，在柱上施工桥面系。

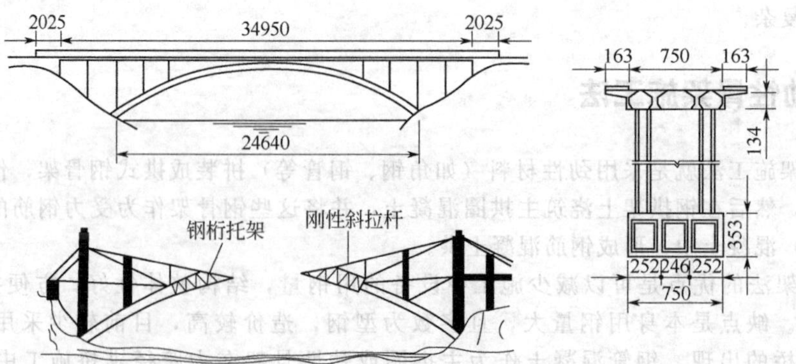

图14-48　悬臂灌注法浇筑箱形主拱圈

用这种方法施工大跨度拱桥时，应对斜拉杆的拉力控制、斜拉杆的锚固和地锚设计、预拱度的控制、混凝土质量控制等问题给予足够重视。

2. 悬臂拼装法

悬臂拼装法是将拱圈的各个组成部分（侧板、上下底板）和拱上立柱等预制成拼装构件，然后按分段组拼成桁架拱片，再用横系梁和临时风构将两个拱片组装成框构，按整节运至桥孔，由两端向跨中逐段悬臂拼装。悬伸出去的拱体通过上弦拉杆和锚固装置固定在墩台上，保持稳定。

由于拱肋是组成框架后整体吊装的，刚度大，稳定性好，施工安全。缺点是构件预制、组装工序较多，框架整体运输较困难。

悬臂拼装的另一种方法是将拱圈的各个组成部分分别在拱圈上先悬臂组拼成拱圈，然后利用立柱和临时斜杆和上拉杆组成桁架体系，逐节拼装，直至合拢。

五、钢管混凝土拱桥施工

钢管混凝土拱桥施工时，由于钢管的重量轻、刚度大、吊装方便，钢管的大刚度可以作为拱圈施工的劲性骨架，钢管本身就是模板的优点给大跨度拱桥施工创造了十分有利的条件。

1. 施工程序

(1) 分段制作钢管及加工腹杆、横撑等。

(2) 在样台上拼装拱肋，应按先端段后顶段逐段进行。

(3) 吊装钢管拱肋就位合拢，从拱顶向拱脚对称施焊，封拱脚使钢管拱肋转为无铰拱。

(4) 从拱顶向拱脚对称安装肋间横梁、X撑及K撑等结构。

(5) 按设计程序浇注钢管内混凝土。

(6) 安装吊杆、拱上立柱、纵横梁及桥面板，浇筑桥面混凝土。

2. 施工要点

(1) 用钢板制作钢管时，下料要准确，成管直径误差应控制在±2mm范围内。

(2) 拱肋拼接应在1∶1大样的样台上进行，焊接时应采取措施减少焊接变形，并严格保证焊接质量。

(3) 由于钢管直径大，一次浇筑混凝土数量多，为避免浇筑过程中钢管混凝土出现过大拉应力，保证钢管内混凝土的浇筑质量，每根钢管混凝土的浇筑应连续进行，上下钢管，相邻钢管内混凝土按一定程序或设计要求进行。

(4) 为保证空间桁架拱肋在施工中纵横向的稳定性，应采取在拱肋间设置横梁、X撑、K撑、八字缆风索，调整管内混凝土的浇筑程序等措施。

(5) 钢管的防锈和柔性吊杆的防护及更换应有一定的措施。

(6) 必须在钢管混凝土达到设计强度时才能进行桥面系的安装。

3. 钢管拱肋制作

钢管混凝土拱肋所用的钢管直径大，材料一般采用A3钢和16Mn钢，钢管由钢板卷制成型，管节长度由钢板宽度确定，一般为120～180cm。采用桁式截面时，上下弦之间的腹杆由于直径较小，可以直接采用无缝钢管。在有条件的情况下，应优先选用符合国家标准系列的成品焊接管。拱肋制作的关键在于拱肋在放样台上的精确放样和严格控制焊接质量。应尽量减少高空焊，并严格控制钢管制作各个工序的制作质量，为拱肋的安装和拱肋内混凝土的浇筑提供安全保证。

1) 钢管卷制和焊接。钢板利用焰割机切割，但应将热力影响3～5mm去掉。拱肋及横撑结构外表均应先喷丸除锈，按一级表面处理。钢板卷制前，应根据要求将板端开好坡口，将钢板送入卷板机卷制成筒体，卷制方向应与钢板压延方向一致。压制的钢管的矢圆度和对口错边偏差应满足相应施工规范的要求。根据不同的板厚和管径，可采用螺旋焊缝和纵向直焊缝将卷成的钢管焊接成直管，并对直管进行检查和校正，以确保卷制的精度。

2）拱肋放样。卷制后的成品管通常为8～12m长的直管，一般在拱顶进行接头、弯制、组装，形成拱肋。放样时首先根据设计图绘制施工详图（包括零件图、单元构件图、节段单元图及组焊、拼装工艺流程图），然后将半跨拱肋在混凝土地面上按1∶1进行放样。注意考虑温度和焊接变形的影响，放样的精度需达到规范要求。沿放样拱肋轴线设置胎架，在大样上放出吊杆位置、段间接头位置及混凝土灌注孔位置。拱肋钢管的纵向焊缝各管节应相互错开，而且将纵向焊缝全部置于两肋板中间，以免外表面焊缝影响美观。

在拱肋上部钢管内施焊吊杆垫板、支架及吊杆套管和弹簧钢筋，对管段焊缝质量进行超声探伤和X光片检查。对管段表面涂刷油漆防锈。对拱肋安装的吊点进行计算布置，并在吊扣点位置增设加劲板，以防圆管受力时变形。对各段端接头进行必要的加劲，以防吊装时拱肋端头碰撞，局部变形而难以对接施焊。段间接头外部增设法兰盘螺栓连接，以便就位后作临时连接用。横向风撑与拱肋的焊接，根据拱肋焊接方法而定。当整孔安装或半孔安装时，风撑应在工地安装前焊接完毕；当采用风缆安装时，风撑可在拱肋吊装完成后焊接。分段拱肋运至工地后，再在工地进行放样，将几段拱肋拼成安装的长度。

3）拱肋段的吊装。拱肋段的吊装一般要进行下列工序：

① 精确放样和下料。

② 对管段刷油漆作防锈（喷砂）防护处理。

③ 在1∶1放样台上组拼拱肋。先进行组拼，然后作固定性点焊焊接，在拱肋初步形成后，详细检查调校尺寸。

④ 精度控制。精度控制着眼于阶段的制作精度。

⑤ 防护。钢管防护的好坏直接影响钢管混凝土拱桥的使用寿命。首先随所有外露面作喷砂除锈处理，达到规定除锈等级后作防护处理。目前一般采用热喷涂，其喷涂工艺以及厚度均应符合设计要求。

4. 钢管拱肋混凝土浇筑

根据钢管拱肋的截面形式及施工设备，钢管拱肋混凝土的浇筑可采用以下两种方法。

（1）人工浇筑法　人工浇筑法用索道吊点悬吊活动平台，在钢管拱肋顶部每4m开孔作为灌注孔和振捣孔。混凝土由吊斗运至拱肋灌注孔，通过漏斗灌入孔内，用插入式振捣器进行振捣。因此人工浇筑法一般使用拱肋截面为单管、哑铃形等实体型钢管拱肋。浇筑程序对于哑铃形是先腹板，后下管，再上管。灌注顺序从拱脚向拱顶，按对称、均衡的原则进行。同时，可通过严格控制拱顶上升及墩顶位移来调整浇筑顺序，以使施工中钢管拱肋的应力不超过规定值，并保证拱肋的稳定性。

（2）泵送顶升浇筑法　泵送顶升浇筑法是在钢管拱肋、拱脚的位置安装一个带闸门的进料支管，直接与泵车的输送管相连，由泵车将混凝土连续不断的自下而上灌入钢管拱肋，无须振捣。一般输送泵设于两岸拱脚，对称均衡的一次压注混凝土。泵送混凝土之前，应先用压力水冲洗输送管内壁，再用水泥砂浆通过然后连续浇筑混凝土。

这种方法适宜用于桁架钢管拱肋内混凝土的浇筑，也可用于单管、哑铃形等实体型钢管拱肋截面的混凝土浇筑。

灌注混凝土的配合比除应满足强度指标外，还应注意混凝土坍落度要求，可掺入适量减水剂；为减少收缩量，可掺入适量的混凝土微膨胀剂。钢管内混凝土是否灌满，混凝土收缩后与钢管壁形成空隙是极易出现的技术问题，采用小铁锤敲击钢管听声音是简单有效的方法。当小铁锤敲击发出声音有空隙时，应钻孔检查或用超声波进行检测，对确认有空隙的部位进行钻孔压浆补强。大跨径钢管混凝土拱桥，混凝土灌注可以分环或分段浇筑，灌注时应从拱脚到拱顶对称进行。大跨径拱肋灌注混凝土时应对拱的变形和应力进行监测，并在拱顶附近配置压重，以保证施工安全。

(3) 浇筑混凝土应注意的事项　钢管混凝土填筑的密实度是保证钢管混凝土拱桥承载能力的关键。钢管内混凝土是否灌满，混凝土收缩后与钢管壁形成空隙是问题所在。质量检测方法是以超声波检测为主，人工敲击为辅。通过检测，有空隙部位必须进行钻孔压浆补强。施工中除应按设计要求控制各工序外，还应注意以下几点：

1) 每根钢管的混凝土必须由拱脚至拱顶一次连续浇筑完成，不得中断，且浇筑完成时间不宜超过第一盘入管混凝土的初凝时间。当钢管的直径较大，混凝土初凝时间内不能浇完一根钢管时，可设隔板把钢管分成 3 段或 5 段，分段灌注。隔板钢板厚度应大于 1.5 倍钢管壁厚。下一段开口应紧靠隔板，使两端混凝土通过隔板严密结合。隔板周边应与钢管内壁焊接。

2) 浇筑入口应设在浇筑段根部，并从两拱脚向拱顶对称浇筑。用顶升法浇筑时，严禁从中部或顶部抛灌。

3) 浇筑混凝土的前进方向，应每 30m 左右设一个排气孔，有助于排出空气，提高管内混凝土的密实度。

4) 桁式钢管拱肋混凝土的灌注顺序，一般为先下管后上管，或者上、下管和相邻管的混凝土浇筑一定程序交错进行或按设计要求进行。

5) 浇筑时环境气温应大于 5℃。当环境气温高于 40℃，钢管温度高于 60℃时，应采取措施降低钢管温度。

6) 管内混凝土的配合比及外加剂的用量等，均应通过设计、实验来确定。施工中应严格管理，特别注意要振捣密实，以确保钢管混凝土的质量。

7) 大跨径钢管混凝土拱桥，混凝土可分环或分段灌注，灌注应从拱脚向拱顶对称进行。应对拱肋变形和应力进行观测，并在拱顶附近配置压重，以保证施工安全。

第四节　施工实例

一、缆索吊装施工

(一)黄柏河大桥

该桥为 7 孔 60m 空腹式钢筋混凝土等截面悬链线箱形板拱，矢跨比为 1/6，拱轴系数为 2.814，桥面净宽 9m，全桥长 476.95m。

主拱圈由七条钢筋混凝土箱肋组成，每肋分为三段预制，采用公路缆索架桥设备吊装，吊装重 34t。全桥吊装施工总布置见图 14-49。

1. 拱肋吊装顺序

根据预制场位置，并综合考虑拱肋节段在安装过程中对桥墩受单向推力的影响，以及为减少缆索吊机塔顶索鞍的移动次数等因素确定的全桥拱肋纵、横向吊装顺序如下（拱肋从上游至下游依次编号为 1#～7#，桥孔从宜昌岸至前坪依次编号 1#～7#)：

(1) 纵向吊装顺序：两塔顶索鞍置于 1#～2# 箱肋中间位置，依据第七、六、一至四孔，在第五孔合拢的顺序，逐孔吊装 1# 和 2# 箱肋，成为双基肋，以利横向稳定。

(2) 横向吊装顺序：箱肋的横向编号是自上游至下游，当全桥吊装完 1# 和 2# 箱肋后，移塔顶索鞍于 3# 和 4# 箱肋中间位置，按顺序吊完各孔 3# 和 4# 肋，最后，移塔顶索鞍于 6# 箱肋中线位置，依序吊装 5#、6#、7# 三条肋，全桥在第五孔合拢。

(3) 偏吊、正扣：各箱均于吊起后偏拉至各肋中线位置就位，但各边段拱箱的扣索是设置在箱肋中线上的，故谓之正扣。

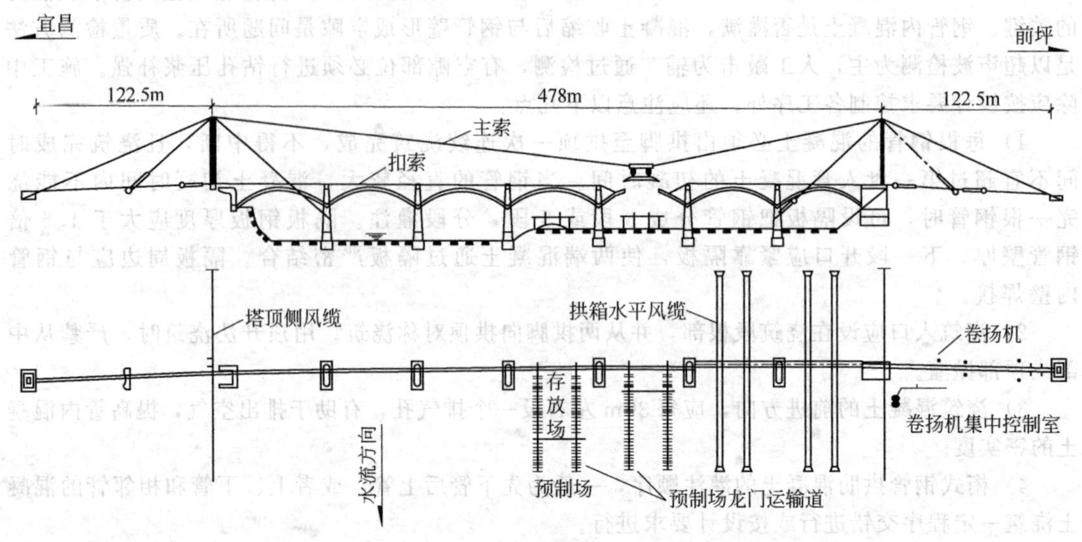

图 14-49　全桥吊装施工总布置图

2. 拱箱安装要点

(1) 拱箱边段就位：边段拱脚用撬棍、倒链横移就位。另一端用横移索控制中线，通过吊、扣点的重复升、降调整，将吊点受力移交给扣点，并使接头标高稳住在高于设计 20cm，经检查中线位置及高程，调整完毕后，即松吊绳卸吊点。同时，把风缆紧固好，稳住箱肋位置，依上法吊装另一边段箱肋。

(2) 中段箱肋的吊装：中段运至安装位置后，经过调整对准，缓缓降落至拱顶高程高于设计高程 2cm 时停止。

(3) 箱肋的松扣合拢：严格控制住拱顶及两个箱肋接头的标高及中线位置，然后，缓慢而断断续续地放松两边段扣索，使边段与中段接头靠拢，符合拱轴线要求后，再装上接头螺栓，使之成拱合拢，安装的精度要求为：两对称接头的高差不大于±1cm，轴线偏移不大于±1cm。

(4) 填塞箱肋接头：箱肋合拢后，立即用不等厚的钢板同时填塞两拱脚及两接头缝隙，做到填实、楔紧，并留出灌注环氧树脂孔道。

(5) 微松吊索和扣索，紧螺栓，焊接头；对称而均匀地微松吊、扣索，使各接头抵紧压实，并拧紧接头螺栓，紧固好横向稳定风缆，随即用四台电焊机同时焊接各接头钢板，焊完后再次拧紧螺栓，并用电焊将螺帽、螺杆焊住。

(6) 摘除吊具和扣具：完成上述各工序后，可拆除吊点和扣索，即完成了一条箱肋的安装工作。

(7) 相邻的一条箱肋安装好后，即将横向联系的预埋件用电焊焊牢，并上好横向联系螺栓，在两箱肋之间空挡中，按箱肋横隔板间距用木楔楔紧。待第三条拱肋安装就位后，拆除双基肋的横向稳定风缆。

(二)岷江大桥

如图 14-50、图 14-51 所示，该桥位于四川省宜宾市，主桥为钢筋混凝土箱形拱桥，最大桥跨 100m。分跨布置为 55＋2×100＋55 (m)，另有 8×20m 石拱桥引孔，全长 532.75m。桥面净宽：8＋2×2 (m) 人行道。主拱箱高 1.6m，矢跨比 1/6。全拱横向分 6 箱室，纵向分 5 段预制，缆索吊装施工。

图 14-50 岷江大桥

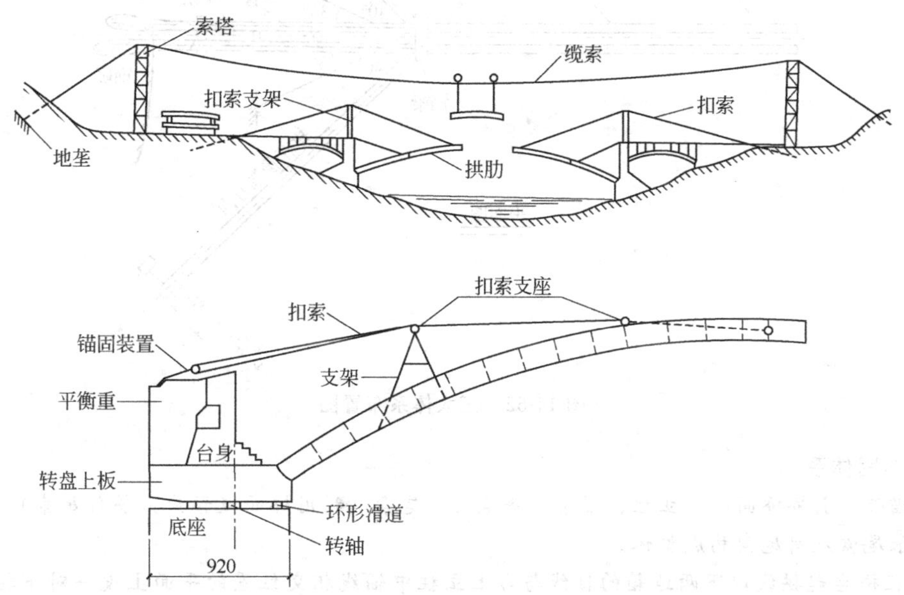

图 14-51 岷江大桥缆索吊装施工示意图

二、转体施工法

(一)平面转体实例

涪陵乌江大桥为跨径 200m 的双箱截面拱桥。为充分利用两岸地形，利用结构本身及结构用钢作施工设施，以减少拱架及吊装设备，故选用了双箱对称同步转体施工工艺，其特点在于使拱箱在转体过程中，不论处于何种转动角度时，上、下游拱箱的扣索力，在垂直于桥轴线方向的分力互相平衡，在顺桥轴线方向的分力由尾索和平撑平衡。从而省去平衡转动体系的平衡圬工和不对称转体施工中的斜向平撑，达到了节约的目的。

施工中布设的锚固、转动和位控体系见图 14-52。

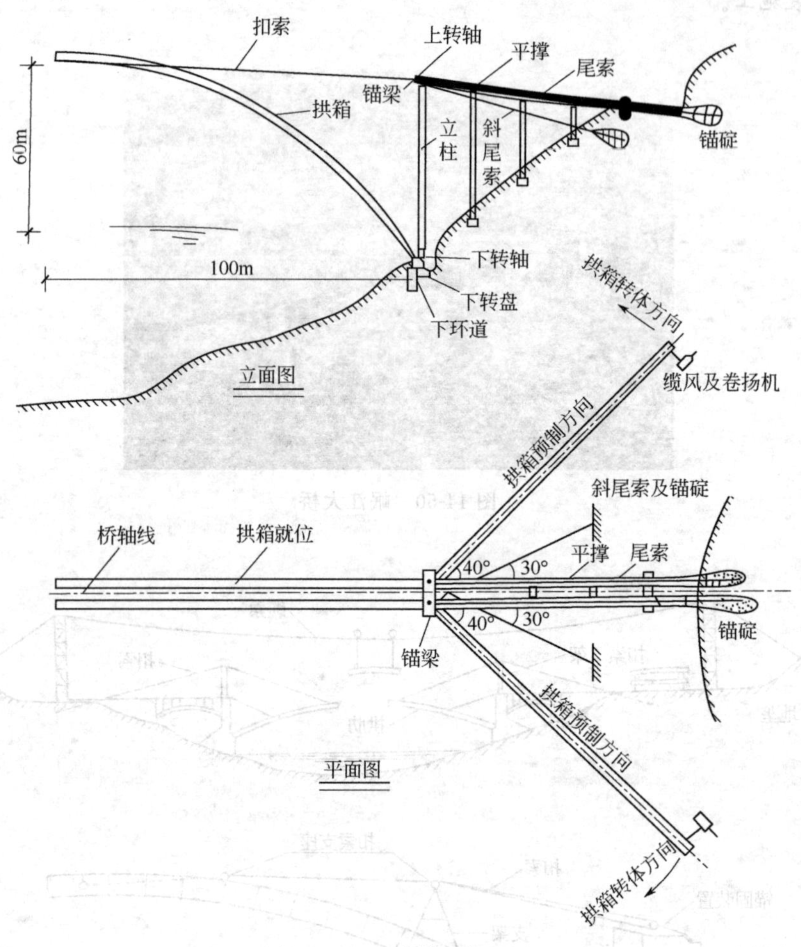

图 14-52　三大体系布置图

1. 锚固体系

由锚碇、引桥桥面板、立柱、锚梁、斜尾索、尾索（利用桥面板预应力筋作尾索）等组成，通过预张尾索及斜尾索构成整体。

2. 在桥台起拱线以下两边箱的轴线与台上立柱中轴线相交位置的平面上设一对下转盘；在台上立柱顶的锚梁中，对应于下转盘设一对上转轴；在两岸上、下游引桥与桥轴线成40°角度的方向，利用地形分别设立支架，预制四个半跨边箱，待混凝土达到强度后，张拉扣索，使拱箱脱架，从而组成转动体系。

从设计方面，考虑了拱箱在脱架和转体过程中的强度和纵横箱稳定。

3. 位控体系

双箱对称同步转体施工的位控体系是靠预先设置的上、下转轴的偏心值 e，由张拉扣索启动转体的。

为使扣索力由偏心值而产生的自转力矩一直保持至拱箱合拢位置，乌江桥设计中采用了双偏心，即顺桥轴线的偏心值 $e_1=40\text{cm}$，顺河方向的偏心值 $e_2=15\text{cm}$。

另外，在每一拱箱顶端设一缆风索，通过卷扬机放索，控制拱箱的转速和位置。

为保证锚固体系的横向安全，乌江桥采用了两台可控硅无级调速卷扬机，控制两箱同步转体。在整个自控转体过程中，锚固体系的高立柱顶端横向位移仅2～3mm，锚固体系的横向安全系数提高了20倍。

(二)竖向转体实例

1990 年前后，在四川广元朝天区进行了“三滩沟大桥”和“杨家沟大桥”的“拱肋竖向转体施工”的试验工程。从图 14-53 即可以看出：为了节省拱桥施工的支架，拱肋在河涌的低处进行预制件的组装后（在支架上的两段），通过拱脚设的“铰”和较少的提升设备（2t 卷扬机），缓缓地将拱肋向上“竖转”到位（正在空中的两段）。这两座大桥的试验成功，为稍后建成的河南安阳跨铁路编组站的“文峰大桥”和广州跨珠江的“丫髻沙大桥”提供了较为成熟的施工经验。

(三)平、竖结合转体实例

河南安阳文峰大桥是京广线上最大的跨线（跨安阳铁路编组站）公路立交桥，也是河南省境内首座钢管混凝土系杆拱桥。主跨为 135m。1995 年该工程在国内（也应该说是世界上）首次采用“竖转加平转”的双向转体施工技术，没有因为修桥而影响或中断京广铁路的交通。2000 年该工程被评为国家优质工程银质奖。

丫髻沙大桥是广州环城高速路西南环段跨越珠江主、副航道和丫髻沙岛的特大桥梁。全长 1084m，主桥采用三跨连续自锚中承式钢管混凝土拱桥桥型，其主跨以 360m 一跨跨过珠江的主航道。大桥建成后，桥面是双向 6 车道。该桥 1998 年 7 月动工，2000 年 6 月建成。丫髻沙大桥共创下 4 项全国乃至世界第一：大桥跨度第一，主跨达到 360m，为当时世界钢管混凝土拱桥中主跨度之最；大桥平转转体每侧重量达 13680t，不仅居国内第一，也是世界同类型第一座万吨转体桥梁；竖转加平转相结合的施工方法世界领先；大桥极限承载力和抗风力国内领先，图 14-54 为建成后的丫髻沙大桥。

图 14-53　竖向转体施工

图 14-54　丫髻沙大桥

复习思考题

1. 简述拱桥的优缺点。
2. 拱桥可以分为哪几种类型？各有何特点？
3. 拱圈分段浇筑施工时应注意哪些事项？
4. 拱圈砌筑材料有何要求？
5. 简述石拱圈砌筑程序。
6. 悬臂浇筑法施工应注意哪些？
7. 拱肋缆索吊装合拢方式有哪些？
8. 有平衡重平面转体拱桥的主要施工程序是怎样的？

第十五章 斜拉桥及悬索桥施工

学习要点： 斜拉桥和悬索桥的常规施工方法、相关工艺及质量标准，斜拉桥和悬索桥施工控制的基本原理。

第一节 斜拉桥的施工

一、施工概述

一般来说，斜拉桥的基础、墩台和索塔施工与其它桥型基本相同，但上部结构的施工有其特殊性，对于大跨径斜拉桥的上部结构主要采用悬臂浇筑或悬臂拼装的施工方法，对于中小型斜拉桥，可根据桥址所处的地形和结构本身的特点，采用支架法、顶推法或平转法等施工方法。

斜拉桥属于高次超静定结构，其设计和施工高度耦合，所采用的施工方法和安装程序与成桥后的主梁线形及结构的内力状态有着密切的关系，在施工阶段随着斜拉桥的结构体系和荷载状态的不断变化，结构内力和变形也随之不断发生变化，并决定成桥后结构的受力及线形。为确保斜拉桥在施工过程中的结构受力状态和变形始终处在合理、安全的范围内，并且成桥后主梁的线形符合预期的设计效果，在施工过程中必须严密的施工控制，《公路桥涵施工技术规范》(JTG/T F50－2011)（以下简称《桥规》(F50)）规定：“斜拉桥施工前应全面了解设计的要求和意图，根据结构的特点和受力特性，编制施工组织设计，做好施工过程控制，使成桥线形、内力符合设计和监控的要求”。

二、索塔施工

索塔有混凝土索塔和钢索塔两种。索塔的构造要比一般的桥墩复杂，塔柱可以是倾斜的，塔柱之间可能设置横梁，并且塔内须设置前后交叉的管道以备斜拉索穿过锚固，塔顶设置塔冠并有避雷装置，沿塔壁须设置检修的步梯，因此塔的施工要根据设计和构造要求统筹兼顾。钢索塔具有造价高，施工精度高，抗震性好，维护要求高等特点。混凝土索塔则有价格低廉，整体刚度大，施工简便，成桥后养护和维修少的特点。现代斜拉桥中，一般采用混凝土索塔。

1. 混凝土主塔施工

混凝土索塔的施工有支架现浇、预制拼装、滑升模板浇筑、翻转模板浇筑、爬升模板浇筑等多种方法。

根据斜拉桥的受力特点，索塔要承受巨大的竖向轴力，还要承受部分弯矩。斜拉桥的设计对成桥后索塔的几何尺寸和轴线位置的准确性要求都很高。在施工过程中，混凝土塔柱受施工偏差、基础沉降、风荷载、混凝土收缩、徐变、温度变化等因素影响，其几何尺寸和平面位置都会发生变化，如施工控制不当，很容易导致缺陷，甚至产生次内力。因此不管采取何种施工措施，在斜拉桥的施工过程中都必须实行严格的施工控制，确保索塔施工质量及内力分布满足设计和规范要求。

索塔施工的工艺流程为：测量放样、设备安装→塔座施工→下塔柱施工→下横梁施工→中塔柱施工→上横梁施工→上塔柱施工→塔顶建筑施工→拆除支架、起重设备。

混凝土索塔的塔柱分为下塔柱、中塔柱和上塔柱，一般可采用支架法、滑模法、爬模法分节段施工，常用的施工节段大小划分为1～6m不等。在塔柱内，常常设有劲性骨架，劲性骨架在加工厂加工，在现场分段超前拼接，精确定位劲性骨架安装定位后，可供测量放样、立模、钢筋绑扎、拉索钢套管定位用，也可供施工受力用。劲性骨架在倾斜塔柱中，其功能作用更大，它的设计往往结合构件受力需要设置。当塔柱为倾斜的内倾或外倾布置时，应考虑每隔一定的高度设置受压支架（塔柱内倾）或受拉拉杆（塔柱外倾）来保证斜塔柱的受力、变形和稳定性。

《桥规》规定：“索塔横梁施工时，根据其结构、重量及支撑高度，应设置可靠的模板和支撑系统，其强度、刚度和稳定性必须满足要求，支撑系统的弹性和非弹性变形、基础不均匀沉降、日照温差等因素对支撑的影响应控制在容许范围以内，必要时应设支承千斤顶调控。体积过大的横梁可分次浇筑”。倾斜塔柱施工时，必须对各施工阶段塔柱的强度和变形进行验算，应分高度设置主动横撑，使其线形、内力、倾斜度满足设计要求并保证施工期结构的安全。

索塔混凝土的浇筑可采用吊斗提升法输送混凝土，有条件时应采用商品泵送混凝土工艺，一次泵送混凝土高度可达200m上，具有施工速度快、机械化程度高、浇筑质量易控制等特点。《桥规》另规定混凝土布料应按一定的平面距离布设串筒，并控制其倾落高度不超过2m，确保混凝土不离析。混凝土应分层浇筑，每层厚度不超过300mm。

2. 钢主塔施工

钢索塔一般采用预制拼装的施工办法，分为工厂分段预制加工和现场吊装安装两个大的施工阶段。钢索塔施工应对垂直运输、吊装高度、起吊吨位等施工方法进行充分考虑。钢索塔应在工厂分段焊接加工，事先进行多段立体试拼装合格后方可出厂。主塔在现场安装，常常采用现场焊接或高强度螺栓连接，焊接和螺栓混合连接的方式。经过工厂加工制造和立体试拼装的钢塔，在正式安装时应予以施工测量控制，并及时用填板或对螺栓孔进行扩孔来调整轴线和方位，防止加工误差、受力误差、安装误差、温度误差和测量误差的积累。

《桥规》规定：钢索塔与钢混结合段或基础的连接采用螺栓锚固时，承压板与混凝土之间必须保持密切接触，混凝土表面应抛光磨平并对承压板进行机械加工切削。采用埋入式锚固时，必须保证底座的安装精度。轴线偏差≤3mm，顶面标高容许误差≤1.5mm，垂直度偏差≤1/4500。塔柱节段和横梁吊装前应进行稳定性验算，对必要部位应进行临时加固，并应进行试吊，确认无误后方可起吊安装。

钢主塔的防锈蚀措施，可以采用耐候钢材，也可采用喷锌层。但国内外绝大部分钢塔仍采用油漆涂料，一般可保持使用的年限为10年。油漆涂料常采用两层底漆、两层面漆，其中三层由加工厂涂装，最后一道面漆由施工安装单位最终完成。

3. 索塔拉索锚固区塔柱施工

拉索锚固区的施工，应根据不同的锚固形式来选择合理的方案。拉索在塔顶部的锚固形式主要有：交叉锚固、钢梁锚固和箱形锚固等。

(1) 交叉锚固　如图15-1所示，将横截面设计成H形实心截面，并且各锚固断面间均设有加劲横隔板，则横隔板同时可做工作平台，这样就免去了搭设工作支架的麻烦，使得施工、维修、调索、换索等均较方便。中小跨度斜拉桥的拉索较多采用交叉锚固形式。施工步骤为：①立劲性骨架；②钢筋绑扎；③拉索套筒的制作及定位；④立模；⑤浇筑混凝土及养护。

(2) 钢梁锚固　如图 15-2 所示，一般大跨径斜拉桥多采用对称拉索锚固，其方法之一是采用拉索钢横梁锚固构造。该方法对塔柱横截面要求相对较大，可为施工提供足够的空间。

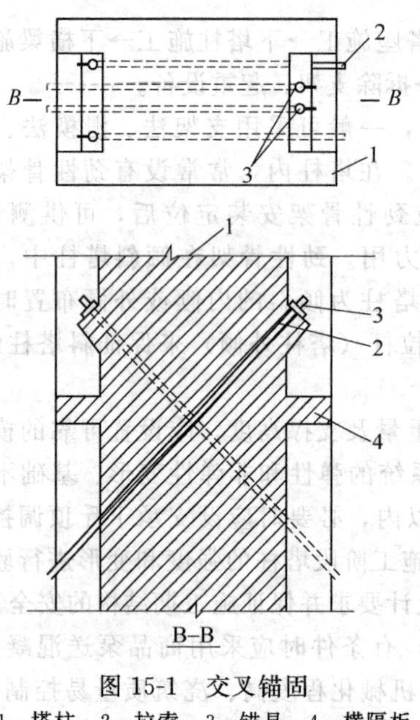

图 15-1　交叉锚固

1—塔柱；2—拉索；3—锚具；4—横隔板

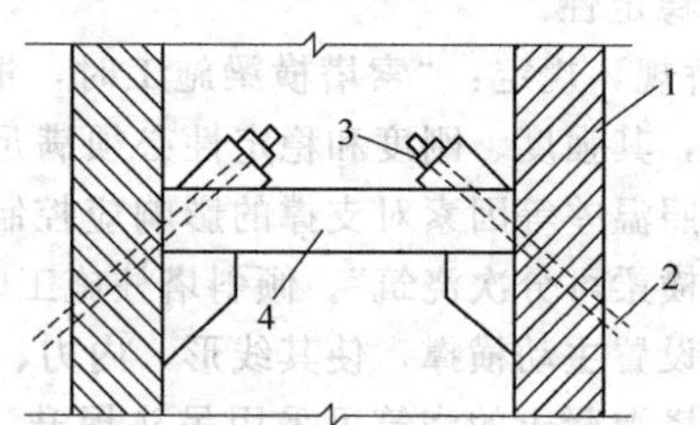

图 15-2　钢梁锚固

1—塔柱；2—拉索；3—锚具；4—钢横梁

除横梁施工部分外，其余和交叉锚固施工基本相似，其施工顺序为：立劲性骨架→钢筋绑扎→套筒安装→套筒定位→装外侧模→混凝土浇筑→横梁安装。

拉索锚固钢横梁，应按桥梁钢结构的加工要求在加工厂完成，并经严格验收合格后方可出厂完成。在施工组织设计中，选择塔吊的起重高度和起重能力应考虑钢横梁的要求。当钢横梁太重，主塔的垂直起吊能力不能适应时，宜修改设计，将其分部件用高强螺栓连接，现场组拼安装，但必须事先在加工厂预拼装合格。

由于主塔塔柱空心断面尺寸有限，设施多，空间紧凑，同时支承钢横梁的塔壁混凝土牛腿占据一定的空间，安装有诸多不便，因此在施工前应仔细研究细部尺寸及安装方法，并与塔柱施工方法相协调。

预应力箱形锚固法如图 15-3 所示，调索、检查、维修方便，并改善了外观，但预应力施工较为复杂。

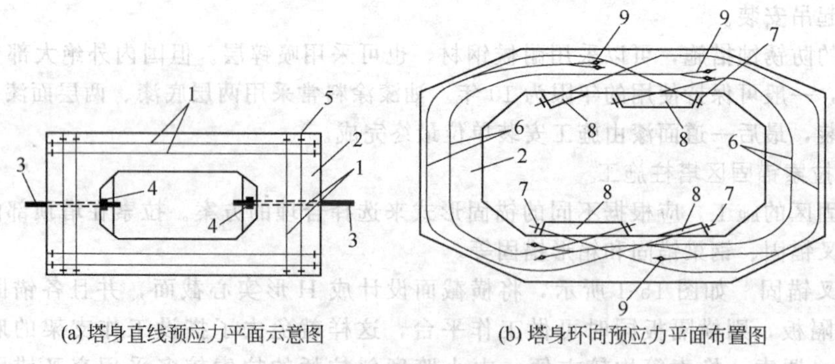

(a) 塔身直线预应力平面示意图
(b) 塔身环向预应力平面布置图

图 15-3　箱形锚固型

1—直线预应力筋；2—塔体；3—拉索；4—拉索锚具；5—直线预应力锚具；6—塔身环向预应力筋；7—螺母锚固端；8—锚头混凝土；9—预埋锚固端

拉索平面预应力箱形锚固段为空心柱，其施工程序为：立劲性骨架→钢筋绑扎→套筒安装→套筒定位→安装预应力钢管及钢束→模板安装→混凝土浇筑养护→施加预应力→压浆。

平面布置的预应力分为体内有粘接预应力和体外预应力束，一般采用体内预应力束。由于塔柱为承压结构，所以要确保管道不漏浆，绝不允许“开仓”浇筑混凝土时要特别注意保护管道，严格检查。施加预应力时，为防止施工不便带来的损失，应以伸长量和张拉力进行双控。

4. 索塔施工的起重设备

索塔施工属高空作业，工作面狭小，施工难度大，在制定索塔施工方案时，必须详细考虑设备的水上运输、垂直提升机安拆，以及人员上下安全通道的布置等问题。其中设备的选择与布置是索塔施工的关键。设备的选择根据索塔的结构形式、规模、桥位地形等条件而定。目前一般采用塔吊辅以人货两用电梯的施工方法。

（1）塔吊　在索塔施工中，一般采用附着式自升塔吊，其中力矩为 600kN·m～2500kN·m 不等。起重力可达 100kN 以上，起重高度可达 150m 以上，其结构见图 15-4。

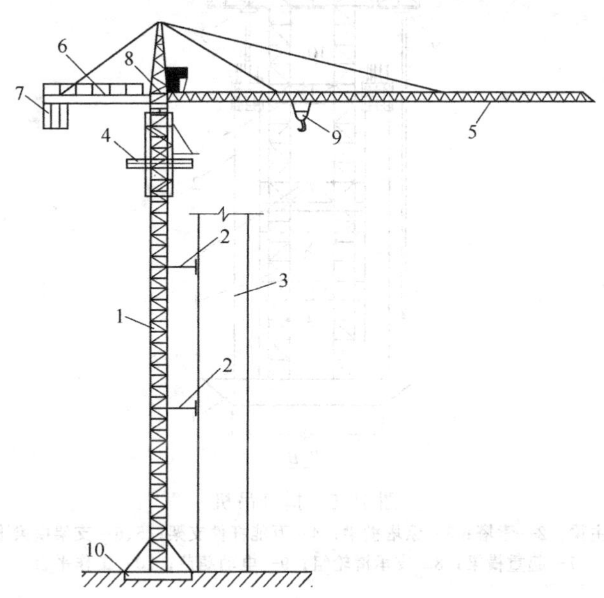

图 15-4　附着式自升塔吊

1—塔吊塔身；2—塔吊附着；3—斜拉桥塔柱；4—吊架；5—起重臂；6—平衡杆；7—配重；8—旋转机构；9—吊钩；10—塔吊基座

塔吊的选择应考虑下列原则：①性能参数能满足施工条件；②起重力和生产效率满足施工进度的要求，匹配合理、功能大小恰当；③适应施工现场的环境，便于进场、安装架设和拆除退场。

（2）通用杆件、卷扬机、电动葫芦装配的提升吊机　在一些中小规模直索塔的施工中，可采用通用杆件、卷扬机、电动葫芦装配的提升吊机来解决构件的垂直运输。通用杆件拼装的吊架形式多种多样，千变万化，可根据实际索塔的结构形式进行搭设。如图 15-5 所示是常见的提升吊机的示意图。

（3）爬升吊机　爬升式吊机由起重机扒杆、旋转装置、升降幅装置、卷扬机、爬升架、爬升用起吊天梁六部分组成。采用爬升吊机施工时，首先应在塔上安装护轨，起重机沿护轨逐段爬升，再逐段施工。该方法具有安装简便、经济实用的特点，但要求起重机本身质量较小且塔柱垂直。如图 15-6 所示。

（4）人货两用电梯　用于斜拉桥索塔施工的人货两用电梯一般有直爬和斜爬式两种，主要由轨道架、桥箱、驱动机构、安全装置、电控系统、提升接高系统等几大部分组成，具有构造简单、适用性强、安装可靠等特点，能极大地方便施工人员的上下及小型机具与材料的运输。

电梯一般布置在顺桥向索塔的一侧，并附在塔柱上，电梯布置如图 15-7 所示。施工中应根据索塔的高度和形状选用合适的电梯。

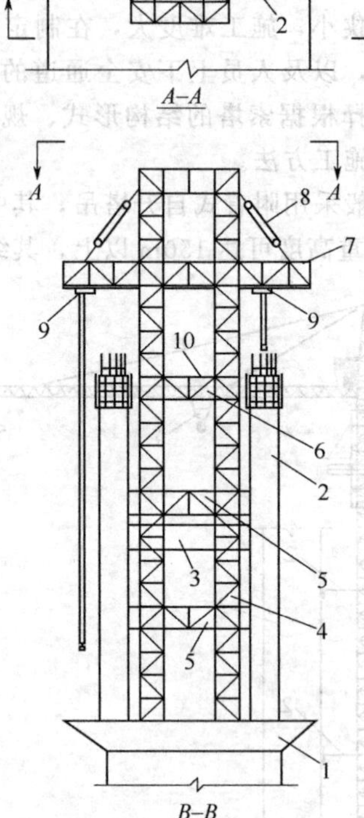

图 15-5　提升吊机

1—主梁；2—索塔；3—索塔横梁；4—万能杆件支架；5、6—支架横梁附着
7—起重横梁；8—支承滑轮组；9—电动葫芦；10—工作平台

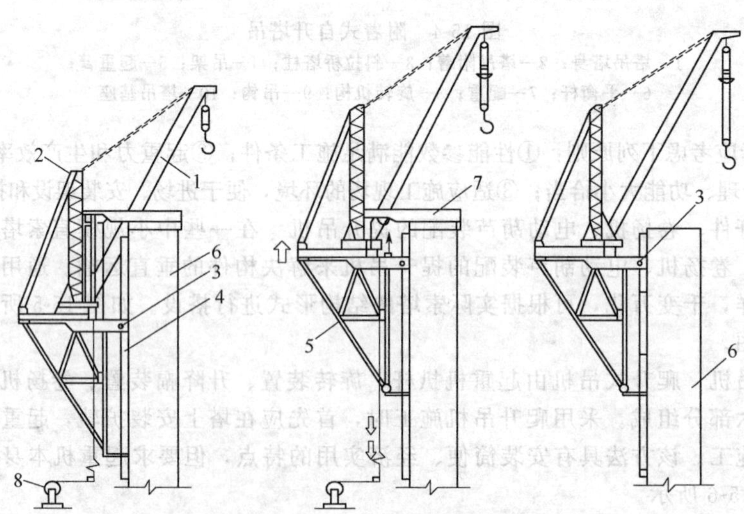

图 15-6　爬升式吊机

1—起重扒杆；2—调幅转轮；3—定位销；4—爬升轨道；5—爬升托架；
6—已浇索塔；7—爬升挂梁；8—卷扬机

(5) 摇头扒杆和卷扬机 在一些规模较小的索塔施工中，为了节约设备使用费或受场地限制，可以用摇头扒杆辅以卷扬机来解决垂直运输，但所吊重力一般宜在10kN以下。此方法适用于独塔结构的斜拉桥，见图15-8。

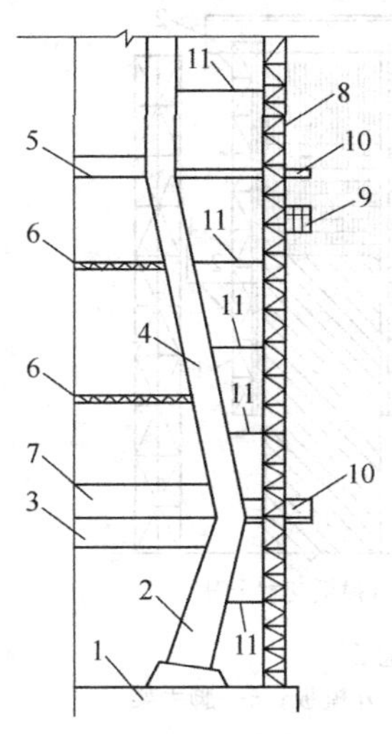

图15-7 电梯布置示意图

1—承台；2—下塔柱；3—下横梁；4—中塔柱；5—上横梁；6—中塔柱横梁；7—主梁；8—电梯钢架；9—电梯；10—标准平台；11—附着杆

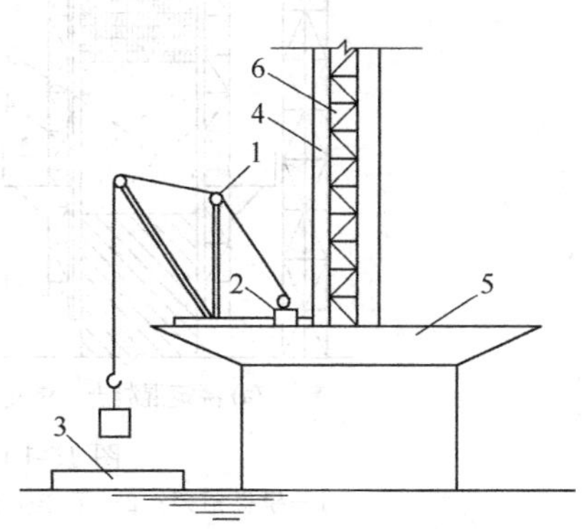

图15-8 摇头扒杆与卷扬机垂直运输示意图

1—摇头扒杆；2—卷扬机；3—工作船；4—索塔；5—主梁；6—塔吊

5. 索塔模板施工工艺

索塔施工的模板按照结构形式不同分为提升模和滑模。

提升模板按其吊点不同可分为依靠外部吊点的单面整体模板逐段提升、多节模板交替提升（翻转模板）及本身带爬架的爬升模板（爬模）。滑模只适用于等截面的垂直塔柱，具有一定的局限性。

提升模板法因适应性强、施工速度快的优点，被大量采用。无论采用提升模板及滑模均可实现无支架施工。

模板的材料有多种，塔柱一般采用钢板或竹胶板加工制作，模板骨架用型钢制成桁架式。为确保模板结构安全、可靠，模板必须具有足够的强度和刚度。出厂前要进行整体组装，合格后才能出厂。

(1) 单面整体提升模板 对于截面尺寸相同，外观质量要求一般的混凝土索塔施工，可采用单面整体提升模板。施工时先制作和组拼模板，分块组装，模板下端须夹紧塔壁以防止漏浆，然后进行混凝土全模板高度浇筑，混凝土达到规定强度后，将模板拆成几块后提升并重新组装，继续施工，如图15-9所示。

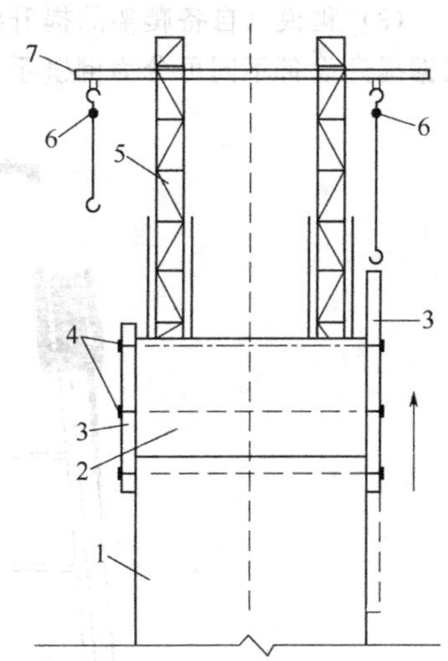

图15-9 单面整体提升模板示意图

1—已浇索塔；2—待浇阶段；3—模板；4—对拉螺杆；5—劲性骨架；6—手拉葫芦；7—横梁

单面整体提升模板可分为组拼式钢模和自制式钢模。每一节段的浇筑高度根据索塔尺寸、模板数量和混凝土浇筑能力而定，一般为3～6m。

单面整体提升模板施工简单，在没有吊机的情况下，可利用索塔内的劲性骨架作支撑，用手拉葫芦提升。但在索塔截面形状尺寸变化较大，混凝土接缝要求美观的情况下，其使用具有一定的局限性。

(2) 翻模（交替提升多节模板）　翻模模板由内外模、对拉螺杆、护栏及内工作平台等组成，不必设内外脚手架。如图 15-10 所示。模板的大小可根据施工能力灵活选用，一般情况下，每套模板沿高度方向分为标准节和接缝节，标准节一般高为 3m，接缝节一般高为 1.0～1.5m。

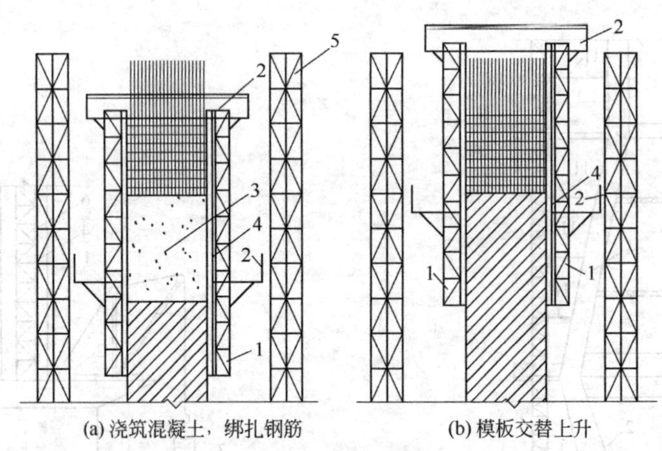

图 15-10　翻模模板布置示意图

1—模板桁架；2—工作平台；3—已浇墩身；4—外模板；5—脚手架

施工程序为：先安装第一层模板（接缝节＋标准节＋接缝节），浇筑混凝土，完成一个基本节段的施工；在以已浇筑混凝土为依托，拆除最下一层的接缝节和标准节，顶节接缝不拆除，把标准节向上提升，接在第一层顶接缝节上，并将拆下的接缝节架设在标准节上，安装对拉螺杆和内撑，完成第二层模板安装。如此由下至上依次交替上升，直至达到设计的施工高度为止。

这种模板系统是依靠混凝土对模板的黏着力自成体系，制造简单，构件种类少，混凝土接缝较易处理，施工速度快，能适应各种结构形式的斜拉桥索塔施工，但模板本身不能爬升，要依靠塔吊等起重设备提升，因此对其中设备的要求较高。

(3) 爬模（自备爬架的提升模板）　爬模系统一般由模板、爬架及提升系统三大部分组成，根据提升设备不同可分为倒链手动爬模、电动爬架拆翻模、液压爬升模等，如图 15-11 所示。

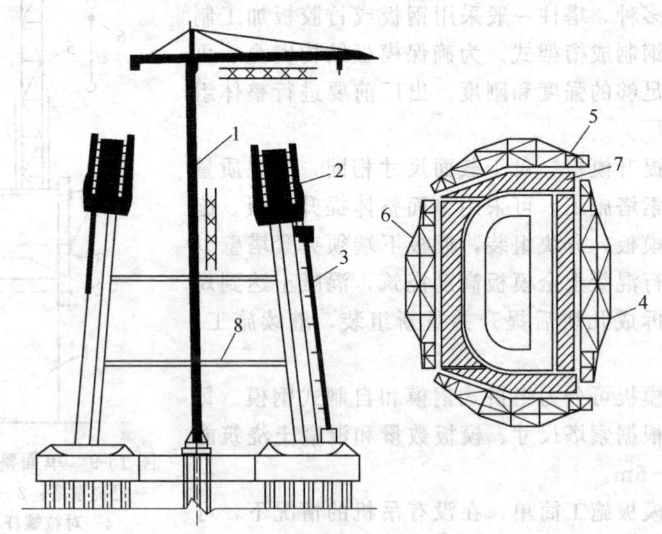

图 15-11　爬模系统示意图

1—塔吊；2—爬模；3—电梯；4—1 号爬架；5—2 号爬架；6—3 号爬架；7—活动脚手架；8—临时支架

爬模系统的模板一般采用钢模板，模板在使用时不仅需要满足自身功能的要求，还要承受并传递爬架工作荷载，所以在其加劲肋满足刚度需要的基础上应加强。

爬架可采用万能杆件组拼，也可用型钢加工，主要由网架和联结导向滑轮提升结构组成。爬架沿高度方向分为两个部分：下部为附墙固定架，包括两个操作平台；上部为操作层工作架，包括 2 个以上操作平台。爬架总高度及结构形式根据塔柱构造特点、拟配模板组拼高度及施工现场条件综合确定。常用的高度为 15～20m 左右。

爬架提升系统由爬架提升设备和模板拆翻提升设备两部分组成。爬升提升设备一般可采用倒链葫芦、电动机或液压千斤顶，模板翻升设备则可采用倒链葫芦、电动葫芦或卷扬机。要求提升速度不可太快，以确保同步平稳。

爬模施工前须先施工一段爬模安装锚固段，俗称爬模起始段。待起始段施工完成后拼装爬模系统，依次循环进行索塔的爬模施工。根据爬模的施工特点，无论采用何种提升方式，相对其它施工方法均有施工速度快、安全可靠，对其设备要求不高的特点。但此法对折线形索塔适应性较差，故一般在直线形索塔施工中应用较为广泛。

6. 索塔施工测量控制

索塔在施工过程中，受施工偏差、混凝土收缩徐变、基础沉降、风荷载和温度变化等因素影响，其几何尺寸及平面位置可能发生变化，对结构受力产生不利影响。因此在施工的全过程中，应采取严格施工测量控制措施对索塔施工进行定位指导和监控。除了应保证各部位的几何尺寸正确之外，还应该进行主塔局部测量系统与全桥总体测量系统接轨。

索塔局部测量常采用全站仪三维坐标法或天顶法进行测量，时间一般应选择 22：00～7：00 日照之前的时段内，以减小日照对主塔造成的变形影响。此外，随着主塔高度不断地升高，也应选择在风力小的时机进行测量，并对日照和风力的影响予以修正。

三、主梁的施工方法

斜拉桥主梁施工方法与梁桥大致相同，一般可分为顶推法、平转法、支架法和悬臂法四种。在这几种方法中，由于悬臂法适用范围较广而成为斜拉桥施工最常用的方法，其它几种很少被使用。

悬臂施工法分为悬臂浇筑法和悬臂拼装法。悬臂浇筑法是在塔柱两侧用挂篮对称逐段浇筑主梁混凝土，悬臂拼装法是先在塔柱区现浇（对采用钢梁的斜拉桥为安装）一段放置起吊设备的起始梁段，然后用适宜的起吊设备从塔柱两侧依次对称拼装梁体节段。

1. 悬臂浇筑法

悬臂浇筑法是大部分混凝土斜拉桥主梁施工的主要方法。

(1) 特点和适用范围　该施工方法不需要搭设支架；不影响桥下交通，不受季节、河道水位的影响；施工模板可多次周转使用，节省材料；适用于任何跨径的斜拉桥主梁的施工。但应严格控制挂篮的变形和混凝土收缩、徐变的影响以及混凝土的超重，相对于悬臂拼装法其施工周期较长。

(2) 临时固结措施　在主梁悬臂施工过程中，由于索塔两侧的梁体自重荷载的不平衡将产生一定的倾覆力矩，且两侧的拉索张拉索力的不对称也会产生一定的水平推力。在斜拉桥用悬臂施工时，为确保结构在施工阶段的安全，在施工中都要采取适当的措施进行塔梁临时固结，待施工完毕后再拆除。对于塔梁固结的斜拉桥则不需要临时固结。

临时固结的措施主要有两种：①采取加临时支座并锚固主梁的方法。该方法构造简单，制作和装拆方便，安全可靠，如图 15-12 所示。②设置临时支承，在塔墩两旁设立临时支承与临时支座共同承担施工反力，临时支承常用钢管或钢护筒，在下塔柱上设置预埋件用作临时支承的锚座。

(3) 悬臂浇筑施工 斜拉桥主梁的悬臂浇筑与一般预应力混凝土梁式桥悬臂浇筑的施工工序基本相同，但由于斜拉桥结构较复杂，超静定次数高，拉索的位置和锚头的相对尺寸务必要精确，否则将引起结构内力的较大变化，影响工程质量。

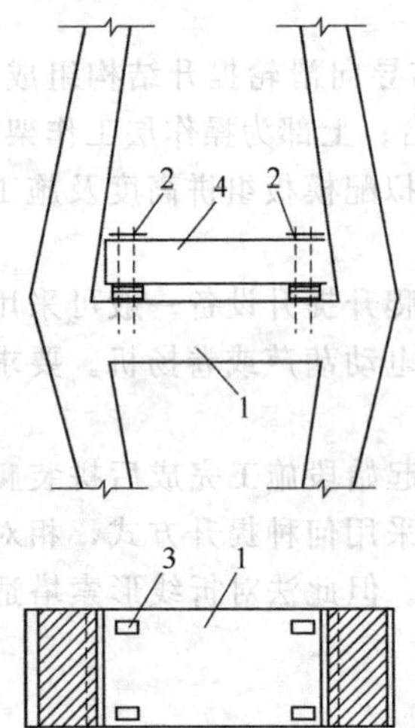

图 15-12 临时固结支座构造

1—下横梁；2—锚筋；3—临时固结支座；4—0 号块

在施工之前首先要做好主梁悬臂浇筑分段，节段的长度根据斜拉索的节间长度、梁段重量进行划分，一个节段长度可采用一个索距或半个索距；当梁的单位重量较小时，可采用两个索距长度一次浇筑。

对于无索区主梁施工，一般在支架上或托架上进行施工。在混凝土浇筑前要先对支架或托架进行预压以消除各种因素引起的非弹性变形。混凝土在达到强度要求后，施加预应力，然后拼装挂篮，进行主梁的悬臂浇筑施工。

斜拉桥主梁悬臂施工采用的挂篮形式很多，各有特色，归纳起来可分为后锚点挂篮、劲性骨架挂篮和前支点挂篮 3 种。其中前支点挂篮结构合理，能充分发挥斜拉索的效用，并且节段浇筑长度及承重能力大，是目前最常采用的施工方法。

前支点挂篮也称为牵索式挂篮，见图 15-13，是将挂篮后端锚固在已浇梁段上，并将待浇段的斜拉索锚固在挂篮前端，待混凝土达到设计要求的强度后，拆除斜拉索与挂篮的连接，使节段重力转换到斜拉索上，再前移挂篮。前支点挂篮的优越性在于它使得原本悬臂受力变成了简支梁受力，这使得浇筑长度大大提高，施工速度加快。不足之处是在浇筑一个节段混凝土的过程中要进行分阶段调索，工艺复杂，挂篮与拉索之间的套管定位难度大。

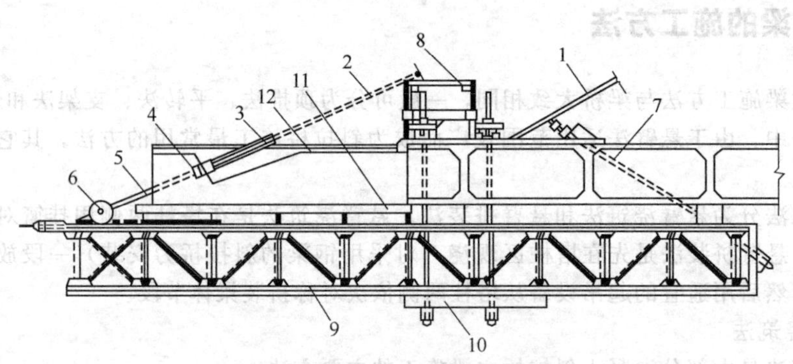

图 15-13 桁架式前支点挂篮示意图

1—已浇梁段斜拉索；2—待浇梁段前支点斜拉索；3—索管；4—拉索锚具；5—接长拉杆；6—千斤顶；7—水平力平衡杆；8—挂篮上横梁；9—挂篮桁架；10—悬挂升降系统；11—下底模；12—顶板底模

2. 悬臂拼装法

悬臂拼装法是先在塔柱区现浇一段放置起吊设备的起始梁段，然后用适宜的起吊设备从塔柱两侧依次对称安装预制节段，使悬臂不断伸长直到合拢。非塔、梁、墩固结的斜拉桥采用悬臂拼装法施工时，需要采取临时固结措施，方法与悬臂浇筑法相同。此法对预制场地和起重设备要求较高，且在施工中受施工地形及气候的影响较大，所以在实际施工中较少采用。

(1) 特点和适用范围 悬臂拼装法由于主梁是预制的，墩塔与梁可以平行施工，因此可缩短工期，加快施工进度，减少高空作业。主梁预制混凝土龄期较长，收缩和徐变影响小，梁段的断面尺寸和浇筑质量容易得到保证。但该方法需配备一定的吊装设备和运输设备，要有适当的预制场地和运输措施，安装的精度要求高。

（2）梁段的预制、移运和整修　主梁在预制场地的预制要考虑安装顺序，预制台座要按设计要求设置预拱度，各梁段依次串联预制，以确保各梁段相对位置及斜拉索与预应力管的相对尺寸。预制块件的长度划分以梁上水平索距为标准，并根据起吊能力决定，采用一个索距或将一个索距段分为有索块和无索块两个节段预制安装。块件的预制工序、移运和整修均与一般预制构件相同。

（3）预制块件拼装的基本程序

① 主梁预制块件按先后顺序，从预制场通过轨道或驳船运至桥下吊装位置；

② 通过起吊工具将块件提升至安装标高；

③ 进行块件连接与接缝处理，接头有干接头和湿接头两种，一般与梁式桥悬拼类似；

④ 张拉纵向预应力筋；

⑤ 进行斜拉索的挂索与张拉，并调整标高。

对于一个索段主梁分两个节段预制拼装，一般情况下，安装有索块后，挂索一起初张至主梁基本返回设计线，再安装无索块。悬拼施工时主要控制主梁块件和相邻已成梁段的相对高差，使之与设计给定的相对高差相吻合，以保证主梁的线形与设计相符。主梁悬臂拼装法示意如图15-14所示。

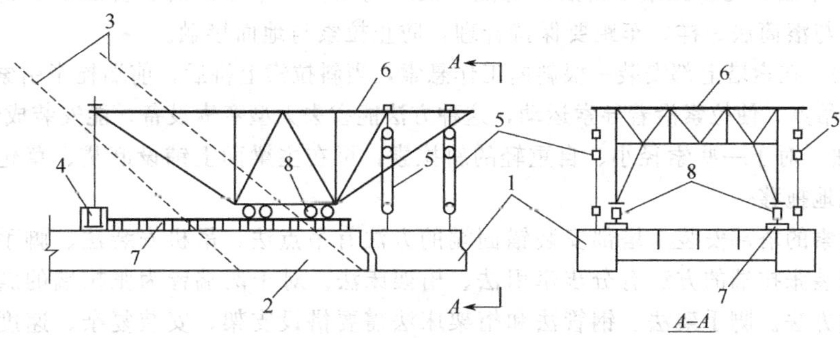

图15-14　悬臂拼装法示意图

1—待拼梁段；2—已拼梁段；3—拉索；4—后锚螺旋千斤顶；5—滑轮组；6—钢制悬吊门架；7—运梁轨道；8—运梁平车

四、拉索施工

1. 拉索的制作和防护

为保证拉索的质量，斜拉索的制作不宜在现场施工制作，要走工厂化和半工厂化的道路，并对拉索进行跟踪检验。斜拉索的防护分为临时防护和永久防护。临时防护为从出厂到开始永久防护的一段时间。临时防护的时间，每座桥的长短不一，一般约为1～3年。永久防护为拉索钢材下料到桥梁建成的长期使用期间，分为内防护和外防护。内防护是直接防止拉索锈蚀，外防护是保护内防护材料不致流出、老化等。

2. 拉索的安装

（1）放索及索的移动　斜拉索的起运通常是采用类似电缆盘的钢结构盘，然后运输到现场。根据拉索的不同卷盘方式，分为立式转盘放索和水平转盘放索两种，如图15-15所示。放索过程中，由于索盘自身的弹性和牵引产生的偏心力，会使转盘转动时产生加速，导致散盘，危及施工人员的安全，所以对转盘要设置刹车装置，或以钢丝绳做尾索，用卷扬机控制放索。

在放索和安索过程中，要对斜拉索进行拖移，由于索自身弯曲，或者与桥面直接接触，在移动中就可能损坏拉索的保护层或损伤索股。为了避免这类事情发生，可采用下述方法：

① 如果索盘由驳船运来，对于段索一般可直接将索盘吊到桥面上，利用放索支架放索；对于长索一般在船上设置放索支架放索，此时需要在梁段设置转向装置以利于索的移动。

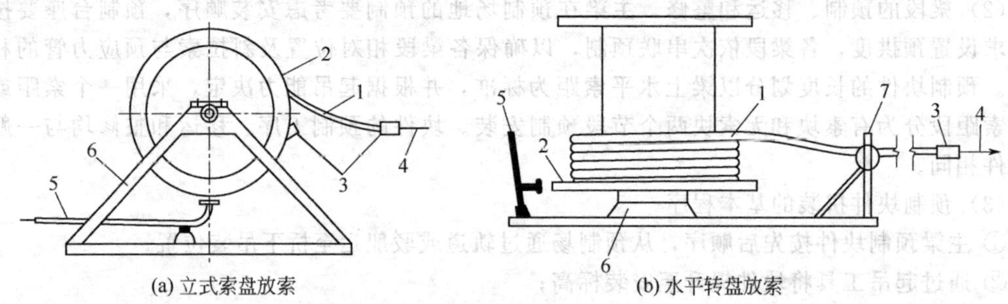

(a) 立式索盘放索　　(b) 水平转盘放索

图 15-15　放索示意图

1—拉索；2—索盘；3—锚头；4—卷扬机牵引；5—刹车；6—支架、托盘；7—导向滚轮

② 滚筒法是在桥面设置一条滚筒带，当索放出后，沿滚筒运动。滚筒制作时要根据斜拉索的布置及刚柔程度，选择适宜的滚筒半径，以免滚轴压折，摩擦阻力增加。滚筒之间的间距要保持合理，防止拉索与桥面接触。

③ 移动平车法。在斜拉索上桥后，每隔一段距离垫一个平车，由于桥面不平整，平车的车轮不宜过小。与滚筒法一样，车距要保持合理，防止拉索与地面接触。

④ 导索法。在索塔上部安装一根斜向工作悬索，当斜拉索上桥后，前端栓牵引索，每隔一段距离放置一个吊点，使拉索沿着导索运动，这种方法能省去大型牵索设备，能安装成卷的斜拉索。

⑤ 垫层法。对于一些索径小、自重轻的斜拉索，可在主梁面上铺设麻袋、草包、地毯等柔软的垫层，就地拖移。

（2）斜拉索的塔部安装　塔部安装锚固端的方法有吊点法、吊机安装法、脚手架法、钢管法等。塔部安装张拉端的方法有分步牵引法、桁架床法。对于两端皆为张拉端的斜拉索，可选择其中适宜的方法。脚手架法、钢管法和桁架床法需要搭设支架，安装复杂、速度慢，只适应低塔稀索的情况。这里主要介绍吊点法、吊机安装法及分步牵引法。

① 吊点法。吊点法分为单吊点法和多吊点法。

单吊点法是在离锚具下方一定的距离设一个吊点，索塔的吊架用型钢组成，配有转向滑轮，如图 15-16 所示。单吊点法施工简单，安装迅速，但起重索的拉力大，拉索在吊点处弯折角度大，故一般适应较柔软的短拉索。

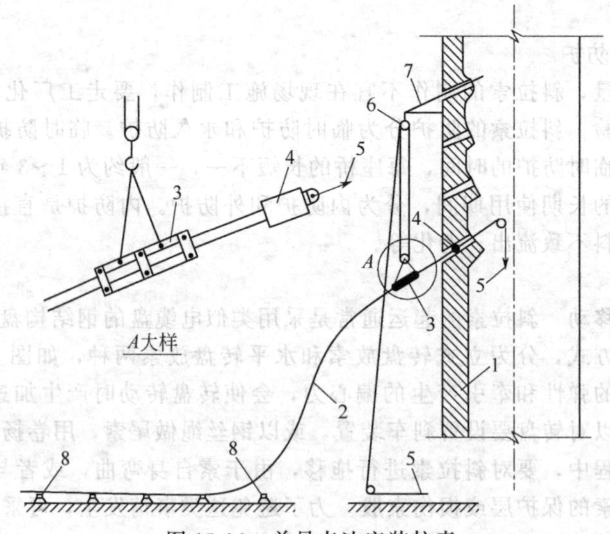

图 15-16　单吊点法安装拉索

1—索塔；2—待安装拉索；3—吊运索夹；4—锚头；5—卷扬机牵引；6—滑轮；7—索引吊架；8—滚轮

多吊点中吊点分散、弯折小，在同一指挥下，可使斜拉索均匀起吊，因吊点较多，易保持索大致呈直线状态，两端无需用大吨位千斤顶牵引。

② 吊机安装法。采用索塔施工时的提升吊机，用特制的扁担梁捆扎拉索起吊。拉索前端由索塔孔道内伸出的牵引索引入索塔拉索锚孔内，下端用移动式吊机提升。该方法操作简单快速，不易损坏拉索，但要求吊机有较大的起重能力。

③ 分步牵引法。根据斜拉索在安装过程中索力逐渐增大的特点，分别采用不同的工具，将拉索安装到位。首先用大吨位的卷扬机将索张拉端从桥面提升到预留孔外，然后用穿心式千斤顶将其引至张拉锚固面。在这个阶段的前半部，采用柔性张拉杆——钢绞线束，利用两套钢绞线夹具系统交替完成前半部牵引工作；牵引阶段的后半部，根据索力逐渐增大的情况，采用刚性张拉杆分步牵引，如图 15-17 所示。

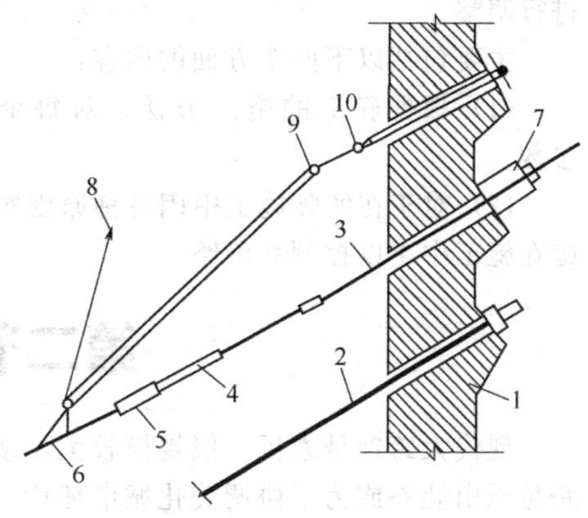

图 15-17　拉索分步牵引法

1—索塔；2—已安装拉索；3—钢绞线；4—刚性拉杆；5—拉索锚头；6—待安装拉索；7—千斤顶；8—卷扬机牵引；9、10—滑轮

分步牵引法的特点是牵引功率大，辅助施工少，桥面无附加荷载，便于施工。

(3) 斜拉索的梁部安装　斜拉索的梁部安装的施工步骤同塔部安装，基本方法有以下两种：

① 吊点法。在梁上放置转向滑轮，牵引绳从套筒中伸出，用吊机将拉索吊起，随锚头逐渐地牵入套筒，缓缓放下吊钩，向套筒口平移，直至将锚头穿入套筒内，如图 15-18 所示。

② 拉杆接长法。对于梁部为张拉端的索的安装，采用拉杆接长的方法比较简便。该方法需先加工长度为 50cm 左右的短拉杆与主拉杆连接，使其总长度超过套筒加千斤顶的长度，利用千斤顶多次运动，逐渐将张拉端拉出锚固面，并逐渐拆掉多余的短拉杆，安装锚固螺母，如图 15-19 所示。使用拉杆接长法，要加工一个组合式螺母，采用这个螺母逐步锚固拉杆，直到锚头拉出锚板后拆除。

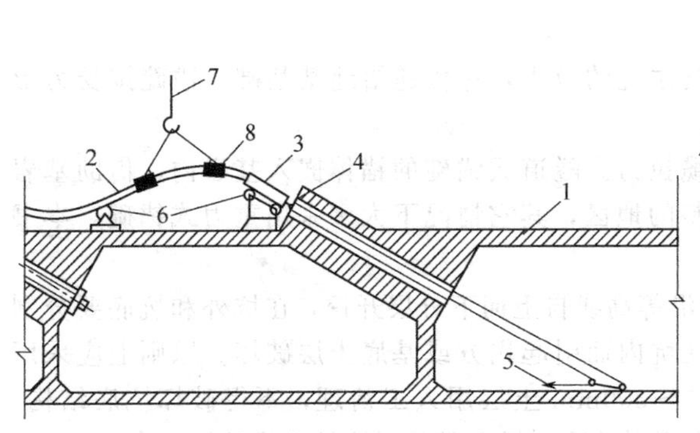

图 15-18　吊点法

1—主梁梁体；2—待安装拉索；3—拉索锚头；4—牵索滑轮；5—卷扬机牵引；6—滚轮；7—吊机；8—索夹

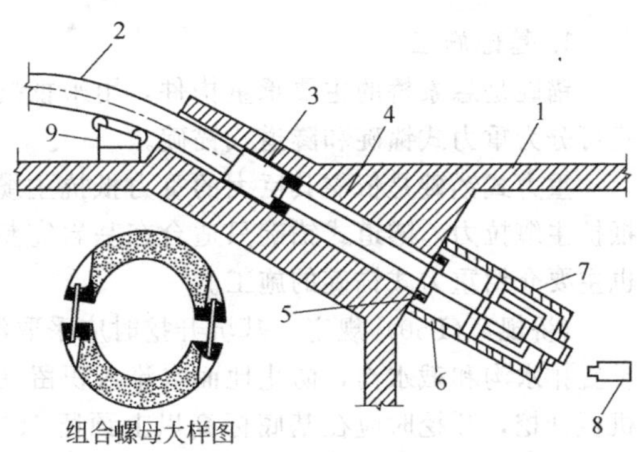

图 15-19　拉杆接长法

1—主梁梁体；2—拉索；3—拉索锚头；4—长拉杆；5—组合螺母；6—撑脚；7—千斤顶；8—短拉杆；9—滚轮

五、施工控制

在桥梁施工阶段随着斜拉桥结构体系和荷载状态的不断变化，结构内力和变形也随之不断发生变化，各施工阶段发生的应力和变形的误差，如果不加以有效地管理和控制，累加起来也

会影响成桥后的线形和应力。拉索中的应力过大或不足同样会使结构应力分布和主梁线形与设计不符。如果竣工后斜拉桥拉索索力、主梁内力和线形与设计相差较大，就会影响桥梁的安全使用。为了确保斜拉桥在施工过程中结构的受力状态和变形处于设计值的安全范围内，成桥后的主梁线形符合预期的目标，并使结构处于理想的受力状态，必须对施工阶段发生的误差及时进行调整。

主要包括以下两个方面的内容：

(1) 根据确定的施工方法，对每个阶段进行详细的理论计算，求得各阶段的施工控制参数。

(2) 对于在实际施工中因各种原因实测值和理论计算值出现不一致的情况，采取相应的措施在施工中予以控制和调整。

第二节　悬索桥施工

现代大跨度悬索桥一般规模较大，多建于沿海地区大江、大河上和跨海工程中，也有为了跨越深山峡谷或为了协调美化城市环境、避免繁忙航运干扰而修建悬索桥的，如我国的虎门大桥和西陵长江大桥。悬索桥主要由主缆、加劲梁、索塔、锚碇、吊索等构成，同时还有索鞍、散索鞍、索夹等细部构件。

在悬索桥施工之前，要建立专用的平面和高程控制网，控制网的精度要符合《公路桥涵施工技术规范》(JTG/T F50—2011) 的有关规定。若条件允许，可采用 GPS 测量技术，以克服天气及地理条件的限制，提高测量控制精度和工作效率。

悬索桥施工顺序一般为：锚碇及基础，悬索桥塔及基础，主缆和吊索的架设，加劲梁的工厂制作与工地安装架设，桥面及附属工程等。在施工过程中要特别注意加工件的工作，如钢架、锚架和锚杆、索鞍、索股、索夹、吊索、加劲梁等的加工。这些工作一定要提前做好备用，以免影响工期。

一、锚碇的施工

1. 基础施工

锚碇是悬索桥的主要承重构件，用来抵抗主缆的拉力，并传递给地基基础。锚碇按受力形式可分为重力式锚碇和隧道式锚碇。

重力式锚碇是依靠其巨大的重力抵抗主缆拉力。隧道式锚碇的锚体嵌入基岩内，借助基岩抵抗主缆拉力。隧道式锚碇只适合在基岩完整的地区，其它情况下大多采用重力式锚碇，本书也主要介绍重力式锚碇的施工。

《桥规》(F50) 规定，基坑开挖时应采取沿等高线自上而下分层开挖，在坑外和坑底要分别设置排水沟和截水沟，防止地面水流入积留在坑内而引起塌方或基底土层破坏。原则上应采用机械开挖，开挖时应在基底标高以上预留 150～300mm 土层用人工清理，不得破坏坑底结构。如采用爆破方法施工，应使用如预裂爆破等小型爆破法，尽量避免对边坡造成破坏。

对于深大基坑及不良土质，应采取支护措施保证边坡稳定，如采用喷射混凝土、喷锚网联合支护方法等。

在覆盖层较厚、土质均匀、持力层较平缓的地区可采用沉井基础；对于锚碇下方持力层高差相差很大，不适宜采用沉井方法施工时，可采用地下连续墙的施工方法。

2. 锚碇大体积混凝土浇筑

悬索桥锚碇属于大体积混凝土构件，尤其是重力式锚碇，体积十分庞大。在施工阶段水泥产生大量的水化热，引起体积变形及变形不均，从而产生温度应力及收缩应力。当此应力大于混凝土本身的抗拉强度时，就会产生裂缝，影响混凝土的质量。

因此在进行大体积混凝土配合比设计时，要特别注意水泥水化热的影响，通常应遵循以下原则：①采用低水化热品种的水泥，不宜采用初出炉水泥；②尽量降低水泥用量，掺入质量符合要求的粉煤灰和矿粉，粉煤灰和矿粉用量一般分别为胶凝材料用量的30%左右，水泥用量为40%左右。混凝土可按60d的设计强度进行配合比设计。

同时在混凝土浇筑过程中，对于大体积混凝土也可采取相应的工艺措施来尽量降低水泥水化热带来的影响，一般措施如下：

(1) 采取适当措施降低混凝土混合料入仓温度。对准备使用的骨料采取措施避免日照，采用冷却水作为混凝土的拌合水，一般选择夜晚温度较低时段浇筑混凝土。

(2) 在混凝土结构中布置冷却水管，设计好水管流量、管道分布密度，混凝土初凝后开始通水冷却以减低混凝土内部温升速度及温度峰值。进出水温差控制在10℃左右，水温与混凝土内部温差不大于20℃。混凝土内部温度经过峰值开始降温时停止通水，降温速度不宜大于2℃/d。

(3) 大体积混凝土宜采取水平分层浇筑施工。每层厚度应视混凝土浇筑能力、配合比水化热计算及降温措施而定，混凝土层间间歇宜为4～7d。

(4) 可按需要进行竖向分块施工，块与块之间应预留后浇湿接缝，槽缝宽度宜为1.5～2m，槽缝内宜浇筑微膨胀混凝土。

(5) 每层混凝土浇筑完后应立即遮盖塑料薄膜减少混凝土表面水分挥发，当混凝土终凝时可掀开塑料薄膜在顶面蓄水养护。当气温急剧下降时须注意保温，并应将混凝土内表温差控制在25℃以内。

3. 锚碇架的制作和架设安装

锚碇钢构架是主缆的锚固结构，由锚杆、锚梁及锚支架三部分组成。锚支架在施工中起支承锚杆和锚梁的重力和定位作用，主缆索股直接与锚杆连接。

锚固体系中所有钢构件的制作与安装均应按照《公路桥涵施工技术规范》(JTG/T F50—2011) 的要求进行。锚杆、锚梁制造时应严格按设计要求进行抛丸除锈、表面涂装和无破损探伤等工作。出厂前应对构件连接进行试拼，其中应包括锚杆拼装、锚杆与锚梁连接、锚支架及其连接系平面试装。制造时对焊接质量、变形、制造精度都应严格要求和控制，锚碇的安装精度主要应控制锚梁，然后对锚杆安装，调整其轴线顺直和锚固点的高程。

二、索塔的施工

悬索桥桥塔的施工与斜拉桥有些类似。悬索桥桥塔分为钢桥塔和混凝土桥塔两种形式。

(1) 混凝土塔柱的施工　塔身施工的模板工艺主要有：翻模法、滑模法、爬模法等。塔柱竖向主钢筋的接长可采用冷压套管连接、电渣焊、气压焊等方法。混凝土的浇筑方法应考虑设备能力采用泵送或吊罐浇筑的方法。施工至塔顶时，应注意预埋索鞍钢框架支座螺栓和塔顶吊架、施工猫道的预埋件。施工的具体细节可参见斜拉桥的施工。

(2) 钢塔的施工　根据索塔的规模、结构类型、施工地点的地形条件及经济性等因素，钢塔的施工方法主要有以下三种方法：浮式吊机施工法、塔式吊机施工法、爬升式吊机施工法。我国悬索桥中采用钢塔的较少，而国外设计中采用较多。

① 浮式吊机施工法。可将索塔整体一次起吊的大体积架设方法，可显著缩短工期，但对浮吊起重能力、起吊高度有所限制。

② 塔式吊机施工法。在索塔旁边安装独立的塔吊进行索塔搭设。这种方法施工方便，施工精度容易控制，但是塔吊搭设费用较高。

③ 爬升式吊机施工法。这是先在已架设部分的塔柱上安装导轨，使用可沿导轨爬升的吊机

吊装的架设方法，见图 15-20。这种方法虽然由于爬升式吊机支撑在索塔柱上，索塔铅垂线的控制需要较高的技术。但由于吊机本身的重量轻，可广泛用于其它桥梁的施工，因此现已经成为大跨径悬索桥索塔架设施工的主要方法。

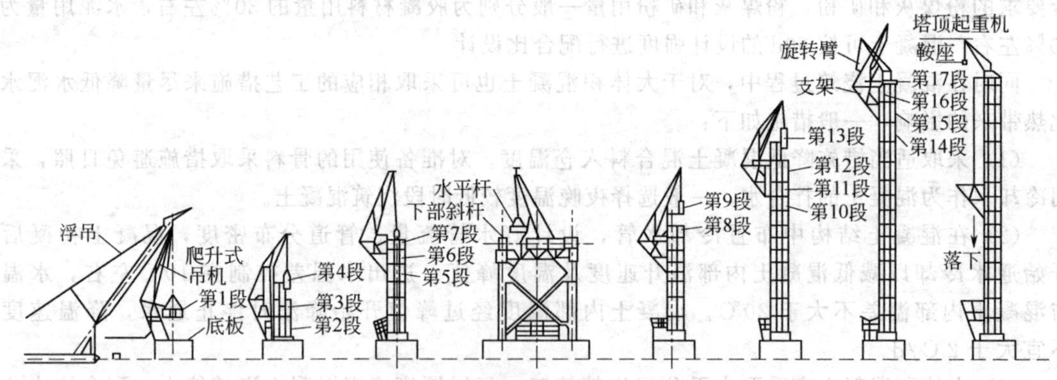

图 15-20 爬升式吊机施工顺序

三、索鞍

1. 索鞍加工

索鞍是永久性的大型承重钢构件，其所采用的材料及加工工艺必须严格按照国家相关的规范和标准执行。主索鞍体、散索鞍体、主鞍座板、底板、散索鞍底座、塔顶格栅等构件，加工完成后，应分别在明显易测的位置上划出中心标记，以利试拼装及工地安装。并对钢构件进行探伤检验，以便及时发现缺陷部位，及时进行修补。最后进行喷锌处理及涂脂防锈。

主索鞍、散索鞍各零部件（包括鞍座、格栅）、鞍罩制作完成后，必须在制造厂进行试装配，进行尺寸和形状检查，并应符合图纸要求，可动部件应能活动自如，同时应检查各零部件的防护层有无破损，并及时修补，检查合格后，对各零部件的相对位置即格栅的中心线位置和鞍体的 *TP* 点位置须作出永久性定位标记。

2. 索鞍安装

主索塔的施工程序：

(1) 安装塔顶门架　按照鞍体质量设计吊装支架及配置起重设备。支架可用贝雷架、型钢或其它构件拼装，固定在塔顶混凝土中的预埋件上。起重设备一般采用卷扬机、滑轮组，当构件吊至塔顶时，以手拉葫芦牵引横移到塔顶就位。近年来，国内外开始采用液压提升装置，在横联梁上安装一台连续提升的穿心式千斤顶，以钢绞线代替起重钢丝绳进行提升作业。

需要注意的是，在起重安装所有准备工作完成后，应试吊一轻型物体从地面到安装高度以检查起重钢丝绳、滑轮组安装是否正确。

(2) 钢框架安装　钢框架是主索鞍的基础，要求平稳、稳定。一般在塔柱顶层混凝土前预埋数个支座，以螺栓调整支座面标高至误差小于 2mm。然后将钢框架吊放在支座上，并精确调整平面位置后固定，再浇筑混凝土，使之与塔顶结为一整体。

(3) 吊装上下支承板　首先检查钢框架顶面标高，符合设计要求后清理表面和四周的销孔，然后开始吊装下支承板，下支承板就位后，销孔和钢框架对齐销接。在下支承板表面涂油处理后安装上支承板。

(4) 吊装鞍体　鞍体质量大，吊装施工需认真谨慎，要稳、轻、慢，不得碰撞。正式起吊时先将鞍体提离地面 1～2m 持荷 3～5min，检查各部位受力状况、门架挠度；在离地面 1～3m

范围内起降两次检验电机性能；确认所有部位正常后才能正式起吊。

索鞍 *TP* 点里程在上部构造施工过程中是变化的，安装时应根据设计提供的预偏量就位、固定，在主缆加载过程中根据监控数据分3～4次顶推到永久设计位置。顶推前应确认滑动面的摩阻系数，严格控制顶推量，确保施工安全。

四、主缆工程

(1) 主缆架设的准备工作　主缆架设前，应先安装索鞍（包括主副索鞍、展束锚固索鞍等），安装塔顶吊机或吊架以及各种牵引设施和配套设备，然后依次进行导索拽拉索、猫道的架设，为主缆架设做好准备。

(2) 牵引系统架设　牵引系统是架于两锚碇之间，跨越索塔的用于空中拽拉的牵引设备，主要承担猫道架设、主缆架设以及部分牵引吊运工作。牵引系统的架设以简单经济，并尽量少占用航道为原则。通常的方法是先将比牵引索细的先导索渡海（江），再利用先导索将牵引索由空中架设。先导索渡海（江）的方法有以下几种：

① 海底拽拉法。较早时期的导索架设用的办法是将导索从一岸塔底临时锚固，然后将装有导索索盘的船只驶往彼塔，并随时将导索放入水底，然后封闭航道，用两端塔顶的提升设备将导索提升至塔顶，置入导轮组中，并引至两端锚碇后，再将导索的一端引入卷扬机筒上，另一端与拽拉索（主或副牵引索或无端牵引绳）相连，接着开动卷扬机，通过导索将拽拉索牵引过河。这种方法施工设备少，操作简单，在海（江）底地形条件良好的情况下被广泛使用，如图15-21所示。

② 浮子法。在导索上每隔一定距离装一浮子，使其处在水面漂浮状态，再将导索拽拉过河时，其不会沉入水底。其它方面与“海底拽拉法”无太大差别，如图15-22所示。

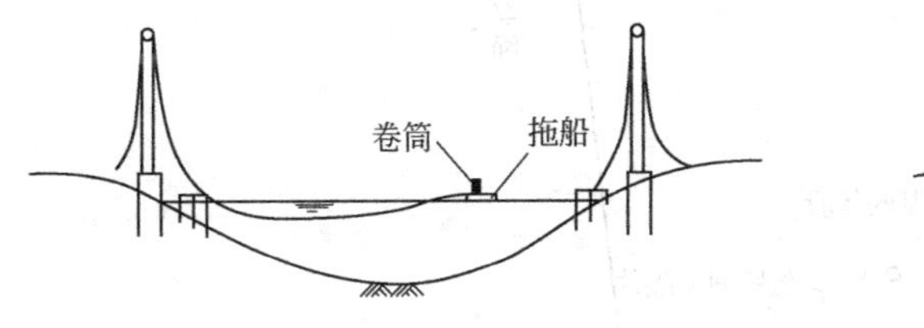

图15-21　海底拽拉法

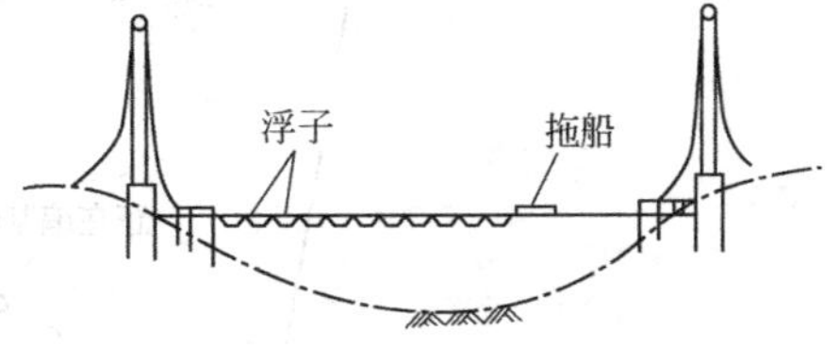

图15-22　浮子法

以上两法仅适用于水流较缓，无突出岩礁等障碍时采用。

③ 空中渡海法。当水流较急时或不封航时一般采用该方法，空中渡海法也可根据具体情况分为气球法、直升机法、直接拉渡法和采用浮吊的方法等。浮吊法即在一端锚碇附近连续松放导索，经塔顶后固定于拽拉船上，随着拽拉船前行，导索相应放松，因此一般不会使导索落入水中。导索拉至另一岸索塔处时，往往从另一端锚碇附近将牵引索引出，并吊上索塔后沿另一侧放下，再与拽拉船上的导索头相连接，即可开动卷扬帆，收紧导索，从而带动牵引索过河，见图15-23。

(3) 猫道架设　猫道是拱主缆架设、紧缆、索夹安装、吊索安装以及主缆防护用的空中作业脚手架，其作用是在主缆架设期间提供一个空中工作平台。它由猫道承重索、猫道面板系统及横向天桥和抗风索等组成。猫道面层距主缆空载中心线形下方1.5m为宜；猫道结构设计、计算荷载应与主缆架设施工方法相对应；猫道面层净宽宜为3～4m，左右对称于主缆中心线布置；扶手高宜为1.2～1.50m。

猫道索的架设在初期也有用与先期的导索架设相类似的方法架设的，现多用在一端塔顶（或锚碇）起吊猫道索一端，与拽拉器相连后牵引至另一端头，然后将其一端入铺，另一端用卷

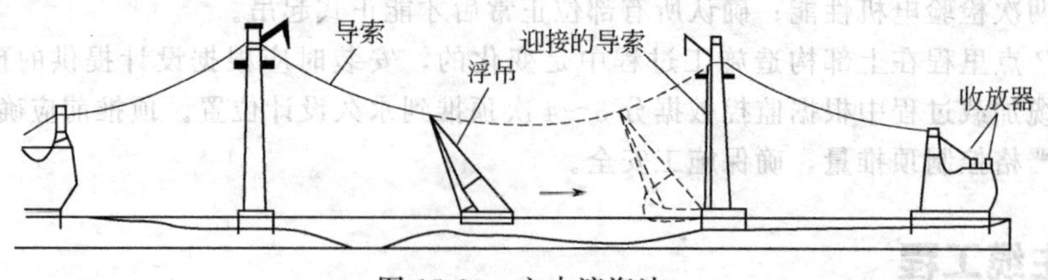

图 15-23　空中渡海法

扬机或手动葫芦等设施牵拉入锚并调整其垂度，最后将其两端的锚头锁定猫道索矢度调整就绪后即可铺设猫道面板，一般是先将横木和面材分段预制，成卷提升至塔顶，沿猫道索逐节释放，并随之把各段间相连，然后将横木固定在承重索上，并在横木端部安装栏杆立柱以及扶手索等，横向天桥可在猫道架完后铺设，也可随其一起铺设。

此外若架设主缆的拽拉系统用门架支承和导向时，还必须在猫道上每隔一定距离架设猫道门架。如图 15-24 所示。

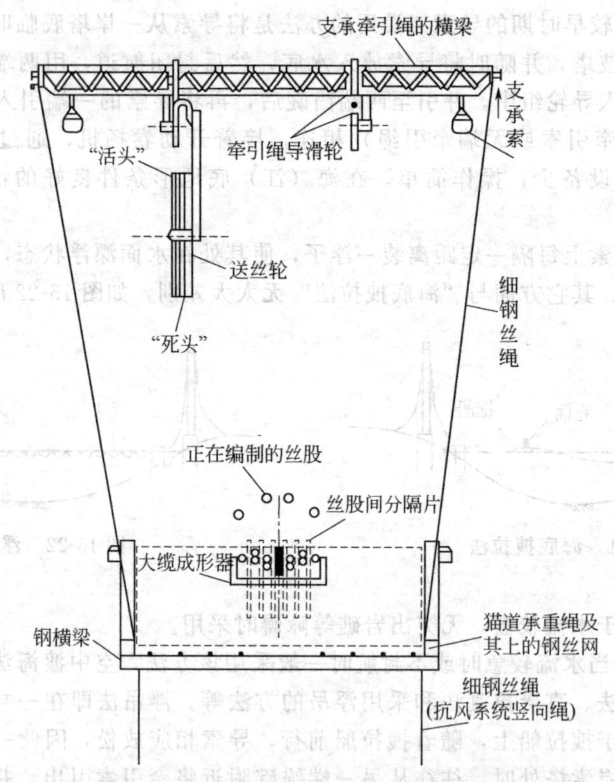

图 15-24　支承索横梁式牵引支撑示意图

(4) 主缆架设　锚碇和索塔工程完成，主索鞍和散索鞍安装就位，牵引系统建立以后，便可进行主缆架设工作。主缆的架设方法一般有空中编缆法（AS 法）和预制丝股法（PS 法）两种。

① 空中编缆法（AS 法）。所谓 AS 法，就是先在猫道上将单根钢丝编制成主缆丝股，多束丝股再组成主缆。其施工程序如下：

将待架的钢丝卷入专用卷筒运至悬索桥端锚碇旁，并将其头抽出，暂时固定在一梨形蹄铁上，此头称为"死头"，然后将钢丝继续外抽，套于连丝轮的槽路中而送丝轮则连接于牵引索上，当卷扬机开动时，牵引索将带动送丝轮将钢丝引送至对岸，同样套于设在锚碇处的一个梨形蹄铁上，再让送丝轮带动其返回始端，如此循环多次则可按要求数量将一束丝股捆扎成束，如图15-25所示。不断从卷筒中放钢丝的一头称为“活头”，其中一束丝股牵引完成后，就将钢丝“活头”剪断，并与先前临时固定的“死头”用特制的钢丝连接器相互连接在环形牵引索上，可同时固定两个送丝轮，每个送丝轮的槽路可以是一条，也可以是两条或更多，目前已有4条槽路的。对每一束丝肢，按每次送丝根数为一组，不足一组的再单独牵引一次。需要指出的是，每次送丝轮上的槽路多，每次进丝鼓量就大，但牵引索及送丝轮等的受力相应增大，所需牵引动力也就增大。

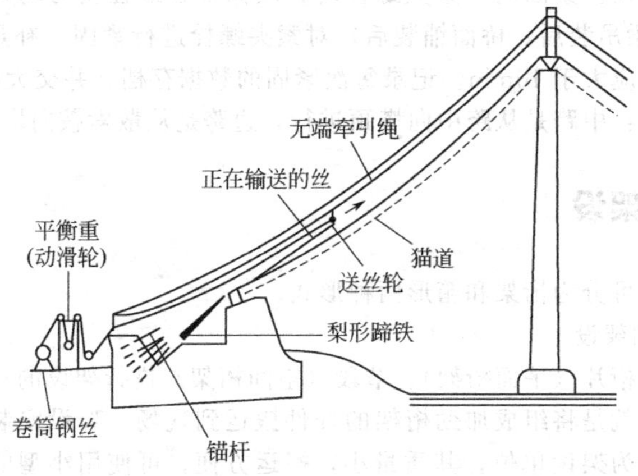

图15-25　AS法送丝工艺示意图

此外，编缆前，应先放一根基准丝来确定第一批丝股的高程，基准丝在自由悬挂状态，其仅承受自重荷载，所呈线形为悬链线，基准丝应在下半夜温度稳定情况下测量设定。此后牵引的每根钢线均需调整成与基准线相同的跨度和垂度，则其所受拉力、线形及总长应与基准丝一样，成股钢丝束应梳理调整后，用手动液压千斤顶将其挤成圆形，并每隔2～5m用薄钢带捆扎。

钢丝束编股有鞍外编股和就鞍编般两种，由于鞍外编股之后还需将丝股移入主鞍座槽路之内，故现已多用就鞍编股法。

调股是为使每束丝股符合设计要求，在调丝后依靠在梨形蹄铁处所设的千斤顶调整整束丝股的垂度，并随即在梨形蹄铁处填塞销片，将丝股整束落于索鞍，使千斤顶回油。调股同样应在温度稳定的夜间进行。

② 预制丝股法（PS法）。所谓预制丝股法，就是在工厂或桥址旁的预制场事先将钢丝预制成平行丝股，然后利用拽拉设施将其通过猫道拽拉架设。其主要工序为：丝股牵引架设，测调垂度，锚跨拉力测整。其与AS法比较，由于每次牵拉上猫道的是丝股而不是单根钢丝，故重力要大数倍，所需牵引能力也要大得多，一般采用全液压无级调速卷扬机，牵引方式则有门架支承的拽拉器和轨道小车两种。

③ 锚跨内钢丝束拉力调整。不管是AS法，还是PS法，在主边跨丝股垂度调整后，都必须调整锚跨内丝股的拉力，具体方法为，用液压千斤顶拉紧丝股，并在锚梁与锚具支承面间插入盘承垫板，即可通过丝股的伸长导入拉力。实际控制时是采用位移（伸长量）和拉力“双控”。

④ 紧缆。索股架设完之后，为了把索股群整成圆形，需要进行紧缆工作。紧缆工作分为预紧缆和正式紧缆。

预紧缆应在温度稳定的夜间进行。预紧缆时宜把主缆全长分为若干区段分别进行，以免钢丝的松弛集中在一处。索股上的绑扎带采用边紧缆边拆除的方法，不宜一次全部拆除。预紧缆完成处必须用不锈钢带捆紧，保持主缆的形状，不锈钢带的距离可为5～6m，预紧缆目标空隙率宜为26%～28%。

正式紧缆宜用专用的紧缆机把主缆整成圆形。其作业可以在白天进行。正式紧缆的方向宜向塔柱方向进行。当紧缆点空隙率达到设计要求时，在靠近紧缆机的地方打上两道钢带，其间距可取100mm，带扣放在主缆的侧下方。紧缆点间的距离约1m。

⑤ 索夹安装。索夹安装前，须测定主缆的空缆线形，提交给设计及监控单位，对原设计的索夹位置进行确认。然后在温度稳定时在空缆上放样定出各索夹的具体位置并编号，清除索夹位置处主缆表面的油污及灰尘，涂上防锈漆。索夹在运输和安装过程中应注意保护，防止碰伤及损坏表面。

索夹安装方法应根据索夹结构型式、施工设备和施工人员经验确定。当索夹在主缆上精确定位后，即固紧索夹螺栓。紧固同一索夹螺栓时，须保证各螺栓受力均匀，并按三个荷载阶段（即索夹安装时、钢箱梁吊装后、桥面铺装后）对索夹螺栓进行紧固，补足轴力。索夹位置要求安装准确，纵向误差不应大于10mm。记录每次紧固的数据存档，并交大桥管理部门备查。

索夹的安装顺序是：中跨是从跨中向塔顶进行，边跨是从散索鞍向塔顶进行。

五、加劲梁的架设

悬索桥加劲梁主要可分为桁架和箱形两种形式。

1. 桁架式加劲梁的架设

可分为按单杆件、桁片（平面桁架）、节段（空间桁架）进行架设的三种方法。

单根杆件架设方法就是将组成加劲桁架的杆件搬运到现场，架设安装在预定位置构成加劲桁架。这种方法以杆件为架设单位，其质量小，搬运方便，可使用小型的架设机械。但杆件数目多，费时费工，对安全和工期都不利，所以很少单独使用，一般作为其它架设方法的辅助方法。

桁片架设方法就是将几个节间的加劲桁架按两片主桁架和上、下平联及横联等片状构件运入现场逐次进行架设。桁片的长度一般为2～3个节间，质量不大，架设比较灵活，在难以限制通航的情况下，这种方法比较适用。

节段架设方法就是将上述的桁片在工厂组装成加劲桁架的节段，由大型驳船运至预定位置，然后垂直起吊后逐次连接。这种方法无论在质量和工期方面都可以保证。但架设时必须封航或部分封航，对吊机能力要求较高。

以上三种方法可以分别适用，也可根据实际情况需要在同一桥上采用多种。

2. 箱形加劲梁架设

目前悬索桥一般均采用节段架设的方法，即在工厂预制梁段，并进行试拼，然后用驳船把梁段运到预定位置，用垂直起吊法架设就位。

加劲梁节段的架设顺序根据桥塔和加劲梁的结构特性、机械配备、工作面的情况、运输路线、气象等条件进行综合考虑，由设计部门决定，一般架设顺序可分为以下两种：

（1）从主塔开始，分别向中央和桥台方向推进，在中央段和接桥台段闭合。这种架设顺序，在架设过程中主缆和加劲梁的变形大，架设较的位置和吊索的张力调整等都比较费工夫，但塔基部位可作为作业平台，架设用的机械设备的安装，构件的调搬运，工作平台、安全设备、通讯设备、电力设备等的设置比较方便。所以在设备条件等受限制或海（江）面不能断航等的情况下采用这种架设顺序比较合适。另外，从结构特征来讲，三跨的悬索桥也更适合这种架设顺序，其合拢段在跨中和桥台处，如图15-26（a）所示。

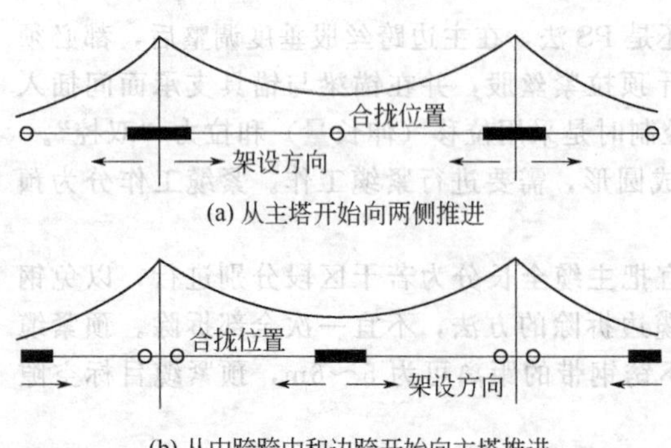

图15-26　架设顺序和闭合位置

（2）以主跨中央部位和两桥台部位为起点，

分别向两个主塔方向进行架设。这种架设顺序，对设备的设置、海（江）面的使用等都有不便，另外还受气候，特别是风速的影响较大。单跨悬索桥可按这种顺序进行架设，其合拢段一般设在接塔段的相邻节段，如图 15-26（b）所示。

六、施工控制

1. 施工控制的必要性和目的

悬索桥是一种柔性悬挂体系，施工过程中具有显著可挠的特点。主缆采用预制平行钢索股（PPWS）法、加劲梁采用缆索吊装法是悬索桥常用的施工方法，这种施工方法给桥梁结构带来复杂的内力和位移变化；同时施工过程中，由于各种因素（如温度场、猫道、施工顺序、施工荷载及材料性质等）的随机影响、测量误差以及施工误差的客观存在，各实际施工状态可能偏离理论轨迹。为确保成桥后的结构内力和几何线形符合设计要求，结构内力处于最优状态，同时又确保施工中的安全和全桥顺利合拢，在悬索桥施工过程中必须进行严格的施工控制。

2. 施工控制的内容

施工控制的内容是：校核主要的设计数据，提供施工各阶段理想状态线形及内力数据，将施工各状态控制数据实测值与理论值进行比较分析，进行结构设计参数识别与调整，对成桥状态进行预测与反馈控制分析，防止施工中出现过大位移与应力，确保施工期预定目标顺利进行。

根据悬索桥上部结构施工的流程、特点，其施工过程一般分为两个阶段：第一个阶段是主缆架设阶段；第二个阶段是加劲梁吊装架设阶段。每一个阶段都包含着一个施工→观测→识别→修正→预测控制→施工或优化调整施工的循环过程。考虑到主缆架设完毕后，桥梁线形很难作大的调整，所以悬索桥的施工控制以主缆架设阶段控制为主，确定主缆的空缆线形等，主缆架设阶段控制是悬索桥施工控制的重点和特点。

主缆架设阶段控制的主要目标是确保主缆线形最大限度地逼近设计空缆线形，其主要任务有：基础资料及试验数据的收集，施工过程仿真计算（主缆索股无应力下料长度、索鞍顶偏量和空缆线形等计算），基准索股和一般索股线形的架设精度控制，锚跨索股张力均匀性调整控制等。加劲梁吊装阶段控制的目标是：使成桥状态时主缆和加劲梁的内力和线形最大限度地接近设计成桥状态，其主要任务有：索夹初始安装位置和吊索无应力下料长度的控制，主索鞍分阶段顶推的控制及吊索索力均匀性控制。

悬索桥施工控制过程中需要进行跟踪监测的结构状态参数和施工控制参数有：主缆与加劲梁线形、索塔塔顶变位与主索鞍预偏量、散索鞍预偏量、主缆锚跨索股张力与吊索索力、索塔控制截面应力、加劲梁节段间上下缘开口角、猫道线形、索塔塔基沉降和锚碇体位移、结构温度等。

复习思考题

1. 混凝土斜拉桥塔柱模板施工的主要方法有哪些？各有什么特点？
2. 简述斜拉桥索塔拉索锚固区塔柱施工过程。
3. 斜拉桥索塔可用的起吊设备有哪些？各有什么特点？
4. 简述斜拉桥主梁预制块件拼装的基本程序。
5. 斜拉索的塔部安装有哪几种方法？
6. 悬索桥重力式锚碇大体积混凝土施工措施有哪些？
7. 简述加劲梁的架设方法。

第十六章　桥面系及支座施工

学习要点： 桥梁铺装、桥面排水防水设施、护栏、伸缩装置、桥梁支座等部分施工的方法、技术要求和质量标准。

桥面系通常包括桥面铺装、防水与排水系统、桥面伸缩缝、人行道（或安全带）、缘石、栏杆、护栏和照明灯等。

桥面系多属外露部位，直接与外界（包括行人、车辆、大气等）接触，对桥梁的主要结构起保护作用，使桥梁能够正常发挥功能，同时也对行车安全和桥梁的美观起着重要作用。对于现代高速交通体系的桥梁，更显示出桥面构造的重要性。

第一节　桥面铺装及排水施工

一、桥面铺装的施工

桥面铺装有水泥混凝土和沥青混凝土两类。水泥混凝土面层的耐久性比较好，但养护期比较长，维修起来比较麻烦；沥青混凝土面层施工速度快，维修养护很方便，但是同时比较容易老化和变形，在引桥纵坡较大处容易出现推移和壅包等常见的弊病，桥面铺装构造层次如图16-1所示。

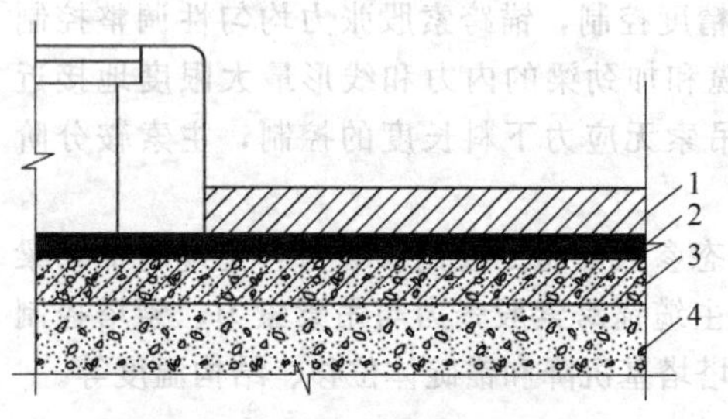

图16-1　桥面铺装构造层次图

1—铺装层；2—防水层；3—钢筋混凝土桥面板；4—主梁

1. 水泥混凝土铺装层施工

水泥混凝土桥面铺装层主要施工工艺为：施工准备工作→安装模板→桥面钢筋绑扎→混凝土制备→混凝土运输→桥面混凝土浇筑→接缝施工→表面修整→养护。下面对其中的部分施工要点进行介绍。

(1) 施工准备工作　桥面混凝土铺装必须在横向联结钢板焊接工作完成后方可进行，以免后焊的钢板胀缩引起桥面混凝土在接缝处出现裂纹。预应力混凝土空心板或大梁在预制后存梁期间由于预应力的作用，往往会产生反拱，如果反拱过大就会影响到桥面铺装层的施工，因此设计中对存梁时间、存梁方法都作了一定要求。如果架梁前已发现反拱过大，则应采取降低墩顶高程、减少垫石厚度等方法，以保证铺装层厚度。架梁后对梁顶高程进行测量，测定各跨中线、边线的跨中和墩顶处的高程，分析评价其是否满足规范要求，若偏差过大，则应采取调整桥面高程、改变引线纵坡等方法，以保证铺装层厚度，使桥梁上部结构形成整体。

为了使现浇混凝土铺装层与梁、板结合成整体，预制梁板时对其顶面进行拉毛处理，有些设计中要求梁顶每隔 50cm，设一条 1～1.5cm 深齿槽。浇筑前要用清水冲洗梁顶，不能留有灰尘、油渍、污渍等，并使板顶充分湿润。

(2) 绑扎布设桥面钢筋网　按设计文件要求，下料制作钢筋网，用混凝土垫块将钢筋网垫起，满足钢筋设计位置及混凝土净保护层的要求。若为低等级公路桥梁，用铺装层厚度调整桥面横坡，横向分布钢筋要做相应弯折，与桥面横坡相一致。在两跨连接处，若为桥面连续，应同时布设桥面连续的构造钢筋；若为伸缩缝，要注意做好伸缩缝的预埋钢筋。

(3) 水泥混凝土浇筑　对板顶处理情况、钢筋网布设进行检查，满足设计和规范要求后，即可浇筑混凝土。若设计为防水混凝土，其配合比及施工工艺应满足规范要求。浇筑时由桥一端向另一端推进，连续施工，防止产生施工缝，用平板式振捣器振捣，确保振捣密实。施工结束后注意养护，高温季节应采用草帘覆盖，并定时洒水养护；在桥两端设置隔离设施，防止施工或地方车辆通行，影响混凝土强度。待混凝土强度达到要求强度后，方能开放交通或铺装上层沥青混凝土。水泥混凝土桥面铺装如作面层应采取防滑措施，并宜分两次进行，第二次抹平后，应沿横坡方向拉毛或采用机具压槽，拉毛或压槽的深度应符合现行行业标准《公路水泥混凝土路面施工技术规范》(JTG F30) 的有关规定。

2. 沥青混凝土铺装层施工

桥面沥青混凝土与同等级公路沥青混凝土路面的材料、工艺、施工方法相同，一般与道路路面同时施工。采用拌和厂集中拌和，现场机械摊铺，沥青材料及混合料的各项指标应符合设计和施工规范要求。摊铺后进行质量检测，强度和压实度要合格，厚度允许偏差+10mm、−5mm，平整度对于高等级公路桥梁 *IRI*（m/km）不超过 2.5，均方差不超过 1.5mm，其它公路桥梁 *IRI* 值不超过 4.2，均方差不超过 2.5mm，最大偏差值不超过 5mm，横坡不超过±0.3%。

注意铺装后桥面泄水孔的进水口应略低于桥面铺装层，保证排水顺畅。

混凝土桥面铺装施工的质量标准应符合表 16-1 的规定。

表 16-1　混凝土桥面铺装施工质量标准

项　目			规定值或允许偏差	
强度或压实度			符合设计要求	
厚度/mm			沥青混凝土	水泥混凝土
			+10，−5	+20，−5
平整度	高速公路、一级公路	*IRI*/（m/km）	2.5	3
		σ/mm	1.5	1.8
	其它公路	*IRI*/（m/km）	4.2	
		σ/mm	2.5	
		最大间隙 *h*/mm	5	
横坡/%		水泥混凝土面层	±0.15	
		沥青混凝土面层	±0.3	
抗滑构造深度			符合设计要求	

注：1. 桥长不足 100m 时，按 100m 处理。
2. 高速公路、一级公路上的小桥可按路面的要求进行质量控制。

二、防水层的施工

防水层在桥面的位置如图 16-1 所示，它有多种铺设方法。防水层施工前应清除桥面的浮浆和各类杂物，防水层应在横桥方向闭合，底层应平顺、干燥、清洁，防水层不宜在雨水或低温下施工。粘贴式防水层包括铺装沥青或改性沥青防水卷材以及浸渍沥青的无纺土工布等贴式防水层。铺贴沥青卷材时，应采用沥青胶将卷材与底面密贴，并用滚筒碾平压实。沥青胶厚度一般为1.5～2.5mm，应沿桥面坡度方向用上层卷材压住下层卷材，上下层的搭接缝应错开半幅。搭接缝必须封缝严密，以防止发生透水。采用柔性卷材时，当桥面板位于受拉区时，可采用“三油二毡”，厚1～2cm，为了增强桥面铺装的抗裂性，应在上铺设厚不小于4cm保护混凝土层，并加设一层钢筋网。涂抹式防水层包括沥青涂胶下封层（即洒布薄层沥青或改性沥青，其上撒布一层砂，经碾压形成）和高分子聚合物涂胶（例如涂刷聚氨酯胶泥、环氧树脂、阳离子乳化沥青、氯丁胶乳等），施工时，可用手工涂刷或机械喷涂，要求厚度均匀一致，第一层必须与混凝土密实结合，第一层涂刷完毕，必须待干燥结膜后方可涂刷下一层。

近年来，国外在研究防止钢筋混凝土桥面裂缝时，提出永久性桥面需用一种特殊的塑料薄膜做防水层。它既可防裂，又能防水。操作时，防水材料应经检验才能使用。应注意沿桥宽方向将材料铺设到路缘石外边并向上折叠，沿桥长方向铺设到桥台背上，在桥面应与泄水管密合。若用防水混凝土作防水层，应振捣密实，表面不能有蜂窝、麻面、裂纹，更不能有孔洞和钢筋外漏现象，施工接头处不能有空隙，拱脚附近坡面在防水层不允许有溜滑和挤损现象。

水泥混凝土桥面铺装当采用织物与沥青黏合的防水层时，应设置隔断缝。

三、泄水管施工

泄水管主要有金属管、钢筋混凝土管、陶瓷和瓦管等多种形式，其中以金属管和钢筋混凝土管用得较多。如图16-2所示，金属管主要是铸铁和钢管，也有少数用钻管和其它合金管的。安装前，应事先在桥面板内留竖（或斜）孔，让管端能伸出到板下15～20cm左右，且平面距主梁应留一定的距离以免管内的排水冲击梁肋。此外，泄水管与防水层密合，防水层的边缘要紧夹在泄水管的顶缘与泄水漏斗之间，以便防水层上的渗水能通过漏斗上的过水孔流入管内。钢筋混凝土管主要用于不设防水层的混凝土桥面，其它安装方法与金属管相同。泄水管的位置、数量、材料要按设计要求施工。一般可参考图16-2，遵守以下原则设置。

（1）桥面纵坡小于2%时，可沿行车道后侧每隔6～8m设一个，并使每平方米的桥面上不小于2～3cm^2的泄水管面积；

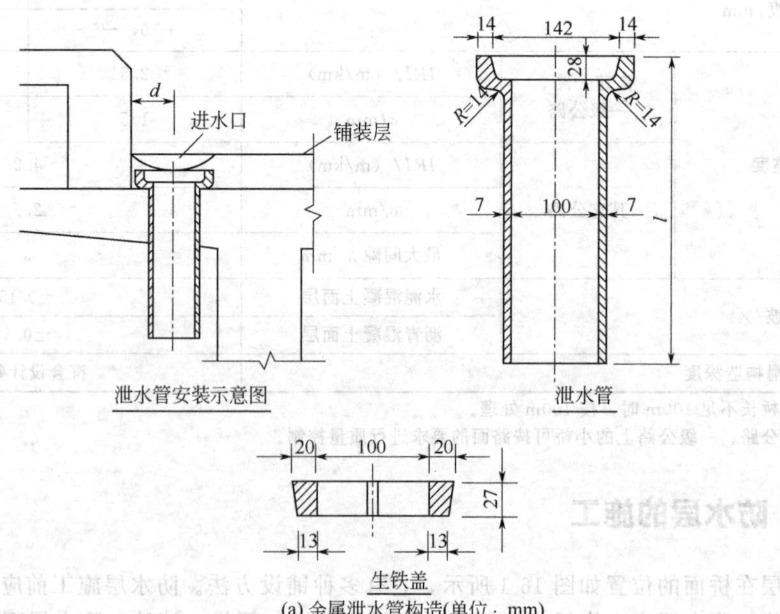

(a) 金属泄水管构造(单位：mm)

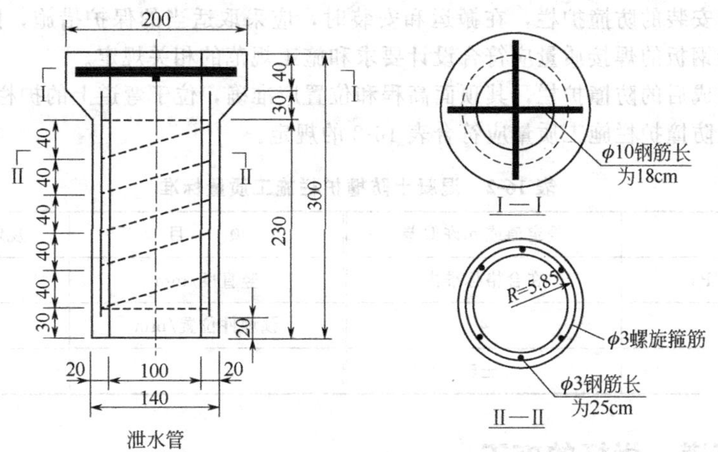

(b) 钢筋混凝土泄水管构造(单位：mm)

图 16-2　泄水管构造

(2) 桥面纵坡大于 2%，桥长小于 50cm 时，若能保证水从桥头引道排走可不设泄水孔，但必须在引道两侧设置水槽，以免雨水冲坏路基；

(3) 桥面纵坡大于 2%，桥全长大于 50cm 时，应每隔 12～15m 设置一个，可沿行车板两侧左对称排列或交错设置。

泄水管的安装，适宜在浇筑主梁时留孔洞，在做桥面铺装时一起埋入。施工中注意进水口四周的铺装层要做严实，泄水管壁和防水层衔接处要做好防水，防止雨水沉入结构层。城市桥梁宜设置封闭式排水系统。一些跨径不大的桥梁或者主梁上不宜留孔的桥梁，可以直接在行车道两侧的安全带或缘石上预留横向的排水孔，用铁管将水拍出桥面。管口伸出 20～30mm，以便于排水的顺利进行。

第二节　人行道、栏杆、灯柱的施工

一、防撞护栏施工

边板（梁）预制时应在翼板上按设计位置预埋防撞护栏锚固钢筋，支设护栏锚板时应先进行测量放样，确保位置准确。特别是位于曲线上的桥梁，应首先计算出护栏各控制点坐标，用全站仪逐点放样控制，使其满足曲线线形要求。绑扎钢筋时注意预埋防护钢管支撑钢板的固定螺栓，保证其牢固可靠。在有伸缩缝处，防撞护栏应断开，依据选用的伸缩缝形式，安装相应的伸缩装置。混凝土浇筑及养护与其它构件相同。

防撞护栏的施工应符合下列规定：

(1) 对结构重心位于梁体以外的悬臂式防撞护栏，应在主梁横向联结或拱上结构完成后方可施工。

(2) 对就地现浇的防撞护栏，宜在顺桥向每间隔 5～8m 设 1 道断缝或假缝。

(3) 防撞护栏的钢筋应与梁体的预留钢筋可靠连接。

(4) 模板宜采用钢模，支模时宜在其顶部和底部各设 1 道对拉螺杆，或采用其它固定模板的装置。

(5) 宜采用坍落度较小的干硬性混凝土，浇筑时应分层进行，分层厚度不宜超过 200mm；振捣时应采取适当的措施使模板表面的气泡逸出。

(6) 对预制安装的防撞护栏，在搬运和安装时，应采取适当的保护措施，防止损伤棱角处的混凝土。连接钢板的焊接质量应符合设计要求和施工规范的相关规定。

(7) 施工完成后的防撞护栏，其顶面高程和位置应准确，位于弯道上的护栏其线形应平顺。

(8) 混凝土防撞护栏施工质量应符合表16-2的规定。

表16-2　混凝土防撞护栏施工质量标准

项　目	规定值或允许偏差	项　目	规定值或允许偏差
混凝土强度/MPa	在合格标准内	竖直度/mm	4
平面偏位/mm	4	预埋件位置/mm	5
断面尺寸/mm	±5		

二、人行道、栏杆的施工

城市桥梁一定要设置人行道，一般有悬臂式和非悬臂式。人行道缘石顶面应高出路面0.25～0.35m。有的城市桥梁根据交通的特殊需要可更高些。人行道的宽可根据实际需要设置，至少不得窄于0.75m。大于1m以上者，常规下可按每0.25一级倍增；人行道应在桥面断缝处做成伸缩装置。悬臂式与安全带的构件必须在主梁横向联结（或在拱上建筑）完成后才安装，一般安砌在边梁，见图16-3 (a)，即将人行道板和梁做成小型构件，拼装成整体（或吊装能力容许的预制大块）之后，悬砌出边梁之外，见图16-3 (b)。将人行道板部分悬出边梁之外能减少墩台宽度及主梁根数。操作时，需要注意将构件上设置的钢板与桥面内的锚栓焊牢后，才安砌或浇筑人行道板，且必须在人行道梁锚固后才能进行。无锚固梁时，应从里向外铺设，并按设计要求设置排水横坡。过江管线从桥下通过时，可在板下预留孔洞或在主梁肋间设置固定管线的设备。在预置或浇筑人行道板时，要注意预留出安装灯柱、栏杆的位置。

人行道的施工质量应符合表16-3的规定。

表16-3　人行道施工质量标准

项　目	规定值或允许偏差	项目	规定值或允许偏差
人行道边缘平面偏位/mm	5	横坡/%	±0.3
纵向高程/mm	+10，−0	平整度/mm	5
接缝两侧高差/mm	2		

桥梁栏杆形式多样，图16-4为常见栏杆形式。栏杆施工方法各异，具体方法可参照设计图样，按图施工。

栏杆块件必须在人行道板铺设完毕后才可安装，安装栏杆柱时，必须全桥对直、校平（弯桥、坡桥要求平顺）、竖直后用水泥砂浆填缝固定。

采用钢管作为栏杆或扶手时，钢管应在工厂内进行除锈处理。拼装焊接后应补涂防锈底漆再统一涂刷面漆。

护栏、栏杆安装质量应符合表16-4的规定。

表16-4　护栏、栏杆安装质量标准

项　目	规定值或允许偏差/mm
护栏、栏杆平面偏位	4
扶手高度	±10

续表

项　　目	规定值或允许偏差/mm
栏杆柱顶面高差	4
护栏、栏杆柱纵、横向竖直度	4
相邻栏杆扶手高差及护栏接缝两侧高差	3

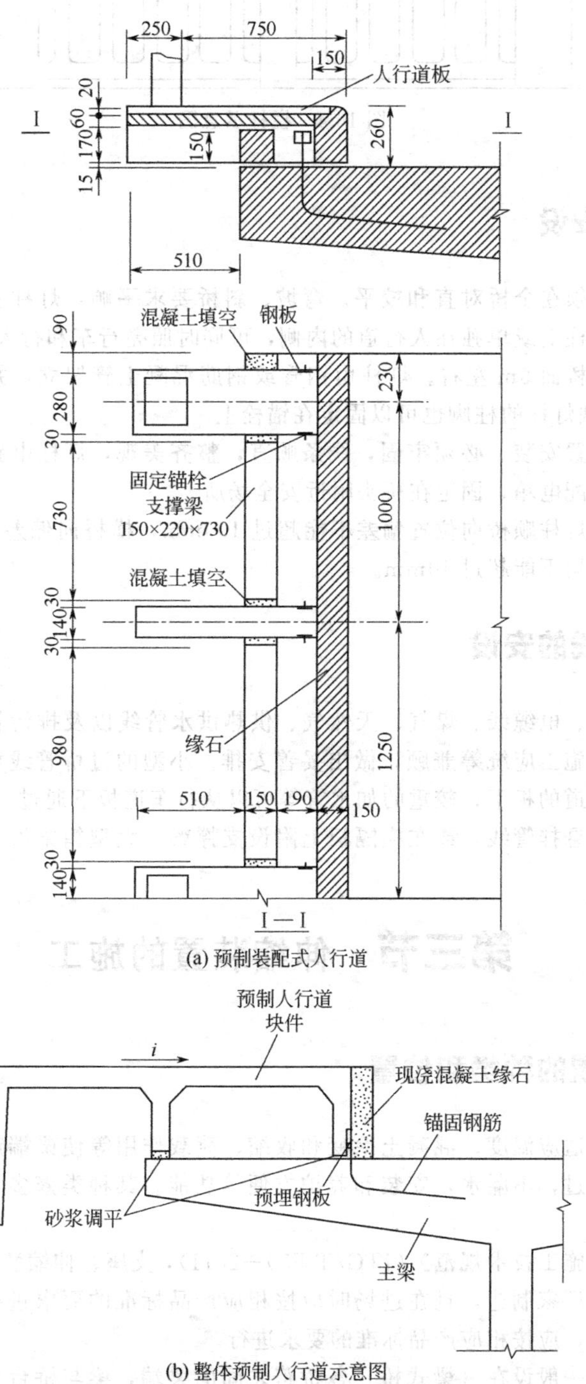

(a) 预制装配式人行道

(b) 整体预制人行道示意图

图 16-3　人行道示意图

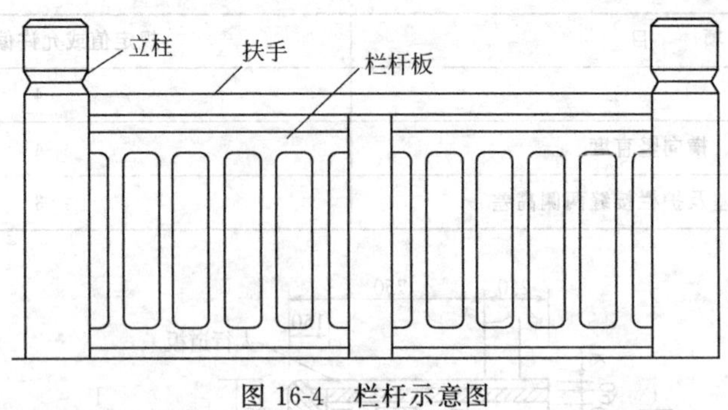

图 16-4 栏杆示意图

三、灯柱的安设

安设灯柱时，必须在全桥对直和校平。弯坡、斜桥要求平顺，灯柱立直后，用水泥浆填缝固定。它可设在栏杆柱上或单独在人行道的内侧，可同时照亮行车和行人的空间。

照明灯一般高出桥面 5m 左右。灯柱由钢管或钢筋混凝土管架立，并用钢筋固定在预留的锚栓上（桥面），铸铁灯柱的柱脚也可以固定在锚栓上。

灯柱应按设计位置安装，必须牢固，线条顺直，整齐美观，灯柱电路必须安全可靠。大型桥梁须配置照明控制配电箱，固定在桥头附近安全场所。

检查验收标准：灯柱顺桥向位置偏差不能超过 100mm，横桥向偏差不能超过 20mm，竖直度在顺桥向、横桥向均不能超过 10mm。

四、过江管线的安设

城市中常有电话、电缆线、煤气、天然气、供热供水管线以及排污管需从桥下通过，对这些过江管线，设计和施工应统筹兼顾，做出妥善安排。小型的过桥管线如电话电缆或煤气等轻型管线可安排在人行道的板下；较重的如水管等可以从行车道板下通过，总重由主梁梁肋承受，肋上附有金属支撑以悬挂管线，或在横隔板上附设支撑梁。大型箱梁可将过江管线全部搁置在箱内通过。

第三节 伸缩装置的施工

一、伸缩装置的种类和位置

伸缩装置是桥梁适应温度、混凝土徐变和收缩、荷载作用等使梁端产生变位的装置，应具有使各种车辆顺利通过，不漏水，安装和养护方便等功能。其种类繁多，主要可按材料和结构形式分类。

根据《公路桥涵施工技术规范》(JTG/T F50—2011)，支座、伸缩装置等桥梁专用产品应有具有相应资质的专业厂家制造，且在进场时应按相应产品标准的要求进行抽样检测。桥面防水材料的进场抽样检测，应按相应产品标准的要求进行。

伸缩装置在桥上一般设在（梁式桥）各桥跨之间的梁端，梁与桥台台背之间，装配式拱桥的侧墙、护拱、缘石、人行道和栏杆腹拱铰的上方，混凝土桥面的腹拱上方。伸缩装置应贯通在全桥宽度范围内。

(1) 钢板伸缩装置把一块钢板覆盖在断缝另一块钢板的一边，并将它焊在锚于桥面内的角钢上，另一边可沿对面角钢自由滑动，并在此角钢的边缘焊上一条窄钢板以防桥面沥青砂面层填满断缝。它主要有平板式和梳齿板式。此伸缩装置构造复杂，耗钢量大，伸缩量在40～60mm，适用于温差大的桥梁或钢桥。如图16-5所示。

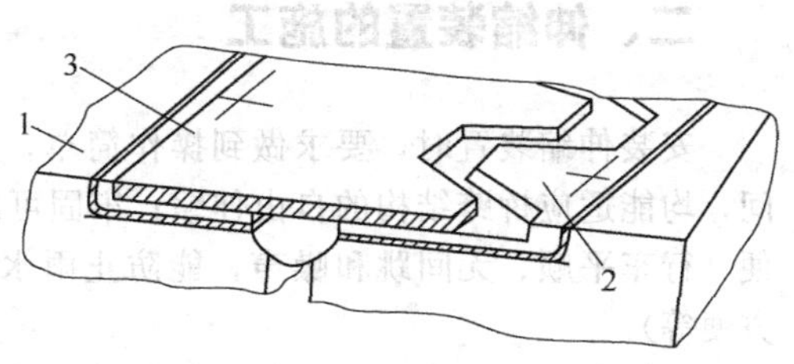

图16-5　梳型钢板伸缩装置（单位：mm）

1—混凝土桥面板；2—固定齿板；3—活动齿板

(2) 橡胶伸缩装置有多种形式，是把自由伸缩的各种形状的橡胶材料和钢材组合起来以便使行车道板间隙能支撑车轮荷载，又能适应梁体变形的装置。图16-6、图16-7为我国常用的橡胶伸缩形式，它以橡胶带为跨缝材料，待梁架好后，在梁端焊上角钢，使之净距比嵌入橡胶带小10cm左右，然后嵌入用氯丁橡胶制成的胶带。此带具有弹性，易胶粘，能满足变形和防水；使用安装方便。

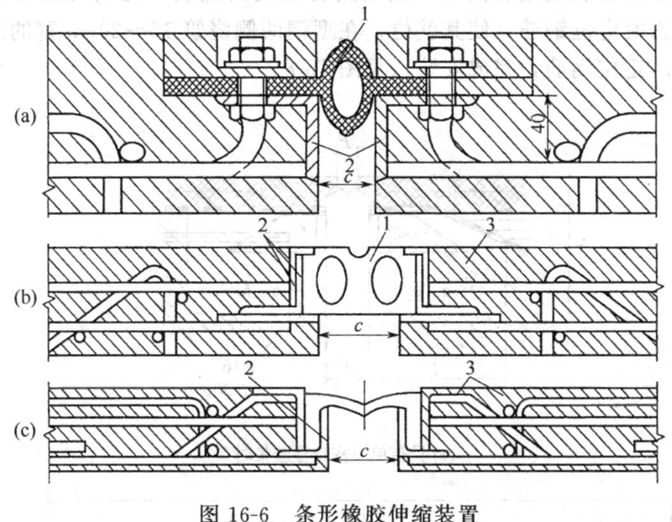

图16-6　条形橡胶伸缩装置

1—橡胶；2—角钢；3—混凝土

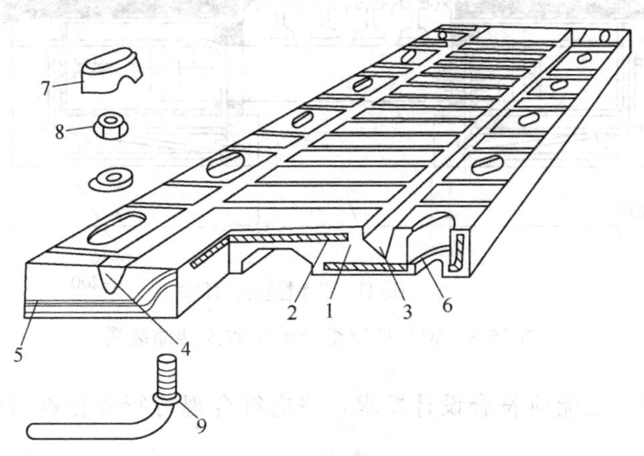

图16-7　板式橡胶伸缩装置

1—合成橡胶；2—加强钢板；3—伸缩用槽；4—止水块；5—嵌合部；6—螺帽垫板；7—轻型盖帽；8—螺帽；9—螺栓

二、伸缩装置的施工

安装伸缩装置时，要求做到操作简单，迅速，安装后能达到极限寿命；在平行和垂直桥轴间，均能适应桥跨结构的自由伸缩；牢固可靠（耐久性，平坦性，不透水性和排水性）；使用方便（行车平顺、无间跳和噪声，能防止雨水、垃圾、尘土渗透阻塞，检查、维修、更换和养护方便等）。

钢板伸缩装置安装时，焊接钢板应注意施焊的气温的变化。安装的钢板要有足够的厚度，要求平顺，无扭曲和其它变形。钢板应安装在主梁上，并与桥面完全固定，各衬垫不要局部支撑伸缩装置。要待钢板落位后，才浇筑四周的混凝土。

安装橡胶伸缩装置时，在断缝处按规定尺寸预留空隙位置。在桥面内锚固钢筋；安设弯曲锚杆钢筋，在梁端嵌接角钢，并焊牢在锚杆上；在角钢上涂以黏胶，嵌入橡胶带。或以型钢代替角钢或钢筋，把一边型钢线焊在梁顶端预埋钢板上固定；把钢板与橡胶接触除锈清理，分段涂刷环氧树脂胶水在胶带和型钢表面上，然后用特制夹具把它压缩到规定位置；再焊接另一边型钢，加强钢筋和临时定位钢筋，使其就位；在型钢两侧浇筑 15～20cm 宽的混凝土，待达到设计强度后，去掉临时定位钢筋，完成安装。见图 16-8。

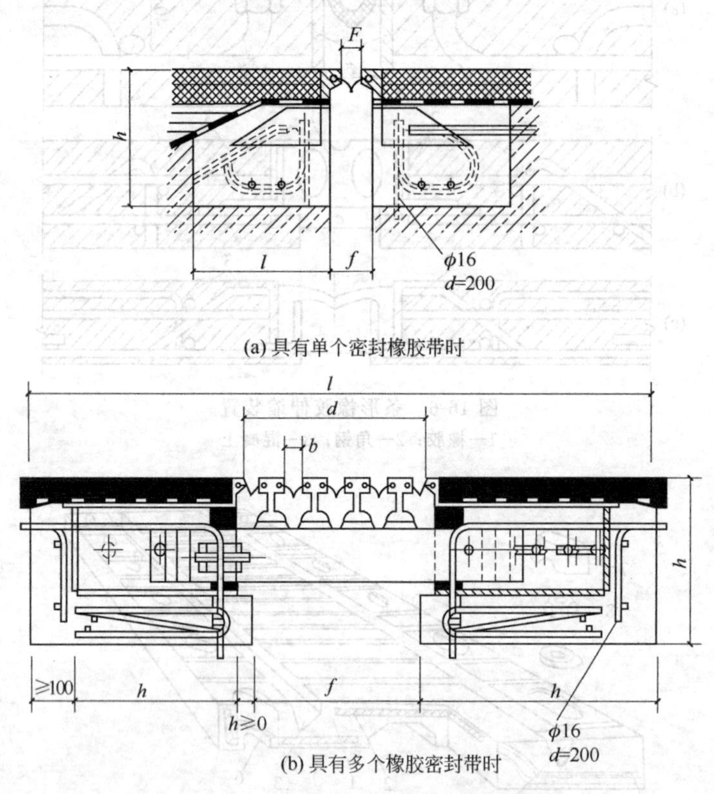

图 16-8　钢与橡胶组合的模数式伸缩装置

伸缩装置的规格、性能应符合设计要求，并应符合现行行业标准《公路桥梁伸缩装置》(JT/T 327) 的规定。

伸缩装置安装预留槽口的尺寸应符合设计规定，锚固钢筋的位置应准确。伸缩装置安装前应将预留槽口清理干净。

伸缩装置宜在桥面铺装完成后，采取反开槽的方式进行安装；当采取先安装在铺装桥面的方式时，应采取有效措施对安装好的伸缩装置进行妥善保护。

伸缩装置安装前，应按照现场的实际气温调整其定位值。安装固定后，两侧过渡段的混凝土宜在接缝伸缩开放状态下进行浇筑，浇筑时应采取措施防止已固定的构件发生移位，并应在浇筑后及时养护，养护时间应不少于7d。

梳齿板式伸缩装置安装时，应采取措施防止产生梳齿不平、扭曲和变形等现象，并应对梳齿间隙的偏差进行控制，在气温最高时，梳齿的横向间隙应不小于5mm，齿板的间隙应不小于15mm。

1. 橡胶伸缩装置的安装施工应符合下列规定

(1) 安装前应检查桥面端部预留槽口的尺寸及钢筋，确认无误后方可进行安装，采用后嵌式橡胶伸缩体时，应在桥面混凝土干燥收缩完成且徐变亦大部分完成后进行安装。

(2) 安装前应将预留槽口的混凝土表面清理干净，并涂防水胶黏材料。应根据气温和缝宽，进行必要的调整后，再将伸缩装置安装就位，且安装后应使其处于受压状态。

(3) 应根据安装时的环境温度计算，并设置伸缩装置的模板宽度和螺栓间距，将加强钢筋和螺栓焊接就位后，再浇筑过渡段的混凝土并洒水养护。

(4) 向伸缩装置螺栓孔内灌注防蚀剂后，应及时盖好盖帽。

2. 模数式伸缩装置的安装施工应符合下列规定

模数式伸缩装置所用的异形钢梁沿长度方向的直线度应满足1.5mm/m、全长应满足10mm/10m的要求；钢构件外观应光洁、平整，不得扭曲变形，且应进行有效的防腐处理。伸缩装置应在工厂进行组装，出厂时应附有效的产品质量合格证明文件；吊装位置应采用鲜明颜色标明；在运输和存放过程中应避免阳光直接暴晒或雨淋雪浸，并应保持清洁，防止变形。其安装施工应符合下列规定：

(1) 安装前应检查核对预留槽口尺寸和预埋锚固筋，不符合设计要求时应进行处理，满足设计要求后方进行安装，并应根据安装时的气温确定安装的定位值。

(2) 安装时宜采用专用卡具将其固定，伸缩装置的中心线应与桥梁中心线重合，顶面高程应与设计高程相吻合；绑扎其它钢筋和铺设防裂钢筋网等工作，应在按桥面横坡定位、焊接固定后进行。

(3) 浇筑过渡段混凝土前应将间隙填塞；浇筑时应防止混凝土渗入伸缩装置的位移控制箱内，或撒落在密封橡胶带缝中及表面，如发生此现象，应立即清除；浇筑后应将填塞物及时取出。

(4) 伸缩装置两侧的过渡段混凝土应覆盖洒水养护不小于7d，其强度满足设计要求后，方可开放交通。

3. 其它特殊形式和特殊规格的伸缩装置，宜按照产品推荐的方法进行安装施工

4. 伸缩装置安装质量应符合表16-5的规定

表16-5 伸缩装置安装质量标准

项目		规定值或允许偏差
长度/mm		符合设计要求
缝宽/mm		符合设计要求
与桥面高差/mm		2
纵坡/%	一般	±0.5
	大型	±0.2
横向平整度/mm		3

注：缝宽应按安装时的气温折算。

三、引起伸缩装置破坏的原因

(1) 设计原因　伸缩装置与桥跨在构造形式上不相应，整体刚度不足，使用形式不合适，与主梁结合的方法不当，伸缩装置的宽窄不相宜，没有考虑纵坡的水平安装，搭接钢板厚薄不均；焊接构造不合适。

(2) 施工原因　全面施工不好，与桥面接触处理不当，缝的垫石高差太大；联结铆钉和螺栓安装松动，隅角保护部分缺少清理，搭边与腹板安装不合适，在行车道板一边延长不够，材料选择不妥质量欠佳，桥面与行车道的伸缩量不一致。

(3) 使用原因　车流量太大，载重量加重，车速增加冲击和振动引起铆钉，螺栓松动、断裂和破损，排水构造受侵蚀，垫石移动，填缝材料脱落引起的冲击，缝两侧的磨损程度不一致，随桥面被破坏，黏结剂剥落和断损，填缝材料的老化。

(4) 其它原因　由用砾石修筑引道引起损坏，养护不周维修不力，振动和冲击过大，桥体自身老化，基础与墩台的移动和沉陷，主梁端部加强不够，反复冻融，长期磨耗与疲劳。

由于以上原因断缝漏水溢水，桥体与支座损坏，桥面不平整，冲击大，行车不舒适，并使伸缩装置还没有达到期限就破坏，而失去作用。

第四节　桥梁支座的安设

一、支座的类型及材料

桥梁有固定与活动两种支座，固定支座能使桥跨截面在其上自由转动而不能移动；活动支座允许桥跨截面在其上自由转动和移动。

支座材料有油毛毡、钢板、辊轴、铸铁合金、钢筋混凝土、各种聚四氟乙烯橡胶等。支座的布置，直线桥要由跨径长短、支反力大小、建筑高度的要求决定；宽桥、弯、坡、斜桥不仅要满足直桥上述要求，还要考虑双向和多向移动，防震和减震措施的要求，并还与桥梁的受力体系有关。简支、悬臂、连续梁桥的支座布置不同，梁与拱，钢架与桁架也各不相同。

根据规范，支座的规格、性能应符合设计要求，并应符合相应产品标准的规定。

支座在使用前，应对其规格和技术性能进行核对检查，不符合设计要求的不得用于工程中。对有包装箱保护的支座，在安装前方可拆箱，并不得随意拆卸支座上的固定件。

二、几种常见支座的安装

1. 垫层支座

用油毡、小石子混凝土、水泥砂浆、沥青等作垫层材料。安装时，在桥（台）帽的支承面上铺垫 2～4 层厚约为 1cm 的垫层材料，并在各层间涂抹热沥青，将梁端支承在垫层上即可。此形式适合在小桥和轻型桥台上安装。为使梁体和基础在顺桥向形成四角框架，要在支承处设置栓钉将支座固定在墩台上，并用小石子混凝土将梁与墩的缝隙填满。

2. 平面钢板支座

由上下两块厚度不同且不小于 20cm 的钢板组成。安装活动支座时，可先焊上面一块钢板，使之在梁体的锚栓下，后将下面一块钢板焊在墩帽的预埋垫上，并在两钢板面上涂以石墨粉，以减少使用时的摩阻力和防止锈蚀。安装固定支座时，可在钢板间设置栓孔或镶嵌有齿板作约束钢板移动的设施。见图 16-9。

3. 橡胶支座

分为板式橡胶支座和盆式橡胶支座。它是利用橡胶具有良好的弹性变形，材料来源较易，构造简单，价格合理，制作方面，不需养护，安装移动和更换简单，建筑高度小，适应性强，摩阻力小，能分布水平力，吸收部分动能以减少冲击等特点而制成的。一般常用氯丁橡胶（合成橡胶）、硫化天然橡胶、丁基橡胶等材料制作此种支座，这些橡胶耐压、耐油、耐老化；热天不发软，冷天不发脆，并能抵抗大气中的臭氧的作用。橡胶支座一般有纯橡胶、板式、盆式、移动或转动式等形式。如图 16-10、图 16-11 所示是几种支座的构造示意图。

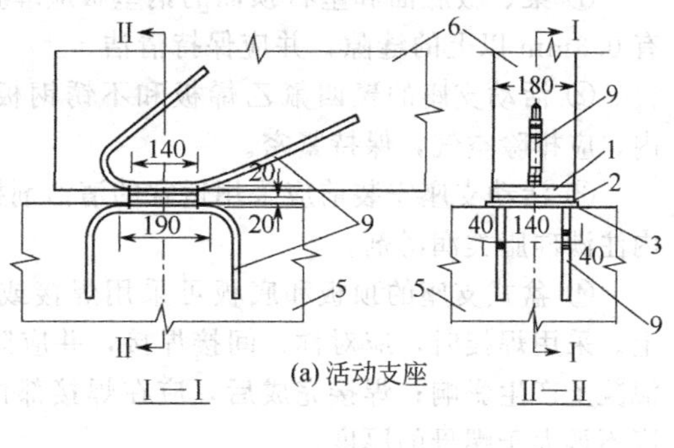

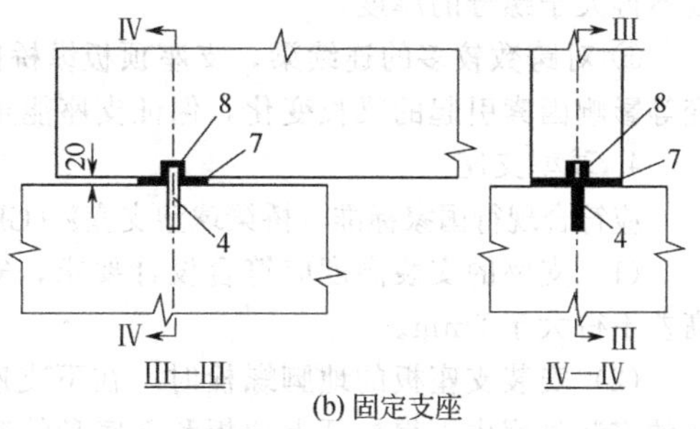

图 16-9　平面钢板支座（单位：mm）

1—上座板；2—下座板；3—垫板；4—锚栓；5—墩帽；6—主梁；7—钢板；8—套管；9—锚固钢筋

(1) 板式支座　上下表面为橡胶层，中间为薄钢板，以一层橡胶一层钢板的形式多层重叠。它有较大的摩阻力，能保证梁体不至相对滑动。支座随梁端伸缩和转动，能适应桥跨结构的各种变形。薄钢板嵌在橡胶片间，不但可提高支座的抗压能力，还能阻止橡胶层侧向膨胀，对水平方向的刚度变形甚微。此外，它的抗压弹性模量可通过改变中层橡胶厚度来调节。如图 16-10 和图 16-11 所示。

板式支座安装时，支座中心尽可能对准梁的计算支点，必须使整个橡胶支座的承压面上受力均匀。为此，应注意以下几点：

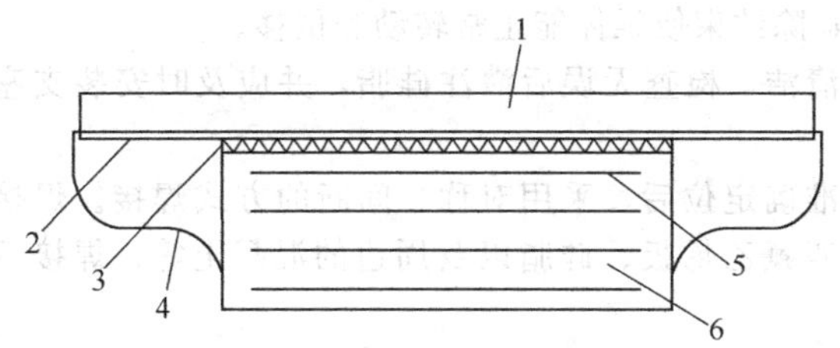

图 16-10　四氟板式橡胶支座构造图

1—上支座板；2—不锈钢板；3—聚四氟乙烯板；4—防护罩；5—钢板；6—橡胶

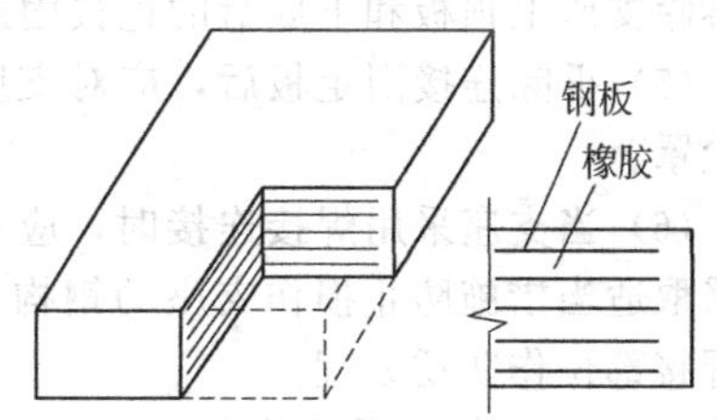

图 16-11　加劲板式橡胶支座构造图

① 安装前应将墩、台支座支垫处和梁底面清洗干净，除去油垢，用水灰比不大于 0.5 的 1∶3 水泥砂浆仔细抹平，使其顶面标高符合设计要求。

② 支座安装尽可能安排在接近年平均气温的季节里进行，以减小由于温差变化过大而引起的剪切变形。

③ 梁、板安放时，必须细致稳妥，使梁、板就位准确且与支座密贴，勿使支座产生剪切变形；就位不准时，必须吊起重放，不得用撬杠移动梁、板。

④ 当墩、台两端标高不同、顺桥向或横桥向有坡度时和支座安装必须严格按设计规定办理。

⑤ 支座周围应设排水坡，防止积水，并注意及时清除支座附近的尘土、油脂与污垢等。

(2) 盆式支座　由橡胶块、聚四氯乙烯板、钢盒、盆塞、密封环、封水圈和钢滑板等组成。橡胶块密封在钢凹盒中，约束其变化而处于三向应力状态。使其承载力大为提高。钢橡胶有类似液体的功能，转动灵活，能满足梁体转动的需要。

盆式支座安装施工应符合下列规定：

① 梁、板底面和垫石顶面的钢垫板应埋置稳固。垫板与支座间应平整密贴，支座四周不得有 0.3mm 以上的缝隙，并应保持清洁。

② 活动支座的聚四氟乙烯板和不锈钢板不得有刮伤、撞伤。氯丁橡胶板块应密封在钢盆内，应排除空气，保持紧密。

③ 活动支座安装前应采用适宜的清洁剂擦洗各相对滑移面，擦净后应在四氟滑板的储油槽内注满硅脂类润滑剂。

④ 盆式支座的顶板和底板可采用焊接或锚固螺栓栓接在梁体底面和垫石顶面的预埋钢板上。采用焊接时，应对称、间接焊接，并应防止温度过高对橡胶板、聚四氟乙烯板以及对周边混凝土产生影响；焊接完成后，应在焊接部位作防锈处理。安装锚固螺栓时，其外露螺杆的高度不得大于螺母的厚度。

⑤ 对跨数较多的连续梁，支座顶板纵桥向的尺寸，应考虑温度、预应力、混凝土收缩与徐变等影响因素引起的梁长变化，保证支座能正常工作。

4. 球型支座

应符合现行国家标准《桥梁球型支座》（GB/T 17955）的规定，其安装施工应符合下列规定：

(1) 支座的安装高度应符合设计要求，安装时应保证支座平面的水平，支座支撑面的四角高差不得大于 2mm。

(2) 安装支座板的地脚螺栓时，在下支座板四周宜采用钢锲块进行调整，使支座水平。支座的安装过程中不得松开上顶板和下底盘的连接固定板。

(3) 灌浆料应采用质量可靠的专用产品，灌浆应饱满、密实。灌浆料硬化并达到规定的强度后，应及时拆除支座四角的临时钢锲块，锲块抽出的位置应采用相同的灌浆料填塞密实。

(4) 在梁体安装完毕或现浇混凝土梁体形成整体并达到设计强度后，张拉梁体预应力之前，应拆除支座上顶板和下底盘的连接固定板，解除约束使梁体能正常转动和位移。

(5) 拆除连接固定板后，应对支座进行清洁，检查无误后灌注硅脂，并应及时安装支座外防尘罩。

(6) 当支座采用焊接连接时，应在支座准确定位后，采用对称、间断的方式焊接。焊接时应采取适当措施防止损伤支座的钢构件，聚四氟乙烯板、硅脂以及周边的混凝土等；焊接后应对焊接部位作防锈处理。

5. 特殊功能和规格的支座

拉力支座、海洋环境桥梁防腐支座、竖向和横向限位支座等具有特殊功能和规格的支座，除应符合本节的规定外，还应按照相应产品推荐的方法进行安装施工。

支座安装质量应符合表 16-6 的规定。斜拉桥、悬索桥支座安装质量应符合表 16-7 的规定。

表 16-6　支座安装质量标准

项　　目		规定值或允许偏差
支座中心与主桥中线/mm		2
支座顺桥向偏位/mm		10
高程/mm		符合设计规定；未规定时±5
支座四角高差/mm	承压力≤5000kg	小于 1
	承压力＞5000kg	小于 2

表 16-7　斜拉桥、悬索桥支座安装质量标准

项　　目	规定值或允许偏差
竖向支座的纵横偏位/mm	5
支座高程/mm	±10
竖向支座垫石钢板水平度/mm	2
竖向支座滑板中线桥轴线平行度/mm	1/1000
横向抗风支座支挡垂直度/mm	不大于 1
横向抗风支座支挡表面平行度/mm	不大于 1
支挡表面与横向抗风支座表面间距/mm	2

复习思考题

1. 桥面系由哪几部分组成？
2. 说明水泥混凝土桥面铺装施工程序和主要技术要求。
3. 各种支座施工的特点是什么？
4. 橡胶伸缩装置安装的基本要求有哪些？
5. 简述支座安装的质量标准。

第十七章　涵洞施工

学习要点： 涵洞的主要类型及构造；涵洞施工的准备工作；各类涵洞的施工方法、注意事项及质量标准。

第一节　概　　述

涵洞是公路工程中的小型构造物，虽然在总造价中，其所占比例很小，但涵洞施工质量的好坏，直接影响到公路工程的整体质量及其使用性能，以及周围农田的灌溉、排水等。因此，对涵洞施工同样不可忽视，应在施工前做好准备，周密安排，施工过程中严格控制施工质量，确保其质量达到设计及规范要求。

一、涵洞的概念与分类

根据交通部发布的《公路桥涵设计通用规范》(JTG D60—2004) 的规定，单孔标准跨径 $L_0<5\text{m}$（圆管涵及箱涵不论管径或跨径大小、孔数多少）的桥涵均称为涵洞。它是为保证地面水流能够横穿公路而设置的小型构造物，一般由基础、洞身、洞口组成。

1. 按建筑材料分类

(1) 石涵：可做成石盖板涵和石拱涵。石涵造价、养护费用低、节省钢材和水泥，在产石地区应优先考虑采用石涵。

(2) 混凝土涵：可现场浇筑或预制成拱涵、圆管涵和小跨径盖板涵。这种涵节省钢材，便于预制，但损坏后修理和养护较困难。

(3) 钢筋混凝土涵：可用于圆管涵、盖板涵、拱涵和箱涵。钢筋混凝土涵涵身坚固，经久耐用，养护费用少。圆管涵、盖板涵安装运输便利，但耗费钢量较多，预制工序多，造价较高。

(4) 砖涵：主要指砖拱涵。砖涵便于就地取材，但强度较低，不宜在水流含碱量大或冰冻地区采用。

(5) 其它材料涵洞：陶瓷管涵、铸铁管涵、波纹管涵、石灰三合土拱涵等。

2. 按构造形式分类

(1) 圆管涵：受力性能和对地基的适应性能较好，不需要墩台，圬工数量少，造价低，适应于有足够填土高度的小跨径暗涵。

(2) 盖板涵：构造简单，易于维修。根据路基高低可分别做成明涵或暗涵。跨径较小时可用石盖板，跨径较大时可用钢筋混凝土盖板。

(3) 拱涵：跨越深沟或高路堤时采用，承载能力大，砌筑技术容易掌握。

(4) 箱涵：整体性强，适用于软土地基。但用钢量多，造价高，施工较复杂。

3. 按洞顶填土情况分类

(1) 明涵：洞顶不填土或填土高度小于50cm的涵洞，适用于低路堤、浅沟渠。

(2) 暗涵：洞顶填土高度大于或等于50cm的涵洞，适用于高路堤、深沟渠。

4. 按水力性能分类

(1) 无压力式涵洞：进水口水深小于洞口高度，涵内水流均保持自由水面。

(2) 半压力式涵洞：进水口水深大于洞口高度，水流仅在进水口处充满洞口，而在涵洞其它部分均为自由水面。

(3) 压力式涵洞：进水口水深大于洞口高度，全涵内充满水流，无自由水面。

(4) 倒虹吸管：路线两侧水深都大于涵洞进出水口高度，进出水口处必须设置竖井，水流充满全涵身。

二、涵洞的设置

1. 涵洞位置的确定

小桥涵位置原则上应服从路线走向。桥涵中心桩号可根据已定的路线走向及水流流向确定，同时用方向架或有度盘的水准仪，测量桥涵与路线的夹角。

在以下位置一般应设置桥涵。

(1) 一沟一涵：凡路线跨越明显的干沟、小溪时，原则上均应设涵。

(2) 农田灌溉涵：路线经过农田，跨越灌溉用渠，为了不致因修路而影响农田灌溉，必须设置灌溉涵。

(3) 路基边沟排水涵：山区公路的傍山线，为了排除路基内侧边沟的流水，通常每隔200～400m应设置一道涵洞，其具体位置可根据路线纵、横断面及实际地形情况设置。在设置截水沟的地段，截水沟排水出口处应设置涵洞；路线的转角较大（大于90°），曲线半径又比较小，且进入弯道前的纵坡大于4%，坡长在200m内又无别的排水涵洞，在弯道地点附近应设置涵洞；由路线的陡坡段过渡到缓坡段，在此200m内又无其它涵洞，在变坡点附近应设置涵洞。

(4) 路线交叉涵：当路线与铁路、公路、机耕道平面交叉时，为了不使边沟流水受阻，同时不致冲坏相关路线的路基，一般应设排水涵。

(5) 其它情况：路线通过积水洼地、池塘、泥沼地带时，为沟通公路两侧水位应设置涵洞；路线穿越村镇时，为保证地面排水畅通，也应设置涵洞。

2. 涵洞设计

(1) 涵洞设计的一般原则

① 宜就地取材，尽量节约钢材。

② 尽量套用标准设计，从而加快设计、施工速度。

③ 在同一段线路范围内应尽量减少涵洞类型，以便大量集中制造、简化施工。

④ 充分考虑到日后维修养护的方便。

⑤ 同一段线路的涵洞应做合理的布局，使全线桥涵形成畅通无阻的、良好的排水系统。

⑥ 设计中应加强方案比选工作。除技术条件外，应充分考虑经济效益，节省投资。

(2) 涵洞类型的选择　在选择涵洞类型时要综合考虑以下因素。

① 地形、地质、水文和水力条件。涵洞类型选择时应考虑水流情况、设计流量大小、路堤填方高度、涵前允许最大壅水高度、地基承载能力。一般当设计流量在$10m^3/s$左右时，宜采用圆管涵；设计流量在$20m^3/s$以上时，宜采用盖板涵；设计流量更大时，宜采用拱涵。同时，还应综合考虑路堤填方高度是否满足要求。当地基情况较差时，可考虑采用箱涵。

② 经济造价。涵洞造价主要取决于材料的市场价格，其次是材料的运输费用和当地的人工、机具费用。所以不同地区，涵洞的造价差异也很大。在盛产石料地区，应优先考虑石涵；在缺乏石料地区，可根据流量大小选用钢筋混凝土管涵、盖板涵或拱涵。

③ 材料选择和施工条件。涵洞材料选择的原则是尽可能就地取材，优先考虑圬工结构，少用钢材。为方便施工，一段线路上不宜采用过多类型的涵洞，以便于集中预制，节省模板，保证质量，从而加快施工进度。

④ 养护维修。为便于养护，孔径不宜过小，洞身不宜过长。冰冻地区不宜采用倒虹吸管涵，否则，应在冻期前将管内积水排除，并将两端进口封闭。

(3) 涵洞孔径的确定　根据设计流量确定涵洞的净跨径。在确定涵洞净跨径时，应结合涵洞净高综合考虑。根据计算的涵洞净跨径套用标准跨径。

《公路桥涵设计通用规范》(JTGD60—2004) 规定的涵洞标准跨径有 75cm、100cm、125cm、150cm、200cm、250cm、300cm、400cm、500cm 共 9 种。

(4) 涵洞布置　涵洞的布置包括平面布置和立面布置。

涵洞的平面布置主要是解决好涵位及涵轴线交角的问题。应尽量布置成正交涵洞。正交涵洞长度短，工程数量小，施工简便。当天然河道与路线斜交，但地形变化不大，且水流较小时，可经过人工改河，仍设正交涵洞；如经过技术经济比较，不宜改河时，则只能采用斜交涵洞。为便于套用标准图，斜交涵洞的斜交角通常采用 5°为一级。

涵洞的立面布置主要有以下几个内容。

① 涵洞高程确定。涵洞顶面中心高程应服从路线纵断面要求，可从路线设计高程推算出来。涵底中心高程一般与天然沟床高程一致或略低一些。如果是老涵改建，涵底的高程应考虑涵洞进出口沟底高程，以此确定涵底中心高程。

② 涵底纵坡。涵底纵坡最好选用临界坡度，此时涵洞的排洪能力最大。但在实际设计时，涵底纵坡通常根据沟底纵坡确定。其最小纵坡不小于 0.4%，以防淤积；也不大于最大纵坡，以防涵底铺砌被冲毁。

③ 涵底基础。设置在除岩石、砾石及粗砂地基外的天然地基上，均应将基底埋入冰冻线以下不小于 0.25m。当基底下有软土层时，为了将基础置于好土层上或需要人工加固地基时，往往需将基础埋置于较深的土层中。当沟床坡度大于 5%时，涵底基础宜每隔 3～5m 设置防滑横隔墙或把基础分段做成阶梯形（如山坡涵洞）。在无冲刷处，除岩石地基外，涵洞基底一般应设在天然地面或河底面以下 1m，如河床上有铺砌层时，一般宜设在铺砌层顶面以下 1m。

(5) 涵洞尺寸及工程数量　当涵洞选择标准跨径后，可套用相应的标准图来确定其细部尺寸及工程数量，在使用时应注意以下几点。

① 计算荷载应与标准图一致，不能大于标准图的规定。

② 材料强度等级、地基承载力等不能低于标准图的要求，否则应进行强度验算。

③ 当设计的墙身高与标准图不一致时，应选用标准图上大一级墙身所对应的各部分尺寸。

④ 无法从标准图上查得的工程数量，应通过计算确定。

(6) 洞口形式　涵洞的洞口形式应根据涵洞进出口的地形和流量大小确定。选定后，也可套用标准图。无论采用的是何种洞口形式，其进水口均须铺砌。

第二节　涵洞的构造

涵洞是由洞身及洞口建筑组成的排水构造物。

洞身是形成过水孔道的主体，它应具有保证设计流量通过的必要孔径，同时因承受活载压力和填土压力，并将其传递给地基，所以又要求它本身坚固而稳定。通常由承重结构（如盖板、拱圈等）、涵台（墩）、基础以及防水层、伸缩缝等部分组成。

洞口建筑连接着洞身、路基和河道，它应与洞身较好地衔接并形成良好的泄水条件并确保路基边坡不受水流冲刷，由进水口、出水口和沟床加固 3 部分组成。本节主要介绍圆管涵和盖板涵。

一、圆管涵构造

1. 洞身构造

（1）洞身及组成　圆管涵主要由管身、基础、接缝及防水层组成，各组成部分如图 17-1 所示。圆管涵各分段圆管节和支撑管节的基础垫层组成如图 17-2 所示。

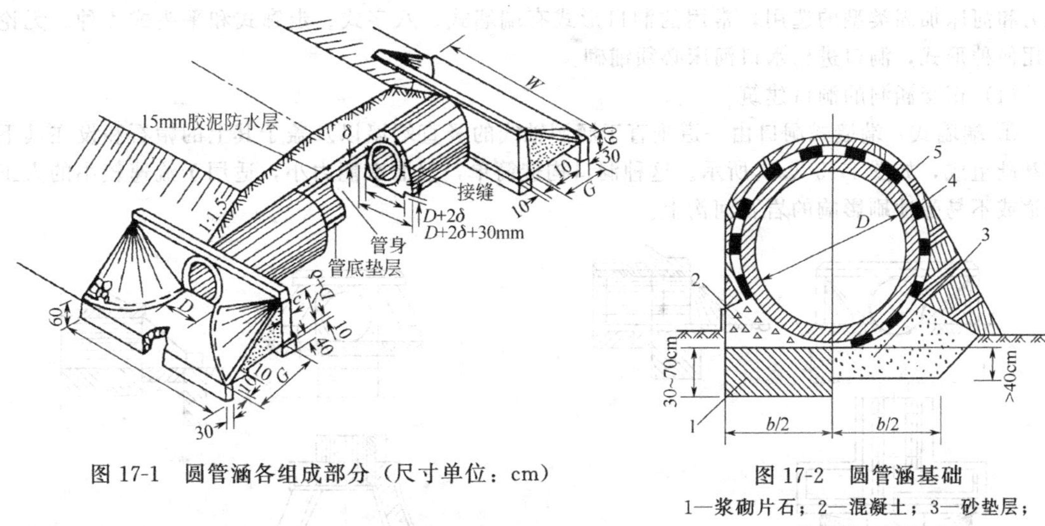

图 17-1　圆管涵各组成部分（尺寸单位：cm）

图 17-2　圆管涵基础

1—浆砌片石；2—混凝土；3—砂垫层；4—防水层；5—黏土

当整节钢筋混凝土圆管涵不设铰时，称为刚性管涵。刚性管涵在横截面上是一个刚性圆环。管壁内设内外两层钢筋，钢筋可加工成一个个的圆圈或螺旋筋，如图 17-3 所示。

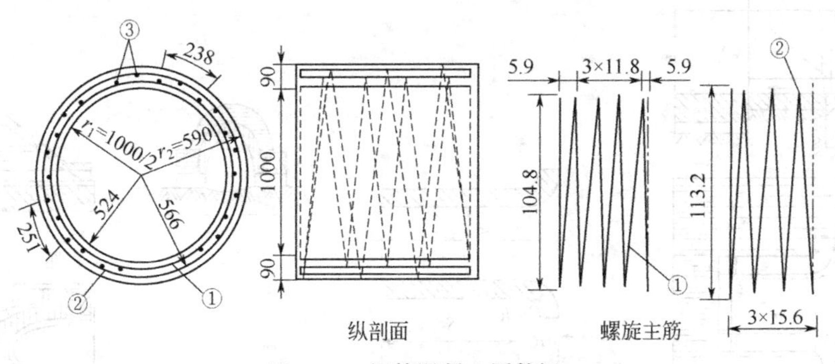

图 17-3　钢筋混凝土圆管涵

当管节沿横截面圆周对称加设 4 个铰时，称为四铰管涵。铰通常设置在弯矩最大处，即涵洞两侧和顶部、底部，如图 17-4 所示。由于四铰管涵有铰的作用，降低了管节的内力。四铰管涵可布置在天然地基或砂垫层上。

圆管涵常用孔径 d_0 为 50cm、75cm、100cm、125cm、150cm、200cm，对应的管壁厚度 δ 分别为 6cm、8cm、10cm、12cm、14cm、15cm。

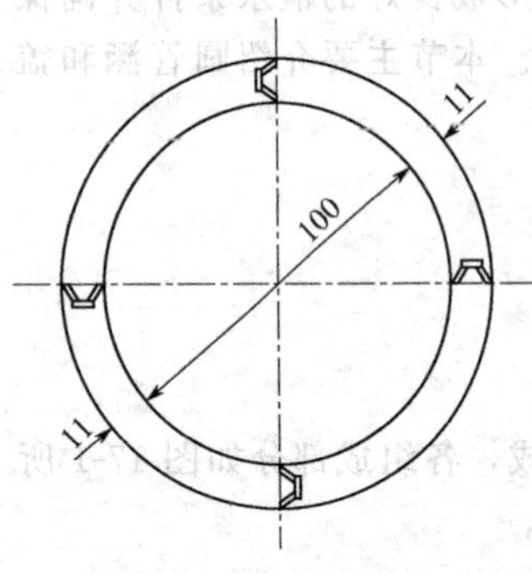

图 17-4　四铰圆管

基础垫层厚度 t 根据地基土质确定，当为卵石、砾石、粗中砂及整体岩石地基时，$t=0$；当为亚砂土、黏土及破碎层地基时，$t=15$cm；当为干燥地区的黏土、亚黏土、亚砂土及细砂的地基时，$t=30$cm。

(2) 洞身分段及接头处理　圆管涵多采用预制安装施工，将圆管分成多段，长度一般为 3～6cm。为防止接头漏水，应在接缝处作防水处理，先在外面用涂满热沥青的油毛圈裹两道，再在圆管外圈填筑厚 15cm 的胶泥防水层。

2. 洞口建筑

涵洞洞口形式多样，不同洞口的选择直接影响着涵洞的宣泄能力和河床加固类型的选用，常用的洞口形式有端墙式、八字式、走廊式和平头式 4 种。无论采用何种形式，洞口进出水口河床必须铺砌。

(1) 正交涵洞的洞口建筑

① 端墙式：端墙式洞口由一道垂直于涵洞轴线的竖直端墙以及盖于其上的帽石和设在其下的基础组成，如图 17-5 (a) 所示。这种洞口构造简单，但泄水能力小，适用于流速较小的人工渠道或不易受冲刷影响的岩石河沟上。

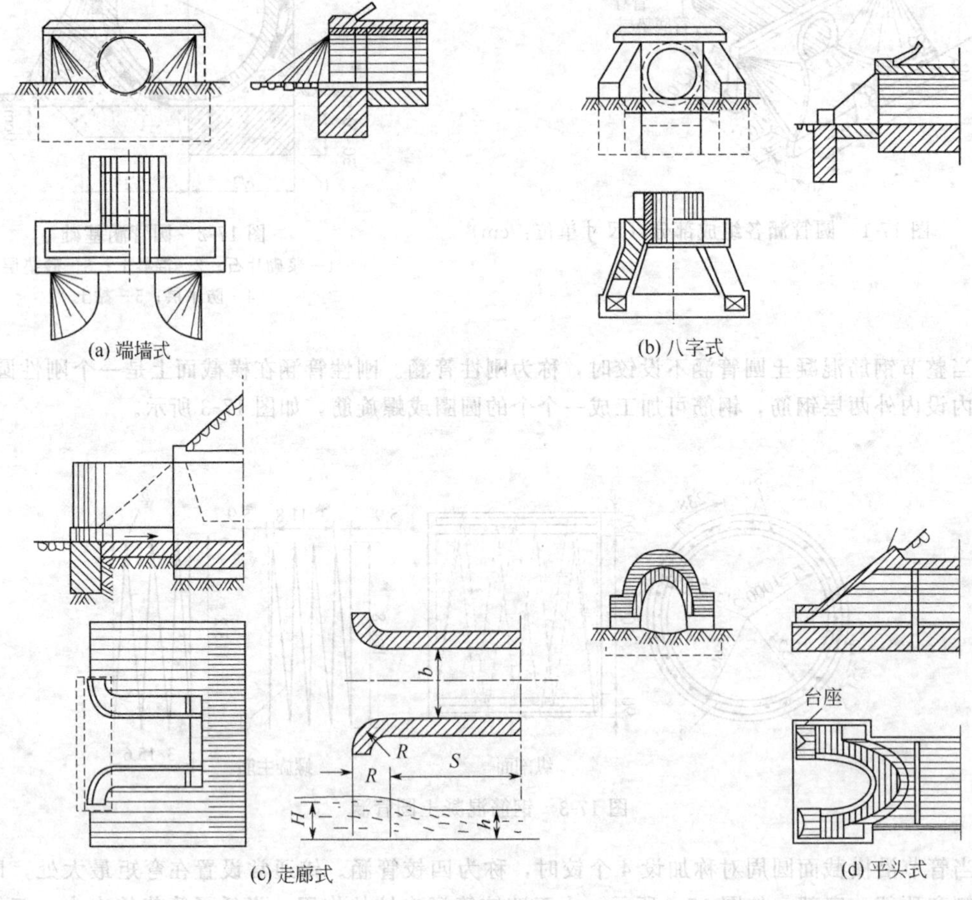

图 17-5　正交涵洞的洞口建筑

② 八字式：在洞口两侧设张开呈八字形的翼墙［图 17-5（b）］，为缩短翼墙长度并便于施工，可将其底部建成平行于路线的矮墙。八字翼墙与涵洞轴线的夹角，按水力条件考虑，进水口为13°左右，出水口为10°左右为宜，但为便于集纳水流和减小出口翼墙末端的单宽流量，习惯上都按30°设置。这种洞口工程数量小，水利性能好，施工简单，造价较低，因而是最常用的洞口形式。

③ 走廊式：走廊式洞口建筑是由两个前后高度相等的平行墙构成，平行墙的端部在平面上做成圆曲线［图 17-5（c）］。这种洞口的进水口使涵前壅水水位在洞口部分提前收缩跌落，可以降低涵洞的设计高度，提高涵洞的宣泄能力。但是由于施工困难，目前较少采用。

④ 平头式：又称领圈式。常用于混凝土圆管涵［图 17-5（d）］。因为需要制作特殊的洞口管节，所以模板耗用较多。但它较八字式洞口可节省材料 45%～85%，而宣泄能力仅减少 8%～10%。

（2）斜交涵洞的洞口建筑

① 斜交斜做如图 17-6 所示：涵洞洞身端部与路线平行，此种做法称斜交斜做。此法费工较多，但外形美观且适应水流，较常采用。

② 斜交正做如图 17-7 所示：涵洞洞口与涵洞纵轴线垂直，即与正交时完全相同。此做法构造简单。在圆管涵中为避免两端圆管施工困难，可采用此法。

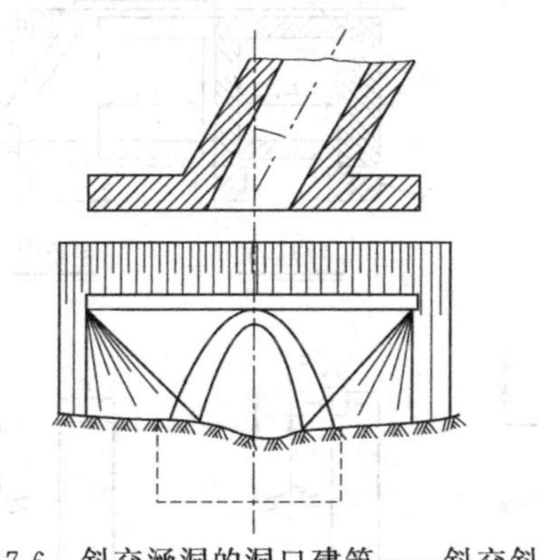

图 17-6 斜交涵洞的洞口建筑——斜交斜做

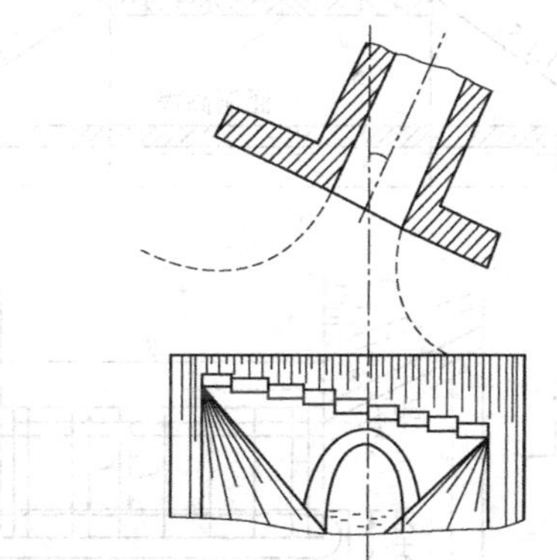

图 17-7 斜交涵洞的洞口建筑——斜交正做

二、盖板涵构造

1. 洞身构造

（1）洞身及组成 盖板涵主要由盖板、涵台、基础、洞身铺伸缩缝及防水层等部分组成，如图 17-8 所示。盖板涵洞身由涵台（墩）、基础和盖板组成，如图 17-9 所示。

盖板有石盖板及钢筋混凝土盖板等。当跨径较小且石料丰富时，可采用石盖板涵，厚度一般为 15～40cm；当跨径较大或无石料地区，宜采用钢筋混凝土盖板涵，跨径 L_K 为 150cm、200cm、250cm、300cm、400cm、500cm，盖板厚度 d 为 15～22cm。

圬工涵台（墩）的临水面一般采用垂直或斜坡面；涵台（墩）顶面可做成平面，也可做成 L 形，借助盖板的支撑作用来加强涵台的稳定性。同时在台（墩）帽内预埋栓钉，使盖板与台（墩）加强连接。

基础有分离式（即涵台基础与河底铺砌分离）和整体式（即涵台基础与河底连成整体）两种，前者适用于地基较好的情况，后者适用于地基较差的情况。当采用分离式基础时，涵底铺砌层下应垫 10cm 厚的砂垫，并在涵台（墩）基础与涵底间设纵向沉降缝。为加强涵台的稳定，基础顶面应设置数道支撑梁。

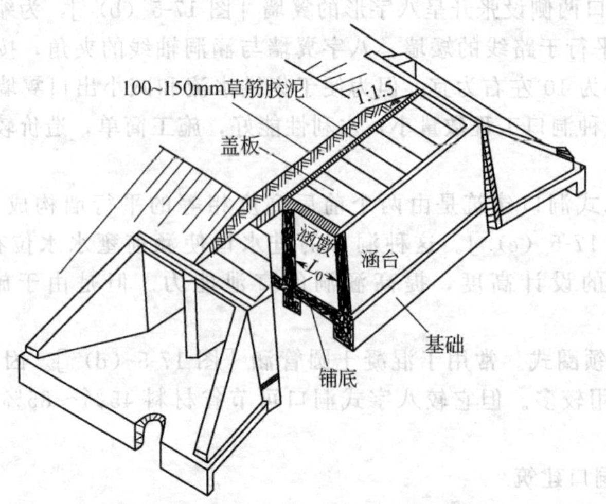

图 17-8 盖板涵各组成部分

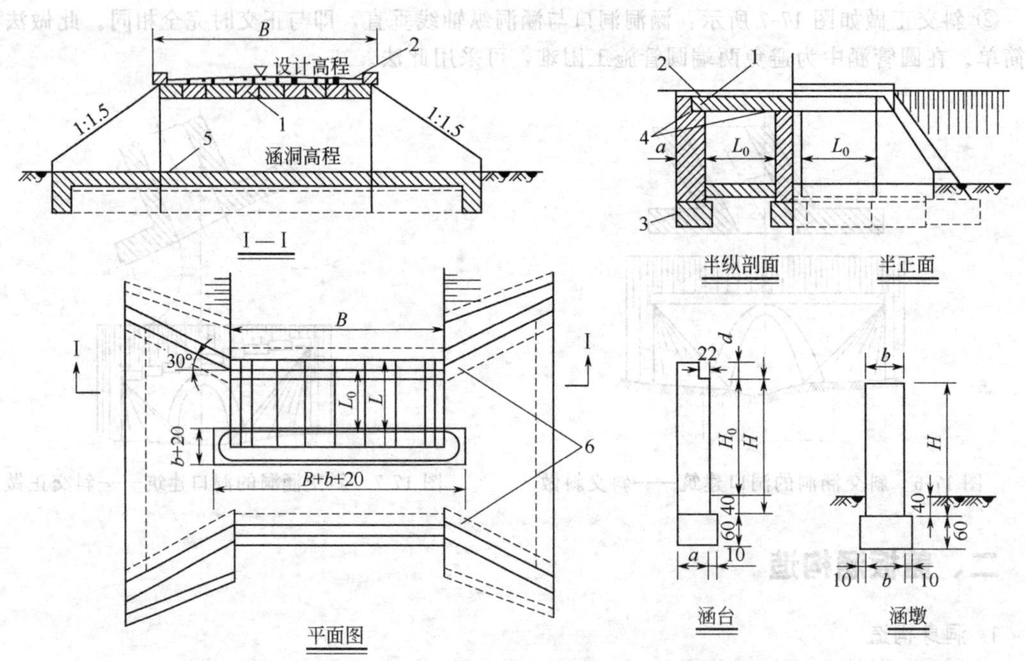

图 17-9 盖板涵构造

1—盖板；2—路面；3—基础；4—砂浆填平；5—铺砌；6—八字墙

(2) 洞身分段及接头处理 洞身较长的涵洞，沿涵身长度方向要求每隔 4～6cm 设置沉降缝，从而将其分成数段，基础也同时分开。涵洞分段可以防止由于荷载分布不均及基底土壤性质不同引起的不均匀沉降，避免涵洞开裂。沉降缝的设置是在缝隙间填塞浸涂沥青的木板或浸以沥青的麻絮。对于盖板暗涵则应再在全部盖板以及涵台背坡均填筑厚 15cm 的胶泥防水层。

(3) 山坡涵洞洞身构造 山坡涵洞的洞底坡度大，一般为 10%～20%或更大一些。洞底纵坡主要由进水口和出水口处的高程决定。洞身的布置也有所不同，视底坡情况有以下几种形式。

① 跌水式底槽（适用于底坡小于 12.5%）。底槽的总坡度等于河槽或山坡的总坡度。洞身

由垂直缝分开的管节组成，每节有独立的底面水平的基础，如图 17-10 所示。后一节比前一节垂直降低一定高度，使涵洞得到稳定。为了防止因管节错台在盖板间产生缝隙，错台厚度不得大于盖板厚度的 3/4［图 17-10（a）］。当相邻的高差大于涵顶厚度时，需加砌挡墙［图 17-10（b）］，但两节间高差也不应大于 0.7cm 或 1/3 涵洞净高，以保证泄水断面不受过大的压缩。管节的长度一般不小于台阶高度的 10 倍。若小于 10 倍时，涵洞应按台阶跌水进行水力验算。做成台阶形的涵洞，其孔径应比按设计流量算出的孔径大些。

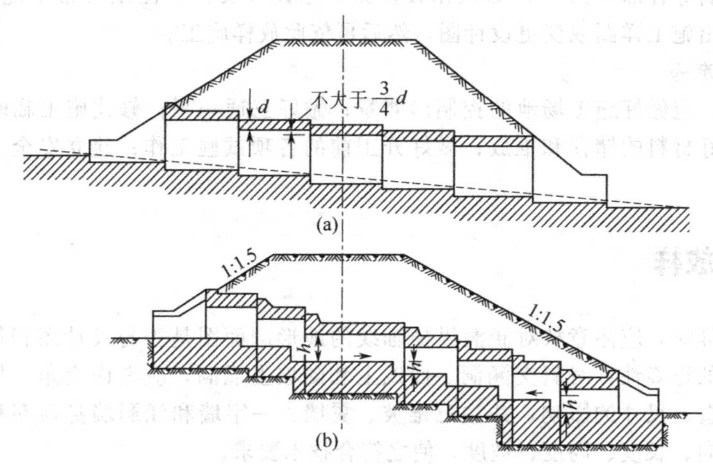

图 17-10　跌水式底槽的涵洞纵断面

② 急流坡式底槽（适用于坡度大于 12.5%）。当跌水式底槽每一管节的跌水高度太大，不能适应台阶长度的要求时，可建造急流坡式底槽。急流坡式底槽坡度应等于或接近于天然坡度如图 17-11 所示。涵洞的稳定性主要靠加深管节基础深度来保证，其形式一般为齿形或台阶形。

③ 小坡度底槽。如果地质情况不好，不允许修建坡度较大的涵洞时，应改为小坡度底槽，在进出水口设置有消能设备的涵洞，如图 17-12 所示。

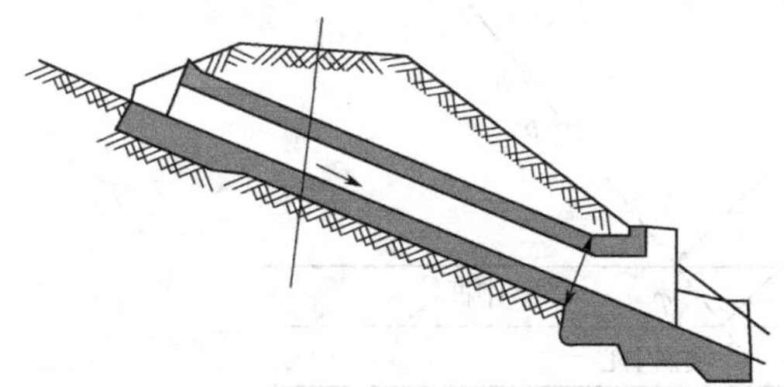
图 17-11　急流坡式底槽的涵洞纵断面图

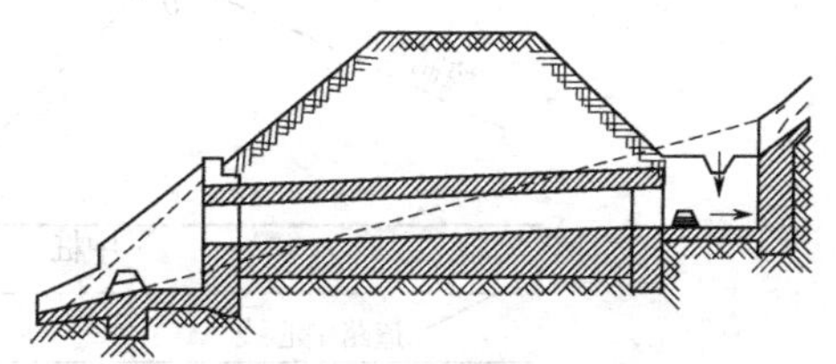
图 17-12　小坡度底槽的涵洞纵断面图

2. 洞口建筑

参考圆管涵相关内容。

第三节　施工准备

一、准备工作

1. 现场核对

涵洞开工前，应根据设计资料，结合现场实际地形、地质情况，对其位置、方向、孔径、长度、出入口高程以及与灌溉系统的连接等进行核对。核对时，还需注意农田灌溉的要求，需要增减涵洞数量、变更涵型和孔径时，应向监理反映，按照合同有关规定办理。

2. 施工详图

设计单位提供的涵洞图纸，一般只包括涵位布置图和涵洞表，在地形简单、地势平缓地区的涵洞，施工单位可按上述资料和涵洞标准图放样施工。但在遇到地形复杂处的陡峻沟谷涵洞、斜交涵洞、平曲线或大纵坡上的涵洞、地质情况与原设计资料不符处的涵洞时，由于其构造和涵台、涵墙、翼墙等各部分尺寸、形状比较复杂，原设计文件、图纸常常不能满足施工需要，施工单位应先绘出施工详图或变更设计图，然后再依此放样施工。

3. 施工现场准备

涵洞施工前，应做好施工场地的控制网测量；做好三通一平；修建施工临时设施；安装调试施工机具；做好材料的储存和堆放；做好开工前的各项试验工作；建立安全、质量保证组织系统等。

二、施工放样

涵洞测量放样时，应注意核对涵洞纵横轴线的地形剖面图是否与设计图相符，应注意涵洞长度、涵底高程的正确性。对斜交涵洞、曲线上和陡坡上涵洞，应考虑交角、加宽、超高和纵坡对涵洞具体位置、尺寸的影响，并注意锥坡、翼墙、一字墙和涵洞墙身顶部和上下游调治构造物的位置、方向、长度、高度、坡度，使之符合技术要求。

对于涵洞，设计资料一般会给出桩号、斜交角、涵长等内容。涵洞施工放样的主要内容是根据施工设计图确定涵洞的中心位置、涵轴线的方向和涵洞基坑的平面位置。涵洞大多位于干沟或小溪流中，施工定位比较简单。涵洞中心位置即涵洞的中心桩位，当涵洞位于路线的直线部分时，通常可以利用离涵洞最近的已经测设的中桩位置，计算涵洞中心到前后中桩的距离，采用直接丈量的方法测设，如图 17-13 所示。当涵洞位于曲线部分时，应按曲线测设方法测定。

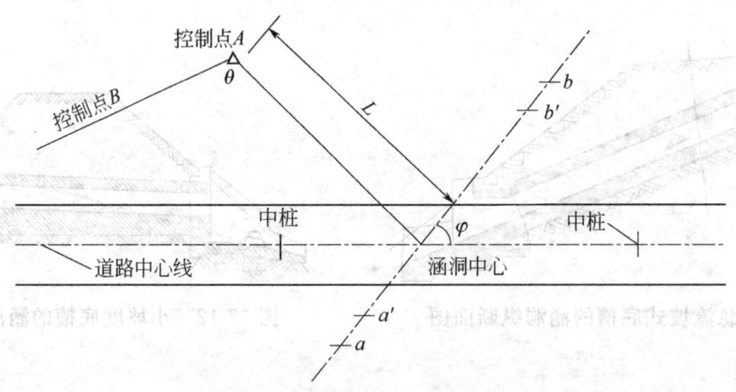

图 17-13　涵洞中心桩位及轴线测设

对于附近有可以利用的导线点时，也可利用路线附近的导线，根据计算的涵洞中心坐标，计算距离和夹角。采用极坐标的方法测设涵洞中心。如图 17-13 所示，将经纬仪安置在导线点 A 上，后视导线点 B，然后将照准部旋转角 θ，即为涵洞中心所在方向，在此方向上从 A 点开始量取水平距离 L 所得就是要测设的涵洞中心。

涵轴线的放样，对于正交涵洞，在涵洞中心位置确定以后，将经纬仪架设在涵洞中心桩处，后视路线方向，盘左、盘右旋转 90°（或 270°），取平均位置，即为涵洞轴线方向。为了方便在施工过程中恢复轴线，一般在轴线方向设立护桩。对于斜交涵洞，可把经纬仪架设在涵洞中心桩处，后视路线方向，盘左、盘右旋转 θ（或 $180°-\theta$），取其平均位置，即为涵洞轴线方向。

如果附近有导线点可以利用，也可以根据设计资料，确定轴线上某两点 a 和 b（即确定涵洞中心沿轴线到 a、b 的距离，a、b 应在涵洞边线外侧）的坐标，然后可以用极坐标的方法测设 a 和 b 的实际位置。用小木桩标定涵洞，用大木桩延长至施工影响之外控制涵洞轴线，并使桩相对固定，如图 17-13 所示。

涵身基坑的放样是依据涵洞中线与涵洞设计图的基础尺寸，利用经纬仪和钢尺在实地上确定基础的轮廓线。涵洞基础端点的坐标也可通过涵洞中桩的坐标进行计算，用全站仪进行坐标放样，测定各端点的位置。

第四节 各种类型涵洞的施工技术

一、管涵

公路工程中的管涵有混凝土管涵和钢筋混凝土管涵，目前我国公路工程中多采用钢筋混凝土管涵。公路管涵的施工多是预制成管节，每节长度多为 1m，然后运往现场安装。

1. 管涵的预制和运输

预制混凝土圆管可采用振动制管法、离心法、悬辊法和立式挤压法。鉴于公路工程中涵管一般为外购，故对涵管预制不再进行详细说明，但涵管进场后必须对其质量进行检验。

混凝土圆管管节成品质量按《公路桥涵施工技术规范》（JTG/T F50—2011）要求应符合表 17-1 的规定。

表 17-1 混凝土圆管管节成品质量标准

项　目	规定值或允许偏差	项　目	规定值或允许偏差
混凝土强度/MPa	在合格标准内	顺直度	矢度不大于 0.2%管节长
内径/mm	不小于设计值	长度/mm	+5，−0
壁厚/mm	正值不限，−3		

涵管强度试验应按规范要求的方法进行，其抽样数量及合格要求为：

(1) 涵管试验数量应为涵管总数的 1%～2%，但每种孔径的涵管至少要试验 1 个。

(2) 如首次抽样试验未能达到试验标准时，允许对其余同孔径管节再抽选 2 个重新试验。只有当 2 个重复试验的管节达到强度要求时，涵管才可验收。

(3) 在进行大量涵管检验性试验时，是以试验荷载大于或等于裂缝荷载（0.2mm）时还没有出现裂缝者为达到标准。

在北方冬季寒冷冰冻区，混凝土涵管还应进行吸水率试验，要求钢筋混凝土和无筋混凝土涵管的吸水率不得超过干管质量的 6%。

管节运输与装卸过程中，应注意下列问题：

(1) 待运的管其各项质量应符合前述的质量标准，应特别注意检查待运管节设计涵顶填土高度是否符合设计要求，防止错装、错运。

(2) 运输管节的工具，可根据道路情况和设备条件采用汽车、拖拉机拖车，不通公路地段可采用马车。

(3) 管节的装卸可根据工地条件，使用各种起重设备如龙门吊机、汽车吊和小型起重工具滑车、链滑车等。

(4) 在装卸和运输过程中，应小心谨慎。运输途中每个管节底面宜铺以稻草，用木块圆木楔紧，并用绳索捆绑固定，防止管节滚动、相互碰撞破坏。管节运输固定方法见图 17-14。

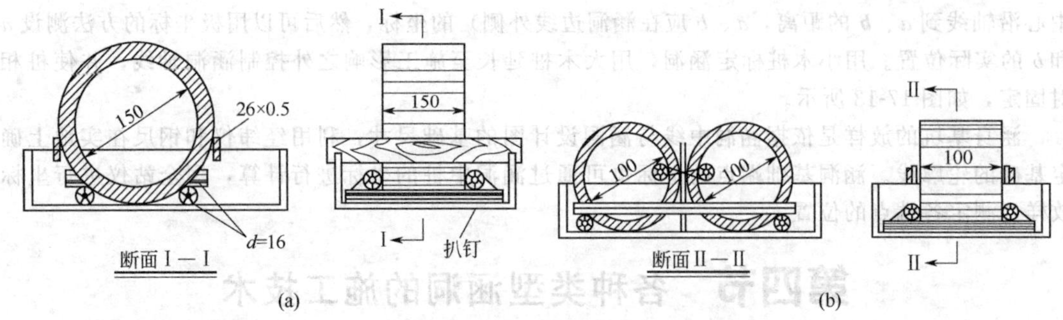

图 17-14　管节运输固定方法

(5) 从车上卸下管节时，应采用起重设备。严禁在汽车上将管节滚下，造成管节破裂。

2. 管涵的施工程序

管涵可分为单孔、双孔的有圬工基础和无圬工基础管涵。各自的施工程序如下。

(1) 单孔有圬工基础管涵（见图 17-15)，其施工程序为：

图 17-15　单孔有圬工基础管涵施工工序

① 挖基坑并准备修筑管涵基础的材料。

② 砌筑圬工基础或浇筑混凝土基础。

③ 安装涵洞管节，修筑涵管出入口端墙、翼墙及涵底（端墙外涵底铺装)。

④ 铺设管涵防水层及修整。

⑤ 铺设管涵顶部防水黏土（设计需要时)，填筑涵洞缺口填土及修建加固工程。

（2）单孔无圬工基础管涵，其洞身施工程序如图 17-16 所示。

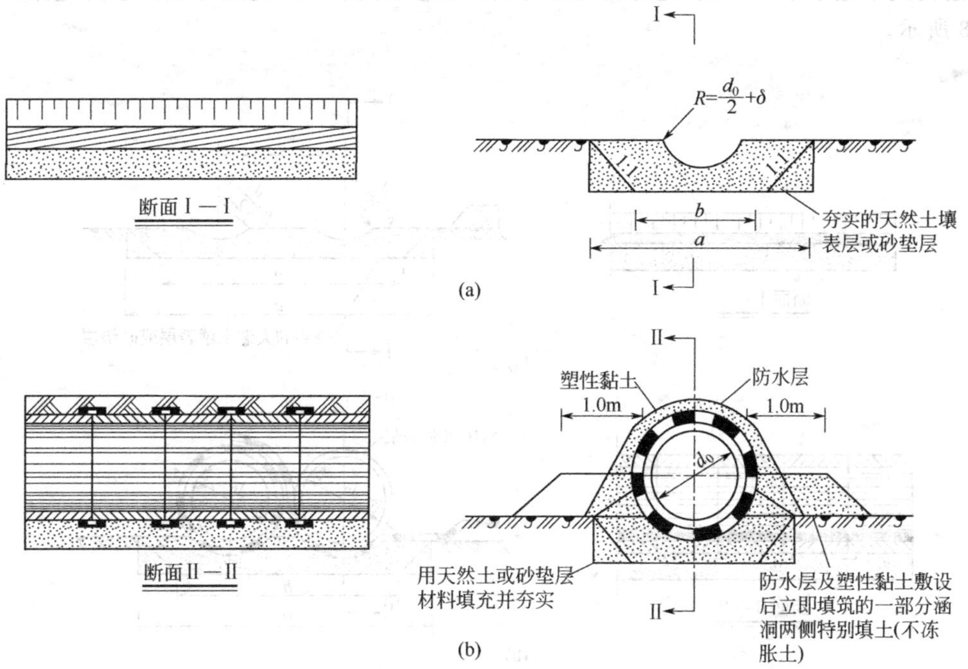

图 17-16 单孔无圬工基础管涵洞身施工程序

① 挖基与备料与图 17-5 所示程序相同。

② 在捣固夯实的天然土表层的防水层或矿砂垫层上，修筑截面为圆弧状的管座，其深度等于管壁的厚度。

③ 在圆弧管座上铺设垫层的防水层，然后安装管节，管节间接缝宜留 1cm 宽。缝中填防水材料。

④ 在管节的下侧再用天然土或砂砾垫层材料作培填料，捣实至设计高程，并切实保证培填料与管节密贴。再将防水层向上包裹管节，防水层外再铺设黏质土，水平径线以下的部分，应立即填筑，以免管节下面的砂垫层松散，并保证其与管节密贴。在严寒地区这部分填土必须填筑不冻胀土料。

⑤ 修筑管涵出入口端墙、翼墙及两端涵底并进行整修工作（图中未示出）。

（3）双孔无圬工基础管涵，其洞身施工程序见图 17-17。

① 挖基、备料与前同。

② 在捣固夯实的天然土表层或砂垫层上修筑弧状管座，其深度等于管壁的厚度。

③ 按图 17-17 的程序，先安装右边管并铺设防水层，在左边一孔管节未安装前，在砂垫层上先铺设垫底的防水层，然后按同样的方法安装管节。管节间接缝尽量抵紧，管节内外接缝均以强度 10MPa 的水泥砂浆填塞。

④ 在管节下侧用天然土或砂垫层材料做填料，夯实至设计高程处，并切实保证与管节密贴。左侧防水层铺设完后，用贫混凝土填充管节间的上部空腔，再铺设软塑状黏土。

防水层及黏土铺设后，涵管两侧水平直径线以下的一部分填土应立即填筑，以免管节下面砂垫层松散。在严寒地区此部分填土必须填筑不冻胀土料。

⑤ 修筑管涵出入口两端端墙、翼墙及涵底并进行整修工作。

（4）涵底陡坡台阶式基础管涵　沟底纵坡很陡时，为防止涵洞基础和管节向下滑移，可采用管节为台阶式的管涵，每段长度一般为 3～5m，台阶高差一般不超过相邻涵节最小壁厚的 3/4。如坡度较大，可按 2～3m 分段或加大台阶高度，但不应大于 0.7m，且台阶处的净空高度不应小于 1.0m。此时在低处的涵顶上应设挡墙，以掩盖可能产生的缝隙，如图 17-18 所示。

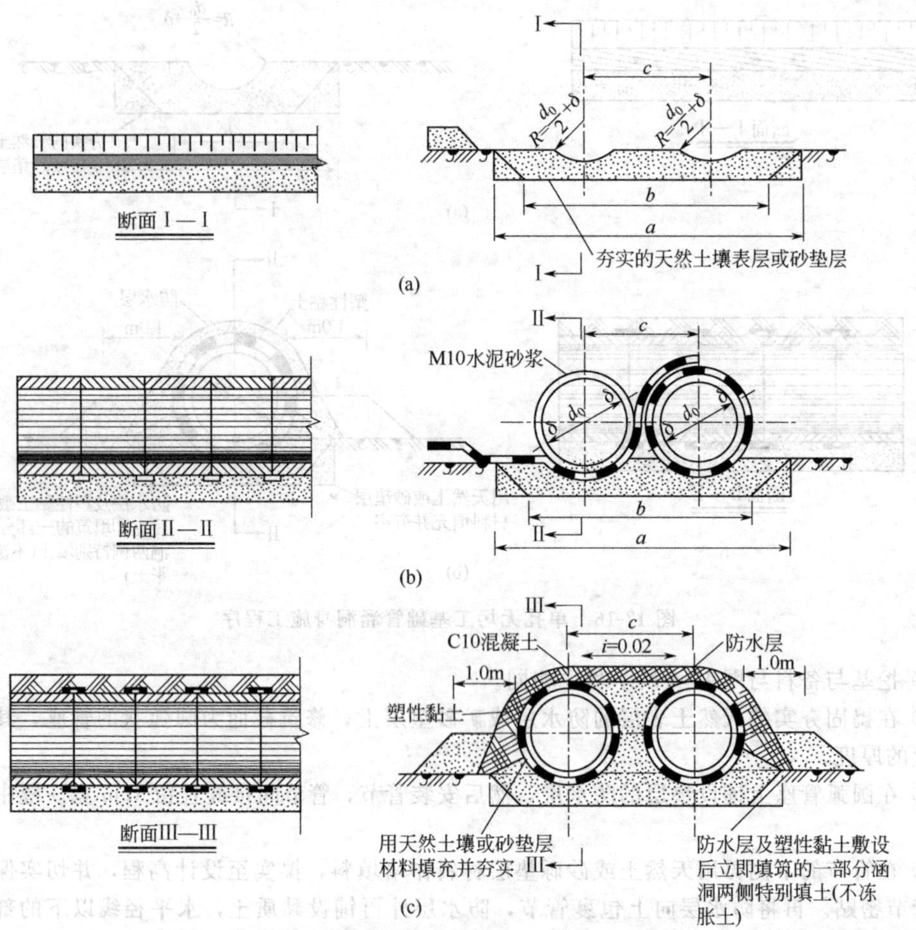

图 17-17　双孔无圬工基础管涵洞身施工程序

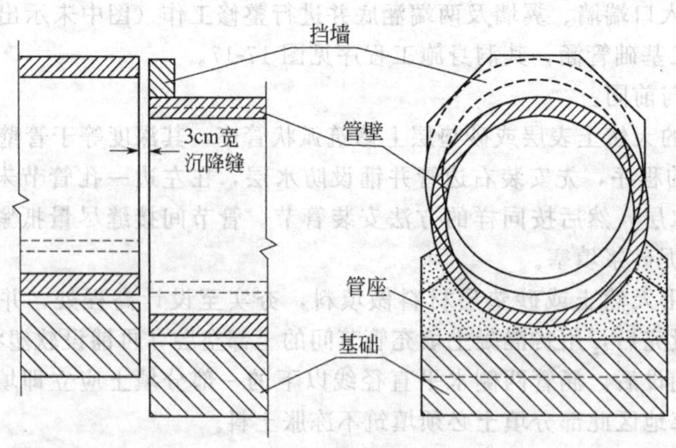

图 17-18　陡坡台阶管涵

无圬工基础的陡坡管涵，只可采用管节斜置的办法，斜置的坡度不得大于 5%。

3. 管涵的基础修筑

（1）地基土为岩石时，管节下采用无圬工基础，管节下挖去风化层或软层后，填筑0.4m厚砂垫层；出入口两端墙、翼墙下，在岩石层上用15号混凝土做基础，埋置深度至风化层以下0.15～0.25m，且最小等于管壁厚加5cm。风化层过深时，可改用片石圬工，最深不大于1m。管节下为硬岩时，可用混凝土抹成管节密贴的垫层。

（2）地基土为砾石土、卵石土或砂砾、中砂、细砂或匀质黏性土时，管节下一般采用无圬工基础。对砾、卵石土先用砂填充地基土空隙并夯实，然后填筑0.4m厚砂垫层；对粗、中、细砂地基土表层应夯实；对匀质黏性地基土应做砂垫层。出入口两端端墙、翼墙的圬工基础埋置深度，设计无规定时为1.0m；对于匀质黏性土，负温时的地下水位在冻结深度以下时，出入口两端端墙、翼墙圬工基础埋置深度为1.0～1.5m；当冻结土深度不深时，基础埋深宜等于冻结深度的0.7倍；当此值大于1.5m时，可采用砂夹卵石在圬工基础下换填至冻结深度的0.7倍。

（3）地基土为黏性土时，管节下应采用0.5m厚的圬工基础。出入口两端端墙、翼墙基础埋置深度为1.0～0.5m；当地下水冻结深度不深时，埋深应等于冻结深度；当冻结深度大于1.5m时，可在圬工基础下用砂夹卵石换填至冻结深度。

（4）必须采用有圬工基础的管涵包括：

① 管顶填土高度超过5m；

② 最大洪水流量时，涵前壅水高度超过2.5m；

③ 河沟经常流水；

④ 沼泽地区深度在2.0m以内；

⑤ 沼泽地区淤积物、泥炭等厚度超过2.0m时，应按特别设计的基础施工。

（5）严寒地区的管涵基础施工。常年最冷月份平均气温低于－15℃的地区称严寒地区，这些地区管涵的施工应注意：

① 匀质黏性土和一般黏性土的基础均须采用圬工基础。

② 出入口两端端墙、翼墙基础应埋置在冻结线以下0.25m。

③ 一般黏性土地区的地下水位在冻结深度以上时，管节下埋置深度应为$H/8$（H为涵底至路面填土高度），但不小于0.5m，也不得超过1.5m。

（6）基础砂垫层材料，可采用砂、砾石或碎石，但必须注意清除基底耕作层。为避免管节承受冒尖石料的集中应力，当使用碎石、卵石作垫层时，要有一定级配或掺入一定数量的砂，并夯捣密实。

（7）软土地区管涵地基处理。管涵地基土如遇到软土，应按软土层分别进行处理。当软土层厚度小于2.0m时，可采取换填土法处理，即将软土层全部挖除，换填碎石、卵石、砂夹石、土夹石、砾砂、粗砂、中砂等材料并碾压密实，压实度要求94%～97%。如采用灰土（石灰土、粉煤灰土）换填，压实度要求93%～94%，换填土的干密度宜用重型击实试验法确定。碎石或卵石的干密度可取2.2～2.4t/m^3。换填层上面再砌筑0.5m厚的圬工基础。

当软土层超过2m时，应按软土层厚度、路堤高度、软土性质作特殊设计处理。

4. 管节安装

可根据地形及设备条件采用下列各种方法。

（1）滚动安装法　如图17-19所示，管节在垫板上滚动至安装位置前，转动90°使其与涵管方向一致，略偏一侧。在管节后端用木撬棍拨动至设计位置，然后将管节向侧面推开，取出垫板再滚回原位。

（2）滚木安装法　如图17-20所示，先将管节沿基础滚至安装位置前1m处，旋转90°，使与涵管方向一致，见图17-20（a）、（b）。把薄铁板放在管节前的基础上，摆上圆滚木6根，在管节两端放入半圆形承托木架，把杉木杆插入管内，用力将前端撬起，垫入圆滚木，见图 17-20 (c)、(d)、(e)，再滚动管节至安装位置侧向推开，取出滚木及铁板，再滚回来并以撬棍（用硬木护木承垫）仔细调整。

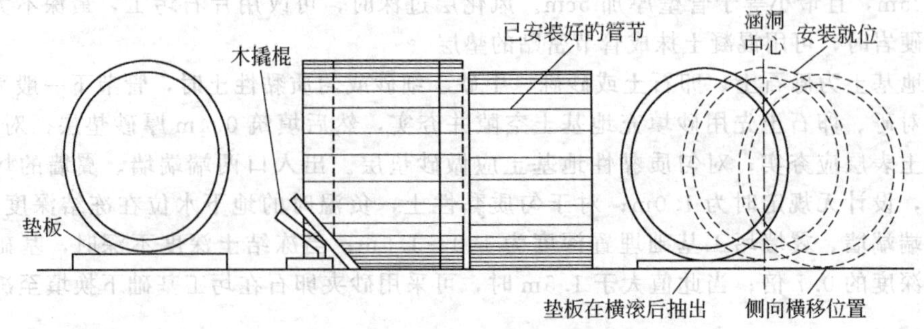

图 17-19　涵管滚动安装法

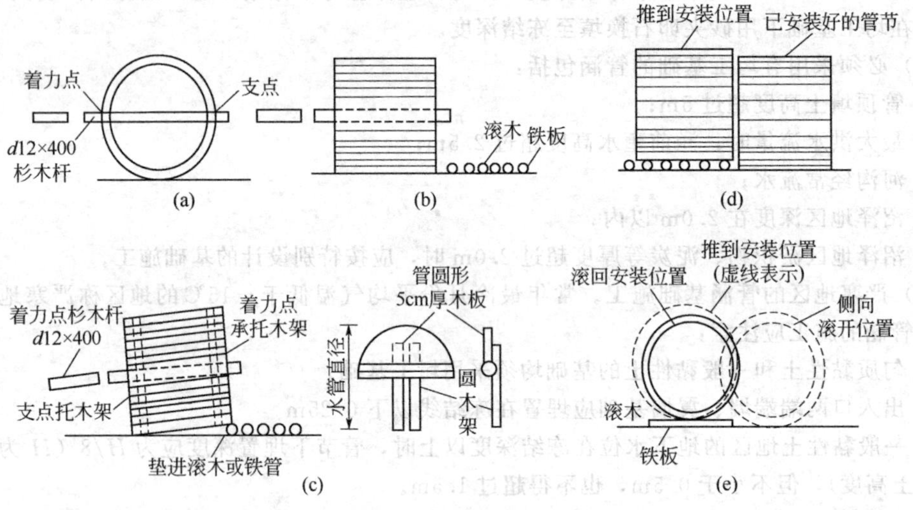

图 17-20　涵管滚木安装法

(3) 压绳下管　当涵洞基坑较深，需沿基坑边坡侧向将管滚入基坑时，可采用压绳下管法，如图 17-21 所示，压绳下管法是侧向下管的方法之一，下管前应在涵管基坑外 3～5m 处埋设木桩，木桩直径不小于 25cm、长 2.5m，埋深最少 1m。桩为缠绳用。在管两端各套一根长绳，绳一端紧固于桩上，另一端在桩上缠两圈后，绳端分别用两组人或两盘绞车拉紧。下管时由专人指挥，两端徐徐放绳，管渐渐贴边坡滚入基坑内。大绳用优质麻制成，直径 50mm，绳长应满足下管要求。下管前应检查管质量及绳子、绳扣是否牢固，下管时基坑内严禁站人。管节滚入基坑后，再用滚动安装法或滚木安装法将管节准确安装于设计位置。

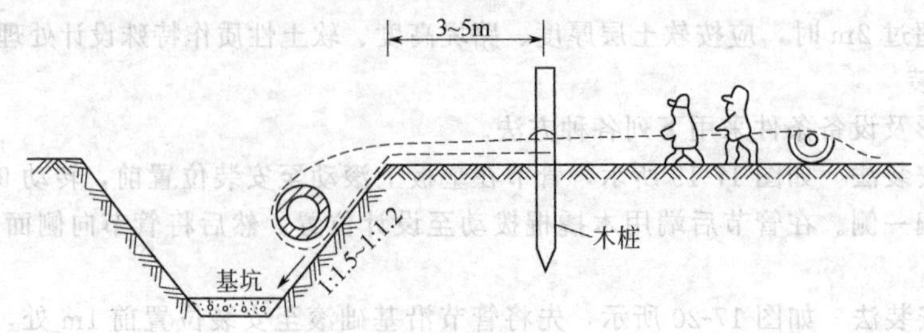

图 17-21　涵管压绳下管法

(4) 龙门架安装法　如图 17-22 所示，这种方法适用于孔径较大管节的安装，移动龙门架时，可在柱脚下 3 根滚托用撬棒拨移。

5. 管涵施工注意事项

(1) 有圬工基础的管座混凝土浇筑时应与管座紧密相贴，砌块石基础应加做一层混凝土管座，使圆管受力均匀；无圬工基础的圆管基底应夯填密实，并做好弧形管座。

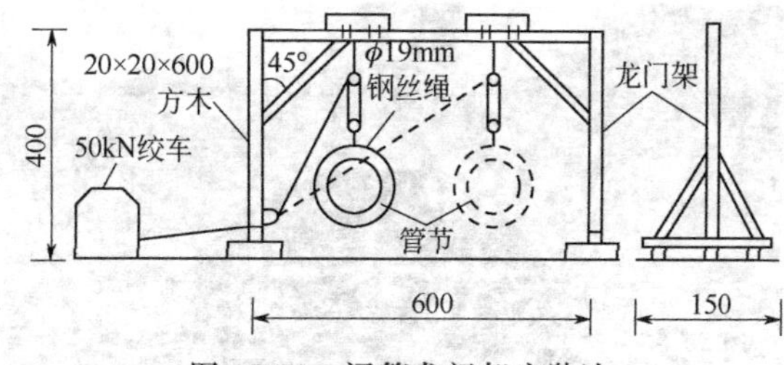

图 17-22　涵管龙门架安装法

(2) 无企口的管节接头采用顶头接缝，应尽量顶紧，缝宽不得大于 1cm，严禁因涵身长度不够而使用将所有接缝宽度加大的方法来凑合涵身长度。管身周围无防水层设计的接缝，需用沥青麻絮或其它具有弹性的不透水材料从内、外侧仔细填塞。设计规定管身外围做防水层的，按前述施工工序施工。

(3) 长度较大的管涵设计有沉降缝的，管身沉降缝应与圬工基础的沉降缝位置一致。缝宽为 2～3cm，应用沥青麻絮或其它具有弹性的不透水材料从内、外侧仔细填塞。

(4) 长度较大、填土较高的管涵应设预拱度。预拱度大小应按设计规定设置。

(5) 各管节设预拱度后，管内底面应成平顺圆滑曲线，不得有逆坡。相邻管节如因管壁厚度不一致（在允许偏差内）产生台阶时，应凿平后用水泥环氧砂浆抹补。

6. 管涵施工质量控制

圆管涵施工质量控制应符合《公路桥涵施工技术规范》(JTG/T F50—2011) 的要求，见表 17-2。

表 17-2　管涵施工质量标准

项　　目		规定值或允许偏差
轴线偏位/mm		50
流水面高程/mm		±20
涵管长度/mm		+100，−50
管座或垫层混凝土强度/MPa		在合格标准内
管座或垫层宽度、厚度		不小于设计值
相邻管节底面错台/mm	管径≤1m	3
	管径>1m	5

二、拱涵、盖板涵和箱涵

混凝土和钢筋混凝土拱涵、盖板涵、箱涵的施工分为现场浇筑和在工地预制安装两大类。

1. 就地浇筑的拱涵和盖板涵

(1) 支架和拱架

① 钢拱架和木拱架。钢拱架是用角钢、钢板和钢轨等材料在工厂制成装配式构件，在工地拼装使用。图 17-23 是用钢轨制成的跨径 1.5～3.0m 拱涵的钢拱架。如图 17-23 所示。

木拱架主要是由木材组合而成，拆装比较方便，但这种拱架浪费木材，应尽量不使用。

② 土牛拱胎（土模）。在水流不大的情况下，小桥涵施工可以用土牛拱胎代替拱架，这种方法既能节省木料，又有经济、安全的特点。

根据河流水流情况，土牛拱胎分为设有透水盲沟的土拱胎、三角木架土拱胎、全填土拱胎、木排架土拱胎等形式。

图 17-23　拱涵钢拱架

(2) 拱涵与盖板涵基础、涵台、拱圈、盖板的施工　上述构件施工时应按相关要求进行。

① 涵洞基础：无论是圬工基础或砂垫层基础，施工前必须先对下卧层地基土进行检查验收，地基土承载力或密实度符合设计要求时，才可进行基础施工。对于软土地基应按照设计规定进行加固处理，符合要求后，才可进行基础施工。

对孔径较宽的拱涵、盖板涵兼作行人和车辆通道时，其底面应按照设计用圬工加固，以承受行人和车辆荷载及磨损。

② 圬工基础：圬工基础的施工工艺和技术要求可参照本书圬工结构部分有关要求进行。

③ 砂垫层基础：砂垫层基础的施工工艺和技术要求可参照本节管涵基础部分进行。

④ 涵洞台、墩：涵洞台、墩的施工工艺和技术要求可参照本书桥梁墩台部分的有关要求进行。

⑤ 涵洞拱圈和钢筋混凝土盖板：拱圈和盖板浇筑或砌筑施工应注意，拱圈和端墙的施工，应由两侧拱脚向拱顶同时对称进行；拱圈和盖板混凝土的现场浇筑施工，应连续进行，尽量避免施工缝；当涵身较长时，可沿涵长方向分段进行，每段应连续一次浇筑完成；施工缝应设在涵身沉降缝处。

(3) 拱架和支架的安装和拆卸

① 安装的一般要求：拱架和支架支立牢固，拆卸方便（可用木楔作支垫），纵向连接应稳定，拱架外弧应平顺。拱架不得超越拱模位置，拱模不得侵入圬工断面。

拱架和支架安装完毕后，应对其位置、顶部高程、节点联系纵横向稳定性进行检查，不符合要求者，立即进行纠正。

② 拆卸的一般要求：拱架和支架的拆除及拱顶填土，在具备下列条件之一时方可进行。

a. 拱圈圬工强度达到设计值的 70%时，即可拆除拱架，但必须达到设计值后方可填土。

b. 当拱架未拆除，拱圈强度达到设计值的 70%时，可进行拱顶填土，但应在拱圈达到强度设计值时，方可拆除拱架。

c. 拱涵拆除拱架可用木楔，木楔用比较坚硬的木料斜角对剖制成，并将剖面刨光。两块木楔接触面的斜度为 1∶(6～10)。在垫楔时应使上面一块的楔尖各伸出下面一块楔尾以外，这样在拆架时敲击木楔比较方便。木楔垫好后将两端钉牢。

d. 拆卸拱架时应沿桥涵整个宽度方向将拱架同时均匀降落，并从跨径中点开始，逐步向两边拆除。

(4) 拱涵、盖板涵施工质量控制　拱涵、盖板涵施工质量应符合《公路桥涵施工技术规范》(JTG/T F50—2011) 的规定，如表 17-3、表 17-4 所示。

表 17-3　拱涵施工质量标准

项　目	规定值或允许偏差
轴线偏位/mm	50
流水面高程/mm	±20

续表

项　目		规定值或允许偏差
涵底铺砌厚度/mm		＋40，－10
涵长/mm		＋100，－50
孔径/mm		±20
净高/mm		±50
混凝土或砂浆强度/MPa		在合格标准内
涵台断面尺寸/mm	片石砌体	±20
	混凝土	±15
垂直度或斜度		0.3%台高
涵台顶面高程/mm		±10
拱圈厚度/mm	砌体	±20
	混凝土	±15
内弧线偏离设计弧线/mm		±20

表 17-4　盖板涵施工质量标准

项　　目		规定值或允许偏差
轴线偏位/mm		明涵 20，暗涵 50
流水面高程/mm		±20
涵底铺砌厚度/mm		±40，－10
涵长/mm		＋100，－50
孔径/mm		±20
净高/mm		明涵±20，暗涵±50
混凝土或砂浆强度/MPa		在合格标准内
涵台断面尺寸/mm	片石砌体	±20
	混凝土	±10
垂直度或斜度		0.3%台高
涵台顶面高程/mm		±10
盖板高度/mm	明涵	＋10，－0
	暗涵	不小于设计值
盖板宽度/mm	现浇	±20
	预制	±10

续表

项　目	规定值或允许偏差
盖板长度/mm	±20，－10
支承面中心偏位/mm	10
相邻板最大高差/mm	10

2. 就地浇筑的箱涵

箱涵又称矩形涵，它与盖板涵的区别是：盖板涵的台身与盖板是分开浇筑的，台身还可以采用砌石圬工，成为简支结构。而箱涵是上下顶板、底板与左、右墙身是连续浇筑的，成为刚性结构。如图 17-24 所示。

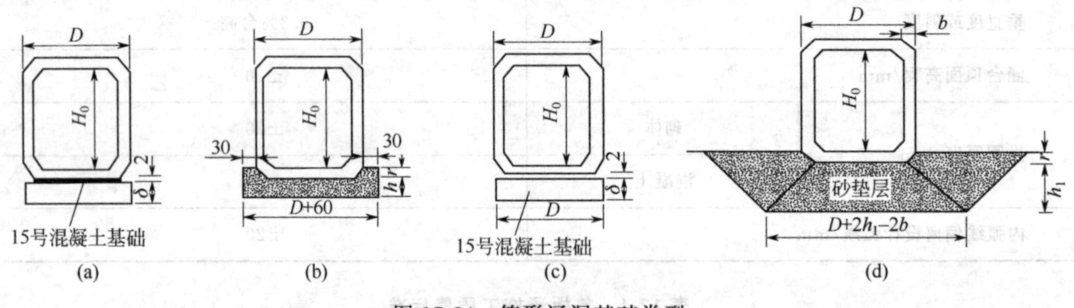

图 17-24　箱形涵洞基础类型

（1）**箱涵基础**　涵身基础分为有圬工基础和无圬工基础两种。两种基础的构造及尺寸见图 17-24。

（2）**箱涵身和底板混凝土的浇筑**　箱涵身的支架、模板可参照现浇混凝土拱涵和盖板涵的支架、模板制造安装。浇筑混凝土时的注意事项与浇筑拱涵和盖板涵相同。

3. 装配式拱涵、盖板涵和箱涵

（1）预制构件结构的要求

① 拱圈、盖板、箱涵节等构件预制长度，应根据起重设备和运输能力决定，但应保证结构的稳定性和刚性，一般不小于 1m，但也不宜太长。

② 拱圈构件上应设吊装孔，以便起吊。吊孔应考虑平吊及立吊两种，安装后可用砂浆将吊孔填塞。箱涵节、盖板和半环节等构件，可设吊孔，也可于顶面设立吊环。吊环位置、孔径大小和制环用钢筋应符合设计要求，并要求吊钩伸入吊环内和吊装时吊环筋不断裂。安装完毕，吊环筋应锯掉或割掉。

③ 若采用钢丝绳捆绑起吊可不设吊孔或吊环。

（2）**预制构件的模板**　预制构件的模板有木模、土模、钢丝网水泥模板等。无论采用何种模板都应保证满足规范要求。尤其是有预埋件时，应采取措施，确保预埋件的正确位置。

（3）**构件运输**　构件必须在达到设计强度后，经过检查质量和大小符合要求，才能进行搬运。搬运时应注意吊点或支承点的设置，务必使构件在搬运过程中保持平衡、受力合理，确保搬运过程中的安全。根据搬运距离的远近选择不同的运输方法。

（4）施工和安装

① 基础：与就地浇筑的涵洞基础施工方法相同。

② 拱涵和盖板涵的涵台身：涵台身大都采用砌筑结构，在按照就地浇筑的涵台身施工方法施工时，如采用装配式结构时，可按照装配式墩台相关的要求施工。

③ 上部构件即拱圈、盖板、箱涵节的安装，技术要求如下：

a. 安装之前应再检查构件尺寸、涵台尺寸和涵台间距离并核对其高程，调整构件大小位置使与沉降缝重合。

b. 拱座接触面及拱圈两边均应凿毛（沉降缝处除外），并浇水湿润，用灰浆砌筑；灰浆坍落度宜小一些，以免流失。

c. 构件砌缝宽度一般为1cm，拼装每段的砌缝应与设计沉降缝重合。

d. 构件可用扒杆、链滑车或汽车吊进行吊装。

（5）箱涵施工质量标准　箱涵施工质量应符合《公路桥涵施工技术规范》（JTG/T F50—2011）的规定，如表17-5所示。

表17-5　箱涵施工质量标准

项　目		规定值或允许偏差
轴线偏位/mm		明涵20，暗涵50
流水面高程/mm		±20
涵长/mm		+100，−50
混凝土强度/MPa		在合格标准内
高度/mm		+5，−10
宽度/mm		±30
顶板厚/mm	明涵	+10，−0
	暗涵	不小于设计值
侧墙和底板厚度/mm		不小于设计值
平整度/mm		5

第五节　涵洞附属工程施工

一、防水层

涵洞的钢筋混凝土结构设置防水层的作用是防止水分侵入混凝土内，使钢筋锈蚀，缩短结构寿命。北方严寒地区的无筋混凝土结构需要设置防水层，防止水分侵入混凝土内，因冻胀造成结构破坏。

防水层的材料多种多样。公路涵洞使用的主要防水材料是沥青，有些部位可使用黏土，以节省工料费用。

（一）防水层的设置部位

防水层的设置部位介绍如下：

1. 各式钢筋混凝土涵洞（不包括圆管涵）

此类涵洞的洞身及端墙在基础以上被土掩埋部分，均须涂以热沥青两道，每道厚1～1.5mm，不另抹砂浆。

2. 混凝土及石砌涵洞

此类涵洞的洞身、端墙和翼墙的被土掩埋部分，只需将圬工表面凿平，无凹入存水部分，可不设防水层。但北方严寒地区的混凝土结构仍需设防水层。

3. 钢筋混凝土圆管涵

此类管涵的防水层可按图 17-16 单孔无圬工基础管涵洞身安装程序或图 17-17 双孔无圬工基础管涵洞身施工程序所示敷设。图中管节接头采用平头对接，接缝中用麻絮浸以热沥青塞满，管节上半部从外往内填塞；下半部从管内向外填塞。管外靠接缝处裹以热沥青浸透的防水纸 8 层，宽度 15～20cm。包裹方法为：在现场用热沥青逐层粘合在管外壁上接缝处，外面再裹以软塑性黏土。

在交通量小的县、乡公路上，可用质量好的软塑状黏质土掺以碎麻，沿全管敷设 20cm 厚，代替沥青防水层。

4. 钢筋混凝土盖板明涵

此类涵洞的盖板部分表面可先涂抹热沥青两次，再于其上设 2cm 厚的防水水泥砂浆或 4～6cm 厚的防水混凝土，其上可按照设计要求进行铺设路面。涵、台身防水层按照上述方法处理。

5. 砖、石、混凝土拱涵

此类涵洞的上部结构防水层敷设，可参见拱上附属工程。

(二)沥青的敷设

沥青可用锅、铁桶等容器以火熬制，或使用电热设备。铁桶装的沥青，应打开桶口小盖，将桶横倒搁置在火炉上，以温火使沥青熔化后，从开口流入熬制用的铁锅或大口铁桶中。熬制用的铁锅或铁桶必须有盖，以防沥青飞溅及着火时用于覆盖。熬制位置应设在工地下风方向，与一般工作人员、料堆、房屋等保持一定距离，锅内沥青不得超过锅容积的 2/3。熬制中应不断拌和至全部为液态为止。溶化后的沥青应继续加温至 175℃（不得超过 190℃）。熬好的沥青盛在小铁桶中送至工点使用。使用时的热沥青温度宜低于 150℃。涂敷热沥青的圬工表面应先用刷扫净，消除粉屑污泥。涂覆工作应在温度不低于 5℃的干燥天气进行。

(三)沥青麻絮、油毡、防水纸的浸制方法和质量要求

沥青麻絮（沥青麻布）可采用工厂浸制的成品或在工地用麻絮以热沥青浸制。浸制后的麻絮，表面应呈淡黑色，无孔眼、无破裂和褶皱，撕断面上应呈黑色，不应有显示未浸透的布层。

油毡是用一种特制的红胎用软化点低的沥青浸透制成，浸渍石油沥青的称石油毡，浸渍焦油沥青的称焦油毡。为了防止在储存过程中相互粘着，油毡表面应撒一层云母粉、滑石粉或石棉粉。

防水纸（油纸）是用低软化点的沥青材料浸透原纸做成的，除沥青层较薄，没有撒防粘层外，其它性质与油毡相同。

油毡和防水纸的外观质量应符合以下要求：

(1) 油毡和防水纸外表不应有孔眼、断裂、褶皱及边缘撕裂等现象，油毡的表面防粘层应均匀撒布在油毡表面上。

(2) 毡胎或原纸内应吸足油量，表面油质均匀，撕开后的断面应是黑色的，无未浸透的空白纸层或杂质，浸水后不起泡、不翘曲。

(3) 气温在 25℃以下时，把油毡卷在 2cm 直径的圆棍上弯曲，不应发生裂缝和防粘层剥落等现象。

(4) 将油毡加热至 80℃时，不应有防粘层剥落、膨胀及表面层损坏等现象。夏季在高温下不应粘在一起。

铺设油毡和防水纸所用粘贴沥青应和油毡、防水纸有同样的性能。煤沥青油毡和防水纸必须用煤沥青粘贴。同样，石油沥青油毡及防水纸，也一定要用石油沥青来粘贴，否则，过一段时间油毡和防水纸就会分离。

二、沉降缝

(一)沉降缝设置目的

结构物设置沉降缝的目的是避免结构物因荷载或地基承载力不均匀而发生不均匀沉陷，产生不规则的多处裂缝，而使结构物破坏。设置沉降缝后，可限定结构物发生整齐、位置固定的裂缝，并可事先在沉降缝处予以处理；如有不均匀沉降，则将其设置于沉降缝处，有利于结构物的安全、稳定和防渗（防止管内水流渗入涵洞基底或路基内，造成土质浸泡松软）。

(二)沉降缝设置的位置和方向

涵洞洞身、洞身与端墙、翼墙、进出水口急流槽交接处必须设置沉降缝，但无圬工基础的圆管涵仅于交接处设置沉降缝，洞身范围不设。具体设置位置视结构物和地基土的情况而定。

1. 洞身沉降缝

一般每隔 4～6m 设置 1 处，但无基础涵洞仅在洞身涵节与出入口涵节间设置。缝宽一般 3cm，两端与附属工程连接处也各设置 1 处。

2. 其它应设沉降缝处

凡地基土质发生变化、基础埋置深度不一、基础对地基的荷载发生较大变化处、基础填挖交界处、采用填石垫高基础交界处，均应设置沉降缝。

3. 岩石地基上的涵洞

凡置于岩石地基上的涵洞，不没沉降缝。

4. 斜交涵洞

斜交涵洞洞口正做的，其沉降缝应与涵洞中心线垂直；斜交涵洞洞口斜做的，沉降缝与路基中心线平行；但拱涵与管涵的沉降缝，一律与涵洞轴线垂直。

(三)沉降缝的施工方法

沉降缝的施工，要求做到使缝两边的构造物能自由沉降，又能严密防止水分渗漏。故沉降缝必须贯穿整个断面（包括基础）。沉降缝具体施工方法如下：

1. 基础部分

可将原基础施工时嵌入的沥青木板或沥青砂板留下，作为防水之用。如基础施工时，不用木板，也可用黏土填入捣实，并在流水面边缘以 1∶3水泥砂浆填塞，深度约为 15cm。

2. 涵身部分

沉降缝外侧以热沥青浸制的麻筋填塞，深度约为 5cm，内侧以 1∶3水泥砂浆填塞，深度约为 15cm，视沉降缝处圬工的厚薄而定。可以用沥青麻筋与水泥砂浆填满；如太厚，亦可将中间部分先填以黏土。

3. 沉降缝的施工质量要求

沉降缝端面应整齐、方正，基础和涵身上下不得交错，应贯通，嵌塞物应紧密填实。

4. 保护层

各种设有圬工基础的涵洞的基础襟边以上，均应顺沉降缝周围设置黏土保护层，厚约 20cm，顶宽约 20cm。对无圬工基础涵洞，保护层宜使用沥青混凝土或沥青胶砂，厚度 10～20cm。

沉降缝构造如图 17-25 所示。

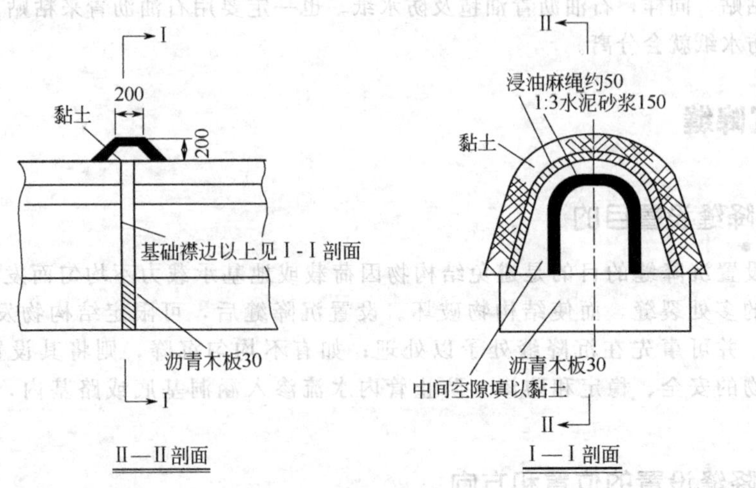

图 17-25　涵洞沉降缝构造

三、涵洞进出水口

涵洞进出水口工程是指涵洞端墙、翼墙（包括八字墙、锥坡、平行廊墙）以外的部分，如沟底铺砌和其它进出水口处理工程。

1. 平原区的处理工程

涵洞出入口的沟床应整理顺直，与上、下排水系统（天沟、路基边沟、排水沟、取土坑等）的连接应圆顺、稳固、保证流水顺畅，避免损害路堤、村舍、农田、路道等。

2. 山丘区的处理工程

在山丘区的涵洞底纵坡超过 5%时，除进行上述整理外，还应对沟床进行干砌或浆砌片石防护；当翼墙以外的沟床坡度大时，也应铺砌防护。防护长度、砌石宽度、厚度、形状等，应按设计图纸施工。如设计图纸漏列，应按合同规定向业主提出，由业主指定单位作出补充设计。

四、涵洞缺口填土

（1）建成的涵管、圬工达到设计要求的强度后，应及时回填。回填土要切实注意质量，严格按照有关施工规定和设计要求处理。

（2）填土路堤在涵洞每侧不小于两倍孔径的宽度及高出洞顶 1m 范围内，应采用非膨胀的土从两侧分层仔细夯实。每层厚度 10～20cm，特殊情况亦可用与路堤填料相同的土填筑。管节两侧夯填土的密度标准，高速公路和一级公路为 95%；其它公路为 93%。管节顶部其宽度等于管节外径的中间部分填土，其密度要求与该处路基同。如为填石路堤，则在管顶以上 1.0m 的范围内应分三层填筑：下层为 20cm 厚的黏土；中层为 50cm 厚的砂卵石；上层为 30cm 厚的小片石或碎石。在两端的上述范围及两侧每侧宽度不小于孔径的两倍范围内，码填片石。

对于其它各类涵洞的填土要求，应分别按照有关的设计要求办理。

（3）用机械填筑涵洞缺口时，须待涵洞圬工达到容许强度后，涵身两侧应用人工或小型机具对称夯填，高出涵顶至少 1m，然后再用机械填筑。不得从单侧偏推、偏填，使涵洞承受偏压。

(4) 冬季施工时，涵洞缺口路堤、涵身两侧及涵顶1m内，应用未冻结土填筑。

(5) 回填缺口时，应将已成路堤土方挖出台阶。

复习思考题

1. 试述涵洞施工准备工作的内容。
2. 试述管涵施工程序及注意事项。
3. 试述涵洞防水层的作用及设计部位。
4. 涵洞为何要设置沉降缝？如何设置？
5. 涵洞缺口填土的具体要求有哪些？

参 考 文 献

[1] 中华人民共和国交通运输部．公路桥涵施工技术规范（JTG/T F50—2011）．北京：人民交通出版社，2011.

[2] 中华人民共和国交通部．公路桥涵设计通用规范（JTG D60—2015）．北京：人民交通出版社，2015.

[3] 中华人民共和国交通部．公路钢筋混凝土及预应力混凝土桥涵设计规范（JTG 3362—2018）．北京：人民交通出版社，2018.

[4] 中华人民共和国交通部．公路圬工桥涵设计规范（JTG D61—2005）．北京：人民交通出版社，2005.

[5] 中华人民共和国交通部．公路工程技术标准（JTG B01—2003）．北京：人民交通出版社，2003.

[6] 中华人民共和国交通部．公路桥涵地基与基础设计规范（JTG D63—2007）．北京：人民交通出版社，2007.

[7] 中华人民共和国交通部．公路桥梁板式橡胶支座（JT/T 4—2004）．北京：人民交通出版社，2004.

[8] 中华人民共和国交通部．公路桥梁伸缩装置（JT/T 327—2004）．北京：人民交通出版社，2004.

[9] 范立础．桥梁工程（上册）．北京：人民交通出版社，2002.

[10] 姚玲森．桥梁工程．北京：人民交通出版社，2005.

[11] 林元培．斜拉桥．北京：人民交通出版社，1995.

[12] 桂业昆，邱式中．桥梁施工专项技术手册．北京：人民交通出版社，2005.

[13] 陈明宪．斜拉桥建造技术．北京：人民交通出版社，2004.

[14] 交通部第一公路工程总公司．公路施工手册：桥涵（上、下册）．北京：人民交通出版社，2000.

[15] 刘吉士，阎洪河，李文琪．公路桥涵施工技术规范实施手册．北京：人民交通出社，2009.

[16] 向中富，邹毅松，杨寿忠．桥梁施工工程师手册．北京：人民交通出版社，2011.

[17] 邵旭东．桥梁工程．北京：人民交通出版社，2006.

[18] 姜福香．桥梁工程．北京：机械工业出版社，2010.

[19] 郭发忠．桥梁工程技术．北京：人民交通出版社，2006.

[20] 李辅元．桥梁工程．北京：人民交通出版社，2005

[21] 王常才．桥涵施工技术．北京：人民交通出版社，2007

[22] 杨文渊，徐犇编．桥梁施工工程师手册．北京：人民交通出版社，2006.

[23] 王解军．桥梁工程．长沙：中南大学出版社，2009.

[24] 彭大文，李国芬，黄小广．桥梁工程（交通版）（上、下册）．北京：人民交通出版社，2007.

[25] 徐霄鹏．公路工程测量．北京：人民交通出版社，2005.

[26] 高杰．桥梁工程．北京：科学出版社，2004.

[27] 徐伟．桥梁施工．北京：人民交通出版社，2008.

[28] 李宝昌，高世明．市政桥梁工程施工．北京：中国建筑工业出版社，2011.

[29] 刘江、王云江．市政桥梁工程．北京：北京大学出版社，2010.

[30] 匡希龙．桥涵施工．成都：西南交通大学出版社，2008.

[31] 汪迎红．桥梁下部构造施工．北京：人民交通出版社．2010.

[32] 马国峰，王保群．桥梁工程．北京：机械工业出版社，2007.

[33] 董军．桥梁工程．北京：机械工业出版社，2009.

[34] 房贞政．桥梁工程．北京：中国建筑工业出版社，2004.

[35] 裘伯永．桥梁工程．北京：中国铁道出版社，2001.

[36] 葛俊颖．桥梁工程．北京：中国铁道出版社，2007.

[37] 郑机，刘辉．图解桥梁施工技术．北京：中国铁道出版社，2009.

[38] 刘世忠．桥梁施工．北京：中国铁道出版社，2010.